出土戰國文獻字詞集釋

曾憲通 陳偉武 主編

裴大泉 編撰

卷四

中華書局

卷四部首目録

卷　四

目 目

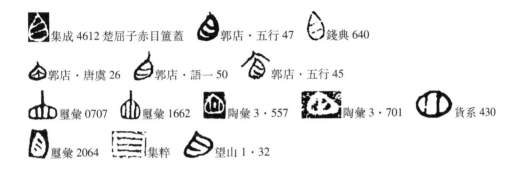

集成 4612 楚屈子赤目簠蓋　　郭店・五行 47　　錢典 640

郭店・唐虞 26　　郭店・語一 50　　郭店・五行 45

璽彙 0707　　璽彙 1662　　陶彙 3・557　　陶彙 3・701　　貨系 430

璽彙 2064　　集粹　　望山 1・32

○**荊門市博物館**（1998）　（編按:郭店・唐虞26）目,簡文字形與《古文四聲韻》引《古老子》"目"字同。

《郭店楚墓竹簡》頁 160

○**何琳儀**（1998）　目,甲骨文作（甲二二九）,象眼目形。金文作（茳目父癸爵）。戰國文字承襲商周文字。或橫寫作、、。或作,與古文吻合,又演變爲。《説文》:",人眼。象形。重童子也。,古文目。"

《戰國古文字典》頁 265

○**李守奎**（2003）　（編按:郭店・唐虞26）　郭・唐 26　見《古文四聲韻》引《古老子》目字。

《楚文字編》頁 214

○**張富海**（2007）　小徐本古文作,寫誤。《汗簡》部首和偏旁"目"一律作,但《古文四聲韻》引《汗簡》"目"作,應該是原來的寫法。今所見《汗簡》係將上一筆寫出頭,又改點爲橫。朱駿聲《説文通訓定聲》改此古文作,石經"睦"字古文所從"目"亦作此形。《陶彙》3.557"目"作,《陶彙》3.917偏旁"目"作,皆與形相近。郭店《唐虞之道》26 號簡"目"字作,亦相近。

《漢人所謂古文之研究》頁 70

睚

十鐘

△按　《説文》:"睚,大目也。从目,非聲。"與小篆形同。

盼 盼

秦文字集證 161·456　　盼陶録 6·50·4

○**何琳儀**(1998)　《説文》:"《詩》美目盼兮。从目,分聲。""《字林》:"盼,美目也。"

　　秦陶盼,人名。

　　　　　　　　　　　　　　　　　　　　　《戰國古文字典》頁 1357

○**王恩田**(2007)　盼。

　　　　　　　　　　　　　　　　　　　　　　《陶文字典》頁 84

窅 窅

窅集粹

△按　《説文》:"窅,深目也。从穴中目。"形體與小篆同。

眊 眊

眊上博三·彭祖 3

○**李零**(2003)　"眊=",重文,讀爲"眊眊",是昏憒之義。

　　　　　　　　　　　　　　　《上海博物館藏戰國楚竹書》(三)頁 305

○**陳斯鵬**(2007)　眊眊,古書或作"藐藐、邈邈",《詩·大雅·抑》:"誨爾諄諄,聽我藐藐。"毛傳:"藐藐然不入也。"魯詩作"邈邈",齊詩作"眊眊"。

　　　　　　　　　　　　　　　　　　《簡帛文獻與文學考論》頁 87

○**孟蓬生**(2009)　"眊眊",李先生訓爲昏憒,義固可通,然玩其語氣,頗與《尚書·顧命》"眇眇予末小子"之辭例相近。

《尚書·顧命》:"王再拜興答曰:眇眇予末小子,其能而亂四方以敬忌天威。"某氏傳:"言微微我淺末小子,其能如父祖治四方以敬忌天威德乎? 謙辭,托不能。""眊"與"眇"古音皆在明紐宵部,故可通假。《方言》卷十三:"眇,小也。"《説文·目部》:"眇,一目小也。从目从少,少亦聲。"《釋名·釋疾病》:"目眶陷急曰眇。眇,小也。"《洪武正韻》:"微也,細也,末也。"

《簡帛文獻語言研究》頁 137—138

𥄳　𥄳　𥄳

 包山 120

○**陳偉**(1996)　簡 80 提到"發𥄳",簡 120—123 提到"爲𥄳",簡 132—135 提到"笑等",雖然詳情待考,但大致應是發出施行强制措施的官方文書。

《包山楚簡初探》頁 140

○**何琳儀**(1997)　《説文》:"𥄳,蔽人視也。从目,幵聲。讀若攜手。一曰,直視也。𥄳,𥄳目或在下。"或體見包山簡 120。

《第二屆國際中國古文字學研討會論文集》頁 258

○**劉釗**(1998)　[90]簡 120 有字作"𥄳",字表隸作"𥄳"。按字从"目"从"幵","幵"即"幵"字。簡文中"𥄳"字作"𥄳",所從之"幵"省爲"幵",與"𥄳"所從之"幵"形體同。故此字應釋爲"𥄳"。《説文》:"𥄳,蔽人視也。一曰直視也。"《説文》引"𥄳"字異體作"𥄳",結構與簡文同。《集韻》載"𥄳"字爲"詰計切,讀如契同"。疑簡文"小人命爲𥄳以傳之"之"𥄳"讀爲"契"。

《出土簡帛文字叢考》頁 19,2004;原載《東方文化》1998-1、2

○**李守奎**(2003)　𥄳 包 120　《説文》或體。

《楚文字編》頁 214

○**劉信芳**(2003)　𥄳:讀爲"榮",《説文》:"榮,傳信也。"《漢書·文帝紀》:"除關無用傳。"注:"榮者,刻木爲合符也。""𥄳"从目从二幵,是會意字。簡文从幵之"宇"讀爲"主",除用作人名外,簡 202"宮地宝",207"野地宝"均指神位,與《説文》釋作"燈中火主"之"主"並不同源,古代神位多用木牌,《包山楚墓》圖版四七"五祀"牌位是其實物,知幵(主)是象形字,"𥄳"之从二主,是因爲古代傳信剖木爲二,以相合爲信,其字又从"目",則是因爲傳信是供目驗的,故此可知"𥄳"即漢代"榮"字。該字劉釗釋"契",説亦可通,由於辭例不多見,有待進一步研究。

《包山楚簡解詁》頁 111

△按　李守奎(《包山楚簡 120—123 號簡補釋》,《出土文獻與傳世典籍的詮釋——紀念譚樸森先生逝世兩周年國際學術研討會論文集》206—207 頁,上海古籍出版社 2010 年)讀"晋"爲"孖"。

眂 眎

集成 2611 卅五年鼎　　集成 2773 信安君鼎　　集成 2577 十七年平陰鼎蓋

璽彙 0350　　璽彙 2946　　璽彙 3015　　集成 10478 中山兆域圖

○**徐中舒、伍仕謙**(1979)　眂,從目,氏聲,即古文視字。此字在《侯馬盟書》作覗,從見,氏聲。(中略)其實從氏從氐諸字,在戰國前後期即已相互通用。再以中山諸器支脂合韻之例證之,更可說明戰國時代支脂二韻就早已互相通用了。視,比也。《周禮》中多用此字,皆作眂(今《十三經注疏》本皆作眂,當是用段説校訂)。文繁不備録。《孟子·萬章》"大夫受地視伯",言大夫受地當與侯伯相比也。

《徐中舒歷史論文選輯》頁 1344,1998;原載《中國史研究》1979-4

△按　《戰國文字編》收字形▨,並注云:"卅年虎令鼎。"所注有誤,這是卅五年虎令鼎器銘的字形。

【眂事】

【眂吏】

○**羅昊**(1981)　……蓋銘"眂事砍",器銘作"眂事▨砍"。"眂"即視字,"▨"爲司馬合文。

《考古與文物》1981-2,頁 19

○**黃盛璋**(1982)　(一)視吏見於卅年與卅五年虎鼎,地位在令之下,冶之上,與本鼎同。(中略)(二)"視吏",本器作"眂",《説文》"眂亦古文視",《廣韻》"視"下"眂並古文","吏、事"古同一字,"視吏"也可能讀爲"視事",即主事之意。虎鼎中之"視吏"在令之下,而三晉銘刻常以吏或冶吏、庫吏、工師吏等主造,所以視吏當爲吏之官職名。

《考古與文物》1982-2,頁 55、59

○**李學勤**(1981)　"視事",據本銘爲職官名,應參看下列魏器:"卅五年,安命

（令）周友，眠（視）事作盂秋，冶期釿（鑄），脣半霝。騧奭。"（《中日歐美澳紐所見所拓所摹金文彙編》302，盂）

"卅五年，安命（令）周友，眠（視）事作盂秋，冶期釿（鑄），脣半霝。下官。"（拓本，鼎）

過去我們對這兩件銘文的"視事"應怎樣解釋頗覺猶豫，現在看到信安君鼎，可以確定兩字作爲職官名，連下讀。

《新出青銅器研究》頁 211，1990

○**曹錦炎**（1985） 眠，視之異體字，《説文》視之古文即作眠，《廣韻》同。視事，職官名，當是主事者。"視事"也見於下引諸器：

鼎 卅年，廡（?）命（令）癰，眠事風，冶巡釿（鑄），脣（容）四分。（《録遺》522）

鼎 卅五年，廡（?）命（令）周友，眠事務，冶期釿（鑄），脣（容）半霝。下官。 （故宮藏器）

盂 卅五年，廡（?）命（令）周友，眠事作盂務，冶期釿（鑄），脣（容）半霝。騧奭。 （《彙編》302）

鼎 詥（信）安君厶（私）官，脣（容）半。眠事司馬敂，冶王石。十二年，禹（稱）九益（鎰）。下官，脣（容）半。 （器 《考古與文物》1981 年 2 期）

廡字或釋虎，釋字雖不同，但論者均以爲魏器是可信的。信安君鼎也是魏國器，信安君見於《戰國策・魏策二》。本鼎根據瑕地的考證，可確認爲是魏器。這樣看來，"視事"似爲魏國特有的職官名，如此推測不誤的話，這可作爲判斷魏國器的一項標準。傳世古璽有"右庫眠事"印，爲黃賓虹舊藏，裘錫圭先生指出，"當亦是魏物"，是正確的。

《考古》1985-7，頁 634

○**黃盛璋**（1989） 眠（視）吏見卅年與卅五年虎鼎，均爲主造者，眠爲"視"字古文，見《説文》"視"字下。吏、事古同一字，亦可讀爲"視事"，虎鼎在令之下，則當爲官職之名，意爲視事，即主事之意。

《古文字研究》17，頁 61—62

○**黃盛璋**（1989） "眠吏"當讀"視事"，見三十年與三十五年虎鼎與信安君鼎。

《文博》1989-2，頁 27

○**湯餘惠**（1993） 視事，官名，主持器物製造的官吏，僅見於魏。地位在"冶"之上，略相當於工師。

《戰國銘文選》頁 6

睸 瞄 瞶

瞶包山 167　瞶包山 82　瞶包山 173　瞶包山 177

○劉彬徽、彭浩、胡雅麗、劉祖信（1991）　瞶。

《包山楚簡》頁 29

○黃錫全（1992）　167 瞶 瞶 瞶。

《古文字與古貨幣文集》頁 399,2009；原載《湖北出土商周文字輯證》

○何琳儀（1993）　同理瞶82 應釋睸。

《江漢考古》1993-4,頁 59

○劉釗（1998）　［50］簡 82、167、173、177 有字作"瞶、瞶、瞶"，字表隸作"瞶"。按字从"貝"从"亯"，"亯"乃"冒"字之異構。簡文"冒"字作"冒"（136、138），作"亯"乃從甲骨文"冒"字作"冒"的早期寫法演變而來。楚帛書曰"則毋敢瞶天靈"，曹錦炎先生認爲"瞶"字所从之"亯"即"冒"字，讀"瞶天靈"爲"瞶天靈"，瞶，犯也。其説甚是。"瞶"所从之"亯"同"瞶"所从之"亯"，顯然爲一字無疑。故此字應釋爲"睸"。"睸"字見於《説文》，在簡文中用爲人名。

《出土簡帛文字叢考》頁 12—13,2004；原載《東方文化》1998-1、2

○湯餘惠等（2001）　睸。

《戰國文字編》頁 216

○劉信芳（2003）　字又見簡 167、173、177,均用作人名。或隸定作"睸"，非是。該字从視，瞶聲，瞶字上部即《説文》"丱"（音乖）字，就字形結構而言。應是"瞶"字異構。《説文》："瞶，目不明也。"

《包山楚簡解詁》頁 80

○蘇建洲（2003）　瞶、瞶是"瞶"，舊説實可從。須要説明的是釋爲"睿"則其"卢"旁作"卢"形，字形比較接近《包山》225"殤"作瞶、《望山》1.48"死"作瞶、《郭店・窮達以時》9"死"作瞶的"卢"旁，筆畫稍有訛變。

《中國文字》新 29,頁 223

○徐在國（2003）　相應地，包山楚簡中的"瞶"字也被釋爲"睸"。現在看來，這種釋法是錯誤的。

《中國文字研究》4,頁 149

○李守奎（2003）　　睊　䁗。

《楚文字編》頁 214

盱 盰 眝

集粹　集成 9715 杕氏壺

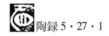璽彙 0954　貨系 431　　程訓義古璽印集存 1-24　　陶録 5·27·1　　陶録 5·27·2

○于省吾（1932）　（編按：集成 9715 杕氏壺）多寡丕訏（訏、盱，古通，樂也）　盧以
匽飲盱我室家。

《雙劍誃吉金文選》頁 160，2009

○郭沫若（1935）　（編按：集成 9715 杕氏壺）盱與訏通，但此當訓爲大。《詩·溱
洧》“洵訏且樂”。《毛傳》云“訏，大也”（《爾雅·釋詁》同）。《漢書·地理
志》下引作“恂盱且樂”，師古注亦云：“盱，大也。”

《郭沫若全集·考古編》8，頁 482，2002

○容庚（1941）　（編按：集成 9715 杕氏壺）盧以匽飲，盱我家室。

《商周彝器通考》頁 337，2008

○何琳儀（1998）　　盱　周空首布盱，讀邘，地名。見于字 c。

《戰國古文字典》頁 457

○何琳儀（1998）　　盰，从目，主聲。眝之異文。《字彙補》：“眝，亦作盰。”《説
文》：“眝，長眙也。从目，宁聲。”

　　燕方足布“盰坪”，讀“重平”。地名。參冢从主及塚讀重。《漢書·地理
志》勃海郡“重平”，在今河北東光東南。

　　杕氏壺盰，讀眝，注視。

《戰國古文字典》頁 357

睘 睘 睘 睘

璽彙 1904　　璽彙 1903　　錢典 832　　貨系 4067

新蔡乙四 102　　睡虎地·日甲 30 背壹

望山 2·50　　新收 1484 春成侯盉

郭店·五行 22

擐 郭店·老甲 9

○**中大楚簡整理小組**（1977）　（編按：望山 2·50）睘即環。

《戰國楚簡研究》3，頁 43

○**李家浩**（1987）　燕國文字中的"縣"寫作"還"和"睘"。

（7）亞仝（?）還。　（戈　《三代》19·32·1）

（8）右洰州還。　（矛　《河北省出土文物選集》42·92）

上錄二器銘文的地名均不可考。二器銘文"還"字所從"睘"旁並與下面將要介紹的燕國諸器銘文"睘"字寫法相同，而且（8）矛是 1966 年河北雄縣出土的，其地在戰國時期屬於燕的疆域，因此把它們定爲燕國之物。

　　《三代吉金文存》十八卷 40 頁下至 42 頁下著錄如下幾件所謂的"睘小器"銘文：

（9）牙（?）丘（?）睘。　（10）呈（?）栀睘。

（11）□少□睘。　（12）卵尚城睘。

（13）□睘。　（14）方城睘。

（15）□氏睘。　（16）豊虛（?）睘。

傳說這些"睘小器"出土於河北易縣（柯昌濟《金文分域編》8·9 下，1930 年）。易縣是燕國國都所在地，因此（9）至（16）的應當屬於燕國。從銘文中的地名來看，也可以得到這樣的認識。銘文"睘"前之字是地名，其中僅"方城"可考。按戰國時有兩個"方城"，一屬楚，在今河南葉縣南；一屬燕，在今河北固安縣南。這兩個"方城"都見於戰國文字中。楚國的"方城"見於鄂君啟節車節，燕國的"方城"見於燕"方城都司徒"印。（14）的"方城"二字寫法與燕印相同，而與鄂君啟節有別。這也是上錄"睘小器"銘文屬於燕國的確證。

（17）飀睘。　（矛　《三代》20·33·3）

（18）敀陸睘。（矛　《攈古錄金文》1·2·44）

　　此二矛銘文的"睘"字與上錄（9）至（16）的"睘"字寫法相同，也應該屬於燕國。

《著名中年語言學家自選集·李家浩卷》頁 21—23，2002；原載《文史》28

○**睡簡整理小組**（1990）　（編按：睡虎地·日甲 30 背壹）睘（環）。

《睡虎地秦墓竹簡》頁 212

○商承祚（1995）　　罻，即環。長罻，乃大環。

《戰國楚竹簡匯編》頁 100

○朱德熙、裘錫圭、李家浩（1995）　　一囟，一尚罻望山 2·50。

　　此處言"一尚環"，同簡下文言"一環"。墓中頭箱出瑪瑙環一（頭一九〇號），内棺出玉環一（内棺三號），不知是否即簡文所記二環。

《望山楚簡》頁 128

○尤仁德（1996）　　字从止从一从从。从止似有特殊意義。《戰國策·齊策三·孟嘗君將入秦》："孟嘗君乃止。"注："止，猶還也。"還字从辵罻聲。戈銘罻字从止，似與罻聲字有關。環字从玉罻聲，金文作（師遽彝）；袁字中山王譻銅方壺作，二者袁字皆从止，屬同例（罻、袁古通）。戈銘罻字从，是衣字下方的省筆。罻字省"口"，與陝西岐山鳳雛村出土西周甲骨 47 號還字作、湖北天星觀 1 號戰國墓出土竹簡還字作是一樣的。

《考古與文物》1996-4，頁 37

○唐友波（2000）　　罻字省口。楚簡"罻（環）"及从"罻"之字常省口；《古璽彙編》3180"繯"字所从之罻，亦作"罬"，相同。罻字所从之目較常見者中間省一豎筆，但是和"眠"字有的作，其目字的寫法相同。蓋、鋬以銅鏈相連，正是此類盉的形制特徵。

《上海博物館集刊》8，頁 156

○李家浩（2001）　　《戰國策·齊策六》："秦始皇嘗使使者遺君王后玉連環，曰：'齊多知，而解此環不？'"《淮南子·説林》："交畫不暢，連環不解。"我們認爲盉銘的"連環"與此"連環"意近，指連接盉蓋與提梁的鏈環。

《華學》5，頁 152

○李守奎（2003）　　罻　罬　罻　从袁省聲。

《楚文字編》頁 214

○賈連敏（2003）　　(編按：新蔡乙四 102)罻（亥）。

《新蔡葛陵楚墓》頁 208

睹　瞎　覩　覩

包山 19

○劉彬徽、彭浩、胡雅麗、劉祖信（1998）　覩。

《包山楚簡》頁 18

○何琳儀（1998）　覩，从見，者聲。睹之繁文。《説文》：“睹，見也。从目，者聲。䁑，古文从見。”

包山簡覩，人名。

《戰國古文字典》頁 517

○湯餘惠等（2000）　（編按：包山 19）覩。

《戰國文字編》頁 216

眔　眔

湖南 26

○何琳儀（1998）　眔，甲骨文作眔（前二·五·七），从目，水聲。眔，定紐；水，透紐（編按：“水”屬書紐）。定、透均屬舌音，眔爲水之準聲首。金文作眔（矢方彝）。戰國文字承襲商周文字。目旁或訛作日形，與三體石經《皋陶謨》眔形近。《説文》：“眔，目相及也。从目，从隶聲。”

古璽眔，讀暨，姓氏。《書·舜典》“讓于稷契暨皋陶”，《説文》引暨作眔。《書·禹貢》“朔南暨聲教訖于四海”，《漢書·地理志》引暨作眔。是其佐證。大彭之裔封於暨，因以爲氏。見《姓考》。

《戰國古文字典》頁 1375

△按　陳斯鵬《“眔”爲“泣”之初文説》（《古文字研究》25 輯，中華書局 2004 年）對“眔”字形義有梳理，可參。“眔”字又見於清華壹《皇門》簡 12、清華叁《説命下》簡 3、5 與《芮良夫》簡 8 等。

睽　睽　睽

睽秦公大墓石磬

○王輝、程學華（1999）　86 鳳南 M1∶884 殘銘：

……宜政，不廷鈛□。上帝是睽，左以䰜神……（拓片十五）

（中略）睽，大徐本《説文》云：“目不相聽也，从目，癸聲。”“聽”字桂馥《義證》云：“李燾本、《易·睽卦》釋文、《增韻》、《洪武正韻》並作‘目不相視也’。”所謂“目不相視”,《漢語大字典》解爲“二目不能集中視線同視一物”。
睸訓乖離,即取義於此。不過,睸也訓張目而視,是“集中視線同視一物”的意
思,與“目不相視”相反,這大概就是語言學家常説的“正反同辭”罷。

（中略）“上帝是睸”即“上帝寔睸”,意爲上帝專注地看着（秦公）。“上帝
是睸”與文獻中常見的“上帝臨女（汝）”意思相近。

《秦文字集證》頁 113—118

○**曾憲通**（1999）　卦名曰《睸》,《説文·目部》:“睸,目不相視也。”（大徐本
視作聽,此據陸德明《釋文》引改）謂二目不能集中同視一物,引申之而有乖離
之義。《玉篇·目部》:“睸,乖也。”《序卦》云:“家道窮必乖,故受之以睸,睸
者乖也。”馬王堆帛書本正作“乖”。《廣雅·釋詁》:“乖,離也。”卦象與卦義
兩相呼應。

《古文字與出土文獻叢考》頁 194,2005;原載《中國語言學報》9

眜　眜

秦陶 633　　陶録 6·32　　陶録 6·198·3　　上博六·用曰 19

○**何琳儀**（1998）　《説文》:“眜,目不明也。从目,末聲。”
　　秦陶眜,人名。

《戰國古文字典》頁 957

○**張光裕**（2007）　眜。

《上海博物館藏戰國楚竹書》（六）頁 305

○**王恩田**（2007）　眜。

《陶文字典》頁 85

瞥　瞥

近出 1185 卅八年上郡守戈　　印典　　秦代印風 130　　璽彙 2721

○**何琳儀**（1998）　《説文》:“瞥,轉目視也。从目,般聲。”
　　古璽瞥,人名。

《戰國古文字典》頁 1058

睢　睢

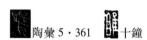陶彙 5・361　　睢十鐘

○袁仲一(1987)　(5)東武東閭居貲不更鵙(睢)　(拓片 481)。

　　(中略)第(5)件瓦文的最末一字筆畫較亂。細審之,似从目从鳥,爲鵙字。《集韻》上睢"本作鵙",可知此字爲睢字,人名。

《秦代陶文》頁 27—28

睦　睦

睦湖南 96

○何琳儀(1998)　《說文》:"睦,目順也。从目,坴聲。一曰,敬和也。睦,古文睦。"

　　秦璽睦,人名。

《戰國古文字典》頁 225

瞻　曕　贍

瞻秦印　贍郭店・緇衣 16

○荊門市博物館(1998)　(編按:郭店・緇衣 16)贍,簡文从"視",右旁同鄂君啟節"擔"字的右旁。"贍"即"瞻"之異體,从"視"與从"目"同。

《郭店楚墓竹簡》頁 133

△按　《說文》:"瞻,臨視也。从目,詹聲。"秦印瞻形與小篆同。

督　稽　香

陶彙 3・823

○于豪亮(1981)　《江夏黃氏古璽集林》有古璽"公孫香",其文如下:

香公孫

第三字作盃,盃即香字。香字乃督字之或體。蓋《説文·彭部》之鬏字或作髳,《雨部》之霖字,籀文作霖。則香字必爲督字無疑。

督與牟通,(中略)

此公孫香之香儻讀爲牟或務歟?

《古文字研究》5,頁 256—257

○**何琳儀**(1998)　眵,從目,矛聲。疑督之省文。《説文》:"督,氐目謹視也。從目,敊聲。"又疑矛之繁文,目爲疊加音符,與冒字造字方法類同。見冒字。

齊陶眵,人名。

《戰國古文字典》頁 256

相　相　搜

○**丁佛言**(1924)　🔆　古鈢盃相如,🔆爲目之變,或釋作栖,非。周秦閒文字多變更古體,不能以形似求之。

《説文古籀補補》頁 16,1988

○**黄盛璋**(1987)　一、六年代劍　此斷劍爲章乃器先生舊藏,後由其家屬捐獻中國歷史博物館,(中略)戈銘隸定如下:

　　六年郱相? 吏微,左庫(中略)

第三字明顯從戈從邑,乃是"郱"即"代",古文字從"弋"往往從"戈",一直到西漢篆、隸仍然多見。(中略)"郱"下一字適爲斷處被截爲二,上半筆畫已有殘缺,但右從木左下從"二",但"二"以上已缺,其殘存之處結構頗與三晉兵器"相"字相同,很可能是"相"字,代在趙國地位特殊,僅次於趙國都,襄子封其兄太子伯魯於周爲代成君,趙武靈王又封其長子章爲代安陽君,均證明其地位僅

圖一"六年
代劍"銘文

次國君,秦滅趙王遷後,公子嘉又率其宗族數百人據代稱代王,並東與燕合兵上谷。代國原有一定地域,因而有一定的財力,上引趙簡子囑其子襄子"登夏屋,以望代俗,其樂甚美",雖屬傳説,但説明趙之先世對代的土地、人民存心已久,纍世積年,襄子更處心積慮甚至以其姊作爲美人計以滅代王。代入趙後,其地域、人民蓋仍保持其舊,故常以王之子弟或王子封代以鎮守之,三晉地方皆已命即令爲監造,閒亦以封君爲監造,此以相爲監造,看來趙在代可能置相,漢代於郡置守,國置相,看來可能來自戰國。

《文博》1987-2,頁 54

○**孫敬明、蘇兆慶**(1990)　戈體通長 24、援長 15、内長 9、胡長 10.5 釐米,重350 克。戈内正面後部有刻銘 3 行,共 22 字,合文 1。銘文爲:

　　　十年洱陽倫(令)長疋司寇(寇)

　　　䎽(平)相左庫工帀(師)重(董)棠(棠)

　(中略)相从木从目,目下綴加一橫,與中山王䉜壺銘同。

《文物》1990-7,頁 39—40

○**王輝**(1990)　相在先秦時多用爲輔佐之義。《禮記·樂記》:"治亂以相。"《釋文》引王注:"相謂輔相。"中山王䉜方壺:"逑(使)得賢在(士)良佐(佐)賈,以輔相氒身。"引申之,凡佐主人、賓客行禮樂者稱相,《禮記·雜記》:"相者由左。"《周禮·大宗伯》:"朝覲會同則爲上相。"再引申之,凡佐王治理邦國者,亦曰相。(中略)中山王䉜方壺説中山王對其相邦,"謼(專)賃(任)之邦"。相邦之地位在丞相之上,呂不韋於莊襄王元年已爲丞相,而"太子政立爲王,尊呂不韋爲相國"(《史記·呂不韋列傳》)。這條記載明白無誤,而今人多加曲解。漢承秦制,漢初相國地位亦高於丞相,蕭何始爲丞相,漢高祖十一年,"使使拜丞相何爲相國,益封五千户"。漢初有特殊使命的武將,亦多冠以相國的尊號,樊噲、周勃均如此。傅舉有同志《漢代相國丞相爲兩官》亦主此説。

《秦銅器銘文編年集釋》頁 42

○**袁國華**(1993)　"相"字見《包山楚簡》第 149 簡,疑即"相"字。戰國文字"相"作木目楚帛書、中山王壺、庚壺。《包山楚簡》"目"字的寫法原作"目",(簡 196"相"字所从),後亦寫作"目"(簡 259"䌛"所从),因其易與"且"字字形作"且"(簡 116"鄾"字,簡 202、213"虖"字所从)混淆,爲求容易辨識,乃於"目"下加一"丨"畫,而寫作"目",其作用與"庚壺""相"字所从"目"字,下多加一"一"作"目",意義是一樣的,因此,"相"應是"相"字的不同寫法。

簡 149 的内容是：由於"陵迅尹塙以楊虎斂闌金"於各邑，但是没有"量其闌金"，最後經過"鄔"的審理，結果是"陵迅尹之相墬余可内之"。"陵迅尹之相"中的"相"字的意義，疑作"家相"解，《禮記·曲禮下》"士不名家相長妾"，孔穎達疏："家相謂助知家事者也。"則"陵迅尹之相"猶言"陵迅尹的家相"。"墬余"是"家相的姓名"；"可内之"是説：事情經過"鄔"的審理之後，認爲"陵迅尹的家相墬余可以替其主人獻納未計量的關税"。

《第二届國際中國古文字學研討會論文集》頁 439—440

○**曹錦炎**（1994） 宋人金文著作中曾收録一件著名的越王鐘。(中略)

這件甬鐘，容庚先生在其名著《鳥書考》中首先以越王劍、矛證之，定爲"越王鐘"，並疑爲句踐之子鼫與之器，誠爲真知灼見。後來他在 1964 年發表的同名論文中更進一步指出作器者爲越王者旨於賜（即鼫與）。郭沫若先生在其新版《兩周金文辭大系圖録考釋》的補録中，也肯定了越王鐘之説，但他誤認爲此鐘與者汈鐘同爲王翳之子諸咎所作，則不可信。(中略)

本文著重對鐘銘的不識之字加以考釋，並對有關詞句加以討論。

(中略)用之勿相　相，讀爲喪。典籍相、爽二字可以互相通假，(中略)因爲相、爽、喪均爲雙聲疊韻關係，所以可以互相通借。又《説文》訓"霜"爲"喪也"，也可作爲旁證。"用之勿喪"，猶如他器銘云"永保用"。

《國際百越文化研究》頁 255—256、260

○**伊世同、何琳儀**（1994） 第 4 字"相"《説文》釋"省視"。饒文用其本義，李文據《開元占經》等文獻釋星名。(中略)

關鍵問題是對"相"的理解。如果釋"相"爲"省視"，本句爲倒裝句，大意是"觀測星光，左平明亮"；如果釋"相"爲星名，本句爲對偶句，大意是"左平明亮，相星明亮"（《説文》"光，明也"）。我們傾向於前者，但後者的可能性也是有的（詳下文）。

《文物》1994-6，頁 85

○**劉樂賢**（1994） ［十七］相讀爲霜。《説文》："霜，喪也。"《白虎通·變災》："霜之爲言亡也，陽以散亡。"孀字是後起字。按：本篇第 1 段之一〇背稱戌與亥爲分離日，則此處相字亦當有分離之義。

《睡虎地秦簡日書研究》頁 207

○**李守奎**（2004） 《九店楚簡》45 號簡（《九店墓》同）簡首四字已殘。李家浩先生據竹簡出土清理時的記録釋爲"凡栩坦妝"四字，並考"栩坦"云：

"凡栩坦妝"四字，圖版照片只殘存左半，竹簡出土清理時右半尚存，釋文是根據當時的記錄釋寫的。《玉篇》木部以“楒”爲“㭘”時的異體。《説文》木部：“㭘，槌也。”簡文“楒”當非此義。《集韻》卷十麥韻“㭘”字下所收異體除“楒”外，還有“橞”等。古書中屢見“得”與“德”通（參看高亨《古字通假會典》408、409頁）。“楒、得”皆從“導”聲，“橞、德”皆從“悳”聲。所以“㭘”字的異體既可以寫作“楒”，又可以寫作“橞”。“悳、置”二字皆從“直”得聲。疑簡文“楒”應當讀爲“置”。《廣雅·釋詁四》：“置，立也。”《墨子·明鬼下》：“且惟昔者虞夏、商、周三代之聖王，其始建國營都日，必擇國之正壇，置以爲宗廟；必擇木之修茂者，立以爲菆（叢）位。”“坦、壇”二字古音相近，可以通用。《隸釋》卷六漢從事武梁碑“前設礑砠，後建祠堂”，洪适説：“‘礑’即‘壇’字，‘砠’即‘墠’字。”《考工記·矢人》“亦弗之能憚矣”，鄭玄注：“故書‘憚’或作‘但’。鄭司農云：讀當爲‘憚之以威’之‘憚’。”疑簡文“坦”應當讀爲“墠”。《説文》土部：“墠，野土也。”段玉裁注：“野者，郊外也。野土者，於野治地除草。”

“楒”讀爲“置”似費周折。

考現知楚文字，未見“楒”字。望山楚簡有一字作：望山 M1·7

朱德熙、裘錫圭、李家浩三位先生在《一號墓竹簡釋文與考釋》一文釋爲“楒”字。人多信從。

此字又見於《包山楚簡》149號簡：陵迠（卜）尹之墮余可内之。

“”字上部不從“貝”，從“目”。楚文字中“目”字上尖，“貝”字上圓平，無“貝”字寫作尖首狀，二者區別甚嚴。故筆者在1997年的學位論文中未敢信從“楒”字之釋，將其歸入附録，今據《郭店楚簡》可釋爲“相”之異寫。管夷吾釋械柙“而爲者（諸）侯相”之“相”作“”，釋“相”無疑。包山楚簡“卜尹之相”就是卜尹的佐相。

九店45號簡簡首四字未見摹本，不知李先生據以釋“楒”的是否此字。若是此字，簡文似可斷可爲：

　　凡相：坦、敔邦，作邑之寓，蓋西南之寓，君子尻之，幽恀（疑）不出。

“相”是指相宅之術。“坦”當用爲動詞。

補記：李家浩先生指正説：

二、九店45號簡開頭四字，據當時的記錄作如下之形：

從字形上看，釋爲“相”比釋爲“楒”好。不過此文把開頭一句標點作“凡相：坦、邦，作邑之寓”，説“相”是相宅之術，“坦”當用爲動詞，卻有問題。按照這樣標點和解釋，"相、坦"二字都缺少賓語。

《新出土文獻與古代文明研究》頁 350—351

【相如】

○**湯餘惠**（1986）　（編按：璽彙 0565）相如　㠪。

《古文字研究》15，頁 23

○**李零**（1999）　"相如"，古書常見，多用爲相似、相當之義，如《墨子·備城門》"備城門爲縣門，沈機長二丈，廣八尺，爲之兩相如"。這裹似指王室相和。

《國學研究》6，頁 536

○**曾憲通、楊澤生、蕭毅**（2001）　"王室相如"，相如指相同、相類，《墨子·備城門》："（門）廣八尺，爲之兩相如。"孫詒讓《墨子閒詁》："謂門左右兩扇同度。"全句説王室也一樣。

《考古與文物》2001-1，頁 53

○**王輝**（2001）　"相如"，相若，相似。古人多名相如，戰國古璽有"肖相如"，秦印有"趙相如"，趙有藺相如，漢有司馬相如，"蓋謂行貌像其父，非不肖子"。"王室相如"，殆王室之孝子賢孫，非不肖子。王室見睡虎地秦簡《法律答問》"王室祠，貍（埋）其具""王室所當祠固多矣"，簡文還提到"公室"。"王室"與"公室"相對，是稱王以後的叫法。

《考古學報》2001-2，頁 153

○**李家浩**（2001）　背 5"□王室相如"，第一字殘泐不清，《研究》説是表示願望的"思"字，不可信。《研究》又説銘文的"相如""似指王室相和"，也不可信。不論古今，"相如"都没有"相和"的意思，《研究》舉的《墨子·備城門》的例子，就是很好的證明。按此句是承"人壹家"而言的，意思是説王室的人員跟百姓一樣，每人也供犧牲一"家"。

《北京大學中國古文獻研究中心集刊》2，頁 109

【相邦】

○**張政烺**（1979）　相邦即漢之相國，今言首相。

《古文字研究》1，頁 209

○**趙誠**（1979）　相邦，相當於後世的丞相，輔助國君治理邦國，爲百官之長。

《古文字研究》1，頁 247

○**李仲操**（1979）　戈的年代，戈銘記有"八年相邦吕不韋造"，此"八年"，應爲吕不韋任相邦時的秦王在位的第八年。《史記·吕不韋列傳》載"莊襄王即位三年,薨,太子政立爲王,尊呂不韋爲相國,號稱仲父”。“秦王十年十月,免相國呂不韋”。“相國”即“相邦”,其職位較丞相略高。漢代因爲避漢高祖諱,改“邦”爲“國”。呂不韋任相邦是在秦王政元年至十年的時閒裏,則此戈的八年,必爲秦王政八年。即公元前 239 年。

《文物》1979–12,頁 17

○**王輝**(1990)　《史記·秦始皇本紀》:“(始皇即位),呂不韋爲相,封十萬户,號曰文信侯。”又《呂不韋列傳》:“太子政即位爲王,不韋爲相,又益尊重,號曰仲父。”此戈出於秦俑坑,形制爲長胡四穿,銘文又稱相邦,不稱丞相,作於秦王政三年,是毫無疑問的。

《秦銅器銘文編年集釋》頁 86

○**黄家祥**(1992)　銅戈銘文記有“九年,相邦呂不韋造”,據《史記·秦始皇本紀》,秦王政元年十月至十年“尊呂不韋爲相國”,《史記·呂不韋列傳》載:“莊襄王即位三年,薨,太子政立爲王,尊呂不韋爲相國,號稱仲父。”“秦王十年十月免相國呂不韋。”“相國”即“相邦”,其官職略高於丞相。此戈銘文中的九年,應爲秦王政九年,即前 238 年。

《文物》1992–11,頁 93

○**湯餘惠**(1993)　相邦,職官名,見於趙、秦等國兵器銘文,後世又稱相國、丞相、宰相,輔佐君王總理邦國大事者。

《戰國銘文選》頁 59

○**陳偉武**(1996)　相邦　戰國時期一些諸侯國執政大臣之稱,出土及傳世軍器屢見,如《集成》11361 録有“相邦樛斿”戈,此外,還有“相邦冉、相邦杢波、相邦呂不韋、相邦趙、相邦義”等戈、戟、劍,大致屬於秦和三晉兵器。傳世的一方玉璽稱“兇(匈)奴相邦”(《璽彙》0094),王國維考證認爲:“當是戰國訖秦漢閒之物。考六國執政者均稱相邦,秦有相邦呂不韋(見戈文)、魏有相邦建信侯(見劍文),今觀此印,知匈奴亦然矣。史家作相國者,蓋避漢高祖諱改。”(《匈奴相邦印跋》,《觀堂集林》卷十八,第 16 頁,中華書局 1959 年)其實,楚稱“令尹”,齊稱“相”,都不稱“相邦”。

《華學》2,頁 82

○**王輝**(1997)　前元四年,既有“大良造庶長”,又有“相邦”,而且二者又極有可能是一人,應如何解釋? 這可能反映了相邦在最先設置時由大良造庶長兼任;稍後則大良造庶長僅爲封爵名,相邦爲最高行政長官,佐助國君處理國家日常事務。這一點在關東國家器物銘文上也有反映。1977 年河北平山縣出土的中山王𰯼大鼎銘云："天降休命于朕邦,又(有)厥忠臣賙……以左右寡人,使知社稷之賃(任)……是以寡人委賃(任)之邦而去之游,亡(無)懆惕之慮。"又中山王𰯼方壺銘:"天不厭其又(有)願,使得賢才良佐賙,以輔相厥身。余知其忠信施(也),而尃(專)賃(任)之邦。"相邦佐助國君,國君對相邦也"委任之邦""專任之邦",即以邦國大事相托。據學者研究,中山王器作於前314至前306年之閒,估計其相邦之始設應在此前二三十年,至於秦與三晉(中山制度、文字與三晉略同)誰先設立相邦一職,已難於考察。從現有資料看,以秦惠文君四年(前334)爲最早。趙器銘文有守相杢波(廉頗),作於趙惠文王十五年(前284),守爲代理之意,既稱代理,則趙相邦之設應在此前,但究竟早到何時,也無從知曉。

《陝西歷史博物館館刊》4,頁21

【相室】

○**于豪亮**(1981)　《鵴盧印稿》有"䣃坪君相室鉢",(中略)

"相室"之名,亦見於古籍。但前人對於"相室"之注釋多不一致,且不甚準確。

《戰國策·秦策一》云:

梁人有東門吳者,其子死而不憂,其相室曰:"公之愛子也天下無有,今子死不憂,何也?"相室下注云:"室家之相,此女也。男曰家老。"

《漢書·五行志·中之下》:

記曰:不當華而華,易大夫;不當實而實,易相室。師古注:"相室,猶言相國,謂宰相也。合韻故言相室。相室者,相王室。"

《戰國策》已見相室之名;而《漢書·五行志》引《記》以大夫與"相室"並舉,其時代亦當在戰國之時。故古璽與銅器銘文中之"相室",其時代乃與古籍所記之時代相合。惟是《戰國策》高誘注與《漢書》顏師古注均不甚準確。高誘謂"相室"爲室家之相,其言甚是,然又謂"此女也",則似未達一閒。師古注則以相國爲言,謂言相室者乃合韻之故,則尤爲謬誤。"相室"應爲家相、室老、家老之異名,蓋"相室"與家相、室老、家老之涵義完全相同。

《周書·祭公解》:"汝無以家相亂王室,而莫恤其外。"《皇門解》:"以家相厥室,而岬王國王家,惟德是用。"孔注:"言陪臣執國命。"則家相、相室乃是陪臣。《禮記·曲禮》:"士不名家相、長妾。"家相與長妾相對,則家相、相室非女人甚明。《儀禮·喪服傳》:"公卿大夫室老士,貴臣也,其餘皆眾臣也。"注:"室老,家相也。"公卿大夫均有家相,亦即均有相室,一部分政治地位較高之士亦有相室,則相室固不得以相國或女人釋之。

《古文字研究》5,頁 255—256

○**葉其峰**(1983)　“相室”(圖三十二)　此爲《詩·抑》“相在爾室”之省。此“相”字鄭玄訓“助”,謂諸侯卿大夫助祭於王的宗廟。

《故宮博物院院刊》1983-1,頁 77

○**王人聰**(1983)　《彙編》編號 4561、4562、4563 著録了三方“相室”璽,編者以爲璽文是吉語,列入吉語璽一類中。《故宮博物院院刊》1983 年 1 期刊載葉其峰《戰國成語璽析義》一文,則認爲“相室”是成語,將其歸入成語璽一類。

我們認爲以上兩種意見都是不正確的,在先秦典籍中從未見有“相室”作爲吉語或成語使用的句例。“相室”其實是官名,曾數見於《韓非子》。

(中略)古璽中的相室,究竟是相當於相國還是家臣呢? 我們認爲應是相當於家臣一類。戰國時期相國的官稱,見於兵器銘文中的,都稱相邦,而未見有作相室的。其次,《十二家吉金圖録》著録有“王后左相室鼎”,此鼎從其形制特點觀察,可以斷定爲戰國時器。器身與蓋都有銘文,器銘爲“王后左相室九□□”,蓋銘爲“王后左相室”。銘文中的相室二字與璽文相同,而此鼎銘文則清楚表明相室是王后的屬官,即在王后宮中供職的中官。這種官職與戰國時期中央集權官僚機構中作爲“百官之長”的相國性質是完全不同的。由鼎銘與璽文互證,可以推知璽文之相室應是指家臣。這類“相室”璽,在古璽分類中,應當歸入官璽一類。

《古璽印與古文字論集》頁 30—31,2000 年;原載《古文字學論集》(初編)

○**陳偉武**(1996)　“相室”又見於鼎銘和古璽文,(中略)于豪亮先生指出“‘相室’應爲家相、室老、家老之異名”可從,斥顔注“尤爲謬誤”則非。在家天下的時代,王家的管理者是很容易轉化爲天下的管理者的。歷史上“小臣”和“宰”都由王室管理者變成權勢顯赫的大臣,這與“相室”本指室家之相,轉指執政大臣何其相似。

《華學》2,頁 82

瞋　瞋

○**睡簡整理小組**（1990）　瞋目扼腕,瞪着眼睛,握住手腕,《商君書·君臣》:
"瞋目扼腕而語勇者得。"

《睡虎地秦墓竹簡》頁 16

睗　睗

集成 11311 越王者旨於睗戈　　集成 11511 越王者旨於睗戈

○**何琳儀**（1998）　《説文》:"睗,目疾視也。从目,易聲。"

越兵"者旨於睗",越王名。

《戰國古文字典》頁 760

督　督

督印典

△**按**　《説文》:"督,察也。一曰:目痛也。从目,叔聲。"此形與小篆近同。

看　旬　旬

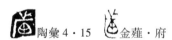陶彙 4·15　　旬金薤·府

○**何琳儀**（1998）　旬,从目,伒聲,看之初文。《説文》:"旬,睎也。从手下目。
翰,看或从倝。"伒、倝一字分化（詳見倝字）,故旬即看之或體倝。小篆誤伒爲
手,又以會意分析字形,非是。

中山雜器"旬器",讀"看器",觀看器。

《戰國古文字典》頁 966

暉　暉

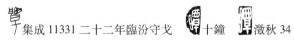集成 11331 二十二年臨汾守戈　　暉十鐘　　暉澂秋 34

○**江西省博物館、遂川縣文化館**（1978）　（編按:集成 1331 廿二年臨汾守暉戈）按秦器
銘刻的文例,職官名的後面一般都只署人名,或兼舉姓氏和名字,獨不見有僅
舉姓氏而不書名字的,因此,"臨汾守"後面的"暉"字,應是郡守的名字。

《考古》1978-1,頁 66

睂　睂

集成 2746 梁十九年亡智鼎　　集成 2840 中山王鼎　　郭店·語二 1　　郭店·唐虞 11

郭店·成之 26　　郭店·成之 28　　侯馬 92:39　　璽彙

○**商承祚**（1982）　第二十七行：睂、省同，後引其横筆爲丿作睂，遂分爲二。敦煌本《尚書·説命》：“惟干戈睂吰躬。”今本作省。

《古文字研究》7，頁 53

○**李守奎**（2003）　睂在簡文中多讀性，或有讀姓。

《楚文字編》頁 216

○**陳偉武**（2003）　“睂”傳世典籍多用以指目病，但在楚簡中屢用爲“性”，竊謂此字即表心情、性情之專字，從“目”或從“見”與從“心”義相關，故可互作，猶前文所述上博簡以“皆”爲“志”、以“賊”爲“惑”。“睂”字在上博簡中有兩個形體：；上部表聲或作“生”，或作“丩”，前者爲“生”，後者疑爲“壬”之異體，“壬”，透紐耕部字，故“睂”（書紐耕部）可以之爲聲符。古書中確有從“生”之字同以“壬”爲基本聲符之字通用的例證，如《春秋》宣公十八年：“歸父還自晉，至笙遂奔齊。”“笙”，《公羊傳》和《穀梁傳》均作“楹”。“楹”從“聖”，“聖”從“壬”聲。頗疑從“目”“生”聲之“睂”和從“目”“壬”聲之“睂”都是表示“性”的專字，而前者與表示“目病”之“睂”屬異字同形。

《華學》6，頁 103

○**張富海**（2007）　按中山王譽鼎（《集成》5.2840）“省”字作，所從“目”的中閒由一般的三筆變成了四筆，此《説文》古文所從“目”之作是與之相類的變化。（中略）郭店簡中“睂”有三類寫法，一作，見於《語叢二》《語叢三》；一作，見於《唐虞之道》；一作，見於《老子丙》《緇衣》《成之聞之》《性自命出》。此石經古文上部所從“生”同第一類。郭店簡中“睂”字多數用爲“性”，但《老子丙》2 號簡，《緇衣》5、9、11、12 號簡用爲“百姓”之“姓”，同此石經古文。上博簡《容成氏》48 號簡、《彭祖》7 號簡、《曹沫之陣》27 號簡等亦用“睂”爲“百姓”之“姓”。

《漢人所謂古文之研究》頁 71

○**李守奎、曲冰、孫偉龍**（2007）　“睂”在簡文中多讀爲“性命”之“性”或“百姓”之“姓”。“睂、省”當是一字之變異。所從“生”旁有“屮、中、屮”等訛變之形。

《上海博物館藏戰國楚竹書（一——五）文字編》頁 183

眯 睞 眯

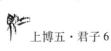睡虎地·日甲 24 背叁

上博五·季庚 15

○**王子今**（2003） （編按:睡虎地·日甲 24 背叁）今按：“眯”，有夢魘之義。《莊子·天運》：“遊居寢臥其下，彼不得夢，必且數眯焉。”成玄英疏：“眯，魘也。”

《睡虎地秦簡〈日書〉甲種疏證》頁 427

○**濮茅左**（2005） （編按:上博五·季庚 15）“眯”，同“眯”，或作“眛”。《博雅》：“眯，厭也。或作眛。”《左傳·僖公二十四年》：“不別五色之章爲眛。”讀爲“迷”。“迷”，迷誤、迷惑。

《上海博物館藏戰國楚竹書》（五）頁 224

眇 眇

集粹

△**按** 《説文》：“眇，一目小也。从目从少，少亦聲。”

盲 旨 㝩

璽彙 1647 程訓義古璽印集存 1–32

○**何琳儀**（1998） 《説文》：“盲，目無眸子也。从目，亡聲。”
晉璽盲，人名。

《戰國古文字典》頁 727

睇 睼 睼

上博五·君子 6

○張光裕（2005）　睍（視）。

《上海博物館藏戰國楚竹書》（五）頁 257

○李守奎、曲冰、孫偉龍（2007）　睇　𥉠。

《上海博物館藏戰國楚竹書（一—五）文字編》頁 184

睳　睳

十鐘

△按　《説文》新附字：“睳，深目也。亦人姓。从目，圭聲。”

睳

璽彙 3265

○何琳儀（1998）　睳，从目，丰聲。睳之省文。《集韻》：“睳，目瞭。或从丰。”晉璽睳，讀逢，姓氏。逢蒙學射羿，盡羿之道。見《孟子·離婁》。

《戰國古文字典》頁 432

睳

陶彙 3·156　陶彙 3·157　新收 1972 十四年戈

○何琳儀（1992）　《陶彙》齊“畫陽”陶文有一習見人名：

a.3.157　b.3.156　c.3.136　d.3.135

a、b 爲標準式，c、d 爲變體。其下从“目”應無疑義，上从“弁”參見：

a.《璽彙》1523　　　　b.《璽彙》2233

c.《侯馬》328　　　　d.曾侯乙編鐘

e.《信陽》2.09　　　　f.望山簡

g.《璽彙》1653　　　　h.昭王鼎

i.《璽彙》0537　　　　j.《璽彙》2908

k.《璽彙》2478　　　　l.《陶彙》9.10

或據傳抄古文“變”作：

釋 c、d、e、f 爲“敁、辡、笲、欼”，可信。其餘各字也多可釋讀：

a.“孫弁”。“弁”爲人名。膌所造鼎“弁鼎”讀“餰鼎”，詳下文。

b.“邞同”。“邞”即“弁”，古姓。《史記·東方朔傳》有“弁嚴子”。

c.“敁改”，即“拚改”，讀“變改”。《信陽》2.07“敁績”讀“辮績”。天星觀簡“敁丑”之“敁”讀“弁”，古姓。

d.“辡商”，讀“變商”，見《淮南·地形》“變商生羽”，即“商”之變音。

e.“陽笲”。“笲”見《儀禮·士昏禮》“婦執笲棗自門入”，注：“笲，竹器而衣者，其形蓋如今之筥、笲籚矣。”

f.“以欼”。“欼”讀“戀”，見《説文》“戀，欠皃，从欠戀聲”。

g.“左𧵅”。“𧵅”，見《篇海》“𧵅，錢財也”。璽文中爲人名。

h.“𩚏鼎”，讀“餰鼎”。“餰”實乃“飯”之異文。《汗簡》“飯”正作“餰”，《集韻》：“飯，食也。”《爾雅·釋言》釋文：“飯，飤也。”“飯鼎”猶言“食鼎”或“飤鼎”，銅器銘文中習見。上引膌所造鼎銘“鼎”即“弁鼎”，也應讀“飯鼎”。大廣盉銘“餰盉”即“飯盉”。

i.“王檏”。“檏”即“粉”，見《集韻》“粉，粉也”。璽文中爲人名。

j.“長繎”。“繎”即“絣”，上文引《汗簡》“變”由此形訛變。其所从“𢇍”，參見《説文》“糸”古文作“𢆶”。《説文》“緐”或體作“絣”。《周禮·春官·司服》“凡弔事弁絰服”，注：“故書弁作絣。”璽文中爲人名。吳王光鐘“”亦應釋“絣”。

k.“穌栟”。“栟”，見《玉篇》“栟，柱上薄櫨也”。亦作“閞”。璽文中爲人名。

l.“夆瘐”。“夆”，也見《璽彙》2949—2968，古姓。“夆”與三體石經“聘”作“”形體基本吻合。“弁、平”以及“甹”均一音之轉。“夆”从“平”从“弁”，二者都是古姓。考慮古璽已有“弁”姓，寫作“邞”，“夆”可能讀“平”。司馬成公權“石”讀“平石”，也頗爲吻合。

另外，戰國文字還有若干从“弁”的字，諸如《璽彙》2179、2969，《陶彙》3.861，溫縣盟書等，多爲人名，且很難與字書相對應，茲一併從略。

戰國文字“弁”及从“弁”之字甚多，這證明上揭陶文从“目”从“弁”之字，自應釋“睌”，即“臠”之異文。《説文》：“臠，目臠臠也，从目戀聲。”

眄

璽彙 3103

○**何琳儀**（1998）　眄，从目，羊聲。《集韻》："眄，眉閒曰眄。一曰，目美也。"
晉璽眄，人名。

《戰國古文字典》頁 673

瞀

印典

○**湯餘惠等**（2001）　瞀。

《戰國文字編》頁 220

睪

睪郭店·語一 80

△**按**　睪，"親"字異體。詳見卷八見部"親"字條。

瞥

集成 11397 六年鄭令戈　　集成 11554 七年鄭令矛　　集成 11386 八年鄭令戈

○**何琳儀**（1998）　瞥，从目，幽聲。
韓兵瞥，人名。

《戰國古文字典》頁 160

瞀

瞀睡虎地·日甲 60 背貳

○**睡簡整理小組**（1990）　須（鬚）𥄂（眉）。

《睡虎地秦墓竹簡》頁 214

○**陳振裕、劉信芳**（1993）　《日書》八三六反：須𥄂。按：“𥄂”，即睂字。如“頯”，或作髭。“頯”，俗作𩭿。“須”，又作鬚。“額”，《西京賦》作髪。《北齊書・禮服志》：女官偏䯻鬐。

《睡虎地秦簡文字編》頁 121

○**張守中**（1994）　𥄂　《説文》所無　日甲六○背　通眉　須𥄂。

《睡虎地秦簡文字編》，頁 51

○**劉樂賢**（1994）　𥄂字不見於字書，目上須即眉，是會意字。

《睡虎地秦簡日書研究》頁 243

瞖

睡虎地・日甲 13 背

○**睡簡整理小組**（1990）　（編按：睡虎地・日甲 13 背）人有惡曹（夢），瞖（覺），乃繹（釋）髮西北面坐。

《睡虎地秦墓竹簡》頁 210

○**陳偉武**（1997）　古文字中義近形符“目”與“見”互換數見不一見。（中略）睡虎地秦簡《日書》甲種〈夢〉篇“瞖”字，乙種作“覺”。

《第三屆國際中國古文字學研討會論文集》頁 650

眢

鐵雲

○**湯餘惠等**（2001）　䀮。

《戰國文字編》頁 220

矘

集粹

○**湯餘惠等**（2001）　疃　同曈。

《戰國文字編》頁 220

眲 眲

集成 11673 王立事劍　　璽彙 3261

○**何琳儀**（1986）　一、戰國文字與《汗簡》古文互證：

	戰國文字	《汗簡》古文（**中略**）
瞿	《璽》3261（4.2）	上 2.1

《古文字研究》15，頁 123

○**何琳儀**（1998）　眲，商代金文作（眲爵）。從二目，會左右視之意。戰國文字承襲商代金文。

趙兵眲，讀瞿，姓氏。見《風俗通》。

《戰國古文字典》頁 483

睪

陶彙 3·237　　陶彙 3·331

○**吳良寶**（1999）　戰國陶文中還有下揭 b1—b3 各形之字，分別見於《陶彙》三·三一一、三·二三七、九·三四等。前兩形已收入《陶徵》，隸作"睪"（第 160 頁），後者置於附錄（368 頁）。

b1　　b2　　b3

這三者應爲一字。其上部所從決不是"田"，而是"目"形，見上節所述。因此這三個字可以隸作"睪"。"睪"字不見於後世字書，頗疑爲"瞿"字異構。

《魏石經室古璽印景》（周進輯，上海書店 1989 年）著錄一方所謂"泥璽"（見下圖，頁 12）。

從內容上看，這是典型的齊陶文。處於陶工人名位置的字，其左旁爲"睪"甚爲明顯，惜該字不可確識，待考。

《中國古文字研究》1，頁 154

罾

集成 11341 四年咎奴蓍令戈

○**黃盛璋**（1974）　（12）戈　四年咎奴蓍命（令）壯罾、工帀（師）□疾、冶問
《三代》20.25.2　（中略）秦兵器中高奴不作咎奴，如廿五年上郡戈銘中“高奴工
師”，那麽咎奴應是魏國的寫法，此戈應是入秦以前所造。

《考古學報》1974–1，頁 31

○**吳振武**（1984）　本節附:《三代吉金文存》20・25・2 曾著録四年咎奴戈。此
戈黃盛璋先生在《試論三晉兵器的國別和年代及其相關問題》(《考古學報》
1974 年 1 期）一文中定爲魏器。戈銘中有人名“□罾”，罾字，黃先生釋“罾”，如
跟本節例（22）（26）“宣”字比較，可知此字下部从宣，應隸定爲“罾”，字待考。

《考古與文物》1984–4，頁 83

省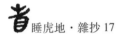

睡虎地・雜抄 17

○**睡簡整理小組**（1990）　省（音醒），考查，這裏指對官營手工業産品質量的
檢查，常見於漢代銅器、漆器銘文。

《睡虎地秦墓竹簡》頁 84

盾

包山 277　盾 睡虎地・效律 5

○**何琳儀**（1993）　一簽鉤殫之冒 277

冒原篆作🔤，應釋“盾”，參五年師旋簋作🔤。隨縣簡“戲”作🔤 6，“鞜”作
🔤 37。小篆作盾，其“人”形方向相反而已。

《江漢考古》1993–4，頁 63

○**何琳儀**（1998）　盾，金文作🔤（五年師旋簋）。从人，持盾。附體象形。戰
國文字易人旁爲欠旁，或先（反欠）旁之省變（🔤），進而演化作🔤、🔤形。

包山簡盾,盾牌。見《説文》。

《戰國古文字典》頁 1334

○**李家浩**(2003)　　"盾"字原文的寫法與曾侯乙墓竹簡"䫌"字所从的"盾"旁相近。《包山》釋爲"冒",非是。根據文義,"豹韋之盾"是屬於"笮"的,並非指另有一種用豹皮作的防禦武器"盾"。關於這點我們在下面還要談到。(中略)此墓南室出土一件"竹箙",内裝有二十支箭,與簡文所記的"一笮""二十矢"相合。"竹箙"由"箙座,前、後壁板,左、右檔板構成。箙座及前、後壁板是木質,左、右擋板是竹質"。後壁板比前壁板長,從《包山》的線圖看,它們的比例約爲四比一。黑漆。通長 79.6 釐米。箭鏃菱形兩刃,葦杆。標本 265-1 通長 72 釐米。像這樣長的箭插在前壁板僅有後壁板四分之一的"竹箙"裏,箭杆很容易向外傾斜、散亂;如與敵人作戰奔跑,箭還容易掉出。南北朝墓葬出土許多負箭箙的武士俑,其箭箙的形態與包山"竹箙"相似,但在箙的上部都有一較寬的帶狀物以約束箭杆。據此,我認爲包山"竹箙"上部原來也應該有像南北朝武士俑所負之箙上的那種帶狀物,以約束箭杆向外傾斜、散亂,而那種約束箭杆的帶狀物,就是簡文所説的"盾"。因爲是用豹皮作的,故稱爲"豹韋之盾"。《史記·袁盎傳》"百金之子不騎衡",司馬貞《索隱》引《纂要》云:"宮殿四面欄,縱者云檻,橫者云楯。""竹箙"上部橫的皮帶叫"盾",猶建築物橫的欄杆叫"楯"。建築物的欄楯除了具有裝飾性以外,"亦所以防人墜墮也"。笮的"盾"是爲了防止箭外逸的,其性質跟欄楯之"楯"也很類似。

《古籍整理研究學刊》2003-5,頁 6—7

○**李家浩**(2007)　　其"盾"字也有可能讀爲"䩱",謂豹皮作的裝"笮"的袋子。

《簡帛》2,頁 38

䫌 䫌 䩱

曾侯乙 6　　　曾侯乙 61

自 自

集成 73 敬事天王鐘　　集成 11305 鄧王匜戈　　集成 12110 鄂君啟車節

集成 85 楚王酓璋鎛　　集成 9715 栐氏壺　　珍秦·戰 202　　包山 144　　包山 209

郭店·尊德 21　　郭店·語三 14　　郭店·老甲 19　　陶彙 4·110

陶彙 5·384　　　璽彙 4657　　　鑑印山房藏古璽印菁華 58

秦駰玉版　　　秦公大墓石磬　　　詛楚文

○**曾憲通**（1983）　即自字，吳王光逗戈作、攻敔王光戈作，形體皆近。上爲鼻之象形，下之裝飾有鏤空、填實與線條之分。

《古文字學論集》（初編）頁 373

○**何琳儀**（1998）　自，甲骨文作（甲三九二），象鼻正面之形。西周金文作（毛公鼎），鼻孔已消失而相連爲向上弧筆。春秋金文作（中子化盤）。戰國文字承襲兩周金文。或加飾筆作、。楚系文字或作、、，與初形相較，可見其訛變踪迹。《説文》：“自，鼻也。象鼻形。，古文自。”

　　燕陶自，姓氏。子姓。見《世本》。

　　（中略）杕氏壺、侯馬盟書自，見《正韻》“自，躬親也”。（中略）楚金、帛書、包山簡自，見《廣韻》“自，從也，由也”。

　　（中略）石鼓自，從。

《戰國古文字典》頁 1272

○**李守奎**（2003）　（編按：郭店·老甲 19）自　草寫與目近混。

《楚文字編》頁 218

【自今㠯生】
○**何琳儀**（1998）　溫縣盟書“自今㠯生”，讀“自今以往”。從今以後。《左·襄廿五》：“自今以往，兵其少弭矣。”

《戰國古文字典》頁 1272

【自㠯】
○**何琳儀**（1998）　晉璽“自㠯”，讀“自怡”，箴言。或説，自，姓氏。

《戰國古文字典》頁 1272

【自曲】
○**何琳儀**（1998）　晉璽“自曲”，讀“自屈”。箴言。《法言·重黎》：“屈人者克，自屈者負。”《宋書·劉穆之傳》：“帝笑曰，卿能自屈，吾事濟矣。”

《戰國古文字典》頁 1272

【自余】
○**連劭名**（1999）　“行則曰：自余。”語義完整，言一切善行皆自我作起，是以身作則之義。《禮記·曲禮下》云：“修身踐言謂之善行。”《周禮·師氏》云：

"以三德教國子。"鄭玄注云:"德行,内外之稱,在心爲德,施之爲行。"

《故宫博物院院刊》1999-3,頁 30

【自夆】

○**沈融**(1994)　7.BIV 式戈 1 件,内部銘"郾王詈造行義自夆司馬鈲"。行義通行儀。自夆疑是"百夆"之誤,有一中號銅矛"郾王戎人乍百夆衛鈶"爲證。"百夆",可初步斷定是一種百人編隊,"行義百夆司馬"是指步兵儀仗隊的百人隊長。

《考古與文物》1994-3,頁 93

△**按**　"自夆"二字字形作■■,■一般多釋爲"自"。

【自殺】

○**何琳儀**(1998)　包山簡"自殺",見《左·莊十九》"鬻拳葬諸夕室,亦自殺也"。

《戰國古文字典》頁 1272

【自晝】

○**睡簡整理小組**(1990)　自晝(編按:見封診式 18),據簡文意爲昨日白晝,下《穴盗》《出子》條有自宵,意爲昨日夜晚,可互證。

《睡虎地秦墓竹簡》頁 150

○**陳偉武**(1998)　自晝甲見丙陰市庸中

《封診式·□捕》:"自晝甲見丙陰市庸中,而捕以來自出。"整理小組注:"自晝,據簡文意爲昨日白晝,下《穴盗》《出子》條有自宵,意爲昨日夜晚,可互證。"

《群盗》:"自晝甲將乙等徼循到某山,見丁與此首人而捕之。"又:"自晝居某山,甲等而捕丁戊,戊射乙,而伐殺收首。"

《穴盗》:"自宵臧(藏)乙复(複)結衣一乙房内中,閉其户,乙獨與妻丙晦臥堂上。今旦起啟户取衣……"

《出子》:"自晝與同里大女子丙鬥,甲與丙相誶,兩償庰甲。"又:"甲到室即病复(腹)痛,自宵子變出。今甲裹把子來詣自告,告丙。"

《奸》:"乙、丙相與奸,自晝見某所,捕校上來詣之。"

今按:"自晝、自宵"雖可據上下文理解爲昨日白晝、昨日夜晚,而事實上,"自"字本身並無昨天的意思,當介詞用,與時間名詞構成介賓結構,"自晝"指在白天,"自宵"指在夜裏。相對於説話人正在説話的"今"而言,"自"字所介紹的時間可以是昨天,也可以是前天或更早的某一時段。秦簡中"自"用如

"以"或"于"，這種用法亦見於傳世文獻。《呂氏春秋・長攻篇》："故趙氏自今有刺笄之證，與反鬥之號。"由此例知簡文"今、今旦"說成"自今、自今旦"亦未嘗不可。《史記・周本紀》："武王至於周，自夜不寐。"裴學海先生指出："'自'猶'在'也。"可見秦簡"自宵"與"自夜"同，即在夜裏之意。

《胡厚宣先生紀念文集》頁 207—208

【自劌】

○**何琳儀**（1998）　包山簡"自劌"，讀"自傷"。《莊子・達生》："公則自傷，鬼惡能傷公。"

《戰國古文字典》頁 1272

鼻 鼻

○**何琳儀**（1998）　鼻，甲骨文（後二・二二・一六）。從自，丙聲。邊之初文。《玉篇》："邊，邊境也。"邊爲疆土之始，故從自。《說文》皇字下云："自，始也。"鼻，明紐；丙，幫紐。明、幫均屬脣音，鼻爲丙之準聲首。金文作（盂鼎徼作），疊加方爲音符。方、丙均幫紐。從方亦取邊境四方之意。戰國文字承襲金文。或以旁易方（方、旁一字分化），故旁亦疊加音符。《說文》："鼻，宮不見。闕。"小篆、由丙、方訛變。

天星觀簡鼻，不詳。

《戰國古文字典》頁 1074

皆 皆 虘

○**饒宗頤**（1968）　（編按：楚帛書）虘字從虎、曰，以《說文》兩虎爭聲之譽釋之，其字讀若慦。《左傳》哀十六年："不慦遺一老。"杜注："慦，且也。"是虘乃語詞。

《史語所集刊》40 本上，頁 17

○**朱德熙、裘錫圭**（1979）　　（編按：集成 9735 中山王方壺）甲骨卜辭有"甝"字，或省作"虘"。壺銘"虘"字亦當是"甝"字的簡化。《說文》"甝，兩虎爭聲。從䖵從曰會意。讀若憖"當即此字。秦始皇二十六年統一度量衡詔書"皆明壹之"句的"皆"字，故道殘版作"甝"（《金文續編》4.2）。"皆"見母字，上古音在脂部，"憖"疑母字，上古音在文部，脂、文二部陰陽對轉，所以"甝"和"皆"可以相通。壺銘"虘"字亦當讀爲"皆"。

《文物》1979-1，頁 43

○**張政烺**（1979）　　（編按：集成 9735 中山王方壺）虘是甝字簡化，猶甝省作虘。甝見秦故道殘詔版，以爲皆字。按《說文》："贙，分別也，讀若回。"回與皆音近，則甝或是贙省聲。

《古文字研究》1，頁 220

○**張克忠**（1979）　　（編按：集成 9735 中山王方壺）"者（諸）侯虘（咎）賀"，咎有大的意思，《後漢書·馬融傳》"伐咎鼓"，注："大鼓也。"《說文》："鼛，大鼓也，從鼓咎聲。《詩》曰：'鼛鼓弗勝。'"明公簋："魯侯有𠭯（咎）工（功）。"咎功、大功，《兩周金文辭大系》釋過，不確。

《故宮博物院院刊》1979-1，頁 46

○**李學勤、李零**（1979）　　（編按：集成 9735 中山王方壺）同行虘即皆字。秦詔版皆字或作甝（《秦金文錄》68），容庚《金文續編》以爲從䖵，不確。這是一種起源很古的寫法，西周銘文中常見的楷字，應釋爲楷。《古文四聲韻》卷一皆、階、諧等字古文仍可看出虘字的遺迹，上面的虍和下面的口都很容易分辨出來。

《考古學報》1979-2，頁 153

○**陳邦懷**（1981）　　（編按：楚帛書）"甹"，即甝字之省變。《說文解字》："甝，兩虎爭聲，從䖵從曰，讀若憖。"此字音義均與帛書不協，尋繹帛書文意，係用"甝"爲皆。秦故道殘量"甝明壹之"，中山王䤜壺"諸侯虘（此亦甝之省變）賀"（此據張政烺同志釋文），均以"甝"爲皆。"同"，《說文解字》："同，合會也。"帛書上句云"日月皆亂"，故下句云星辰不合會也。

《古文字研究》5，頁 237

○**曾憲通**（1983）　　孫下一字作⿰⿱⿱，即皆之簡化。中山王壺有▇字，張政烺先生釋作虘，云"虘是甝字簡化，猶甝省作虘。甝見秦故道殘詔版，以爲皆字"。按長沙楚帛書皆字作⿰，皆壺之⿰即⿰字之省，鐘銘之⿰又⿰字之省，與甝省作虘同。

《古文字與出土文獻叢考》頁 139，2005

○李零(1985) （編按：楚帛書）🐅，這個字過去各家釋法不同，其隸定往往先已錯誤，故所釋亦非。其中隸定準確的只有巴納德，但巴納德沒有把這個字認出來。今按此字上從虎，有頭與兩足，下從曰，去掉虎頭（虍）剩下兩足（比），與曰合在一起，便與楚簡常見的皆字（🔶）沒有分別，實際上就是皆字。我們在中山王方壺銘中也碰到過上從虎下從曰的皆字，但那個皆字所從的虎沒有像比字的兩足，不像這裏的虘字更能説明皆字的演變。

《長沙子彈庫戰國楚帛書研究》頁 59

○高明(1985) （編按：楚帛書）"日月虘亂，星辰不同"：虘字乃皆字之別體，曾見於中山三器，如《中山王𨥨方壺》銘云"諸侯皆賀"；《中山王𨥨鼎》銘云"謀慮皆從"，皆均寫作虘。

《古文字研究》12，頁 386

○何琳儀(1986) （編按：楚帛書）"虘"，陳邦懷《戰國楚帛書文字考證》（《古文字研究》第五輯）隸"曾"，釋"皆"。李乙隸"虘"，亦釋"皆"。按，原篆作"🐅"。其下從"🔶"，與江陵簡"皆"作"🔶"形體吻合。然則"虘"乃"虞"之省變，"皆"又"虘"之省簡。"日月皆亂，星辰不同"，與《尚書大傳·五行傳》"日月亂行，星辰逆行"語意相仿。

《江漢考古》1986-1，頁 55

○嚴一萍(1990) （編按：楚帛書）🐅此即《説文》暴之古文🔶從日麃聲。繒書則省火。玄應、慧琳《一切經音義》引《説文》："晞乾也。"

《甲骨古文字研究》3，頁 263

○曾憲通(1993) （編按：楚帛書）秦故道詔版有虞字，從二虎從甘，義與皆同，帛文之🐅，即詔版虞字省去一虎頭（虍）。中山王壺之🔶，又較帛文之🐅略去一虎足（ㄟ），亦即詔版所從雙虎省其一。金文皆壺作🔶，江陵楚簡作🔶，信陽楚簡作🔶，又較帛文之🐅省去🔶形。而吳王鐘銘（即薛氏《款識》之"商鐘四"）之🔶，則又是金文、簡文之進一步省變。從以上諸體，可以看到先秦文字錯綜變化的現象。其間簡化、繁化雖有一定的規律，但並不完全受時間先後所規範，倘無較充分的文字資料，是難以窺見一字發展的來龍去脈的。

《長沙楚帛書文字編》頁 98

○湯餘惠(1993) （編按：楚帛書）虘，同皆。

《戰國銘文選》頁 168

○張守中(1994) 雜三三 五十六例 通偕 不皆居 日甲八八背。

《睡虎地秦簡文字編》頁 52

○**何琳儀**（1998）　帛書𩒱，讀皆。截取𩒱之下半部𠤎，即爲皆字。𩒱，疑紐真部；皆，見紐脂部。見、疑均屬牙音，脂、真爲陰陽對轉。又《説文》贊"讀若迴"。迴，匣紐脂部；贊，疑紐真部。匣、疑爲喉牙通轉，脂、真爲陰陽對轉。贊之讀迴，猶𩒱之讀皆。秦詔版皆作𩒱（《秦金文録》六八）。凡此可證皆爲𩒱之省文。皆不從比，舊隸比聲首，非是。茲定皆爲𩒱之準聲首。

《戰國古文字典》頁 1113

○**劉信芳**（2001）　（編按：楚帛書）"皆"字從陳邦懷先生（1965）釋。字與郭店簡《語叢一》45"皆有喜有怒"、65"上下皆得其所"、106"我行皆有之"、《語叢三》65"皆至安"諸例之"皆"同形。

《華學》5，頁 134

△**按**　中山王器之"虘"，詳參見卷五。

魯 𩵋

集成 2746 梁十九年亡智鼎　　包山 176　　仰天湖 16　　郭店·魯邦 1
集粹　　陶彙 3·1145　　璽彙 1592　　璽彙 1591　　秦公大墓石磬

○**中大楚簡整理小組**（1977）　（編按：仰天湖 26）魯坟之☒。

《戰國楚簡研究》4，頁 12

○**何琳儀**（1998）　魯，甲骨文作𩵋（乙七七八一）。從口，魚聲，疑嚕之初文。《玉篇》："嚕，語也。"金文作𩵋（井侯簋）、𩵋（魯侯鬲）、𩵋（頌鼎）。戰國文字承襲金文。《説文》："𩵋，鈍詞也。從白，煮省聲。《論語》曰：參也魯。"

燕璽魯，姓氏。周公子伯禽封魯，頃王三十四代九百餘年爲楚所滅，子孫以國爲氏。望出扶風、新蔡。見《元和姓纂》。

晉璽魯，姓氏。梁十九年亡智鼎魯，讀嘉。《史記·周本紀》"魯天子之命"，《魯世家》魯作嘉。是其佐證。《説文》："嘉，美也。從壴，加聲。"

楚璽魯，姓氏。

《戰國古文字典》頁 504

【魯白】望山 2·48

○**劉信芳**（1998）　19　魯白之㲿

望 2·48 釋文："五□白之㲿。""㲿"字補正改隸作"㲿"，是正確的。"㲿"讀爲"簹"，竹器之名。

按空圍之字尚可辨是"魯"字，"魯白"讀"魯帛"，此謂竹器之衣。

《簡帛研究》3，頁 39

【魯昜】

○**何琳儀**（1998）　包山簡"魯昜"、隨縣簡"魯旟"，讀"魯陽"，地名。見《漢書・地理志》南陽郡。在今河南魯山。魏方足布作"盧陽"，見盧字 c。

《戰國古文字典》頁 504

【魯敀】仰天湖 26

○**史樹青**（1955）　魯鈑疑即齊魯一帶通用的鉼金。

《長沙仰天湖出土楚簡研究》頁 29

○**郭若愚**（1994）　敀，古璽有"司馬敀鉢"《古璽彙編》三五）、"左司馬敀"（《古璽彙編》三八）、"右司馬敀"（《古璽彙編》四一），知此字用爲伯字。"魯敀"乃賵贈者。

《戰國楚簡文字編》頁 121

○**商承祚**（1995）　魯畂。

《戰國楚竹簡匯編》頁 67

【魯陽】

○**何琳儀**（1998）　魯陽戈"魯陽"，地名。

《戰國古文字典》頁 504

【魯辟】

○**李學勤**（1990）　"魯"在金文也多用爲休美的意思。"辟"，義爲君。"穆穆魯辟"係贊美魏君之辭。

《新出青銅器研究》頁 207

【魯旟】

○**何琳儀**（1998）　隨縣簡"魯旟"，讀"魯陽"，地名。見《漢書・地理志》南陽郡。在今河南魯山。魏方足布作"盧陽"，見盧字 c。

《戰國古文字典》頁 504

者

集成 151 嵒公牼鐘　集成 122 者刁鐘　集成 10402 十年燈座　集成 9734 舒蚤壺

吳越 132 越王者旨於賜矛　包山 27　郭店・魯邦 2

郭店・緇衣 2　郭店・老丙 11　郭店・五行 40　郭店・語三 5

陶彙 3·168　　鐵云藏貨 51　　貨系 1921　　侯馬 156:7　　睡虎地·雜抄 41

○**中大楚簡整理小組**（1977）　（編按：信陽 2·20）盅。

《戰國楚簡研究》2，頁 23

○**朱德熙**（1979）　匋文習見☒字。這個字經常出現在"匋"字之後。下邊舉幾個例子做代表：

（1）夻虁圝匋☒步（逃 1.11）（中略）

（7）虁圝南里匋☒□（塤室）

（8）酷里人匋☒□（鐵 82 下）

最後二例字形略有變化，但根據辭例可以斷定是同一個字。

此字過去或釋"向"，或釋"尚"。按戰國時期"向"和"尚"的寫法和春秋以至西周時期都沒有多大差別。"向"字從∩，"尚"字上端左右兩筆寫作"八"字形，與☒不同。而且無論釋"向"釋"尚"，都無法讀通匋文，二説不可信。

我們認爲這個字應釋爲"者"。殷周金文"者"字常見的寫法如下：

☒者姛爵　　☒龔毁　　☒兮甲盤

春秋以後，上端的"木"字形寫得越來越像"止"字。下邊"口"（或"甘"）字兩側有時還加上兩斜筆。例如：

☒曾子仲宣鼎　　☒朱公牼鐘　　☒者減鐘　　☒中都戈

在戰國璽印文字裏，"者"字的形體又有了新的變化，即在"止"字的橫畫左側加上一垂筆，如下舉"都"字所從的"者"：

☒徵 6·4　　☒舉 1·1

第一體下側仍從"甘"，第二體的☒乃是☒形（看上引中都戈"者"字偏旁）的訛變。匋文☒字就是從"者"字此類寫法演變出來的。嬗變的痕迹可以從下引古璽"書"字所從"者"字偏旁上看得很清楚：

☒簋 49 上　　☒徵 3·4

第一體上側作☒，和匋文☒字相同。如果像第二體那樣在右側加一垂筆，就跟匋文的寫法非常相似了。此外，子禾子釜"者"字作：☒

跟匋文☒的寫法也是一致的。以上説的是字形。從文義上看，把☒字釋爲"者"，有關的匋文就都讀通了。"匋者"就是匋工。《莊子·馬蹄》："陶者曰我善爲埴。"《韓非子·難一》："東夷之陶者器苦窳，舜往陶焉，朞年二器牢。"

匋文記工名的辭例不一，常見的有以下四類格式：一曰“某里某”，如：

中蒦圆里貞（季57下）　西酷里陳何（季37上）

二曰“某里人某”，如：

蒦圆匋里人旻（季77下）　蒦圆匋里人孨（德上12上）

三曰“某里匋者某”，如：

夻蒦圆里匋者繆（鐵25下）　夻蒦圆里匋者戠（鐵65下）

四曰“某里人匋者某”，如：

酷里人匋者□（鐵32下）　□□里人匋者□（綴瓦）

第一類格式人名前不著身份，最簡略；第二類格式因爲已標出“匋里”，所以不再贅説“匋者”；三、四兩類格式基本相同，只是第四類里名下多一“人”字。

同樣寫法的“者”字又見於以下兩條匋文：

痮㕣陳旻再左里毁亳豆（陶璽）

因㕣陳賫……毁亳□（海嶽）

此類匋文通例，人名前往往冠以地名（平陵陳旻、閭門外陳旻）或表明身份的字樣（王孫陳棱）。這兩條匋文裏的“痮者”和“因者”所指未詳。

《簠齋手拓古印集》11下著録一紐戰國官璽（圖一）。第一字不識，當是地名。第二字亦是“者”字。“者市”當讀爲“褚師”。《左傳·昭公二年》“請以印爲褚師”，杜注：“褚師，市官。”《魏策》：“樂羊爲魏將而攻中山。其子在中山，中山之君烹其子而遺之羹。樂羊坐於幕下而啜之，盡一杯。文侯謂覩師贊曰：樂羊以我之故食其子之肉。贊對曰：其子之肉尚食之，誰不食？”《韓非·説林下》記同一事，“覩”作“堵”。“覩師”當即《左傳》之褚師，不過《魏策》覩師贊的“覩師”大概是姓氏而非官名。

圖一

璽印文字裏還有一個从邑从㕣的字，見《齊魯古印攈》1上（圖二）。宋書升於此書序中釋爲“向”，顧廷龍《古匋文舂録》釋爲“鄙”。今按是“都”字。昜都，地名。《漢書·地理志》城陽國有陽都，下引應劭曰“齊人遷陽，故陽國是”。又東海郡有都陽，下引應劭曰“春秋齊人遷陽是”。按漢代陽都故城在今山東沂水流域。《續齊魯古印攈》宋書升序云“此印出沂水界中”。如果宋説不誤，那就證明戰國陽都就是漢代城陽國的陽都。

圖二

《朱德熙古文字論集》頁109—112，1995

○**李學勤**(1980)　　釿數後的冢字有省筆。以下三字大部磨泐,（中略）按中七汲器銘後面有時也有類似的三個字,末一字均爲者,疑應讀爲儲。鼎銘“止府”可能讀爲“侍府”,“侍府儲”意思是此器歸侍府收藏。由於對比材料較少,這當然只是一種推測。

《文物》1980-9,頁 28

○**王翰章**(1983)　　“𡨄”字,黃盛璋在《所謂夏虛都三璽與夏都問題》(《河南文物通訊》1980 年第 3 期),根據《汗簡》釋作“都”字,他認爲此乃燕文字“都”字所從聲符。但燕文字“都”字何以從“𡨄”？因都從者,而此字與者字字形相距過遠,不能直按隸定爲“者”,所以他認爲此乃“旅”字,旅、者、都同在魚部,故燕文讀與“都”同。《商周金文録遺》所載“燕王職劍”,銘文與此全同,但此字旁加金爲“𨧫”。

《考古與文物》1983-2,頁 20

○**許學仁**(1983)　　《說文》(四上):“𰍄,別事詞也。从白,㡿聲。”金文作𰍄者女觥　𰍄矢方彝　𰍄兮甲盤　𰍄陳侯午錞　𰍄越王矛　𰍄廿六年秦權,小篆所從之白,金文均從▢,或變爲ㄩㄩㄩ;漢簡文字“者”與“諸”字偏旁,皆不作白;漢桂宮行鐙作𰍄,則作白之僅見者。繒書作𰍄,與山西出土侯馬盟書作𰍄𰍄亦近。

　　繒書:“會者医”,讀爲“諸侯”,金文“諸侯”則均作“者侯”,如:“衆者医”矢方彝、“其佳我者医百生(姓)”兮甲盤,惟始皇廿六年詔諸量器作“諸侯”。者、諸互通,先秦典籍不乏其例,《管子·君臣上》“相總要者官謀士”,于省吾讀爲“諸官謀士”。又雲夢睡虎地出土秦法律簡:“毋擅叚(假)公器,者(諸)擅假(假)公器者有辠(罪)。”皆以者爲諸;而《爾雅·釋魚》曰:“龜,俯者,靈;仰者,謝;前弇諸,果;後弇諸,獵。”王引之謂“諸,亦者字”,是又以諸爲者。後世歧分爲二,但別嫌疑耳。戰國晚期之《黃帝四經》。稱“諸陽者法天”作:

諸陽者法天(一六六上)

　　蓋秦世一文字,者諸爲別嫌故,始寖歧分;漢人寫卷,乃趨固定。

《中國文字》新 7,頁 95

○**劉雨**(1986)　　𰍄　2-020　……彤者二十二（中略）

　　“壴”字
　　“壴”字凡五見:
　　　　1-02:“戔人剛悸,天这於刑壴,有上賢……”
　　　　1-017:“以成其明壴……”
　　　　1-022:“□爲□爲壴,□□……”

1-024:"⋯⋯播壴,⋯⋯"

1-084:"⋯⋯壴,⋯⋯"

朱德熙同志在《戰國匋文和璽印文字的"者"字》一文中,對此字應釋爲"者"字有十分精辟的論述(見《古文字研究》第一輯,1979 年,中華書局)。此不復贅言,謹從之。

《信陽楚墓》頁 129、131

○**湯餘惠**(1986)　引起訛誤的最主要原因是形近誤書,甲乙兩字(或偏旁)寫法相似,其中或有一兩筆之差,那麼甲便極易誤寫成乙,反之亦然。不難看出,此種訛誤乃由形近字(或偏旁)誘發所致。

假如我們只是孤立地看王孫鐘銘的 🔲,也許倉猝之閒還弄不清字下"🔲"形的由來,因爲傳統的寫法是字下從口的。所以如是作,大概是因者字有的寫成🔲(者沪鐘)、🔲(邾公牼鐘),字的下方與"🔲"形輪廓相同的緣故。

其實,這種現象在商周古文字中就已經存在了。西周金文"爭"和"寽"的混淆便是明顯一例,我們知道,這兩個字的構形本來大相鑿枘:爭字從爪、子,寽字從受、從・(或一),但金文爭字往往把子旁斷開誤寫成"寽",有時又把寽字下邊的"又"和中閒的"・"誤連在一起,從而與爭字混同,陳世輝先生早有明確的闡述。

戰國文字裏比較常見的形近誤訛,主要有以下幾種:

"日"訛爲"田"

昔　🔲中山圓壺——🔲中山王鼎

秋　🔲《璽》4441——🔲《璽》4445

"日"訛爲"口"

易　🔲《璽》0269——🔲七年矢括

(**中略**)"月或夕"訛爲"外"

亙　🔲舀鼎恆字所从——🔲長沙帛書

夜　🔲中山王鼎——🔲《璽》2947

閒　🔲兆域圖——🔲《璽》0183

(**中略**)除上舉各種外,戰國文字"焦"往往訛誤作"魚","弋"往往訛誤作"戈",也是比較常見的現象。

《古文字研究》15,頁 28—29

○**黃盛璋**(1993)　(九)🔲(者):《小校》誤釋爲"向",此字多見齊陶文,印文亦有之,或用爲"都"字偏旁,舊亦誤釋爲"向"或"尚",朱德熙《戰國陶文和璽印文字中的"者"字》,始釋出此字爲"者",《説文》:"者,从白,㫇聲,小篆作㫇。"但西周金文皆下从"口",個別从"🔲",齊文字又將上部簡化爲宀,銘文爲齊文字"者"字,只是在此讀"諸",先秦銘刻、簡牘、帛書,"諸"皆用"者",如"諸侯",兮甲盤、王孫誥鐘、中山王壺皆作"者侯",直到魏三體石經春秋經傳今本作"諸",篆文皆作"者",小篆始有"諸"字,蓋秦文字所用。(中略)

者/🔲爲齊文字特有寫法,齊臨淄故城出土陶文大量"陶者×",《古璽彙編》齊印"🔲者市(師)鉩"(0153)及"易都聖迹盟鉩""者"及"都"所从"者"皆作此形,而和春秋、戰國他國文字面目迥異,以致不易辨認,誤譯爲"尚"或"向"。朱德熙首釋爲"者",但缺乏旁證,且未定國制,今此銘破譯,可爲齊文字"者"定讞。

《第二屆國際中國古文字學研討會論文集續編》頁 271—274

○**吳振武**(1993) 李家浩先生又提出《嚴窟吉金圖錄》42 頁著録的一件戈銘中有地名"少曲"合文:

> (14)十二年少匕(合文)命(令)邯鄲 (鄲,合文)🔲右庫工師(合文)
> 🔲🔲冶者造。

《中國錢幣》1993-2,頁 20

○**沈融**(1994) 🔲:何琳儀先生釋"旅"。《説文》:"軍之五百人爲旅。🔲,古文旅。"西周金文,旅或从車作"🔲",或从从作"🔲"。一定程度上反映了各自的兵種屬性。🔲从从,應屬步兵。🔲🔲:蹕旅,衛隊,是兵器"鈇"的配屬對象。由於衛隊的規模不可能太大,故以較小的建制單位"旅"命名。武🔲鈇:武蹕旅,是"鈇"的配屬對象。武是蹕旅的前綴,突出了這支衛隊的勇武;鏃通旅,之所以从金,極可能是由於這支衛隊穿戴着與衆不同的金屬甲胄。燕下都44號墓等處出土的鐵兜鍪和鐵甲片,證明了金屬甲胄在燕國的存在,蓋優先裝備了燕王的親隨衛隊。

《考古與文物》1994-3,頁 95

○**陳偉武**(1995) 1.者 《陶彙》3.1040 獨字作🔲,《匋文編》附録 22 引《季木藏陶》13.9、13.12 亦有此體。《文字徵》者字下未收,而入於附録(第 340 頁),當即者字反書。

《中山大學學報》1995-1,頁 126

○**楊澤生**(1996) "者"字原文作🔲或🔲,與燕國文字"都"字所从"者"旁相同,是燕國文字的特有寫法。朱德熙先生在《戰國陶文和璽印文字中的"者"字》一文中,對其字形來源曾作過分析。有人釋爲"旅",非是。

《中國文字》新 21,頁 186

○**吳良寶**（2006）　《集成》17・11355 的“十二年少曲令戈”，援部稍上揚，長胡、三穿。

在欄側，內部三面開刃。胡部有一行刻銘，計 18 字（含“少曲、邯鄲、工師”合文）：“十二年少曲令邯鄲□右庫工師□□冶者造。”

《陝西歷史博物館館刊》13，頁 246

○**張富海**（2007）　《隸續》所錄石經古文作🔶，都用爲“諸”。“者”用爲“諸”是古文字中的一般用法。郭店《五行》《語叢一》《語叢三》《唐虞之道》《忠信之道》中“者”字作🔶、🔶、🔶、🔶等形，與此石經古文相近。按金文“者”字作🔶、🔶等形（《金文編》247—248 頁），上部似“木”似“止”又加數小點，下從“口”。後來“口”旁的點和“口”粘合，“口”的左筆又出頭，就變成了如中都戈（《集成》17.10906）🔶（都）字所從的“者”，亦即上舉郭店簡中的🔶形（見於《忠信之道》2、3、4、6、9 號簡）。進一步訛變，即少寫一橫，下部就變成了如此石經古文和上舉郭店簡前三形中的半“衣”字形。燕璽中“都”字所從的“者”多作🔶形（《璽彙》188、190、293 等），下部亦作半“衣”字形，但其上部與此石經古文以及上舉郭店簡“者”字有較大區別。

《漢人所謂古文之研究》，頁 72—73

○**劉國勝**（2011）　（編按：信陽 2・20）按：“者”下一字，疑是“三十”合文。

《楚喪葬簡牘集釋》頁 19

【者汈】

○**何琳儀**（1989）　“者（諸）汈（咎）”　“汈”，原篆作“🔶”。舊釋“汚、沪、汲、湎”等。郭云“所从刀字與銘中刺字作‘🔶’，所从全同，故知當爲汈字。汈者舠之異文。《詩・河廣》以刀字代之。（誰謂河廣？曾不容刀）。舠行於水，故字从水”。又謂“者汈”即“諸咎”，“汈、咎”音相近。按，郭說至確。今補充說明：“汈”屬宵部，“咎”屬幽部，幽、宵二韻最近，故“咎”可讀“汈”。典籍中雖不見“咎、汈”直接相通的例證，但下列現象可資旁證：“咎繇”或作“皋陶”。“皋”音“羔”，《禮記・檀弓》“季子皋”即“子羔”（詳《論語・先進》“柴也愚”注疏），是其證。而“羔”據《說文》則從“照省聲”。“照”的基本聲符爲“刀”。然則從“刀”得聲的“汈”，自可讀若“咎”。

《古文字研究》17，頁 148

○**曹錦炎**（1989）　者汈：作器者名，當即諸咎。諸从者聲，汈咎音相近，故可通。郭沫若指出“（十九年）即郼王十九年，郼王爲其太子諸咎銘器而告誡之”（《者汈鐘銘考釋》，《考古學報》1958 年 1 期）。（中略）諸咎未立爲王，《史記・

越世家》“王翳卒,子王之侯立”,《索隱》引《紀年》云:“翳三十三年遷於吳,三十六年七月太子諸咎弑其君翳,十月粵殺諸咎”,即使其自立,亦只三月。陳夢家據鹿郢元年至楚伐徐州之年數,則以爲諸咎一世應有十三年之久(《六國紀年》),可備一説。

《古文字研究》17,頁 106

○**董楚平**(1993) (五)諸咎(金文作“者汈”,《史記》作“之侯”,《紀年》作“諸咎”。越王翳之子,翳是州句之子)。

《杭州師範學院學報》1993-5,頁 37

【者旨】

○**容庚**(1938) 余前於《越王鐘》之“者旨”二字釋爲“□夷”,疑爲句踐之子興夷,無實據,究不知當屬何王也。郭沫若君釋越王名四字爲“者召於賢”,云“諸咎粵滑蓋即此者召於賢,古金文諸字均作者,咎召音相近,粵古言於粵,則有於之發聲,滑蓋賢字之誤也”(《兩周金文辭大系》補錄一)。按《史記索隱》引《紀年》云:“翳三十三年遷於吳。三十六年七月太子諸咎弑其君翳。十月粵殺諸咎粵滑。”固與“儞王而有正月者不合”,且弑君至被殺,爲時僅四月,所見諸越器均出其手,可不待辨而知其不然矣。

《燕京學報》23,頁 289

○**曹錦炎**(1983) 關於越王者旨於賜,即諸稽於賜,就是句踐之子鼫與,經過各家考證,已成定論。但可惜考釋大都偏重於從“對音”的角度上來考慮,而忽略了“諸稽”爲姓氏這一點。陳夢家先生雖然在《六國紀年》一書中提出“越王中亦以之爲名(或姓),如下述之諸稽於賜”的懷疑,但他在考證淮南出土的銅器文時卻沒有再堅持。事實上,“諸稽”爲氏,“於賜”爲名,而《越絕書》作“與夷”乃“於賜”的同音通假字,《吳越春秋》作“興夷”,“興”爲“與”的訛字。“男子稱氏,女子稱姓”,上述銅器銘文中越王名作“諸稽於賜”,正符合我國古代這一習慣。應該説,越王的姓氏,早在出土的銅器銘文上已經是很清楚的了。其實,越國有諸稽氏,已見於史書,《史記·越世家》“(句踐)使范蠡與柘稽行成爲質於吳”,《國語·吳語》則作“乃命諸稽郢行成於吳”,是其證。

《中華文史論叢》1983-3,頁 220

【者旨不光】

○**曹錦炎**(2002) 越王不光之名,青銅兵器銘文全稱作“者旨不光”。“者旨”讀爲“諸稽”,是越王的氏,“不光”則爲名。越王不光,即越王翳,“翳”與“不光”的關係乃一名一字。這個問題我已作過詳細考證,此不贅述。《史記·越王句踐世家》："王翁卒,子王翳立。"《竹書紀年》則作:"於粤(越)子朱句卒,子翳立。"越王翳爲州句之子,在位 36 年。

《古文字研究》24,頁 244

【者旨於賜】（編按:今學界多作【者旨於睗】,將"賜"隸定爲"睗"）

○**馬承源**（1962）　鼫與即《史記·越王句踐世家》的鼫與,《竹書紀年》亦作鼫與,但《路史》後記十三引《竹書紀年》則作鼫與。今劍銘云"者𫑡、於賜",是此王有名號之別。於賜即鼫與,於、鼫疊韻聲近;賜以易得聲,易、與是雙聲字,故鼫是鼫的傳抄之訛,蓋《竹書紀年》本作鼫與。鼫與亦即《左傳》之越太子適郢,適的音變很多,《戰國策·秦策》"疑臣者不適三人",高誘注"適音翅";又通謫,音責;又假借爲嫡,因此適者古可爲雙聲照紐字,借適爲者。郢《説文》省作𨛜,疑𫑡誤作𪔀,借郢爲之。《竹書紀年》作鹿郢,者魚部,鹿侯部,韻部相近,易致音訛。者𫑡、於賜即適郢、鼫與。

　　與夷之名見於《越絶書·越絶外傳記地傳第十》,即鼫與的音轉。與、鼫古韻同屬魚部;夷、與則爲雙聲字。與夷亦即於賜,與、於旁紐雙聲疊韻;賜、夷乃一聲之轉,故可通,由此亦可證明鼫是對的,鼫則非是。《吳越春秋》作興夷,興必是與的傳抄之訛。

《文物》1962-12,頁 53

○**林澐**（1963）　根據《史記》和《漢書·古今人表》來看,在蔡聲侯卒年以前相繼在位的越王有允常、句踐、鼫與、不壽四人。不壽即位的第二年,蔡聲侯便死了,所以不壽以後的諸王可置而不論。據《史記》正義引《輿地志》的説法:"越侯傳國三十餘葉(世),歷數至周敬王時,有越侯夫譚,子曰允常,拓土始大,稱王。"如其説確有所本,則允常以前的越國統治者還不稱王,那麽越王者旨於賜,只能是允常至不壽這四王中的一個。

　　據《史記》索隱引《紀年》,句踐又名菼執,不壽又名盲姑。允常在文獻記載中則無異名。這三個王的名字,無論從字音和字形上説,都找不出和者旨於賜有什麽聯繫。唯有鼫與一名,和者旨於賜是聲音相通的。因爲,鼫從石聲,石字是禪母三等字,者字則是照母三等字,上古音照審禪母三等字歸端透定母,所以石、者兩字古代都讀舌頭音。今天從者的都、堵、睹、賭,從石的蠹、妬、拓、宕、橐等字,還讀舌頭音,彼此音同或音近,正是古音的保留。《毛詩·終南》篇"顏如渥丹",《韓詩》作"顏如渥沰"(《釋文》引),《韓詩外傳》作"顏如渥赭",可證古代從石聲之字和從者聲之字音通互假,所以在古代鼫、者兩字在聲音上可以互相借代是沒有疑問的。至於與字和於字,則同爲喉音字,同屬魚部,古文獻中兩字互相通假,詳王引之《經義述聞》(卷三十一“於”字條)。所以,緩言之爲者旨於賜,急言之則爲鼩與;這就像《國語》上的寺人勃鞮,《左傳》上寫作寺人披一樣,是同一人名的不同記音方法。古籍和金文中所見的南方吳、楚、越等國人名每有此種現象,郭沫若院長最近考定“姑發□反”即諸樊,也是同一個道理。

《考古》1963-8,頁448

○**容庚**(1964)　越王者旨於賜六字,舊釋“既望分召純厘”,今據越王者旨於賜矛訂正。(中略)

《史記·越王句踐世家》:自允常、句踐、鼩與、不壽、翁、黳、之侯至無疆,凡八世。

《越絕書》(八:三,《四部叢刊》本)作允常、句踐、與夷、子翁、不揚、無疆、之侯、尊時、親,凡九世。

《吳越春秋》(十:二五,《四部叢刊》本)作元常、句踐、興夷、翁(下表有“不壽”而無“翁”)、不揚、無疆、王侯、尊親,凡八世。

《竹書紀年》作句踐、鹿郢、不壽、朱勾、黳、諸咎粵滑、錯枝、無餘之、無顓、無疆,凡十世。

非特名號異,即世次亦異。其者旨於賜果爲何王? 余假定以爲句踐之子鼩與。陳夢家《蔡器三記》(《考古》1963年第7期)以爲“鼩與《國語·吳語》作諸稽郢……《越絕書》作與夷,‘諸稽’是‘者旨’之對音,‘與夷’是‘於賜’之對音”。按諸稽並是者旨之孳乳字,未嘗不可以通假。但《吳語》:“乃命諸稽郢行成於吳。”(注):“諸稽郢,越大夫。”而非句踐之子。《左傳》閔公二年:“晉侯使大子申生伐東山皋落氏。里克諫曰:‘大子奉冢祀社稷之粢盛,以朝夕視君膳者也,故曰冢子。君行則守,有守則從。從曰撫軍,守曰監國,古之制也。’”審是,則行成非大子之事也。又《史記·越王句踐世家》:“使范蠡與大夫柘稽行成爲質於吳。”《索隱》云:“越大夫也,《國語》作諸稽郢。”明言其爲大夫。且《史記》柘稽與鼩與不當歧出,陳氏之言,不足據也。

林澐云:(中略)《考古》1963年第8期《越王者旨於賜考》

《史記索隱》:“按《紀年》云,鹿郢立六年卒(公元前464年—前459年)。樂資云‘越語謂鹿郢爲鼩與也’。”《左傳》哀公二十四年作適郢。《越絕書》(八:三)作與夷。《吳越春秋》作興夷,即位一年卒。今見者旨於賜所作,有鐘、矛、劍、戈各器,殆非一年所能成,當以六年卒爲是。

《中山大學學報》1964-1,頁77—78

○**殷滌非**（1983）　今我重檢安徽淮南市蔡家崗趙家孤堆古墓中出土的兩件
"戉王者旨於賜"戈銘讀之，發現"者旨於賜"確實是句踐之子，於是容老過去
的"假定"，現在可以肯定了。

《古文字研究》10，頁 214

○**曹錦炎**（1989）　此鐘越王，爲句踐之子鼫與。陳夢家指出："鼫與《國語・
吳語》作諸稽郢……《越絕書》作與夷，'諸稽'是'者旨'的對音，'與夷'是'於
賜'之對音"（《蔡器三記》，《考古》1963 年 7 期）。按陳考"者旨於賜"即鼫
與，甚確，但《國語・吳語》之諸稽郢，據韋注爲越大夫，非句踐子。《史記・越
世家》"句踐卒，子王鼫與立"，《索隱》："按《紀年》云：'……鹿郢立六年卒。'
樂資云'越語謂鹿郢爲鼫與也'。"則鼫與名又作鹿郢。而《左傳》哀公二十四
年作適郢，《越絕書》則作與夷，至於《吳越春秋》作興夷，顯然"興"字爲"與"
字之訛，非兩名。根據此鐘銘文，"諸稽"應爲氏，"於賜"應爲名，《越絕書》之
稱，較他書爲準。由此亦可證，越王之姓，既不是姒姓也不是芈姓，而是彭姓
諸稽氏（詳拙文《越王姓氏新考》，《中華文史論叢》1983 年 3 期）

《古文字研究》17，頁 92

○**董楚平**（1993）　者旨於賜（《史記》作"鼫與"，《竹書》作"鹿郢"，《左傳》作
"適郢"，句踐之子。）10 件。

《杭州師範學院學報》1993-5，頁 35

○**曹錦炎**（1994）　者旨於賜即諸稽於賜，也就是句踐之子鼫與，經各家考證，
已成定論。但考釋諸家大都偏重於從"對音"的角度上來考慮。其實，"諸稽"
爲氏，乃是越國古姓氏。"於賜"爲名。《越絕書》作"與夷"，乃"於賜"的同音
通借字；《吳越春秋》作"興夷"，"興"爲"與"的訛字；而《史記》作"鼫與"，則
是因"諸稽於賜"急讀之故。據《左傳》哀公二十四年，句踐大（太）子名"適
郢"，很顯然"適"是"諸稽"急讀音的另一種寫法，而"郢"和"與、於"的古音也
是很接近的。《竹書紀年》記晉出公十年十一月，句踐卒，子鹿郢立，"鹿"乃
"鼫"字之訛，因形近而致誤，"郢"字同於《左傳》。又，句踐時擔任大夫之職
的"諸稽郢"（見《國語》），很可能就是"適郢"，因爲"適"正是記"諸稽"的急
讀音。總之，鼫與、鹿郢、適郢、諸稽郢、與夷、興夷寫法雖各異，均應指句踐之
子諸稽於賜，則可以認定。

《國際百越文化研究》頁 257

○**曹錦炎**（1996）　越王者旨於賜，也就是《史記》記載的越王句踐之子鼫與，
經各家考證已成定論。"者旨"讀爲"諸稽"，是越王的氏，"於賜"是名。《越

絶書》作“與夷”，乃“於賜”的同音通假字。《吳越春秋》作“興夷”，“興”係“與”的訛字。至於《史記》寫作“鼫與”，則是以中原音記“諸稽於賜”的急讀音之故，而《竹書紀年》作“鹿郢”，“鹿”實爲“鼫”之訛字，“郢”則與“於、與”的古音相近緣故。

《文物》1996-4，頁 4

○張光裕（1997）　按今所見越王者旨於賜諸器，皆“者旨於賜”連言，近見香港中文大學文物館展覽新藏“越王矛”，銘鳥篆八字：

　　越王者旨　自乍用矛（編按：圖略）

該矛稱“越王者旨”固有以爲“於賜”二字或有漏刻或省略之可能，然揆諸經著錄之越王劍銘，劍格前後各有鳥篆四字：

　　越王　　　　王越

　　賜於　　　　者旨（編按：圖略）

其宜讀爲“越王者旨於賜”固然矣。惟“戉王、王戉”對文，“賜於、者旨”對文，其讀法容有下列二式：

　　（甲）戉王 ⟍　　　 ⟋ 王戉
　　　　　賜於 ⟍　　⟋ 者旨（戉王者旨，戉王於賜）

　　（乙）戉王 ⟍　　　 王戉
　　　　　賜於 ⟍　⟋ 者旨（戉王者旨，戉王於賜）

倘讀爲“戉王　王戉”“賜於　者旨”或“戉王　王戉”“旨者於賜”則爲不辭之至，若然無論（甲）或（乙）式，“者旨”“於賜”皆可分別與“戉王”合讀，即既可稱“越王者旨”亦可稱“越王於賜”，此與中大藏越王矛簡書作“越王者旨”，正不謀而合，是“越王者旨於賜”一名，由劍名、矛銘文比較觀察，或可推論“者旨”爲越王之氏，“於賜”乃其名或字。“者旨”無非“諸稽”之對音，“於賜”爲“與夷”之對音。他若鼫與、適郢云者皆句踐之子之其他異名耳。“越王者旨於賜”既可簡稱“越王者旨”。“緩言”“急言”之説則似宜重新考慮矣！

《吳越地區青銅器研究論文集》頁 230

○王寧（2000）　第十三字是“旨”字，此言“戉（越）王者旨於賜”，即越王鼫與，乃越王句踐之子，一名鹿郢。《史記·越王句踐世家》：“句踐卒，子王鼫與立。”《索隱》：“鼫音石。與音餘。按：《紀年》云：‘於粵子句踐卒，是茨執。次鹿郢立，六年卒。’樂資云：‘越語謂鹿郢爲鼫與也。’”“者旨於賜”是“鼫與”之析音。另外，古器中尚有“越王者旨於賜戈”“越王者旨於賜劍”等。故知所謂

“周蛟篆鐘”即“越王者旨於賜鐘”，乃春秋時器也。

○趙誠（2003）　《史記・越王句踐世家》所載越王世系（中略）這些名號中竟無一個與“者旨於賜”相同者。而銅器銘文所記的名號，是未經改動、完全可靠的原始材料，當實是越王中的一位，那麼是相當於文獻記載中的哪一位呢？郭沫若在《兩周金文辭大系考釋・補録》第 1 頁推測云：“或者即是諸咎。《紀年》云‘翳三十三年遷于吳。三十六年七月，太子諸咎弑其君翳。十月，粵殺諸咎粵滑。吳人立子錯枝爲君。明年，大夫寺區定粵亂，立無餘之。’（《史記・越王句踐世家》索隱所引）視此，則諸咎又號粵滑，與句踐、不壽、無餘之、無顓等之有別號相同。諸咎粵滑蓋即此者召於賜。古金文諸字均作者，咎召音相近，粵古音於粵，則有於之發聲，滑蓋賜字之誤也。”容庚在發表於 1934年《燕京學報》的《鳥書考》一文假定“者旨於賜”“爲句踐之子鼫與”。陳夢家在發表於《考古》1963 年第 7 期的《蔡器三記》一文則以爲“鼫與《國語・吳語》作諸稽郢……《越絶書》作與夷，‘諸稽’是‘者旨’之對音，‘與夷’是‘於賜’之對音”。林澐在發表於《考古》1963 年第 8 期的《越王者旨於賜考》一文中，也認爲“者旨於賜”即“鼫與”，其理由是：“鼫與一名，和者旨於賜是聲音相通的。因爲，鼫從石聲，石字是禪母三等字，者字則是照母三等字，上古音照審禪母三等字歸端透定母，所以石、者兩字古代都讀舌頭音……彼此音同或音近，正是古音的保留。《毛詩・終南》篇‘顏如渥丹’，《韓詩》作‘顏如渥沰’（《釋文》引）、《韓詩外傳》作‘顏如渥赭’，可證古代從石聲之字和從者聲之字音通互假……至於與字和於字，則同爲喉音字，同屬魚部……所以，緩言之爲者旨於賜，急言之則爲鼫與；這就像《國語》上的寺人勃鞮，《左傳》上寫作寺人披一樣，是同一人名的不同記音方法。”容庚在發表於 1964 年《中山大學學報》第 1 期的《鳥書考》一文仍堅持推測者旨於賜“爲句踐之子鼫與”，並反駁陳夢家之説，據《吳語》注指出，諸稽郢乃越大夫，而非句踐之子。以上諸説，何者爲是，幾十年來一直未能論定。

　　到了 1983 年，殷滌非在《古文字研究》第 10 輯發表了《“者旨於賜”考略》一文，説明他“重檢安徽淮南市蔡家崗趙家孤堆古墓中出土的兩件‘戉王者旨於賜’戈銘讀之，發現‘者旨於賜’確實是句踐之子”。證據是戈胡正面兩行六字是“戈愆俱丸之子”，戈胡反面兩行六字是“戉王者旨於賜”，正反兩面連續，其銘文當爲“戈愆俱丸之子戉王者旨於賜”，而“戈愆俱丸”“就是句踐”，“者旨於賜”當然就是句踐之子鼫與。由此殷氏論定，者旨於賜“既不是越大夫諸稽郢,更不是諸咎粵滑。容老的'假定'由此被證實而肯定了,林氏從聲韻考訂'者旨於賜'是貼與的緩讀……是完全正確的"。殷氏這一補證,不僅對古文字、古史研究有價值,對古音韻研究也有一定意義。

《20 世紀金文研究述要》頁 464—465

【者兒】

○**李朝遠**(2002)　　者兒,曾見於"者兒乍寶尊彝"觶中,該觶是出土於洛陽的西周中期器,與這裏的者兒無關。者,一般認爲是古諸字,是古越語人名地名常用的發語詞,無義,如"諸樊、諸暨"等。者兒戈並非吳越之器,其"者"字恐不能視爲簡單的發語詞。在論述配兒鉤鑃時,沙孟海先生認爲"兒字是語尾",這是正確的,在儀兒鐘銘文中,"乘"與"乘兒"同時出現,"兒"字爲語尾,故可省。如果"者兒"的"兒"字爲語尾,"者"字又是發語詞,"者兒"就變得毫無詞義,況且,如果"兒"字爲語尾,也就無語可發了。庚兒鼎銘中有"徐王之子庚兒"句,庚兒繼王位後在沇兒鎛銘文中徑稱爲"徐王庚",可見庚不會是發語詞,也不會是謚號。董楚平在討論配兒鉤鑃時,認爲"配"當爲本名,準此,者兒之"者"亦釋爲本名爲好。

　　對於這一類銘文,即器主在自己的名字前冠以某人之孫、某人之子等先世名號的特點,李學勤先生已做過研究。有此類特點的青銅器主要出現在吳國、越國、徐國、宋國、陳國、胡國、邿國、齊國、莒國,可能還有楚國,再加上這一次的滕國。這一類銘文,大多出於中原之外的南方器,所以"這些器主多雖有社會地位,甚至爲諸侯、卿大夫,可是他們在姬、姜等華夏大姓之外,從而特別感到有申述世系的必要"。者兒戈中的滕,則是姬姓的諸侯國。從地區上來看,李先生認爲這幾件具有這種特點的齊國青銅器,如叔夷鐘、鎛、庚壺等,器主凡可考的,都來自南方,確有見地。這樣最北面有這種特點的青銅器就是莒國,大致與魯國的緯度相當,而滕國與具有同樣特點青銅器的邿國較近,與莒國亦不遠,故完全有可能采用具有同樣特點的銘文格式,這三小國可以視爲使用這一格式的小區域。另一有趣的現象是,凡是稱"某兒"的器,基本是具有這一銘文特點的區域器。者兒戈的出土,第一次表明周天子的姬姓後裔也采用這種形式,申述自己是某人之孫、某人之子。這或許與滕公爵位的降低有關。滕侯初爲侯爵,後降爲子爵,據《春秋》經記載,魯隱公七年(公元前 716 年)時,滕公尚稱"滕侯",僅過了 6 年到魯桓公二年(前 710)時即改稱爲"滕子",並一直延續,所以可能有申述自己先世的必要。

《古文字研究》23,頁 96

【者尚】

○**曹錦炎**（1990）　者（？）尚，者字殘存下半，是否“者”字尚有疑問。季子者尚，“季子”是身份、稱謂。“者尚”是人名。《史記·吳太伯世家》：“二十五年，王壽夢卒。壽夢有子四人，長曰諸樊，次曰餘祭，次曰餘眛，次曰季札。”諸樊以嫡長繼王位，後秉父遺命傳位於弟。季札之季爲排行，即“伯仲叔季”之季，季札是老四，所以排行稱“季”，季札或稱“季子”，見於《左傳》《公羊》《史記》等史籍，也見於傳世的一件“季子之子”劍。本銘稱“工廬王姑發臀反之弟季子者尚”，其身份、稱謂均與典籍記載的季札相一致，可見其即爲季札無疑，同時也可反證前輩定“姑發臀反即諸樊”爲不易之論。至於季札之名，劍銘作“者尚”，由於第一字尚存疑問，其與“札”字的關係須作進一步研究，但者尚必爲季札，則可斷定。

《東南文化》1990-4，頁 109

○**周鳳五**（1998）　“者尚”讀如“主常”者。者，古音章母魚部；主，章母侯部，二字雙聲，韻部魚、侯旁轉可通。此句意謂君子雖與人隔絕不見，仍堅守恆常之道而不改變。上句“久而不渝”，指時間，此句則由空間言之，大旨完全相同。《論語·學而》“主忠信”，簡文亦可移作注腳。

《中國文字》新 24，頁 125

【者侯】

○**何琳儀**（1998）　帛書“者侯”，讀“諸侯”。

《戰國古文字典》頁 517

智 𥳑 智

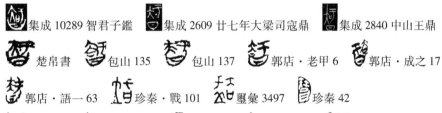

集成 10289 智君子鑑　集成 2609 廿七年大梁司寇鼎　集成 2840 中山王鼎
楚帛書　包山 135　包山 137　郭店·老甲 6　郭店·成之 17
郭店·語一 63　珍秦·戰 101　璽彙 3497　珍秦 42
貨系 377　貨系 378　璽彙 3315　秦駰玉版　睡虎地·答問 11

○**史樹青**（1955）　（編按：仰天湖 34）第一簡　一新智纏（中略）　新智、慸智的智字，字形與輝縣出土的智君子鑑銘文相近，智字疑是地名。

《長沙仰天湖出土楚簡研究》頁 21—22

○**沈之瑜**（1962）　大梁鼎上的“智釽”二字，孫詒讓疑爲“晉釜”二字的“訛缺",認爲"梁爲晉之故國,作晉釜者,明用舊量,如齊釜亦有新舊二量也"。我認爲這個説法過於穿鑿,不可信,況且從本器銘刻觀察,根本不是"晉釜"二字。

"智"字古文从白从于从知會意,知亦聲。大梁鼎此字从于,而此器"智"字不从于。字義不解。

《文匯報》1962 年 10 月 14 日;
收入《沈之瑜文博論集》,上海古籍出版社 2003 年

○嚴一萍(1967)　毛公鼎作𝕊、智君子鑑作𝕊、魚鼎匕作𝕊。繒書則省口。《説文》古文作𝕊,(中略)皆有僞訛。智與知,經典多通用。徐灝《説文箋》曰:"知𥏻本一字,隸省作智。智慧者,知識之謂也。古書多以知爲智,又或以智爲知。(中略)《墨子·經説篇》:逃臣不知其處,吠狗不智其名。《耕柱篇》:豈能智數百歲之後哉。《吕氏春秋·至忠篇》:若此人者,固難得其患,雖得之有不智。秦策曰:楚智橫門君之善用兵。智皆與知同。"繒書言"恭民未智",猶《左·僖二十七年傳》:"民未知禮,未生其恭。"

《楚繒書新考》頁 22—23

○商承祚(1982)　甲骨文、金文有智無知,用智爲知,後將知分化出知,二字通用。《説文》智之古文作𝕊。

《古文字研究》7,頁 52

○許學仁(1983)　𝕊繒書甲 8.14;12.20　𝕊仰天湖 1、3　𝕊仰天湖 1、7

毛公鼎作𝕊,智君子鑑作𝕊,魚鼎匕作𝕊;智字皆从大不从矢,繒書作𝕊,簡文大字作𝕊,乃楚系文字風格。與矢形近,後世知字、智字皆从矢。《孫子兵法》:"四五者一不智,非王霸之兵也。"(105 簡)作𝕊,又:"臣冀功數戰故爲智。"字作𝕊(134 簡),皆其例也。

簡文(1·7)與長沙繒書皆省口,簡文(1·3)所从之口移置大下,與《尊古齋古鉢集林》第二集著録私印作𝕊(5·5)同。《説文》古文作𝕊,石經作𝕊,皆有訛。知與智音義皆同,故經典亦多通用。繒書"恭民未智"(甲 8·11—14),猶《左傳·僖公二十七年》"民未知禮,未生其恭";又繒書云"民人弗智"(甲 12·20),與魚鼎匕云"下民無智"當是一語,猶今言民智未開也。

簡文"智"字,史氏疑爲地名;饒氏分析字形,云"𝕊,从𝕊从甘,一作𝕊,殆即谷之異形。《説文》谷或體作唥,或从肉从虖作臄"(編按,此處所引"谷"應爲"𠒋"之誤),訓爲"醢"。謂"新谷"猶卜辭之"新醴","一悲𝕊縷",爲一甌之切肉充滿也。均非。智屢當讀作鞮屢,《禮記·王制》:"五方之民,言語不同,嗜欲不

同,達其志,通其欲,東方曰寄,南方曰象,西方曰狄鞮,北方曰譯。"鄭注:"鞮之言知也,今冀部有言狄鞮者。"孔疏:"鞮與知相近,故鞮爲知也。"《廣雅·釋詁》:"鞮,觀也。"鞮,都兮切,知,陟离切,古讀並端系支部(段氏第十六部)字。簡文蓋借智爲鞮。《説文·革部》:"鞮,革屨也。"《方言》四:"扉、屨、麤,屨也……禪者謂之鞮。"郭璞注:"今韋鞮也。"《急就篇》:"靸鞮卬角褐襪巾。"師古注:"鞮,薄革小履也。"凡此並以鞮爲革履。

《中國文字》新 7,頁 89—90

○**饒宗頤**(1985)　《魚匕》:"下民無智,參蠱(蚩)蚘(尤)命。"與"恭民未智"語同。智讀爲知。

《楚帛書》頁 60

○**郭若愚**(1994)　仰34　智,經典通作知。《詩·檜風》:"樂子之無知。"注:"匹也。"《爾雅·釋詁》:"匹,合也。"注:"謂對合也。"疏:"匹者,配合也。"《廣韻》:"匹,配也,合也,二也。"棺飾左右成匹,故曰"智縷"。

《戰國楚簡文字編》頁 114

○**劉信芳**(1997)　新窅縷、忢窅縷

　仰天湖簡一:"一新窅縷,一忢窅縷,皆又蘆足縷。"楚簡凡"縷"多讀如"屨",履也。"新"與下文"忢"相對爲文,讀如"薪",《説文》:"薪,蕘也。"簡文"新"應指用以薦屨之草。"窅"讀如"屐",窅從知聲,屐從支聲,《詩·檜風·隰有萇楚》:"樂子之無知。"鄭玄箋:"知,匹也。""知"爲"伎"之借,故得釋爲"匹"(參朱駿聲《説文通訓定聲》"知"字注),由此可知"窅、屐"古音可通。"屐屨"即"屐履",《莊子·天下》:"以屐蹻爲服。""屐蹻"即"屐屬",是底下裝齒的鞋。

《中國文字》新 23,頁 96

○**李零**(1999)　(編按:信陽1·14)　"智(知)"。

《出土文獻研究》5,頁 145

○**李零**(1999)　"智",用爲"知",也是病愈的意思。《方言》卷三:"差、閒、知,愈也。南楚病愈者謂之差,或謂之閒,或謂之知。知,通語也……或謂之瘳。"這裏是説衆人的病不好,自己的病也不好,似作器者所染乃流行病。

《國學研究》6,頁 531

○**劉國勝**(2000)　本篇要討論的文字同樣涉及有關盗賊滋盛的起因問題。我們不妨先來辨析一下這段話句首"人多智"之"智"的含義。

　簡本《老子》有"智"無"知"字。作"知道(認識)、知識"講的"知"這個詞

都是用的“智”字。一般地説,作動詞用的“智”都可讀成“知”。而用爲名詞的“智”是看作“智”,還是“知”,還是有爭議的。我們以爲,簡本《老子》中作名詞的“智”應看作“智”。這類“智”是老子思想中一個重要的概念。以下有幾例:

（1）絶智棄辯,民利百倍。絶巧棄利,盗賊無有。絶僞棄慮,民復孝慈……視素保樸,少私寡欲。（簡本《老子》甲組）

（2）人多智,而哦物滋起,法物滋彰,盗賊多有……我欲不欲而民自樸。（簡本《老子》甲組）

（3）恆使民無智無欲也,使夫知不敢弗爲而已。則無不治也。（帛書《老子》乙本）

（4）民之難［治］也,以其智也。故以智知邦,邦之賊也;以不智知邦,邦［之］德也。（帛書《老子》甲本）

我們不難看出,《老子》在表述“智”時,常與“樸、不欲、無爲”等對立。顯然上述幾例中的“智”屬性相同,都意含負面的價值。在《老子》看來,“智”是人生欲施爲的動力,社會邪私敗壞的根源。“智”與“清靜、無爲”是相背離的。對於例（4）,河上公有注云:“民之所以難治者,以其智多,而爲巧僞。”可見,這類“智”亦是能用“智巧”來解釋的。關於“人多智”之“智”,我們覺察到,今通行本“人多”下有作“伎巧、技巧、知巧、利巧、智慧”等。事實上,“人多”下一詞只作一個“智”字。這一點可由簡本與帛書本《老子》同出一轍基本可以確信。我們頗疑上列種種異文實是“智”的釋義,諸家增字解義,又誤入正文。王弼給此句作注曰:“民多智慧,則巧僞生。巧僞生,則邪事起。”王弼對“智”的解釋正合“智巧”之義。

“人多智”之“智”如果是作“智巧”意思講,那麼,結合前文,我們就有理由將這段話句末的“盗賊多有”與句首的“人多智”聯繫起來去理解文意。也就是説,把“盗賊多有”視爲是“人多智”的結果。這是符合老子思想的。因此,照着簡文的語序,我們把這段話理解作一句讀,“而”之下“哦物滋起”“法物滋彰”“盗賊多有”是三個並列的小句,所表敍的三種現象皆是“人多智”的結果。《文子·道原》中有段話:故曰:“民多智能,奇物滋起,法令滋章,盗賊多有。”去彼取此,天殃不起。故“以智治國,國之賊;不以智治國,國之德”。這段話裏的兩個“故”中所引《老子》的内容是相關聯的。前者引説惡因及其敗果,後者是回應前者引説救正之術。後一個“故”中只圍繞了“智”來説教,因此,前一個“故”中要説明的惡因就應該只涉及到“智”,即所謂“智能”,而與"法令"無涉。也就是説,《文子》理解《老子》這句話亦是將"奇物滋起""法令滋章""盜賊多有"三者一同視爲"民多智能"的結果。只有這樣,《文子》才是有的放矢。

《郭店楚簡國際學術研討會論文集》頁 516—517

○曾憲通、楊澤生、蕭毅(2001) "智"讀作"知",李文解作病愈;我們認爲也可能指瞭解或辨别。

《考古與文物》2001-1,頁 51

○王輝(2001) 智,讀爲知。《方言》卷三:"知,愈也。南楚病愈者謂之差,或謂之閒,或謂之知。知,通語也。"《素問·刺瘧》:"一刺則衰,二刺則知,三刺則已。"

《考古學報》2001-2,頁 146

○崔恆昇(2002) 智君子鑑:"智君子。"智,國名,春秋晉地,在今山西永濟縣北。《通志·氏族略三》:"智氏,姬姓,即荀氏。荀首别食智邑,又爲智氏。至荀瑶爲趙、魏所滅,故智氏亦謂荀氏。望出河東、天水、陳留。"

《古文字研究》23,頁 222

○張富海(2007) 小徐本古文作![字], 寫誤。《璽彙》3497(燕璽)"智"作![字],上博簡《緇衣》2 號簡"智"字作![字],下部與此《説文》古文和石經古文相近。"智"字下部本從"口"或"甘",《説文》古文、石經古文以及上博《緇衣》"智"字下部都是訛變之體。其中《説文》古文訛作"丘"形,石經古文訛作"皿"形,是進一步的訛變。其變化可以跟"者"字類比:"者"字下部本從"口"或"甘",但像郭店《尊德義》8 號簡變成了![字],"口"下加了一横,而 10 號簡又進一步變成了![字]。

《漢人所謂古文之研究》頁 73

○田煒(2007) 《珍秦》第 101 號著録了下揭古璽:

末字原釋文不識。我們認爲應該釋爲"舂(智)"。"智",楚系簡帛文字或作![字](《郭店·語叢二》簡 85),其中"矢"旁或訛變爲"大、夫"等形近偏旁作![字](《郭店·老甲》簡 27)、![字](《郭店·語叢一》簡 63)等形。![字]字與之相比,有兩處不同,一是偏旁的位置有所變易。衆所周知,古文字偏旁位置不固定,每可變換。在戰國文字中,"智"字除了上述幾種形體以外,還可以寫作、等形,偏旁部位均有所不同。二是"矢"旁訛變成"立"旁。《珍秦》第 39 號著録了右揭古璽,其中"智"字正從立,亦釋![字]爲"智"之明證。

在目前所見的古文字材料中,从立之"智"僅此兩例,可見這兩方古璽的珍貴。"亡智"是上古常見的人名,《璽彙》2300、2982 有"獲亡智、閻亡智",廿七年大梁司寇鼎又有"肖亡智"等等,均可參看。

《中國文字》新 33,頁 176—177

【智君子】

○唐蘭(1938)　智君子者,智君之子也。古人作器,好稱述其祖父之名,如吳季子之子、命瓜君孚子之類,而君子一詞,與王子、公子同例,不可以爲人名。故知其當爲智君子之子也。

《唐蘭先生金文論集》頁 45,1995;原載《輔仁學志》7 卷 1—2 期

【智屨】

○朱德熙、裘錫圭(1972)　仰天湖簡第三、第七兩個字(編按:該簡號現通行爲仰天湖34),《長沙仰天湖出土楚簡研究》釋作"智",可從。毛公鼎及智君子鑑的知字皆从大不从矢:

　　　　　　毛公鼎　　　　　　　　　　　　　　智君子鑑(《金文編》195)

簡文大字寫作𠓥,乃楚國文字的風尚。簡文第一個智字把所从之口移在大字之下。《尊古齋古鉨集林》第二集 5·5 著錄一枚私印:韋 　。右側一字顯然是智字,所从之口移在大字之下,同時省去了下端的曰。簡文第二個智字省去口字,長沙楚帛書智字作　,亦省口,與此同。

　　智屨當讀作鞮屨。《禮記·王制》:"五方之民,言語不通,嗜欲不同,達其志,通其欲,東方曰寄,南方曰象,西方曰狄鞮,北方曰譯。"鄭注:"鞮之言知也,今冀部有言狄鞮者。"《正義》:"鞮與知聲相近,故鞮爲知也。"《廣雅·釋詁》:"鞮,䩱也。"智、鞮上古音皆支部端母字,故簡文假智爲鞮。《説文·革部》:"鞮,革履也。"《周禮·春官·序官》"鞮鞻氏",《釋文》引《字林》同,《急就篇》"鞥鞮印角褐韤巾"師古注:"鞮,薄革小履也。"《方言四》"扉、屨、麤,履也……禪者謂之鞮"郭璞注:"今韋鞮也。"凡此並以鞮爲革履。

　　鄭玄以扉(菲)釋鞮。《周禮·春官·序官》"鞮鞻氏"注"鞻,讀如屨也。鞮屨,四夷舞者所扉也。今時倡蹋鼓沓行者自有扉"。又《禮記·曲禮下》:"大夫士去國,踰竟,爲壇位,鄉國而哭,素衣素裳素冠,徹緣,鞮屨素簚……"注:"鞮屨,無鉤之菲也。"扉有革製者,亦有草製者。《釋名·釋衣服》:"齊人謂韋屨曰扉。扉,皮也。以皮作之。"以扉爲革履。《儀禮·喪服傳》:"疏屨者,藨蒯之菲也。"《左傳·僖公四年》"共其資糧扉屨"杜注:"扉,草屨也。"《漢書·刑法志》"菲履赭衣而不純"師古注:"菲,草履也。"皆以扉(菲)爲草

履。《周禮》鞮鞻是舞鞋，鄭注之扉自當指革履;《曲禮》鞮屨爲大夫士去國者行喪禮之服，鄭注之菲就不一定指革履，其字从艸應該不是偶然的。大概鞮和扉一樣，本是某種形制的鞋的通稱，並不限定用皮製作。(《方言》"禪者謂之鞮"，《急就篇》師古注"鞮，薄革小履也"，《曲禮》鄭注"鞮屨，無鉤之菲也"，可知鞮是一種比較輕便的鞋。)（中略）綜上所説，仰天湖 1 號簡文可以寫定如下：

　　　一新智（鞮）縷（屨），一怘（舊）智（鞮）縷（屨），皆又（有）蔰（苴）疋（疏）縷（屨）

意思是説：一雙新的鞮屨，一雙舊的鞮屨，都是有草墊的疏屨。

　　　信陽 202 號簡列舉了五類屨名：

　　　一兩緣□縷（屨），一兩絲紙縷（屨），一兩□緹屨，一兩諰（?）縷（屨），一兩□縷（屨）

緹屨似乎也可以讀作鞮屨。古代的鞮屨可能是"絲麻韋草"皆可爲之的，簡文的緹也許就是鞮的異體，跟訓帛丹黄色的緹只是偶然同形。後漢《秦嘉與婦書》記送致其妻之物，有"虎龍組緹履一緉"。緹履也有可能應該讀爲鞮履。

　　　　　　　　　　　《朱德熙古文字論集》頁 37—39，1995

百　百

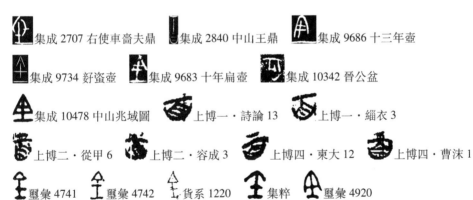

○朱德熙、裘錫圭（1979）　（六）圓壺銘 4 行：

　　　先王慈愛，全害竹百無疆，日夜不忘，去刑罰以憂厥民之佳不辜。

　　"無疆"前邊的四個字裏有三個字須要討論。第一個字是全字。根據字形分析，這個字似乎只能是"全"或"金"。但圓壺銘 29 行"方數全里"一句，鼎銘 25 行作"方數百里"，可見全是"百"字。我們不知道"百"字爲什麼這樣寫，但全之爲"百"是無可懷疑的。平山出土的許多記重量的銅器銘文裏，"百"字都

這樣寫。兆域圖的“百”字寫作□,亦與全形近。此外全字又見於戰國吉語印中,例如:

全牛(《古璽文字徵》2・1下)

千全牛(同上3・1上)

千牛全羊(《簠齋古印集》46上)

全年(《印揭》)

宜又(有)全萬(《古璽文字徵》14・4上)

宜又(有)全金(同上14・1上)

這些印文本來十分費解,現在知道全是“百”字,就全都讀通了。下引四種類型的魏國的布幣銘文裏也有全字:

(1)梁(梁)夸釿五十尚(當)寽

(2)梁(梁)夸釿全尚(當)寽

(3)梁(梁)正尚全尚(當)寽

(4)梁(梁)夊(半)尚二全尚(當)寽

過去誤認全是“金”字,銘文一直不得其解。現在認出全是“百”字,我們就知道(1)是五十當寽,(2)和(3)是一百當寽,(4)是二百當寽。(1)(2)(3)(4)四種布幣實測重量的整數比正好是4:2:2:1,與銘文所記相符,此外,按照此類布幣的實測重量推算,一寽的重量大概在1400克至1600克之閒。這個數值跟金村方壺按照實測重量估計的一寽的數值大體符合。由此可見戰國時期至少在三晉和中山一帶存在過一種比較大的鋝,其數值比《説文》所説“北方以二十兩爲鋝”的“鋝”還要大得多。

《文物》1979-1,頁43—44

○**李學勤**(1979)　在文字方面,平山的銘文和固圍村二號墓骨飾上漆書,字體也很接近。固圍村出了一些魏國布幣,面文是“梁正尚全尚寽”。這個全字,歷來誤釋爲金,這次根據平山銘文,才弄清楚是“害”字省體,讀爲“百”,可見兩地文字彼此没有根本差别。

《文物》1979-1,頁38

○**李學勤、李零**(1979)　第五行第三字銘文作全,單純從字形看似乎是全字,但下文第廿九行“方數全里”,很顯然應讀爲百,釋全便不可通。在平山一號墓青銅器很多冶鑄工作所刻題識裏,百字都寫作□,壺銘此字係其變形。關於這個字有必要作比較詳細的討論。

我們知道,百字的古音和簠字(从甫聲)是相同的。春秋時代的都公諴簠

(《三代》10,21)的簠字作▨,這指示我們全一定是古魚部字。查《金文編》,簠字所從聲符或爲古,或爲故,或爲獸,或爲壽,也有時只寫作壽。《説文》簠字古文從夫聲。甫、古、害(壽)、夫及其衍生字都是魚部字,故相通假。這裏面的害字,《説文》本從宀(編按:應爲"宀"之誤排)、口,丰聲,《金文編》所收作▨、▨、▨等形,其上半正與壺銘相當於百的這個字相同。正始石經割字古文作▨,所從實際就是這個字。因此,我們討論的這字其實是省去口的害字,應隸定爲宔。害,古祭部字,然而在銅器銘文中常讀爲魚部韻,如姑洗,在有的鐘銘中寫作龢▨,也是明顯的例證。害可讀爲簠,這裏的宔自然可讀爲百了。

宔假爲百,戰國文字屢見不鮮。在璽印中,《古徵》第十四有"宜又全萬"即"宜有百萬":"▨萬"即"百萬",在宔旁又加上白聲。《補補》第五有"千牛全羊",即"千牛百羊";《古徵》第三有"千▨牛",即"千百牛"。在貨幣中,常見的"盧氏全涅、俞全涅"布幣,可與《古錢大辭典》755"百㝵"空首布對照。更重要的是,魏布幣"梁正尚全尚寽、梁半尚二全尚寽",及"梁奇釿全尚寽、梁奇釿五十尚寽",其全字舊誤釋金,現在也都得到正確的釋讀。

《考古學報》1979-2,頁 160—161

○于豪亮(1979)　　"全"即是"百",因爲下文"枋(方)嚳(數)全里"同鼎銘"方嚳(數)百里"相同,知"全"即是"百",也許古人以百爲全數,故以全字代替百字。

《考古學報》1979-2,頁 181

○張政烺(1979)　　百字倒書,下文"方數百里"同,銅版兆域圖中有許多數目字,百皆倒書,知此確是百字。

《古文字研究》1,頁 235

○劉宗漢(1983)　　戰國貨幣、璽印文字中有一▨字,舊釋爲金,然文義扞格難通。自從河北省平山縣中山王墓發掘簡報發表後,學者始認出此字應讀爲"百",因爲出土圓壺銘文上的"方數▨里"鼎銘上作"方數百里",兩相對照,知▨即百字。用這個成果去讀其他貨幣、璽印文字,均豁然可通。然此▨字究竟爲什麼讀作百字,則至今尚未得到解釋。

如果我解決這個問題,有兩個途徑可循:一是找出兩字字形訛變的軌迹,一是找出兩字讀音的通假關係。

從字形説,此字作▨或▨,和金字作▨、▨、▨等形十分接近,百字作▨▨或▨,我們很難找出它訛變爲▨或▨的軌迹。這説明,在字形方面對▨讀爲"百"的現象作出解釋,是很困難的。

然而就讀音説,在一定的方音區内,仝卻可以讀爲百字。

仝即金。金,見母侵韻;百,幫母陌韻。就聲母言,見、幫二母古有不少相通之例。(中略)具有仝字的"梁夸釿仝尚守"等貨幣的鑄地爲梁,即今之河南開封,鄭衆讀綆爲餅,據《後漢書·鄭范陳賈張列傳》,鄭衆亦是開封人。殷墟所出甲骨文字見、幫二母相通,其地亦在今河南。中山王墓在今平山,其地在河北南部。《魯論》瓜作必,魯地亦與河南接近。據上述,可知見、幫二母相通係一種方音現象,其範圍大約在今河北南部、河南北部及其附近地區。觀夫郭偃《國語》《墨子》《商君書》《韓非子》《吕氏春秋》作郭偃、高偃或郤偃,唯《左傳》作卜偃,不僅可知讀高、郭爲卜(亦即讀見母爲幫母)係一地區性方音,且可知左丘明係此方音區中人,與《國語》作者並非一人。

復次,談韻母。金,侵韻,屬侵部;百,陌韻,爲庚韻入聲,屬耕部。《國語·周語》下,伶州鳩對周景王引述過一句諺語"衆心成城,衆口鑠金"。金與城通押,説明在東周地區金字讀音與耕部接近。東周在今河南洛陽,屬前述方音區内。

《詩·邶風·新臺》陽聲元部的鮮字與陰聲的泚、瀰相押,鮮消失陽聲字尾。《陳風·東門之枌》陽聲元部的原與差、麻、娑相押,亦消失陽聲字尾。漢代陳宋之間元部字有消失陽聲字尾現象,齊魯青徐之間元部、真部字也有消失陽聲字尾現象。具有這種現象的方音區與前述方音區部分迭合,即前述方音區内亦有消失陽聲字尾現象。(中略)

上述各種方音因素加起來,在大梁及中山國所在方音區内,金字可能有見母侵韻和幫母陌韻兩讀,這就造成了仝既作"百"用又作"金"用的現象。(中略)《説文·田部》:"畎,竟也。一曰百也,魏趙謂百爲畎。从田,允聲。古朗切。"古,見母;百,幫母。此見、幫二母相通之又一資料。且魏趙既可謂百爲畎,自當讀百爲金。魏趙之地域,與前文所説河北南部、河南北部及其附近地區大體一致,足見直至東漢,此一地區尚有讀幫母爲見母之現象。此從段本,他本作"一曰陌也"。陌雖屬明母,然从百得聲,故仍可視爲見、幫二母相通之例證。

《古文字研究》10,頁 132—137

○**湯餘惠**(1986)　晚周百字異文作生(兆域圖),古璽又作生、生、仝等形,所以横畫多寡不一,仝是最簡的一體。

《古文字研究》15,頁 12

○**湯餘惠**(1989)　接下來討論跟自相關的"白"字的另一種繁構。晚周私名璽姓氏有"郎"字,作✦、✦、✦等形,《彙編》統釋爲"郎",極富見地。值得注意的是,末例白旁寫法和前考✦形相近,差別只在✦和一之間又增一短豎相連接,其實晚周文字不乏類似的情況。下面不妨把"白"字和"馬、且"二字的某些寫法作一對比:

由 a 而 b 而 c,顯然是平行的增繁現象。由 c 式的"白"更可以推知戰國文字中的✦、✦大概也都是✦形的衍變。這樣看來,"白"字增繁衍變的踪迹就比較清楚了。我們可以用一個簡表表示如下:

✦見前→✦見前→✦見前→✦《彙編》4745→✦兆域圖→✦《彙編》4743

✦中山圓壺　　✦中山圓壺　西庫:19

✦《古大》223　　✦《彙編》4919

倘若上面的看法可信,那麼長期以來令人困惑不解的✦、✦構形之謎現在大概可以解開了:它們無一不是"白"字繁構的變體,由於音近通假而借作"百"字使用。

《古文字研究》17,頁 220—221

○**黃盛璋**(1989)　幣中"百"字作"全","五十"爲合文旁加合文符"=",舊誤讀"全"爲"金",將合文"五十"讀爲"五"與"十二",因而無法通讀。最近由於平山中山國銅器出土,解決"全"字爲"百",從而四種幣文及其稱量制度得以明確。

《古文字研究》17,頁 40

○**荊門市博物館**(1998)　(編按:郭店・忠信 7)"百"字之形同《説文》古文"百"。

《郭店楚墓竹簡》頁 164

○**何琳儀**(1998)　百,甲骨文作✦(鐵六五・一)。從白,上加一橫分化爲百。百爲白之準聲首。或作✦(乙六八九七反)、✦(乙六八六三反),加∧亦爲與白區分。西周金文作✦(矢簋)、✦(禹鼎),上或加短橫爲飾。春秋金文作✦(秦公鎛)、✦(庚壺)。戰國文字分兩類。一類承襲西周文字作✦,或再加橫筆爲飾作𦥯、𦥔。另一類作𥾂、𥿊、全，構形不明。或以爲百之倒文，或以爲由白演化（𦥯、𦥔、𦥯、𥾂、𥿊），《説文》："𦥯，十十也。从一、白。數十百爲一貫。相章也。𦥯，古文百从自。"

尖足空首布"百邑"，地名。《史記·趙世家》："遂祠三神於百邑。"在今山西霍縣東南。晉璽"百年"，吉語。《周禮·考工記·函人》："犀甲壽百年。"晉璽"百金"，吉語。《公羊·隱五年》："百金之魚。"趙尖足布"百陽"，讀"伯陽"，地名。《史記·趙世家》惠文王"十七年，樂毅將趙師攻魏伯陽"，在今河南安陽西北。或作"碧陽"，見《開元占經》卷一一三引《竹書紀年》"碧陽君"。中山王器"百里"，見《書·禹貢》"百里賦，納總"。中山圓壺"百每"，疑讀"勉閔"，即"黽勉"。

楚璽百，姓氏。秦大夫百里奚之後。見《萬姓統譜》。包山簡"百益"，讀"百鎰"。《史記·留侯世家》："漢王賜良金百鎰、珠二斗。"帛書"百神"，見《詩·周頌·時邁》"懷柔百神"。帛書"百戠"，讀"百歲"。《史記·貨殖傳》："十歲樹之以木，百歲來之以德。"

詛楚文"百姓"，庶民。《書·舜典》："百姓不親，五品不遜。"秦璽百，姓氏。青川牘百，讀陌。《説文新附》："阡，路東西爲陌，南北爲阡。"

《戰國古文字典》頁 604

○徐在國（2001） 《山東》273 著録如下一方古璽（如圖），此璽係 60 年代山東文物總店收藏。原書釋爲"全玉□"。時代定爲漢。

今按：首字原書釋爲"全"，可疑。頗疑此字應釋爲"百"。（中略）此璽應釋爲"百玉堂"。古有"百"姓。（中略）此璽時代似應屬戰國。

《中國文字研究》2，頁 275

○李零（2004） （編按：上博四·曹沫 1）東西七百，南北五百，此述魯之封域。《禮記·明堂位》："成王以周公爲有勳勞於天下，是以封周公於曲阜，地方七百里，革車千乘。"鄭玄注："曲阜，魯地，上公之封，地方五百里，加魯以四等之附庸，方百里者二十四，并五五二十五，積四十九，開方之得七百里。"

《上海博物館藏戰國楚竹書》（四）頁 243

○張富海（2007） 220.百 𦥯 𦥔（石）

石經古文上部殘去。郭店《忠信之道》7 號簡、《語叢一》18 號簡、上博簡《緇衣》7 號簡、信陽 2-029 號簡"百"字作𦥯，中山王𧊒鼎（《集成》5.2840）作𦥯，與此《説文》古文和石經古文相同。郭店《老子甲》《老子丙》《緇衣》"百"字作🔣，多出一横飾筆，包山簡、楚帛書"百"字皆同。

《漢人所謂古文之研究》頁 73

【百生】

○**王輝、程學華**(1999) "百生"即百姓，亦見於西周金文。

《秦文字集證》頁 112

【百年】

○**何琳儀**(1998) 晉璽"百年"，吉語。《周禮・考工記・函人》："犀甲壽百年。"

《戰國古文字典》頁 604

【百里】

○**何琳儀**(1998) 中山王器"百里"，見《書・禹貢》"百里賦，納總"。

《戰國古文字典》頁 604

【百邑】

○**何琳儀**(1998) 尖足空首布"百邑"，地名。《史記・趙世家》："遂祠三神於百邑。"在今山西霍縣東南。

《戰國古文字典》頁 604

【百每】

○**朱德熙、裘錫圭**(1979) (六)圓壺銘 4 至 12 行：

> 先王慈愛，全🔣竹🔣無疆(中略)

"無疆"前邊的四個字裏有三個字須要討論。第一個字是🔣字。根據字形分析，這個字似乎只能是"全"或"金"。(中略)🔣字。這個字跟戰國時期"每"字(🔣)的寫法相似，但下半似"女"非"女"，跟"每"字有別。而且釋爲"每"，銘文也難以讀通。(中略)圓壺銘🔣字跟上引幾種"殽"字古寫相似，有可能也是"殽"字。"殽"在圓壺銘文裏似當讀爲"僚"。"百僚"乃古人恆語。《尚書・皋陶謨》"百僚師之"，《詩・大東》"百僚是試"。

《朱德熙古文字論集》頁 93—95，1995；原載《文物》1979-1

○**徐中舒、伍仕謙**(1979) 愛全(千)每(畝)竹(中略)枋(方)畼(數)全(千)里。(中略)"全"，此文兩見。又見於中山宮堂圖刻字，皆以"全"爲"千"。《古璽文字徵》卷七宜之下"宜有千萬"，他印或作"宜有全萬"，此皆戰國時印鈢文。千、全，古真元合韻，故得相通。(中略)千畝，言其多也。古以竹簡編綴成書，用竹之多，至於千畝。《莊子・天下》篇"惠施多方，其書五車"，言其書多至五車。與此同意。"愛千畝竹，勉亡疆，日夜不忘"，謂其愛好書籍，勤勉學問,日夜不忘誦讀也。

○**何琳儀**(1984)　百每竹周無疆　百,當讀慎。《詩·大雅·皇矣》"貊其德音",韓詩作"莫其德音"是其證。《説文》:"慎,勉也。"朱駿聲注:"百假借爲慎,《左·僖廿八年傳》'距躍三百,曲踊三百',注'猶勵也'。"每,當讀敏。(中略)敏亦通閔,《釋名·釋言語》:"敏,閔也。"《書·君奭》"予惟用閔于天越民",傳:"閔,勉也。"

　　《詩·邶風·谷風》"黽勉同心",釋文:"猶勉勉也。"衆所周知"黽勉"這類雙聲謰語,本無定字,或作"密勿""蠠没""閔免""文莫"等,其實都是以脣音爲聲紐的音轉。甚至二字也可互倒,如"僶勉"或作"俛僶"(薛君章句),"黽勉"或作"茂明"(《漢書·董仲舒傳》),"密勿"或作"俛密"(《韓非子·忠孝》)。因此本銘"百每"應讀"慎敏"或"勉閔",即典籍"閔勉"(《漢書·谷永傳》、《五行志》)的倒文。

○**陳長安**(1985)　中山國的地望與三晉爲鄰,地域相連,方言也會相同。大概中山國也把奴婢統稱爲"侮"。壺銘中的"百侮",當是泛指從事各種勞役的奴婢而言,亦即指廣大奴婢。

【百金】

○**何琳儀**(1998)　晉璽"百金",吉語。《公羊·隱五年》:"百金之魚。"

【百姓】

○**何琳儀**(1998)　詛楚文"百姓",庶民。《書·舜典》:"百姓不親,五品不遜。"

【百神】

○**何琳儀**(1998)　帛書"百神",見《詩·周頌·時邁》"懷柔百神"。

【百益】

○**何琳儀**(1998)　包山簡"百益",讀"百鎰"。《史記·留侯世家》:"漢王賜良金百鎰、珠二斗。"

【百戠】

○**何琳儀**（1998）　帛書"百戠"，讀"百歲"。《史記・貨殖傳》："十歲樹之以木，百歲來之以德。"

《戰國古文字典》頁 604

【百陽】

○**何琳儀**（1998）　趙尖足布"百陽"，讀"伯陽"，地名。《史記・趙世家》惠文王"十七年，樂毅將趙師攻魏伯陽"，在今河南安陽西北。或作"碧陽"，見《開元占經》卷一一三引《竹書紀年》"碧陽君"。

《戰國古文字典》頁 604

【百骨骨豐體疾】

○**張光裕、陳偉武**（2006）　百骨骨豐體疾

　　葛陵簡甲三 189："既心悹（悗），瘃痕，以百骨骨豐體疾。""骨骨豐"即《龍龕手鑒・骨部》以爲"骸"字俗體之"骴"。"百骨骨豐體"猶言"百骸、百體"，典籍有"百骸、百體"之語，均指渾身、遍體，如《莊子・齊物論》："百骸、九竅、六藏（髒），賅而存焉，吾誰與爲親？"成玄英疏："百骸，百骨節也。"《管子・立政》："令則行，禁則止，憲之所及，俗之所被，如百體之從心，政之所期也。""百骨骨豐（骸）體疾"即指全身疾痛。

《中國文字學報》1，頁 88

【百樂】

○**王輝、程學華**（1999）　"百樂"之百乃泛指，百樂指種類繁多的樂器。各種樂器或獨奏，或合奏，足見其演奏場面之大，氣氛之熱烈。

《秦文字集證》頁 84

省

璽彙 0348

○**李守奎**（2003）　省　疑爲必字繁體。

《楚文字編》頁 227

鼻　鼻

郭店・五行 45　　璽彙 3624　　璽彙 2555　　睡虎地・答問 83

○**何琳儀**（1998）　《説文》："鼻,主臭者也。从自,畀聲。"戰國文字鼻,人名。

《戰國古文字典》頁1297

頮　靧

　郭店・緇衣36　　　郭店・成之22　　　郭店・成之29

　陶彙3・436　　　鐵雲98・1

○**李守奎**（2003）　頮　靧　與《説文》之靧同形,但不同字。

《楚文字編》頁228

○**張富海**（2007）　221.　頮　靧　靧（石）

　《説文》古文从二古文"百"。郭店《緇衣》36號簡"頮"作，从二"百"，同篆文。上博簡《緇衣》18號簡作，似从二"首"，同此石經古文。

《漢人所謂古文之研究》頁73

習　習

　包山223　　　望山1・88　　　璽彙2181　　　璽彙2425

○**連劭名**（1986）　（編按:望山1・88）"習"，重也。《易・象傳》："習坎,君子以常德行。"《釋文》："習,重也。"習通襲,《周禮・胥師》："襲其不正者。"鄭注："故書襲爲習。"《文選・齊竟陵文宣王行狀》："龜謀襲吉。"注："與習通。"襲亦重也。《廣雅・釋詁》四："襲,重也。"

《江漢論壇》1986-11,頁79

○**朱德熙、裘錫圭、李家浩**（1995）　（編按:望山1・88）☑痭吕（以）黃靇習之,（中略）"習"有重疊、因襲的意思。《禮記・曲禮上》："卜筮不相襲。""襲、習"古通。《周禮・春官・筮人》："凡國之大事,先筮而後卜。"此簡所記當是筮占卜之後再由痭龜卜一次,所以稱"習之"。

《望山楚簡》頁98

○**何琳儀**（1998）　習,甲骨文作（甲九二〇）。从羽从日,會鳥近日而高飛之意。日亦聲。習,定紐（編按:當爲邪紐）;日,泥紐（編按:當爲日紐）。定、日均屬舌音,習爲日之準聲首。戰國文字承襲甲骨文。秦文字日旁或訛作目形,小篆因之作形。《説文》"習,數飛也。从羽从。"

楚簡習，見《書·大禹謨》“卜不習吉”，傳：“習，因也。”疏：“卜法，不得因前之吉，更復卜之。”

睡虎地簡“習浴”，讀“習俗”，風俗習慣。《荀子·榮辱》“是注錯習俗之節異也”，注：“習俗，謂所習風俗。”《呂覽·執一》：“成訓教，變習俗。”

《戰國古文字典》頁 1378

○**劉昕嵐**（2000）　（編按：郭店·性自 1）“習”字於此應作“積習”解。《論衡·本性》：“習善而爲善，習惡而爲惡也。”

《郭店楚簡國際學術研討會論文集》頁 330

○**陳偉**（2000）　（編按：郭店·性自 1）習，習慣。

《中國哲學史》2000-4，頁 5

○**丁原植**（2000）　（編按：郭店·性自 1）“習”，有調節之義。《大戴禮記·子張問入官》：“既知其以生有習，然後民特從命也。”盧辨注：“生，謂性也；習，調節也。”下文簡 11—12 云：“養性者，習也。”所謂“養性”，即在於調節“性”之所出。《説文·習部》：“習，數飛也。”“數飛”，也就是自我經過調整而能適宜飛行。“習”具有“學習”義，隱含着“調節”的作用。

《郭店楚簡儒家佚籍四種釋析》頁 18—19

○**劉信芳**（2003）　習：《尚書·金縢》：“乃卜三龜，一習吉。”《傳》云：“習，因也。”《正義》云：“習則襲也，襲是重文之名，因前而重之，故以習爲因也。”

《包山楚簡解詁》頁 236

○**李天虹**（2003）　習，劉昕嵐（A）：積習。陳偉（B）：習慣。

按：一一一二號簡又云：“羕（養）眚（性）者，習也。”《大戴禮記·保傅》載孔子曰：“少成若天性，習貫之爲常。”盧注：“人性本或有所不能，少教成之，若天性自然也。”《論衡·本性》：“習善而爲善，習惡而爲惡。”若此可知“習”義爲“教習、習養”。

《郭店竹簡〈性命自出〉研究》頁 134

○**李零**（2003）　（編按：上博三·互先 10）“習”，通“襲”（“襲、習”都是邪母緝部字）。又，古代占卜有所謂“習卜”，“習卜”的含義是連續占卜（參看《書·大禹謨》孔穎達疏）。

《上海博物館藏戰國楚竹書》（三）頁 296

【習郊】璽彙 2181

羽 羽 习

羽 貨系 41　　羽 睡虎地・爲吏 26 叁

羽 包山牘 1

○**何琳儀**（1988）　　《録遺》590 著録一件春秋晚期徐國戈銘：

郐（徐）王之子羽之元用戈

戈銘全爲反書，故"羽"即"羽"。《春秋》昭公三十年"冬十有二月，吳滅徐，徐子章羽奔楚"。戈銘"羽"即"章羽"。吳國滅亡徐國二年之後（公元前 510 年），"吳伐越"（《左傳》昭公三十二年）。據《史記・趙世家》記載："允常之時，與吳王闔廬戰而相怨伐。"可知章羽與允常當是同一代人。允常與者旨於賜爲祖與孫的關係，章羽（之妻）與者旨於賜爲姑與"姪子"的關係，皆隔一代，時間大體相當。或云越俗從母姓，而蔡家崗所出戈銘"者旨於賜"自稱是徐國母家的"至子"。由此可見，"者旨"很可能本爲徐國古姓氏。江西靖安所出徐國爐盤銘云"疾（癥）君之孫徐令尹者旨習"，就是很有力的證據。

《文物研究》3，頁 119

○**湯餘惠**（1993）　羽 牘 1　习・羽　羽字省體。"車戠，戠羽"，269 簡作"車戠，戠羽"，對比可知"习"即"羽"之半。

《考古與文物》1993-2，頁 79

○**李家浩**（1995）　戠（侵）习（羽）一翠；（中略）"侵羽"之"羽"省作"习"。

《第二屆國際中國古文字學研討會論文集續編》頁 375—377

△**按**　"篓"指竹扇，"翠"爲羽扇專字。

【羽旄】睡虎地・爲吏 26

○**睡簡整理小組**（1990）　羽旄，《國語・晉語》注："羽，鳥羽也，翡翠、孔雀之屬。旄，旄牛尾也。"此句金錢、羽旄均指車馬的裝飾，金錢可能即豹尾。《古今注》："豹尾車，周制也……古軍正建之，今唯乘輿得建焉。"

《睡虎地秦墓竹簡》頁 171

【羽觴】仰天湖 12

○**史樹青**（1955）　第三十簡：羽觴一堂。羽觴即後世所稱的耳杯，長沙所出耳杯，多以木胎彩漆爲之。此簡觴字寫法，與第二十五簡寫法相同。《楚辭・招魂》："瑤漿蜜勺，實羽觴些。"就是這種酒器。此墓出土物中，有朱繪龍文羽觴殘片,與第二十五簡龍觴可作比較研究。

《長沙仰天湖出土楚簡研究》頁 34

○**中大楚簡整理小組**(1977)　第十二簡:羽觴一墨。　已

羽觴之名見於《楚辭·招魂》:"瑤漿蜜勺,實羽觴些。"《晉書·束晳傳》引逸詩:"羽觴隨波。"王羲之《蘭亭序》:"流觴曲水。"出土的漆羽觴皆作橢圓形,左右有附耳,置之水面,流而不沉。後世畫家不明器形,凡繪曲水流觴圖,把觴形畫爲圓杯,下承以盤——茶托。如按照這樣的形狀,置之流水,未有不傾覆的。

過去有羽觴注釋錯誤的,如東漢王逸注"實羽觴些",引"五臣云:'觴,酒器也,插羽於上。'"宋洪興祖《楚辭補注》引而申之:"杯上綴羽,以速飲也。"清王夫之《楚辭通釋》亦承其説。《漢書·孝成班倢伃傳》"酌羽觴兮銷憂",顏師古注引孟康曰:"羽觴,爵也,作生爵(雀)形,有頭尾羽翼。"過去注釋家因不明羽觴形狀,遂將羽和觴割裂開來加以注觴,故有此誤。

嬴觴當即贏觴,贏説見第五簡,贏觴是一種用動物殼作飲酒器的器名,後來發展爲有左右耳如鳥兩翼的羽觴,贏觴名存實亡,成爲一種有名無實的名詞。贏觴既爲羽觴所代替,後世也就不知有贏觴這個器的專名了。

《戰國楚簡研究》4,頁 10

【羽翣】

○**商承祚**(1995)　此組簡所記翣有三種:羽翣、翌翣和竹翣。在墓左後室有漆翣柄二,長 178 釐米;墓室有短翣柄二,形如椎狀,長 24.2 釐米。

《戰國楚竹簡匯編》頁 35

翰　翰　翰

石鼓文·吾水

○**強運開**(1935)　郭云:"籀文翰從飛。"張德容云:"《説文》羿,籀文翼,篆文從羽作翼。此籀文翰從飛之證。"運開按:張説是也。吳愙齋《説文古籀補》以爲古飛字,非是。又按:《集韻》翥或作鼀;翻或作飜,皆可證從羽之字古多從飛也。

《石鼓釋文》壬鼓,頁 10

○**郭沫若**(1982)　按乃叚爲鬣,馬毛長者也。

《石鼓文研究》頁 75

○**羅君惕**(1983)　翰,《説文》:"天雞赤羽也。"《玉篇》:"飛也。"均與碣文不合。惟《易・賁卦》"白馬翰如",《疏》:"鮮潔其馬,其色翰如。"《禮記・檀弓》"戎事乘翰",注:"翰,白色馬也。"此石多詠馬,當作白馬解。

《秦刻十碣考釋》頁 79—80

翟

包山 105　　包山 109　　包山 110　　珍秦 141　　金符 19

○**周曉陸、路東之、龐睿**(1997)　一、夢齋藏秦封泥的主要内容(中略)

走翟丞印(圖 108)

此職官未見記載。翟即狄,走翟即抵禦外族之入侵。秦時常把來自西北部的威脅稱作胡、狄的侵犯。古文獻見"走胡"一詞。另秦是否設走翟縣不見記載。(中略)

翟導丞印(圖 125)

即翟道也,《漢書・地理志》左馮翊有"翟道"縣。

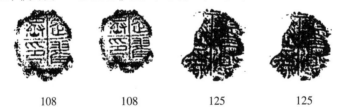

108　　　　　108　　　　　125　　　　　125

《考古與文物》1997-1,頁 40—41

【翟導】

○**周偉洲**(1997)　劉寨發現的秦封泥中,有關縣及其屬官吏的最多,共約 42方,(中略)23.翟導(道)丞印　《漢書・百官表》云:"列侯所食縣曰國,皇太后、皇后、公主所食曰邑,有蠻夷曰道。"衛宏《漢官舊儀》亦曰:"内郡爲縣,三邊爲道,皇后、太子、公主所食爲邑。"《後漢書・百官志》更明確地指出:"凡縣主蠻夷曰道……皆秦制也。"據此,過去史家也多以在蠻夷之邊地置道之制,係漢承秦制。然而,《漢書・地理志》左馮翊所屬縣中有"翟道",史家不敢斷此翟道係因承秦置翟道而來。此封泥出土,則完全證明秦時已置翟道(今陝西黃陵西),因其地有翟(即狄)人所居之故。此狄人,當爲春秋時活躍於今陝北地區之“白狄”。秦置翟道,屬上郡;丞爲翟道令長之佐官。

《西北大學學報》1997-1,頁 32、35

翡 翡 翡

望山 2・13

○**何琳儀**(1998)　翡,从羽,肥聲。

望山簡“翡翠”,讀“翡翠”。《易・咸》“咸其腓”,釋文:“腓,荀作肥。”《史記・三王世家》“毋俷德”,集解引徐廣曰:“俷,一作菲。”是其佐證。《楚辭・招魂》:“翡翠珠被,爛齊光些。”《文選・西都賦》:“翡翠火齊,流燿含英。”注:“翡翠,鳥羽也。”

《戰國古文字典》頁 1300

【翡翠之首】

○**陳邦懷**(1981)　“翡翠之自”:“翡翠”當即“翡翠”。“翡”从肥得聲,“翡”从非得聲,肥、非古音同屬脂部,聲母同爲脣音;“翠”从皋得聲,“翠”从卒得聲,皋、卒古音同屬脂部,聲母同爲齒頭音;而字皆从羽,知“翡翠”即“翡翠”者,從字音及其偏旁推求得之也。《説文解字》羽部:“翡,赤羽雀也,出鬱林,从羽,非聲。”又:“翠,青羽雀也,出鬱林,从羽,卒聲。”“自”,此自字當讀鼻,《説文解字》皇字:“从自王(**編按**:應爲“从自,自,始也”之誤排)……自讀若鼻。”自讀鼻,再從鼻聲以求此字之形義,《方言》卷四:“無裪袴謂之襦。”此句謂無裪袴上堆飾有赤青二色之鳥羽。

《一得集》頁 122,1989;原載《楚文化新探》

○**朱德熙、裘錫圭、李家浩**(1995)　關於“首”字字形看一號墓竹簡考釋[四九]。《周禮・春官・司常》“全羽爲旞,析羽爲旌”,鄭注:“全羽、析羽皆五采,繫之於旞、旗之上,所謂注旄於干首也。”旌以繫鳥羽於旗杆之首爲特徵,此旌蓋用翡翠鳥之羽,故稱翡翠之首。古代車上往往有旌。《周禮・春官・司常》:“斿(游)車載旌(鄭注:斿車,木路也,王以田以鄙)……大喪共銘旌,建廠車之旌,及葬亦如之。”

《望山楚簡》頁 121

翠 翠 翠 翠

信陽 2・2　信陽 2・4　望山 2・13　包山 269

曾侯乙 9

集成 11355 十二年趙令戈

○彭浩(1984)　(編按:信陽 2·4)據上面的考釋,此簡可大致讀爲:“□一良(輛)□軒,肇,紡鱍(繻),駁(御)良馬,兔翟(翠)□。一良(輛)女乘,一乘良□,二乘□迻(路)□。”簡文所記爲隨葬的車輛,有軒車、女乘、路車等。軒車大概是其中的主要者,故特別記有該車所用的馬匹、馬首上的翠飾及其他附件。

《江漢考古》1984-2,頁 64—65

○裘錫圭、李家浩(1989)　(編按:曾侯乙 6)“鷱”,從“鳥”“皋”聲。“皋、翠”古音相近,此字當是翡翠之“翠”的異體。“翠”爲青羽鳥,故字或從“鳥”。望山二號墓竹簡翡翠之“翠”作“翬”,亦從“皋”聲。

《曾侯乙墓》頁 509

○劉彬徽、彭浩、胡雅麗、劉祖信(1991)　(編按:包山 269)鞙,字從羽從首從辛。天星觀一號墓遣策中,此字從羽從自從辛。古文字中從自與從首往往相通。鞙也作鞙,讀作翠。“翠之首”指絑旌上裝飾的翠鳥羽毛。

《包山楚簡》頁 65

○何琳儀(1993)　“翬”,讀“翠”,望山簡“龍翬”(《文物》1966 年 5 期圖版伍)讀“翡翠”,是其佐證。《説文》:“翠,青羽雀也。”

《文物研究》8,頁 173

○郭若愚(1994)　(編按:信陽 2·2)碮,《集韻》:“直格切,音宅。”《神異經》:“西方有獸,長短如人,羊頭猴尾,名碮硋,健行。”珥,《楚辭·東皇太一》:“撫長劍兮玉珥。”注:“玉珥,謂劍鐔也。”此泛指石製飾件,雕有碮硋之形。(中略)(望山 2·4)翬同翪。《廣雅》:“俗翪字。”

《戰國楚簡文字編》頁 65、69

○朱德熙、裘錫圭、李家浩(1996)　翬(翠)。

《江陵望山沙冢楚墓》頁 275

○何琳儀(1998)　翬,從羽,皋聲。
　　楚簡翬,讀翠。

《戰國古文字典》頁 1275

　　鷱,從鳥,皋聲。
　　隨縣簡鷱,讀翠。《詩·邶風·新臺》“新臺有洒”,釋文引《韓詩》洒作濣,《説文繋傳》淖下引《詩》"新臺有濣。本皆如此字"。而《文選·琴賦》"新衣翠粲",注:"《洛神賦》曰,披羅衣之璀粲。字雖不同,其義一也。"可證濣、淖、翠相通。參翠字。

　　　　　　　　　　　　　　　　　　　　　　《戰國古文字典》頁 1274

○**白於藍**(1999)　〔五四〕55 頁"翠"字條,"翠、翠"(牘 1),即《説文》翠字異構。皋、翠聲韻俱近,故翠可从皋聲作。

　　　　　　　　　　　　　　　　　　　　　　《中國文字》新 25,頁 181

○**劉信芳**(2003)　鼻:字又見望山簡、天星觀簡。曾侯乙簡作"鼻",裘錫圭、李家浩據望山二號墓遣策翡翠之"翠"作"翠",斷定"翠"是"翠"的異體。類似句例見曾侯乙簡 79"玄羽之首"、46"墨毛之首"、86"朱毛之首"、9"白敓之首"。知簡文"翠之首"即以翠鳥羽注之旌首。該墓所出漆盒上所繪車旗,旗杆上繫一飄帶狀物,即簡文所記之"條",飄帶上部亦即旗杆之首綴一總狀物,即簡文所記"翠之首",亦即文獻所謂"旌首"。

　　　　　　　　　　　　　　　　　　　　　　《包山楚簡解詁》頁 307

○**李守奎**(2003)　鼻,翠字異體。

　　　　　　　　　　　　　　　　　　　　　　《楚文字編》頁 230

【**鼻首**】曾侯乙 6、72、89
○**裘錫圭、李家浩**(1989)　"翠首"亦見於 72 號、89 號簡。(中略)"翠首"是指用翠鳥之羽繫於旗杆之首。

　　　　　　　　　　　　　　　　　　　　　　《曾侯乙墓》頁 509

【**鼻暈**】曾侯乙 131
○**裘錫圭、李家浩**(1989)　簡文"翠暈"當是指插有翠鳥羽毛的冑。

　　　　　　　　　　　　　　　　　　　　　　《曾侯乙墓》頁 524

【**鼻鷚**】曾侯乙 136、138
○**何琳儀**(1998)　鷚,从鳥,鼻聲。
　　隨縣簡鷚,讀邊。"鼻鷚",翠羽爲緣飾。

　　　　　　　　　　　　　　　　　　　　　　《戰國古文字典》頁 1075

翦　翦

集粹　　陶彙 3·1371　　陶録 3·597·3

○何琳儀（1998）　《説文》:"翦,羽初生也。一曰,矢羽。从羽,前聲。"
　　秦陶翦,人名。

　　　　　　　　　　　　　　　　　　　　　《戰國古文字典》頁 1045

○王恩田（2007）　翦。

　　　　　　　　　　　　　　　　　　　　　　　《陶文字典》頁 87

△按　獨字陶文或爲姓氏戳記。《周禮·秋官·司寇》云:"翦氏下士一人。
徒二人。"又云:"翦氏掌除蠹物。以攻禜攻之。以莽草熏之。凡庶蠱之事。"

翁　翁

　翁集粹

○黄德寬等（2007）　秦印翁,人名。

　　　　　　　　　　　　　　　　　　　《古文字譜系疏證》頁 1128

翎　翎

　翎璽彙 2839

○吳振武（1983）　2839 義翏·義翎。

　　　　　　　　　　　　　　　　　《古文字學論集》（初編）頁 510

○何琳儀（1998）　羽,从羽,句省聲。《説文》:"翎,羽曲也。从羽,句聲。"
　　燕璽羽,人名。

　　　　　　　　　　　　　　　　　　　　　《戰國古文字典》頁 345

翥　翥

　翥鐵續

△按　《説文》:"翥,飛舉也。从羽,者聲。"

翕　翕

　翕集粹

△按　《説文》:"翕,起也。从羽,合聲。"段玉裁注:"翕从合者,鳥將起必斂翼也。"

翏　翏

集成 11262 翏金戈　　集成 10910 玄翏戈　　包山 169　　睡虎地·日乙 157

包山 168　　包山 173　　九店 56·40　　陶録 4·179·1　　陶録 4·179·2

郭店·窮達 9　　望山 1·69　　上博一·詩論 26　　上博六·競公 10

──────────

○**容庚**（1935）　　翏即鏐之古文,邵鐘、邾公華鐘、邾公牼鐘、吉日壬午劍皆有
"玄鏐"之文。《爾雅·釋器》:"黃金謂之璗,其美者謂之鏐。"注:"鏐即紫磨
金。"彝器上所云玄鏐,乃指青銅而言也。

《中山大學學報》1964-1,頁 87

○**商承祚**（1995）　　翏,用作禄,福也。

《戰國楚竹簡匯編》頁 261

○**朱德熙、裘錫圭、李家浩**（1995）　　翏（瘳）。

《望山楚簡》頁 74

○**裘錫圭**（1998）　　（編按:郭店·窮達 9）後翏（戮）死,非其智懷（衰）也（中略）《韓
詩外傳》卷七:"伍子胥前功多,後戮死,非知有盛衰也,前遇闔閭,後遇夫差
也。""非知有盛衰也"句,《説苑·雜言》作"非其智益衰也"。二書此段文字
與簡文基本相同。

《郭店楚墓竹簡》頁 146

○**何琳儀**（1998）　　翏,金文作（無更鼎）、（此鼎）。从羽,勹聲（參金文翶
作）。勹下加丿、彡均爲飾筆。戰國文字承襲金文。繁簡各異。或於羽下加
一爲飾,或於羽下加二爲飾;或於勹側加八爲飾,或於勹側加公爲飾;或省勹作
、（多見晉、楚系文字）。小篆誤合勹與彡,遂似參旁。翏爲勹之準聲首。
《説文》:"翏,高飛也。从羽从彡。"翌或釋翟之省文。
　　a 齊陶翏,讀廖,姓氏。周文王伯廖之後。見《廣韻》。
　　b 燕璽翏,讀廖,姓氏,見 a。
　　c 晉陶翏,讀廖,姓氏,見 a。
　　d 望山簡翏,讀瘳。《説文》:"瘳,疾瘉也。"包山簡翏,讀廖,姓氏,見 a。
玄翏戈翏,讀鏐。見鏐字。

《戰國古文字典》頁 238

○**李家浩**（2000）　（編按：九店 56·40）帝之所吕（以）翠六胴（擾）之日。

“翠”字原文作**翌**。戰國文字中有一個从此旁的字作**叵**，丁佛言、褚德彝都認爲是“瘮”字的省寫（褚説見《夢坡室獲古叢編》金九兵器上；丁説見《説文古籀補補》附録五，同書七·一○著録的古璽文字“瘮”多摹一横）。據此，**翌**當是“翠”字的省寫。此種省寫的“翠”字還見於本墓竹簡六二號、六三號等和包山楚墓竹簡一六八號、一七三號等。“翠”，疑讀爲“戮”。

《九店楚簡》頁 104

○**李家浩**（2000）　（編按：九店 56·62）午少翠（瘮），申大翠（瘮）。

本組簡“翠”字皆省寫作**翌**，與上四○號簡下欄的“翠”字寫法相同（參看考釋[一六○]），在此讀爲“瘮”。《史記·魏其武安侯列傳》：“【灌】夫身中大創十餘……夫創少瘮，又復請將軍曰：吾益知吳壁中曲折，請復往。”《説文》疒部：“瘮，疾瘉也。”

《九店楚簡》頁 121

○**濮茅左**（2007）　（編按：上博六·競公 10）“翠”，今本作“聊”，同音，古地名，齊西界。在今山東省聊城市西北（山東、河北、河南三省交界處）。

《上海博物館藏戰國楚竹書》（六）頁 185

○**王恩田**（2007）　翠。

《陶文字典》頁 87

【翠金】

【翠莪】上博一·詩論 26

○**馬承源**（2001）　翠莪，今本《詩·小雅·谷風之什》篇名作《蓼莪》。

《上海博物館藏戰國楚竹書》（一）頁 156

翯 翯

上博五·姑成 8　　上博五·姑成 9　　上博五·姑成 10

○**李朝遠**（2005）　長魚翯即“長魚矯”。長魚，複姓，矯又作蟜，晉厲公所寵之大夫。“翯”，从羽，高聲。上古音“高”爲宵部見母平聲，“矯”爲宵部見母上聲，“高、矯”雙聲疊韻。

《上海博物館藏戰國楚竹書》（五）頁 247

翠　𦏵　𧅈

𧅈 信陽 2・3　　𦏵 信陽 2・4　　𧅈 信陽 2・3

○**中大楚簡整理小組**（1977）　（編按：信陽 2・3）𧅈。

《戰國楚簡研究》2, 頁 23

○**劉雨**（1986）　（編按：信陽 2・3）𧅈。

《信陽楚墓》頁 128

○**郭若愚**（1994）　信 2-03　戡，《鄂君啟節》有戡，釋爲歲。此字從羽歲聲，假爲翣，同翣。《六書正僞》：“翣別作翣。”翣，《廣韻》：“色立切，音澀。”《類篇》：“飾羽棺也。”翣，《説文》：“棺羽飾也。”其爲同一物也。《小爾雅》：“大扇謂之翣。”《儀禮・既夕禮》：“燕器杖笠翣。”注：“翣，扇也。”此謂一步行之大扇。

《戰國楚簡文字編》頁 68

○**商承祚**（1995）　（編按：信陽 2・3）一良戡一戡（中略）戡，通作翿。翿是後起字。

《戰國楚竹簡匯編》頁 25

○**李家浩**（1998）　（編按：信陽 2・3）“翠”字原文作 C：C 𧅈

其上半是“羽”，其下半作爲獨體字見於戰國璽印文字和陶文：

D1 戡《古璽彙編》331.3562　　　　　　D2 戡《古陶文字徵》123 頁

D 舊有“歲、載”等不同釋法，皆不可信。

在戰國璽印字裏，有一個與 D 的結構相同的字作 E

E 戡《古璽文編》296・1760

朱德熙先生和裘錫圭先生根據侯馬盟書“脀”字寫法，認爲 E 是“脀”字的簡體。陳邦懷先生也認爲 E 是“脀”字的簡體。《説文》“脀”字篆文本從“𣥖”，隸變省作“咸”。D 所從的偏旁與 E 所從的偏旁相同，顯然是一個從“肉”從“𣥖”省聲的字。《説文》以“𣥖”爲籀文的“誖”。疑 D 是“脖”字的異體。爲書寫方便起見，下面徑把 D 釋寫作“脖”。

信陽楚簡裏也有一個獨體的“脖”，但其寫法與 D1、D2 略有不同：

D3 戡 1-01

李學勤先生懷疑 D3 從“𣥖”省，讀爲“勃”，是十分正確的。《古璽彙編》445 頁著録的 4999 號印“昌”字，把“日”旁寫作一横，與 D3 把“口”旁寫作一橫的情況同類。D3 當是 D1、D2 的進一步簡省的寫法。1-01 號簡原文説：

　　（10）周公脖（勃）肰（然）㤉（作）印（色）曰：易，夫戔（賤）人各（格）上，
則型（刑）殄（戮）至。

　　“勃然作色”是古人常用語，例如：《韓詩外傳》卷十第十二章“平公勃然
作色曰”，《莊子·天地》“謂己道人，則勃然作色”。字或作“悖”。《韓詩外
傳》卷八第十一章“景公悖然作色曰”。由此可見，我們對 D 的釋讀是可信的。

　　在包山楚簡裏，B 所從“蠿”也有不省的，唯二“或”皆順寫：𫃡 8 號
此字在簡文裏用爲人名。上揭戰國璽印文字 D1 也用爲人名。

　　根據以上所説，簡文 C 應該是一個從“羽”從“脖”聲的字。C 與笙、竽、
鼓、瑟等記在一起，説明它是跟樂器有關的器物。不過從 C 從“羽”來看，它又
不可能是樂器，因爲古代製作樂器的材料有金、石、土、革、絲、木、匏、竹八類，
没有用羽之類製作的。古代樂舞不分。在中國古代的舞蹈裏有羽舞，其舞具
是羽毛製作的。因此，我們有理由認爲簡文的 C 應該是一種羽舞用的舞具。

　　古代羽舞的種類很多，其中有一種叫“翇”。許慎《説文》羽部：

　　　翇，樂舞執全羽以祀社稷也。从羽，发聲。讀若綏。

字或作“帗、袚、綏”。《周禮·地官·舞師》：

　　　教帗舞，帥而舞社稷之祭祀。

《史記·孔子世家》：

　　　定公十年春……會齊侯夾谷……齊有司趨而進曰：“請奏四方之樂。”
　　景公曰：“諾。”於是旍旄羽袚，矛戟劍撥，鼓噪而至。

桓譚《新論》：

　　　昔楚靈王驕逸輕下，簡賢務鬼，信巫祝之道，齋戒潔鮮，以祀上帝，禮群
　　神，躬執羽綏，起舞壇前。吳人來攻，其國人告急，而靈王鼓舞自若。

《周禮·春官·樂師》“凡舞帗舞”鄭玄注引鄭司農云：“帗舞，全羽。”與上引
許慎的説法是一致的。但是鄭玄卻不同意這種説法。他於《舞師》注：“帗，列
五采繒爲之，有秉。”於《樂師》注：“帗，析五采繒，今靈星舞子持之是也。”此
顯然是從“帗”字從“巾”而立論的。從桓譚《新論》“躬執羽綏”之語來看，當
以鄭司農、許慎説符合當時翇舞的實際情況。

　　翇舞是因跳這種舞的人所執舞具“翇”而得名。“蠿、宇、发”古音相近，可
以通用。《爾雅·釋水》“沸漃維維”，陸德明《釋文》：“沸，本或作綷，又作
綏。”《詩·小雅·采薇》“觱沸濫泉”，《説文》水部“沸”字説解引此，“觱”作
“滭”。《禮記·王藻》“一命緼韍幽衡，再命赤韍幽衡”，《説文》韋部“韠”字説

解引此，“戴”作“韔”。疑簡文 C 應該是“翠”字的異體。上引桓譚《新論》與簡文相互證明，楚國確實有翠這種羽舞。

　　簡文所記的“翠”這種舞具有兩種，一種是加有修飾語的“良翠”，一種是沒有加修飾語的“翠”。信陽楚簡 2-04 號説：

　　　（11）一良囩（圓）軒，截紡，箷綏（鞭），良鳥首，翠戠。一良女乘，一乘良□，二乘緣迖□。

此簡所記的車共有四種五乘。前兩種車分別見於曾侯乙墓竹簡 203 號和望山二號墓竹簡 2 號。“圓軒”指有圓形藩屏的軒車，“女乘”指婦女所乘的有帷幔的車。後兩種車的車名之字相同，左半是“車”，右半不識。《周禮・春官・巾車》“凡良車、散車不在等者，其用無常”，鄭玄注：“作之有功有沽。”賈公彥疏：“云‘作之有功有沽’者，釋經‘良車、散車’。精作爲功則曰良，麤作爲沽則曰散也。”據此，（11）的“良圓軒、良女乘、良□”之“良”，是製作精良的意思。（1）的“良翠”之“良”與（11）的“良圓軒、良女乘、良□”之“良”用法相同，其義也應該相同。看來加有修飾語的“良翠”要比沒有修飾語“翠”製作得精良一些。

《簡帛研究》3，頁 14—16

○湯餘惠等（2001）　　翾。

《戰國文字編》頁 228

翣 𦀖 䈉

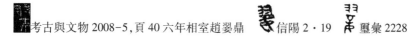

考古與文物 2008-5，頁 40 六年相室趙翣鼎　　　信陽 2・19　　　璽彙 2228

○中大楚簡整理小組（1977）　　翣，朱駿聲《説文通訓定聲》謂“《世本》‘武王作翣’。漢制以木爲匡，廣三尺，高二尺四寸，衣以畫布。柄長五尺，柩車行，持之兩旁以從。或以竹爲之，字亦作䈉”。其他記載亦多解釋以喪葬用物。但《周禮・春官・巾車》説：“輦車組輓，有翣、羽蓋。”注：“有翣所以禦風塵，以羽作小蓋，爲翳日也。”疏：“翣，即扇也。扇所以爲障蔽，亦所以禦風塵也。”可見翣不僅是喪葬用物，而是生死兼用。此簡所記翣有三種：羽翣、翌翣和竹䈉。在墓槨後北室有漆翣柄二，長 180 釐米。北側室有短翣柄二，形如椎狀，長 24.2 釐米。二柄皆近於頭部繞以絲組一段，在纏繞時附以羽毛，殘餘毛管歷歷可見，這就是記載中所謂的羽扇，當時的名稱叫翣。“翌翣”爲短翣之專名。

《戰國楚簡研究》2，頁 29—30

（編按：望山 2·47）翣，或从竹作箑。《小爾雅·廣服》：“大扇謂之翣。”《説文》：“翣，棺羽飾也。天子八，諸侯六，大夫四，士二，下垂。从羽，妾聲。”此簡記四翣，亦可證墓主人有大夫身份。今出土器物中有圓形木棍，中有縫，殘存羽毛之莖，當即羽翣。並有小翣柄出土。竹翣乃以竹爲之，其用相同。

《戰國楚簡研究》3，頁 45—46

○**陳邦懷**（1981）　翣有二種：一爲棺飾，一爲招涼之扇。此簡之翣與箑並列，知是招涼之扇而非棺飾。《儀禮·既夕禮》：“燕器，杖、笠、翣。”鄭注：“燕居安體之器也。笠，竹箬蓋也；翣，扇。”賈疏：“翣者，所以招涼。”今據簡文，知古人用燕器之翣隨葬墓中，與禮經正合。“一翌翣”：“翌”，从羽，坿聲。坿、附二字通用，附義爲小。《禮記·王制》：“不能五十里者，不合於天子，附於諸侯曰附庸。”鄭注：“小城曰附庸。”《説文解字》阜部：“附，附婁，小土山也。”皆爲附有小義之證。於是知翌从坿聲，其義爲小。翌爲小羽扇，正對“長羽翣”而言。

“二箑”：箑字从竹，妾聲，是竹製之扇，與翣爲羽製者異。《説文解字》竹部：“箑，扇也，从竹，疌聲。箑，箑或从妾。”知簡文箑字即箑字或體。

《一得集》頁 124—125，1989

○**羅福頤等**（1981）　翣。

《古璽文編》頁 84

○**郭若愚**（1994）　一長羽翣　翣，《説文》：“棺羽飾也。天子八，諸侯六，大夫四，士二。下垂。从羽妾聲。”《周禮·天官·女御》：“后之喪持翣。”注：“翣，棺飾也。”《禮記·檀弓上》：“飾棺牆、置翣。”注：“翣以布木如福與。”疏：“鄭注《喪大記》云：漢禮翣以木爲筐，廣三尺，高二尺四寸，方兩角高，衣以白布，畫雲氣柄長五尺。云如福與者，福與，漢時之扇。”

《戰國楚簡文字編》頁 89

○**朱德熙、裘錫圭、李家浩**（1995）　（編按：望山 2·47）“箑”爲竹翣之專字。《集韻》：“箑，竹翣。”

《望山楚簡》頁 125

○**吳鎮烽**（2008）　肖翣，即趙翣，趙氏，名翣，相室是其官職。

《考古與文物》2008-5，頁 39

○**劉國勝**（2011）　（編按：信陽 2·19）《信陽楚墓》左後室出土的 1-719 號、1-733

號二枚木質的羽翣柄當屬遣册所記的"一長羽翣、一瑏翣"。

《楚喪葬簡牘集釋》頁 30

翂　翂

璽彙 0259　　山東 16

○**羅福頤等**(1981)　　翂。

《古璽文編》頁 85

○**裘錫圭、李家浩**(1989)　　"韋音"這一律名的第一字多作以下二形

(1) 　　(2)

上二 4 號鐘作(3)

(1)(2)應是(3)所從 的變形,(中略) 的寫法跟璽文"衛"字所從的"韋"相近,疑是一字。(中略)故今暫將鐘銘此字改釋爲"韋"。(3)的下半"翌"亦見於古璽文字(《古璽文編》85・0259)。《古璽文編》釋爲"翂",似不可信。(3)可能像鐘銘的"𩈬"字一樣兩半皆聲。甲骨文雪字從"雨"從"羽",小篆雪字作從"雨""彗"聲。唐蘭先生認爲"羽"是"彗之本字"(《殷虛文字記・釋羽雪𥁕驨》),其説可信。古璽文又有翟字(《古璽文編》85 頁),疑所從羽旁亦即"彗"之初文,字當釋爲"轄"。"翌"可能也是以"彗"之初文爲聲旁的字。"韋、彗"古音極近(《六韜・文韜・守土》"日中必彗"之"彗",銀雀山漢墓竹簡《六韜》作"衛")。"韋音"疑讀爲"衛音"。

《曾侯乙墓》頁 557

○**何琳儀**(1998)　　《説文新附》:"翂,飛聲。從羽,工聲。"《集韻》翂或書作翃。

齊璽翂,不詳。

《戰國古文字典》頁 415

○**賴非**(1998)　　　　右盧淳車翌璽。

《山東新出土古璽印》頁 6

翠

包山 254　　曾侯乙石磬　　曾侯乙 79　　集成 286 曾侯乙鐘

○**裘錫圭、李家浩**(1981)　（5）羽

　　音階“羽”，鐘磬銘文皆作“雩”。（中略）《説文·雨部》“雩”字或體作“雩”。“羽、雩”音近相通。

《音樂研究》1981-1，頁 18

○**裘錫圭、李家浩**(1989)　（編按：曾侯乙）“雩”，《説文》以爲“雩”字的或體，而簡文用爲“羽”。同墓出土的鐘磬銘文宮、商、角、徵、羽之“羽”亦作“雩”，與簡文同。“羽、雩”音近，故“雩”既可用爲“羽”，也可以用爲“雩”。

《曾侯乙墓》頁 510

○**戴家祥**(1995)　雩字上半从羽，下半从亏，字當讀羽。《春官·大司樂》：“凡樂，圜鍾爲宮，黃鍾爲角，太簇爲徵，姑洗爲羽。”《唐韻》羽讀“王矩切”，匣母魚部。亏讀“羽俱切”，匣母侯部。侯魚韻近，聲同字通。《爾雅·釋樂》“羽謂之柳”。釋文引劉歆注：“羽，宇也。物聚藏，宇覆之也。”漢晉舊籍多言“孔子反宇”或言“反圩”。王充《論衡·骨相篇》云：“反羽。”《廣韻》上聲九麌：“頨，孔子頭也。”頨从羽聲。宇圩皆从亏聲，羽亏通用，知雩爲羽之注音加旁字。今《説文》十一篇雨部列雩爲雩之重文異體字。蓋取材於《春官·司巫》“若國大旱，則師巫而舞雩”。作書者爲了突出雩的内容是祈求甘雨的夏祭，故其表義形式，偏旁从雨。同時又以雩祭的方法方式爲巫的舞蹈，而這種舞蹈由於人類在農業生産勞動的長期實踐中，逐漸認識到禽類中的某些種屬對於氣象的變化特别敏感，如所謂“鵲噪晴”“鳩喚雨”“鷸知天之將雨”等等客觀反應，於是把鳥羽作爲舞具的一種，用以表達喁喁望雨的心切，於是雩字的表義偏旁，改從雨爲從羽，寫成了雩，成爲舞祭的特定辭。

《金文大字典》頁 3735—3736

○**湯餘惠等**(2001)　雩　同雩。

《戰國文字編》頁 228

○**李守奎**(2003)　雩　雩曾 79　《説文》雩之或體。在楚文字中皆讀羽。字當是羽字或體。讀雩當是假借。詳見卷十一。

《楚文字編》頁 229

羽

郭店·成之30　　郭店·尊德2　　璽彙 0606　　六璽彙 2816

上博二·容成21　　上博七·吳命7　　上博八·成王15

○**羅福頤等**（1981） 羿。

《古璽文編》頁 85

○**裘錫圭**（1998） （編按：郭店・尊德 2）"羿"字疑讀爲"基"。

《郭店楚墓竹簡》頁 174

○**何琳儀**（1998） 羿，从羽，丌聲。
天星觀簡羿，讀猤。參猤字。

《戰國古文字典》頁 25

○**湯餘惠等**（2001） （編按：郭店・成之 30）羿 同旗。

《戰國文字編》頁 228

○**張光裕**（2002） （編按：上博二・從甲 15）"羿"可讀爲"基"。

《上海博物館藏戰國楚竹書》（二）頁 229

○**李零**（2002） （編按：上博二・容成 21）羿（旗）。

《上海博物館藏戰國楚竹書》（二）頁 266

○**周鳳五**（2004） （編按：上博二・從甲 15）簡文从羽下丌，整理者讀爲基。按，此字从羽，丌聲，應當讀爲期，指期限，引申爲限期完成。簡文"命亡時，事必有基則賊"，意思是説，隨時任意發號施令，卻要求如期完成，就是賊害屬下。

《上博館藏戰國楚竹書研究續編》頁 190

○**劉釗**（2003） （編按：郭店・成之 30） "羿"从"羽""丌"聲，似爲"旗"字古文。

《郭店楚簡校釋》頁 144

○**陳佩芬**（2005） （編按：上博五・競建 10）亡羿，庀 讀爲"無旗，度"。"旗"，是一種表識。《禮記・月令》"以爲旗章"，鄭玄注："旗章，旌旗及章識也。"

《上海博物館藏戰國楚竹書》（五）頁 176

○**曹錦炎**（2008） （編按：上博七・吳命 7）"羿"，"旗"字或體。（**中略**）"旗"，旗幟，指軍隊。

《上海博物館藏戰國楚竹書》（七）頁 320

羽

天星觀

○**何琳儀**（1998） 羽，从羽，勺聲。天星觀簡羽，不詳。

《戰國古文字典》頁 310

羿

羿包山 273

○劉彬徽、彭浩、胡雅麗、劉祖信（1991）　（編按：包山 273）羿。

《包山楚簡》頁 38

○李家浩（1995）　"羿"字原文作如下二形：

D1 羿（1）　　D2 羿（3）

《包山》隸定作"羿"，從"羽"從"巾"。按包山簡有一個從"巾"的"頓"字，凡三見，所從"巾"旁之上都沒有像 D 那樣的一橫，可見 D 的下半不是"巾"字。從 D2 的中閒一豎與上面一橫相連來看，應當是"市"字的變體。因此 D 可以隸定作"羿"，從"羽"從"市"聲。《説文》説"旆"從"朮"聲，但是曾侯乙墓竹簡寫作從"市"聲，上引望山簡（4）將"旆"徑寫作"市"。以簡牘文字"旌"作"靖"例之，"羿"應當是旆旗之"旆"的異體。

《第二屆國際中國古文字學研討會論文集續編》頁 381—382

翆

翆包山牘 1

△按　翆，"旌"字異體，詳參卷七㫃部"旌"字條。

羿

羿上博四·柬大 15　羿璽彙 3040　羿璽彙 3041　羿璽彙 3459

○吳振武（1983）　3459 翏覓·羿覓。

《古文字學論集》（初編）頁 516

○何琳儀（1998）　羿，從羽，介聲。疑鳹之異文。《説文》："鳹，鳥似鶡而青，出羌中。從鳥，介聲。"

晉璽鳹，姓氏，疑讀介。出晉介之推。見《元和姓纂》。

《戰國古文字典》頁 1471

○濮茅左（2004）　（編按：上博四·柬大 15）"羿"，屬下簡首字，字迹不清，疑從羽，介聲,可讀爲"欥"。《集韻》:"欥,急氣兒。"

《上海博物館藏戰國楚竹書》(四)頁 207

○季旭昇(2007)　(編按:上博四·柬大 15)"羿"字單獨爲句。各家多從之。陳劍先生《昭柬讀後記》則以"羿相徙"連讀。

　(中略)"羿"字,孟蓬生先生《上博四閒詁續》讀爲"蓋",可從。

《〈上海博物館藏戰國楚竹書(四)〉讀本》頁 100

○孟蓬生(2009)　(編按:上博四·柬大 15)"羿"字當即"蓋"字之異構。古音盍聲、介聲相通。《説文·大部》:"夰,大也。从大,介聲。讀若蓋。""蓋"或以羽爲之,故"羿"字从羽。《周禮·巾車》:"連車,組輓,有翣,羽蓋。"鄭注:"有翣,所以禦風塵。以羽作小蓋,爲黳日也。"《後漢書·虞延傳》:"延從駕到魯,還,經封丘城門。門下小,不容羽蓋。帝怒,使撻侍御史。"

　古人用"蓋"以避雨日。服虔《通俗文》:"張帛避雨謂之傘蓋。"《六韜》:"將冬不服裘,夏不操扇,天雨不張蓋。"《淮南子·兵略》:"故古之善將者,必以其身先之,暑不張蓋,寒不被裘,所以程寒暑也。"此簡之"蓋",取其避日,與《淮南子》同。

《簡帛文獻語言研究》頁 144—145

【羿覓】
△按　出《璽彙》3459,見前吳振武(1983)。

翇

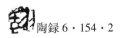
包山 138　　　包山 150

○劉彬徽、彭浩、胡雅麗、劉祖信(1991)　翇。

《包山楚簡》頁 26

○何琳儀(1998)　翄,从羽,夬聲。《集韻》:"翄,小鳥飛兒。或作決。"
　包山簡翄,人名。

《戰國古文字典》頁 906

○李守奎(2003)　《集韻·羽部》有狭。

《楚文字編》頁 231

翃

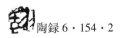陶録 6·154·2

○**王恩田**(2007)　䎃。

《陶文字典》頁 88

⿱羽日

集粹

△**按**　字形有殘泐。上形近似“羽”字笔意。

⿱羽乍

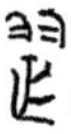曾侯乙 79

○**裘錫圭、李家浩**(1989)　一翼之⿱羽乍。

《曾侯乙墓》頁 494

○**何琳儀**(1998)　⿱羽乍,从羽,乍聲。

隨縣簡⿱羽乍,不詳。

《戰國古文字典》頁 579

○**程燕**(2002)　※579　下　⿱羽乍　⿱羽巳。

《古文字研究》23,頁 159

⿱羽台

包山 273　包山牘 1

○**劉彬徽、彭浩、胡雅麗、劉祖信**(1991)　⿱羽台,讀如厹。《詩·小戎》“厹牙鋈錞”。傳:“三隅矛也。”出土的實物中有一件矛,雙葉下延,成倒鉤狀,或許就是厹矛。

《包山楚簡》頁 65

○**曾憲通**(1992)　⿱羽台讀如厹。

《古文字與出土文獻叢考》頁 44,2005

○**李家浩**(1993)　從文義看,“⿱羽台”的意思與重、匝相當。《周禮·春官·巾車》“樊纓十有再就”,鄭玄注引鄭司農云:“《士喪禮下編》曰‘馬纓三就’,禮家曰:纓,當胸,以削革爲之;三就,三重、三匝也。”又《秋官·大行人》“樊纓九

就”。簡牘文字“䎀”與《周禮》“樊纓十有再就、樊纓九就”之“就”,不僅所處的語法位置相同,而且古音也相近。上引《詩·秦風·小戎》的“厹矛”或作“酋矛”。《史記·魯周公世家》“魯公伯禽卒,子考公酋立”,司馬貞《索隱》引《世本》“酋”作“就”。疑簡牘文字“䎀”應當讀爲“就”。“朱縞七就”是説“中干”上纏繞朱縞七匝。

《著名中年語言學家自選集·李家浩卷》頁 263—264,2002

○劉信芳(1997) “䎀”讀如“旒”。李家浩謂“䎀”讀如“就”,謂“一䎀”即“一匝”,可備一説。然“中干”之“䎀”及下文“斾”之“䎀”以讀“旒”爲義長。《説文》釋“游”爲“旌旗之流”,斿之俗字作“遊”(參段注),而《詩·周南·關雎》“好逑”即“好仇”,“左右流之”即“左右求之”,是从九得聲之“䎀”與“旒”音通之證。

《中國文字》新 22,頁 182

○劉信芳(2003) 字从羽,合聲(原簡字形或誤从“各”聲),讀爲“旒”,《説文》:“游,旌旗之流也。”是謂旌旗下部飄游的部分,字亦作“斿”、作“旒”、作“統”。《詩·周南·關雎》“好逑”即“好仇”,“左右流之”即“左右求之”,是从九得聲之“䎀”與“旒”音通之證。《周禮·夏官·節服氏》:“維王之太常。”鄭玄注:“維,維之以縷,王旌十二旒,兩兩以縷綴連,旁三人持之。禮,天子旌曳地。”《廣雅·釋天》:“天子十二斿至地,諸侯九斿至軫,卿大夫七斿至軹,士三斿至肩。”包山二號墓墓主爲大夫,中干爲“七游”,於禮制正合。《左傳》昭公七年:“楚子之爲令尹也,爲王旌以田,芊尹無宇斷之曰:一國兩君,其誰堪之。”《新序·義勇》:“司馬子期獵於雲夢,載旗之長拖地,芊尹文拔劍齊諸軫而斷之……子期伏軾而問曰:吾有罪於夫子乎?對曰:臣以君旗曳地故也。國君之旗齊於軫,大夫之旗齊於軾。今子,荆國有名大夫,而滅三等,文之斷也,不亦宜乎。”

該墓出土竹竿一件(標本 2-224),由三根瘦竹竿扎束而成,表髹紅漆。上部有三通絹編織帶各纏一層,另有絹帶三道,每道纏二至三層,結死結,頂端絹帶較長,一端殘斷。竹竿長 318 至 344 釐米。此“竹竿”即所謂“中干”。簡文“七旒”應以縷連綴於竹竿頂端絹帶之上。“旒”數多則絹帶長,“七旒”實際上是絹帶長短的標志。

《包山楚簡解詁》頁 308—309

翗

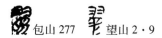包山 277　　　　望山 2・9

○**中大楚簡整理小組**（1977）　（編按：望山 2・9）翗从矛从羽，疑亦矛屬，兵器。

《戰國楚簡研究》3，頁 49

○**何琳儀**（1998）　翗，从羽，矛聲。

楚簡翗，不詳。

《戰國古文字典》頁 257

巽

包山 184

○**劉彬徽、彭浩、胡雅麗、劉祖信**（1991）　巽。

《包山楚簡》頁 31

○**陳秉新**（1998）　簡 184“大廄黃巽”，巽爲人名，釋文、字表隸而未釋。今按：巽乃毨之古文。《説文》：“毨，仲秋鳥獸毛盛，可選取以爲器用。从毛，先聲。讀若選。”《書・堯典》：“宵中星虛，以殷仲秋。厥民夷，鳥獸毛毨。”孔傳：“毨，理也。毛更生整理。”孔穎達疏：“毨者，毛羽美悦之狀，故爲理也。夏時毛羽稀少，今則毛羽復生。夏改而少，秋更生多，故言更生整理。”毨義爲鳥獸毛羽美悦，故亦可从羽。愚義：巽之本義當專指鳥類毛羽豐盛美悦，與毨有微別，後則以毨兼表鳥獸毛羽豐盛美悦，字即漸次廢而不用。

《南方文物》1998-3，頁 59

○**陳劍**（2008）　上舉包山簡 184 號之字从“羽”从“屴”，係人名用字。

《簡帛》3，頁 80

翠

包山 269

○**劉彬徽、彭浩、胡雅麗、劉祖信**（1991）　翠，讀如格。《説文》：“格，木長貌。”

《包山楚簡》頁 65

○**李家浩**（1995）　（1）"朱縞七翯"之"翯"，（3）作"翜"。"翜"字於簡牘凡十見，當从"各"聲。"各、咎"二字形近，疑"翜"即"翜"字之誤，不過"翜"字所从"各"也可能是"咎"字的省寫，猶簡文"翁"字所从"羽"省作"习"。上古音"咎、各"都是群母幽部字，可以通用。《詩·小雅·大東》"有洌氿泉"，陸德明《釋文》："氿音軌，字又作'臼'。"此是其例。若此，"翜"應當釋寫作"翜"，即"翜"字的異體。我們認爲後一種説法可能性較大。

《包山》説簡牘文字"翜"讀如《詩·秦風·小戎》"厹矛鋈錞"之"厹"，並且還説此墓"出土實物中有一件矛，雙葉下延，成倒鉤狀，或許就是厹矛"，按此説非是。第一，厹矛或作"仇矛、酋矛、槽矛"。

《第二届國際中國古文字學研討會論文集續編》頁 380

○**李守奎**（2003）　翜　與翜異文。

《楚文字編》頁 232

㠪

㠪 上博七·凡甲 10

○**曹錦炎**（2008）　"㠪"字从"羽"，"㠪"聲，㠪从"占"得聲。古音"占"爲章母侵部字，而从"占"得聲的"阽"爲喻母侵部字，"燿"爲喻母藥部字，兩字爲雙聲關係，例可相通，所以"㠪"字可讀爲"燿"（按楚簡"㠪"旁有時也省寫成"占"，如《老子》"是以天下樂推而不厭"，郭店楚簡本作"天下樂進而弗詀"，"厭"字作"詀"；"絹"字望山楚簡或作"結"，故此字亦有可能是从"㠪"聲。古音"㠪"爲影母元部字，與"燿"聲韻均相近）。《説文》："燿，照也。"引申爲光線强烈，字亦同"耀"。《老子》："是以聖人方而不割，廉而不劌，直而不肆，光而不燿。""不燿"用法同於簡文。

《上海博物館藏戰國楚竹書》（七）頁 243—244

翌

翌 郭店·緇衣 28　　翌 包山 189　　翌 上博一·緇衣 15　　翌 璽彙 3445

○**劉彬徽、彭浩、胡雅麗、劉祖信**（1991）　　……佶厬登翌……189

《包山楚簡》頁 31

○**陳秉新**(1998)　　簡189"登(鄧)翌",字表、釋文隸定正確,無考。按:翌不見於字書,以聲求之,當是旌之古文。《説文》:"旌,游車載旌,析羽注旌首,所以精進士卒。从㫃,生聲。"旌爲古代軍用旗子,因其以鳥羽爲飾,故又可以羽爲意符。江陵楚簡、《馬王堆帛書·十六經·正亂》旌字作𦚅,可證。包簡翌字从羽,坙聲,生、青、坙古音同在耕部,作聲符使用時可以互換,故翌亦當爲旌字古文。

《南方文物》1998-3,頁59

○**何琳儀**(1998)　　翌,从羽,坙聲。疑鵛之異文。《廣韻》:"翌雀,怪鳥屬也。"
　　包山簡翌,人名。

《戰國古文字典》頁786

○**荆門市博物館**(1998)　　(編按:郭店·緇衣44)翌,从"羽""坙"聲,讀作"輕"。

《郭店楚墓竹簡》頁136

○**陳佩芬**(2001)　　(編按:上博一·緇衣15)翌,从羽,坙聲。《説文》所無。《包山楚簡》二·一八九有"佸㿴登翌",與此字同。

《上海博物館藏戰國楚竹書》(一)頁191

○**湯餘惠等**(2001)　　翌　同輕。

《戰國文字編》頁230

○**李守奎**(2003)　　翌　輕重之輕。

《楚文字編》頁232

○**劉釗**(2003)　　(編按:郭店·緇衣28)"翌"讀爲"輕"。

《郭店楚簡校釋》頁61

○**李守奎、曲冰、孫偉龍**(2007)　　翌　按:"輕重"之"輕",卷十四車部重見。

《上海博物館藏戰國楚竹書(一—五)文字編》頁196

翠
坐

翠包山128　　翠包山141　　翠包山143　　翠包山187

○**劉彬徽、彭浩、胡雅麗、劉祖信**(1991)　　(編按:包山187)翠。

《包山楚簡》頁31

○**何琳儀**(1998)　　翠,从羽,坐聲。
　　包山簡翠,人名。

《戰國古文字典》頁881—882

○**白於藍**（1999）　"翌"（187），此字下部所从非爲王，而是坐字，故當隸定爲翌。本簡之辭例"正敏翌"亦見於簡（128）（141）（143），這些簡中"翌"字分別作"翌、翌、翌"。

《中國文字》新 25，頁 180

54 頁"翌"字條，"翌"（141）等三例，下部所从乃坐字（詳後第［一四八］條），故當隸作翌。

《中國文字》新 25，頁 180

翠

包山 277

○**何琳儀**（1998）　翠，从羽，辛聲。《廣韻》："翠，羽多。"
　　包山簡翠，矛柄飾羽，與出土文物吻合。

《戰國古文字典》頁 1160

○**劉釗**（1998）　［177］簡 277 有字作"翠"，字表隸作"翠"。按字从羽从辛，應釋爲"䍤"。䍤字見於《集韻》，義爲"多羽"。簡文"二翠䍤"，即指二件多羽的矛。《包山楚墓》記二號墓出土三件秘上捆扎三束羽毛的矛，疑與此有關。

《出土簡帛文字叢考》頁 30，2004；原載《東方文化》1998-1、2

○**劉信芳**（2003）　二翠（編按：應爲"翠"之誤排）（翠）䍤（矛）；（中略）翠矛：繫翠羽以作裝飾的矛，"翠"簡文又作"䍤"。

《包山楚簡解詁》頁 317—318

暜

包山 38　　包山 269　　包山 273　　望山 2·13

○**中大楚簡整理小組**（1977）　（編按：望山 2·13）暜即䌁。《集韻》卷三·清韻："旌或作䌁。"按旌，《說文》謂"游車載旌，析羽注髦首，以精進士卒"，恐非簡意。堆䌁，殆泛指繪以某種花紋圖案。市，即韍，是古代服飾的一種。此簡稱"堆暜白市"，乃指繪有花紋圖案的一種白底服。

《戰國楚簡研究》3，頁 44

○**劉彬徽、彭浩、胡雅麗、劉祖信**（1991）　暜，讀如旌，《集韻》以暜爲旌字之異體。絑,純赤色。絑旌,赤紅色的旌旗。

《包山楚簡》頁 65

○**朱德熙、裘錫圭、李家浩**（1995）　（編按：望山 2·13）"礜"字所從之"青"加"口",與信陽簡及長沙楚帛書"青"字同。《汗簡》"青"字古文作𤯪,亦加"口"。《集韻》"旌"字有異體"猜",故知"礜"即"旌"字。馬王堆漢墓帛書《老子》乙本卷前佚書《正亂》篇有"蚩尤之旌"語,"旌"字亦作"礜"（《馬王堆漢墓帛書——經法》61 頁）。

《望山楚簡》頁 120—121

○**劉信芳**（1997）　絑礜、鼸礜、隹礜、霝礜

　　包山簡二六九、牘:"絑礜",《説文》:"絑,純赤也。""礜"即"旌"字,馬王堆漢墓帛書旌字亦作"礜"。《集韻》"旌"異體作"猜"。《周禮·春官·司常》:"析羽爲旌。"《爾雅·釋天》:"注旄首曰旌。"《春秋公羊傳》宣公十二年:"左執茅旌。"知羽、牛尾、束茅皆可爲旌。

　　包二七三:"鼸礜","鼸"字從鼠從寶,讀如"鼬"。《説文》:"鼬,如鼠,赤黃色,尾大,食鼠者。"即黃鼠狼。從攸與從由之字多通作,如"苗"又作"蓨","攸"又作"迪"是也。"鼸礜"即鼬旌,以黃鼠狼之尾注於旌首。原報告以爲"鼸"借作訓爲黑色的"儵",李家浩從之。《北堂書鈔》卷一二○引《周書》有"樓煩黑旌"之語。知是説亦有據。謹録以存參。

　　望二·一三:"隹礜,白市,翡（翡）翠（翠）之首。""隹"字曾侯乙簡作"雉",簡四六:"雉旟,墨毛之首。"八六:"雉旟,朱毛之首。"八九:"雉旟,翠（翠）首。""隹、雉"並是"雉"字之異,《説文》:"雉,祝鳩也,從鳥隹聲。隹,雉或從隹一,一曰鶉字。"《周禮·春官·司常》:"鳥隼爲旟。"《禮記·曲禮上》:"前有水,則載青旌;前有塵埃,則載鳴鳶;前有車騎,則載飛鴻。"知"隹礜"即繪雉爲飾之旌。

　　望二·一三:"秦高（縞）之靈礜。""霝"即"靈",謂旌上之紋飾。"靈"字或隸作"㙫",商承祚隸作"霝",經筆者驗證原簡,商氏之説近是。

《中國文字》新 22,頁 179—180

○**何琳儀**（1998）　猜,從羽,青聲。旌之異體。《集韻》:"旌,《説文》游車載旌,析羽注髦首,所以精進士卒。又姓。或作猜。"

　　楚簡猜,除包山簡二八爲人名之外,均讀旌。

《戰國古文字典》頁 822

○**白於藍**（1999）　［五三］55 頁"礜"字條,"礜"（38）等三例,乃《説文》旌之

異構。

《中國文字》新 25，頁 180

○**湯餘惠等**（2001）　翇　同旌。

《戰國文字編》頁 230

○**李守奎**（2003）　《集韻・清韻》：“旌或作猯。”

《楚文字編》頁 232

翆

信陽 2・19

【翆翣】

○**中大楚簡整理小組**（1977）　“翆翣”爲短翣之專名。

《戰國楚簡研究》2，頁 30

○**劉雨**（1986）　翟翣。

《信陽楚墓》頁 129

○**郭若愚**（1994）　一墜翣　墜，《説文》：“墜，籒文地，从隊。”地，《廣雅・釋詁一》：“地，大也。”此謂一個大翣。

《戰國楚簡文字編》頁 89

○**商承祚**（1995）　翆，从羽，坒聲。坒，即坿，通附，引申爲小、短義，故翆翣爲短翣、小翣之專名。

《戰國楚竹簡匯編》頁 35

○**何琳儀**（1998）　翆，从羽，坒聲。疑鵧之異文。《集韻》：“鵧，鳥名。或从隹。”

　　信陽簡翆，讀“鵧”。“鵧翣”用鵧鳥羽毛製成的羽扇。

《戰國古文字典》頁 392

翼

天星觀

○**何琳儀**（1998）　翼，从羽，其聲。

天星觀簡翲,不詳。

《戰國古文字典》頁 1406

翲

天星觀

○**何琳儀**(1998)　翲,从羽,刾聲。

天星觀簡翲,不詳。

《戰國古文字典》頁 916

翲

璽彙 3618

○**羅福頤等**(1981)　(編按:璽彙 3618)翲。

《古璽文編》頁 267

○**何琳儀**(1998)　(編按:璽彙 3618)翲,从羽,思聲。《集韻》:"鴟,鳥名。"

楚璽翲,人名。

《戰國古文字典》頁 114

○**何琳儀**(1998)　彗,甲骨文作𦑺(前七・二三・一),象二帚掃塵土之形。甲骨文雪作🌧,即从彗聲。彗或省作𦑹(前六・一七・七),遂與羽字混同。金文作🐟(王仲皇父盉借作🐟),省一帚作🐟,亦象形,下加又旁見持帚之義。戰國文字承襲商周文字。或移塵土於帚柄作𦑹,與羽字有別。

睡虎地簡彗,人名。

《戰國古文字典》頁 1182

○**濮茅左**(2001)　(編按:上博一・性情 38)彗,《郭店楚墓竹簡・性自命出》作"快","彗、快"兩字古通。

《上海博物館藏戰國楚竹書》(一)頁 274

○**李守奎**(2004)　《古璽彙編・姓名私璽》3618 號璽文如左:

原釋文隸作"鐔翲","翲"字文獻典籍與字書不見。疑此字从"思","彗"聲,是"慧"字的異體。

"彗、羽"相混,由來已久。"習"甲骨文从"彗"聲,戰國楚文字中，“習”所從的“彗”與“羽”已經毫無分別，《説文》更明言從“羽”了。

（中略）《説文》：“慧，儇也。从心，彗聲。”慧、儇互訓，義爲聰明。《左傳·成公十五年》：“周子有兄而無慧，不能辨菽麥。”杜預注：“不慧，蓋世所謂白癡。”璽文“慧”從“思”“彗”聲。思則慧。《禮記·學記》講教學法：“開而弗達則思。”《荀子·成相》：“有深藏之能遠思，思乃精。”所謂的“達”或“精”，與“慧”義都是相通的。“慧”字異體以“思”爲形旁不難理解。古人有以“慧”爲名的。漢印有“李慧、空侗慧”等。

《古文字研究》25，頁 401—402

罷

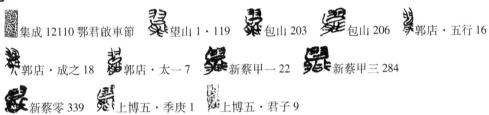

集成 12110 鄂君啟車節　　望山 1·119　　包山 203　　包山 206　　郭店·五行 16
郭店·成之 18　　郭店·太一 7　　新蔡甲一 22　　新蔡甲三 284
新蔡零 339　　上博五·季庚 1　　上博五·君子 9

○**殷滌非、羅長銘**（1958）　戔睪，雙聲連語，長銘初讀爲載倅……滌非疑戔字或爲歲字別體，因字形與甲骨文歲形相近似。其下一字不識，疑爲罷字繁文。“歲罷”或有歲暮之意。

《文物參考資料》1958-4，頁 9—10

○**郭沫若**（1958）　“戔罷返”者是限制舟行往返的時間。罷字從羽能聲，當是態之異文，在此讀爲能，言舟之往返有效期間爲一年。下文所載地名甚多，遍及湖北、湖南、江西三省，不必於一年之内所有地點都能走遍，但在有效期内可以分别通航各地而已。

《文物參考資料》1958-4，頁 4

○**于省吾**（1963）　“戔羸返”，此語也見車節。羸字作，羅釋睪，殷疑罷字繁文，郭謂“從羽能聲，當是態之異文，在此讀爲能”。按以上三種説法都係誤解，即羸字，其不從貝乃省體。金文羸、嬴互作，也有不從貝者，形多詭變，詳容庚《金文編》。長沙仰天湖戰國楚墓出土竹簡的“羸”字作“”。《説文》“嬴”從“羸”聲。“羸”與“嬴”古籍每通用。訓“嬴”爲“余”，以“嬴”爲姓，係逐漸分化所致。“盈”爲“嬴”與“羸”的後起字。《左傳》宣四年的“伯嬴”，《吕氏春秋·知分》注作“伯盈”，《戰國策·魏策》的“更盈”，《荀子·議兵》楊注作“更嬴”，《淮南子·本經》以“嬴縮”爲“盈縮”。《廣雅·釋詁》訓“嬴”爲

“餘”，典籍中多訓“盈”爲“滿”，餘與滿義相因。“戢嬴返”即“歲盈返”，言歲滿而返，可見此節的通行有效期閒以一年爲限。

《考古》1963-8，頁 444

○**劉和惠**（1982）　　“🔲”，于氏釋嬴，得之。嬴通盈。

“歲嬴返”指的是什麼？ 諸家文章多以爲是舟往返時閒，即一年進行一次貿易。此釋有誤。“歲嬴返”指的不是舟、車，而是“金節”。

舟節：“爲鄂君啟之府賡鑄金節：屯二舟爲一舿，五十舿；歲嬴返。”車節：“爲鄂君啟之府賡鑄金節：車五十乘；歲嬴返。”“金節”後面的文字，一是限定運輸工具的數量，一是限定返節的時閒。此乃全節的主要內容。以標點標之，“金節”後應用冒號，“歲嬴返”前應用分號。

滿一年而返節，並不等於有效期閒爲一年，而是規定了一年必須返節一次，其目的是檢驗鄂君啟是否按照規定行事，以及是否向大府完納規定的稅額，等等。當然，如果鄂君啟違反規定，或發生其他情況，有關管理機構是有權把節收回的。

《考古與文物》1982-5，頁 62

○**劉先枚**（1985）　　“🔲🔲🔲”即歲貨返。據金文即每年載貨往返一次，即限於在一年之內，載貨返回。（中略）

“🔲”字此字從羽從能，能字在此應讀爲台，台字由乙（㠯）得音，《戰國策・齊六》：“齊嬰兒謠曰：大冠若箕，修劍挂頤，攻猶（編按：“猶”應爲“狄”之誤）不能（續云：能音尼），下壘枯丘（續云：丘音谿）。”《史記・天官書》：“魁下六星兩兩相比者，名曰三能。”《集解》“蘇林曰：能，音台（按：台音怡）”是其證。又台、何古音相通，如《書經・湯誓》：“夏罪其如台？”即“夏罪其如何”。台叶🔲，何叶貨，所以我說：“歲罷返”即“歲貨返”。（罷字從羽，而以能爲聲符，可能是“翼”的異體字。）這樣說來“於古有徵”沒有呢？ 也是有的，據載：“故川源不能實漏巵，山海不能贍溪壑，是以盤庚萃居，舜藏黃金，高祖禁商賈不得仕宦”（《鹽鐵論・本議》）。這個“萃”字，與台、倅和罷相叶，應讀爲貨。“盤庚萃居”即“盤庚貨居”，亦即“盤庚居貨”的語倒。倒語的語例在古籍中是常見的。

《江漢考古》1985-3，頁 73—74

○**李零**（1986）　　“罷”，子彈庫楚帛書“嬴”字作🔲，湖北山灣 M33 出土子季嬴青匜“嬴”字作🔲皆從能，此從于省吾先生說讀爲嬴（通盈），意思是滿一年要交還此節，即所謂“皆有期以反節”（《周禮・地官・掌節》），這是舟節的使用時限。

《古文字研究》13，頁 370

○**朱德熙、李家浩**(1989)　〔m〕m　〔n〕n

m 在舟節和車節銘文中出現一次。舟節云：

> 大攻（工）尹脽台（以）王命……爲鄂君啓之府商鑄金節。屯三舟爲一舸。五十舸，歲 m 返。

車節云：

> 大攻（工）尹脽台（以）王命……爲鄂君啓之府商鑄金節。車五十乘，歲 m 返。

m 或釋爲从"羽"从"能"聲，讀爲"能"；或釋爲"贏"，讀爲"盈"。無論讀"能"讀"盈"，於銘文文義都不貼切。

從字形上看，分析爲从"羽"从"能"聲是不錯的。"能"古之部字，所以从"能"聲的字或讀入之部，如"態、𩔖"（《廣韻》奴代切，又奴勒切）；在先秦古籍裏，也經常與之部字押韻，如《詩·小雅·賓之初筵》叶"又、時"。《離騷》叶"佩"。《説文》認爲"能"字从之部的"㠯"字聲。我們懷疑从"羽"从"能"聲的 m，其實就是"翼"字的異體。（"㠯、異"聲近，"异"从"㠯"聲，經傳或假借爲"異"。）改換形聲字聲旁造成異體，現代漢字裏常見，在古文字裏也不乏其例。仍拿"翼"字爲例。臨沂銀雀山漢墓竹簡《十問》：

> 必將參（三）分我兵，練我死士。二者延陳（陣）長（張）n，一者財（才）士練兵，期其中極。此殺將擊衡之道也。

n 从"羽"从"巳"（倒"㠯"）聲，就是"翼"字的異體。把"延陳長 n"讀爲"延陣張翼"，文義允洽。我們認爲節銘的 m 很可能是"翼"字的另一種異體寫法。

從節銘文義看，"歲翼返"似當讀爲"歲代返"。"代"从"弋"聲，"弋""翼"古通。《書·多士》"敢弋殷命"的"弋"假借爲"代"，而陸德明《釋文》及孔穎達《正義》引馬融、鄭玄、王肅各本"弋"皆作"翼"。《漢書·食貨志上》：

> 武帝末年……以趙過爲搜粟都尉。過能爲代田。一晦三甽，歲代處，故曰代田。

顏師古注："代，易也。"節銘"歲代返"與《漢書》"歲代處"文例正同。意思是説：一年之内分批輪流返回。

現在發現的鄂君啓節共五枚。有人曾根據三枚車節的弧度推測原物形制，證明車節和舟節原來都是五枚一套，合成一套圓筒。《漢書·孝文帝紀》："（二年）九月，初與郡守爲銅虎節、竹使符。"顏師古注引應劭曰："竹使符，皆以竹箭五枚，長五寸，鐫刻篆書第一至第五。"鄂君啓節正是五枚一套，可見漢代的竹使符承襲了戰國時的制度。容庚先生説：

> 節與符不同，符作伏虎形，面有文字，底有牝牡榫，用以發兵，必須雙
> 方符合，方生效力。至於節……只作證明，不必合驗。鄂君啟節既無榫
> 可合，當不是一在鄂君啟，其他四枚分發在四個税關，而是五節皆歸鄂君
> 啟掌握，可在一年以内，水陸各行走五次，抵關時憑節放行，節銘的“庚
> 郢”，指的是每批舟車回程必須抵郢都復命。

容氏此説甚爲精闢。鄂君啟節規定舟數和車數分別爲五十舿與五十乘，正好
是每一套節的枚數的十倍。“歲代返”之語分別緊接在“五十舿”與“五十乘”
之後，意思是説，一年之内，舟五十舿、車五十乘分批輪流返回。每次每批都
是舟十舿、車十乘，各持節一枚。一年之内輪流返回五次。總之，從鄂君啟節
的形制來看，我們關於節銘“歲ｍ返”的解釋是合理的。

《朱德熙古文字論集》頁 192—194，1995

○**劉彬徽、彭浩、胡雅麗、劉祖信**（1991）　　（編按：包山 200）罷，字亦見於《鄂君啟
節》，郭沫若先生讀作能，于省吾先生讀作盈。按兩位先生的意見於此皆不能
通讀。罷似讀作嗣，《國語・魯語》“苟羋姓實嗣”，注：“嗣，嗣世也。”罷禱即
後人對先輩的祭祀。從卜筮祭禱簡的記載來看，罷禱的對象只限於墓主人邵
（昭）䡏本氏的近祖及直系先人，包括楚昭王和高祖、曾祖、祖父母及父母等
人。其他的人皆不在罷禱之列。

《包山楚簡》頁 53

○**湯餘惠**（1993）　　罷，通嬴，有足、滿義。（中略）舟節規定，鄂君啟舟行經商的
時間，一次不得超過一年，即必須在一年内返國，並上繳金節。

《戰國銘文選》頁 46

○**朱德熙、裘錫圭、李家浩**（1995）　　（編按：望山 1・112 罷禱先君東邸公畝牛）“罷”字亦
見鄂君啟節。車節説“車五十乘，歲罷返”，舟節説“屯三舟爲一舿，五十舿，歲
罷返”。各家或讀“罷”爲“能”；或釋爲“嬴”，讀爲“盈”。但無論讀爲“歲能
返”或“歲盈返”，文義都不順適。今按此字從“羽”“能”聲。“能”古蒸部字，
但與之部字關係極爲密切（之、蒸二部陰陽對轉），例如從“能”得聲的字有
“態”，星名“三能”亦作“三台”。《説文》以爲“能”從之部的“㠯”得聲。“㠯”
和“異”古音極近。《説文》“異”下云“從収㠯聲”，而典籍多借爲“異”字。同
書“㢏”下云“從厂異聲，讀若枲”，“枲”從“台”聲，“台”又從“㠯”得聲。因此
從“羽”“能”聲的“罷”很可能是“翼”的異體。銀雀山竹書《孫臏兵法・十問》
有“延陣長（張）鴟”之文。“鴟”字從“羽”“巳”聲，從文義看也應是“翼”的異

體,正與此同例。鄂君啟節的"歲翼返"似當讀爲"歲代返"。"代"從"弋"聲,
"弋"和"翼"音近相通。《書・多士》"敢弋殷命",馬融、鄭玄、王肅各本"弋"
皆作"翼"可證。"歲代返"是説一歲之内分批輪流往返。《漢書・食貨志
上》:"以趙過爲搜粟都尉。過能爲代田。一晦三甽,歲代處,故曰代田。"節文
"歲代返"與"歲代處"文例相同。簡文"翼禱"(亦見一一九號簡)義未詳。

《望山楚簡》頁 100—101

○**孔仲温**(1997)　個人疑"罷"即"熊"字之繁形古體。總之,不論是釋"罷"
爲"從羽能聲",或以"罷"即"熊"的繁形古體,個人以爲"罷"應讀爲"熊"。

　　"罷"既讀爲"熊",楚簡中的"罷禱"疑讀爲"禜禱",蓋"禜"爲《周禮・春
官》中太祝所掌"六祈"之一,(中略)但我們檢視望山與包山簡,罷禱的對象則
多爲祖先、親人或其相關的人鬼。

《第三屆國際中國古文字學研討會論文集》頁 581—582

○**何琳儀**(1998)　罷,甲骨文作🐚(合集一一六九)。从羽,能聲。《篇海》:
"翡,蟲名。與螚同。"《集韻》:"螚,蜂類。或从虫。"《玉篇》:"蟹,俗能字。
鼀屬。"

　　鄂君車節罷,讀能,與乃之音義均通。參《經傳釋詞》六。楚簡罷,讀祀。
《集韻》:"祀,或从㠯。"《説文》:"祀,祭無已也。从示,巳聲。"

《戰國古文字典》頁 77

○**裘錫圭**(1998)　(編按:郭店・成之18)以《詩・曹風・鳲鳩》"淑人君子,其儀一
兮"與《五行》簡文"要人君子,其義(儀)罷也"對照,"罷"似確可讀爲"一"
(參看《五行》篇注一七),但此處之"罷纕"似應讀爲"能讓"。

《郭店楚墓竹簡》頁 169

○**荊門市博物館**(1998)　(編按:郭店・太一7)罷讀作"一"。此字亦見於簡本《五
行》"要人君子,其義罷也"句。《詩・曹風・鳲鳩》:"淑人君子,其儀一兮。"
可證"罷"當讀作"一"。鄂君啟節有"歲罷返",亦當讀作"歲一返",意即年内
往返一次。

《郭店楚墓竹簡》頁 126

○**周鳳五**(1999)　七、貴而能讓,則民欲其貴之上也(第十八簡):

　　能,《郭簡》讀作"一",並引裘錫圭按語以爲楚簡屢見此字,對照相關文獻
"似確可讀爲一",但簡文此處"似應讀爲能讓"。按,裘説可從。朱德熙、李家
浩曾經以臨沂銀雀山漢簡《十問》爲證,指出此字从羽,能聲,很可能是"翼"字
的另一種異體寫法,從而推論《鄂君啟節》銘文所見此字當讀作"代"。現在根

據郭店竹簡大量出現的用例,可以確定此字經常讀作"一",《鄂君啟節》銘文當讀作"歲一返",意謂"一年返節一次"。至於讀作"代"的例證,則見於包山楚簡。包山楚簡的"卜筮禱祠"簡共有賽禱、代禱和與禱三種禱祠,其中賽禱是禱祠獲得效驗之後報答鬼神的儀式,代禱和與禱則是配套的兩種禱祠。所謂"代禱",就是由主持禱祠儀式的巫覡,以巫覡的名義,代替當事人舉行祭祀,並代爲提出要求與承諾;其祭祀的對象,一般以祖先或家族先亡者爲主。先秦文獻所見,如《尚書·金縢》載周武王有疾,周公"乃自以爲功,爲三壇同墠,爲壇於南方北面,周公立焉,植璧秉珪,乃告太王、王季、文王,史乃册祝曰'惟爾元孫某,遘厲虐疾'"云云。這裏的當事人是周武王,扮演巫覡的是周公,祭祀的對象是周武王的祖先太王、王季、文王等三王。至於"與禱",顧名思義就是由當事人親自祭祀祖先,並對祖先提出要求與承諾。《左傳·哀公二年》載鐵之戰前,衛太子蒯聵親自禱祠祖先,曰:"曾孫蒯聵敢昭告於皇祖文王、烈祖康叔、文祖襄公。鄭勝亂從,晉午在難,不能治亂,使蒯討之;蒯聵不敢自佚,備持矛焉。敢告:無絕筋,無折骨,無面傷,以集大事,無作三祖羞;大命不敢請,佩玉不敢愛。""與禱"的與,猶如《論語》"子曰:吾不與祭,如不祭"的與,作"參與"解,而相對配套的自然就是"代禱"了。如此釋讀,可以兼顧形、音、義,而且有先秦文獻爲證,完全符合考釋古文字的要求。須要說明的是,周公代禱在先秦時代是一樁特殊的個案,其中頗有異乎常情之處。如所禱祠的對象太王、王季、文王等三王,同時也正是周公的祖先;又如《尚書·金縢》下文記載周公願意代替武王承擔所有的罪咎,甚至請求替死,凡此皆非一般"代禱"的常態,否則代人禱祠竟至代人受死,豈不令巫覡人人自危! 另外,禱祠於自己的祖先或家族先亡者,何以須要有兩種不同的方式? 我想這是出於禱祠之後可能加以言辭"攻說"的考慮。由當事人親自舉行祭祀,對於祖先亡靈只能卑辭加以請求,而不能有"說、攻解"或"攻說"等"鳴鼓而攻之"的激烈言行。但若疾病、災禍肇因於祖先亡靈的作祟,且卑辭請求仍不足以改善,必須進一步加以"攻說",則由巫覡代爲出面是比較妥當的。否則爲人子孫者公然對祖先亡靈唆之以利,責之以辭,無論如何都屬言語冒犯,甚至可以說是忤逆不孝的行爲。《尚書·金縢》載周公禱祠太王、王季、文王,最後說道:"爾之許我,我其以璧與珪,歸俟爾命;爾不許我,我乃屏璧與珪。"周公以巫覡的身份充當武王與太王、王季、文王之閒的橋梁,自不妨提出這樣的條件;但此言若出諸武王之口,就頗有唆之以利、迹近要挾的意味了,這對祖先實在是大不敬的。能(从羽)字雖然可以讀作"一"或"代",但在本簡均不可通。對照上文“富而分賤,則民欲其富之大也”。此處當讀作“貴而能讓,則民欲其貴之上也”。意謂治民者身處富貴而能謙讓,則可以獲得人民的支持。此字隨文異解,正爲楚國文字“一字歧讀”的現象提供了絶佳的證據。

　　　　　　　　　　　　　　　　《古文字與古文獻》頁46—48,1999

○何琳儀(1999)　　娊(淑)人君子,其義(儀)罷(一)也。《五行》16

　　《注釋》:“罷,帛書本及《詩》均作壹。可證罷當讀作壹。”西周金文“懿”左上均從“壺”(《金文編》704),戰國秦文字“壹”亦作“壺”形(詛楚文、瓦書)。《説文》“殪”之古文从“死”从“壺”。凡此可證,“壹”由“壺”分化。壹,影紐;壺,匣紐。影、匣均屬喉音。楚文字“罷”疑从“羽”聲,“羽”與“壺”恰好均屬匣母魚部。故“罷”从“羽”聲,與“壹”有“壺”音,可以構成平行的音變關係。至於“壹”後來由魚部轉入至部,可從秦文字“壹”从“吉”聲(商鞅量、小篆)中得到證明。“壹”“吉”均屬至部。典籍往往假借“壹”爲“一”,楚文字“罷”亦爲“壹”(一)之假借字。又《成之聞之》18“貴而罷(抑)纕(讓),則民谷(欲)其貴之上也”。《注釋》引“裘按”謂“罷纕似應讀能讓”。按,“壹”與“抑”可通。《詩・大雅・抑》之“抑”,《國語・楚語》作“懿”。是其佐證。《後漢書・班固傳》“不激詭,不抑抗”注:“抑,退也。”本簡“抑讓”猶“退讓”。

　　　　　　　　　　《新出楚簡文字考》頁51,2007;原載《文物研究》12

○李天虹(2000)　　2.《五行》一六號簡釋文:

　　“娊(淑)人君子,其義(儀)罷(一)也。”能爲罷(一),肰(然)句(後)能爲君子,斳(慎)其蜀(獨)也。

　　按:簡文引詩見《詩・曹風・鳲鳩》,今本《詩經》及帛書本《五行》引詩“罷”均作“一”,可證“罷”應當與“一”音近,讀作“一”。但是,羽、能二字與一的古音相距均較遠,難以通轉。因此,整理者對“罷”的隸定,可能存在失誤。釋文作“罷”的字,原文作:

　　　　　　　　　　　　 《郭店》三二:一六

　　從字形結構來分析,筆者認爲該字很可能是从能彗聲。《説文》彗,篆文作 ,謂:“掃竹也,从又持甡。”

　　(中略)均象掃帚之形。簡本《五行》“ ”上部所從與甲骨文彗形體相同,故可隸定爲“龘”,龘當以彗爲聲。古音彗、一均質部字,彗屬匣母,一屬影母,音極相近,可以通轉。

　　“龘”字又見於《成之聞之》一八號簡:

福而貧賤,則民谷(欲)其福之大也。貴而谷(一)纏,則民谷(欲)其貴之上也。

今按,據文義,"鼍"在這裏似乎不能讀作"一"。以音求之,"鼍"在這裏或可讀作"揖"。古音揖爲影母緝部字,與彗、一聲亦相近。"揖讓('讓'從裘讀,詳見下)"典籍常見:

子曰:"君子無所爭,必也射乎,揖讓而升,下而飲,其爭也君子。"《論語·八佾》

故樂者,出所以征誅也,入所以揖讓也。《荀子·樂論》

但是,裘錫圭先生在《郭店》一書的注解中指出,"福而貧賤、貴而罷纏"似應讀爲"富而分賤、貴而能讓"(《郭店》一六九:[一九][二〇])。從文義來看,似乎比筆者的釋讀更爲順暢。尤其《六德》篇中有"能與之齊"一句話,《禮記·郊特牲》作"壹與之齊"。"能"與"齊"正相對應。由此來看,筆者對"🐛"字的解釋也不盡可靠。也許筆者認爲這個字從彗聲是錯誤的,古音能、一本可通轉。或者這個字有兩個讀音:其一以彗爲聲,可讀作一,《六德》篇中的"能"是書手抄脱了彗旁;其二以能爲聲。這個問題的解決還有待於進一步的研究。

又篆文彗所從"⛄",是"⺕⺕"的變形,當視爲省又的彗,郭店簡亦存此形。《緇衣》二二號簡釋文"🐛公之募(顧)命",首字"🐛",整理者缺釋,今本《禮記》作葉,葉公即周之祭公。李學勤先生認爲,"🐛"上部所從即篆文彗所從之⛄,該字從曰聲。古彗、祭音極相近,可以通轉,🐛於簡文當讀作祭。

《郭店楚簡國際學術研討會論文集》頁 94—95

〇**顏世鉉**(2000)　　楚系文字中的"罷"字,郭店簡中凡六見。《太一生水》簡7:"罷(一)缺罷(一)盈。"《五行》簡16:"'淑人君子,其儀罷(一)也。'能爲罷(一),然後能爲君子。"《成之聞之》簡18:"貴而罷(能)讓,則民欲其貴之上也。"《語叢四》簡25—26:"罷(一)家事乃有貨。"此字又可見包山、望山、天星觀簡,中有"罷禱",《鄂君啟節》有"歲罷返"。周師鳳五説:"《鄂君啟節》銘文當讀作'歲一返',意謂'一年返節一次'。"(中略)由以上資料看來,'罷'可讀作'一、能、代'三種情形。"

討論"罷"字,可先從卜辭"翊"(翌)字來看。卜辭以"羽、昒、翊"等字作"明日"義用,王國維謂"翊"字所從的"羽、立"皆聲。李師孝定説:"蓋明日之義,初但假羽爲之,後乃增日爲偏旁作昒,變假借爲形聲,此漢字聲化之恆例;後更增立爲聲符,如小盂鼎之翊,復省日作翊,或省羽作昱,至小篆遂歧爲二字,以从日、立聲者爲明日之專字(卜辭則以㬎爲明日之專字)。以作翊者爲飛皃之專字,故許君説爲从羽耳。實則卜辭之‘翊’,其義爲明日,未見有用爲‘飛皃’、或與‘立’義有關之義者,則‘羽、立’皆聲甚明,王氏之説,未可議也。”卜辭“翊”(翌)字,其所从之“羽、立”皆爲聲符,羽爲匣紐魚部,翊(翌、昱)爲余紐職部,立爲來紐緝部。“羽”可讀作“翊”。魚部字和之部字是旁轉關係,和職部(之部入聲韻)則是旁對轉關係。馬王堆帛書《戰國縱橫家書》“蘇秦使盛慶獻書於燕王章”云:“願王之定慮而羽讚臣也。”《注釋》云:“羽讚,通翼贊(或作翼讚、翊贊),幫助的意思。”翼是余紐職部。由卜辭“羽”讀作“翊、㬎”,帛書“羽”讀作“翼”,可見“羽”字和之(職)部字的音近關係。

楚系的“翼”所从的“羽”和“能”當都是聲符,能是泥紐之部。“翼”字可讀爲“能”。“翼”字也可讀爲“代”,代爲定紐職部,“羽”和“代”是旁對轉關係,音近關係如前段所述;“能”和“代”則爲旁紐陰入對轉。

“翼”也可讀作“一”,一爲影紐質部,質部爲脂部入聲韻。脂(質)部和之(職)部字的關係爲何? 清代段玉裁將上古音支、脂、之分爲三部,語言學界視爲段氏的重大發明,然亦有學者並不完全贊同如此截然的劃分,黃綺先生更主張支、脂、之不可分,他並舉出許多典籍及出土文獻材料中的押韻及通假、聲訓的情形,來證明其看法。從這些語音歷史資料中,的確可以看到許多脂(質)、之(職)字相通的情形。以下再舉二則材料來補充:1.信陽長臺關楚簡有“夫戔人剛恃”,銀雀山漢墓竹簡《孫臏兵法・五名五恭》云:“兵有五名:一曰威強,二曰軒驕,三曰剛至,四曰助忌,五曰重柔……剛至之兵,則誘而取之。”王志平先生將楚簡“剛恃”讀爲“剛至”,亦即“剛恎”,義同“剛愎”,均爲“剛狠之義”,他解釋説:“‘恃’爲禪母之部字,‘至’爲章母質部字。聲母均屬照系三等字,韻母雖稍隔,但‘至’字及从‘至’得聲之字與之部字頗多通假之例。”他在文中也引了一些从“至”得聲與之部字通假的例子。2.馬王堆帛書《五十二病方》的“治加(痂)方”中有“蛇牀實”,《注釋》説即“蛇牀子”。實爲船紐質部,子爲精紐之部。由此也可以看出之(職)部字和脂(質)部字的音近關係。

總之,“翼”从“羽”(魚部)、“能”(之部),二者均爲聲符。“翼”可讀作“能”(之部)、“代”(職部)以及“一”(質部),在語音的關係上是可以説得通的。黃綺先生也説:“又如支與魚、脂與魚、之與魚都往往不分,這類語音現象也足以證明支、脂、之三部不分。”由此也可見脂、之、魚三部的某些音近關係。

《郭店楚簡國際學術研討會論文集》頁 104—105

○李零（2002）　郭店楚簡中的“一”字有兩種寫法，一種是作一橫，同於早期和後世的一般寫法，極爲常見；另一種是从羽从能，筆畫較繁，則見於本篇的簡7（兩見），以及《語叢四》的簡25、《五行》的簡16（兩見）和《成之聞之》的簡18。此外，《六德》的簡19，其中的“能”字，據陳偉先生考證，其實也應該讀爲“一”。繁化的“一”，其字形應怎樣理解，似乎還值得討論，但明顯可以代替普通的“一”。我們懷疑，楚文字中的“一”有繁簡二體，情況實與同一時期秦文字的“一”有“一、壹”兩體相似（後者也流行於漢），其實是有地方特色的繁體。後者本來是起防僞作用的特殊用字，但也常常用來代替前者。（中略）我們考慮，郭店楚簡中的繁體“一”，它在簡文中只是一般的通假字，但在法律文書中，卻有特殊用途，比如鄂君啟節中的“歲一返”，其中的“一”是寫成繁體，這就有防僞作用。

《郭店楚簡校讀記》（增訂本）頁 42—43

○何琳儀（2004）　（編按：新蔡甲一 22）△，原篆上从“羽”，下从“能”。以郭店簡《五行》16“其儀△也”，與今本《詩·曹風·鳲鳩》“其儀一兮”對勘，可知△應讀“一”。王引之曰：“一猶或也……《禮記·樂記》曰，一動一靜者，天地之閒也。”

《安徽大學學報》2004-3，頁 3

○劉樂賢（2004）　按，楚簡“一”的通假字寫作上羽下能，在絕大多數情況下，它與“能”區分清楚。但是，也有個別混用的例子。《成之聞之》第一八號簡：“貴而一讓，則民谷（欲），其貴之上也。”其“一”字作上羽下能，從字形上看讀“一”不成問題，但文義不好理解。“裘按”提出“一”應讀爲“能”，“貴而能讓”文從字順，可信。同樣，陳偉據《禮記·郊特性》作“壹與之齊，終身弗改”，讀“能與之齊”爲“一與之齊”，也是可信的。

《新出土文獻與古代文明研究》頁 261

○劉釗（2005）　（編按：郭店·成之 18）罷（能）。

《郭店楚簡校釋》頁 137

○濮茅左（2005）　（編按：上博五·季庚 1）“罷”讀爲“抑”，音同“一”。（中略）本句讀爲“抑”，表轉折。

《上海博物館藏戰國楚竹書》（五）頁 201

○李守奎、曲冰、孫偉龍（2007）　（編按：上博五·季庚 1）罷　按：讀爲“一”，所從

"羽"當爲"彗"之訛,與"習"同例,卷一一部重見。

《上海博物館藏戰國楚竹書(一—五)文字編》頁 196

○**李守奎、曲冰、孫偉龍**(2007) （編按：上博五・君子9）按：此字似可讀爲"能"。

《上海博物館藏戰國楚竹書(一—五)文字編》頁 196

○**鄭偉**(2007) 之所以古文字學家到現在還難以在漢語文獻裏找出它的來源,就因爲它是個地道的古代楚方言詞,而且"罷"就是個古侗台語"一"的表音字,當時的侗台語和楚語可能同屬楚方言系統。

（中略）還有個關鍵問題,爲什麼已經有了"一"字,楚人還要再去用我們所謂的楚方言的"罷(一)"這個字呢? 我們認爲這屬於語言系統中詞彙的歷史層次問題。對於楚人而言,"一"屬通語層,而"罷"則爲方言層。在當時楚方言中,通語層和方言層在詞彙上有疊置現象。這種情況和現代漢語方言的文白異讀現象相似,通常來講,文白層次不同,各自的來源也是不同的。

既然當時的楚方言有兩個表示"一"的詞,那用法上是否有具體分工呢? 從目前的材料來看,我們初步認爲"一"和"罷"的用法大致如下:第一,作爲專有名詞,通常只寫作"一"而不作"罷",如"太一生水"之"一";第二,確切用作數詞,特別是和其他數字相對使用時,一般也不寫作"罷",如"一逝一來"(《郭簡・語叢四》,簡 21),"三雄一雌,三呱一媞,一王母保(抱)三嬰婐"(《郭簡・語叢四》,簡 26、27);第三,當"一"用來表示動量時,往往寫作"罷",如"疾罷續罷已"(《蔡簡》甲一:22;《蔡簡》甲三:284);第四,表示抽象的"完整、始終、一以貫之"之類的意思時,往往寫作古文"弌",如《郭簡・五行》"其儀一也"在《郭簡・緇衣》作"其儀弌也"。但似乎還没看到楚簡裏把第三、四種情況的"弌"直接寫作"一"的,這説明楚簡裏的"一、弌"用法也可能有別,而"弌、罷"的用法則大概差不多。

《中國語文》2007-4,頁 379—380

○**王志平**(2008) 我們認爲"罷"當從"能"得聲,可讀爲"一"。從漢語本身即可解釋這一現象。

（中略）綜上所述,雖然"一、能"等字中古音不近,但無論是從漢語史本身還是漢藏比較而言,"一、能"等字的上古音還是很接近的。

《古文字研究》27,頁 394—398

【罷禱】

○**劉彬徽、彭浩、胡雅麗、劉祖信**(1991) 祭禱的種類有罷禱、塈禱、賽禱。罷禱的對象只限於墓主邵𩔖本氏的近祖和直系先人,包括楚昭王和墓主的高祖、曾祖、祖父、父等人。

《包山楚簡》頁 12

○**吳郁芳**（1996）　“罷禱”是《包山楚簡》中常見的一種祭典，祭祀的對象只限於墓主昭佗的直系祖先，從其父母直到楚昭王，目的是“既禱至福”，和“攻解”不同。《包山楚簡》考釋 359 說罷字“亦見於《鄂君啟節》，郭沫若先生讀作能，于省吾先生讀作盈。按兩位先生的意見於此皆不能通讀。罷似讀作嗣，《國語·魯語》‘苟华姓實嗣’。注：‘嗣，嗣世也。’罷禱即後人對先輩的祭祀”。

拙見以爲“罷禱”之罷釋作嗣，於此亦不能通讀。罷當作罷，即今劈殺之劈，古與剖、副音義相通。《周禮·春官》曰：“大宗伯……以副、辜祭四方百物。”鄭玄注謂：“副爲罷。”又引鄭司農言曰：“罷、辜、披磔牲以祭，若今時磔狗祭以止風。”可見《包山楚簡》中的“罷禱”當爲罷禱，即殺牲以祭。古人宗廟之祭必以血食，祭祖必殺牲。如《國語·楚語下》載：“子期祀平王，祭以牛俎于王。”又說：“諸侯宗廟之事，必自射牛、刲羊、擊豕。”所以《包山楚簡》中凡言“罷禱”，其祭禮對象都是昭氏的祖先，而祭品總少不了牛、豕諸牲。

《考古與文物》1996-2，頁 75—76

○**陳偉武**（1997）　“罷禱”一詞見於天星觀簡、望山簡和包山簡，係占卜術語。望山簡有云“☐折（哲）王，各戠牛饋之。罷禱先君東邸公，戠牛饋☐☐”（即《望山楚簡》一號墓 112 簡），中山大學楚簡整理小組注：“罷禱，爲禱名。罷，一說即氂，《爾雅·釋器》：‘旄謂之氂。’《疏》：‘旄牛尾一名氂，舞者所執也。’執氂作舞而禱告於先君神祇爲罷禱。”《望山楚簡》注：“‘罷’字亦見鄂君啟節……各家或讀‘罷’爲‘能’；或釋爲‘贏’，讀爲‘盈’……今按此字從‘羽’‘能’聲……很可能是‘翼’的異體。鄂君啟節的‘歲罷返’似當讀爲‘歲代返’。‘代’從‘弋’聲，‘弋’和‘翼’音近相通……‘歲代返’是說一歲之內分批輪流往返……簡文‘翼禱’義不詳。”包山簡 200：“罷禱於邵王，戠牛饋之。”整理注：“罷似讀作嗣……罷禱即後人對先輩的祭祀。從卜筮禱簡的記載來看，罷禱的對象只限於墓主人邵（昭）佗本氏的近祖及直系先人，包括楚昭王和高祖、曾祖、祖父母及父母等人。其他的人皆不在罷禱之列。”李零先生認爲：“‘翌’字原從羽從能，能是之部字，翌是職部字，此以音近讀爲翌。‘翌’是表示次年、次月、次日。”

今按，鄂君啟節“罷”字作▨，楚簡作▨，諸家讀法雖不盡相同，但大多將字析爲從羽，能聲。此字形體遠有來自，經吳振武先生提示，知甲骨文有▨、▨，舊均釋“熊”，似是而非。《小屯南地甲骨》2169 稱“其在宜▨溢”。用法不明，而其字當爲"能"之象形,《説文》:"能,熊屬,足似鹿。从肉,㠯聲。"徐鉉注:"㠯非聲,疑皆象形。"西周早期金文沈子簋銘"能"字作𤒡,爲甲文"能"字之省,而能匋尊作𤓯,較近甲文,戰國文字"罷"與甲文最近,上部從羽實爲𦫷之訛變,與羽毛無關。馬承源先生主編的《商周青銅器銘文選》著録鄂君啓節,注云:"罷,未見他例。疑爲能之繁寫。"所疑頗有見地。《左傳·昭公七年》:"今夢黄能入於寢門。"陸德明釋文:"亦作熊……案《説文》及《字林》皆云:'能,熊屬,足似鹿。'……今本作能者勝也。"《左傳》"能"字尚用其本義。戰國文字"罷"可視爲"能"字異構,只是均用假借義。傳世文獻和出土文獻都有"能""乃"互作之例,《書·君陳》:"必有忍,其乃有濟。"《國語·周語中》引《書》曰:"必有忍也,若能有濟也。"《老子》十六章:"容乃公,公乃王,天乃道,道乃久。"景龍碑"乃"並作"能"。《老子》五十四章:"其德乃真。"敦煌唐寫本"乃"作"能"。因此,鄂君啓節"歲罷返"之"罷",過去讀爲"能、盈、代"均有未安,陳漢平先生謂"'罷'字當從于省吾釋爲'贏',或讀爲'贏'本字,或讀爲'盈'"。非是。"罷(能)"若讀爲"乃"則怡然理順,乃,而也。"歲罷(能)返",即一年就返回之意。

楚簡"罷(能)"均見於"罷禱"一詞,曾經法先生指出:"罷禱、罷禱都是向祖宗神明求禱去禍,凡因得福消災而回報神明者則稱爲賽禱。"李零先生認爲:"'罷(即罷字——引者按)禱'可能是始禱,與'賽禱'的'賽'是報答之義正好相反,兩者有對應關係,而'罷禱'則是來年之禱。殷墟卜辭有周祭制度,簡文所述或與之相似。"曾、李兩位先生都把"罷禱、罷禱、賽禱"當作一套互有聯繫的占卜術語來考察,這無疑是十分正確的。當然,由於"罷"字未得確解,三種禱名的關係還有重新探討的必要。"罷"爲"能"字異體,在鄂君啓節用如"乃",在楚簡雖不宜讀爲"乃",但筆者頗疑心可讀作從"乃"得聲的"仍"字,訓爲因仍、連續。三個禱名中,僅"賽禱"見於傳世文獻,指報答神福,理應位居最後。"罷禱"之"罷"當是"舉"字異寫,亦作"遷",或從犬作"獂",與中山王方壺"舉(舉)賢速(使)能"之"舉"寫法同。"舉"有"祭祀"義,《詩·大雅·雲漢》:"靡神不舉。"《周禮·天官·膳夫》:"王日一舉,鼎十有二,物皆有俎。"鄭玄注:"殺牲盛饌曰舉。""舉"這個詞所表示的行爲(包括祭祀),往往含有起始的因素,故李零先生釋"罷禱"之"罷"爲"始"可從。那麼,"罷禱"應在"罷禱"之後、"賽禱"之前無疑。有兩個例子可以爲證,包山簡202、203、204"獂禱宮室室一牂;裚於新(親)父郲公子豪,犧、豬、酉(酒)飤(食)饋之;裚新(親)母肥豻、酉(酒)飤(食);獂禱東陵連囂肥豻、酉(酒)飤(食)。"舉石被裳之祝,罷禱於邵王,歆牛饋之;罷禱於文坪夜（夜）君、郘公子萅（春）、司馬子音、鄝公子豩,各歆豢、酉（酒）食飤（食）。"望山一號墓 119 簡:"☐ 遡大夫之厶（私）晉（巫）,遡禱㝅白犬,罷禱王孫喿冢。"兩例同是先言"舉禱",後言"罷禱","舉禱"義爲初始祭神求福,"罷禱"正是因仍而祭禱之義,兩者的關係,頗似"初卜"與"習卜"的關係。而從祭禱對象無法看出"舉禱、罷禱"和"賽禱"三者的差異,《包山楚簡》的考釋者認爲"罷禱"的對象限於墓主人的直系祖先,根據不足。天星觀簡稱"罷禱四方、罷禱大稿、罷禱祆",祭禱對象爲自然神。至於爲何可以連用"舉禱",或連用"罷禱",或連用"賽禱",那是因爲祭禱對象有多個的緣故。甲骨文稱:"丙寅貞:來丁亥子美見,以歲于示,于丁,于母庚,于帚（婦）。"（《殷虚書契前編》1.29.27）歲祭的對象有多個,後面三個歲字雖省略,三個介詞"于"仍保留,這種句式正與楚簡連用禱祠術語相類。

　　總之,舉（舉）禱、罷（仍）禱和賽禱是一套有着時閒先後順序的禱祠術語。"殺牲盛饌曰舉","舉禱"含初始祭禱的意思;"罷"讀爲"仍",古書亦作"礽",因也,"罷禱"即連續而禱;"賽禱"指報賽神福,相對於"舉禱、罷禱"而言。

　　　　　　　　　　《第三屆國際中國古文字學研討會論文集》頁 652—657

○**劉信芳**（2003）　　罷禱:疾病祈禱之儀,僅見於楚出土文字資料,祭主多爲先祖,祭品多爲特牲。"罷"最早見於鄂君啓節"歲（歲）罷返"。自郭店簡公布以後,已知字讀爲"一",如《太一生水》"罷塊罷涅",《五行》"其義罷也","罷"皆讀爲"一"。頗疑"罷禱"與古代"宜"祭相類,説參拙稿《荊門郭店竹簡老子解詁》（藝文印書館 1999 年）。周鳳五解"罷禱"爲"代禱",舉成王疾,周公禱於太王、王季、文王爲例（《讀郭店竹簡〈成之聞之〉札記》,《古文字與古文獻》試刊號）。

　　　　　　　　　　　　　　　　　《包山楚簡解詁》頁 213—214

△**按**　　"罷"用作"一",是郭店簡的出土才解決了這一疑問。郭店簡《五行》"要人君子,其義罷也"句,與傳世文獻《詩·曹風·鳲鳩》"淑人君子,其儀一兮"句對讀,證明"罷"應讀作"一"。但"罷"爲什麼用作"一"仍待進一步的討論。或許,鄂君啓節"歲（歲）罷返",以"罷"作"一"用,是否就像現在貨幣的大小寫,有防止數字篡改的功用呢。另外也説明,"罷"用作"一"也是當時常見的用字現象。

翯

翯 天星觀

○**何琳儀**（1998）　翯，从羽，冠聲。

　　天星觀簡翯，不詳。

《戰國古文字典》頁 438

○**李守奎**（2003）　翯。

《楚文字編》頁 233

羿

珍秦・戰 79

△**按**　《珍秦齋藏印・戰國篇》未隸定。《三晉文字編》（516 頁）隸定爲"翌"，只收此例。

翻

曾侯乙 10　　曾侯乙 37

○**裘錫圭、李家浩**（1989）　簡文所記的"戟"和"戈"幾乎都加上"一翼之翻、二翼之翻"等説明。河北汲縣山彪鎮出土的水陸攻戰紋鑑（《山彪鎮與琉璃閣》20—22 頁，圖版肆柒、肆捌），四川成都百花潭出土的宴樂水陸攻戰紋壺（四川省博物館《成都百花潭十號墓發掘記》，《文物》1976 年 3 期）和故宮博物院藏宴樂水陸攻戰紋壺（《戰國繪畫資料》20，《故宮博物院院刊》1983 年 3 期圖版六）等畫像中的戈戟，柲上都有二至三對翼狀物，疑簡文的"一翼之翻"等即指此。

《曾侯乙墓》頁 505

○**何琳儀**（1998）　翻，从羽，曾聲。《廣雅・釋詁》一："翻，舉也。"又三："翻，飛也。"

　　隨縣簡"翼翻"，戈柲之上翼狀飾物。見《山彪鎮與琉璃閣》圖版肆柒、肆捌鑑，《文物》1976 年 3 期 51 壺、《故宮博物院院刊》1983 年 3 期圖版六壺等畫像。

《戰國古文字典》頁 155

羽
戠

天星觀

○何琳儀（1998）　羽戠，从羽，戠聲。

天星觀羽戠，讀綴，見戠字。

《戰國古文字典》頁 1417

羽
虘

包山 99

○劉彬徽、彭浩、胡雅麗、劉祖信（1991）　羽虘。

《包山楚簡》頁 24

羽　　羽
蟲　　融

天星觀

○何琳儀（1998）　羽蟲，从羽，蟲聲。

天星觀簡羽蟲，不詳。

《戰國古文字典》頁 276

奞

璽彙 3486　　　璽彙 5515

△按　奞，“奮”字異體，詳見本卷奞部“奮”字條。

隹　雀

集成 9734 籹盗壺　　集成 2782 哀成叔鼎　　近出 358 王子午鼎　　楚帛書

郭店·緇衣 5　　郭店·緇衣 10　　郭店·語三 53　　上博三·互先 9

陶彙 4·45　　璽彙 0863　　璽彙 3693　　璽彙 3846　　石鼓文·汧殹

○**徐中舒、伍仕謙**（1979）　以憂乎民之隹（罷）不（<small>編按：文中"隹"後漏排"不"字</small>）欥（辜）。（<small>中略</small>）"隹"在中山諸器中，或讀爲惟，或讀爲誰，或讀爲雖，此則當讀爲罷（音離），遭也。

　　　　　　　　《徐中舒歷史論文選輯》頁 1339，1998；原載《中國史研究》1979-4

○**李零**（1985）　是惟四時，惟猶爲也，參楊樹達《詞詮》卷八。

　　　　　　　　　　　　　　《長沙子彈庫戰國楚帛書研究》頁 69

○**何琳儀**（1986）　"惟"猶"與"或"及"。

　　　　　　　　　　　　　　　　《江漢考古》1986-1，頁 57

○**何琳儀**（1998）　隹，甲骨文作（甲九三六），象短尾鳥之形（與鳥字相對而言）。从鳥，鳥亦聲。隹與鳥均屬端紐，隹爲鳥之準聲首。西周金文作（盂鼎），春秋金文作（陳公子甗）。戰國文字承襲兩周金文。齊系文字或作，燕系文字或作，晉系文字或作、、，楚系文字或作，均呈地域特點。（<small>中略</small>）

　　a 齊金隹，讀惟，語首助詞。

　　c 哀成叔鼎、中山王器隹，見 a。中山王鼎"其隹能之"，讀"其誰能之"。中山王鼎"隹又死辠"，讀"雖有死罪"。

　　d 楚器隹，見 a。廿八宿漆書"此隹"，讀"觜觿"，二十八星宿之一。見《吕覽・有始》。

　　e 石鼓"隹可"，讀"維何"，猶"謂何"。《詩・周南・何彼襛矣》："其釣維何。"

　　　　　　　　　　　　　　　　《戰國古文字典》頁 1204

○**黃光新**（2000）　（<small>編按：越王亓北古劍</small>）第一件亓北古劍，現藏上海博物館。由於該劍劍首殘損，使銘文起首第一字難以辨認。馬承源先生曾認爲上海亓北古劍劍首銘文第一字爲隹（唯），現比對安慶劍，證明馬先生的推斷是正確的。

　　　　　　　　　　　　　　　　《文物》2000-8，頁 87

○**李零**（2003）　（<small>編按：上博三・亙先 9</small>）"隹"讀"唯"。"一"，疑指物之先者。

　　　　　　　　　《上海博物館藏戰國楚竹書》（三）頁 296

雅 雒

睡虎地・答問 12

○**睡簡整理小組**（1990）　　雅，《史記·張耳陳餘列傳》集解引韋昭云：
"素也。"

《睡虎地秦墓竹簡》頁 96

隻 雙

集成 4688 上官豆　　集成 2782 哀成叔鼎　　九店 56·31　　山東 163　　璽彙 3914

陶彙 3·128　　陶彙 3·129　　陶彙 3·450　　陶彙 3·414　　陶彙 3·316

△**按**　參見卷十"獲"字條。

闔 闐

闔睡虎地·爲吏 23 叁　　闐睡虎地·日甲 2 正貳

○**睡簡整理小組**（1990）　（編按：睡虎地·爲吏 23 叁）藺，擂石。

（編按：睡虎地·日甲 2 正貳）闐，讀爲吝。今本《周易》悔吝之吝字，馬王堆帛書《周易》均作闐。吝，小不利。《周易·繫辭》："悔吝者，言乎其小疵也。"

《睡虎地秦墓竹簡》頁 171、181

○**張守中**（1994）　　通藺　槍藺環殳　爲二三。

　　　　　　　　通吝　結日作事　不成以祭闐　　日甲二。

《睡虎地秦簡文字編》頁 53

○**王子今**（2003）　（編按：睡虎地·日甲 2 正貳）仔細考慮，仍以釋"闐"爲"鄰"爲長。《易·屯》："君子幾，不如舍。往，吝。"陸德明《釋文》："吝，京（房）作遴。"《說文·辵部》："遴，行難也。從辵，粦聲。《易》曰：'以往遴。'"清吳夌雲《小學說》也說："吝自有行難之意。"又《易·同人》："象曰：同人於總，吝道也。"高亨注："……此自招困難之道也。"章炳麟《新方言·釋言》也有"行止遴難"的說法。"闐—鄰"與"闐—遴"之間，也可以發現內在的關係。

《睡虎地秦簡〈日書〉甲種疏證》頁 18

巂

睡虎地·日甲 56 正壹

○**睡簡整理小組**（1990）　觜巂，二十八宿之一。《開元占經·西方七宿占》引《石氏星經》曰：“觜巂三星。”《淮南子·天文》作觜巂。本帛書巂字上半誤作從雚。

　　　　　　　　　　　　　　　　　　　《睡虎地秦墓竹簡》頁 188

○**劉樂賢**（1994）　巂字在曾侯乙墓竹簡中作巂（襦字偏旁），在馬王堆一號漢墓竹簡中作巂，在漢印中作巂。我們認爲該字本從雚或萑（甲骨文中萑、雚互用），《説文》及後代從崔是從萑之訛誤，整理小組之説不對。

　　　　　　　　　　　　　　　　　《睡虎地秦簡日書研究》頁 75

○**王子今**（2003）　《淮南子·天文》作“觜巂”。整理小組釋文謂“《淮南子·天文》作觜巂”，“巂”字誤排。

　　　　　　　　　　　　《睡虎地秦簡〈日書〉甲種疏證》頁 136—137

雀　雀　鵤

雀 包山 202　　雀 包山 204　　鵤 郭店·太一 9　　雀 郭店·緇衣 28

雀 郭店·尊德 2　　雀 郭店·魯邦 6　　雀 上博一·詩論 20　　雀 上博一·詩論 27

鵤 包山 255　　鵤 包山竹籤 15

○**劉彬徽、彭浩、胡雅麗、劉祖信**（1991）　（編按:包山 202）雀，借作爵。

　　（編按:包山 255）鵤，簡文作鵤，左部從目從隹，作鳥形。鵤，讀如鵤。

　　　　　　　　　　　　　　　　　　　《包山楚簡》頁 54、59

○**何琳儀**（1998）　包山簡“雀立”，猶“雀躍”。《戰國策·楚策》：“薄秦王之朝，雀立不轉，晝吟宵哭。”注：“雀立，踊也。”或讀“爵位”。

　　　　　　　　　　　　　　　　　　　《戰國古文字典》頁 325

　　（編按:包山 255）鵤，從鳥，少聲。雀之異文。《玉篇》：“鵤，與雀同。”

包山簡鮂,讀雀。

《戰國古文字典》頁 325

○**裘錫圭**(1998)　（編按:郭店·太一9)疑"雀"可讀爲"削"。

《郭店楚墓竹簡》頁 126

○**湯餘惠等**(2001)　（編按:包山255)鳶　同雀。

《戰國文字編》頁 243

○**何琳儀**(2002)　（編按:上博一·詩論27)"雀",應讀"爵"。《白虎通·爵》:"爵者,盡也。各量其職,盡其才也。"

《上博館藏戰國楚竹書研究》頁 254

○**李鋭**(2002)　簡二十尾"雀"疑讀爲"焦"。

《上博館藏戰國楚竹書研究》頁 192

○**廖名春**(2002)　（編按:上博一·詩論27)"雀"當讀爲"誚"。（中略)"誚"即"刺"。

《上博館藏戰國楚竹書研究》頁 267

○**周鳳五**(2002)　（編按:上博一·詩論20)"醮",簡文作"雀",原釋無説。按,此節所論與"幣帛"有關,疑當讀爲"醮"。《説文》:"醮,飲酒盡也。"《禮記·曲禮》:"長者舉,未醮。"鄭注:"盡爵曰醮。"《唐風·有杕之杜》共二章,均以"中心好之,曷飲食之"作結,則讀"醮"爲是。

《上博館藏戰國楚竹書研究》頁 162

○**陳偉**(2003)　（編按:郭店·緇衣28)　28 號簡寫道:"故上不可以執刑而輕雀。"雀,整理者已據傳世本讀爲"爵"。

上博本 15 號簡對應之字的構形比較特別。其外形作"斗","斗"口之中書一"少"字。整理者隸定爲"斜",不確,應作"斜"。（中略)簡文"斜"大概是"爵"字的異體。

《郭店竹書別釋》頁 41

○**李曉宇**(2003)　（編按:郭店·太一9)由原文中的"雀"字,釋文作"爵"或"削",均不及作"截"妥當。《説文》:"截,斷也。从戈,雀聲。"從字音上看,"截""雀"二字聲近可通。從文義上看,《老子》中有"木强則折"。

《四川大學學報》2003-5,頁 145

○**劉釗**(2003)　（編按:郭店·魯邦6)"舊"爲"雀"字異體,讀爲"爵"。

《郭店楚簡校釋》頁 178

○**李守奎**(2003)　簡文中多讀爲爵位之爵。

《楚文字編》頁 235

○**李守奎**（2003）　（編按：包山 255）鳺　疑當釋爲鳿。《玉篇・鳥部》：“鳿與雀同。”

《楚文字編》頁 243

○**李守奎、曲冰、孫偉龍**（2007）　（編按：上博一・詩論 20、27）讀爲“爵位”之“爵”。

《上海博物館藏戰國楚竹書（一——五）文字編》頁 197

○**劉國勝**（2011）　（編按：包山 255）“鳺”从“少”得聲，疑讀爲“雀”。“雀、少”音近。

《楚喪葬簡牘集釋》頁 73

【雀韋】信陽 2・11

○**劉雨**（1986）　絳維。

《信陽楚墓》頁 129

○**郭若愚**（1994）　屯韕韕（合文）之（中略）

韕从韋从夆，同鞾。《集韻》：“同鞾。”（中略）此指一種飾件。

《戰國楚簡文字編》頁 79

○**劉信芳**（2002）　信陽楚簡 2-11“二牺白膚，屯雀韋之纍紃”。“雀韋”原爲合文，整理者釋爲“絳維”，誤。其字天星觀簡作“小韋”，《楚系簡帛文字編》録有天星觀簡遣策三條，分別是：“二綏綏，小韋”；“□之綏，小韋”；“小韋之昆綏”。“小韋”皆合文，《文字編》釋爲“韋小”，不成其辭。“小韋”合文韋在左而小在右，其讀法有如天星觀簡“佩玉”合文，亦是玉在左而佩在右。從辭例分析，“小韋”即信簡之“雀韋”，應該没有什麽問題。（中略）

所謂“雀韋”，《書・顧命》：“二人雀弁執惠。”疏：“鄭玄云：赤黑曰雀，言如雀頭色也。”《周禮・春官・巾車》：“漆車，藩蔽，犴幎，雀飾。”鄭注：“雀，黑多赤少之色韋也。”雀既爲韋之色，則“雀韋”乃雀色之韋，應無疑義。

綜上，信陽簡所記“屯雀韋之纍紃”，謂二件膚皆有雀色韋作爲外套（或覆蓋物、或包裹物），並以紃（絲帶）作扎口。

既明“雀韋、小韋”之訓釋，則本文上引曾侯乙簡 3、98 等，其用在器物名之前的“削”字，依例應讀爲“雀”，可以説是順理成章的事情。

《古文字研究》24，頁 376—377

○**劉國勝**（2011）　“雀韋”指雀色之韋。

《楚喪葬簡牘集釋》頁 14

雉 雉 雤

石鼓文・田車　石鼓文・馬薦

上博五・競建 2

○**陳佩芬**（2005）　“敤”，同“雉”。“雉雊”，雄雞鳴也。《説苑・辨物》：“昔者高宗感於雉雊之變，修身自改，而享豐昌之福也。”

《上海博物館藏戰國楚竹書》（五）頁 169

○**李守奎、曲冰、孫偉龍**（2007）　雉　雤　按：字形摹作。

《上海博物館藏戰國楚竹書（一—五）文字編》頁 197

○**徐寶貴**（2008）　雉，本作形。《馬薦》篇作形。前者把兩個偏旁寫得寬短，後者則寫得窄長。前者把聲旁矢寫成形，跟陕字所从之矢完全相同，由此可證把陕釋爲“陕”是非常正確的。雉，甲骨文作如下形體：（《甲骨文編》四・一〇）、（同上）、（同上）、（同上）、（同上）、（同上）。甲骨文雉字或从矢聲，或从夷聲。石鼓文跟前者同。

《石鼓文整理研究》頁 818

雞 雞 鷄

陶彙 3・306　睡虎地・日乙 76 壹

包山 257　包山 258

○**劉彬徽、彭浩、胡雅麗、劉祖信**（1991）　（編按：包山 257）熬雞即熬雞。

《包山楚簡》頁 60

○**高明、葛英會**（1991）　雞。

《古陶文字徵》頁 260

○**何琳儀**（1998）　齊陶雞，姓氏。周官有雞人，或其後以爲氏。西夏青唐族有雞氏。見《宋史》。

《戰國古文字典》頁 777

　　鷄，从鳥，奚聲。雞之異文。見雞字。
　　包山簡鷄，讀雞。

《戰國古文字典》頁 777

○**李守奎**（2003）　雞　鷄　《説文》籀文亦从鳥，奚聲。

《楚文字編》頁 235

離 離

秦印　　秦代印風 49　　睡虎地·效律 28

璽彙 3119

青川木牘

○**羅福頤等**（1981）　（編按：璽彙 2608、3119）離　與貨幣文離石離字同。

《古璽文編》頁 85

○**四川省博物館、青川縣文化館**（1982）　（編按：青川木牘）……利津□。鮮草，雜（雛）非除道之時……

《文物》1982–1，頁 11

○**于豪亮**（1982）　（編按：青川木牘）“……鮮草離。”（中略）離當以雙聲讀爲萊。“鮮草離”意思是除去草萊。這是指除去橋上和陂隄上的草，與上文“㢟千（阡）百（陌）之大草”，自然是有區別的。

《文物》1982–1，頁 23

○**李學勤**（1982）　（編按：青川木牘）……鮮草離……（中略）［譯文］……清除雜草。

《文物》1982–10，頁 68

○**何琳儀**（1987）　（編按：青川木牘）牘文應與下列秦漢文字有關：

《雲夢》942　　　　　　　帛書《周易》

《雲夢》編者隸定此字爲“夒”，甚確。帛書《周易·損》“夒之用二簋”，《大有》“無交夒”，今本《周易》作“曷之用二簋、無交害”。“禹”，王矩切，喻紐三等，古讀匣紐；“曷”，胡葛切，匣紐；“害”，胡蓋切，匣紐。然則禹、曷、害三字均爲雙聲，故帛書與今本通用。由帛書“夒”可推知牘文應隸定爲“離”。（中略）

“離”應依李昭和屬下句讀作“離非除道之時”。“離（離）、雛”並非一字，但二者音近可通。“雛”，心紐，脂部；“離”，來紐，歌部。心、來可構成齒音複輔音［SL］，脂、歌例可旁轉。《荀子·解蔽》“是以與治雛走而是已不輟也”，注：“雛或作離。”是“離”可讀“雛”之佳證。牘文“離（離）非除道之時”讀作

"雖非除道之時",文意暢通,不必讀"離"爲"萊"。(中略)總之,"離"是秦文字"離","离"是六國文字。"離"與"雖"是不同的兩個字,只不過因爲音近在青川木牘中通用而已。

《人文雜志》1987-4,頁 83—84

○**徐中舒、伍士謙**(1992)　　(編按:青川木牘)……鮮草離。(中略)離,《儀禮·土冠禮》注:"割也。"謂新墾之地此時墾畢也。

《古文字研究》19,頁 287

○**何琳儀**(1998)　　離,甲骨文作𩿧(前六·四五·四)。从隹从离(罕),會以網捕鳥之意(參离字),离亦聲。《説文》:"離,離黃,倉庚也。鳴則蠶生。从隹,离聲。"鳥名之離本應作鸝。《集韻》:"離,《説文》離黃,倉庚也。或作鸝。"

　　秦璽離,姓氏。離婁,孟子門人。見《風俗通》。

《戰國古文字典》頁 871

○**黄德寬等**(2007)　　晉璽离,姓氏。黄帝時明目人离婁之後。見《路史》。趙文字"离石",讀"離石",地名。《史記·趙世家》蕭侯二十二年,"秦殺疵河西,取我蘭、離石"。在今山西離石。

　　秦印離,姓氏。

《古文字譜系疏證》頁 2312、2313

【離石】

○**睡簡整理小組**(1990)　　(編按:睡虎地·編年 26)離石,趙地,今山西離石。《史記·周本紀》記此年蘇厲對周君説:"秦破韓、魏,撲師武,北取趙藺、離石者,皆白起也。"《六國年表》和《趙世家》都説此年秦拔趙石城,《資治通鑑·周紀四》胡注指出石城就是離石。

《睡虎地秦墓竹簡》頁 8

○**石永士**(1995)　　【離石·尖足平首布】戰國中晚期青銅鑄幣。鑄行於趙國,流通於燕、中山等地。屬小型布。面文"離石",書體多變。背平素,或鑄有數字。"離石",古地名,戰國趙地。《史記·趙世家》趙蕭侯二十二年(公元前328 年),"秦殺疵河西,取我藺、離石"。在今山西離石。1963 年以來山西離石、原平,河北易縣燕下都遺址、靈壽等地有出土。

《中國錢幣大辭典·先秦編》頁 360

【離邑】睡虎地·秦律 21

○**睡簡整理小組**（1990）　　離，附屬，離邑即屬邑，指鄉，《説文》："鄉，國離邑。"

【離官】

○**睡簡整理小組**（1990）　　離官，附屬機構，與都官對稱。

【離散】睡虎地・秦律 117

○**劉釗**（1996）　　離散

　　"秦律十八種"簡 117 説："縣葆禁苑、公馬牛苑，興徒以斬（塹）垣離（籬）散及補繕之，輒以效苑吏，苑吏循之。"《秦簡》一書注釋謂："塹，動詞，挖掘起保禦作用的壕溝。散，疑讀爲藩。"按散、藩雖皆爲元部字，但一爲心紐，一爲明紐，似無相通之可能。"散"字在此應讀爲"栅"。栅古有兩音，一在清紐錫部，一在邪紐元部。栅讀邪紐元部與散字心紐元部音很近。《説文・木部》："栅，編樹（《一切經音義》引作竪）木也。从木、册，册亦聲（小徐本徑作'册'聲）。"古从册得聲的"珊""姍""删"等字皆爲心紐元部字。與散字聲韻皆同。字書"羉"字義同於"霰"。典籍散字與从册得聲的字可以相通，如《史記・平原君虞卿列傳》"槃散行汲"，《集解》謂："散亦作跚。"可證"散"確實可通作"栅"。《廣韻》去聲三十諫韻："栅，籬栅。"按籬即欄也，籬栅即栅欄，今稱栅欄。又龍崗秦簡 252 簡説："毆散□□□毋令獸逃。"散爲動詞，疑是亦讀爲"栅"，意爲栅欄苑囿以防野獸出逃。

○**陳偉武**（1998）　　（編按:睡虎地・秦律 72）"散"指藩籬，釋義雖無誤，而散字古音屬心紐元部，藩爲並紐元部，聲紐懸隔，依聲韻求之，散當讀爲栅。大徐本《説文》："栅，編樹木也。从木从册，册亦聲。"唐寫本木部殘卷謂栅从删省聲，當較宋本近真。其他从册得聲的珊删姍跚諸字亦歸元部。且散字有與跚通作者，《史記・平原君列傳》"民家有躄者，盤散行汲"裴駰集解："散，亦作跚。"《集韻・寒韻》："跚，蹒跚，行不進兒，或作散。"又《諫韻》"所晏切"小韻下："栅，編竹木爲落也。"落即籬落、藩籬。《廣韻・諫韻》"所晏切"："栅，籬栅。"與秦簡"離散"顯係一詞。銀雀山漢簡《孫臏兵法・地葆》"天離"讀爲天籬。因此，秦簡的"離散"即是"籬栅"，同義連文。

雕 雕 鵰

秦文字集證 52 雕陰鼎　　鵰秦印

○**黄德寬等**（2007）　雕陰鼎雕,姓氏。見《希姓録》,古璽印雕,人名。

《古文字譜系疏證》頁 498

【**雕陰**】《秦文字集證》圖版 52

○**王輝、程學華**（1999）　雕陰爲上郡縣,見《漢書・地理志》。應劭曰:"彫山在西南。"《漢書補注》:"先謙曰:戰國魏地,秦敗龍賈軍於此,見《魏世家》《蘇秦傳》。傅寬食邑,見《寬傳》。續志後漢因。《一統志》:'故城今鄜州北,雕山在州西南,一名雕陰山。'"《史記・魏世家》:"（襄王）五年,秦敗我龍賈軍四萬五千於雕陰。"魏襄王五年即秦惠文王後元十一年（前 314 年）。《史記正義》引《括地志》云:"雕陰故縣在鄜州洛交縣北三十里,雕陰故城是也。"唐洛交縣即今富縣（原鄜縣）。雕陰於惠文王時歸秦,故此鼎時代上限爲前314 年。

《秦文字集證》頁 72

雁 雁

雁包山 91　　雁新蔡甲一 3　　雁包山 121　　雁包山 122　　雁上博五・弟子 1
雁包山 165　　雁港藏 3

○**劉彬徽、彭浩、胡雅麗、劉祖信**（1991）　（編按:包山 91）雁。

（編按:包山 121）雁。

《包山楚簡》頁 23、25

○**何琳儀**（1998）　楚簡雁,讀顧,姓氏。雁伯,夏殷侯國也,子孫以國爲氏。見《元和姓纂》。

《戰國古文字典》頁 469

○**白於藍**（1999）　55 頁"雁"字條,"雁"（121）、"雁"（122）、"雁"即《説文》雁字。其字形與雁字相同（參同頁"雁"字條）。

《中國文字》新 25,頁 181

○陳松長（2001） （編按：港藏3）雁。

《香港中文大學文物館藏簡牘》頁 13

○馬承源（2002） （編按：港藏3）雁讀作"扈"，禹所生之處。"雁、扈"同在魚部群紐（編按："雁"屬見紐，"扈"屬匣紐），雙聲通假。（中略）"扈"可能是指石紐山，或有傳言禹生於卑低的大山中。

《上海博物館藏戰國楚竹書》（二）頁 194

○陳劍（2003） （編按：港藏3）"雁"，原誤釋爲"雁"。雁讀爲"膺"，胸膺也，跟上文之"背"相對。

《文物》2003-5，頁 57

○李守奎（2004） （編按：港藏3）釋作"雁"的字原作𤿈，楚簡屢見，舊據字形多釋爲"雁"，現在看來也是有問題的。今按，此字當即《説文》卷四的"雅"："雅，鳥也。从隹，瘖省聲。或从人，人亦聲。𪁎，籀文雅从鳥。"《説文》的"雅、𪁎"即"鷹隼"之"鷹"，爲出土的先秦文字材料所未見。碑刻與典籍中的"鷹"皆从雁。（中略）"鷹"字別作"雅"。古文字中"大雁"之"雁"作"鳶"，从鳥，彥省聲。"雁"或"儷"二形在楚簡中屢見，字形作𤿈和𤿈，當即"鷹"之本字，亦即《説文》的"雅"字。"雅"在楚簡中除了用作人名姓氏外，還可讀爲膺。天星觀卜筮簡有"既胚雅疾"。聯繫包山楚簡二三六簡"既腹心疾，不上氣，不甘食，久不瘥"等辭例，"胚雅"顯係人體器官或人體部位，讀爲背、膺，文通字順，義即背部和胸部已經染疾。香港中文大學所藏楚簡第三簡中的"雅"顯然也應當讀爲膺。

　　（中略）《史記・夏本紀》之《正義》引《帝王紀》云："父鯀妻脩己，見流星貫昴，夢接意感。又吞神珠薏苡，胸坼而生禹。"這正是𤿈釋爲《説文》的"雅"，讀爲膺的佳證。

《上博館藏戰國楚竹書研究續編》頁 479—480

○何琳儀（2004） （編按：新蔡甲一3）"愴"前之"雁"，《釋文》誤脱。

《安徽大學學報》2004-3，頁 2

○張光裕（2005） （編按：上博五・弟子1）所。

《上海博物館藏戰國楚竹書》（五）頁 268

○陳劍（2006） （編按：上博五・弟子1）"雁"字原釋爲"所"。從小圖版可以直觀地看得很清楚，將簡2往右方平移，正好可以跟簡1上端相拼合上。簡文有幾個字詞未能準確釋讀，據"浴（俗）"和"雁（膺）"猜想，當與吳人"斷髮文身、祝髮文身"之俗有關。

《戰國竹書論集》頁 177，2013

○**李守奎、曲冰、孫偉龍**（2007）　雁　按：即今之"鷹"字。簡文中讀"膺"。

　　　　　　　　　《上海博物館藏戰國楚竹書（一—五）文字編》頁 197

○**李守奎**（2009）　"應女返"之"應"，簡文作"雁"，整理者釋爲"雇"，也有學者釋爲"雁"，《楚文字編》曾釋爲"雍"。筆者曾對"雍"字的釋讀有過解釋。近出的幾部工具書在"雇、雁、雍"三字的釋讀與歸字方面非常混亂，同一個字或釋"雇"，或釋"雁"，或釋"雍"，有必要再加申説。

　　雁不能釋爲"雇"，主要是字形不合。楚文字"户"字或"户"旁作（户）（包山籤牌）、（房）（包 149），上面的一横是飾符，可有可無，但中部的皆由一個彎曲筆畫和兩個小撇三筆構成，没有寫作兩小撇形的：

　　（户）郭·語四·4　　（房）信 2·8　　（所）郭·語一·40　　（門）天卜

　　寫作兩撇或三撇形的正是"雍"字的特徵：

　　（雍）天下　　　　　　　　　（膺）新蔡·零 199

　　（膺）新蔡·零 221 甲三 210　　　（膺）新蔡·乙二 19

　　雁不能釋爲"雁"，主要是音、義不合。有的學者把雁與包 91 並爲一字是對的，但不能釋爲《説文》的"雁"。單從字形上看，與"雁"字最爲形近，但古文字與後世字書所收文字即使字形相同，也不一定是同一個文字。《説文》的"雁"來源不明，讀若鴈，音在疑紐元部，應當是"鴈"字的異體。"雍"字即現在的"鷹"字，"膺、應"皆從"雍"聲，音在影紐蒸部。包 91、雁諸字的音義在簡文中與《説文》的"雍"相當。除了用作人名外，就是用作"背膺疾"的"膺"和姓氏"應"。《古文字譜系疏證》（一）"雍"字條對該字的來龍去脉作了很詳明的梳理，可參看。

　　"應氏"是以國爲氏，應國在今河南平頂山，很早就被滅國，地入於楚。應氏之"應"西周金文作，楚簡中有應氏之雁（天卜）、雁（包 121），與西周金文一脈相傳，字又作（包 210），是地名、姓氏專用字。

　　楚地墓葬所出竹簡中的卜筮貞人多有應氏：

　　應愴（新蔡甲一 3）　應寅（新蔡甲二 22）　應楊（天卜）

　　應神（？天下）　　　應鄭（新蔡乙四 79）

　　應會（包山 210、204 作"敆"，210 作"合"）

　　應氏後人多流於卜筮算卦。

　　"雁女反"之"雁"釋爲"雍"，讀爲"應"，無論從字形還是從用法上看都是合適的。如果釋爲"雇"或"雁"，不僅字形有問題，而且從姓氏源流分布上説也缺乏證據。

《出土文獻與傳世典籍的詮釋》頁 210—212

雎 雗 鴟

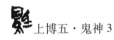上博五·鬼神 3

○李守奎、曲冰、孫偉龍（2007）　雎　鴟　按《説文》籀文作**𪀦**。

《上海博物館藏戰國楚竹書（一—五）文字編》頁 198

【鴟尸】上博五·鬼神 3

○曹錦炎（2005）　"尸"，古文"夷"。《玉篇》："尸，古文夷字。"（中略）"鴟夷"，革囊。《史記·鄒陽傳》"臣聞比干剖心，子胥鴟夷"，《索隱》引韋昭曰："以皮作鴟鳥形，名曰鴟夷。鴟夷，皮榼。"伍子胥鴟夷而死，見《史記·伍子胥列傳》："伍子胥仰天歎曰：嗟乎！讒臣嚚爲亂矣，王乃反誅我……乃自剄死。吳王聞之大怒，乃取子胥尸盛以鴟夷革，泛之江中。"

《上海博物館藏戰國楚竹書》（五）頁 317

雝 雝 雝

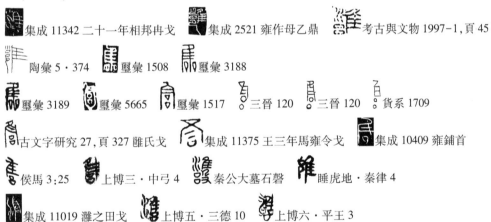

○羅福頤等（1981）　（編按：璽彙 1517）璽文癰字作**𤹀**，所從偏旁同此，又貨幣文雝字亦同此。

《古璽文編》頁 85

○湯餘惠（1986）　晚周官璽又有

　　　𤲬飤之鉨（0212，見圖版叁 8）

40 年代初，曾經有人釋首字爲"隆"，於字形不類，恐非是。按甲骨文雝字作等形(參看《甲骨文編》),西周金文作 (毛公鼎)、 (伯雍父簋),戰國文字或作 (《古大》234),水、 兩旁均可有不同程度的省略。《説文》的“邕”爲“雍”之省形分化字,籀文省隹旁變爲 ,以此例之,上揭璽文首字所从的 ,很可能也是“雍”之省,至於右面的“蚩”當即“蟲”形省作。雍、蟲古音近(同屬東部),其字或即加注蟲聲的雍字繁構。

璽文“雍飤”疑當讀爲“饔食”。(中略)“饔食之鉨”當是食官的印信。(中略)晚周私名璽又有 (3200)、 (3201)兩例舊所不識的字,疑即前考雍字遞省之形,似當同釋。

《古文字研究》15,頁15

○**張守中**(1994)　秦四　通雍　毋敢伐材木山林及雍隄水。

《睡虎地秦簡文字編》頁54

○**何琳儀**(1998)　雎,从隹, 聲。參甲骨文 (前二·二八·七),金文 (盂鼎瞰作)。即雎之初文。

燕璽雎,讀離,姓氏。離伯入周後,有離氏。見《路史》。

晉器“馬雎”,地名。雎王戈雎,讀離。《左·僖二十四年》:“郜、雍、曹、滕,文之昭也。”在今河南焦作西南。

天星觀簡雎,不詳。

睡虎地簡雎,見《周禮·秋官·雍氏》注:“雍,謂隄防止水者也。”

古璽雎,讀離,姓氏。

《戰國古文字典》頁403—404

○**李朝遠**(2003)　雔　仲弓名。該字从隹从吕,吕亦聲,甲骨文中有“ 、 ”字,金文中有“ ”字,均爲“雍”。“雔”同“雍”。

《上海博物館藏戰國楚竹書》(三)頁266

○**蕭曉暉**(2005)　《璽彙》1508“叔雎· 鉨”璽中, 字寫法奇特,舊不識,或直接隸定爲“䍩”,从兹从午。字書未見“䍩”字。我們認爲,此字可能是“絲”字較爲特別的寫法。(中略)

我們認爲“雎”可讀爲“雍”,“絲”可讀爲“塞”,皆“塞止”之義。“雍”本以“雎”爲聲旁,音近可通,自不待言。(中略)此璽名字一爲“雍”,一爲“塞”,同義互訓。

《漢字研究》1,頁532—533

○**張光裕**(2005)　(編按:上博五·三德10)雎(雍)。

《上海博物館藏戰國楚竹書》(五)頁294

○陳佩芬（2006）　（編按：上博六·平王 3）"河潩之行"，讀爲"河淮之行"。指黃河、淮水一帶。

《上海博物館藏戰國楚竹書》（六）頁 270

△按　潩之田戈"潩"，地名。上博五《三德》簡 10"毋潩川"，"潩"讀爲"壅"。上博六《王子》簡 2—3"吾先君莊王迌河雔（雍）之行"，陳偉釋"雍"，指出"河雍之行"就是《左傳·宣公十二年》所記郔之役，甚確（《讀〈上博六〉條記》，簡帛網 2007 年 7 月 9 日）。另，韓自强在《古文字研究》第 27 輯（325 頁），对新見"雔氏戈"的"雔"作解，云"雔，从隹，吕聲，是雍的初文，今通作雍。雍氏即史書上的雍梁，本是春秋時鄭邑"。可参。

【雍丞之印】

○周曉陸、路東之、龐睿（1997）　（中略）左樂雍鐘（圖 47）

據《漢書·百官公卿表》秦少府屬下有樂府。《史記》《漢書》等記載，樂府爲漢始設。70 年代在秦始皇陵曾出土樂府嵌金銅編鐘，可知秦確設有樂府。左樂丞是爲樂府三長丞之一。左樂雍鐘是指左樂之下的司鐘者，雍鐘形容鐘聲雍雍穆穆，故稱雍鐘。（中略）

圖 47

雍丞之印（圖 134）

《漢書·地理志》右扶風："雍，秦惠公都之。有五畤，太昊、黃帝以下祠三百三所。橐泉宮，孝公起。祈年宮，惠公起。棫陽宮，昭王起。有鐵官。"應劭曰："四面積高曰雍。"《史記·秦本紀》記德公元年，"初居雍城大鄭宮"。

圖 134

《考古與文物》1997-1，頁 37、42

○周偉洲（1997）　5.雍丞之印

雍原爲秦之國都。《史記·秦本紀》："德公元年（公元前 677 年），初居雍，城大鄭宮……卜居雍。"《漢書·地理志》右扶風雍縣本注："秦惠公都之。"後秦遷都，雍爲縣。秦統一六國前後，其屬秦内史屬縣；丞爲縣令之佐官。其地在今陝西鳳翔。

《西北大學學報》1997-1，頁 33

雁　雁　雁

雁 璽彙 3525　　雁 包山 91

○**吴振武**(1983)　　3525 🦆卑・鴈(鴈)卑。

《古文字學論集》(初編)頁 516

○**黄德寛等**(2007)　　鴈,从鳥,厂聲。鴈之或體。《字彙補》:"鴈,與雁同。"
晉璽鴈,讀雁,姓氏。見《姓苑》。

《古文字譜系疏證》頁 2576

○**黄德寛等**(2007)　　雁,从隹从人,厂聲,鴈字或體。《説文》:"鴈,鵝也。从
鳥、人,厂聲。"
包山簡雁,姓氏。參鴈字。

《古文字譜系疏證》頁 2576

△**按**　　《璽彙》3525 號之🦆,有學者解釋爲"烏(於)",可參本卷"烏"字條。

鴽 🐦　　鴽 鴽

🐦璽彙 4052　　🐦璽彙 2525

○**裘錫圭**(1978)　　又有🐦字(《古徵》附 11 頁),當釋"駑"(亦作"鴽","女、
如、奴"古音相近可通)。

《北京大學學報》1978-2,頁 73

○**羅福頤等**(1981)　　狫。

《古璽文編》頁 251

○**吴振武**(1983)　　4052 枯成狫・枯(苦)成鴽(或駑)。

《古文字學論集》(初編)頁 520

○**吴振武**(1984)　　狫,璽文四〇五二號作🐦,《説文》所無。
今按:此字隸定作狫誤,裘錫圭先生在《戰國貨幣考(十二篇)》一文中釋爲
駑(鴽),甚是。古璽中犬旁作🐕、🐕、🐕、🐕等形,和鳥旁作🐦、🐦、🐦、🐦、🐦、🐦、🐦、🐦等
明顯不同。(中略)駑字見於《爾雅》《廣韻》《集韻》等書。鴽字見於《玉篇》。又
《古璽彙編》五六四五號"鄍🐦"璽中的🐦字也應釋爲駑或鴽,本書未録。

《〈古璽文編〉校訂》頁 127—128,2011

○**何琳儀**(1998)　　鴽,从鳥,女聲。疑駑之省文。《集韻》:"駑,鳥名。《説
文》牟母也。"
晉璽鴽,人名。

《戰國古文字典》頁 561

○**湯餘惠等**(2001)　翟。

《戰國文字編》頁 234

琟 　鳿

上博三·周易 50 上博三·周易 50 上博三·周易 50
璽彙 1017

○**裘錫圭**(1978)　(編按:璽彙 1017)春秋金文"鳥"字作(《金》209 頁"鳴"字偏旁),如果省去頭部就跟字很接近了。戰國印文裏有字(《續衡》3·1"肖鳿"印),當釋"鳿"。

《北京大學學報》1978-2,頁 73

○**羅福頤等**(1981)　(編按:璽彙 1017)犴。

《古璽文編》頁 251

○**吴振武**(1983)　1017 肖犴·肖(趙)鳿(琟)。

《古文字學論集》(初編)頁 496

○**吴振武**(1984)　[二七九]251 頁,犴,璽文作,《説文》所無。

今按:此字隸定作犴誤,裘錫圭先生在《戰國貨幣考(十二篇)》一文中釋爲鳿,甚是,參本文[二七七]條。鳿字見於《説文·隹部》,即琟字或體。

《〈古璽文編〉校訂》頁 128,2010

○**何琳儀**(1998)　(編按:璽彙 1017)《説文》:"琟,鳥肥大琟琟也。从隹,工聲。鳿,或从鳥。"

晉璽鳿,人名。

《戰國古文字典》頁 415

○**濮茅左**(2003)　(編按:上博三·周易 50)"鳿",同"鴻",《玉篇》:"鳿,鳥肥大也,或作鴻。"

《上海博物館藏戰國楚竹書》(三)頁 204

△**按**　依《説文》,"鳿"與"鴻"分屬兩字頭,取義不同。濮茅左言《上博三·周易 50》之"鳿"同"鴻",不妥。

雄 　鰒

睡虎地·日甲 70 正貳

郭店·語四 14　　　郭店·語四 16

○**荆門市博物館**（1998）　　（編按:郭店·語四 14）（雄）。

《郭店楚墓竹簡》頁 217

○**李零**（1999）　　（編按:郭店·語四 14）"巨雄"，見《管子·輕重丁》，是大鳥（大雄鳥）之稱。按"巨雄"於此似指賢才，古書中的類似説法是"英雄"。

《道家文化研究》17，頁 480

○**林素清**（2000）　　（編按:郭店·語四 14）邦有巨雄:雄，本義爲雄性的禽鳥，也泛指一切雄性，這裏借指有權勢的人或家族。《孟子·離婁上》:"爲政不難，不得罪於巨室。巨室之所慕，一國慕之;一國之所慕，天下慕之，故沛然德教溢乎四海。"趙注:"巨室，大家也;謂賢卿大夫之家，人所則效者。言不難者，但不使巨室罪之則善也。"可以參看。

《郭店楚簡國際學術研討會論文集》頁 392

○**陳偉**（2003）　　（編按:郭店·語四 14）雄，本指雄性禽鳥，轉指勇敢、傑出之人，引申有首領之意。《逸周書·周祝》"維彼大心是生雄"，孔晁注:"雄謂雄桀於人也。"《漢書·東方朔傳》"其滑稽之雄乎"，顔注:"雄謂爲之長帥也。""巨雄"似指地方上的豪傑，略同於漢人所説的"渠帥"或"渠率"。

《郭店竹書別釋》頁 238

○**劉釗**（2005）　　（編按:郭店·語四 14）"鼣"字本義爲公鳥，引申爲指一切雄性生物。"巨雄"本指大鳥，《管子·輕重丁》:"決瀇洛之水通之杭莊之間，則屠酤之汁肥流水，則蟲虻巨雄，翡燕小鳥皆歸之，宜昏飲。"簡文中的"巨雄"指國中之"姦雄"，即有謀略、有報負、欲幹大事業的人。

《郭店楚簡校釋》頁 230

雌　　嶵　　鼣

郭店·語四 26

○**荆門市博物館**（1998）　　（編按:郭店·語四 26）三（雄）一（雌）。

《郭店楚墓竹簡》頁 218

○**李零**（2002）　（編按:郭店·語四 26）"三雄一雌"，大概是説一個女人可以頂三個男人。

《郭店楚簡校讀記》（增訂本）頁 50

○**劉釗**（2003）　（編按:郭店·語四 26）"䳠"爲"雌"字異體。

《郭店楚簡校釋》頁 234

○**湯餘惠等**（2003）　（編按:郭店·語四 26）雌　从鳥。

《戰國文字編》頁 235

雋　雋

雋十鐘　　雋陶彙 5·309　　雋陶録 6·400·3

○**劉樂賢**（1991）　《秦代陶文》拓片 1305 號"雋亭"，前一字袁釋爲焦。按此字下部所从之〰爲弓字之橫書而非火字，釋焦是錯誤的。此即見於《説文》的雋字，漢印作雋（《漢印文字徵》卷四·七）可以參證。

《考古與文物》1991-6，頁 82

○**葛英會**（1992）　《秦代陶文》中篇陶文拓片 1305、1307（圖一，1、2），爲臨潼上焦村秦代墓葬及馬廄出土陶燈上的印文，原釋焦亭。按亭上一字釋焦不確。此字上部从焦，下部所从不是火，是橫置的弓字。見於湖北雲夢睡虎地秦墓竹簡以及山東臨沂銀雀山漢墓竹簡的弩字（圖一，3、4），弓字置於下部，亦橫書，其形體與此陶文所从弓字同。因此，此陶文應隸作雋字。《説文》雋，鳥肥也，从弓、隹。其正篆如圖一，5 所揭，下置橫書弓字亦與此陶文所从大體一致。

　　經典雋亦借爲儁，《玉篇》:"儁同俊，俗作儁。"雋俗从乃，係隸寫之訛變。這種訛變是由弓、乃二字形體近似造成的。出土所見先秦文字資料中，弓字或弓字偏旁不少已與乃字或乃字偏旁無多大差別。其縱書者，金文弓或作圖一，6、7 所揭之形，弓字偏旁或作圖一，8、9、10 所出諸形。陶文乃字或作圖一，11、12 所揭之形，金文乃字或作圖一，13、14 所出之形。其中 8 與 13，9 與 11，10 與 14 之弓與乃字（或偏旁）已到了不易區分的程度。其橫書者如睡虎地秦簡盈字（圖一，15、16）所从乃字與此陶文雋字及簡書弩字所从弓字亦十分接近。這應是俗體雋字所以从乃的原因所在。

圖一

1、2、11、12.《秦代陶文》1305、1307、1652、1610　3、15、16.《睡虎地秦墓竹簡》效律　4.《銀雀山漢墓竹簡》
孫子兵法　5.《説文》隹部　6.載簋　7.趞曹鼎　8.不娶簋　9.庚兒鼎　10.散盤　13.尹父簋　14.師
釐簋

　　　　　　　　　　　　　　　　　　　　　　《考古學研究》1,頁 312—313

○**何琳儀**（1998）　秦陶雟,地名。

　　　　　　　　　　　　　　　　　　　　　　《戰國古文字典》頁 1047

○**王恩田**（2007）　雟。

　　　　　　　　　　　　　　　　　　　　　　《陶文字典》頁 90

【雟亭】

○**袁仲一**（1987）　"雟亭":即雟地之市亭。古有雟國,在今河南陝縣南,楚有
雟夷。帶有"雟亭"印記的陶器,多數發現於秦始皇陵東側的上焦村附近。古
之陶器不是貴重的器物。不須要到很遠的地方購買。因而雟亭之雟不可能
是在遠處,當在關中近畿地區。今之焦村一帶很可能是秦之雟亭的所在地,
屬於麗邑統轄。秦始皇初即位就修築陵墓,至統一後動用七十餘萬人"乃分
作阿房宮,或作麗山"。這麼多的人會集一起,就産生了生活日用品的供應問
題,也就是説必然帶來商品貿易活動。由於商品貿易的發展,戰國時除每個
城市裏設置市井外,就連軍隊駐屯的地方也閒或有"軍市"設置。那麼,這樣
衆多人口的秦始皇陵附近,也會出現市井。有了市井,官府就要設官管理,並
徵收租税。另外和一般縣邑市府一樣也從事部分手工業,生産物一供出賣,
一供陵園作爲陪葬品。如始皇陵的一些陪葬坑内出土許多帶雟亭印記的陶
器就是例證。如果這點不誤,那麼秦代之市亭就不限於僅設立於都城及縣
邑城内,而在人口殷繁的地方亦有市亭的設立。這進一步反映了秦商品經
濟有了一定的發展。但僅是一種推測,雟亭的地望究係何處,尚待進一步
探索。

　　　　　　　　　　　　　　　　　　　　　　《秦代陶文》頁 57—58

○**高明、葛英會**（1991）　5·309　雟亭　此从鳥从弓,即雟字。《説文》:

"雋,从弓,所以射隹。"睡虎地秦簡弩作,所从弓字與此同。

《古陶文字徵》頁 260

雈

集成 10342 晉公盆　　上博四·采風 2

○**馬承源**（2002）　（編按:上博四·采風 2）雈。

《上海博物館藏戰國楚竹書》（四）頁 165

雕

新收 1978 十一年少曲慎录戈　　陶彙 6·90

△**按**　雕,"鵰"字異體。詳見本卷鳥部"鵰"字條。

雒

郭店·老甲 13

△**按**　雒,"鵒"字異體,詳見本卷鳥部"鵒"字條。

難

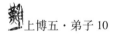上博五·弟子 10

△**按**　難,"鶾"字異體。詳見本卷鳥部"鶾"字條。

雟

楚帛書

○**金祥恆**（1968）　,商氏無釋,余疑爲雟,从眣从隻。《路史·後紀一》"華
胥生庖犧於仇夷",注云:

《遁甲開山圖》云:仇夷山四面絕立,太昊之治也。即今仇池,伏羲之生

處,地與彭池成紀皆西土,知雷澤之説妄也。

仇與𢃕一聲之轉。其下缺,不知爲何,若據《路史》説,當爲"夷"字。

《中國文字》28,頁9

○**李學勤**(1984)　帛書詳細講了包犧的故事。緊接上句之後,提到包犧出自某地,居於某地,都由於文字難以釋讀和漫漶,不能辨別是什麼地名。古書中與包犧有關的地名有雷澤、仇夷山等,《帝土世紀》云包犧都陳,即今河南淮陽,但都與帛書地名似無關係。

《簡帛佚籍與學術史》頁48,2001;原載《楚史論叢》初集

○**饒宗頤**(1985)　𣈶字从脽,益受旁爲繁形。脽字金文異形頗多。

（中略）《諸減鐘》:"自作鷄鐘",字从木䲵聲(孫常敍釋䲵爲鷹,讀爲應,見《考古》1962年5期。余則讀爲雝鐘)。鳥與隹無別。

　帛書此字,从月从隹,正宜釋脽,後起字有作𦠀(秦始皇陵所出刑徒簡瓦人民"居貲,不更鵙"之"鵙"字)。《説文》:"脽,屍也,从肉隹聲。"視隹切。《廣韻》字在六脂,視隹切,此處𣈶爲地名。下一字殘泐。余謂𣈶者,《墨子·非攻》下"昔者楚熊麗始封此睢山之閒"即其地也。

　《左·哀公六年傳》:"江、漢、睢、漳,楚之望也。"《孔子家語》"睢、漳"作"沮、漳",《淮南子·地形訓》:"睢出荆山。"《山海經·中次八經》:"荆山之首曰景山……睢水出焉。"睢山在沮漳河岸。睢山亦作沮山,爲沮水所出。清连鶴壽言:"睢山即沮山,在今襄陽南漳縣,其地當荆山東麓。"《左·昭公十二年傳》楚右尹子革謂熊繹辟在荆山,以處草莽。熊繹所居之荆山即睢山(參《蛾術篇》卷四五)。先楚遺物,近歲以來,沮漳流域,多有發現,所謂季家湖文化,在季家湖以北之趙家湖,楚墓群有數千座之多。楚人起於荆山,然後沿沮漳河兩岸向東發展(參《文物》1982年4期高應勤文)。熊繹僻處荆山、熊麗封於睢山,即在此地區。墨子之睢山,可證帛書"居於𣈶"之地望。故𣈶應是脽之繁形,脽即是睢。脽音視睢切,帛書地名之脽增加受旁,如共工之作𦫳琟、浴之作𩯭　(《文物》1980-10)。

《楚帛書》頁8—10

○**高明**(1985)　𦏻字過去釋㩜、緩、𢃕,皆不確,此字从羽从隹从又,實際上是从手翟聲,即擢字古體。《史記·三皇本紀》云"庖犧氏風姓,繼天而王,母曰華胥,履大人迹於雷澤,而生庖犧於成紀";《帝王世紀》謂庖犧"長於成紀"。按擢成古音相同,聲同在定紐,成韻古在耕部,擢在錫部,耕錫乃一聲之轉,成擢古屬雙聲疊韻。繒書中之"擢□",即《史記》中之"成紀",乃庖犧

居處。

《古文字研究》12，頁376

○**何琳儀**（1986）　按，原篆作""，右從"孚"，毋庸置疑。"雥"，從隹孚聲；"胬"，從肉孚聲。《説文》"孚"下云"讀若律"。"雷"亦讀若"律"。（《釋名·釋典藝》"律，累也。"而"累"從"雷"省聲）。然則"雥□"應讀"雷夏"。《書·禹貢》"雷夏既澤"，傳："雷夏，澤名。"亦稱"雷澤"，《水經注》瓠子河"雷澤在成陽故城西北"。《周禮·夏官·職方氏》又作"盧維"。"雥、雷、盧"皆一音之轉。《帝王世紀》"燧人之世有巨人迹出於雷澤，華胥以足履之，有娠。生伏羲"（關於"雷澤"的地望，舊解均謂在山東，而吳承志《山海經地理今釋》卷六所引《海内東經》云"雷澤中有雷神，龍身而人類，鼓其腹，在吳西"。認爲"雷澤"即今江浙一帶的太湖，古稱"震澤"）。

《江漢考古》1986-2，頁77—78

○**曾憲通**（1993）　何琳儀此字隸作雥，從隹孚聲。以孚音近雷，因謂其地爲雷澤，即伏犧所從出。選堂先生隸此字爲叡，謂字從睢爲地名，引《墨子·非攻下》楚熊麗始封於睢，帛文叡即其地。並指出帛書首句主詞宜屬之大熊，以指楚姓，文理始愜。

《長沙楚帛書文字編》頁110

○**劉信芳**（1996）　叡　字從睢從孚，鄂君啟節有人名"睢"。或謂字從隹從孚。惟其下一字已殘，謹闕疑。

《中國文字》新21，頁69

難

上博二·從甲17　　上博七·武王10

△**按**　難，"鸛"字異體。詳見本卷鳥部"鸛"字條。

奪 奞

奪 睡虎地·雜抄37　　奞 睡虎地·日乙17

○**黃德寬等**（2007）　秦簡"奪後爵"之奪，見《玉篇》"不與也"。《周禮·天官·大宰》："以八柄詔王馭群臣……六曰奪，以馭其貧。"孫詒讓正義："劉敞云,奪者,削齊田邑禄職。"

《古文字譜系疏證》頁 2461

奮 𩇠　奞𩆜 歔

𩇠睡虎地·日甲 32 背貳　　𩆜集粹　　奮詛楚文

奞郭店·性白 24　　奞包山 145　　歔上博一·性情 38　　奞上博五·三德 1

𩇠璽彙 3486　　𩆜璽彙 5515

歔集成 2840 中山王鼎

○**强運開**(1935)　　奮　𩆜秦詛楚文。

《說文古籀三補》頁 18,1986

○**朱德熙、裘錫圭**(1979)　　(編按:集成 2840 中山王鼎)歔(奮)。

《文物》1979-1,頁 49

○**張政烺**(1979)　　(編按:集成 2840 中山王鼎)歔,從攴,雟聲。雟,從隹在田上。令鼎有,從衣雟聲,舊皆釋奮,按馬王堆帛書奮皆從衣,知釋奮不誤。歔蓋奮之異體。《廣雅·釋詁》:"奮,動也。"

《古文字研究》1,頁 227

○**趙誠**(1979)　　(編按:集成 2840 中山王鼎)歔,從攴雟聲,乃奮之異體。《廣雅·釋詁一》:"奮,動也。"《廣雅·釋言》:"奮,振也。"《周禮》鄭注所謂"奮木鐸、奮金鐸"即振義。

《古文字研究》1,頁 257

○**張克忠**(1979)　　(編按:集成 2840 中山王鼎)歔(獲)。

《故宮博物院院刊》1979-1,頁 39

○**李學勤、李零**(1979)　　(編按:集成 2840 中山王鼎)歔(奮)。

《考古學報》1979-2,頁 154

○**于豪亮**(1979)　　(編按:集成 2840 中山王鼎)歔(奮)。

《考古學報》1979-2,頁 174

○**商承祚**(1982)　　(編按:集成 2840 中山王鼎)獲。

《古文字研究》7,頁 55

○**劉彬徽、彭浩、胡雅麗、劉祖信**（1991） 　（編按:包山145）裀。

《包山楚簡》頁 27

○**裘錫圭**（1998） 　（編按:郭店・性自24）末一字疑是"奞"之別體。金文"奞"字、"奪"字皆不从"大"而从"衣"（《金文編》259 頁），簡文此字似"奞"字省"隹"。

　（編按:郭店・性自34）末一字疑是"奞"之別體。

《郭店楚墓竹簡》頁 182、183

○**黃德寬、徐在國**（1998） 　性 24 有字作⿰，注釋㉑:"裘按:末一字疑是'奞'之別體。金文'奞'字、'奪'字皆不从'大'而从'衣'（《金文編》259 頁），簡文此字似'奞'字省'隹'。"裘先生所言可從。包山簡有字作⿰，天星觀簡作⿰，《簡帛編》釋爲裀（686 頁），誤。二字均應釋爲"奞"，字在簡文中均用作人名。

《吉林大學古籍整理研究所建所十五周年紀念文集》頁 105

○**何琳儀**（1998） 　裀，从衣，甲聲。《集韻》:"裀，衿也。"

包山簡裀，人名。

《戰國古文字典》頁 1428

奞，金文作⿰（令鼎），从隹从田，會鳥於田上之意。从衣，不明。秦國文字衣旁多有訛變，小篆因之从大旁。

詛楚文"奞士"，奮發之士。《史記・李斯傳》:"長子剛毅而武勇，信人而奞士。"睡虎地秦簡奞，見《廣雅・釋言》:"奞，振也。"《宋書・世祖紀》:"手奞長刀。"

《戰國古文字典》頁 1359

戫，从攴，奞省聲。

中山王鼎戫，讀奞。《廣韻》:"奞，揚也。"

《戰國古文字典》頁 1359

　（編按:璽彙5515）翠。

《戰國古文字典》頁 1553

○**施謝捷**（1998） 　3486 邵⿰・邵翠。

《容庚先生百年誕辰紀念文集》頁 649

○**李零**（1999） 　（編按:包山145）（119）686 頁:裀。

按:从衣从田，應釋"袖"。第 1 例所从"田"作⿰，非"甲"字。其例同中山王響鼎"歔"字所从田作。

《出土文獻研究》5,頁 148

○**湯餘惠等**(1999)　(編按:包山 145)奮。

《戰國文字編》頁 235

○**陳偉**(2000)　(編按:郭店·性自 24)奮,振作。

《中國哲學史》2000-4,頁 11

○**濮茅左**(2001)　不又夫裏犿之情忞■

裏,疑"奮"字,金文《令鼎》，从衣从隹,或釋"奮",簡文从衣从田,省"隹",疑"奮"字省文。犿,讀爲"猛"。(中略)《禮記·樂記》:"粗厲、猛起、奮末、廣賁之音作,而民剛毅。"鄭玄注:"奮末,動使四支也。"孔穎達疏:"奮末,謂奮動手足。"孫希旦集解:"粗厲、猛起、奮末、廣賁之音,出於怒者也,以此感民,則民之心亦應之而怒矣。"《漢書·禮樂志》:"粗厲猛奮之音作,而民剛毅。"顏師古注:"猛奮,發揚也。"《大戴禮記·文王官人》:"怒色拂然以侮。"怒色拂然,亦"怒色奮然",《禮記·月令》"鳴鳩拂其羽",《淮南子·時則訓》"拂"作"奮"。

《上海博物館藏戰國楚竹書》(一)頁 274

○**程燕**(2002)　神　應釋"奮"。

《古文字研究》23,頁 171

○**劉釗**(2003)　(編按:郭店·性自 24)"畬"即"奮"字異體,指"興奮"。

《郭店楚簡校釋》頁 99

○**劉信芳**(2003)　(編按:包山 145)奮:原簡字形上從衣,下從田而似甲字,郭店《性自命出》24、34"奮(奮)"亦如是作,因據以隸定。

《包山楚簡解詁》頁 144

○**李守奎**(2003)　奮　金文奮字從衣。楚簡省隹。

《楚文字編》頁 236

(編按:璽彙 3486、璽彙 5515)奮　畬。

《楚文字編》頁 236

○**李守奎**(2004)　《古璽彙編·姓名私璽》3486 號璽文如作:

姓氏用字"邵(昭)"原釋文缺釋,吳振武師釋出。人名用字舊或釋"翠"。此字上部從"羽"無疑,下部所從與《郭店楚簡·性自命出》24 號簡的"金"基本相同,只是在"衣"旁的下部多一飾點。

 郭店·性自命出 24 　　　璽 3486

兩相比較,相同之處可以看得很清楚。郭店簡的""裘錫圭先生釋爲"奮":

（中略）上揭璽文从"羽"从"奮",疑是"奮"字異體。《説文》:"奮,翬也。从雈在田上。《詩》曰:不能奮飛。"

"奮"的本義是用力大飛,所以以"羽"作表意偏旁。或許是因爲省略了"隹",爲了表義明晰,增添了"羽"旁。

古人有以"奮"爲名的。《史記·魯周公世家》:"穆公二十三年卒,子奮立,是爲共公。"3486 號璽"卲（昭）奮"從文字和姓氏等方面看,是典型的楚璽。

从"羽"的"奮"字又見於《古璽彙編·單字璽》5515 號。單字璽多吉語,"翯"當是"奮發向上"的自勵吉語。

《古文字研究》25,頁 401

○李零（2005）　（編按:上博五·三德 1）"畬",簡文用爲"奮"字。

《上海博物館藏戰國楚竹書》（五）頁 288

○田煒（2006）

頁碼	字形	出處	原釋	校訂
1149 頁	畬	陶彙 3·1133	□	奮

《湖南省博物館館刊》3,頁 219

萑 萑

璽彙 1852

○吳振武（1983）　1852 事萑·事（史）萑。

《古文字學論集》（初編）頁 501

○何琳儀（1998）　萑,甲骨文作萑（鐵二六·二·一）。從隹,上有二角,即貓頭鷹。附體象形。金文作萑（御尊萑作萑）。戰國文字承襲金文。或下加口旁爲飾。

晉璽萑,人名。

《戰國古文字典》頁 984

蒦　舊

集成 2840 中山王鼎　　　温縣 WT4　K5:12

○**李學勤**（1979）　"蒦（與）其汋（溺）於人斾,寧汋（溺）於囦（淵）。"

　　這一段話類於《大戴禮記‧武王踐阼》的"盥槃之銘":"與其溺於人也,寧溺於淵。溺於淵猶可游也,溺於人不可救也。"

　　　　　　　　　　　　　　　　　　　　　　　《文物》1979-1,頁 39—40

○**張政烺**（1979）　蒦（與）其汋（溺）於人施（也）,寧汋（溺）於囦（淵）

　　李學勤同志謂此二句出《大戴禮記‧武王踐阼》,原文是:"盥盤之銘曰:與其溺於人也,寧溺於淵。溺於淵猶可游也,溺於人不可救也。"

　　蒦字見於《說文》,與與字音近通假。

　　　　　　　　　　　　　　　　　　　　　　　《古文字研究》1,頁 222

○**李學勤、李零**（1979）　"蒦其汋於人斾,寧汋於淵"兩句,人、淵,古真部韻。此語見於《大戴禮記‧武王踐阼》:"盥盤之銘曰:與其溺於人也,寧溺於淵。溺於淵猶可游也,溺於人不可救也。"汋和溺古音同部,蒦和與古音陰入對轉。

　　　　　　　　　　　　　　　　　　　　　　　《考古學報》1979-2,頁 155

雈　雈　舊　奞

近出 1131 犅雈戟　　郭店‧六德 24　　上博五‧季庚 7

璽彙 230　璽彙 0431　璽彙 0899　璽彙 1342　上博五‧季庚 5

郭店‧性自 25　望山 1‧91

○**羅福頤等**（1981）　雈。

　　　　　　　　　　　　　　　　　　　　　　　《古璽文編》頁 86

○**于中航**（1994）　（編按:近出 1131 犅雈戟）戰國時期戟上的戈多作此形,當爲戰國中晚期遺物。經去銹,胡上有銘文 4 字,字爲反書,可釋爲"犅雈造戟"。

　　（中略）第 2 字疑爲雈字別體。周御尊雈字作,效卣作。《說文》:"雈,小爵也。从萑,叩聲。《詩》曰:'雈鳴于垤。'"段注:"雈今字作鸛,鸛雀乃大鳥。"《爾雅‧釋草》:"雈,芄蘭。"

器銘中的牆雚,當爲作器者之名。其人其事有待進一步考證。

《文物》1994-4,頁 52

○朱德熙、裘錫圭、李家浩(1995)　(編按:望山 1・91)雚。

《望山楚簡》頁 76

○何琳儀(1998)　雚,甲骨文作🦉(寧滬一・二八六)。从萑从吅,會貓頭鷹鳴叫之意。吅亦聲。或説雚,从吅,萑聲。茲據《説文》:"雚,水(編按:"水"當爲"小"字之誤)爵。"隸雚爲萑之準聲首。金文作🦉(效卣)。戰國文字承襲金文。下或加口旁爲飾。

　　楚璽雚,讀權,地名。《左・莊十八》:"楚武王克權。"在今湖北荆門東南。

《戰國古文字典》頁 984

○荆門市博物館(1998)　(編按:郭店・性自 25)雚(觀)。

　　(編按:郭店・六德 24)雚(觀)。

《郭店楚墓竹簡》頁 180、188

○劉釗(2003)　(編按:郭店・性自 25)"雚"即"雚"字訛寫,戰國文字中从"雚"或"萑"諸字,其上部常訛爲"命"。"雚"讀爲"觀"。

《郭店楚簡校釋》頁 97

○濮茅左(2005)　(編按:上博五・季庚 5)"嚾",同"讙、喚"。《集韻》:"喚,《説文》:'訏也。'或作嚾,亦从言,古通作奐。"《玉篇》:"嚾,與喚同。""嚾"讀爲"勸"。

　　(編按:上博五・季庚 7)"雚",《集韻》:"雚,水鳥也。或从鳥。"借爲"觀"。"君子涉之,小人觀之",是君子與小人兩種截然不同的處世態度。

《上海博物館藏戰國楚竹書》(五)頁 210、213

舊　䲷　售

郭店・老甲 37　郭店・性自 26　郭店・忠信 3　包山 242　郭店・語四 1

包山 247　上博二・子羔 9　上博三・周易 5　上博三・中弓 8

上博六・季桓 18　上博六・季桓 22

郭店・老乙 3

○劉彬徽、彭浩、胡雅麗、劉祖信(1991)　(編按:包山135反)舊,借作久,留滯。

《包山楚簡》頁 49

○李零(1993)　(編按:包山236、242、247)"舊不瘥"是久不愈。

《中國典籍與文化論叢》1,頁 436

○曾憲通(1993)　簡文"舊不瘥"之舊讀爲久,舊、久古音同可通,柩字古文作匶可資佐證。

《第二屆國際中國古文字學研討會論文集》頁 420

○何琳儀(1998)　包山簡"舊",讀久。《書·無逸》"舊勞於外",《史記·魯周公世家》舊作久。是其佐證。

《戰國古文字典》頁 176

○何琳儀(1998)　包山簡"舊(久)不瘥,尚迷(速)瘥"。其中久與速對文見義,可資旁證。

《戰國古文字典》頁 1467

○荊門市博物館(1998)　(編按:郭店·老乙3)售(舊=久)。

《郭店楚墓竹簡》頁 118

○唐鈺明(1998)　(編按:包山236)《包山》第 36 頁:"盬吉以珤豪爲左尹舵貞,既腹心疾,以迲既,不甘飤,舊不瘥。"(中略)而"舊"字卻無注。查該字在"卜筮祭禱紀録"中凡三見,均應讀爲"久"。"舊"古音屬群母之韻,"久"屬見母之韻。《説文》"柩,棺,从匚从木久聲。匶,籀文柩",由"匶"字可析爲"从匚舊聲",可知"久、舊"相通。《尚書·無逸》"其在高宗,時舊勞於外",鄭注:"舊,猶久也。"《史記·魯周公世家》正書作"時久勞於外"。邾公華鐘亦用"舊"爲"久":"元器其舊(久),哉公眉壽。"準此,簡文三處"舊不瘥",意猶"久不瘥"。

《容庚先生百年誕辰紀念文集》頁 488

○陳斯鵬(1999)　《忠信之道》簡 3:"大舊而不俞(渝),忠之至也。"

今按:"舊"當讀作"久"。《老子》乙簡 3:"長生售視之道也。""售"爲"舊"之省作,也讀爲"久",整理者已經標明。《包山楚簡》有"舊不瘥"一語,唐鈺明先生指出,應讀爲"久不瘥",甚確。經籍假"舊"爲"久"也恆見。如《書·無逸》:"其在高宗時,舊勞於外。"舊也當讀作久;《史記·魯周公世家》正作"久勞於外",並可參證。"大"當訓極。《詩·魯頌·閟宮》"奄有龜蒙,遂荒大東"。鄭箋:"大東,極東。"簡文此句言極其長久而不變者,可謂之至忠。

《中山大學學報論叢》1999-6,頁 147

○**李家浩**（2000）　（編按：九店 56·33）"舊、久"音近古通。《書·無逸》"其在高宗，時舊勞於外"，《史記·魯周公世家》引此，"舊"作"久"。包山楚墓一三五號簡背説："鄐之哉客或執壄（僕）之覞（兄）烅，而舊不爲劃（斷），君命速爲之劃（斷）。"二三六號簡説："盬（鹽）吉巳（以）琛（寶）豪爲左尹跎貞：既腹心疾，巳（以）宝（上）愾（氣），不甘飤（食），舊不瘝（瘥）。"此二簡的"舊"字也都讀爲"久"。"以遠行，久"，意思説外陰日如果遠行，會久留在外。此句秦簡《日書》甲種楚除外陰日占辭作"不可以之野外"，乙種楚除壐、外陰之日占辭作"生子，年（妄）；不可遠行，遠行不仮（返）"，文字出入較大。

《九店楚簡》頁 94

○**劉釗**（2000）　（編按：郭店·語四 1）　（二）舊

　　《語叢四》説：言以詞，情以舊。

　　《忠信之道》説：大舊而不渝，忠之至也。

　　《性自命出》説：其居即也舊，其反善復始也慎，其出入也順，司其德也。

　　以上三段文字中皆有一"舊"字。對此字《郭店楚墓竹簡》一書未做任何解釋。按以上三個"舊"字都應讀作"久"。"舊、久"二字音、義皆近，在典籍中經常相通。二字古音皆在疑紐之部。樞字籀文即从舊作"㮵"。《尚書·無逸》："舊爲小人。"《史記·魯周公世家》作"久爲小人"。《詩·大雅·抑》："告爾舊止。"鄭箋："舊，久也。"《文選·答賓戲》："君子之真也，時暗而久章者。"項岱謂："久，舊也。"戰國包山楚簡占卜類簡在談到疾病時屢言"舊不瘥"，"舊不瘥"即"久久不愈"之意。睡虎地秦簡《封診式》簡 60 有"其腹有久故瘢二所"之語，"久故"爲同義複合詞，"久故"即"舊故"，也即"故舊"。"其腹有久故瘢二所"即"其腹部有舊疤二處"之意。以上是"舊""久"相通之證。

　　上舉三段簡文中"言以詞，情以久"譯成今語猶言"言語運用辭彙來表達，情感通過長久來體現"。《韓詩外傳》四卷三十章有"朽木不可雕，情亡不可久"之句，可以體會"情"與"久"的關係。"大舊而不渝，忠之至也"之"大舊"猶言"太久"或"很久"。"其居即也舊"之"居即"《郭店楚墓竹簡》一書讀作"居次"，非是。《性自命出》這一段是講"樂舞"的，"居即"應讀作"居節"。"節"謂"節奏、節拍"。《説文》："居，蹲也。"《廣雅·釋詁》："蹲、跠、屍、啟、肆，踞也。""居節"猶言"蹲節"。"蹲"字是"行動有節奏"的意思。《詩·小雅·伐木》："坎坎鼓我，蹲蹲舞我。"《毛傳》："蹲蹲，舞貌。"《漢書·揚雄傳上》："遂臻陰宮，穆穆肅肅，蹲蹲如也。"顏注："蹲蹲，行有節也。""其居即也舊,其反善復始也慎",是説"遵循節奏要持久,重新開始要慎重"。

《郭店楚簡國際學術研討會論文集》頁 77

○濮茅左(2001)　(編按:上博一·性情 16)舊,或讀爲"久"。

《上海博物館藏戰國楚竹書》(一)頁 244

○陳偉(2003)　(編按:郭店·語四 1)言以殆,情以咎。(中略)"舊"應讀爲"咎"。
(中略)"舊"及从"臼"之字可與"咎"通假,讀"舊"爲"咎"亦無障礙。

《郭店竹書別釋》頁 230—231

○李守奎(2003)　舊在簡文中多讀久。

　　　　郭·語四·1　萑訛作雈。

　　　　郭·老乙·3　从萑省形。

《楚文字編》頁 237

○濮茅左(2003)　(編按:上博三·周易 5)"飤舊悳",食其舊日之德禄位。

《上海博物館藏戰國楚竹書》(三)頁 143

○李朝遠(2003)　(編按:上博三·中弓 8)"舊",從前的典章制度、成例、風俗。

《上海博物館藏戰國楚竹書》(三)頁 269

○李朝遠(2005)　(編按:上博五·姑成 7)"舊",即"舊",長久。

《上海博物館藏戰國楚竹書》(五)頁 247

○李守奎、曲冰、孫偉龍(2007)　舊　按:楚文字中多讀爲"久"。

《上海博物館藏戰國楚竹書(一—五)文字編》頁 199

○濮茅左(2007)　(編按:上博六·季桓 18)"舊",久。《漢書·雋不疑傳》:"聞暴
公子威名舊矣!"

　　(編按:上博六·季桓 22)"舊",讀爲"尤",責怪,《禮記·中庸》:"上不怨天,下
不尤人。"

《上海博物館藏戰國楚竹書》(六)頁 217、220

△按　陳偉主編的《楚地出土戰國簡册[十四種]》(66 頁,經濟科學出版社
2009 年)中,對《包山楚簡》135 反之例注云:"'舊',原考釋:借作'久',留滯。
今按:'久'指時間長,亦通。"

齐鲁古陶文字 4·93

○高明、葛英會（1991）　艹。

《古陶文字徵》頁 200

瞢 瞢

瞢 睡虎地・日甲 44 背貳　　瞢 睡虎地・日甲 13 背

○睡簡整理小組（1990）　（編按：睡虎地・日甲 13 背）瞢即夢，《周禮・職方氏》"其
澤藪曰雲瞢"，即雲夢。

《睡虎地秦墓竹簡》頁 210

【瞢米】睡虎地・日甲 40 背壹
○睡簡整理小組（1990）　寐，夢魘，《説文》："寐而厭也。"字亦作眯。

《睡虎地秦墓竹簡》頁 216

○劉樂賢（1994）　鄭剛依據原照片釋作"瞢未"，讀爲"蒙未（昧）"，並説發掘
報告釋爲"米"字是誤認字形。現從《睡虎地秦墓竹簡》所刊照片看來，似以鄭
説爲優。簡文瞢字下面一字的形狀，與未字和米字在睡虎地秦簡中的通常形
狀都有區別，但與《法律答問》第二〇八簡的未字接近，故本書從鄭説。瞢未
在本文當讀爲夢寐。

《睡虎地秦簡日書研究》頁 236

蔑 蔑

蔑 詛楚文　蔑 璽彙 1515　蔑 集成 11686 五年邦司寇鈹　蔑 程訓義古璽印集存 1-37
蔑 郭店・六德 36

○何琳儀（1998）　蔑，甲骨文作蔑（甲八八三）。从伐，眉聲。金文作蔑（保
卣）。或作蔑（彔卣），首爲蔑加音符。戰國文字承襲金文从首聲者。詛楚文
蔑之首旁傳刻有誤。《説文》："蔑，勞目無精也。从首，从戍則蔑然。从戍。"
許慎所謂"勞目無精"應與矏義合。《正字通》："矏，目不明曰矏。"

　　詛楚文"蔑瀘"，讀"蔑廢"。《國語・周語》中"不蔑民功"，注："蔑，棄也。"

《戰國古文字典》頁 958

○徐在國（2001）　《六德》36 有字作蔑，簡文爲"古（故）夫夫，婦婦，父父，子

子,君君,臣臣,此六者各行其戠(職)而狅(誕)奊(誇)繇(由)亡(乍)也”。原書將此字徑釋爲“蔑”。此字从“首”从“火”从“戈”,當隸作“戜”,讀爲“蔑”。《説文》:“莧,火不明也。从首从火,首亦聲……讀與蔑同。”《小爾雅·廣言》:“蔑,無也。”《詩·大雅·板》:“喪亂蔑資,曾莫惠我師。”毛傳:“蔑,無。”簡文“戜(蔑)繇(由)亡(乍)”即無由作也。

《簡帛研究二〇〇一》頁 180—181

○湯餘惠等(2001)　（編按:郭店·六德36）蔎。

《戰國文字編》頁 236

○顔世鉉(2001)　（編按:郭店·六德36）“蔑”,無也。《左傳·襄公二十九年》:“其蔑以加於此矣。”《史記·吳世家》“蔑”作“無”。

《史語所集刊》72 本第 2 分,頁 483

○李守奎(2003)　（編按:郭店·六德36）蔑。

《楚文字編》頁 237

○劉釗(2003)　古(故)夫夫、婦婦、父父、子子、君君、臣臣,此六者各行亓(其)戠(職),而厺(訓)奊(誇)爒(靡)繇(由)乍(作)也。（中略）“蔑”字典籍訓爲“無”,又可讀爲“靡”。（中略）這六者各行其職責,毀謗狂言就無從產生了。

《郭店楚簡校釋》頁 118

○吳鎮烽(2006)　曤半鈝　見五年邦司寇馬陛劍（集成 11686）,戰國晚期人,曾擔任趙國下庫冶鑄作坊的冶尹。

《金文人名彙編》頁 429

莗

郭店·殘 5

———

△按　參見本卷“爡”字條。

爡

郭店·六德 31

———

○**荊門市博物館**(1998)　（編按：郭店・六德31）蒻。

《郭店楚墓竹簡》頁 188

○**李零**(1999)　"夢"，上半是"蔑"字所从，並不从刀，釋文的隸定似不夠準確。

《道家文化研究》17，頁 520

○**龐樸**(2000)　仁類蒻而速，義類弇而絕。仁蒻〈柔〉而敓〈匿〉，義强〈剛〉而束。（中略）"柔""匿""剛"，據《五行》篇校改。

《竹帛〈五行〉篇校注及研究》頁 187、188

○**劉信芳**(2000)　仁類蒻（蒙）而速（束）（中略）仁蒻（蒙）而敓（匿）（中略）"蒙"原簡字从"暓"省聲，疑讀爲"蒙"。（中略）《説文》："蒙，王女也。"即女蘿，又名菟絲。（中略）簡文"仁類蒙而速"，"速"讀爲"束"，女蘿之繞樹，猶衣帶束之於腰，仁作爲"親親"之情，好比維繫親族關係的紐帶。

《古文字研究》22，頁 214—215

○**顏世鉉**(2001)　"蔑"，簡文原作繺，上半爲"蔑"字所从，下半爲"制"，馬王堆帛書"制"字有作制（《老子》甲後三六六），上半部所从與簡文所从相同。"蔑"讀爲"愍"，《廣雅・釋詁一》："愍、惜，愛也。"

《史語所集刊》72 本 2 分，頁 478—479

○**陳偉**(2002)　第三字从艸，暓省聲，似當釋爲夢（从艹）。（中略）簡書此字似當讀爲"懞"。（中略）《集韻・東韻》："懞，悫厚兒。"

《古文字研究》24，頁 397

○**林素清**(2003)　仁類蔑而束，義類齒(31)而絕；仁蔑而勉，義强而鞝。

《古墓新知》頁 74

△**按**　較新考釋意見有陳劍的《郭店簡〈六德〉用爲"柔"之字考釋》(《中國文字學報》2 輯，2008 年)和李家浩的《關於郭店竹書〈六德〉"仁類二速"一段文字的釋讀》(《出土文獻研究》10 輯，2011 年)，文中對此字均有新的考釋意見。陳劍讀爲"柔"，李家浩則將此字隸作"葽"，讀爲"柔"。

羊　羊

集成 9735 中山王方壺　　集成 12113 鄂君啟舟節　　集成 11210 羊角戈

集成 11089 羊子戈　　楚帛書　　包山 181　　九店 56・28

陶彙 3・1023　　璽彙 5548　　貨系 320　　璽彙 4462　　璽彙 5302

〓璽彙 4910　　〓璽彙 3309　　〓璽彙 3514　　羊 睡虎地・雜抄 31　　〓 秦駰玉版

○**商承祚**（1964）　（編按:楚帛書）羊即祥,古不从示。

《文物》1964-9,頁 14

○**高明**（1985）　（編按:楚帛書）羊應讀作祥,訓爲善。

《古文字研究》12,頁 387

○**李零**（1985）　"四興失詳",謂群神五正失考於四時之政。

《長沙子彈庫戰國楚帛書研究》頁 60

○**何琳儀**（1986）　（編按:楚帛書）帛書"堯羊"應讀爲"敖翔"或"翱翔"。

《江漢考古》1986-1,頁 56

○**嚴一萍**（1990）　（編按:楚帛書）羊即祥。

《甲骨古文字研究》3,頁 270

○**劉彬徽、彭浩、胡雅麗、劉祖信**（1991）　（編按:包山 275）羊,讀如祥。祥車,喪車。《禮記・曲禮》"祥車曠左",注:"葬之乘車也。"

《包山楚簡》頁 66

○**何琳儀**（1992）　楚帛書"无羊",以音求之可讀"無恙"。

《江漢考古》1992-2,頁 72

○**張守中**（1994）　通祥　不羊　日甲五。

《睡虎地秦簡文字編》頁 54

○**何琳儀**（1998）　羊,甲骨文作〓（粹二八七）,象羊頭、羊角之形。金文作〓（〓鼎）,羊頭〓取直作一橫。戰國文字承襲金文。豎筆或收縮作〓,或竟省豎筆作〓。

　　羊角戈"羊角",地名。《左・襄廿六》:"齊烏餘以廩丘奔晉,襲羊角取之。"在今山東鄆城西北。齊器羊,姓氏。羊舌氏之後,春秋末始爲單氏,秦亂徙居泰山。見《通志・氏族略・以邑爲氏》。

　　晉吉語璽羊,讀祥。

　　楚璽羊,地名。包山簡"羊車",讀"祥車"。《禮記・曲禮》"祥車曠左",注:"葬之乘車也。"帛書"无羊",讀"無恙"。

《戰國古文字典》頁 671—672

○**李家浩**（2000）　（編按:九店 56・28）敘（除）不羊（詳）。

《九店楚簡》頁 48

【羊車】包山 275

○**陳偉**（1996）　羊車。整理小組認爲就是《禮記·曲禮》中的"祥車"，可從。古書中另記有羊車。《考工記·車人》"羊車二柯有三分柯之一"，鄭玄注："鄭司農云：'羊車，謂車羊門也。'玄謂羊，善也。善車，若今定張車。較長七尺。"據孫詒讓《正義》，大概也是一種用牛牽引的車。《釋名·釋車》："羊車。羊，祥也。祥，善也。善飾之車，今犢車是也。"與《考工記·車人》所記似爲一事。《釋名·釋車》又記云："騾車、羊車，各以所駕字之也。"乃是一種用羊牽引的車。這些似乎都不好與簡書"羊車"相聯繫。《禮記·曲禮上》"祥車曠左"，鄭玄注："空神位也。祥車，葬之乘車。"孔疏云："祥猶吉也。吉車爲平生時所乘也，死葬時因爲魂車。鬼神尚吉，故葬魂乘吉車也。曠，空也。車上貴左，故仆在右，空左以擬神也。知葬之乘車者，以其大、小二祥生人所乘之車無空左之法。言空左，唯據葬時魂車，故知也。"《儀禮·既夕禮》云："薦車，直東榮，北輈。"鄭玄注："薦，進也。進車者，象生時將行陳駕也，今時謂之魂車。"胡培翬《正義》説："殆《曲禮》所謂祥車耳。"依《既夕禮·記》，前面説到的"薦車"有三，即乘車、道車和稿車，分別裝載旌旗兵器、朝服和蓑笠。據孔疏，上引《禮記》鄭玄注蓋出於推測。但上引《儀禮》鄭玄注應有其根據。因此，如果《禮記》鄭玄注不誤，通過輾轉聯繫，可對祥車獲得更多瞭解。只是《既夕禮》講的是士禮，用了三乘祥車；昭它地位較高，卻只作一輛祥車，彼此顯然不合。對照《禮記》鄭玄注，祥車可能實僅指出境"薦車"中的"乘車"。《既夕禮·記》"薦乘車"，鄭玄注："士乘棧車。"可見"乘車"指按等級乘用的車輛。《周禮·春官·巾車》云："服車五乘：孤乘夏篆，卿乘夏縵，大夫乘墨車，士乘棧車，庶人乘役車。"依此，簡書"羊車"有可能是棧車以上的某一種車。

　　《儀禮·既夕禮》所記喪葬用車有乘用之車和載柩之車兩種。《周禮·春官·巾車》云："大喪，飾遣車，遂癥之，行之。"賈疏云："大喪，謂王喪。遣車，謂將葬遣送之車，入壙者也。言飾者，還以金象革飾之，如生存之車，但粗小爲之耳。"《禮記·雜記上》"遣車視牢具"，鄭玄注："大夫以上乃有遣車。"加上《既夕記》葬士所用的兩種車，那些地位較高的死者，治喪用車實當有三種。依上文所述，簡車尚轂爲載柩之車，祥車可能相當於乘車，其他三車則大概屬於遣車。

　　　　　　　　　　　　　　　　　　　《考古與文物》1996-2，頁 72—73

○**劉信芳**（1998）　包山簡二七五："一篚羊車。"《周禮·考工記·車人》："羊車二柯,有參分柯之一。"鄭玄注:"羊,善也,善車若今定張車,較長八尺。"《釋名‧釋車》:"羊車,羊,祥也,祥,善也,善飾之車,今犢車是也。"

《中國文字》新22,頁168

【羊垈】璽彙5548

○**石志廉**(1980)　羊府謁(瘍)客是治羊病的獸醫。

《中國歷史博物館館刊》1980-2,頁112

○**羅福頤等**(1981)　羊垈謁客。

《古璽彙編》頁502

○**吳振武**(1983)　5548 羊垈謁客‧羊垈(府)謁客。

《古文字學論集》(初編)頁526

○**李家浩**(1987)　"羊坿謁客"當讀爲"羊府象客"。"羊府"可能是指"羊"這個地方的"府",也有可能是楚國朝廷的一個府名。

《語言研究》1987-1,頁125

○**黃錫全**(1991)　(16)"羊垈(府)謁客"　璽彙5548

(中略)"羊府"很可能是中央的一個府名,頗疑羊當讀如庠。《孟子‧梁惠王上》:"謹庠序之教。"注:"庠序者,教化之官也。殷曰序,周曰庠。""庠府"猶言"學府",當是楚之主掌教育的機構。"庠府象客"印可能是庠府翻譯官的璽印。

《古文字與古貨幣文集》頁273,2009年;原載《文物研究》7

○**曹錦炎**(1996)　22.羊謁(腸)客垈(府)(圖243)

圖243

"謁",讀爲"腸",兩字均從"易"得聲,故可通假。羊腸,趙國地名,見《戰國策‧西周策》韓魏易地章:"韓兼兩上黨以臨趙,即趙羊腸以上危。"高誘注:"羊腸,趙險塞名也。山形屈璧,狀如羊腸,在今太原晉陽之西北也。"又《史記‧魏世家》哀王八年:"如耳見成陵君曰:昔者魏伐趙,斷羊腸,拔閼與",張守節《正義》:"羊腸阪道在太行山上,南口懷州,北口潞州。閼與故城在潞州及儀州,若斷羊腸、拔閼與,北連恆州,則趙國東西斷而爲二也。"由此可見羊腸是趙國一處非常重要的關隘。

《古璽通論》頁164—165

【羊閔】璽彙3514

○**吳振武**(1983)　3514 𩫖𩥋‧羊閔𩥋。

《古文字學論集》(初編)頁516

【羊豢】秦駰玉版

○**曾憲通、楊澤生、蕭毅**（2001）　“羊豢”，指經過特別飼養而用來祭祀的羊。

《考古與文物》2001-1，頁 52

羊　羊

羊珍秦金吳 96 廿一年安邑戈

△按　《説文解字》“羊”字小篆形爲羊，與此形同。

羔　羔

羔珍秦 81　羔曾侯乙 212　羔貨系 323　羔璽彙 3091　羔璽彙 5319

○**羅福頤等**（1981）　羔。

《古璽文編》頁 87

○**裘錫圭、李家浩**（1989）　（編按：曾侯乙 212）羔甫三（四）夫。

《曾侯乙墓》頁 500

○**何琳儀**（1998）　羔，金文作羔（索諆角）。从羊从火，會羊羔宜以火燒烤之意。戰國文字承襲金文。

王羔戈，人名。

《戰國古文字典》頁 298

羝　羝

羝璽彙 0910　羝璽彙 2169　羝璽彙 1325　羝璽彙 3421　羝璽彙 0394　羝璽彙 2265

羝貨系 549　羝璽彙 3973

○**羅福頤等**（1981）　華　羝 0910　與華母壺華字相近。

《古璽文編》頁 136

○**黃錫全**（1993）

編號	幣文	原釋	今釋	簡注	國別	幣形
549	華	□	華	古璽華作羝羝。河南新鄭北	周	空

《第二屆國際中國古文字學研討會論文集》頁 362

○**何琳儀**（1998）　羝，从羊，氐聲。疑羝之異文。《說文》：“羝，牡羊也。从羊，氐聲。”

晉璽、新鄭兵器羝，人名。

《戰國古文字典》頁 755

○**黃錫全**（2001）

編號	幣文	原釋	今釋	簡注	國別	幣形
549	玄	□	羝	古璽作。	周	空

《先秦貨幣研究》頁 352

羒 羒

羒 璽彙 2856　　羒 璽彙 3238　　羒 璽彙 2277

○**吳振武**（1983）　2277 薯羒·薯羒。

《古文字學論集》（初編）頁 505

○**何琳儀**（1998）　晉璽羒，人名。

《戰國古文字典》頁 1358

羘 羘

羘 集粹　　羘 包山 217　　羘 包山 243　　羘 郭店·窮達 4　　羘 郭店·語一 33
羘 望山 1·55　　羘 望山 1·121　　羘 珍秦·戰 76

○**劉彬徽、彭浩、胡雅麗、劉祖信**（1991）　（編按：包山 217）羘，《廣雅·釋獸》：“吳羊……其牝，三歲曰羘。”

《包山楚簡》頁 56

○**李零**（1993）　（6）羘（簡 217、237、243）。牝羊，一說三歲牝羊。簡 205 有“大臧”（“臧”字原从立），整理者以爲“臧”亦“羘”（注 388）。

《中國典籍與文化論叢》1，頁 441

○**何琳儀**（1998）　《說文》：“羘，牝羊也。从羊，爿聲。”或加口爲飾。

侯馬盟書羘，人名。

《戰國古文字典》頁 702

○裘錫圭（1998）　（編按:郭店・窮達4）“羘”疑讀爲“臧”。《方言三》:“臧、甬、侮、獲,奴婢賤稱也。荊淮海岱雜齊之閒,罵奴曰臧……燕之北鄙,凡民男而婿婢謂之臧……”

《郭店楚墓竹簡》頁 146

○陳偉（2003）　（編按:郭店・語一33）第4字本作“羘”。莊、羘皆从爿得聲,依文意疑當讀爲“莊”,指莊重、恭敬。

《郭店竹書別釋》頁 211

○劉信芳（2003）　（編按:包山217）羘:《爾雅・釋畜》:“羊,牡羒,牝羘。”是云牝羊曰羘。郝懿行《疏》:“羘羊言肥盛也。”

《包山楚簡解詁》頁 231

○連劭名（2003）　（編按:郭店・語一33）“羘”,讀爲“臧”,《爾雅・釋詁》云:“臧,善也。”《左傳・宣公十二年》云:“執事順成爲臧。”

《孔子研究》2003-2,頁 25

○劉釗（2003）　（編按:郭店・語一33）“羘”从“爿”聲,疑讀爲“莊”。“莊”義爲“莊重、嚴肅、恭敬”,指人之容貌儀態。

《郭店楚簡校釋》頁 189

羥　羍

秦文字集證203・73　　秦陶 800　　秦陶 811　　陶録6・268・5

○袁仲一（1987）　（編按:秦陶811）羍。

《秦代陶文》頁 448

○高明、葛英會（1991）　羥。

《古陶文字徵》頁 191

○何琳儀（1992）　《陶彙》3.752 著録一件山東所出陶文:右羍巨
　　第一、三字參照其他燕國文字寫法,毫無疑義。第二字應釋“北平”合文。

《考古與文物》1992-4,頁 79

○楊澤生（2006）　（55）191 頁“羥”字引 3・752 羍乃是合羍和巨二字形成的錯誤形體,後者是“巨”字。前者何琳儀先生以爲是“北坪(平)”二字合文。

《論衡》4,頁 109

○王恩田（2007）　䍩。

《陶文字典》頁 91

○黃德寬等（2007）　秦印羥，人名。

《古文字譜系疏證》頁 2123

○袁仲一、劉鈺（2009）　“羥”，爲製陶工匠名。此字見於《説文》：“羥，羊名也。从羊，巠聲。”

《秦陶文新編》頁 29

△按　徐在國（《〈陶文字典〉中的釋字問題》，《出土文獻》2 輯 185 頁，中西書局 2011 年）指出：“0306 䍩 **6·268·5** **6·268·2** **6·268·4** **6·269·1**　按：此字釋‘䍩’，誤。當釋爲‘羥’。”徐説可從。

羸　羸

羸 集粹　羸 睡虎地·效律 1　羸 睡虎地·秦律 194　羸 詛楚文

○何琳儀（1998）　詛楚文羸，見《禮記·問喪》“身體病羸”，釋文：“羸，疲也。”睡虎地簡羸，讀累。

《戰國古文字典》頁 873

群　羣

羣 集成 2840 中山王鼎　羣 集成 4646 十四年陳侯午敦　羣 侯馬 156:21　羣 温縣 WT4　K6·212　羣 侯馬 16:33　羣 郭店·性自 13　羣 楚帛書　羣 郭店·老甲 38　羣 郭店·忠信 7　羣 璽彙 160　羣 貨系 325　羣 鐵云藏貨 161　羣 睡虎地·答問 113　羣 睡虎地·效律 34

○荊門市博物館（1998）　(編按：郭店·老甲 38) 羣，簡文从“羊”“君”省。《古文四聲韻》引王存乂《切韻》“羣”也省去“君”所从之“口”，與簡文形同。帛書乙本此句作“掘而允之”。

《郭店楚墓竹簡》頁 117

○何琳儀（1998）　齊金群，衆。《史記·周本紀》：“獸三爲群，人三爲衆，女三爲粲。”正義：“曹大家曰，群、衆、粲，皆多之名也。”

　　侯馬盟書“群嘑”，讀“群呼”。《穀梁·定十》“齊人鼓譟”，注：“群呼曰譟。”中山王鼎“群臣”，見《左·隱三》“群臣願奉憑也”。

帛書“群神”,見《書・舜典》“徧于群神”。

《戰國古文字典》頁 1341

○**陳偉**（2000） （編按：郭店・性自 13）群善,各種善行。古書中有“衆善”的説法,如《吕氏春秋・應同》云“故堯爲善而衆善至”,同書《開春》云“王者厚其德積衆善”,應與“群善”略同。（中略）（編按：郭店・性自 14）群物,猶庶物、百物、萬物。依下文,群物之道爲四道之一。《尊德義》6 至 8 號簡説：“聖人之治民,民之道也。禹之行水,水之道也。造父之御馬,馬也之道也。后稷之藝地,地之道也。莫不有道焉,人道爲近。”即講萬事萬物皆有道。

《中國哲學史》2000-4,頁 8

○**劉釗**（2005） （編按：郭店・老甲 38）“群”意爲“會聚”。

《郭店楚簡校釋》頁 26

【群神】楚帛書

○**安志敏、陳公柔**（1963） 群神在東周文中習見。《楚辭・九章》“令五帝以折中兮”王逸注云：“五帝爲五方神也。東方爲太皥,南方爲炎帝,西方爲少昊,北方爲顓頊,中央爲黄帝。”《左傳》昭廿九年“故有五行之官是謂五官”或者就是後來所謂的五神。《左傳》定四、隱六年,均有“五正”之詞,其意義當有所不同。

《文物》1963-9,頁 55

○**饒宗頤**（1968） 另一説群神爲天神地祇人鬼之總稱。《左・襄公十一年》傳：“群神群祀,先公先王。”《楚語》下：“天子徧祀群神品物。”繒書所見之群神,宜以後説爲是。

《史語所集刊》40 上,頁 18

○**劉信芳**（1996） 群神 《國語・楚語下》：“群神頻行,國於是乎蒸嘗,家於是乎嘗祀。”

《中國文字》新 21,頁 94

【群虜】侯馬

【群盜】睡虎地・答問 114

○**睡簡整理小組**（1990） 群盜,合伙行盜,《晉書・刑法志》：“三人謂之群,取非其物謂之盜。”秦代常用爲對農民起義的侮辱性名稱,見《史記・黥布列傳》及《叔孫通列傳》等。

《睡虎地秦墓竹簡》頁 120

【群賊夫】温縣盟書

【群諸侯】集成 4646 十四年陳侯午敦

羋 羋

羋 十鐘　羋 睡虎地·爲吏 35 叁　羋 睡虎地·雜抄 29

○**睡簡整理小組**（1990）　（編按：睡虎地·雜抄 29）羋（觜）。

《睡虎地秦墓竹簡》頁 86

○**黄德寬等**（2007）　秦簡羋，羋羊。

《古文字譜系疏證》頁 2071

美 美

美 考古與文物 1996-4,頁 6　美 集成 9735 中山王方壺　美 睡虎地·秦律 65　美 璽彙 5320

美 陶彙 5·310　美 陶彙 5·311　美 陶彙 5·312

○**吳大澂**（1884）　羔　美　古鉢文。

《説文古籀補》頁 15,1988

○**丁佛言**（1924）　羔　美　古鉢美興。

《説文古籀補補》頁 18,1988

○**羅福頤等**（1981）　美　美 5320　與美爵美字形近。

《古璽文編》頁 87

【美亭】陶彙 5·310、311、312

△**按**　秦代鄉以下、里以上的行政機構。《漢書·百官公卿表上》：“大率十里一亭,亭有長。十亭一鄉,鄉有三老、有秩、嗇夫、遊徼。”

【美陽】

○**袁仲一**（1987）　美陽工蒼。蒼,人名。美陽,地名,秦孝公時置,治所在今陝西省武功縣西北。

《秦代陶文》頁 49

○**陳曉捷**（1996）　“美陽工倉”（圖二,6）。美陽爲縣名。《漢書·地理志》：

右扶風有美陽縣。羅西章先生考證：“岐陽鎮即今之法門鎮,漢時之美陽縣城。”漢承秦制,則秦時美陽縣亦應爲今陝西扶風縣法門鎮。“倉”爲陶工名。

　《考古與文物》1996-4,頁 4

○**周偉洲**(1997) 18.美陽丞印 《元和郡縣圖志》卷二京兆下美原縣云：
"秦、漢頻陽之地,以縣西北十一里有頻山,秦屬公於山南立縣,故曰頻陽。"同
書武功縣云："孝公作四十一縣,斄、美陽、武功,各其一也。"地在今陝西武功
西北。秦併六國前後,其爲秦内史屬縣;丞爲縣令佐官。

《西北大學學報》1997-1,頁 34

○**王望生**(2000) "美陽工蒼""美□工蒼"(圖三,12、13)。
美陽爲秦代地名,在今陝西省武功縣西北。工爲工師的省稱,
蒼爲人名。《漢書·地理志》右扶風有美陽縣。岐陽鎮即今之
法門鎮,漢時之美陽縣城,則漢代有之,秦時先置。

12 13

《考古與文物》2000-1,頁 11

羌

吉林 187 璽彙 5323 璽彙 5424 璽彙 5425 集成 157 屬羌鐘
集粹 十鐘 璽彙 0413 陶錄 5·109·2 陶錄 5·109·1 陶彙 6·22

○**何琳儀**(1998) 戰國文字羌所从儿旁兩側或加飾筆作㸚,或儿之兩筆對稱
作㸚與羔字混同,楚系文字加土繁化作䍽、䍽。

燕璽羌,讀敬。羌、苟、敬一字分化,參耕部敬字。

晉璽羌,姓氏。泰岳生先龍,先龍生玄氏,玄氏乞姓,其別爲青白蜩之三
氏,後有羌氏。見《路史》。晉吉語璽"又羌",讀"有敬"。晉吉語璽"羌中",
讀"敬忠"。《論語·爲政》："使民敬忠以勸,如之何?"屬羌鐘"屬羌",疑屬氏
之羌人。韓陶"羌亳",讀"景亳",地名。《文選·射雉賦》"鯨牙低鏃",注：
"鯨當作擎。"是其佐證。《左·昭四》："商湯有景亳之命。"在今河南偃師南。

秦璽羌,姓氏。

古吉語璽羌,讀敬。

《戰國古文字典》頁 672—673

【羌亳】陶彙 6·122

秸

秸 包山 202 秸 包山 233 秸 包山 237 秸 包山 243

○劉彬徽、彭浩、胡雅麗、劉祖信（1991）　（編按：包山 202）羒，讀作羖，《説文》："羖，夏羊牡曰羖。"《廣雅·釋獸》："……白或通稱爲羘，黑或通稱爲羖。"

《包山楚簡》頁 54

○李零（1993）　（7）羖（簡 214、233、237、243）。黑色公羊。原從羊從古。

《中國典籍與文化論叢》1，頁 441

○陳偉（1996）　羊有羒、羘、羭（膚）三種稱謂。羒，《考釋》讀作羖，可從。《爾雅·釋畜》："羊牡羒，牝牂。夏羊，牡羭，牝羖。"《廣雅·釋獸》："吳羊：牡，一歲曰牡羜，三歲曰羝；其牝，一歲曰牸羜，三歲曰牂。吳羊犗曰羳，羖羊犗曰羯。"《爾雅》郭璞注："今人便以羘、羖爲白黑羊名。"依此，簡書中的羒（羖）、羘可能存在三種對應關係：黑羊與白羊、公羊與母羊，以及黑色公羊與白色母羊。

《包山楚簡初探》頁 176

○劉信芳（2003）　羒：文獻作"羖"，《廣韻》"羖"之俗體作"羒"。《説文》："夏羊牡曰羖。"

《包山楚簡解詁》頁 217

○陳偉武（2003）　羒：指公羊之專字，從"羊"，"古"聲。包山簡 2.214："賽禱宫后土一羒。"古書或作"羖"。包山簡另有"豭"字，如 2.208："硺于野地主一豭，宫地主一豭。""豭"爲指公豬的專字，古書多用"豭"字表示。

《華學》6，頁 99

羍

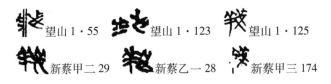

望山 1·55　　望山 1·123　　望山 1·125　　新蔡甲二 29　　新蔡乙一 28　　新蔡甲三 174

○朱德熙、裘錫圭、李家浩（1995）　（編按：望山 1·55）此字右旁與簡文"死"字所從之"歺"相似，疑爲從"羊""歺"聲之字。"歺、曷"古音相近，此字或即"羯"之異體。

《望山楚簡》頁 97

○孔仲温（1997）　總之，我們推證"羍"即"羒"。"羒"爲"羖"的異體，《廣韻》姥韻讀二字爲"公户切"，以"羒"爲"羖"的俗字，"羖"下注云："羖䍽羊，《説文》曰：夏羊牡曰羖。"而"羘"正與"羖"相對應，《説文》云："羘，牝羊也。"

“羘、羖”不僅有牝牡之別,亦有白黑之分,《爾雅·釋畜》云:“羊牡羒,牝羘;夏羊,牡羭,牝羖。”郭璞於“羊牡羒”下注“吳羊白羝”,“夏羊”下注“黑羖羺”,於“牝羖”下注“今人便以羘羖爲白黑羊名”。於此言“羘、羖”爲白黑羊名,然似又言“羘、羖”皆爲牝,郝懿行考證以爲“牡羭、牝羖”應是“牡羖牝羭”,《爾雅》之文,蓋於郭璞之前已誤倒。由此可知羘、羛(羖)的對應關係爲:牝:牡、白:黑、白牝:黑牡,是以“羛”字可能是指黑羊、公羊、黑公羊了。

（中略）而“羛”字可隸定作“羛”,疑爲“羘、羖”的異體字,指黑羊、公羊、或者黑公羊,其與簡文裏的“羘”相對應,作爲祭禱用的犧牲。

　　　　　　　　　　　　　　　　《第一屆國際訓詁學研討會論文集》頁828

○**劉信芳**（1998）　按字从羊夋聲,“夋”應是女字其上有裝飾筆畫,有如楚簡“太”之作“夳”。以辭例比勘,羛應是“羖”之異體。

　　　　　　　　　　　　　　　　　　　　　　《簡帛研究》3,頁35

○**賈連敏**（2003）　（編按:新蔡甲二29）羛(羘)。

　　　　　　　　　　　　　　　　　　　《新蔡葛陵楚墓》頁188

嫯

嫯 睡虎地·日甲32背

○**睡簡整理小組**（1990）　嫯,讀爲誘,迷惑。

　　　　　　　　　　　　　　　　　《睡虎地秦墓竹簡》頁216

○**劉樂賢**（1994）　鄭剛云:“嫯鬼不明,疑讀爲攸鬼。《漢書·敘傳》注:‘攸,笑貌也。’笑鬼故善戲人。”

　　　　　　　　　　　　　　　　《睡虎地秦簡日書研究》頁235

辦

 璽彙3522

○**吳振武**（1983）　3522 𩰚 · 婁辦。

　　　　　　　　　　　　　　　　《古文字學論集》（初編）頁516

○**李守奎**（2003）　辨。

　　　　　　　　　　　　　　　　　　　《楚文字編》頁239

羛

璽彙 3434

○**羅福頤等**（1981）　羛。

《古璽文編》頁 88

○**楊澤生**（2006）　《璽彙》3434 𦎫字从"羊"从"戠"，應該釋作"羘（羬）"。據《集韻》職韻，"羬"是"黬"的異體字，《説文》黑部："黬，羔裘之縫。"陶文"戠（職）"字和古璽"羘（羬）"字都用作人名。

《論衡》4，頁 116

鞏

鞏陶録 2 · 202 · 1　　　鞏陶録 2 · 200 · 4

○**王恩田**（2007）　鞏。

《陶文字典》頁 91

△**按**　徐在國（《〈陶文字典〉中的釋字問題》，《出土文獻》2 輯 185 頁，中西書局 2011 年）認爲："此字釋'鞏'（**編按**："鞏"當是"鞏"之誤），誤。當釋爲'鞏'。"徐説可從。

羘

羘包山 237

○**劉彬徽、彭浩、胡雅麗、劉祖信**（1991）　（**編按**：包山 237）羘，《儀禮·少牢禮》"雍人倫膚九"，注："脅革肉。"羘似指羊的脅革肉。

《包山楚簡》頁 58

○**湯餘惠**（1993）　今按簡文記載用牲，多是在數目字之後直書具體的牲名，如："一白犬"210、"一豭"207、"一𦍛"243，等等。此簡云"竆禱夭一～"，以"脅革肉"解之恐欠妥。羘字从羊，膚聲；膚、盧聲類同，而从盧得聲之字，多有黑義，如：黑弓名玈（俗作玈），壚訓"土黑而疏"（《廣韻》），矑訓"目童（瞳）子"（同上），黸訓"黑甚"（同上），均其例。由此推之，羘或即黑羊之義。簡文羘或省作膚,義同。

《考古與文物》1993-2,頁75

○**李零**(1993) (8)羘(簡237、243)。可能也是黑羊。

《中國典籍與文化論叢》1,頁441

○**陳偉**(1996) 羊有羖、羘、羘(膚)三種稱謂。羖,《考釋》讀作羖,可從。《爾雅·釋畜》:"羊牡羒,牝牂。夏羊,牡羭,牝羖。"《廣雅·釋獸》:"吳羊:牡,一歲曰牡牁,三歲曰羝;其牝,一歲曰牸牁,三歲曰牂。吳羊犗曰羯。"《爾雅》郭璞注:"今人便以牂、羖爲白黑羊名。"依此,簡書中的羖(羖)、羘可能存在三種對應關係:黑羊與白羊、公羊與母羊,以及黑色公羊與白色母羊。簡236—238記盬吉之敓説"與禱太一羘""與禱大水一膚",簡242—244"畀盬吉之敓"對太和大水用牲均作"膚"。《考釋》云:"膚,借作羘。"根據"畀盬"的原理,此説可信。膚與从甫得聲的字古音相近,或可通假。《易·剝》"剝牀以膚",《釋文》引京本膚就作"簠"。因此,羘也許假作羘。依上引《廣雅》,指閹了的公羊。羊主要施用於天神、地祇,人鬼中僅有"楚先"得到進獻。

《包山楚簡初探》頁176

○**劉信芳**(2003) 羘:下文及簡243作"羘"。《易·噬嗑》:"噬膚滅鼻。"《釋文》引馬融《注》:"柔脆肥美曰膚。"《儀禮·少牢饋食禮》:"雍人倫膚九。"鄭玄《注》:"膚,脅革肉。"字或从羊,或从牛,應是所用牲肉有特指。

《包山楚簡解詁》頁245

○**宋華强**(2007) 我們認爲陳偉的説法更可信,理由是:1.如果讀"羘"爲"羘",則"羘"當讀爲"羘"。上文我們從辭例和祭禱規格推測"羘"可能是"羘"字的異體,《玉篇·羊部》正以"羘"爲"羘"字異體,與簡文用法相合。2.祭禱用牲級別通常是牡高於牝,而牡牲中閹過的高於未閹過的。上文説過,犬的地位高於后土,"羘"的級別高於"羘",所以犬用"羘"而后土用"羘"。如果讀"羘"爲"羘",這正是牡高於牝之例。包山簡中宫后土地位與后土地位相當,祭禱宫后土用"羖"(214、233),"羘"也應該高於"羖",後者是未閹的公羊,如果讀"羘"爲"羘",這正是閹過的高於未閹過的例子。可見從用牲級別的對比上,也能説明讀"羘"爲"羘"更爲可信。

《新蔡葛陵楚簡初探》頁227—228,2010

羍

𡛥 天星觀

○何琳儀（1998）　羍，从羊，靜聲。《玉篇》：“羍，羊子。”

天星觀羍，小羊。

《戰國古文字典》頁 820

羴　羴

羴 郭店·性自 24　　**羴** 上博一·性情 14

○李零（1999）　（編按：郭店·性自 24）“鮮如”，猶“粲然”，“粲”與“鮮”讀音相近（“粲”是清母元部字，“鮮”是心母元部字），形容笑貌。

《道家文化研究》17，頁 508

○濮茅左（2001）　（編按：上博一·性情 14）羴，假借爲“馨”。《説文通訓定聲》：“羊臭也，从三羊。會意，或从羊，亶聲……叚借爲馨。”《尚書·君陳》：“黍稷非馨，明德惟馨。”或引申爲羶行，令人仰慕的德行，《莊子·徐無鬼》：“舜有羶行，百姓悦之。”此句意謂聽到笑聲就像（舜之）羶行使人喜悦，“羶、悦”與簡文的“羴（馨）、憙（喜）”恰相對應。或讀爲“鮮、粲”。

《上海博物館藏戰國楚竹書》（一）頁 240

瞿　瞿

瞿 集粹　**羿** 郭店·語二 32

○劉信芳（2001）　（編按：郭店·語二 32）“瞿”讀爲“懼”，“恐也”（《説文》）。（中略）“監生於瞿”者，謂膽寒、膽怯生於恐懼。

《簡帛研究二〇〇一》，頁 204

○連劭名（2003）　（編按：郭店·語二 32）21.《語叢》二云：“瞿生於性，監生於瞿，望生於監。”今按：“瞿”，讀爲“懼”，《説文》云：“懼，恐也。”《荀子·解蔽》云：“故有知非以慮是，則謂之懼。”《周易·乾》九三云：“君子終日乾乾，夕惕若厲。”《釋文》引鄭玄注：“惕，懼也。”君子恐懼失道，故常存敬畏之心。

《孔子研究》2003-2，頁 32

○**劉釗**（2003） （編按:郭店・語二 32）"瞿"讀爲"懼"。

《郭店楚簡校釋》頁 203

矍 矐

九店 56・15　包山 58　包山 169　包山 191

○**劉彬徽、彭浩、胡雅麗、劉祖信**（1991） （編按:包山 58）矍。

（編按:包山 169）矐。

（編按:包山 191）矐。

《包山楚簡》頁 20、30、31

○**張守中**（1996） （編按:包山 169、191）矐。

《包山楚簡文字編》頁 76

○**何琳儀**（1998）　矐,从䀠,腰聲。疑矍之繁文。

包山簡矐,人名。

《戰國古文字典》頁 444

○**白於藍**（1999）　［八〇］76 頁"矐"字條,"矐"（191）、"矐"（169）,此字从䀠腰聲,即《説文》矍字。

《中國文字》新 25,頁 184

○**李家浩**（2000）　"钁"是大鋤（見《説文》等）,許注將"钁"訓爲"臿",顯然是一個假借字。《太平御覽》卷三七、七六四引此,"钁"皆作"鏵"。《淮南子》在漢代就有許、高異本,《太平御覽》引作"鏵",大概是高本。《説文》"鏵"作"茉","兩刃臿也"。臿亦稱爲"梩"。《説文》木部:"梩,茉臿也。从木、入,象形;䀠聲。""钁"从"矍"聲,"矍"从"瞿"聲,而"瞿、梩"皆从"䀠"聲。"跖钁"之"钁"當是"梩"字的假借。疑簡文"悷矍"應當讀爲"踐梩",與《淮南子》的"跖钁（梩）"同義。

《九店楚簡》頁 70

○**李守奎**（2003）　矍　矐　从䀠,腰省聲。

《楚文字編》頁 239

霏

集粹　　集粹

△按　此字形與《説文》小篆“霏”同形。

雙　雙

望山 2·50　　關中 1·49

○高明、葛英會（1991）　雙。

《古陶文字徵》頁 261

○何琳儀（1998）　望山簡雙，一對。“一雙虎”，讀“一雙琥”。《左·昭十二年》“賜子家雙琥”，注：“琥，玉器。”

《戰國古文字典》頁 431

雥　雥

包山 182

○劉彬徽、彭浩、胡雅麗、劉祖信（1991）　（編按：包山 182）雥。

《包山楚簡》頁 31

○何琳儀（1998）　雥，甲骨文作（續一·七·六）。從三隹，會群鳥之意。戰國文字承襲甲骨文。

包山簡雥，讀集，姓氏。漢有外黃令集一。見《風俗通》。

《戰國古文字典》頁 1396

叢　橠　集

集成 2794 楚王酓忎鼎　　集成 10373 鄗客問量　　集成 12110 鄂君啟車節

集成 2296 鑄客鼎　　總集 6707 鑄客爐

包山 10　　包山 21　　包山 209　　包山 216　　郭店·五行 42

包山 226　　包山 234　　郭店·緇衣 37　　望山 1·30　　望山 1·34

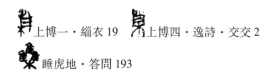

上博一・緇衣 19　　　上博四・逸詩・交交 2

睡虎地・答問 193

○**朱德熙**(1954)　"𣏟"字的形體很奇怪,容庚氏根據鑄客盤(《三代》一七・三)的或體作:𣏟

釋爲郤(見《金文編》,附録下𣏟字注;又《商周彝器通考》各器釋文)。"余"字金文屢見,從来没有從木的,其説不可信。

在進一步分析𣏟字之前,我們先来研究一下戰國時代佳字的寫法。(中略)但是在戰國時代的印璽、貨幣及楚國的銅器上曾經出現過兩種變體。這兩種變體跟戰國時代許多別的變體一樣,很快就消滅了。除了在古器物銘中偶爾出現之外,没有留下任何痕迹。第一種變體大部分見於印璽文字,貨幣文字中也閒或出現。(中略)第二種變體僅見於楚國文字,特點是佳字左右兩部分寫得分開了。例如酓忎鼎銘中的隻(獲)字:𨥙蓋銘　𨥙器銘

這兩個隻(獲)字只是把佳字的左右兩部分略略拉開了一點,整個字還没有走樣,所以很容易認識。但是這種趨勢續繼發展下去,就産生了一種奇譎的形體,例如長沙出土帛書(見蔣玄佁《長沙——楚民族及其藝術》第二卷,圖版二七;又蔡季襄《長沙繒書考》)有𡙇字,一共出現了 11 次(根據兩書摹本,原物現在美國),歸納起来有下面三種形體:𡙇　𡙇　𡙇

蔡季襄把這個字釋作邦(見所著《長沙繒書考》)。字形雖有點像,但是用来讀帛書文辭,卻無法可通。這個字實際上是酓忎鼎隻(獲)字所從的佳字的繼續發展,只是左邊一部分訛變爲𦍌或𦍌罷了。我們引帛書原文来看:

1."𡙇□□□月

佳(維)某年某月"

2."亓𡙇四月五月

其佳(維)四月五月"

3."𡙇天乍福神□各止𡙇天乍災□則惠止

佳(維)天作福,福則格之;佳(維)天作災,神則惠之。

釋作佳字,不僅字形上有根據,而且以之讀帛書,也文從字順。𡙇之爲佳,決無可疑(詳見拙著《長沙帛書釋文》)。

現在我們再回到𣏟字来。這個字的變體大致有下面六種:

𣏟《三代》三・一三鑄客鼎三

〿《三代》鑄客鼎二之蓋

〿《三代》三・一三鑄客鼎二之器

〿《三代》二・五五䏍太子鼎一

〿《三代》三・四三舍肯鼎

〿《三代》三・二六鑄客鼎

這六體又可以分爲兩大類：A 類（包括 1、2、3 三體）木字都寫在右下方；B 類（包括 4、5、6 三體）木字都移到左下方去了。我們若把上面所從的𠆢或𠅃和下面的木去掉，把當中的一部分拿到舍忑鼎的隻字、長沙帛書的佳字比較，清清楚楚地是個佳字。這個字不容易認識有兩個原因：第一，佳字左右兩部分離得太遠了，使人誤會爲兩個獨立的部分；第二，B 類的佳字的左邊一部分和木字疊在一起，當中的一豎算是公用。一筆兩用原是戰國時期簡筆字結構方式之一，例如：

𠆢𠆢　佪　　　　　𠆢𠆢　公孫

同樣：𠆢　𠆢

所以嚴格地説，B 類三體是簡筆字。

由此我們可以確定𠆢字從𠆢從佳从木，隸定作龑，就是現在的集字。

上端爲什麼從𠆢呢？《説文解字》卷五亼部：“亼，三合也。从入一，象三合之形……讀若集。”

“集”與“合”古音同部，所以許慎用聲訓的辦法來解釋。他説亼从入一，又説“象三合之形”，自然是附會之辭（從古文字看，𠅃恐怕是象器物之蓋），不過他説“讀若集”卻是有根據的，這在古文字的諧聲系統裏可以找到許多證明。這裏不細説了。

根據《説文解字》，我們知道亼是龑的聲符部分。我們把𠆢釋作集，除了字形的根據之外，這個證據也是很有力的。

上面説過，AB 兩類的不同只是木字左右部位不同，這和楷書雜字比較一下也是很有趣的。雜字从衣集聲，應該寫作“襍”，但楷書把木字移到左方衣字之下，寫成“雜”，和集字 AB 兩類情形如出一轍。

把𠆢釋作集，除了上述的論據以外，更有力的證據就是它可以解釋壽縣楚器銘文中的一個極重要的現象。楚器銘文中，𠆢字除了和䏍字連文以外，還跟幾個別的字連文，例如：

鑄客爲𠆢𠆢爲之。（《三代》三・一二鑄客鼎；又同書七・三鑄客盤）

鑄客爲䏣䵼爲之。(《三代》三·一二鑄客鼎)

和集䏣一樣,這兩處也都是人名。那麼這三個人名的第一個字爲什麼都是集字呢? 只有一個解釋:集是他們的姓。

《朱德熙古文字論集》頁 4—6,1995;原載《歷史研究》1954-1

○湯餘惠(1986) (二)結合

包括偏旁合書、合文、重文三方面的内容。先説合體字偏旁的合書。

合體字是由兩個或兩個以上偏旁組成的,其中相鄰的兩偏旁每因某些筆畫共有而結爲一體,我們把這種現象稱作偏旁合書。

從現有古文字材料看,偏旁合書的歷史頗爲久遠,商代甲骨文義字寫作　、　、　等形,羊、我兩旁共有一直畫,似爲偏旁合書之濫觴。

兩周金文偶爾也能碰到這類字例,《説文》所謂"从生、丹"的青字毛公鼎作　(静字所从),共有一横畫;春秋銅兵闌丘戈闌字从膚寫作　,虍、卣兩旁十分巧妙地結合在一起,也是以某些筆畫的共有爲前提。始於商代甲骨文的偏旁合書不絶於縷地延續下來。

然而,這類字在戰國以前的傳統文字中畢竟爲數甚微,偏旁合書的極盛時代應首推戰國之世。下面略舉數例,酌加説明。(中略)

集　(中山王墓玉飾) 隹、木合書。

《古文字研究》15,頁 22—23

○陳秉新(1987) 壽縣楚四銘文中的集䏣、集既、集醻、集糈、集膴,論者多認爲是職官名,説近是。然對集字的訓釋則很少涉及,迄無確詁。考集字早期金文作雧,《説文》正體亦作雧,訓"群鳥在木上",《詩·葛覃》"黄鳥于飛,集于灌木",用的是集字本義。從這個意義可以引申爲會、爲合、爲總匯。《孟子·萬章下》"孔子之謂集大成"之"集",《中華大字典》訓總匯。《辭源》訓集納,楚器銘的集也是這個意思。

《楚文化研究論集》1,頁 333

○何琳儀(1998) 集,商代金文作　(母乙觶)。从木从雥,會群鳥在木上之意。雥亦聲。甲骨文作　(前五·三七·七),省从一隹。西周金文作　(毛公鼎)。戰國文字承襲西周金文。

中山雜器集,讀襍(雜)。《説文》:"襍,五采相合也。从衣,集聲。"《禮記·玉藻》"襍帶君朱絲",注:"襍猶飾也。"

楚簡"集戠",讀"入歲",見棗字。包山簡"集易"、一六四集,地名。包山簡二六八集,讀褧。

《戰國古文字典》頁 1397

　　㝚,從宀,集聲。集之繁文。

　　楚器"㝚腥(廚)、㝚醋、㝚劓(腏)、㝚粗、㝚尹、㝚疷、㝚獸(狩)",官名。楚簡"㝚戬",讀"亼歲"。《説文》:"亼,三合也。從入、一。象三合之形。讀若集。"是其佐證。"亼歲"疑第三年。

《戰國古文字典》頁 1398

　　鄭,從邑,㝚聲。

　　鑄客爲鄭鑄盤"鄭鑄",官名。

《戰國古文字典》頁 1397

○陳偉(1999)　　7.童(踵)義集理　尊德義 39

　　童,原讀爲"重",恐當讀爲"踵",追隨的意思。集,依就的意思。《詩·大雅·大明》"天監在下,有命既集",毛傳:"集,就。"簡文是説遵循、依從義理。

《武漢大學學報》1999-5,頁 30

【集易】
【集易公】

○徐少華(2001)　　集(集陽)

　　　　簡 130:葉邑大夫、集陽公蔡録□受。

　　　　簡 164:乙亥,集迅令鄧嘉。

　　按"集"應是"集陽"之簡稱,"集陽公"應是楚集陽之縣公,與簡 2 之"魯陽公"、簡 61 之"長沙公"、簡 117 之"安陵公"、簡 120 之"陽城公"等類似。

　　從上引簡 130 的記載看,"集陽"與"葉邑"相聯繫,楚葉邑,即春秋楚葉公之邑,漢晉南陽郡葉縣,故址在今河南葉縣南 30 里之舊縣鎮,則與葉邑相聯繫的"集陽",亦應在其附近不遠。

　　楚"集陽"縣所在,簡文整理者未有説明,我們認爲可能是春秋時楚之"稷"地。集,古音在從紐緝韻入聲,"稷"在精紐職韻入聲,精、從爲旁紐,職、緝可通轉,兩字音近可互相假借。

　　據《左傳》定公五年(公元前 505 年)載:"夏……申包胥以秦師至。秦子蒲、子虎帥車五百乘以救楚。子蒲……使楚人先與吳人戰,而自稷會之,大敗夫概王於沂。"稷,亦見於《史記·楚世家》(卷四○)及《伍子胥列傳》(卷六六),皆云楚昭王十一年(公元前 505 年)"六月,敗吳師於稷",裴駰《集解》於《伍子胥列傳》注云:"稷丘,地名,在郊外。"司馬貞《索隱》亦云:"《左傳》作稷丘。”則“稷”爲“稷丘”之省稱。

稷之地望，西晉杜預只言是“楚地”，未能指實；清代學者言在“南陽府桐柏縣境”，今人楊伯峻先生亦主此説，石泉先生則結合春秋吳師入郢之役的行軍路線和戰爭形勢，考訂“稷”應在今河南唐河縣境内，與清人之説略有區別而更爲合理。

另 70 年代後期出土的曾侯乙墓竹簡中，有許多楚國君臣在曾侯乙死後贈物助喪的記載，其中有數條“鄩君”助喪的材料，按“鄩君”即“集君”，是楚人設在“集”地的封君，與包山簡中的“喜（息）君”（簡 50）、鄂君（簡 76）、录君（簡 151）等相似。對曾侯乙墓竹簡中楚“集君”的封地，長期以來學術界未有明確的解釋，通過包山楚簡的材料，我們認爲，曾侯簡所載“集君”之封地，與包山簡中所載的楚之“集（集陽）”應是同一地方，可能就是《左傳》定公五年所載，位於今河南唐河縣境的楚之“稷”地。

若簡文之“集（集陽）”爲春秋之“稷”地，在今河南唐河縣境，位於南陽盆地東部，與位於南陽盆地東北部的楚之“葉邑”相去之遠，又與包山楚簡所反映的“集”與“葉邑”相互關聯的史實相合。值得注意的是，春秋之“稷”地，於戰國早期的楚惠王之時已置爲封君，戰國中期的楚懷王時又設爲縣，可見其間楚國地方行政的某些變化。至於“集君”受封於何時，始封者爲誰，後又因何故廢封君而置縣，因材料不足，無從確知，有待今後新資料的進一步補充。

《簡帛研究二〇〇一》頁 39—40

【集既（?）】

○**李學勤**（1959）　鑄客爲集醻爲之。

《文物》1959-9，頁 60

○**郝本性**（1983）　壽縣出土的銅器甗上有刻銘“盩（鑄）客爲集![字]盩（鑄）爲之”，集下一字稍有殘泐，依楚帛書“日月既蠢（亂）”的既字作![字]，知此字乃爲既字。既字本義爲食畢，引申爲已經、完畢。所從的旡象人食畢回首之形，但在戰國楚文字中，已訛變爲从欠了。

![字]是簋的象形，爲古代盛稷黍的容器。爲表示簋實爲米，於是又創造了一個槩字。《説文》：“氣，餽客之芻米也，从米，气聲。”或體爲槩和餼。玄應《一切經音義》認爲：“餼古文作槩。”鄭玄注《禮記・中庸》“既廩稱事”的既爲餼。因此，集既便是集餼。

《國語・周語》載單襄公説：“膳宰致饗，廩人致餼。”據《周禮》所見廩人職務是“大祭祀則共其接盛”。清儒胡匡衷以爲“廩人掌爲餼之事，兼餼人之

職”。而《周禮》所載饎人(今本作饙人)職務是:“掌凡祭祀,共盛(鄭注:炊而共之)。共王及後之六食(鄭注:六食,六穀之飯)(編按:“後”乃“后”誤,“穀”乃“穀”誤)。凡賓客,共其簠簋之實。饗食亦如之。”

集既是主坎(編按:“坎”應是“炊”字之誤)官,祭祀時供給粢盛,平時供應楚王與王后的六穀之飯。正因爲甑爲炊器,所以歸其掌管。《儀禮·少牢饋食禮》所謂“廩人摡甑、甗、匕與敦於廩爨”,亦可爲證。

《古文字研究》10,頁 205—206

○陳秉新(1987)　壽縣出土一銅甑,刻銘云:“鑄客爲集既鑄爲之。”既字,郝本性同志讀爲餼,餼的古字作槩,甚是。集既爲楚王室總管餼廩之機構。《禮記·王制》“皆有常餼”,鄭注:“餼,廩也。”《國語·周語》“廩人獻餼”,韋注:“餼,禾米也,生曰餼。”《周禮·廩人》:“掌九穀之數,以待國之匪(分)頒,賙賜稍食……大祭祀則共其接盛……喪紀共飯米熬穀……”集既之長略等於《周禮》之廩人。

《楚文化研究論集》1,頁 335

○黃錫全(1991)　27.集既

(59)“鑄客爲集既鑄爲之”鑄客甑,北京圖書館藏《壽州楚器銘文拓本》第 18 器

《說文》氣字或體作槩和餼。郝本性讀既爲餼,認爲“集既”是主炊官,祭祀時供給粢盛,平時供應楚王與王后的六穀之飯。陳秉新認爲,“集既”爲楚王室總管餼廩的機構,其長略等於《周禮》之“廩人”。

《古文字與古貨幣文集》頁 279,2009;原載《文物研究》7

○李零(1992)　(庚)爲集既作器(甗一、方鑑一)。(中略)集既,也應是職官名。

《古文字研究》19,頁 150

○崔恆昇(1998)　“鑄客爲集□鑄爲之”,第五字不清,疑是“醻”。

《安徽出土金文訂補》頁 55

【𥝱戠】

○劉彬徽、彭浩、胡雅麗、劉祖信(1991)　(編按:包山 209)(401)集歲,集,簡文作𠍳,从亼,《說文》:“三合也……讀若集。”集歲即三歲,簡 209(編按:簡 209 應是簡 211 之誤)有“三歲無咎”可證。

《包山楚簡》頁 55

○湯餘惠(1993)　𥝱,同集;集歲,猶言匝歲、周歲,指次年。裘錫圭説。一

説,集歲即三歲。

《戰國銘文選》頁 152—153

○**朱德熙、裘錫圭、李家浩**(1995)　(編按:望山 1·30)"集歲"當讀爲"帀歲",猶言"周歲"。《淮南子·詮言》"以數雜之壽,憂天下之亂",注:"雜,帀(匝)也。從子至亥爲一帀(匝)。""自劃层以迴集歲之劃层",其意蓋謂自今年之劃层之月一直到次年的劃层之月。

《望山楚簡》頁 93

【集胆】
【集胆尹】

○**胡光煒**(1934)　按《廣雅·釋言》:胆,饌也。王氏《疏證》云未詳。此云𣎴胆,云𣎴胆釭鼎。鼎之爲器,非壺罍之屬,胆不可以訓頸。鼎文云以共蕆嘗。此胆當從《廣雅》訓饌。蓋器爲王之饍鼎,言𣎴胆,意猶言龔饌矣。

《胡小石論文集三編》頁 180,1995 年;原載《國風》1934 年 4 卷 6 期

○**劉節**(1935)　"𣎴絽"即𣎴胆;𣎴字未詳,胆字他器亦見之,文曰:"𣎴胆釭鼎。"又曰:"盟客爲大句胆官爲之。"大,徐中舒氏釋大,以楚器有大子鼎爲證,甚是! 余以爲大亦官名,《曲禮》有六大之目;"胆官"即膳夫。胆字從肉豆聲,《廣雅·釋言》:"胆,饌也。""𣎴胆"必爲膳具之名。

《古史考存》頁 115,1958;原載《楚器圖釋》

○**周法高**(1951)　按"胆"疑皆解爲"廚"。尌聲豆聲同隸侯部。"胆"屬定紐,"廚"屬澄紐,古聲母同爲 d'-。(中略)"胆官"者,"廚官"也。

《金文零釋》頁 147

○**朱德熙**(1954)　從文法上看,"𣎴胆"必須是人名。第一個"爲"字讀去聲,第二個讀平聲。譯成白話就是:"鑄客替𣎴胆做的(鼎)。"

　　𣎴胆是誰呢? (中略)

　　"大子鼎　𣎴胆。"

大字銘文作"大",羅振玉、徐中舒並釋大。戰國銅器、匋器及印璽文字的大字很多是這樣寫的。"大子"就是"太子"。據此,我們不僅可以確定"𣎴胆"是人名,而且還知道他是楚太子。

　　(中略)在這九件銅器上,集胆的名字一共出現了十二次。(中略)根據郭沫若、唐蘭、馬衡諸位先生的研究,知道酓肯就是楚考烈王熊元,酓忑就是楚幽王熊悍。爲什麼他們的器上也刻着集胆的名字呢? 最奇怪的是酓肯鼎,器銘明明説"楚王酓肯乍鑄鐈鼎",蓋上卻刻了"集胆釭鼎"四字,更奇怪的是這四

個字是刻在蓋背花紋中的,郭沫若先生曾經特別注意到這點,他説"鼎蓋花紋中刻'𡊮脰鈲鼎'四字,蓋裏又有'𡊮脰'二字。𡊮字不能識,意不可曉,花紋中刻字亦至可異"(《古代銘刻彙考續編》,《壽縣所出楚器之年代》)。此外,我們上面曾經提到,這些器上的集脰字樣和正銘的行款、文氣都不相聯屬,字體書法也有整飭與草率之别,所有這些迹象引導我們走向一個結論:酓肯酓忎諸器上的集脰字樣都是後來補刻的。

我们既知道集脰是楚太子,唯一的解釋是:熊元熊悍死後,集脰即位爲楚王,這時楚國距滅亡不遠,他没有力量更鑄新器,便在先人傳下的器上刻了自己的名字来虛應故事。據《史记·楚世家》,幽王熊悍在位十年而卒,所以可以肯定地説,酓肯酓忎諸器上的集脰字樣刻於幽王十年以後,楚滅以前。

《朱德熙古文字論集》頁 3—8,1995;原載《歷史研究》1954-1

○**李學勤**(1959)　　如果集脰是太子私名,則應作太子集脰,不能作集脰太子,(中略)他们應爲管理王室飲食的有司。

《文物》1959-9,頁 60

○**朱德熙**(1972)　　壽縣楚器銘文中屢見集脰二字。在《壽縣出土楚器銘文研究》一文中,我們根據鼎銘"鑄客爲集脰爲之"(《三代》3·13),肯定集脰是人名,又根據鎬銘"集脰太子之鎬"(《三代》18·26),認爲集脰是太子。由於脰字和楚哀王的名字猶古音相近,推斷集脰是哀王猶。

仔細考察一下,就可以看出這個説法的論據是不充分的。從邏輯上説,"鑄客爲某某爲之"裏的"某某"不一定是人名;從事實上説,下面兩條銘文裏和集脰處於相同的語法位置的六室、七府就都不是人名:

鑄客爲王句(后)六室爲之(《三代》2·55)

鑄客爲王句(后)七膚(府)爲之(《三代》3·19)

《研究》考定集脰爲楚太子名的主要根據是以下三條銘文:

集脰大子之鎬(《三代》18·26)

集脰大子鼎(《三代》2·55)

大子鼎　　集脰(同上)

第三條銘文裏大子鼎三字和集脰二字是分開刻的,文義不相連屬。一、二兩條銘文明明在大子之前冠以集脰二字,似乎很可以證明集脰是太子的名字。不過這裏有一個語法問題。先秦人身份與名字並舉時,總是身份在前,名字居後。例如:公子翬(《春秋·桓公三年》)、太子申生(《左傳·僖公五年》)、王子嬰次(王子嬰次鑪)、世子商臣(《春秋·文公二年》)、大夫元咺(《春秋·

僖公三十年》)、令尹子文(《論語·公冶長》)、大司馬昭陽(鄂君啟節)、丞相斯(秦元年詔版)。如果集脰真是太子名,那麼按理應稱太子集脰,不應稱集脰太子,正如太子申生不能倒過來説申生太子一樣。僅僅從這一點看,把集脰解釋成楚太子的説法就很值得懷疑。

壽縣出土的楚器裏有一個特大的鼎(《三代》3·26,見附圖)。這個鼎的銘文對於研究集脰二字的含義來説是十分重要的。但由於銘文中有好幾個字不認識,我們在寫《研究》的時候,就把這個重要材料撇開不管,現在看來,這是很大的疏忽。

大鼎銘文記的也是鑄客爲某某爲之。兩個爲字之閒一共有七個字,這七個字裏,二、四、七三字相同。很明顯,這七個字只能分成二、二、三三段來讀。第一個字是集字,如果集脰是人名,那麼大鼎銘文當中七個字應該是三個人名,可是這三個人竟是同名的。這自然是極其荒謬的事。可見這七個字決非人名,而這七個字如果不是人名,那麼集脰也同樣不能解釋爲人名。

人名的説法既被推翻,那麼這些銘文該如何解釋呢?(中略)我們認爲壽縣楚器銘文中的脰字都應釋爲廚。這可以從以下四個方面來説。

從字音上説,脰從豆聲,豆和廚在上古都是侯部定母字。從訓詁上説,《廣雅·釋詁》有訓爲饌的脰字,與廚字意義密切相關。從字形上説,廚字從广,是從庖廚作爲一種建築方面著眼的;脰字從肉,則是從庖廚掌烹割的職能方面著眼的。戰國銅器銘文有庲、脵二字:

上樂庲　胬(容)夯(參分)(《三代》2·53)

右脵　三乑(料)□(《三代》2·53)

賷脵　一斗乑(料)(《三代》2·54)

郭沫若先生説:"庲疑廚之異文,從广朱聲,朱聲與尌聲同部。"按郭説甚是,脵亦當釋廚,其字從肉與脰字正同。

最後從楚器銘文本身來看,讀脰爲廚,所有的銘文都豁然貫通,毫無扞格。(中略)楚國的太后廚官正和漢代的長樂食官相當。集脰即集廚,當是楚王室廚官的名稱。凡刻有集脰字樣的銅器,都是集廚所掌的用器。集脰大子鼎和集脰大子鎬則是集廚中太子專用的器皿。(中略)集脰的集字意義不詳。信陽楚墓出土的銅匕木柄和木飾上也有集字,鄂君啟節有集尹官名。這些集字和集脰的集可能有關係。

(中略)那么集脰、集勝的集也很可能是一個地名。

《朱德熙古文字論集》頁 40—43,1995;原載《考古學報》1972-2

○**郝本性**（1983）　　集胉二字在壽縣楚器中較多見，（中略）胉字見於鄭公孫凡鼎，該鼎自銘爲胉鼎。胉在此當讀爲羞，傳世品有稱"羞鼎"者。《周禮・腊人》"凡祭祀，共豆脯、薦脯、膴胖凡腊物"，鄭注："脯非豆實，豆當爲羞，聲之誤也。"孫詒讓云："以豆盛濡物，與脯爲乾肉不相應也，古音豆在侯部，羞在尤幽部，合音相近，故云聲之誤。"《説文》云："胉，項也，从肉，豆聲。"項非胉的本義，胉的本義爲豆實，即羞，《詩經・楚茨》"爲豆孔庶"，傳云："豆謂内羞、庶羞也。"

　　集胉的職務當與《周禮・醢人》相近，該職務是"凡祭祀，共薦羞之豆實，賓客、喪紀亦如之，爲王及後世子（編按：後世子，當爲：后、世子），共其内羞"。這從楚王酓朏鼎銘刻"集胉釾鼎"，以及該墓同出的王句（后）六室豆，都可以證明。

　　壽縣楚器有一帶流的鈍鼎，刻銘爲"盥（鑄）客爲大句（太后）胉官爲之"（《三代吉金文存》三・一九），胉字在此是饌食的意思，《廣雅・釋言》："胉，饌也。"這乃是胉爲豆實之義引申而來。豆本爲食肉器，朱駿聲《説文通訓定聲》以爲胉假借爲豆。湖南省長沙市楚墓曾出土兩個陶豆，一豆盤内墨繪肉紋，呈方塊形，一豆盤内墨繪魚紋（《楚文物展覽圖録》著録），可證豆確爲盛魚肉的容器，河南信陽楚墓出土的錦瑟圖飾中，仙人在鼎旁持豆而食，因此胉字引申爲進食之義。官讀作館，《吕氏春秋・愛上篇》："處廣門之官。"以及《論語・子張篇》："夫子之牆數仞，不得其門而入，不見宗廟之美，百官之富。"均應讀官爲館。至於競卣的"各（格）于官"、𨟻尊銘的"洛（格）于官"，官更應讀爲館。太后胉官即太后的胉館，是楚太后進食的宮室之一。這與王后六室是性質相近的。

　　集胉又稱"集胉尹"。湖北省江陵縣天星觀一號楚墓出土竹簡有"集胉尹"，集胉乃集胉尹的省稱。集胉與集既、集糈、集醢、集膴地位相當，這些集某，也可能是集某尹的省稱。應當説明的是集某，絶不限於以上考釋者。

《古文字研究》10，頁 210—212

○**陳秉新**（1987）　　胉字从豆从肉，《廣雅・釋言》訓饌，是其本義。集胉乃楚王室總饌之官，也就是總管膳羞的機構。其長爲集胉尹，集胉尹見江陵天星觀一號楚墓遣册。《周禮》有膳夫，轄"上士二人，中士四人，下士八人，府二人，史四人，胥十有二人，徒百有二十人"。其職爲"掌王之食飲膳羞，以養王及后、世子"。鄭注："膳夫，食官之長也。"金文中周王室有善（膳）夫。集胉尹應與膳夫相當。

　　集胉與集胉尹有別。集胉是掌管楚王、王后及太子食飲膳羞的機構，不是官名,集胠尹才是官名。壽縣楚器中有三鼎、一鑪刻有"鑄客爲集胠爲之",有一小鼎刻"鑄客爲集胠",省"爲之"二字,這些都是爲集胠這個機構鑄的器物。如把集胠解釋爲食官名,那麼地位卑下的食官器何得成爲楚王的隨葬品,便難以爲説。楚王酓肯鼎除正銘外,蓋内刻"集胠",楚王酓忎鼎三件除正銘外,器或蓋内都刻有"集胠",大府鎬亦楚王之器,正銘外也有"集胠"刻銘。以上爲集胠中楚王專用之器。楚器中太子小鼎之一、之二,一耳刻"集胠",另一耳刻"大子鼎",太子小鼎之三刻銘"集胠大子鼎",太子鎬刻銘"集胠大子之鎬"。以上爲集胠中太子專用之器。把這些器銘中的"集胠"解釋爲食官名就更爲不妥。這就更進一步證明了集胠不是食官名。

《楚文化研究論集》1,頁334—335

○**曹淑琴、殷瑋璋**(1987)　　目前除壽縣出土的銅器銘文中見到集胠、集醻、集𥻫、集賸等字外,信陽長臺關出土的銅勺木柄上有集字,鄂君啟節上有集尹;曾侯乙墓的竹簡上有鄝君;江陵天星觀M1出土的竹簡上有"集胠尹、集精尹、集尹墨"等等。從這些資料看,集應是地名,鄝君是集地之邑君。至於胠字,可從陝西鳳翔高王寺戰國銅器窖藏中出土銅鼎銘文有"吳王孫無土之胠鼎"得到啟示,表明胠與醻、𥻫、賸等字,都是與具體職能有關的職官。集胠應是集胠尹的省稱。

《考古學文化論集》1,頁212

○**羅運環**(1991)　　九、集廚尹

天星觀竹簡:邸陽君死後,贈物助喪者有集廚尹,其云:"集胠尹烌一齒靷、齒戟、翠翠……"

"集胠"二字習見於楚王熊肯(元)、楚王熊忤(悍)及太子諸器。"集"字很長一段時間不能確認,不解其意。自從50年代中期朱德熙先生認出集字以後,人們才恍然大悟,疑團冰釋。熊元、熊悍二王有集胠二字的銅器,均爲烹飪器或温器,集胠當是楚王及太子的廚館,集胠尹當是其總管。天星觀竹簡與熊元、熊悍二王銅器銘文互相印證,更加深了我們對"集胠、集胠尹"的理解。

《楚文化研究論集》2,頁282

○**黃錫全**(1991)　　25.集胠

(46)"鑄客爲集胠爲之"　（鑄客鼎,《三代》3·13）

(47)"鑄客爲集胠爲之"　（鑄客銅器,《三代》18·25）

(48)"鑄客爲集胠"(蓋銘)、"集胠"(器耳)　（鑄客鼎,《三代》2·54）

（49）“集脰大子鼎” （太子鼎，《三代》2・55）

（50）“大子鼎”（耳）、“集脰”（耳） （太子鼎，《三代》2・55）

（51）“集脰大子之鎬” （太子鎬，《三代》18・26）

（52）“楚王酓朏作鑄鐈鼎以共歲嘗”（口沿外刻）、“集脰”（蓋内）、“集社脰鼎”（蓋背花紋中） （楚王酓朏鼎，《三代》3・43—44）

（53）除正銘外，蓋内刻“集脰”，另一件器上刻“集脰” （楚王酓忎鼎，《三代》4・17）

（54）“秦客王子齊之歲，大府爲王飤晉鎬。集脰”。 （大府鎬，《文物》1980年8期28頁）

“集脰”多出現於壽縣楚器，並爲刻銘。“集”字从∧从集，或从邑，朱德熙釋“集”。“脰”字説法不一。劉節以爲“集脰”爲膳具之名（《楚器圖釋》）。朱德熙、裘錫圭釋脰爲廚，認爲“集脰”當是楚王室廚官的名稱。郝本性認爲“脰”當讀爲“羞”，“集脰”的職務近似於《周禮・醢人》，“凡祭祀，共薦羞之豆實，賓客、喪紀亦如之，爲王及后世子，共其内羞”。李學勤認爲“集脰”等名稱“應爲管理王室的有司。王鼎附記‘集脰’，表示此鼎爲集脰所掌管；‘集脰’下附記‘太子鼎’等，表明該器係太子所專用”。陳秉新認爲“集”爲“總匯、集納”之義，“脰”字訓“饌”是其本義。“集脰與集脰尹有别。集脰是掌管楚王、王后及太子食飲膳羞的機構，不是官名，集脰尹才是官名”。按，“集”字應爲从宀从集。“吳王孫無土之脰鼎”銘表明，“脰”爲鼎之用途。《廣雅・釋言》脰，饌也。天星觀楚簡有“集脰尹”，表明“集脰”爲機構名，負責楚王及太子的飲食膳羞。

《古文字與古貨幣文集》頁278—279，2009；原載《文物研究》7

○李零（1992） 集脰，集字从亼（或省作∧）从集，是個“雙重表音字”，仍是集字。脰，《廣雅・釋言》：“脰，饌也。”朱德熙、裘錫圭先生把它讀爲廚。朱家集楚器，除“集脰”一詞外，還有“大后脰官”，陝西鳳翔高王寺出土吳王孫無土鼎，自銘爲“脰鼎”，凡此脰字皆與膳食有關。同類名詞，見於朱家集楚器，還有集糈、集肴、集䤈、集既等。50年代李學勤先生曾指出它們不是人名，而是管理王室飲食的職官名，“集”字的意義可能同於“司”，下面的字都是食品名。解放後有關這一問題出土了一些新資料，如鄂君啟節有“集尹邵辂”，是“大攻尹脽”的下屬官吏；長臺關M1銅匕的木柄和“貼金木當轤”，上面皆有“集”字，遣册上也記有“集糈之器”。天星觀M1遣册有“集脰尹、集糈尹、集尹”等詞。這些材料足以證明，此類名稱確實是職司飲食的職官名。其中集尹是總領各職,集脰尹等等是集尹的屬官。集脰等名也就是集脰尹等名的省略稱呼。集尹的集字,有收集儲藏之義,我們懷疑這一職官當與楚國的"大府""少府"有關。大府、少府之名不僅見於這批楚器,而且也見於戰國中晚期的其他一些楚器。它們是各有分工的兩大財政機構。大府主要是負責貢賦、貨賄等國家財政收支事宜,少府則負責宮中服御之物的供應,包括"衣服寶貨珍膳之屬"。古人皆以府官爲治藏之吏,集尹及其屬官,應即屬於這種府官。

《古文字研究》19,頁 144—145

○**湯餘惠**(1993)　龠,集字異體,字上增从亼(jí)聲,僅見於楚文字。集脰,楚官署名;脰,通廚,集脰,或疑爲楚王御廚之名。銘文末尾刻署"集脰"二字,説明是在此使用的器物。

《戰國銘文選》頁 21

○**張懋鎔、王勇**(1994)　楚器中的"集脰",相當於燕器中的"和室"。(中略)《漢書·荊燕吳傳·贊》:"集,和也。"《史記·衛康叔世家》索隱亦云:"集,猶和也。"無論是集脰,還是集既、集𥹉、集醻、集臐在字義與性質上都與"和室"相近。

《考古與文物》1994-3,頁 101

○**劉彬徽**(1995)　集脰,李學勤認爲是管理王室飲食的職官名,"集"字的意義可能同於"司"字。脰,《廣釋(編按:"釋"當是"雅"字之誤)·釋言》:"脰,饌也。"朱德熙、裘錫圭讀爲廚即廚(編按:朱、裘原文爲"讀脰爲廚")。集廚當爲楚王室總饌之官即總管膳羞的機構。

《楚系青銅器研究》頁 359

○**崔恆昇**(1998)　集脰爲總管楚王、王后及太子飲食膳羞的機構,故集脰不是官職名,集脰尹才是官職名。

《安徽出土金文訂補》頁 18

○**劉信芳**(2003)　睡虎地秦簡《法律答問》(簡 193):"可(何)謂集人? 古主取薪者也。"集廚應是主柴草膳食者。

《包山楚簡解詁》頁 207

【集箸】
【集箸言】
○**劉彬徽、彭浩、胡雅麗、劉祖信**(1991)　《集箸》即集著,共 13 枚簡。是有關驗查名籍的案件記錄。(中略)《集箸言》有簡 5 枚(簡 14—18),是有關名籍糾紛的告訴及呈送主管官員的記錄。如簡 15—17 即是五師宵倌的司敗名若者上書左尹,訴説邵行之大夫無故拘捕其僕人,報告之後新偣迅尹不予處理的上訴材料。簡背是將此文呈送左尹和王審閲的記録。(中略)箸,通作著。《漢書·景帝紀》:“令天下男子年二十始傅。”師古注:“傅,著也,言著名籍,給公家徭役也。”

《包山楚簡》頁 9、10、39

○**李零**(1994)　簡文的這一部分(簡 1—13)是記名籍核對,但題目“集箸”是雜録之義,並非專指名籍登録。如下“案例”類簡 139 反提到“爲陰人舒盈盟其所命於此箸之中,以爲證”,是講殺人案,其中的“箸”字就是指一般的案卷記録。此題涉及三年之内的名籍核對,但這三年既不連貫,也無順序,只是一種文件摘抄。

《王玉哲先生八十壽辰紀念文集》頁 91

○**黄盛璋**(1994)　“集箸”包括“集箸言”共 18 簡,“集箸”就是楚國户籍登記,“集箸言”則是關於户籍問題的訴訟事,(中略)

　　“集箸”是“箸録”,“箸之竹帛”之“箸”,原從竹頭,後變爲从草字頭。有動詞、名詞兩種用法,用爲動詞,即“箸録”等,用爲名詞,則指箸於其上之册籍,如簡 132:“其所命於此籍之中,以爲證。”《考釋》157 説:“箸借作書。”上引李文説:“此箸”的“箸,就是指一般的案卷記録”。(中略)“此箸”就是所著於之册籍,乃箸字之名詞,非借爲“書”,而“書”和“箸”字用法一樣,也是動、名兩用,這更證明“著”不得借“書”。只是“箸”字名詞用法,先秦不常用,後代更少,故一般覺得很不習慣,而通行的動詞,“箸”最早或用爲名詞,但這也説不準,至於《説文》解“箸”爲“飯箸”,即今筷子,兩者真是“風馬牛不相及”,至於“集箸”之“箸”,也是動詞,只是在楚簡中已成專門的制度術語,即登記户口,箸即登記,但用爲專門術語,僅限於户口。(中略)

　　(2)“集”按一般通常理解爲“集合”之意,但“集箸”爲專門登記户口之術語,並不是此意,而是表三年一次登記户口,《包山楚簡》卜筮多次貞卜集歲,有無災咎,(中略)包山楚簡出土首先提供楚國實行三年一次大計户口與登記檢核的“集箸”制度,這是它最有價值之一,而爲史所不載,舊所不知者,但是很多論者仍按今行字義,以“箸”爲雜湊、彙集。如上引《包山楚簡研究》即以“箸”字就是指“一般的案卷記録”,從而無法透過字面,發現本質,本文首發此覆,這在世界户籍制度上將占最重要的一頁。

　　(3)户籍漢代亦稱“名籍”,意即登記人口姓名之簿,所謂“箸”或“傅”,就是傅箸於此籍上,而編排起來,秦漢稱籍,今籍貫之意即由此來。古初稱版,《論語》有“式負版者”,《周禮》亦稱版,如《司書》“掌邦中之版”,《小宰》鄭注曰:"版,其人之名籍也。"此即"版籍"所從出。楚意則爲"箕",从竹,實即"籍"之借字,箕、籍同聲,互假,單"集箕"中前後就有 12 見,但這些"箕/籍"全被誤釋爲"典"。(中略)

(4)《説文》"籍,簿也"段注:"引申凡箸於竹帛皆謂之籍。"不限於户籍。簡和册都是穿多簡而編一起,必須爲一本,如書籍之式,單是一個簡不能稱籍,籍是合稱,猶如一頁不能稱書一樣,至於户口登記,一人只能一簡,單簡就不能稱"籍",楚簡稱爲"等",如"集箕"簡 13:"梅塵在漾陵之參櫃閒,御之箕籍匱(櫃),大駐尹師内(納)氏(是)等。"最後一字《考釋》以爲"讀作等",其實它就是"等"字,楚簡本身已有證明,簡 132 反:"□尹作駐從郢以此等呈","意思是説將記於這個簡上的事情傳送到郢,稱爲等",《説文》:"等,齊簡也。"此爲"等"字動詞用法,今"等同、等於、相等、平等、等價"等都是從此義發展而來,"等"名詞用法就是指編入籍册之中的整整齊齊的諸簡,簡文大意,將梅塵的名籍登記在三合之璽閒,送入籍櫃,並由大邑丑把這個簡納入户籍之中。

(5)㲽(溺)籍:"集箕"兩次提到此籍,並且楚王對之很重視,親自下令,它和楚户籍登記關係密切,今具録入下(編按:"入"當作"如"):

簡 1:"其溺籍,新官師瑗、新官令越,新官嫛夏犬,新官連囂,奔受得之。"

簡 7:"安命'令'大莫囂屈陽爲命:邦人内(入)其溺籍,藏王之墨,以内(入)其臣之溺籍。"

《考釋》(16):"簡 7 此字作㲽,讀與没同。"按此字當即《説文》水部之"㲽,没也,从水、人,讀與溺同"。段注:"此沈溺之本字,今人多用溺水水名爲之,古今異字爾。《玉篇》引孔子曰:君子㲽于口,小人㲽于水。"顧希馮所見《禮記》尚作㲽,蓋楚文字寫法,《楚辭》"㲽深潛以自珍",徐廣曰:"㲽潛藏也。"此㲽僅見《楚辭》,必爲楚文字,而㲽爲其繁文。

簡 246:"鬼攻(工)解于水上與㲽人",㲽人即溺人,㲽甲骨文已有,見《佚》616,後代通行"溺"字,而本字久廢,但楚簡此字屢見,甚至用爲人名,必爲常見之字,它加了"勿",以表示沉没之意。而《楚辭》之"㲽",以水换人旁,應爲其簡寫,當爲一字,平山戰國中山壺:"唯其㲽于人,甯㲽于淵。"李學勤先生根據上引《禮記》相類之文句,而讀爲"溺",是正確的,但此字一直被隸定爲汐,因右旁作 S,很像是勺,但音讀不對,現在我才恍然悟知,此字實從水從"勿",簡化如勺,以致誤認。總之,此字就是楚文字的"溺",讀溺不讀"没",楚文字自有"没"字。

"溺籍"意爲没有入籍經查出來補行登記的名籍,楚王對它很重視。簡7就是王命這樣做,"藏王之墨"論者皆未之解,李零同志也以爲"不詳",其實即書王命;至於簡6之溺籍,由四個新官的官吏,即師、令、婁、連嚻"奔受得之",意思是四人一個接一個,用奔走傳受而送到,也可見楚對溺籍之重視,這個溺籍是已經漏失之人補查登記之户籍。**(中略)**

"集箸"有兩簡用阱字。

簡3:"所幼未阱令之玉府之籍。"

簡5:"佗大命(令)舒以爲令宣阱人。"明顯爲登録,即今通行之"登記",在此則用登記漏失之人口,而補登記於溺籍,已爲户籍登記之專門術語,《考釋》由於不知此義,而認爲讀"徵",所以簡之誤斷"所幼未阱"爲句,而和下不連,下句就成爲無主語與動詞之句,違反漢語常識。"集箸"此兩簡文毫無"徵"字之意,由此證明,所謂"通作徵"是完全不可能成立的。

(中略) 先秦古印如何用法,記載不明,楚三合印尤爲難知,《集箸》至少提供用於户籍簿,只能爲封泥、三人共同使用、啓封也要三人以上,至於楚對户籍簿如此重視,楚王與主管大臣左尹命要親自過問,王還要親自下令辦理,這是因爲(編按:似應作"因爲這是")國家財源、兵源與人才的主要依靠,密切關係王國與王室的本身利害,可以理解。而從"集箸"的簡文也直接或間接反映,楚國的户口登記,已存在很多弊端,逃避、隱匿尤爲嚴重。

(8)《集箸言》就是訟告法律文書,《疋獄》類訟告某人某事,皆用"言謂"或"謂"以表告發的事由,所以《集箸言》就是關於户口登記的違法訟告事,簡15—17就是五師宵佰司敗若,訟告邵行執其下屬諸小官和僕從等,他們都登記有籍,所以官吏命爲他致籍,既皆致籍前皆有籍,而邵行無籍,新造迅户不爲之斷,所以告到左尹,並上達於王,簡文並沒有説明這件執人事與"集箸"即登記户籍究竟有什麽關係,但由於這些被執之人都登記於户籍,有籍可致,也可從稽查,而邵行無籍,可見是一場爭奪户口官司,這些人户口究竟收在誰的户籍簿内,它反映楚户籍登記,按户爲單位,而不是以口爲單位,户有户主,至必包括他的直系親屬和奴僕等,這是歷代户口登記都如《説文》"佰小臣也"有人改爲是奴僕,不對。"五師宵佰",應是軍官,其同敗若下屬之佰當是小軍吏或軍士,而邵行大夫執之,應是爭奪軍士實力,而與一般人口不同,按此當是軍籍,看來楚户籍分出軍籍或專門登記。

(9)《包山楚簡》,"集箸"共收18簡,分爲六條,其中"集箸"四條,"集箸言"一條,最後一條實和"集箸""集箸言"皆無關,其文如下:

蔡遣受鑄劍之官宋强,(宋强)廢其官事,命受正以出之,中皆詣酖内(人)之。贏路公角識之,義得。(中略)

（10）没有篇題被放在第二組案情審理中的簡 126—127,簡 128—128 反,和户籍登記有關,應分别放在《傅箸》和《傅箸言》後,簡 126—127 的原文是:

東周之客許綆至(致)作(胙)於郢之歲,夏屭之月、癸卯之日,子左尹命漾陵之駐大夫對州里人陽銷之與父陽年同室與不同室,大宣丑、大駐尹師言謂:陽銷不與其父陽年同室,銷居郢,與其季父邻?連嚚陽必同室,大宣丑内(人)氏等。

此兩簡連文,與《傅箸》中簡 12—13“子左尹命漾陵宣大夫查對造室人梅崖之籍……”,受命者爲大宣丑和大駐尹師,皆爲夏尿之月(五月),前者爲甲戌(序 11),下距癸卯(序 40)首尾恰爲 30 日,在一月之内,如此甲戌應爲朔即初一,而癸卯應爲晦即三十日,同室不同室,關係着交納賦税,所以商鞅變法,鼓勵分室異居,否則也要異其賦税(《史記·商君傳》),所以主管司法最高長官左尹要親自下令漾陵宣大夫查對此事,前一條既爲《集箸》,那麼,此條也必爲《集箸》無疑,原必編聯爲一卷,篇題在最後,出土簡編爛斷,各簡散開又因水浮而次序不清無法恢復,《包山楚簡》編者主要依據文意分類編號,而於《集箸》失收此條,主要是由於對《集箸》即户籍制度缺乏瞭解,而對於此兩簡文意没有深入研究所致。

簡 128—128 反原文隸定如下:

左尹與漾公賜、正晏惑、正命聖、王丁,司敗遷,少里喬與尹罕、郯路尹虎、發尹利之命,謂:漾陵宣大夫司敗對漾陵之州里人陽銷不與其父同室,夏屭之月已(乙)之日,畀一識獄之主,以致命。不致命,升門又敗。(128)夏尿之月癸卯之日,識言市以至既涉于喬與喬差僕受之,其對識言市既以迡郢(128 反)

此與上條同爲左尹命查對陽年父子同不同室、時閒在其前,己酉(序 46)不僅在癸卯之後,且不能在夏屭之月,左尹原要將審結果,交一“識獄之主”送去,但這一天並没有送来,所以廷審末(編按:當作“未”字)成,直到癸卯,記録官才將記録送到,交給喬與、喬佐僕接收這個對識之記録簡文送往郢。漾陵,我已考在襄城境内養水之上,去郢較遠,至少要好幾天才能送交左尹,所以兩條之癸卯日雖然同日,但左尹並未接到記録之簡。也許因爲己酉之日並未送到,所以迫不及待又在癸卯之日(在己酉七天后)再命查對,可見他對此事之重視,此案當有人告發,所以由司敗廷審,謂識獄之主,當即《迓獄》最後“正××

識之"即記録官之正,《疋獄》即記獄訟事,而識獄亦即《疋獄》,所以此條應列《集箸言》,與上條列《集箸》正相呼應。

《湖南考古輯刊》6,頁 186—190

○**葛英會**(1996)　　集箸、集箸言都是文書簡的篇題,兩者都單獨書寫在篇首第一枚簡上。《包山》已指出:"集箸是有關驗查名籍的案件記録,集箸言是有關名籍糾紛的告訴及呈送主管官員的記録。"(見該書"包山楚墓簡牘概述")兩個篇題都稱集箸,這一詞兩字的含義是什麽呢?

集,《玉篇》:"合也。"《廣韻》:"聚也,會也,同也。"出土所見楚文字資料,集字均爲會同聚合之義,可分如下三種情況:

①見於楚銅器銘文:

集脰大子之鎬	(《三代》18・26)
集脰大子鼎	(《三代》2・55)
鑄客集餳、□餳、□□爲之	(《三代》3・26)

上諸器"集某"之稱,研究者或以爲"管理王室飲食的有司"(李學勤《戰國題銘概述》,《文物》1959 年 8 期),或以爲是"地名"(朱德熙、裘錫圭《戰國文字研究》[六種],《考古學報》1972 年 1 期)。朱、裘二位先生在上引文章已指出:"大鼎(即上引《三代》3、26)集字以下七字應分三段來讀。"並認爲這三段所處的"語法地位相同"。該銘文的這三段是三個並列的詞組,其末字都是同一個餳字(餳字從朱、裘二先生釋讀),因而,它們應是意義類似的語詞。這樣,則把"集某"看作有司名或地名,都不好理解。因爲一件器物不可能爲三地或三個官有司所做。集下之脰、餳似應理解爲祭祀宴享的酒食饌肴。《博雅》:"脰,饌也。"《儀禮・燕禮》注:"饌謂酒食也,牲也,脯醢也。"（編按:鄭玄注爲"謂酒也……",無"食"字）《爾雅・釋訓》:"餳,酒食也。"注:"猶今云餳饌皆一語而兼通。"集脰、集餳似應爲器物的功用。《天官・内饔》:"掌王及后、世子膳羞割亨煎和之事。"疏云:"煎和齊以五味。"集與和字在古代都有齊義。《吕氏春秋・仲夏紀》高注:"和,齊也。"《漢書・晁錯傳》注引師古曰:"集,齊也。"因此,我認爲,上引楚器銘文"集脰、集餳",應即煎亨脰餳、齊和五味,都是器物的功用,《三代》3・26 大鼎銘文三個並列的繫以餳字的語詞,也都應是説明該器功用的詞組。集脰大子之鎬(或鼎)均爲内饔所掌,煎和脰、餳以供王世子膳羞之用,而非太子親掌之物。

②見於湖北江陵天星觀卜筮祭禱簡文,辭例爲"集歲"(集字簡文增宀頭,與《包山》11 號簡同)。其所以稱集歲,即不是指通常由歲首至歲末稱爲一歲

者,而是由某年之某月至來年之同月聚合而成的一歲,集字仍是齊聚會合之義。

　　③出自《包山》文書簡。集字凡三見,二個用作篇題,即"集箸、集箸言"。此箸字義爲著名籍(詳下文),集字亦應是聚合之義,集箸即會集簿籍。《周禮・秋官・小司寇》:"孟冬……獻民數于王","及大比,登民數,自生齒以上登於天府。"《地官・鄉大夫》《地官・遂大夫》皆云:"以歲時稽其夫家之衆寡,辨其可任者","歲終……則會政致事。"即會集簿籍以待王之"歲會"與"大比"。《包山》11 號簡又有"還集"一詞,該簡記某族蔭匿一夫,居某地,還集其籍並載入某地之典册。"還集"應讀作環集或旋集,義爲回環協合。《國語・周語》:"古者不料民而知其少多,司民協孤終。"韋注云:"協,合也。合其名籍以登於王也。"彼"協孤終、合名籍"之協、合,與此簡文"集箸"之集,字異而義同。

　　箸,《廣韻》《集韻》並同著。著即傅著,即編户齊民版圖名籍之事。據典籍所載,傅著有兩種情況,一種即《秋官・司民》所掌:"歲登下其死生。"注云:"每歲更著生去死。"《正義》云:"生者著其名於籍,死則去之也。"《商子・境内篇》:"四境之内,丈夫、女子皆有名於上,生者著,死者削。"著字皆用爲登録之義。另一種爲《地官司徒》所掌。《地官・鄉大夫》:"以歲時登其夫家之衆寡,辨其可任者。國中自七尺以及六十,野自六尺以及六十有五,皆征之。"《地官・遂師》:"以時登其夫家之衆寡……周知其數而任之。以徵財征,作役事。"注引鄭司農云:"征之者,給公上事也。"國中七尺(二十歲)以上至六十,野六尺(十五歲)以上至六十五,爲夫家可征者。所謂"登其夫家,辨其可任者",即辨萬民力役之征及輕重征舍。《漢書・景帝紀》:"令天下男子年二十始傅。"注云:"師古曰傅,著也,言著名籍,給公家徭役也。"此傅著名籍,指男子成年時要著於夫家名籍,以便官府受職受役。此與《秋官・司民》著生去死者是兩回事。睡虎地秦簡《秦律雜抄》有《傅律》,對隱匿成童及申報廢疾不實者,百姓不應免老或應免老而不加申報者,作了相應的處罰規定,是有關成年人傅籍或除籍的法律條文。《包山》2、3 號簡"阩某地所幼未阩",阩,義爲登;幼,應指未成年的人。《禮・曲禮》疏:"幼者,自始生至十九時。故《檀弓》云:'幼名者,三月爲名稱幼。'《冠禮》云:'棄爾幼志。'是十九以前爲幼。《喪服》傳云:'子幼,鄭康成云十五以下。'今云十年曰幼學,是十歲而就業也。"簡文"幼"即《秋官・司民》"自生齒以上皆書於版",《小司寇》"自生齒以上登於天府"之"生齒以上"者,其事爲秋官司寇所職掌。

　　集箸言,言即呈報、上報之義。《包山》160 號簡"鄥公嘉之告言之攻尹",

睡虎地秦簡《秦律十八種》田律“輒以書言”之言，都是以文書上報的意思。《地官·鄉大夫》“以歲時入其書”，注云：“入其書者，言於大司徒也。”言亦爲上報文書。

《南方文物》1996-2，頁 86—87

○**劉信芳**（1996）　　“集箸”見簡一。“箸”即著的本字，本指竹笈，此謂名籍。“集箸”即登記彙集名箸。“箸”字又見四、八、一四、·三九反、一四五反諸簡，或謂書寫名籍，如簡四：“其箸之。”或徑指記事之竹簡，如簡一三九反：“其所命於此箸之中，以爲證。”名籍之“箸”，周人稱版，漢人稱“籍”。《周禮·秋官·司民》：“掌登萬民之數。自生齒以上，皆書於版，辨其國中、與其都鄙及其郊野，異其男女；歲登下其死生。”鄭玄注：“版，今户籍也。”《釋名·釋書契》：“籍，籍也，所以籍疏人名户口也。”《漢書·景帝紀》：“令天下男子年二十始傅。”師古注：“傅，著也，言著名籍，給公家徭役也。”

（中略）簡 14 至 17 之一組簡以“集箸言”爲題，《離騷》：“初既與余成言兮，後悔遁而有他。”王逸章句：“言，猶議也。”所謂“集箸言”即有關名籍方面的爭議，也就是訴訟。

該組簡記載邵行之大夫盤阿窄無故抓走了五師宵佲司敗若的四名佲人，司敗若向楚懷王告狀，懷王責成左尹斷案，左尹移案給新造迅尹丹，新造迅尹丹讓訴訟雙方“至典”，即出示名籍以作斷案依據，其結果是司敗若“有典”，“邵行無典”。新造迅尹丹不予斷案，司敗若於是將新造迅尹丹也當作被告，再次告到左尹官府。

由該案的具體内容亦可明確，“集箸言”即有關名籍之訴訟。當出現人員歸屬爭議時，名籍是判定其所屬的法律依據。

值得進一步討論的是，該案是爭議的四名佲人（即小臣），其名籍即屬宵佲司敗若，應是案情明確，何以新造迅尹丹不予斷案？

按此抓走四名佲人的“邵行”身份非同一般，實即見於史書記載之“昭常”。“邵”即“昭”之異體，“常、行”音近可通，常古音在陽部禪紐，行古音在陽部匣紐，《禮記·樂記》：“道五常之行。”鄭玄注：“五常，五行也。”《戰國策·楚策二》記載頃襄王爲太子時，質於齊，許予齊五百里地，乃得歸楚繼立爲王，嗣後齊人索地頃襄王“立昭常爲大司馬，使守東地”。齊人索地未果。“集箸言”所記案例發生在楚懷王十二年（另考），事隔頃襄王繼立之時僅十九年，時代相接，因而可以認爲“邵行、昭常”爲同一人。

明確這一問題還可以從分析“邵行”的身份入手，“五師”是楚國家的軍隊,猶如周之"六師、八師",由於楚是諸侯國,其軍隊之建置低周一等,此所以爲"五師"。"五師宵俉司敗若"是可以直接面君的官員,其身份已不低,"邵行"敢於抓走五師宵俉司敗若的四名俉人,其地位之顯赫已不難想見。此案由楚懷王推給左尹,左尹推給新造迅尹丹,新造迅尹丹在案情明確的情況下,拖着不斷案,究其所以,實在是四名俉人之案不足以使邵行對簿公堂。"邵行"之身份明顯凌駕於"五師宵俉司敗若"之上,此等身份地位,正好與此後擔任"大司馬"一職的"昭常"相合。

《簡帛研究》2,頁 12—15

○**陳偉**(1996)　集有聚、合、衆、雜等意。篇題以"集"爲名,當應包含件數較多、或者內容較雜的文書。

　　(中略)"集箸、集箸言"中的"箸",恐怕也與簡 139 反之"箸"一樣,是指文書而言。相應地,"集箸"應是指文書彙編,"集箸言"則是與"言"有關的某些文書的彙編。

《包山楚簡初探》頁 58—59

○**周鳳五**(1996)　簡文"箸"字凡六見,除簡一四五反是人名以外,其餘五例都指名籍、户籍,如《集箸》《集箸言》的箸字即是。(中略)"集歲"雖不妨解作三年,即以集爲三,以歲爲年。但"集箸"的集卻看不出有三年的意思。"集箸"當然也可以視爲"集歲之箸"的省文,但這僅止於揣測而已,目前仍没有具體的證據足資憑信。《説文》所謂"三合",其實是衆多、會聚之意,楚簡與楚銅器銘文所見"集脰、集尹、集糈、集既、集腏"等諸集字均作此解。

《中國文字》新 21,頁 24—25

○**劉信芳**(2003)　"箸"讀爲"書",《説文》:"書,箸也。"郭店《性自命出》15、《六德》24"箸"亦讀爲"書"。"集書"即登記彙集名籍。"箸"字又見簡 4、8、14、139 反、145 反諸簡,或謂書寫名籍,或徑指記事之竹簡。名籍之"書",周人稱"版",漢人稱"籍"。《周禮·秋官·司民》:"掌登萬民之數,自生齒之上,皆書於版,辨其國中、與其都鄙、及其郊野,異其男女,歲登下其死生。"鄭玄《注》:"版,今户籍也。"《釋名·釋書契》:"籍,籍也,所以籍疏人名户口也。"《古今注》:"牛亨問籍者何云,答曰:籍者一尺二寸竹牒,記人之年、名、字、物色,懸之官門,案省相應,乃得入也。"《漢書·景帝紀》:"今天下男子年二十始傅。"師古注於《高帝紀》云:"傅,著也。言著名籍,給公家徭役也。"

《包山楚簡解詁》頁 5

○**李零**(2004)　如許慎《説文解字》序説"著於竹帛謂之書",卷三下説"書,箸也”，古文字也常用“箸”字代替“書”字，不但用作動詞的“書”，也用作名詞的“書”（後世用作撰作之義的“箸”，其實就是前一含義的“書”）。如郭店楚簡就把“詩書”的“書”寫成“箸”，包山楚簡有表示文件彙編或摘抄之義的“集箸”，也應讀爲“集書”。

《簡帛古書與學術源流》頁 44

【集糈】

○**郝本性**（1983） 上海博物館收藏一銅甗。爲壽縣楚器之一。仔細觀察實物，發覺其銘文有改刻現象。原銘爲“盥（鑄）冶客王句（后）七寶（府）”，後將“王句七寶”字迹輕輕磨去，在王句二字的位置上改刻“集糈”二字。表明該甗的掌管者應爲後者。㕒爲者字，陳侯因資錞者字作㕒，中都布的都字所從的者作㕒，可證。該字從米從者，爲糈字。

集糈銘文又見於《三代吉金文存》三卷，12 頁著録的鼎銘，該銘爲“盥（鑄）客爲集糈爲之”。河南信陽楚墓出土竹簡第二二四簡，上有“集糈之器”。以上二種，字均從皿。㡊爲口盧的口與皿同爲容器，而且形近易訛，因此從㡊或㡊與從皿有時相通。如從㡊的智字，在《説文》所載古文智字下從㔾，《魏三體石經》《君奭》古文智字下從㡊。均可證此爲糈字。

糈字從米，集糈又刻銘於甗上，表明集糈的職務當與蒸煮稷黍有關。對照信陽楚簡有“樂人之器”，可證集糈必爲官名。

《古文字研究》10，頁 206

○**夏淥**（1984） 三代 3·12·6《鑄客鼎》：“鑄客爲陰糈爲之。”“糦”省作“糈”，右側不夠清晰，以偏旁結構和銘文詞義推之，當是“糈”字。

“陰糈”即爲楚王製作御膳米飯餅餌之類的職官。《廣韻》：“糈，乾飯也。”《書·費誓》“峙乃糗糧”，疏：“糗糈是行軍之糧。”《博雅》：“糗，糈也。”《説文》：“糗，又乾飯屑也，又糧也。”《史記·大宛傳》：“載糈給貳師。”

《楚史論叢》初集，頁 280

○**陳秉新**（1987） 《三代吉金文存》卷二第 12 頁著録壽縣出土一鼎銘：“鑄客爲集糈爲之。”安徽省博物館藏一甗，刻銘“鑄客爲集糈”，同銘的有上海博物館藏銅甗。郝本性同志認爲：“糈字從米，集糈又刻銘於甗上，表明集糈的職務當與蒸煮稷黍有關。”郝本性同志的解釋是對的，但未明言糈爲何字。按今煮字《説文》作鬻，從鬲，者聲，或體作鬻。頗疑鬻爲煮之古文，後省變爲槀或糈。然則集糈即楚王室總管烹煮的機構，其長相當於《周禮》之亨人。《亨人職》云：“掌共鼎鑊，以給水火之齊。職外內饗之爨亨煮，辨膳羞之物。祭祀，共大羹、鈃羹，賓客亦如之。”

《楚文化研究論集》1，頁 336—337

○**黃錫全**（1991）　26.集糦

（55）“鑄客爲集糦爲之”　　（鑄客鼎，《三代》3・12）

（56）“鑄客爲集糦”　　（鑄客甗，安徽省博物館藏）

（57）“鑄器客爲集糦”　　（鑄客甗，上海博物館藏）

（58）“集糦之器……”　　（《信陽楚墓》竹簡 2-024）

郝本性認爲，該字从米从者，爲糦字。“集糦又刻銘於甗上，表明集糦的職務當與蒸煮稷黍有關……集糦必爲官名。”陳秉新疑《説文》煮之“或體”爲“古文”，糦乃其省變。“集糦”爲楚王室總管烹煮的機構，其長相當於《周禮》之“亨人”。按，《信陽楚墓》竹簡 2-029“糦之器”有“二籩、善米、米純、木器”等名稱，説明“糦之器”與烹煮主食米飯有關，天星觀楚簡有官名“集糦尹”，又説明“集糦”爲機構名，負責王室或官員的主食（飯米）的烹煮。

《古文字與古貨幣文集》頁 279，2009；原載《文物研究》7

○**李零**（1992）　糦，原銘作𥻗。長臺關 M1 遣册有“集糦之器”，天星觀 M1 遣册有“集糦尹”。糦，疑讀爲糈，《楚辭・離騷》“懷椒糈而要之”，王逸注：“精米，所以享神也。”此“集糦”即“集糦尹”，是掌稻粱等主食之官。《漢書・百官公卿表》少府屬官有大官、湯官、導官，顏師古注：“太官主膳食，湯官主餅餌，導官主擇米。”主擇米的導官和這裏的集糦是類似的。

《古文字研究》19，頁 149

○**劉彬徽**（1995）　集糦，亦爲主管膳食的機構。信陽長臺關楚簡記有“集糦之器”，天星觀楚簡記有“集糦尹”。糦，疑讀爲糈。《楚辭・離騷》“懷椒糈而要之”，王逸注：“精米，所以享神也。”此集糦尹即集糦之主管官吏，爲掌稻粱等主食之官。

《楚系青銅器研究》頁 364

【集醻】

【集醻尹】

○**黃賓虹**（1935）　晚周古器最近一二年間出土甚夥，如壽春（今之壽縣）城外朱家集發掘土室内有鐘鼎金玉數百件。鼎刻龍紋，其文字作𥳆𥳆𥳆𥳆𥳆𥳆，或釋爲“盟客爰集醻歂之”六言。

《美術生活》2

○**李學勤**（1959）　安徽壽縣李三孤堆出土的楚銅器羣，(中略)鑄客爲集醻爲之。

《文物》1959-9，頁 59—60

○**郝本性**（1983）　　壽縣楚器中有一種三足、帶有提鏈的圓盤形器，據河南信陽楚墓出土同類器物，内盛木炭，證明它是一種銅鑪。依《説文》：“鏇，圜鑪也。”可稱此器爲鏇。

　　上海博物館收藏一銅鏇，上有銘“盥（鑄）客爲集龏爲之”。故宫博物院收藏一鐎壺，器蓋對銘。蓋銘是“盥（鑄）客爲集龏爲之”。器銘是“盥（鑄）客爲集𦩠爲之”。與此同銘的還有一鼎，《三代吉金文存》三卷，12 頁著録，器蓋對銘。集下一字作𩰲和𦩠。

　　此字古从酉，郘王義楚耑和沇兒鐘均可證𠷎爲酉。右从疇，《説文》疇字或體作𠷎，《漢簡》（編按：《漢簡》應爲《汗簡》之誤）引《説文》疇字作𠷎。𠷎與其相似，乃爲疇的異構。金文中壽字繁簡不同，有𩰲、𩰲和𩰲三體。前面舉出的下从口或日的也是壽字的不同寫法。因此，這個字爲醻字。

　　醻爲美酒名，見《集韻》，據《詩詁》：“主人進酒於客曰獻，客答主人曰酢，主復酌賓曰醻。”

　　在戰國墓葬中鏇往往和鐎壺同出，從前葉恭綽舊藏的集醻鏇和集醻鐎壺便是一套。兩器均呈圜形，鏇的最大腹徑爲 33.5 公分，鐎壺的最大腹徑爲 25 公分。鐎壺恰可置於鏇内。此鐎壺鐵足有折斷，原足一定較高，這是楚鼎與楚鐎壺的特點之一。足高其下可放置木炭。這套温酒器，可提其提鏈，加以移動。

　　《廣韻》蕭（編按：應爲“宵”）韻説：“鐎，温器，三足而有柄。”漢富平家温酒鐎便是這種形制。《周禮》記載：“鬱人掌祼器，凡祭祀、賓客之祼事，和鬱鬯，以實彝而陳之。”鄭衆注：“鬱，草名……以煮之鐎中。”集醻既然刻銘於鐎和鏇上，其職務必與温酒、“和鬱鬯”有關，是祭祀或饗禮時供應酒醴的職官。

《古文字研究》10，頁 207—208

○**陳秉新**（1987）　　三、集醻　《三代吉金文存》卷三第 12 頁著録壽縣出土鑄客鼎之一，銘曰：“鑄客爲集醻爲之。”同銘的有上海博物館收藏的銅鏇一件，故宫博物院收藏的鐎壺一件。醻當讀爲酋，醻與酋古音同隸幽部，醻屬舌面禪紐，酋屬齒頭從紐，兩紐相近，可以通轉。《説文》：“酋，繹酒也……《禮》有大酋，掌酒官也。”許所引《禮》乃《禮記》。《禮記·月令》云：“仲冬之月……乃命大酋，秫稻必齊，麴糵必時，湛熾必絜，水泉必香，陶器必良，火齊必得。兼用六物，大酋監之，毋有差貸。”鄭玄注：“酒熟曰酋。大酋者，酒官之長也，於周則爲酒人。"集醻（酉）是楚王室總管釀酒的機構，其長相當於《禮記》的大酉。

《楚文化研究論集》1，頁 335—336

○黃錫全（1991）　28.集醻

（60）"鑄客爲集醻爲之"（器蓋對銘）　《三代》3·12

（61）"鑄客爲集醻爲之"　鑄客鎬,上海博物館藏

（62）"鑄客爲集醻爲之"（器蓋對銘）　鑄客鐈壺,故宮博物院藏

李學勤釋第二字爲醻。郝本性認爲醻是美酒名，"集醻"是祭祀或饗禮時供應酒禮的職官。陳秉新認爲"醻"當讀爲"酉"，"集醻（酉）"是楚王室總管釀酒的機構，其長相當於《禮記》的"大酉"。按，郝氏認爲鎬與鐈壺爲一套温酒器，其説甚是。由此可見，"集某"之"某"確與器之用途有關，"集醻"是機構名，其長可能爲"集醻尹"。

《古文字與古貨幣文集》頁 279，2009；原載《文物研究》7

○李零（1992）　集醠，也應是職官名。醠，原器兩銘一作醠、一作醠，字從西，可能與酒、醯一類食品有關，舊釋醻。

《古文字研究》19，頁 150

【集𣏾】

○朱德熙、裘錫圭（1972）　現在我們再來討論上引大鼎的銘文。這條銘文裏有好幾個字不可識。其中最關鍵的是出現了三次的𣏾字。根據目前所掌握的戰國文字的知識，這個字似乎有以下兩種可能的分析途徑。

可以認爲這個字上端從乘，試與下列乘字比較：

見注㊶　　　　《古璽文字徵》附 35 上"公乘𣄼"印

采取這種看法，我們可以説這個字從肉從刀從乘，但我們的分析只能到這裏爲止，這個字到底是什麼字，在銘文裏是什麼意思，都無法作進一步的推斷。這條路是走不通的。

另一條途徑是跟下面幾個字比較：

𣏾a　　　𣏾b　　　𣏾c

a 見於東陵鼎，b 見於壽春鼎。b 只是把 a 所從的厂轉了一個角度，二者顯然是一個字。c 見於春秋時代的齊器叔夷鎛，銘文説："易（錫）女（汝）釐都□𣏾。"用爲地名。跟金文從𣏾的字比較，可知此字從刀從※從𣏾，疑是𣏾之繁文。a 跟 c 字形近似，只是省去了 c 字上端的來，又增加了肉旁，似可釋爲從

肉从劂省,隸定爲勝,大鼎👤字跟 a 和 b 十分近似,也可能是勝字。

(中略)大鼎之勝可能與《周禮》饎人相似,也是主飲食的職官。(中略)集勝的集也很可能是一個地名。

《朱德熙古文字論集》頁 42—43,1995;原載《考古學報》1972-1

○**郝本性**(1983)　壽縣楚器有一小鼎,一鼎耳上刻"大子鼎",另一鼎耳上刻"集👤"。還有一有蓋小鼎,蓋邊有"盥(鑄)客爲集👤爲之"。《三代吉金文存》三、二六還著録一楚國大鼎,銘爲"鑄客爲集👤、倍👤、吴👤👤爲之"。關於👤字,從前,釋祭、散、勝、膴,我認爲釋膴是正確的。

👤字下从肉从刀而上面从無,此字應爲膴字。舞字甲骨文作👤(《殷契粹編》三二二),象人兩手執舞具而舞的形象,👤仍保持這一特徵。舞隸變爲無。

古璽文字習見👤,爲公👤和👤馬,均爲複姓。舊釋乘,但乘字特點是人在木或几上,如甲骨文作👤(《殷契粹編》一〇九),金文作👤(匽公匜)、👤(乘父簋)、👤(廿年距末)、👤(鄂君啟節車節),古璽文作👤(《十鐘山房印舉》古璽九·三八上)。

(中略)《三代吉金文存》三·一二上著録有一膴鼎,上有銘文"中👤",即中膴,可讀作中廡,《商周金文録遺》一九·七〇著録有大右秦鼎,銘文有"東陵👤",壽春府鼎有"暑官👤",均爲廡。都是表明該鼎的置用場所。

集膴的膴,《説文》謂"無骨腊",而《周禮·腊人》鄭玄注云"膴亦膔肉大臠",鄭司農云"膴,膺肉",又謂"夾脊肉"(見《周禮·内饔》鄭注引)。膴當指鮮肉大臠爲宜。

《古文字研究》10,頁 208—209

○**夏渌**(1984)　銘文中的"👤"爲共用此鼎的三個單位名稱,"陰"字的音義既已突破,大致這三個共用大鼎的部門所在楚王北宫的範圍,已經可以推知。今從字形分析入手,上部从大(楚字"大子"字作"👤")上肢有切割紋,下部从月(肉)从刀,表示割肉之意。聯繫大鼎本身作爲物證,這三個單位應當是供給楚王後宫和親屬肉食的屠宰單位,這個字有可能是"庖""宰""屠"一類字。陰👤和陰廚的分工,一爲宰殺牲口提供肉源,一爲烹飪加工。以上所舉的三個字,"宰"金文習見,與此不類,加以排除,剩下庖、屠二字,聯繫銘文,讀"陰庖、䍃庖、胄腋庖"的可能性頗大。從古文字發展的規律考慮,漢字大多從象形表意字發展爲形聲字,從形聲字也往往可以逆推其原始的象形表意文字。

（中略）“屠”的“尸”代表人體，爲屠宰對象，楚字𣥋上部𣥋爲“大”代表正面人體，肢體有切割紋，與“屠”的上部“尸”作義符含義一致，僅僅在於“正面人體”和“側面人體”之分，下部从刀从肉，表示宰割人體之肉，以備食用，當爲“屠”的象形表意字。隨着漢字形聲化，下部的𣥋（表意符號）更換成聲符“者”，上部簡化以側面的“尸”代正面的“𣥋”，於是產生了新的形聲字：“屠”，“𣥋”爲“屠”古字。

“陰屠”是供“陰廚”的屠宰牲畜的單位。

《楚史論叢》初集，頁 274—276

○**陳秉新**（1987） 愚意，集膴是楚王室總管製䐫的機構。

《楚文化研究論集》1，頁 337

○**黃錫全**（1991） 29.集腏

（63）“鑄客爲集腏、伸腏、䍤腋腏爲之”。（鑄客大鼎，《三代》3·26）

（64）“鑄客爲集腏爲之”。（鑄客鼎，見《古文字研究》第 10 輯 208 頁）

（65）“大子鼎”（耳）、“集腏”（耳）。（太子小鼎，出處同上）

“腏”字過去釋讀不一，是個老大難問題。我們認爲這個字从刀从叕，即腏字古體。《說文》腏訓“挑取骨閒肉也，从肉从叕”。此字从刀，其義相合。“叕”形與楚簡“綴”字所从叕類同。腏和餟、醊古字通。“集腏”當與上列“集某”義同，可能是主管餟祭祭爵的機構，其長可能稱“集腏尹”。“伸”字從何琳儀釋，我們讀爲“胂”。《說文》：“胂，夾脊肉也。”“䍤”字從郝本性釋，我們讀爲膗，假爲膍。《說文》“膍，切熟肉內於血中和也”。“腋”字從李學勤釋。膗鼎的“中腏”我們讀爲“內腏”，指內臟。鑄客大鼎的意思當是，鑄客爲盛載三種不同的祭爵鑄了這個大鼎。膗鼎則是盛內臟的。“集腏、䍤腋腏、中腏”等，我們認爲不是機構名，也不是官名。

《古文字與古貨幣文集》頁 279—280，2009；原載《文物研究》7

○**劉釗**（1991） 壽縣楚器銘文中有“𣥋”字，以往考釋爲剃。

我們認爲這個字上部所从之“𣥋”也應是“叕”字。字从刀乃繁構，从刀與《說文》訓“挑取骨閒肉也”正合。故字應隸作“劅”，釋爲“腏”。“集腏”爲官名，大概與璽文“叕（腏）”一樣，也是指掌管餟祭或餽食的官吏。

《江漢考古》1991-1，頁 75

○**李零**（1992） 𣥋，李學勤先生釋膴，朱德熙、裘錫圭先生釋䐫，我們認爲這個字是从兩爻从肉从刀，東陵廥鼎和壽春府鼎所从爻皆單作，説明這個字可隸定爲剃，讀爲肴饌之肴。肴是切細的肉，从刀作是兼有會意的成分，上加厂旁或宀旁,是表示製造肴饌的處所。可見這個字和庖意思差不多。（中略）這裏我們暫時根據"鑄客爲王后六室爲之"等銘例,把集肴、𠂤肴、員𦥑肴看作三個並列食官名看待。

　　　　　　　　　　　　　　　　　　　　　　《古文字研究》19,頁 148

○**董蓮池**（1995）　然則此文可隸作"鬻"。依漢字構形規律分析應从"叕"得聲。如果這一推斷不錯,則此文疑即"廚"字的異體之一。（中略）因此將"鬻"釋爲廚,從所選用義符上分析也可以説得通。從辭例上分析,此云"集鬻",又用以銘鼎,鼎則爲廚中所用之具,在楚器鼎銘中,銘以"集腏（廚）"者數見,因此"集鬻"與"集腏（廚）"意義當同。如果此釋不誤,則此鼎銘文讀成"鑄客爲集廚伸廚睘腋廚爲之",是記此鼎爲三廚同時造鼎時所造之一,或記此鼎是爲供三廚使用所造。

　　　　　　　　　　　　　　　　　　　　　　《金文編校補》頁 423—424

○**劉彬徽**（1995）　集腏,當爲主管腏祭的機構,按顏師古注,爲連續祭群神之用器。

　　　　　　　　　　　　　　　　　　　　　　《楚系青銅器研究》頁 363

○**崔恆昇**（1998）　"集臑"與"集腏、集醣、集糈"等同爲楚王室飲食膳羞的機構,所不同者,前者用於享禮,後三者用於生者。

　　　　　　　　　　　　　　　　　　　　　　《安徽出土金文訂補》頁 12

○**吳振武**（2005）　"集脀、造脀、□□脀"是三個管理飲食或祭品的機構。

　　　　　　　　　　　　　　　《黄盛璋先生八秩壽誕紀念文集》頁 291

△**按**　關於這些難字的研究,還可參考程鵬萬《安徽壽縣朱家集出土青銅器銘文集釋》（黑龍江人民出版社 2009 年）一書。

鳥 🦅

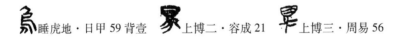
🐦睡虎地·日甲 59 背壹　　🦅上博二·容成 21　　🦅上博三·周易 56

○**曾憲通**（1996）　楚文字中鳥形的變化比較複雜。過去由於作偏旁用的鳥形不易辨認,以致有關的簡帛文一直未獲得確解。近年來楚文字出土日多,爲我們提供了相互參證的有利條件。金文鳴字鳥旁蔡侯鐘作🦅、王孫弄鐘作🦅,王孫遺者鐘作🦅,而曾侯乙編鐘敓字鳥旁作🦅,包山楚簡雞字鳥旁作🦅,更與楚帛書鳥旁如出一轍。

　　　　　　　　　　　　　　　　　　　　　　《中山大學學報》1996-3,頁 63

○**岳起**（1998）　19.咸重成鳥。1墓、1器、1處（圖三：23）。第四字右邊不清，從字形看當爲"鳥"。此陶文爲第一次發現。

23

《文博》1998-1，頁44

○**何琳儀**（1998）　鳥，甲骨文作（乙六六六四），象鳥之形。西周金文作（鳥且癸簋），春秋金文作（子□夨鳥尊）。戰國文字承襲兩周金文。

　　中山雜器鳥，人名。

《戰國古文字典》頁181

鳩　鳩　鴀

上博一・詩論21　　上博一・詩論22

○**馬承源**（2001）　鴀，從鳥，旮聲。《越王句踐劍》銘文王名作"鳩淺"，乃同一字的偏旁相換。"旮、九"不同字。

《上海博物館藏戰國楚竹書》（一）頁151

鳩　鳩

曾侯乙石磬　集成300曾侯乙鐘　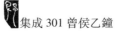集成301曾侯乙鐘

○**裘錫圭、李家浩**（1981）　（21）馱（見封三圖②；圖7：③）

　　此字右旁有殳（中一3）、（中一4）、（磬上3）、（磬上四）等寫法。今暫據第三形釋作"馱"。

《音樂研究》1981-1，頁21

○**曾憲通**（1986）　記事銘中另有一處作"曾侯乙乍馺"（中三8），馺字作（編按：此處恐有誤。中三8銘文爲"曾侯乙乍"，"乍"下一字爲从口寺聲的"峙"，通持）。從鳥從殳，異體作敆，義同推敲之推。曾侯乙"作持"與"作馺"同意，持表示持用，推即推敲，皆動詞名化用作賓語，詞性也相同。無論"曾侯乙作持"或"曾侯乙作馺"，皆表示曾侯乙是這套編鐘的主人。（中略）

　　（3）中層一組四號鐘（局部，銘見附圖）

　　　　正面隧部：少羽（A₅）

　　　　背面鉦部：重皇之終反，割𨼆之

　　　　隧　　部：壴，濁新鐘之壴（馺）

　　此鐘正面隧部標音銘作"少羽"，實測音高爲 A_5，屬高音區，故背面樂律銘多出現高音名，如"重皇之終反"，終是徵的高音區別名，"終反"則是徵之高音的更高音。"姑洗之壴"的壴又作鼓，或益口旁爲喜（與喜同形異字）即鼓，爲羽的高音區異名。"姑洗之壴"説明標音銘之"少羽"屬高音區的姑洗律。本鐘銘既有"割肆之壴"又有"濁新鐘之壴"，必有一誤。經查證，"濁新鐘之壴"與旋宫不合，據同銘之中層二組4號鐘作"濁新鐘之殻"，知此處作"壴"者乃"殻"字之誤。殻爲角即宫角的高音名，"濁新鐘之殻"依旋宫所得，其音位爲 A，正與標音銘"少羽"之音高爲 A_5 相合。

　　　　　　　《古文字與出土文獻叢考》頁 164、175—176,2005；原載《古文字研究》14

○**裘錫圭、李家浩**（1989）　"觖"字右旁有 ![字形](中.1・3)、![字形](中.1・4)、、等寫法。今暫據第三形釋作"觖"。

　　　　　　　　　　　　　　　　　　　　　　　　　　《曾侯乙墓》頁 559

鴱 ![字形]

![字形]古璽彙考,頁 284　　![字形]璽彙 1018　　![字形]璽彙 5599　　![字形]璽彙 1994　　![字形]璽彙 4003

○**湯餘惠等**（2001）　　（編按：璽彙 4003）鮕　同舊。

　　　　　　　　　　　　　　　　　　　　　　　　　《戰國文字編》頁 243

○**劉釗**（2006）　古璽文有下揭一字：

　　1 ![字形]1018　　2 ![字形]4003　　3 ![字形]1994　　4 ![字形]5599

《璽彙》不釋，《璽文》列入於附録。按字左從"鳥"。（中略）

字右邊從"臼"。（中略）

上揭古璽文就應釋爲"鴱"。鴱字見於甲骨文，作"![字形]"（《懷》1398），字又見於《廣韻》《集韻》等字書，義爲鳥名，又寫作鴟或雎。

鴱字在古璽文中用作人名。

　　　　　　　　　　　　　　　　　　　　　　《古文字構形學》頁 292—294

鸛 䴙　鸇 難

![字形]上博 39　　![字形]近出 102 㝬鐘　　![字形]近出 99 㝬鐘　　![字形]包山 236　　![字形]上博一・詩論 27

![字形]集成 2840 中山王鼎　　![字形]集成 9735 中山王鼎　　![字形]信陽 1・8

楚帛書　　郭店・成之 15　　曾侯乙 174　　上博一・性情 15

郭店・語三 45　　郭店・老甲 14　　郭店・性自 50　　睡虎地・封診 94

上博二・從甲 17　　上博四・曹沫 23　　上博五・姑成 6　　上博五・弟子 10

○安志敏、陳公柔（1963）　　(編按:楚帛書)難。

《文物》1963-9,頁 53

○李零（1985）　　(編按:楚帛書)習黃難,難,左半从黃,黃與莫相淆發生甚早,參唐蘭《殷虚文字記》64 頁,這裏仍釋爲難。習黃難當是黃木,但黃木不見於帛書,帛書左下角之木是用墨線白描,恐所記有誤。帛書左下角白木代表西方和秋天,下領七月至九月。

《長沙子彈庫戰國楚帛書研究》頁 70

○蔡成鼎（1988）　　(編按:楚帛書)翏(?)黃難:此名待考,姑不妄加解釋,惟以黃色乃秋收之意,是乃秋神之名。

《江漢考古》1988-1,頁 70

○嚴一萍（1990）　　(編按:楚帛書)25 難　《汗簡》作難。齊太僕歸父盤作難,與繒書同。

《甲骨古文字研究》3,頁 301

○劉彬徽、彭浩、胡雅麗、劉祖信（1991）　　(編按:包山 236)難,《戰國策・中山策》“陰問(編按:當作"簡")難之”,注:“惡也。”

《包山楚簡》頁 58

○饒宗頤（1993）　　(編按:楚帛書)難字見於《者減鐘》,乃是“然”字,疑讀爲樢。《説文》樢,訓酸小棗。《淮南子》:“代樢棗以爲矜。”《上林賦》:“琵琶樢柿。”《廣韻》二十八獮:“樢,棗木名。”是難爲棗木也。

《楚地出土文獻三種研究》頁 241

○曾憲通（1993）　　(編按:楚帛書)難字从黃,齊太僕歸父盤作難,者減鐘作難,選堂先生認爲,難見者減鐘,乃是然字,疑此帛文當讀爲樢。《説文》樢訓酸小棗,《唐韻》:“樢,棗木名。”是難爲棗木,並釋習黃難爲翟黃樢,即白色的大棗木,亦四神以木爲名之一證。

《長沙楚帛書文字編》頁 111

○商承祚（1995）　　(編按:信陽 1・8)饋,即難。金文歸父盤作難,此易位,義同。

《戰國楚竹簡匯編》頁 169

○**何琳儀**（1998）　難,从隹,莫聲（或堇聲）。鸛之異文。

中山王鼎"難行",見《韓非子·八經》"法之所外,雖有難行,不以顯焉"。

楚簡難,不易。《廣韻》:"難,不易稱也。"《論語·子路》:"爲君難,爲臣不易。"帛書"□黃難",神名。隨縣簡"難駄",馬名。

睡虎地簡難,不易。

《戰國古文字典》頁976

○**李零**（2000）　（編按:楚帛書）第三字似是"翏"字。〔補注:經目驗帛書,確是"翏"字。〕"難",饒文讀"橪",以爲棗木。這裏只有四木,按四色配四方,應作青、朱、白、墨排列,但這裏卻是黃木,疑帛書原作五木,與下文同,脱去白木。

《古文字研究》20,頁171

○**馬承源**（2001）　（編按:上博一·詩論27）智難讀爲"智難",所指當爲詩句"日月其除""日月其邁""日月其慆",皆是日月難以淹留的用語。

《上海博物館藏戰國楚竹書》（一）頁157

○**濮茅左**（2001）　（編按:上博一·性情15）難,讀爲"戁",《詩·商頌·長發》"不戁不竦"、《孔子家語·弟子行》"不戁不竦"中的"戁、悚（竦通）"兩字義與簡文相當。戁,又有敬、動之義,《説文》:"戁,敬也。"《爾雅·釋詁下》:"戁,動也。"簡文所言聽琴瑟之聲與心共鳴,使人悚然悸動,敬而感耳。

《上海博物館藏戰國楚竹書》（一）頁241

○**胡平生**（2002）　（編按:上博一·詩論27）愚意"智"仍當讀爲"知",簡牘之"知"字幾乎全都寫作"智"。"知難"應指世事之艱難。

《上博館藏戰國楚竹書研究》頁286

鴬　[鴬字形]

[字形]璽彙0533

○**吳振武**（1983）　0533 王[字形]·王鵰（雕）。

《古文字學論集》（初編）頁493

△**按**　陳光田在《戰國璽印分域研究》（211頁,嶽麓書社2009年）一書中將此字釋爲"鴬"。可從。

鴈[鴈字形] 鳶

[字形]包山145　[字形]郭店·性自7　[字形]貨系2476

○**裘錫圭**（1978）　下揭三孔布面文，《發展史》釋作"文雁鄉"。此幣左側一字是"即"，不當釋"鄉"（參看《榆次布考》）。右側一字从⊗从"産"，拆成"文雁"二字也是錯誤的。

⊗就是"鳥"字。春秋金文"鳥"字作🐦（《金》209 頁"鳴"字偏旁），如果省去頭部就跟⊗字很接近了。戰國印文裏🐦字（《續衡》3.1"肖鴄"印），當釋"鴄"。又有🐦字（《古徵》附 11 頁），當釋"駕"（亦作"鴑"，"女、如、奴"古音相近可通）。又有🐦字（《尊古齋印存》四集 2·9"鷗慶"印），當釋"鷗"。⊡是"區"的簡體，古印"歐"作🐦（《古徵》8·3），可證。又有🐦字（《古徵》附 45 頁），當釋"鳴"。戰國文字裏从"口"之字往往在"口"下加"＝"，如"和"字或作🐦（《古徵》2·2），"吠"字作🐦（《古徵》附 12 頁），皆與"鳴"字同例。又有一個寫作🐦（《古徵》附 11 頁）、🐦（《賓釋》"王鵰"印）等形的字，《賓虹草堂鈢印釋文》釋作"鵰"。《説文》"周"字古文作🐦；古印又有🐦字（《古徵》附 19 頁），當釋"綢"，可證此説是正確的（**編按：據楚簡"央"旁寫法，上引从"糸"之字當釋"緀"，从"鳥"之字當釋"鴦"**）。上舉這些字的"鳥"旁，尤其是"鷗"和"鳴"的鳥旁，都跟"⊗"很相似，可證它確是"鳥"字。

根據漢字構造的通例來看，"鳶"應該是从"鳥""産"聲的字。"産"就是"彥"的聲旁。"彥、鴈"都是疑母元部字，古音極近，鳶當是鴈的異體。

鴈即的"即"應該跟榆次布的"即"字一樣，讀作"次"。古代有不少以"次"煞尾的地名。僅就見於《漢書·地理志》的而言，除榆次外就還有勃海郡的安次、遼東郡的武次、武威郡的揖次以及平原郡富平的本名厭次。戰國時趙有鴈門，《史記·匈奴傳》："武靈王北破林胡、樓煩，築長城，置雲中、鴈門、代郡。"《漢書·地理志》和《後漢書·郡國志》"雁門"都作"鴈門"。鴈次應是戰國時趙國鴈門的一個重要城邑，但是它的確切地望已難以查考。

《北京大學學報》1978-2，頁 73

○**劉彬徽、彭浩、胡雅麗、劉祖信**（1991）　（**編按：包山 145**）鹿。

《包山楚簡》頁 27

○**何琳儀**（1993）　敍鹿 145

△原篆作🦌，應釋"顏"。

《江漢考古》1993-4，頁 59

○**白於藍**（1996）　（**編按：包山 145**）簡（145）有字作"🦌"，字表當作未識字隸作"鹿"。此字何琳儀先生釋作"顏"。按此字上部从"産"沒有問題，下部"🐦"實爲"鳥"字，鳥字作偏旁在包山簡屢見，如鳴字作"🐦"（194）、"🐦"（95），鸊字作“〓”（183），雞字作“〓”（257）、“〓”（258），所从之鳥旁均與此形近，頁字在簡文中均作“〓”（牘1）、“〓”（牘1）之形，均與此形不類。故此字應隸作“鳶”。戰國貨幣文字中有一字作“〓”，裘錫圭先生隸作“鳶”，釋爲“鴈”，其説可信。簡文此字與“〓”爲一字無疑，故亦應釋爲“鴈”。“鴈”字見於《説文》，在簡文中用爲人名。

《簡帛研究》2，頁42

○**何琳儀**（1998）　鳶，从鳥，产聲。疑鴈之繁文。見鴈字。

　　趙三孔布“鳶即”，地名。疑讀“安次”，見《漢書·地理志》勃海郡。在今河北安次。戰國末期“安次”可能一度屬趙。或説，“鳶即”與“鴻上塞”有關，待考。

《戰國古文字典》頁977

○**荆門市博物館**（1998）　（編按：郭店·性自7）鳶。

《郭店楚墓竹簡》頁179

○**黄德寬、徐在國**（1998）　性7有字作“〓”，原書未釋。楚帛書中“梟”字作“〓”，“〓”字作“〓”（並從曾憲通先生釋，《長沙楚帛書文字編》75、110頁），包山簡“雞”字从鳥作“〓”、“〓”《簡帛編》309頁），語四14“雄”字从鳥作“〓”，語四26“雌”字作“〓”。“〓”字所从的“〓”與上引諸“鳥”字形近，應釋爲“鳥”。如此，“〓”可隸作“鳶”，當分析爲从“鳥”“彦”省聲，釋爲“鴈”。古音“彦、鴈”並爲疑紐元部字，故“鴈”字可以“彦”爲聲符。《説文·鳥部》：“鴈，鵝也。从鳥从（編按：《説文》無後一“从”字）人厂聲。”性7：“牛生而倀（長），鳶（鴈）生而戟（伸）。”“牛”與“鴈”爲對文，均指動物；“戟”疑讀爲“陳”（陣）。包山145簡有“〓”字，《簡帛編》隸作“廎”（716頁），是錯誤的。此字亦應隸作“鳶”，釋爲“鴈”。貨幣文“〓即”，裘錫圭先生釋爲“鴈次”，所釋“鴈”字由此也可得一確證（《古文字論集》434頁）。

《吉林大學古籍整理研究所建所十五周年紀念文集》頁110

○**李家浩**（1999）　（2）《性自命出》七號簡釋文：

　　牛生而倀（長），鳶生而伸。

　　按第二句句首隸定的那個字，原文作：

　　　〓《郭店》六一·七。

此字見於包山楚簡，但寫法略有不同：

　　　〓《包山楚簡》圖版六六·一四五。

它們都應該釋寫作"鳶",其所從"鳥"旁可以跟下録楚國文字的"鳥"旁比較:

雄　《郭店》一〇六·十四

雌　《郭店》一〇七·二六

鈔　《包山楚簡》圖版一一〇·二五五

鴃　《包山楚簡》圖版三五·八〇

《性自命出》的"鳶"字所從"鳥"旁,跟前三字所從"鳥"旁寫法相似,唯少寫一横而已;包山楚簡的"鳶"字所從"鳥"旁,跟最後一字所從"鳥"旁寫法相似。"鳶"字見於戰國貨幣三孔布,裘錫圭先生在考釋此貨幣文字時説:"根據漢字構造的通例來看,'鳶'應該是從'鳥''产'聲的字。'产'就是'彦'的聲旁。'彦、鴈'都是疑母元部字,古音極近,鳶當是鴈的異體。"據裘先生的説法,簡文"鳶"當釋爲"鴈"。

《説文》鳥部:"鴈,鵝也。"段玉裁注:"'鴈'與'雁'各字,'鵝'與'䲧鵝'各物。許意佳部'雁'爲鴻雁,鳥部'鴈'爲鵝。䲧鵝爲野鵝,單呼鵝爲人家所畜之鵝。今字'雁、鴈'不分久矣。"1955 年,中華人民共和國文化部、中國文字改革委員會公布的《第一批異體字整理表》,把"鴈"歸併到"雁"。據《説文》所説,簡文的"鴈"當指家鵝。古代導引術式有"鳥伸、雞伸"。簡文"鴈生而伸"之"伸",與此"伸"字用法相同。

　　　　　　　　　　　　　　　　　　　《中國哲學》20,頁 346—347

鷗　鷗

　　璽彙 2523

○裘錫圭(1978)　兒就是"鳥"字。春秋金文"鳥"字作兒(《金》209 頁"鳴"字偏旁),如果省去頭部就跟兒字很接近了。戰國印文裏字(《續衡》3.1"肖鴗"印),當釋"鴗"。又有字(《古徵》附 11 頁),當釋"駑"(亦作"駑","女、如、奴"古音相近可通)。又有字(《尊古齋印存》四集 2·9"鷗慶"印),當釋"鷗"。匹是"區"的簡體,古印"歐"作嘔(《古徵》8·3),可證。

　　　　　　　　　　　　　　　　　　　《北京大學學報》1978-2,頁 73

○吳振武(1983)　2523 慶·鷗慶。

　　　　　　　　　　　　　　　　　　　《古文字學論集》(初編)頁 507

鶉 鷚 鸛

天星觀

天星觀　　上博五・競建 2

○滕壬生（1995）　鶉。

《楚系簡帛文字編》頁 316

○陳佩芬（2005）　（編按：上博五・競建 2）"躯"，同"雄"。

《上海博物館藏戰國楚竹書》（五）頁 169

○李守奎、曲冰、孫偉龍（2007）　鸛　按：楚之"雄"字，字形摹作，本卷隹部重見。

《上海博物館藏戰國楚竹書（一——五）文字編》頁 201

鶢 鶢

新蔡甲三 404

○賈連敏（2003）　鶢。

《新蔡葛陵楚墓》頁 201

鳶 鳶　鳶 鳶 鷻

睡虎地・日甲 30 背貳　睡虎地・日甲 24 背貳

上博五・競建 4　楚帛書　陶徵 271

睡虎地・日甲 51 背貳

○安志敏、陳公柔（1963）　（編按：楚帛書）賊。

《文物》1963-9，頁 54

○袁仲一（1987）　（編按：秦陶 42）鳲。

《秦代陶文》頁 449

○何琳儀（1989）　（編按：楚帛書）首字原篆作""，應隸定"鳶"（參上引曾函），即後世之"鳶"。甲骨文、商代金文"鳶"本从"戈"（于省吾《甲骨文字釋林》325頁）。清代學者早就指出"鳶"應从"戈"得聲（王念孫《廣雅疏證·釋鳥》）。"鳶"，元部；"戈"，歌部。二者爲陰陽對轉。古文字材料再一次證實王説確不可易。"鳶"，鷙鳥，俗名鷂鷹。

《江漢考古》1989-4，頁53

○**睡簡整理小組**（1990）　（編按：睡虎地·日甲24背貳）弋，射。大徐本《説文》鳶字下云："屰非聲，一本从丫，疑从萑省，今俗別作鳶，非是。"簡文此字上部已从弋作鳶。《説文通訓定聲》以爲鳶即雉字，當讀如弋。

　　（編按：睡虎地·日甲51背貳）蔿，爲鳶的異體字。《左傳·昭公十五年》："以鼓子蔿鞮歸。"《釋文》："蔿，本作鳶。"《急就篇》："鳶鵲鴟梟驚相視。"皇象碑本鳶作蔿。廣灌，疑爲植物名。以廣灌爲蔿，以廣灌扎爲鳶形。

《睡虎地秦墓竹簡》頁217、218

○**高明、葛英會**（1991）　（編按：秦陶42）鵐　《説文》所無。《廣韻》："鵐，鳥名。"

《古陶文字徵》頁271

○**曾憲通**（1993）　（編按：楚帛書）此字過去誤釋爲戕，主要原因是未能辨識左半是鳥形。今據紅外線照片，左側實作鳥形，與曾侯乙編鐘字（裘錫圭、李家浩釋作戭）字所从鳥形如出一轍，从鳥無疑。然則帛文應釋作戭即鳶。于省吾先生謂甲骨文字上从戈、下从隹，鳶字出現甚早，金文字，於鳥頭之上戴戈形，皆鳶之初文。于引王念孫《廣雅疏證》云："鳶字《説文》失載（編按：《廣雅疏證》作"未載"），以諧聲之例求之，則當从鳥戈聲，而書作鳶字（編按：《廣雅疏證》無"字"字），鳶字古音在元部，古人（編按：《廣雅疏證》無"人"字）从戈聲之字多有讀入此部者，故《説文》閦（編按：《廣雅疏證》作"閿"）从戈聲而讀若縣，戌从戈聲而讀若環，鳶之从戈聲而音讀（編按：《廣雅疏證》無"讀"字）與專切亦猶是也，此聲之相合者也。鳶字上半與武字上半同體，故隸書減之而訛爲鳶。增之則又訛爲蔿。"于老補充説："王氏謂隸書訛戈爲弋亦有未當，古文偏旁中戈弋每互作，如紮文武字作，金文肇字作，或字作，即其例也。"（詳《甲骨文字釋林·釋雈》《古文雜釋·釋鳶》）準此，則帛文可釋爲鳶明矣。鳶字《説文》失收，據字書所載，當屬鷙類，爲擊殺之鳥。帛文"鳶衞"謂善擊殺之帥，義亦通。

《長沙楚帛書文字編》頁101—102

○張守中（1994）　（編按：睡虎地·日甲51背貳）戴　《説文》所無。

○陳偉武（1995）　18.鳶　《文字徵》第271頁“鴗”字下：“䧹鳥名。”今按，此字當徑釋爲鳶。古文字从戈與从弋每訛混，如貮字，邵大叔斧作貮，蔡侯鐘作貮，《古璽彙編》2292號作貮，均从戈。長沙楚帛書有貮字，與秦代陶文構形類同。何琳儀先生《長沙帛書通釋校補》引曾師書札釋爲鳶（何琳儀《長沙帛書通釋校補》，《江漢考古》1989年4期），則《秦代陶文》下編《秦陶文字録》42所録當爲鳶字反書無疑。《龍龕手鑒》戈部第36：“鳶，音緣。”

○曾憲通（1996）　鳶　楚帛書丙篇“欿”月云：“曰欿，鳶衕囗得，以不見，月在囗囗，不可以享祀，凶，取囗囗爲臣妾。”鳶字从鳥戈聲，當釋爲戴即鳶。鳶字出現甚早，金文之鳶，甲骨文之鳶，皆於鳥頭上戴戈形，爲鳶字初文。古文字偏旁戈與弋每互作，故鳶又寫作鳶。鳶屬鷙類，爲善擊殺之鳥。帛文之“鳶衕（帥）”，意指善於擊殺之統帥。

○李零（2000）　（編按：楚帛書）“鳶”原釋“戲”，饒文、高文、李文同，不一定對。
［補注：何琳儀《校補》引曾憲通説釋“鳶”。］

○陳佩芬（2005）　（編按：上博五·競建4）“伩鳶”即“傅説”，爲商代高宗賢相。

○李守奎、曲冰、孫偉龍（2007）　（編按：上博五·競建4）鳶　戴　按：徐鉉云：“今俗作鳶。”

【鳶衕】

○饒宗頤（1968）　……戴帥，戴字从鳥旁，采曾憲通説，可讀如“禍帥”。
　　　　　（五月）欿出晧

　　　　　曰欿，戴衕（帥）囗尋

　　戴字从鳥旁，采曾憲通説，戴从鳥、戈，疑即《廣韻》八戈之鴗字。字與从
咼之過、禍、癧諸字皆音古禾切，故借爲禍。戴帥謂於主帥不利，讀如禍帥。

○**劉信芳**（1996） “鳶率”諸家多誤釋,乃不明以爲物候記載之故也。欲月爲夏曆五月,《禮記・月令》季夏之月:“蟋蟀居壁。”孔疏云:“此物生於土中,至季夏羽翼稍成,未能遠飛,但居其壁,至七月則能遠飛在野。”帛書所記較《月令》有近一月之差,原因已如前述。“鳶”字從鳥弋聲,古以有翅昆蟲爲鳥(見《夏小正》),“蟋”從悉聲,弋、蟋二字不僅韻部聲紐近,且皆爲入聲字。帛書“鳶率”即“蟋蟀”,可無疑問。

《華學》2,頁 57

△**按** 蟋蟀,上博一《孔子詩論》簡 27 作“七衛”,清華簡《耆夜》簡 9、10、11、13 又作“蟲蜇”。從上博簡和清華簡“蟋蟀”的用字來看,帛書“鳶衛”讀爲“蟋蟀”,仍有疑問。

鵒 雊

郭店・老甲 13

○**荊門市博物館**（1998） 雊（欲）。

《郭店楚墓竹簡》頁 112

○**崔仁義**（1998） 雊,同鵒,通欲。

《荊門郭店楚簡〈老子〉研究》頁 57

○**劉釗**（2003） “雊”字從“谷”從“隹”,即“鵒”字異體,從“谷”爲聲,故可通爲“欲”。

《郭店楚簡校釋》頁 13

鷇

睡虎地・秦律 4

○**睡簡整理小組**（1990） 鷇（音扣）,需哺食的幼鳥,參看《呂氏春秋・孟春紀》及《禮記・月令》。

《睡虎地秦墓竹簡》頁 20

鳴

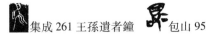集成 261 王孫遺者鐘 包山 95

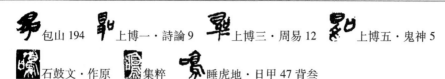

○黃錫全（1992）　95 𪅝 喫 鳴。

194 𩿋 𩿋 鳴。

《古文字與古貨幣文集》頁 400，2009；原載《湖北出土商周文字輯證》

○何琳儀（1993）　𩿋夜 194

△原篆作𩿋，應釋“鳴”。其“鳥”旁見上文“𪁖”。鳴姓見《元和姓纂》“趙賢人寶犖，字鳴犢。非罪被殺。子孫以字爲氏”。“𩿋瓜”95 應釋“鳴狐”，地名。以上“鳴”之“鳥”旁羽毛部分或左或右，並無本質性區別。“夜”原篆作𣇵，應釋“腋”。

《江漢考古》1993-4，頁 59

○曾憲通（1996）　喫　包山“疋獄”簡云，邵無欵之州人某控告妠之喫瓜邑人某某殺人。喫字右旁似鳥形，從鳥從口乃鳴字；瓜字從鼠從瓜聲，楚簡偏旁每以鼠代豸或犬，故瓜當是狐字。鳴狐爲楚之邑名，地望待考。簡 194“集胵（廚）鳴夜”之鳴字作𩿋乃此字之反書，簡文在此用作人名。

《中山大學學報》1996-3，頁 63

○何琳儀（1998）　鳴，甲骨文作喿（京津四〇一二）。從鳥從口，會鳥鳴之意。春秋金文作𪅝（蔡侯申鐘）。戰國文字承襲春秋金文。鳥足、鳥羽或有變異，或加二或心旁繁化。

包山簡“鳴瓜”，地名。包山簡鳴，姓氏。趙賢人寶犖，字鳴犢。非罪被殺。子孫以字爲氏。見《元和姓纂》。

《戰國古文字典》頁 834

【鳴夜】包山 194

△按　人名。

【鳴瓜】包山 95

△按　即“鳴狐”，楚之地名。

𪁖

𪁖 包山 80

○**劉彬徽、彭浩、胡雅麗、劉祖信**（1991）　駓（？）。

《包山楚簡》頁 22

○**何琳儀**（1993）　石皉駓 80

　　△原篆作，應釋"駓"。其"鳥"旁參"雞"作 258、"雛"作 183。《禽經》："比鳥曰駓。"

《江漢考古》1993-4，頁 57

○**何琳儀**（1998）　駓，從鳥，比聲。《禽經》："比（牝）鳥曰駓。"

　　包山簡駓，人名。

《戰國古文字典》頁 1287

○**李守奎**（2003）　駓　《集韻·質韻》有鴄字。

《楚文字編》頁 242

鶋

天星觀

△**按**　《楚系簡帛文字編》（增訂本）（376 頁，武漢教育出版社 2008 年）增列字頭"鶋"，收天星觀這一字形。

鮒

集成 2097 王后左和室鼎　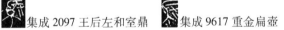集成 9617 重金扁壺　集成 9975 陳璋壺

文物 1984-6，頁 25　考古 1984-8，頁 761

○**吳蒙**（1982）　兩銘的末一字，所從偏旁有異。盱眙壺（編按：即集成 9975 之陳璋壺）從"糸"，右邊微損，但對照端方方壺（編按：即集成 9617 之重金扁壺），推想也是"升"，只是方壺銘末字是從"衣"的。古代人以布八十縷爲升，從"糸"或"衣"的應爲這樣解釋的"升"的本字，在銘文中則借用爲容積之"升"。據此，端方方壺容一㪺六升，即一㪺半或一斗八升；盱眙壺容一㪺五升，即一斗七升，可通過實測折算所用升、斗、㪺三單位的大小。這對度量衡史的研究，是新的重要材料。

《文物》1982-11，頁 13—14

○**黃盛璋**（1983）　最後一字左從系（編按：字形爲，僅見於《西清古鑑》19.3），右所從

不甚清楚，此字表容量，爲“𣪊”下單位，今姑作从“升”，以待後考。

〇**李學勤**（1984）　燕器銘中在𣪊下面一級的容量單位，字一般从“寸”，只有上賢村壺（編按：即永用析涅壺）从“攴”。由其數不超過九看，與𣪊的關係可能是十進的。𣪊爲一斗二升，則這一單位當近於一升。在文獻裏，與升接近的容量單位只有溢。《孔叢子·小爾雅》云：“一手之盛謂之溢，兩手謂之掬。”溢的大小有兩説。《考工記·陶人》賈疏引《小爾雅》云：“溢二升。”是溢即等於一升。《儀禮·喪服》鄭注則以溢爲一又二十四分之一升，係自重量單位的益推論。燕器銘中這個接近一升的容量單位是否與溢有關，或者是一個不見於傳世古籍的單位，尚待研究。

〇**黃盛璋**（1984）　𣪊以下一級量制，我在 1981 年提交中國古文字第四次年會（太原）的論文《銘刻叢考》釋爲“紃”字，後在《戰國燕國銅器銘刻新考》中也寫爲紃，但在最後總結中隸定爲“絠”，明其用法相當於升，但字尚有別。《小議》隸定本器銘从系从升，隸定陶齋方壺銘从衣从升，認爲即“升”字本字。按此字除見於此兩器外，又見於燕器“王后右曹壺”與“王后九相室鼎”銘，左皆从系，右从“寽”，即陶齋方壺亦如此作，並非从“衣”。《説文》：“斗，十升也，象形，有柄。”“升，十合也，从斗，象形。”銅器所見斗皆作“ꓘ”，而升作“ꓚ”，中多一畫。“⊃、Ɜ”象方斗、方升，十象其柄。秦升、斗皆方或橢圓，《説文》所釋頗爲有據。然“寸”乃戰國“又”字，而上又加二横畫作“寽”，此一結構比爲“升”，從古文字學上並不能説是獲得了解決。更有疑者，王后九相室鼎所記容量爲“九絠斤”，兩字下皆从“寸”，“寸”如是“又”，則最後一字應是“反”，但讀不通。故銘文中最後一字尚有待今後確認。

〇**黃盛璋**（1984）　此外以𣪊爲量制還有兩器：一爲王后右酉（曹）方壺（《西清》一九·三），銘末記容量爲“十𣪊（𣪊）□□紃”。二爲重金罍（編按：即重金扁壺）：“百册八重，金鏵□（容）一𣪊（𣪊）六□”（《陶齋》五·一，《商周》圖九一七，《精華》二一六）。“六”下一字不清，當爲“紃”字。右酉（曹）方壺原藏清宮，今失所在，銘文僅存清人摹本，誤失至不能卒讀，據字體可定爲燕器。重金罍原藏端方，後流美國。以上三器皆用燕制，𣪊較三晉、東周、秦之斗而略小。𣪊以下當即升字，可能爲十進。（中略）燕國銅器重金罍銘，金鏵下一字原缺作□,應改爲"受"字,"紭"字按結構應是"級"字。

《古文字研究》17,頁 37、65

○**李家浩**(1985) "鵂"字原文作:𫛚

這個字亦見於百卌八方壺和王后左桐室鼎:

𫛚 百卌八方壺   《陶齋吉金録》5.1

𫛚 王后左桐室鼎   《十二家吉金圖録》契 23 頁。

戰國古印文字中有下列諸字:

𪆗 瑪 《古璽文編》251.1017

𪆗 鵂 同上 252.1828

𪆗 鵁 同上 459.2005

𪆗 鵶 同上 459.1018

𪆗 鵑 同上 460.3292

這些字所从左旁即"鳥"的省變。上録廿二壺等銘文所从左旁與此"鳥"旁相似,也應該是"鳥"的省變。因此這個字有可能是從"鳥","寸"聲。但是戰國文字"又"旁或寫作"寸",如廿二壺、百卌八方壺的"受"和王后左桐室鼎的"反",所以"又"旁並寫作"寸",即其例。因此這個字又可能是從"鳥""又"聲。"又、有"古通,疑即見於《玉篇》等書的"鵂"。這個字是比"觳"低一級的容量單位。據同器銘文"又"寫作"寸"和古書中與此字相應的容量單位的容量單位讀音(詳下)來看,似以後一種説法較妥,所以釋文寫作"鵂"。（中略）

"觳"與"鵂"的比值可能是一比十或十以上。

《考工記》陶人"鬲實五觳",鄭玄注:"豆實三而成觳,則觳受斗三升。"《孔叢子》卷三《小爾雅·量》:"一手之盛謂之溢,兩手謂之掬。掬,一升也。掬四謂之豆。"是十二掬爲一觳。在上古音裏,"鵂"與"掬"的聲母同屬見系。"鵂"的韻母屬之部,"掬"的韻母屬覺部,之、覺二部字音有關。《楚辭·大招》以"囿"字與覺部的"畜"字爲韻。《文選·閒居賦》"梅杏郁棣之屬",李善注:"張揖《上林賦》注曰'薁,山李也',郁與薁音義同。"又《廣絶交論》"敍温郁則寒谷成暄",李善注:"毛萇《詩》傳曰:'燠,煖也。'郁與燠古字通也。"《水經注·洧水》:"溝水東逕洧陽故城南。俗謂之復陽城,非也。蓋洧、復字類,音讀變。""薁、燠、復"並屬覺部。可見從"有"聲的字與覺部的字音關係密切。在中古音系的《廣韻》裏,"鵂"音"云久切","掬"音"居六切"。但是《山海經·北山經》郭璞注"鵂""音于六反",與"掬"的讀音非常相近。因此,廿二壺等銘文"鶵"當讀爲"掬"。

據實測廿二壺容 3000 毫升。以十二"鶵"（掬）爲一轂折算，廿二壺"一轂五鶵（掬）"合十七掬，那麼一掬之值約爲 176.47 毫升，一轂之值約爲 2117.64 毫升。按照一升爲一掬，十二升爲一轂的説法，一掬之值也就是一升之值，而一斗之值則約爲 1764.7 毫升。這個升、斗之值，與韓國升、斗之值非常接近。東周公廚左官鼎銘文記"容一斛"，《説文·角部》、《考工記》陶人鄭司農注並謂"轂"讀爲"斛"。實測公廚左官鼎容 2050 毫升，我們計算的廿二壺一轂之值與此也很接近。於此可見古書以四掬爲豆、三豆爲轂的説法是可信的，一升爲掬、十二升爲轂的説法也是可信的。

但是纕安君椑一轂之值與上面計算的廿二壺一轂之值出入較大。纕安君椑銘文記容"弍轂"，實測容量爲 3563 毫升，則一轂之值爲 1781.5 毫升，與廿二壺一轂之值相差約 336.14 毫升，與公廚左官鼎一斛之值相差 268.5 毫升，但是與我們計算的廿二壺一斗之值非常接近。這是否是因爲纕安君椑的時代要比廿二壺早，它們之閒曾有過一次量制改革，由十掬（升）爲一轂改爲十二掬（升）爲一轂？還是纕安君椑與廿二壺不是同一個國家之物，所以它們的量制也不相同？或者這兩者都不是，另有什麼其他的原因？這些問題有待進一步研究。

《古文字研究》12，頁 356—357、359—360

○**殷志强**（1985）　銅壺口沿内側銘文"叴（受），一吉（轂）五紸"，這是有關容量的銘文，"吉""紸"均爲計量單位。南窯莊銅壺實測爲 3000 毫升，"受一吉五紸"，則一吉容 2000 毫升，一紸爲 200 毫升。"吉""紸"可能是"斗""升"之異體字。

《東南文化》1985-1，頁 241

○**吳振武**（1986）　字右邊从即"又"，左邊从暫不識。比較兩器拓片及《西清古鑑》著録的那件素面方壺銘文摹本（詳下），可知此字必作形。李、姚、吳三先生在文中均將盱眙南窯銅壺中的字隸定爲"紸"，讀作"升"，吳先生還特別提出重金方壺上的字是从"衣"的。這些恐怕都是不準確的。字暫不識，當闕疑待考。

《古文字研究》14，頁 54

○**馮勝君**（1999）　　（編按：爲王后左和室鼎銘），此字在燕器銘文中習見，或寫作，亦从支作，均用作容量單位。許多學者將此字釋爲紸，讀爲升；李家浩先生將此字分析爲从鳥从又，釋爲鶵，讀爲掬，皆不確，待考。

《中國古文字研究》1，頁 188

△按　此字可從李家浩的隸定,確切的釋義,還有待進一步的研究。

鳸

 璽彙 4052　 璽彙 2525

△按　鳸,"雈"字異體。詳見本卷佳部"雈"字條。

鳷

 郭店・語四 14　 郭店・語四 16

△按　鳷,"雄"字異體。詳見本卷佳部"雄"字條。

鳹

 包山 255　 包山竹籤 15

△按　鳹,"雀"字異體。詳見本卷佳部"雀"字條。

鳱

 璽彙 2005

○吳振武(1983)　 2005 郵 ・郵(童)鳱。

《古文字學論集》(初編)頁 503

鳻

 天星觀

△按　《楚系簡帛文字編》(增訂本)(376 頁,武漢教育出版社 2008 年)增列字頭"鳻",收天星觀 這一字形。

鵰

 齊魯古陶文字 8・75

○**高明、葛英會**（1991）　鵬　《說文》所無。《玉篇》：“鵬，鳥名。”

《古陶文字徵》頁 271

鵳

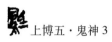 上博五・鬼神 3

────────────────────────

△**按**　鵳，“雎”字異體。詳參本卷隹部“雎”字條。

戴

 睡虎地・日甲 51 背貳

────────────────────────

△**按**　戴，“鳶”字異體，詳見本卷“鳶”字條。

鳥此

 郭店・語四 26

────────────────────────

△**按**　鳥此，“雌”字異體。詳見本卷隹部“雌”字條。

鵤

 璽彙 3644

────────────────────────

○**何琳儀**（1998）　鵤，从鳥，自聲。《集韻》：“鵤，雀屬。”
　　楚璽鵤，姓氏，疑讀追。見坿字 c。

《戰國古文字典》頁 1214

○**湯餘惠等**（2001）　鵤。

《戰國文字編》頁 243

○**李守奎**（2003）　鵤。

《楚文字編》頁 243

鶰

 上博二・子羔 11　　　　鶰 包山 85

上博一・詩論 10　上博一・詩論 16

△按　"燕"之異體,參見卷十一"燕"字條。

鵑　雎

鵑　璽彙 5608　　雎　璽彙 3292　　雎　璽彙 3877　　雎　香續一 95

雎　璽彙 0404　　雎　璽彙 1976　　雎　璽彙 3063

雎　陶彙 6・90

○羅福頤等(1981)　(編按:璽彙 0404、3063、1976)鳴。

《古璽文編》頁 88

○蔡全法(1986)　三十二,"吕雎"字陶鬲:

一件,泥質紅陶殘片,戰國時器。1984 年 12 月西城 T22H27 出土。"吕雎"長方形陰文印,外框大部模糊不清,高 3.2、寬 1.3 釐米,横向鈐印於鬲之肩部。二字上下排列。"吕"从口,與甲骨文、金文及璽印文字"吕"同。"雎"从冐从隹,《説文》無,是陶工私名印。

《中原文物》1986-1,頁 80

○牛濟普(1989)　"吕雎"陶鬲,爲長方形印陶。"雎"从冐从隹,蔡隸定爲雎。據《説文》,隹爲短尾鳥之總名,隹與鳥有時可以互换,比如雎字,鈢文作雎,《集韻》"同鵑",所以我認爲"雎"即"鵑"字。

《中原文物》1989-4,頁 89

○高明、葛英會(1991)　(編按:陶彙 6・90)鵑　《説文》所無。《玉篇》:"鵑,鵰鴂也。又名杜鵑。"

《古陶文字徵》頁 271

○裘錫圭(1992)　李家浩同志謂印文"冐"旁當是"冐"之省,从"禾"者當釋"稆",从"犬"者當釋"狷",从"鳥"者當釋"鵑"。此説可考慮。本文認爲"冐"與"口"同,根據不足。

《古文字論集》頁 453

鵯

鵯　包山 187

○**何琳儀**（1998）　鞞，从卒，卑聲。疑裨之異文。《説文》：“裨，衣别也。从衣，卑聲。”

　　包山簡鞞，人名。

《戰國古文字典》頁 773

○**劉信芳**（2003）　鞞。

《包山楚簡解詁》頁 179

○**李守奎**（2003）　鵯　《龍龕手鑒·鳥部》：鵯同鶕。鶕字見《爾雅·釋鳥》。

《楚文字編》頁 243

△**按**　此字《包山楚簡》作 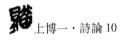，左邊部件未隸定。李守奎《楚文字編》立“鵯”字條，收入此字例。但在其後所編的《包山楚墓文字全編》（434 頁，上海古籍出版社 2012 年）又改歸入卷十二“捭”字條，并注云：“苟鵯按：人名。”

鵲

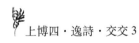上博一·詩論 10

△**按**　鵲，“焉”字異體。詳見本卷鳥部“焉”字條。

鵅

新蔡甲三 322

○**賈連敏**（2003）　鵒。

《新蔡葛陵楚墓》頁 198

△**按**　張新俊、張勝波的《新蔡葛陵楚簡文字編》（81 頁，巴蜀書社 2008 年）將此字釋爲“鵒”。

鳥於

上博四·逸詩·交交 3

△**按**　鴝，“烏”字異體。詳見本卷烏部“烏”字條。

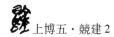

上博五·競建 2

△按　鼜，“雉”字異體。詳見本卷隹部“雉”字條。

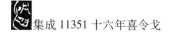璽彙 1125　　璽彙 1828　　璽彙 2975

○羅福頤等（1981）　獶。

　　　　　　　　　　　　　　　　　　《古璽文編》頁 252

○吳振武（1983）　1125 高獶·高鵮。

　　　　　　　　　　　　　　　《古文字學論集》（初編）頁 496

集成 2527 卅年鼎　　　集成 11351 十六年喜令戈

○張亞初（2001）　（編按：集成 11351 十六年喜令戈）鵰。

　　　　　　　　　　　　　　《殷周金文集成引得》頁 170

○中國社會科學院考古研究所（2001）　（編按：集成 11351 十六年喜令戈）鵰。

　　　　　　　　　　　　　　《殷周金文集成釋文》頁 523

△按　卅年鼎這一字形，左邊爲“鳥”，右邊則有殘泐。《殷周金文集成釋文》（卷二，259 頁，香港中文大學中國文化研究所 2001 年）隸爲“鴝”，張亞初《殷周金文集成引得》隸爲“鵰”（40 頁，中華書局 2001 年），《殷周金文集成》（修訂增補本）（1273 頁，中華書局 2007 年）也隸爲“鵰”。湯志彪的《三晉文字編》（536—537 頁，作家出版社 2013 年）將其並歸“鵰”字條。

包山 257　　包山 258

△按　鵻，“雞”字異體。詳見本卷隹部“雞”字條。

鳥高

集粹

△按　此字左部"鳥"旁爲戰國璽印中常見形體。

鳥異

楚帛書

○**饒宗頤**（1968）　劉信芳讀異爲翼,據郭店《老子》甲三、乙十三之身字與此形同,讀爲土"身",指填星色黄,按乙八"又身、亡身",字同作牟,釋"身"是也。

　　亡鳥異即"無異",謂土星出自黄泉,無咎徵之象。"隹十又二"句下一文殘,一説疑殘失"月"字。

　　　　　　《饒宗頤二十世紀學術文集》3,頁 186;2009;原載《史語所集刊》40 上

○**何琳儀**（1989）　末字原篆作"鳥異"。曾憲通函告"從鳥從異,疑是翼之異構,丙篇鳥異當釋鳶,鳥當釋梟。三字所從之鳥頭或鳥形與蔡侯鐘鳴字所從之鳥、曾侯乙編鐘缺字所從之大同而小異,舊釋從須或從鳥,實誤"。（中略）曾函引楚系文字證帛書"鳥異（翼）、鳶、梟"三字均從"鳥",甚確。

　　　　　　　　　　　　　　　　　　　　　《江漢考古》1989-4,頁 50

○**曾憲通**（1993）　此字李學勤釋鬚,整句讀作"土身亡鬚"。選堂先生釋顥,謂"土允亡顥"即田畯亡昧,田夋爲農官,言農官不可昏昧。今按此字左旁與本篇夏字所從頁旁作者異,而與丙篇鳥、鳥異所從鳥旁實同,右旁從異。以形聲求之,當是鳥異即翼之異構。帛文此處講的是"孛"。"土身亡翼"殆指一種有光無芒的彗星。

　　　　　　　　　　　　　　　　　　《長沙楚帛書文字編》頁 112

○**劉信芳**（1996）　土允亡鳥異　"土"應指土星,古又稱"填星"。"允"字帛書作"牟",從人從乙,或釋爲"身",然包山簡"身"字作"牟"（簡二一○）,字形有差異。"允"讀如"夋",《説文》:"行夋夋也。"《爾雅·釋言》:"逡,退也。"知"允"謂土星之逆行或遲行。"亡"讀"芒"。"鳥異"字諸家多誤釋,惟曾憲通先生指出該字"從鳥從異",始得正解(《楚文字雜識》,中國古文字研究會 1992

年南京學術研討會論文）。只是曾氏謂“‘土身亡翼’殆指一種有光無芒的彗星”，是其不足。“芒翼”應指芒角，謂星之光芒如翼，如角，皆比喻之辭。《史記·天官書》：“角大，兵起。”集解引李奇注：“角，芒角。”《天官書》又謂：“填星，其色黃，九芒。”“（金星）色白，五芒。”皆是土星、金星之光芒給人的視覺印象（在此尚不能排除古人觀察到土星光環的可能）。綜上可知“土戔亡𪄿”謂土星逆行，有特殊光芒閃爍如羽翼。

《中國文字》新21，頁92—93

○**曾憲通**（1996） 楚帛書乙篇云：“隹勃德匿，出自黃淵，土身亡𪄿，出入□同，作其下凶。”帛文此文左作鳥旁，右從異聲，以諧聲求之，當是𪄿即翼的異構。帛文此處講的是孛，爲彗星的一種。“出自黃淵”，是說這種慧星從地面升起，古人以爲出自黃淵。“土身亡異”，土，火也。《春秋繁露》以五行對土者火也。“土身”謂星體發光。“土身亡翼”殆指一種有光無芒的慧星，即所謂僅見慧核者。古人認爲，這類彗星如果出現於某一分野，其下則有凶兆，故云然。

《中山大學學報》1996-3，頁63

△**按** 曾憲通釋此字爲“𪄿（翼）”，甚是。

雥𡍱

𡍱曾侯乙46 𡍱曾侯乙86 𡍱曾侯乙89 𡍱包山183 雥新蔡乙四76

○**黃錫全**（1992） 183 雥 雥 雥。

《古文字與古貨幣文集》頁400，2009；原載《湖北出土商周文字輯證》

○**李守奎**（1998） 在包山楚簡中，有下列一組字：

𡍱包山183 雥包山183 𡍱包山183

（中略）我們以爲這組字應當隸作埀、雦、雧，釋作堆、雄、雛。

下面我們先從《説文》“雛、屍”二字與其或體閒的形、音關係説起。

《説文·鳥部》：“雛，祝鳩也。從鳥，隹聲。隼，雛或從隹、一。一曰鶉字。”“隼”字既然是“雛”字的或體，讀音當然應當相同，由此可知，在造字時，“隼”與“隹”的讀音應是很近的。

《説文·尸部》：“屍，髀也。從尸下丌，居几。脾，屍或從肉、隼。臋，屍或從骨，殿聲。”《説文》所説的“屍、脾、臋”就是現在的“臀”字。《説文》又在肉部有"脽"字。"脽,屍也。从肉,隹聲。""屍"字異體作"脾","雖"字異體作"隼",據此可知"脽、脾"二字音義無別,當是一字異寫。《説文》中相類的異部同字的例子爲數不少。文獻中"隹、隼"作同一個字的聲符構成異體字的例子還有"堆"與"埻"。《漢書·溝洫志》:"於蜀則蜀守李冰鑿離埻。"顔師古注引晉灼曰:"埻,古堆字也。"

"隹"是微部字,"隼"是文部字,微、文陰陽對轉,古音關係密切,兩部字例可通假。《周禮·春官·司尊彝》"裸用虎彝蜼彝"。鄭注:"鄭司農云:蜼或讀爲射擊隼之隼。"

總之"隹""隼"二字古言(編按:"言"爲"音"之誤)相近,可以用作同一字的聲旁構成異體。

下面我們回到字形上來。

在楚文字中,有下列四個形體相近的文字或偏旁,在構字中經常出現。

1 屖帛書　　　屢會志鼎　　　崔包簡 202

2 屖(偏旁)　　舛鄂君啟節　　雖包簡 24　　醉包簡 173

3 晕(偏旁)　　蘿曾簡 174　　𩿨曾 89

4 星包簡 183　　縫包簡 183　　羅包簡 183

第一個字釋"隹"確鑿無疑,且構字能力最強,除所列隻、雀外,還有雁、雇、雥、蒮、矍、雙、難、雦、樂等。隹在較早的楚文字中,多作隹形,由四斜筆構成。自戰國初期之後,無論是銅器銘文還是竹簡帛書,都一律簡化爲屖或屖形,由三斜筆或三橫筆構成。

第二個形體舊多釋"隹",現在看來是有問題的。鄂君啟節之舛字从"隼"不从"隹",是"脾"字,即《説文》"屍"字或體,今之臀字,前文雖然申述了"脽""脾"一字之異的論點,但如果依《説文》體例編排字表,依舊應置於"屍"字頭下。"脾"在鄂君啟節中用爲人名,古人有以臀(脾)爲名者,如《左傳·宣公六年》之"黑臀"。包山簡之雖與醉應隸作雖與醉。《龍龕手鑒》有"雖"字,云爲觿字之俗體,不一定與楚簡之"雖"有關係。"醉"字不見於後世字書。

第三組字均見於曾侯乙墓竹簡。《釋文與考釋》云:"'雖旐'亦見於 86 號、89 號二簡,'雖'从'鳥'从'隼','隼'即'堆'字。174 號簡'難'字所从'隹'旁原作'隼',與此字右半相同。據此,'雖'當是'雖'(編按:此處所引應爲"雖"之誤。裘、李原文爲"雖"字)字的異體。望山二號墓竹簡記車上的旌旗有'隼(堆)旟(旐)','堆'亦當讀爲'雖'。《説文·鳥部》:'雖,祝鳩也。从鳥隹聲。隼,雞或从隹一。一曰鶉也。"

曾簡《考釋》所論之"雞"字所从偏旁作""形,與望山二號墓第13號簡"隼"字作形略有不同。所从"隹"旁在三斜筆之下尚有一横貫豎畫的長曲筆,與同墓所出衣箱漆書"隹"字作亦明顯不同。曾侯乙164號簡之舊字作"",中部所从"隹"形與衣箱漆書同而與""旁有別。曾簡《考釋》所釋"雞""難"二字聲旁,當隸作"埄"。上文已詳論"隼"與"隹"聲可通轉,用爲聲旁可構成異體,"埄"可視爲"堆"字異體,"鸅""�"二字最終依舊可釋爲"雞""難"二字。

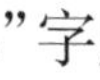

第四組字就是我們開頭所例(編按:"例"應爲"列"之誤)的三字,""字是在上述形上多加了一筆,將横曲筆變成了"九"形。

、、是一字異寫,均是"隼"字,這種在豎上加横,又變横爲"又"的文字演變現象不乏其例。如"萬"字、"禽"字等演化過程均與此相類。"隹""隼"最初當是音義並同的一字,後來才音隨義轉,有所區別。"隹"字縱筆上所加的筆畫也就成了區別符號,雖然形體有別,但表音作用一樣。

《簡帛研究》3,頁26—28

○**何琳儀**(1998)　鷐,从鳥,隼音。隼之繁文。《集韻》:"雞,鳥名。《説文》祝鳩也。或作隼。一曰,鶉子。亦作鷐。"

包山簡鷐,讀準,姓氏。古守準之官。以職爲氏。見《姓氏考略》。隨縣簡鷐,讀隼。《周禮·春官·司常》:"通帛爲旜(旌),雜帛爲物,熊虎爲旗,鳥隼爲旟。"

《戰國古文字典》頁1208—1209

○**李零**(1999)　(53)317頁:鸅。

按:應釋鷐。

《出土文獻研究》5,頁144

○**劉信芳**(2003)　鷐:原簡字形从鳥,堆聲。隼之或體。

《包山楚簡解詁》頁191

○**賈連敏**(2003)　(編按:新蔡乙四76)鸅。

《新蔡葛陵楚墓》頁207

○**單育辰**(2008)　A分別作:

A1　A2　A3

由於圖版不清,故認清字形有些難度,但細看之下,它們的筆畫還是可以分辨出來。爲了明了起見,我們再把《曾侯乙墓竹簡文字編》中簡46、簡86、

簡 89 中此字的摹本轉引於下：

A1(摹)▨　A2(摹)▨　A3(摹)▨

(中略)我們認爲 A 字所从的"⺈"實爲"勹"。

(中略)所以，A 應隸定爲"鱹"，从"勹"得聲，就是"梟"字。

(中略)在包山簡 183 中，也有三個與 A 相類的字：

C1 ▨　C2 ▨　C3 ▨

(中略)我們懷疑 C1、C2、C3 所从的"⺕"實是"勹"的訛變。可能有些書手在書寫此字的時候，習慣上把"勹"一撇用一橫穿出，即形成此種"⺕"形。我們再看 C2 這個字，除了"⺕"中的一橫探出一撇與"勹"不同，其他部分和"鱹"完全相同，也很難認爲會是不同的字。這種"勹"訛變與漢隸"勹"訛變爲"力"的情況相類。所以，此處的 C1、C2、C3 都从"勹"，李零先生的隸定是正確的，即應隸定爲"鱹、鱹、壟"，可釋爲"梟"。C1 的"梟"是姓；C2"梟公"應是"梟"地的官長；C3 的"陽梟"也是地名，此二地不詳所在。按《越絕書·越絕外傳記吳地傳第三》："壽春東梟陵亢者，古諸侯王所葬也。"不知和"梟"或"陽梟"有無關係。

新蔡簡乙四 76 説：禱於 D 酈之祔(社)一豢。

D 字作：▨

其"隹"下"土"上所从之形看不太清，似與 C2 同形，這裏也是"梟"字。"梟酈"，地名，不詳所在。

《簡帛》3，頁 21—27

△按　此字當從單育辰隸定爲"鱹"，讀爲"梟"。

【鱹旆】曾侯乙 46、86、89

○裘錫圭、李家浩(1989)　"雛旆"亦見於 86 號、89 號二簡，"雛"从"鳥"从"隹"，"隹"即"堆"字。174 號簡"難"字所从"隹"旁原文作"隹"，與此字右半相同。據此，"雛"當是"雛"字的異體。望山二號墓竹簡記車上的旌旗有"隹(堆)旞(旆)"，"堆"亦當讀爲"雛"。《説文·鳥部》："雛，祝鳩也。从鳥隹聲。隼，雛或从隹一。一曰鶉字。"(中略)簡文"雛旆"疑是指畫有隼的旆。望山二號墓竹簡"雛旞"疑是指畫有隼的旌。

《曾侯乙墓》頁 516

○單育辰(2008)　所以，A 應隸定爲"鱹"，从"勹"得聲，就是"梟"字。可注意的是，在典籍中有"梟旌"一辭，《逸周書·王會解》："堂後東北，爲赤奕焉，浴盆在其中。其西，天子車立馬乘，亦青陰羽梟旌。"孔晁注："鶴梟羽爲旌

旌。”王應麟云：“公羊説《王度記》云：‘天子駕六，析羽爲旌。’鳬似鴨而小，長
尾，背上有文。陸璣曰：‘青色、卑脚、短喙。’《曲禮》：‘前有水則載青旌。’注：
‘青，青雀，水鳥。’”。朱右曾云：“陰羽以飾，蓋鳬羽以爲旌，皆建於車上。”此
處的“鳬旌”恰可以和曾侯乙墓竹簡的“鳬斾”對照。“斾”和“旌”都是旗名，
“鳬”是修飾語，自可施於二者。可見我們把 A 釋爲“鳬”還是很合適的。這
裏的“鳬斾”依諸家注及竹簡裏的“墨毛之首”“朱毛之首”“翠首，貂定之頸”
來看，其義很可能是飾鳬羽於斾旗之義，而不是畫鳬形於斾上。由於羽毛易
朽，現在不好説清此鳬羽裝飾在斾的哪個部分，依出土文物所畫的圖像來看，
它們或許以某種方式綴於斾的邊幅。又，《北堂書鈔》卷一二〇“黑旌”，虞世
南注：“《周書》云‘樓煩黑旌者，乃旄也，常四張羽鳬旗也’。”孔廣陶校注：“今
案陳、俞本删‘者乃’以下七字，‘羽鳬’作‘鳬羽’。考讀騷樓本《周書》卷十七
只有‘樓煩星施’句，《文選·甘泉賦》注引‘施’作‘旄’，無‘黑旌’以下。”其
中的“常四張羽鳬（鳬羽）旗也”正是用鳬羽飾旗的例證。

《簡帛》3，頁 24—25

鳥辠

鳥辠曾侯乙 9　　鳥辠曾侯乙 89　　鳥辠曾侯乙 136　　鳥辠曾侯乙 138

△按　鳥辠，“翠”字異體。詳見本卷羽部“翠”字條。

鳥寡

集成 9735 中山王方壺

○**李學勤、李零**（1979）　銘文第十六行第三字从鳥，賓聲。這幾件器銘寡字
都寫作賓。根據《説文》，寡字是从頒的，頒从分，賓从宀，實爲一字。這裏从
鳥从賓（頒）的字應讀爲分，《吕氏春秋·察傳》注：“明也。”“不分大宜”就是
不明大義。下文第廿七行“不分逆順”的分，則是分别之義。

《考古學報》1979-2，頁 152

○**張克忠**（1979）　“不顥大宜”，顥，从賓鳥聲，顧的本字。鳥類也是隹類，爲
書寫方便，並與隹有所區别，於隹上加户爲聲符，寫作雇，可見雇的本字作鳥。
賓省棄佩飾，隸定成顧字。又古音雇、寡、孤同部，孤是寡的同音假借字，漢代

寡字轉讀古牙切,寡、孤二字的本末關係離散。《禮記·緇衣》:"故君子寡其言而行,以成其信。"寡爲顧的同音假借字,鄭玄不識寡字的古音,注云:"寡當爲顧聲之誤也。"

《故宮博物院院刊》1979-1,頁45

○張政烺(1979)　鷃,從鳥,頨聲。頨,從頁,分聲。分字見《説文·八部》:"分,分也,從重八,八亦聲。"按《説文》釁從分得聲,而金文釁下部多從頨(《金文編》187頁,字號四六九),與此相同,知頨讀若頒(頒在删韻,八在黠韻,平入對轉),則鷃當是鴇之異體,在此假爲辨。

《古文字研究》1,頁215

○趙誠(1979)　鷃,從鳥募聲(募字兩器均用作寡),此借爲顧。顧寡雙聲故可通假。張政烺同志以爲鷃所從的募,即從頁分聲的頒字,而鷃字當是《説文》鴇字的異體,在此借爲辨。不顧大義是明知故犯;不辨大義是是非不分。兩者雖有差別,從上下文義來看均可通。

《古文字研究》1,頁250

○朱德熙、裘錫圭(1979)　(9)銘文"寡人"之"寡"寫作"募"(21行),即此字所從。"鷃"當是"雇"字之異體,銘文讀爲"顧"。

《文物》1979-1,頁47

○湯餘惠等(2001)　鷃　同寡。

《戰國文字編》頁244

鷯

鷯 曾侯乙136　　鷯 曾侯乙138

○何琳儀(1998)　鷯,從鳥,鼻聲。

隨縣簡鷯,讀邊。"鼻鷯",翠羽爲緣飾。

《戰國古文字典》頁1075

烏 鳥　於 鴉

集成2840中山王鼎　侯馬85:22　璽彙3525　陶彙5·185　陶彙3·652

集成328曾侯乙鐘　集成293曾侯乙鐘　包山3　郭店·成之4

楚帛書　睡虎地·日乙187　璽彙2346　璽彙2461

郭店·語一 22　　　郭店·語二 1　　　郭店·語二 42　　　郭店·語三 3

銘文選 2·554 越王者旨於賜劍　　　集成 10407 鳥書箴銘帶鉤　　　集成 11512 越王者旨於賜矛

貨系 1950　　　貨系 1957　　　錢典 1218　　　貨系 1953

上博一·緇衣 2　　　港藏 3　　　上博二·子羔 9　　　上博三·彭祖 1

上博四·逸詩·交交 2　　　上博四·逸詩·交交 3

○李學勤（1956）　（編按：仰天湖 37）關於簡的體例，就所見的，每隻簡似是獨立的，記載一種器物，只有第 12 簡“皆臧（藏）刿一、笛之中一”是承上的。

《文物參考資料》1956-1，頁 48—49

○陳直（1957）　（編按：仰天湖 37）第十二簡　皆臧羽一笛之市一

　　簡文第二字疑藏字，皆藏羽者，所説疑爲箭服，史氏解釋笛字，或是古文鈿字，即簪笄一類的頭飾，但楚簡字體的規律，皆是以字從類，若云花鈿的鈿字，固屬漢以前無此字，即便有鈿字，鈿是頭飾，則當从金，不當从竹，我同意鄧之誠先生釋爲笛字，應解釋爲“市的一笛”，是倒置的詞句，就是郢中新王市君的一支竹笛，用以隨葬的，《周禮·笙師》“簫籥篴管”，鄭注：“今時所用五空竹篴。”馬融《長笛賦》，李善注云“京房字君明，武帝時人，修易尤好音律，知五聲，笛本四孔，房加一孔於下爲商”，是鄭注篴字，即指五孔竹笛，《周禮》爲戰國人作品，與竹簡時代正相仿佛，當時必已有笛字，至於此簡寫法，从田與从由，字形略有繁簡，表現奇詭變化的一端，最末的一字，爲畫的界限，不是數字。

《西北大學學報》1957-4，頁 42

○商承祚（1964）　（編按：楚帛書）4.“□帝是於”（一、31—34）

　　於字與信陽竹簡“竹書”大同小異，字又見六行，在此爲語助詞。

《文物》1964-9，頁 15

○饒宗頤（1968）　（編按：楚帛書）（七）風雨是𢀛（中略）

　　𢀛字商氏釋“於”，謂與信陽簡略同。林氏釋烏，引余義鐘等爲例。按於讀爲呼，謂“風雨是呼（嘑）”。“風雨是呼”一類句法，見於《大荒北經》：“燭龍……風雨是謁。”郭注：“言能請致風雨。”同書記：“應龍畜水，蚩尤請風伯雨師，縱大風雨。”風雨連言，文意甚明，向皆誤“雨”字爲“帝”。

《史語所集刊》40 上，頁 3

○朱德熙、裘錫圭（1972） （編按：仰天湖 37）第三字李釋列,非是。按是於字,長沙帛書、信陽竹簡、秦權量詔文以及某些漢印上的於字皆與此相似,可證。

〻長沙帛書　　　　　　　〻信陽竹簡

〻〻秦權量詔文　　　　　归归漢印

上引漢印於字與簡文最相似,這是很可注意的現象。（中略）

綜上所説,可知簡文當讀爲:皆藏於一匣之中。

《考古學報》1972–1,頁 77

○孫稚雛（1979） 除此之外,銘文中還頻繁地出現了"於"字,除"嗚呼"寫作"於虖"外,大量地用"於"來代替從商周以來所習用的"于"字。據統計,兩器銘文中,用"於"作爲介詞的共有十例,而用"于"的只有三例。這反映了戰國時期于、於混用而"於"有逐步取代"于"的趨勢。

《古文字研究》1,頁 281

○李純一（1981） （編按：集成 288 曾侯乙鐘：冘於素）於字的一種寫法和《齊篙鐘銘》的於字相同;另一種寫法作〻,可隸定爲佁或倄,當从台得聲。台與予、予與於,古時聲同相通,因而後者當是前者的同音通假。

《音樂研究》1981–1,頁 59

○商承祚（1982） （編按：中山王鼎）《説文》孝鳥之烏古文作〻〻,皆謂象鳥之形。金文烏毛公厝鼎作〻,寡子卣作〻,從冠上示意,一體變作〻,即《説文》第二體所本。越王矛〻,正此銘所從出。銘文又用作於字,見第五、第十、第十二行。

《古文字研究》7,頁 45—46

○許學仁（1983） 〻信陽長臺關 107・5　　〻繒書乙 1・34

归仰天湖 12・3　　　　　〻鄂君啟節

仰天湖第十二號簡簡文（中略）归字,史氏研究闕疑,李學勤釋"列",於形未符,於義未安。試取先秦兩漢竹帛寫本、彝銘刻辭所載"於"字,與簡文相較:

甲　〻信陽長臺關一○六號簡:"☑□之於先王之□也"

乙　〻〻鄂君啟節:"大司馬邵陽敗晉師於襄陵之歲"

丙　〻〻秦權量銘文

丁　归帛書經法:"極陽殺於外,極陰生於内。"（四度・41 上）

戊　归　〻帛書老子甲本:"同於道者同於德。"（甲 139）

己　归帛書老子乙本"復歸於樸"（乙 243 上）,又:"以至於無。"（乙 184 上）

庚　〻於陵丞印　〻於王孫印　〻於陵丞印　归於陵印

辛　𦫵長沙東郊皇坟堆西漢墓出土滑石鏡銘文"至於孫子"

簡文𦫵字,與帛書經法、帛書老子乙本、漢於陵印"於"字,最爲形近。釋爲"於"字,讀簡文爲:"皆贊(藏)於一笥之中",文從字順。

而繒書乙篇第一行句末云:"風雨是𦫵",諸家考釋聚訟紛紜,或釋於,或釋烏,或釋乍。與信陽簡、鄂君啟節、秦權量詔文略同,蓋亦"於"字也。溯其字源,皆出於烏字古文。《説文》(四上)烏:"孝烏也。孔子曰:烏,亏呼也。取其助氣,故以爲烏呼。𦫵,古文烏,象形。𦫵(《説文繫傳》作𦫵),象古文烏省。"段玉裁注:"即今之於也,象古文烏而省之。"引《匡謬正俗》曰:"今文《尚書》悉爲'於戲'字,古文悉爲'烏呼'字,而《詩》皆云'於乎',中古以來文籍皆爲'烏呼'字。"觀夫三體石經《書·無逸》:"烏虖繼自今嗣王。"《君奭》:"其崇出於不祥。"烏、於古文同。是"於""烏"古本一字,小篆始別二字。《拾遺》釋爲"乍",蓋審之未諦。而釋"於""烏"皆是也。此外,饒氏讀"於"爲"呼",謂"風雨是呼(嘑)"一類句法見於《大荒北經》:"風雨是謁。"郭璞注:"言能請致風雨。"

《中國文字》新7,頁87—88

○**饒宗頤**(1985)　(編按:楚帛書)於字與楚簡形近。《大荒北經》言燭龍"風雨是謁"。郭注:"言能請致風雨。"句法相同,於讀爲謁。謁,於歇切,《廣韻》在入聲十月。《爾雅·釋詁》:"謁,告也。"

《楚帛書》頁12

○**李零**(1985)　乙篇　一

……□妥水□風雨。是於(原注:是於,猶言是以,"於"作"以"解,參楊樹達《詞詮》卷九。)乃取(娶)1……曰女𡚱(娲)。

《長沙子彈庫戰國楚帛書研究》頁64—65

○**高明**(1985)　(編按:楚帛書)"風雨是於":於假爲越,古於越通用,如《尚書·盤庚》篇"越其罔有黍稷",孔傳:"越,於也。"《孟子·萬草下》"殺越人于貨",越岐注:"越于皆於也。"故"風雨是於",猶言"風雨是越",《左傳》昭公四年"風不越而殺",杜注:"越,散也。"《廣雅·釋詁一》:"越,疾也。"《爾雅·釋言》:"越,揚也。"此謂風雨疾揚發散。

《古文字研究》12,頁376

○**湯餘惠**(1986)　商周古文的合體字偏旁之間的間隔有時離得較遠,甚至和兩個字差不多,但獨體字或獨體字的偏旁一般說來總不失爲一個整體。戰國文字就不完全是這樣——獨體的部分也時常拆開來,分解成零零碎碎的幾部

分,例如:(中略)

〇《古大》291,"鄥"字布所从

烏字演變情形如下:

西周: 毛公鼎　　　　　　 沈子簋

春秋: 齊侯鎛　　　　　　 余義鐘

戰國: 詛楚文字鄥字所从　 信陽簡

秦: 泰山刻石　　　　　　 元年詔版

《説文》云:"烏,孝鳥也。象形。"由上舉時代較早的毛公鼎一例可以證明《説文》釋形可信。金文的烏字身、首均和鳥字相似,惟張大其口,以突出烏鴉喙巨聲宏的特點,其後口部右方"ㄟ"形析出,演化爲ㄟ、乀、亻、人等形,又於字下加"二"以填補空位,於是分化爲烏、於二字。

《古文字研究》15,頁 19—20

〇**何琳儀**(1986)　(編按:楚帛書)"於",商釋"語助詞"。陳引《廣雅·釋詁》二"於,居也"。謂"風雨亦居於此"。按,《山海經·大荒北經》"不食不寢不息,風雨是謁",郭注:"言能請致風雨。""謁、於"影紐雙聲。《書·舜典》"遏密八音",《春秋繁露》引作"閼"。《左傳》襄公廿五年"虞閼父",《史記·陳杞世家》索隱作"遏"。《吕覽·古樂》"民氣鬱閼而滯者",注:"閼讀遏止之遏。"《一切經音義》一:"遏,古文閼同。"《左傳》襄公廿五年"吳子遏",《公羊傳》《穀梁傳》作"謁"。

凡此均"謁、於"相通之證。郭注以"請致"釋"謁",迂曲難通。據帛書"謁"又作"於",又參以"謁"从"言",知"謁"應讀如"嗚"或"歍"。(从"言、口、欠"義同。)"烏、於"古本一字。檢《説文》"歍,一曰口相就也"。亦作"喝"。《素問·生氣通天論》"炊則喘喝",注:"大呵出聲也。一作嗚。"總之,"於、嗚、歍、謁、喝"均一音之轉。《山海經》"風雨是謁"謂"燭龍",帛書"風雨是於"謂"伏羲",二者均有呼風喚雨之神力。

《江漢考古》1986-2,頁 78

〇**徐寶貴**(1991)　四、釋〇

此字見於《古璽彙編·姓氏私璽》第 132 頁:

〇三五二五釋文作"□卑"。

按《古璽彙編·複姓私璽》第 2 頁編號爲三七九四的"司馬悐"的"悐"字作〇。金文劀篱鐘"救戎於楚競"的"於"字作〇,和古璽文的"悐"字所从的"於"字相同。古璽文的"悐"與金文的"於",所从的〇、〇和被考釋的古璽文〇字所从之𢎘相同。金文余義鐘的"於"字作𤰞與此古璽文的形體相近,應是一個字。"於"字就是《説文》"烏"字的古文。《説文》"烏"字古文有兩個形體,作𥋆、𤰞,所从的𢎘也和此古璽文𤰞字所从的𢎘完全相同。《説文》:"烏,孝鳥也。象形。孔子曰:烏旰,呼也。取其助气,故以爲烏呼。"金文禹鼎"烏虖哀哉"、余義鐘"烏嘑敬哉"也用爲語氣詞。古貨幣文"烏"字作𤰞,與此古璽文𤰞,形體完全相同。"鄔"字古貨幣文作𥋆、𥋆,所从的"烏"字作𤰞、𤰞,與此古璽文尤爲相同。以上有關古文字資料已經證實古璽文𤰞是"烏"字,在此璽中用爲姓氏字。

"烏",出自姬姓,黄帝之後。少昊氏以烏鳥爲官,有烏鳥氏,其後爲烏氏。春秋時莒國有大夫"烏存",説明"烏"姓是個較古姓氏。

《中國文字》新 15,頁 184—185

○**湯餘惠**(1991) 1965 至 1966 年,湖北江陵望山楚墓出土了一批戰國文物,(中略)還有若干散見於他種器物上的古文字資料,由於識讀上的原因,迄今未能發揮其應有的史料價值作用。望山二號墓中所見的兩種烙印文字即屬此類。

(中略)印文右方"王"上方一字,我認爲應釋爲"於",其寫法和 1983 年湖北江陵馬山磚廠五號楚墓出土的吳王夫差鈹"鎩"字所从相同,同類寫法又見於長沙楚帛書及近年湖南出土的邘客銅量,是戰國時期楚系文字"於"字的一種比較特殊的結體。

於字認識了,再探討"於王既正"四字的内容。"於王",疑即"越王"。古於、雩、越音近字通。(中略)"於王既正"應該是越王被征服之後,(中略)戰國楚器銘文每以大事記年,如鄂君啓節"大司馬邵陽敗晉師於襄陵之歲",太府鎬"秦客王子齊之歲"之例。我推測印文"於王既正"屬於同類性質。印文加蓋在墓葬的蓋板上,所標記的或許就是墓主去世入葬的時間。

《文物研究》7,頁 354

○**黄錫全**(1992) 2、烙印文字

據云"望山二號墓的棺板上有十六處烙印文字"(《楚文化考古大事記》55頁),見於正式報導者下列兩種烙印:

(1)   既 於
                   正 王

據方壯猷文，"三塊内椁底板的東端和兩塊内椁東板的外面也都刻有同樣的印章，文爲'佐王即正'。同樣的印章刻在三處"。劉彬徽讀爲"佐王樞正"，認爲是"職掌王室棺木的有司之印"（見《江漢考古》1980 年 1 期 54 頁）。

第一字牟即於字，其形與吳王夫差矛錌（錽）字右形相同。湯餘惠同志認爲，"於王"疑即"越王"，因古於越音近字通。"正"讀爲"征"。其義是越王被征服以後。墓主很可能是參加了楚征越而戰死沙場的楚貴族。二號墓的年代應在楚懷王二十二年滅越之後不久。此説如果能夠成立，望山 M1 的年代及所出句踐劍的原因就比較清楚了。

《湖北出土商周文字輯證》頁 166—167

○**曾憲通**（1993）　《説文》烏字古文作𩁹，望山楚簡省作牟，帛文之絵，乃偏旁連筆爲彡，嬗變之迹可尋。"風雨是於"猶《山海經·大荒北經》之"風雨是謁"，於、謁音近可通，意謂能請致風雨。（詳饒文）釋乍、釋放皆誤。

《長沙楚帛書文字編》頁 38—39

○**裘錫圭**（1996）　二、"於王既正"印考（中略）　右上角一字，湯文已指出其寫法與長沙楚帛書和某些楚金文的"於"字相類。在楚簡上也可以看到這種寫法的"於"字（看上引書 98 頁"於"字 X 一·七、B 七、B 六一等例）。可見湯釋是可信的。

但是湯文讀"於王既正"爲"越王既征"，認爲印文是以事紀年，當指楚懷王二十二年滅越之事（354—355 頁），則有問題，因爲這種文例從未見於其他古印。齊國陶器上所見的印文，有提到某某立事歲的。但是這類印文都還有其他内容，主要用途並不在以事紀年。湯文認爲"于、於古書通用"，而從"于"聲的"雩"又通"越"，所以"於王"可以讀爲"越王"。其實古書中用爲介詞的"于"和"於"互爲異文，是由於二者用法相似，與一般的音近相通有别。"於"是影母字，"于""雩""越"則都是匣母字。所以讀"於"爲"越"也是缺乏根據的。

爲了弄清"於王既正"的涵義，須要先談一下另一枚楚印。傳世楚印中有"勿正關鉥"（《古璽彙編》二九五號，文物出版社 1981。此印"關"字寫法是楚國特有的，已有多人指出）。石志廉先生在《戰國古璽考釋十種》中，讀此印"正"字爲征税之"征"，十分正確。（中略）

"於王既正"印的"正"也應該讀爲"征"。"正"字的這種用法也見於古籍。《周禮》屢次把征税之"征"寫作"正"。《國語·齊語》"使關市幾而不征"

的"征"，《管子·小匡》也作"正"（參看高亨、董治安《古字通假會典》59 頁，齊魯書社 1989）。"勿正關鈖"的行款是由左往右的。我們討論的這方烙印的文字，大概也應該自左至右地讀爲"既征於王"，意思就是已經在王那裏征過稅。當然，即使把印文讀爲"於王既征"，也可以表示出同樣的意思。介賓詞組置於謂語之前，在古漢語裏也是允許的。按照上引湯文對"勿征關鈖"的解釋，烙有"既正於王"印文的木材，在進入市場或通過門關時，大概就不再征稅了。

《于省吾教授百年誕辰紀念文集》頁 156—158

○**施謝捷**（1997）　　高明先生《古陶文彙編》3·652 著録一陶文戳印"䣙陵市木（禾?）節（?）"（附圖一，摹本），過去曾著録於《塤室藏三代秦漢六朝古陶》，裘錫圭先生在《戰國文字中的"市"》一文中對其性質作過討論，把它歸入"市量印"類，大概是沒有什麼問題的。"陵"上一字（下文以"△"代之），過去不識，《古陶文字徵》把它歸在附録 343 頁。

我們認爲，"△"就是"於"字。

據《説文》"於"爲"烏"字古文，"於、烏"原本爲一字異體，後因各有專用，遂分爲二字。戰國文字裏"於（烏）"字較常見，如在金文中或作：

　　　　䯄鎛　　　　　智篙鐘（《金文編》265、266 頁）

在貨幣文中或作：

　　　　《古幣文編》158 頁

　　　　同上 206—208 頁，"鄔"从

在璽印文中寫作：

　　　　《古璽彙編》2346"韓於"　　　　同上，3794"司馬恣"

　　　　同上，2058"邯瘀"　　　　同上，3525"於卑"

或與金文形同，或與貨幣文形似。上舉諸"於"字左半所从之形，亦見於三孔布"鴈即（次）"（《中國歷代貨幣大系》之一《先秦貨幣》2476，附圖二，摹本）以及六國璽印文，裘錫圭先生在《戰國貨幣考》中指出它就是"鳥"字，非常正確。然則上引諸"於"字左半所从亦應視爲"鳥"字異構。在古璽文字中，作爲偏旁的"鳥"有時可寫成下列諸形：

　　　　《古璽彙編》0533"王蔫"

　　　　同上，1355"孟鳥囗"　　　　同上，1139"高鵑官"

其中《古璽彙編》1139 一例與陶文"△"字左半所从最爲相似。參以上舉諸

“於”字在金文、貨幣文以及璽印文中的各種寫法，可證齊陶戳印中的“△”確實應該釋爲“於”字。

“於陵”，戰國齊邑。《孟子·滕文公下》：“（陳）仲子，齊之世家也。兄戴，蓋禄萬鍾。以兄之禄爲不義之禄，而不食也；以兄之室爲不義之室，而不居也；避兄離母，處於於陵。”孫奭疏：“於陵，齊之別邑也。”《漢書·地理志》濟南郡下屬縣有“於陵”，漢封泥中有“於陵丞印”（《封泥彙編》93頁，附圖三，摹本）。漢印中還有“徐於陵—徐長孺”兩面印（《十鐘山房印舉》17·12·49，附圖四，摹本）以“於陵”作人名，這是以古地名用爲人名之例，亦可作釋“△”爲“於”字的佐證。

釋出齊陶文字中的“於”字，知道了“鳥”字可以寫成“△”左半所從之形，那麼我們有可能對下揭古璽進行釋讀：

《古璽彙編》3424，摹本

同上，5445，摹本

《古璽彙編》3424右上一姓氏字及5445中的字（下文以“○”代之），過去不識，《古璽彙編》把它們看作一字異構收在附録410頁。現在看來，“○”可能也應釋爲“鳥”字，在璽印中用作姓氏，《姓觿》卷六：“鳥，都了切，《姓考》云：伏羲臣鳥明之後。”可證。且據目前掌握的材料，上引3424璽可以肯定爲燕國私璽，而戰國燕器銘文中有一個作爲容量單位的“鵪”字，或寫作下列諸形：

王后左桐室鼎，《古文字研究》第十四輯59頁圖五

盱眙南窯銅壺，同上，圖一

重金方壺，同上，圖二

後二形顯然是前一形的省變，若再截去它們左半所從“鳥”字的頭部，就跟上引璽印中的兩個“○”形非常接近了。可見我們把“○”釋爲“鳥”字，從字形上來説當没有問題。

圖一　　　圖二　　　圖三　　　　　　　圖四

《語言研究集刊》5，頁303—305

○李家浩（2000）　（編按:九店56·35）生子,男必散（美）於人（中略）

　　“於”,表示比較,跟《論語·先進》“季氏富於周公”之“於”用法相同。

　　　　　　　　　　　　　　　　　　　　　　　　《九店楚簡》頁96

○濮茅左（2001）　（編按:上博一·性情8）“於”字下可補“人”字。

　　　　　　　　　　　　　《上海博物館藏戰國楚竹書》（一）頁232

○王志平（2002）　（編按:上博一·詩論22）《猗嗟》:“四矢反兮,以禦亂兮。”“猗”
（影母歌部）,簡文作“於”（影母魚部）。

　　《毛詩》中歎詞一般作“於嗟”。

　　　　　　　　　　　　　　　《上博館藏戰國楚竹書研究》頁223

○董楚平（2002）　（編按:楚帛書）於,通閼,鬱滯也。句謂無風無雨,意承“夢夢
墨墨,亡章弼弼”。

　　　　　　　　　　　　　　　　　　《古文字研究》24,頁348

○劉釗（2004）　（編按:上博二·容成42）“於”字在簡文中應該讀爲污或惡。古音
於、污、惡皆在影紐魚部,三者於音可通。“污、惡”二字古代音義皆近,常可相
通。“污”或“惡”指邪穢、不廉潔。（中略）

　　所以簡文“受不述其先王之道,自爲芸爲於”就應讀爲“受不述其先王之
道,自爲涽（昏）爲污（惡）”,“桀不述其先王之道,自爲［芸爲於］”也應該讀爲
“桀不述其先王之道,自爲［涽（昏）爲污（惡）］”。“自爲涽爲污”與《先秦兩
漢魏晉南北朝詩》卷七載鮑照《代放歌行》中的“小人自齷齪”意近,可資比較。

　　　　　　　　　　　《上博館藏戰國楚竹書研究續編》頁351—352

○馬承源（2004）　（編按:上博四·逸詩·交交2）“鶯”從鳥,於聲,即“烏”之古文。
《説文·烏部》:“烏,孝鳥也。象形。孔子曰:烏亏呼也。取其助氣。故以爲
烏呼。”又云:“𪇀,古文烏,象形。𪇂,象古文烏省。”

　　　　　　　　　　　《上海博物館藏戰國楚竹書》（四）頁175—176

○陳斯鵬（2007）　（編按:楚帛書）“風雨是於”,饒宗頤先生以爲即《山海經·大
荒西經》的“風雨是謁”,然依郭注,彼處是言燭龍之能請致風雨,似與帛文文
意不合。疑“於”應讀爲“淤”,作淤積講。則“□□水□,風雨是於（淤）”蓋言
風雨積聚,大水氾濫。

　　　　　　　　　　　　　　　　《簡帛文獻與文學考論》頁10

△按　璽彙3525之𤔔釋“烏”爲確。

【烏氏】

○袁仲一（1987）　（8）烏氏工昌。昌,爲工匠名;烏氏,秦惠王置縣,治所在今

甘肅省平涼西北。《史記·匈奴列傳》記有烏氏。《正義》注：“氏音支,《括地志》云：‘烏氏故城在涇州安定縣東三十里。周之故地,後入戎。秦惠王取之,置烏氏縣也。’”又《史記·貨殖列傳》記載,有烏氏倮以畜牧至富,“畜至用谷量馬牛”。《集解》注：“韋昭曰：烏氏,縣名,屬安定。倮,名也。”《正義》注：“縣古城在涇州安定縣東四十里。”

《秦代陶文》頁 49

○**陳曉捷**（1996）　“烏氏援”。

　　烏氏爲縣名。《史記·匈奴列傳》中秦穆公時西戎八國服於秦者,其中便有烏氏。正義引《括地志》云：“烏氏故城在涇州安定縣東三十里,周之故地,後入戎。秦惠王取之,置烏氏縣也。”《史記·貨殖列傳》：“烏氏倮畜牧……畜至用谷量馬牛。秦始皇帝令倮比封君。”其地在今甘肅平涼西北。“援”爲陶工名。

《考古與文物》1996-4,頁 4

【於陵】

△按　戰國齊邑。見於《孟子》《漢書·地理志》等文獻。也用作人名,見璽文。

【於虖攸半】集成 2840 中山王鼎

○**李學勤、李零**（1979）　下一行“嗚呼悠哉”,《詩·訪落》文。

《考古學報》1979-2,頁 158

○**于豪亮**（1979）　《詩·訪落》：“於乎悠哉。”正與此銘文相同,毛傳：“悠,遠也。”

《考古學報》1979-2,頁 173

○**張政烺**（1979）　《毛詩·周頌·訪落》“於乎悠哉”,傳：“悠,遠。”

《古文字研究》1,頁 227

○**商承祚**（1982）　攸讀悠,攸、悠經典每通用。“於虖,悠哉!”爲古成語,亦見《詩·周頌·訪落》：“於乎,悠哉。”

《古文字研究》7,頁 54

○**湯餘惠**（1993）　[26]攸,通悠,思量。《詩經·周南·關雎》“悠哉悠哉”,毛傳：“悠,思也。”

《戰國銘文選》頁 35

【於賜】越王名譯音字,參見【者旨於賜】條解説。“賜”字今多隸作“賜”。

舄　鳥　鷝　雖

鳥 信陽2·7　　鳥 上博一·詩論10　　雖 睡虎地·日甲119正壹

○**中大楚簡整理小組**（1977）　（編按:信陽2·7）虖,獸名。《爾雅·釋獸》郭璞注:"今建平山中有虖,大如狗,似獮猴,黃黑色多髯鬣,好奮迅其頭,能舉石擿人,玃類也。""黃金與白金之虖"是形容帶鉤的華麗,謂鉤首作獸頭形,鉤上有錯金銀的紋飾。對照出土遺物,此墓出有鐵帶鉤五件,其中三件錯金銀,有二件鉤面中部平嵌金質雲紋方版三塊,閒以浮雕,圍繞在鉤的邊沿錯以金銀雲紋,極其華美,與簡文所述相符。

《戰國楚簡研究》2,頁19

○**朱德熙、裘錫圭**（1973）　（編按:信陽2·7）上引簡文末一字應釋爲舄。金文舄字寫作:

鳥 吳方彝　　鳥 師虎簋　　鳥 師晨鼎　　鳥 盂鼎　　鳥 師嫠簋

簡文舄字當是從這一類形體演化而來的。《説文》舄字篆文作雖,《釋名·釋衣服》:"舄,臘也。行禮久立,地或泥溼,故複其末下,使乾臘也。"舄與昔都是魚部入聲心母字,音近相通。簡文舄字當讀爲錯。《説文》金部:"錯,金涂也。"《漢書·食貨志》"又造契刀、錯刀。契刀其環如大錢,身形如刀,長二寸,文曰契刀五百。錯刀以黃金錯其文曰一刀直五千"。張晏曰:"錯刀則刻之作字也,以黃金填其文。""黃金與白金之舄"是説以金銀爲嵌飾。今傳世戰國帶鉤多有錯金銀的。《河南信陽楚墓出土文物圖録》説"鐵帶鉤共發現五件,其中錯金嵌玉的兩件極爲精緻,帶鉤邊沿錯有金銀絲的雲雷紋,中部嵌有金質龍形浮雕四枚和碧玉三塊"。所記可以與簡文互證。簡文"鉤"上一字,左半"金"旁尚可辨,可能是"鐵"的殘文。

《朱德熙古文字論集》頁69,1995;原載《考古學報》1973-1

○**郭若愚**（1994）　（編按:信陽2·7）黃金與白金之馬

《爾雅·釋器》:"白金謂之銀。"《漢書·食貨志》:"金有三等,黃金爲上,白金爲中,赤金爲下。"注:"白金,銀也。"馬,《古幣文編》作 馬,《古璽文編》作 馬。故知此爲馬字。用作碼,砝碼也。天平所用以衡物重量者。天平之兩端各有小銅盤,一盤置物,一盤置砝碼,使天平橫杆成水平,則物之重量,可由砝碼之重而知矣。碼砝圜環形,一套大小九枚。天平爲當時日常生活中必備之使用工具,用以稱量金、銀。楚墓中都有出土。

○**李家浩**(1998)　（編按:信陽 2·24）"鳥鈚"之"鳥"原文上部略殘。按此字亦見於 2-07 號簡,朱德熙先生和裘錫圭先生釋爲"鳥",讀爲"錯",可從。"錯"有用金銀塗飾和刻畫的意思。《説文》金部:"錯,金涂(塗)也。"《史記·趙世家》"夫剪髮文身,錯臂左衽,甌越之民也",司馬貞《索隱》:"錯臂亦文身,謂以丹青錯畫其臂。"2-07 號簡"□鉤,黃金與白金之錯"之"錯"用的是前一義。(7)"錯鈚"之"錯"用的是前一義還是後一義,不詳。"錯鈚"與"合鈚"並列。"合鈚"是指有蓋的鈚,那麼"錯鈚"應該是指沒有蓋的鑲嵌或刻畫有花紋的鈚。

○**劉國勝**(2001)　（2-07）……（中略）黃金與白金之錯。

焉

溫縣 T1K1:3216　　溫縣 T1K1:2857　　溫縣 T1K1:4585
集成 9735 中山王方壺　　睡虎地·雜抄 11　　睡虎地·日乙 42 貳

○**孫稚雛**(1979)　"焉"的出現,使我們對這個字的構成,有了新的瞭解。過去研究《説文》的人,對於許慎所説的"焉鳥,黃色。出於江淮,象形"這一段話都不大清楚是怎麼一回事,焉鳥究竟是什麼鳥? 焉字象什麼形呢? 這些,連許慎自己也解釋不清楚,所以他只好引用"朋(鳳)""烏""舄(鵲)""燕"四個象形字來説明焉也是象形字。許慎以後,學者們對於焉鳥究竟是什麼鳥,頗多猜測,徐灝《説文解字注箋》引鄭樵説"焉即鳶字";又引戴侗説"白焉,雉屬,今俗書作鷳";桂馥《説文解字義證》引《禽經》説"黃鳳謂之焉",這些説法都缺乏根據,從中山王響鼎、壺銘文焉字寫作𧿒來看,奚世翰《説文校案》所説較爲合理,奚説:"案焉鳥疑即正也。《儀禮·大射儀》鄭玄注:'正亦鳥名,齊魯之閒名題肩爲正,正、鵠皆鳥之捷黠者。'《小戴禮記·月令篇》'征鳥屬疾',鄭注:'征鳥,題肩也。'疑《禮》之正即焉之半,實非之盛切之正字,正當讀有乾切,蓋題肩急讀之即爲焉也。"後來焉字借用作虛詞,它的形義就連漢代的許慎也都解釋不清楚了。通過中山王銅器的發現,使我們對這個字的形義和構成,有了進一步的瞭解。

《古文字研究》1,頁 280—281

○何琳儀(1998)　焉,从鳥从正,疑會黃鳥顏色爲五行正色之意。
戰國文字焉,語尾助詞。或説,相當"於是"。

《戰國古文字典》頁 983

畢　畢　罼

集成 226 邵鸞鐘　　集成 4190 陳肪簠蓋　　珍秦 82　　十鐘　　陶彙 3·673

包山 158　　包山 159　　包山 182　　璽彙 3523

睡虎地·爲吏 12

○郭沫若(1934)　(編按:集成 4190 陳肪簠)毅字原作𦥯,余初釋爲虔,因叔夷鐘虔字作𧇽也。或釋爲畢,均不類。諦審與薛侯盤之𦥑實是一字,即毅字所從出,故今改釋爲毅,字在此乃讀爲讓。

《郭沫若全集·考古編》8,頁 454,2002

○楊樹達(1952)　(編按:集成 226 邵鸞鐘)"余,𦥑公之孫,邵伯之子。"𦥑字周悦讓、張之洞二家並釋爲異而讀爲翼。(中略)王靜安跋此器,(中略)而於𦥑字則釋爲畢,(中略)然以字形核之,則周氏之説是,靜安之説非也。(中略)此銘之字自不得釋爲畢也。郱公牼鐘云:"余𦥑鼻威畏忌。"字作𦥑,郱公華鐘云:"𦥑鼻威忌。"字又作𦥑。按此二亦異字,亦當讀爲翼。《爾雅·釋詁》云:"翼,敬也。"翼鼻即敬恭,文義諧適。此銘之𦥑與郱公二鐘之文爲一字,彼文釋畢,文不可通,亦足證此銘之非畢字矣。

《積微居金文説》頁 170

○馬承源(1990)　(編按:集成 4190 陳肪簠)異(翼)鼻(恭)悢(畏)忌(中略)　異形似畢而从廾,實即異之或體,假爲翼,此省上部之田。

《商周青銅器銘文選》(四),頁 558

○劉彬徽、彭浩、胡雅麗、劉祖信(1991)　罼。

《包山楚簡》頁 27

○劉樂賢(1994)　畢,二十八宿之一。《開元占經·西方七宿占》引《石氏星經》曰:"畢八星,附耳一星。"

《睡虎地秦簡日書研究》頁 22

○**李運富**（1996）　　因疑罺不可釋罼，而應釋羅，蓋罺乃羅字異構。甲骨文羅字作 、、 等形（《甲骨文編》332 頁），从网罩佳或雉，正爲网鳥之義，動詞。《説文・网部》：“羅，以絲罟鳥也。从网从維。”其實當云“从糸从网从佳”，這才符合“以絲罟鳥”之義，糸乃後增，其構形功能與网同，亦爲捕鳥之具。儘管文獻用字罼、羅相通，名、動兩可，然其造字之意罼（罼）指名物，羅（罹）則指行爲，實相别異。《甲骨文編》725 頁附録列有 、 兩形，正象人舉臂持网以捕鳥之意，即罹（羅）字異構，增人張臂舉手形，其動詞之義更明。簡文之罼从廾，蓋即源自於此。网與罼同類，持其一即可會其意，故甲文从网不从罼。

《古漢語研究》1996-3，頁 6

○**李學勤**（1997）　　在此應特别討論一下《商周青銅器銘文選》890，即有名的郘鐘。（中略）王國維先生在《觀堂集林》中有跋，讀銘内器主語爲“余罼公之孫，郘伯之子”，以爲吕錡後人所作，其説爲後學所遵從。雖有楊樹達先生讀“罼”字爲“異”，釋作“翼”，也没有引起多少反響。查前人已指出，被讀爲“罼”的這個字也見於邾公華鐘，如《通釋》便讀後者之銘爲“罼恭威忌”。對照陳肪簋“襄公畏忌”，不難看出這其實是個“襄”字。“襄公之孫”不必是晉襄公之孫，但無法確指。不過，即使承認晉襄之説，這組鐘仍是具有我們在這裏討論的現象的唯一例外，不能因此否定該現象爲南方特點。

《綴古集》頁 119，1998；原載《吴越地區青銅器研究論文集》

○**劉釗**（1998）　　［25］簡 44 有字作“”，从邑从罼。此字或不从邑作“”，見 140、158、159、173 等簡。字表將其隸作“罼”或“罼”。按字从网从畢，應釋爲“罼”，“罼”即“罼”之繁文，見於《玉篇》《集韻》等書。字亦見於楚璽，作“”（《古璽彙編》3523），“罼”在簡文中讀作“罼”姓之“罼”。

《出土簡帛文字叢考》頁 8，2004；原載《東方文化》1998-1、2

○**劉釗**（1998）　　按字从“”从“”，“”乃楚國“网”字的特有寫法。如楚簡羅字作“”（包山簡二二），罪字作“”（包山簡一三〇反）可證。“”乃“畢”字。金文畢字作“、、”（《金文編》第 267 頁），與“”形結構相同。如此“”字應釋爲“罼”。罼即畢字的繁體異構。畢訓爲“网”，故又可加“网”爲義符作罼。《玉篇》：“罼，卑蜜切，罔小而長柄也。”包山楚簡字作“”（一五八）、（一七三），與古璽“”字完全相同。罼字在楚簡和楚璽中都用作“畢”姓之“畢”。又印典（三）2145 頁收有一方楚璽作：。其中“”字應隸作“點”，釋爲“點”。“”字同上釋“”字應爲一字，也應釋爲“罼”字，讀爲畢姓之"畢"。

《考古與文物》1998-3, 頁 81

○何琳儀(1998)　罼, 从网, 畢聲。《玉篇》:"罼, 罔小而柄長也。"

楚器(編按:"器"爲"璽"之誤)罼, 讀畢, 姓氏。見畢字。包山簡一四〇、一四〇反罼, 地名。

《戰國古文字典》頁 1104

○李家浩(2000)　(編按:九店 56·78)夏奈罼(畢)

"夏奈罼"三字, 原文都有不同程度的殘泐。"夏"字原文上部从"日", 與上文"夏尿"之"夏"作"頭"者不同。按魏正始石經"夏"字古文作暑(《石刻篆文編》五·二四), 本簡"夏"字殘文與此相近, 故釋文將其徑釋寫作"夏"。包山楚墓竹簡一八二號"罼"字作篝形, 本簡"罼"字殘文與此相近, 可以比較。"罼"从"网"从"畢"聲, 即"畢"字的繁體。"夏奈", 夏曆四月。"畢", 二十八宿西方七宿的第五宿。秦簡《日書》甲種楚除:"四月, 畢。"《禮記·月令》:"孟夏之月, 日在畢。"

《九店楚簡》頁 129

○李守奎(2003)　《集韻·質韻》:"畢亦从网。"

《楚文字編》頁 247

△按　上博二《容成氏》簡 9"畢能其事, 而立爲天子", 讀爲畢之字作戮形, 整理者(《上海博物館藏戰國楚竹書》[二]257 頁)釋爲"運"。其所从之畢與包山簡字同。

【畢公】

○吳鎮烽(2006)　畢公　見邙黛鐘(13 件, 集成 00225—00237), 王國維云吕黛即吕甥之後, 吕甥亡, 地爲魏氏所有, 魏氏出於畢公, 所以此畢公當指畢公高。周悦、張之洞認爲此字當釋"異", 讀爲翼公, 周悦云:"晉春秋初實别稱翼, 見隱公五年傳。此吕伯宜爲翼侯之公族, 故曰翼公之孫, 謂翼侯也。"

《金文人名彙編》(修訂本) 頁 314

【畢恭畏忌】集成 4190 陳矦簠

○陳初生(1987)　通"怭"。郏公華鐘:"余畢龏威忌。"孫詒讓謂畢"其讀當爲怭,《説文》:'怭, 慎也。'怭龏威忌, 言其慎愨畏忌也"。

《金文常用字典》頁 440

△按　此爲金文常用習語。

糞

璽彙 5290　　睡虎地·日甲 69 背

○**羅福頤**（1981）　糞。

《古璽文編》頁 88

○**何琳儀**（1998）　糞，从収从芈，釆聲。糞，幫紐；釆，並紐。幫、並均屬脣音，糞爲釆之準聲首。或説，芈亦聲。芈，幫紐，亦脣音。

睡虎地簡糞，棄。

《戰國古文字典》頁 1360

棄 弃

吉大 125　　秦印　　睡虎地·答問 71　　睡虎地·日甲 58 背叁

包山 121　　郭店·老甲 1　　璽彙 1485　　集成 2840 中山王鼎　　貨系 507

○**張政烺**（1979）　（編按：集成 2840 中山王鼎）弃，《説文》古文棄。

《古文字研究》1，頁 224

○**徐中舒、伍仕謙**（1979）　（編按：集成 2840 中山王鼎）《説文》：棄，古文弃，與此同。

《中國史研究》1979–4，頁 89—90

○**商承祚**（1982）　（編按：集成 2840 中山王鼎）棄，《説文》之古文同。訓棄爲“捐也，从廾推芈棄之。从玄，玄，逆子也”。而芈釋爲“箕屬，所以推棄之具也，象形”。篆从玄，以爲倒子，引申之爲逆子，謂凡逆子必須將之摒棄，如以箕之棄糞土也。小篆形近散盤棄字，甲骨文作弃，象兩手捧箕，象清潔工具，將箕內點形的糞土作清除之狀，其形可正可倒，非子字，更非逆子，後人不得其解，而以臆説出之，非也。從此銘文觀之，爲《説文》古文棄所從出。

《古文字研究》7，頁 49

○**陳邦懷**（1983）　（編按：集成 2840 中山王鼎）棄弃　古文棄字

大鼎　　暴棄群臣

按，《説文》芈部棄字古文作弃。許説：“从玄，玄，逆子也。”从廾，謂舉逆子棄之也。弃字之二，非重文符號，乃填空白者。例如大鼎閈字作閈，與字作弃，方壺戒字作🈐,其二亦爲補白,均與正文無關。

○**劉彬徽、彭浩、胡雅麗、劉祖信**(1991)　(編按:包山 179)弃,簡文作🈐,與《説文》棄字古文相同。

○**商承祚**(1995)　(編按:信陽 1・18)弃,即棄,甲骨文作🈐,金文散氏盤作🈐,中山王𡇼鼎作🈐。(中略)如從甲骨文來體會,在用🈐爲清除箕内的糞土'╷'來示意,略加思索,則了如指掌矣。

【棄市】睡虎地・答問 71

○**睡簡整理小組**(1990)　棄市,在市場中當衆處死,《釋名》:"市死曰棄市。市,衆所聚,與衆人共棄之也。"

【棄疾】睡虎地・日乙 17

○**劉樂賢**(1994)　棄疾,即去疾,除去疾病。

△按　"棄疾"也用作人名,在璽印中多見。

再 冄

🈐 集成 9700 陳喜壺　　🈐(冄)集成 158 𪔌羌鐘　　🈐 陶彙 3・12　　🈐 陶彙 3・9

🈐 上博二・昔者 1　　🈐 郭店・窮達 15　　🈐 郭店・語二 49

🈐 文物 1987-11,頁 88　　🈐 睡虎地・封診 65

○**劉節**(1931)　(編按:集成 158 𪔌羌鐘)唯廿又𠕎祀,𠕎祀即二祀,晚周之器多稱年,𪔌氏仍用殷曆,故二從商省而稱祀。

○**徐中舒**(1932)　(編按:集成 158 𪔌羌鐘)(二)𠕎從再從二,當即二字繁文。《齊侯鎛鐘》云"敢再拜頜首應受君公之易(錫)光",其上文云"敢用拜頜首弗敢不對揚朕辟皇君之易休命",上文云敢用拜,故此文云敢再拜。再作🈐,從口爲繁文(銅器中從口之字與不從口之字多無別),故此所從之再,正與《齊鎛》字形相同。《説文》古文弌弍弎仍從一二三,《召白虎敦》貳作🈐,仍從二,此爲紀年之詞,從再從二,其爲二之繁文,可無疑也。

《徐中舒歷史論文選輯》頁 211—212,1998

○唐蘭(1932)　(編按:集成 158 屬羌鐘)再字最奇古難認,蘭按:當是從二從再,再之變體也。殷虛卜辭有再字,羅氏誤釋爲冓,又有再字,商氏入之《待問編》,實皆再字。再象覆甾之形,甾再聲之轉,《說文》以爲冓省,非是。冓象兩甾背疊之形,卜辭冓字作再、再、再等諸體。冓,作再、再、再等體,金文叔多父盤冓作再,又召白簋有再字,鄘侯簋有再字,余均考定爲冓字(編按:召白簋再字,鄘侯簋再字,目前學界一般認爲是祇字)。詳近著《名始》。據此諸字,推校其形,知再即再字之變,其上疊爲重畫者,古文字之例致多矣。再又從二者,或以再有二義,或爲繁飾,未之能詳。然其字要當讀再無疑也。薛氏《款識》載齊侯鎛云“弓用或敢再捧顝首”,舊釋再爲商,字形頗相混,然商捧無義,且商字上當從辛若辛,與此實非一字,今謂當亦再字。古人多再拜。《玉藻》“酒肉之賜弗再拜”可證。則再即再之變,復縄益口字耳。此云“廿有再祀”者,《周禮·巾車》云:“玉路,錫樊纓,十有再就,建大常,十有二斿,以祀。”鄭注:“十二就,就成也。”則再即二,屬詞之偶變,“廿有再祀”之即廿二祀,猶“十有再就”之即“十二就”矣。廿有再祀者,周靈王之廿二年,晉平公之八年也。吳考以爲靈王二十三年,時代相當,而年曆微愆矣。

《唐蘭先生金文論集》頁 1—2,1995;原載《國立北平圖書館館集》6 卷 1 號

○湯餘惠(1993)　(編按:集成 158 屬羌鐘)(2)二十又再祀,(中略)再,二。

《戰國銘文選》頁 11

○何琳儀(1998)　再,甲骨文作再(前七·一·三)。從冉(禹字所从)從一。構形不明。戰國文字均加二或口爲飾。

　　齊器再,第二次。

　　元年閏矛“閏再十二月”,十三月。

《戰國古文字典》頁 87

【再十二月】

○于中航(1987)　據銘文知,該年年終置閏,稱“再十二月”。

《文物》1987-11,頁 88

【再立事歲】

○周曉陸(1988)　“再立事歲”即“復故位”之意,著名齊器國差𧊒、子禾子釜、陳純釜以及陶文均有“立事歲”之句例。至於《田齊世家》記“宣王二年……復故位”,而本器記“佳王五年……再立事歲”,造成這種差別無外兩種

可能,(一)"五年"是正確的,"又"字被録時脱中閒的"×"而被誤記爲"二",有的研究者論述"重金絡鑰"時即出現這種例子;(二)田忌自宣王二年復故位,宣王五年仍在位,"再立事歳"並不單指復位的那一年,而是兼指田忌再次執政的數個年頭。

《考古》1988-3,頁 260

再 再 叟

![集成2773信安君鼎](集成 2773 信安君鼎) ![集成2773信安君鼎](集成 2773 信安君鼎) 集粹

![貨系4200](貨系 4200) ![貨系4209](貨系 4209) ![貨系4241](貨系 4241) ![貨系4261](貨系 4261)

![包山244](包山 244) ![郭店・魯邦1](郭店・魯邦 1) ![郭店・成之22](郭店・成之 22) ![郭店・魯邦3](郭店・魯邦 3) ![上博四・曹沫9](上博四・曹沫 9)

○**安志敏**(1973)　金版上所鈐印的文字,以"郢爰"爲最多,"陳爰"次之,而"專爰"和單印一個"穎"字的,則比較少見。這些金版印文的前一字都是地名,據考證都屬楚地;此外,也還有其他文字的,如安徽省博物館所藏的"覃金"便是一例。這些金版的形制及其支付方式也大體一致,它們當與楚幣有關。關於後一個字,通常被釋爲"爰"字,認爲代表一定的重量單位,我認爲這種釋讀和解釋可能還存在着一定的問題。(中略)

"郢爰"等金版的形制和名稱,不見於當時的文獻記載,後來雖屢有發現,但確定它們是楚國金幣,卻是比較晚近的。(中略)比較明確的記載,首先見於宋代沈括《夢溪筆談》卷二十一:"壽州八公山側土中及溪澗之閒,往往得小金餅,上有篆文劉主字。"(中略)李石《續博物記》的記載,與之全同。所謂"劉主"當係"郢爰"的誤讀;(中略)到了清代,著録漸多。李兆洛《鳳臺縣志》沿襲過去的錯誤,釋讀爲"主劉"。方濬益《綴遺齋彝器考釋》釋爲"郢爰";吳大澂《度量衡實驗考》稱其爲"郢爰"金幣,於是"郢爰"爲楚幣的説法始成定論。

(中略)關於"郢爰"的定義,歷來的解釋不盡一致。一般都承認郢爲楚國的國都,表明其爲楚國所鑄。

(中略)關於"爰"字的含義,一般解釋爲重量單位。過去多認爲爰(鍰)即寽(鋝),(中略)實際上,爰、寽判然二字,篆體易訛,漢代以來常有混淆,因而也有人主張爰、寽大概是不同地域的不同重量單位。但是這些説法,未必能反映"郢爰"的真實面貌。關鍵在於"爰"是否代表重量的單位,所謂一"爰"究竟是指整塊的金版,還是指一方(即一印)而言,都還不能夠肯定。至少把

“爰”作爲重量單位的説法,與目前發現的考古資料還存在着一定的矛盾,這可以從兩方面來討論:

首先,從金版的形制與重量上,證實它與所謂的“爰”的重量不符。（中略）

其次,關於“爰”字的釋讀,近年來殆已成爲定論,但決不是沒有疑義的,最近有人提出此字應釋爲“冄”字,其説確有可取之處。（中略）其實,金文上的寽、爰二字,判然不同,而金版上的“爰”字,又與金文上的“爰”字形迥異,郢版的字體作𥅽,陳版作𥅽,可見釋成“爰”字是不能成立的。相反地,它們與“冄”字卻比較接近,如洛陽金村出土的銅鼎銘文作“公左□師,重冄三寽七䥈”,傳世的銅鈁中有的銘文作“左飲,郃公左師,十九,冄四寽廿九䥈”,以上二器銘文中的“冄”字均作𥅽,與郢版一致;同時它們和西周金文中的“冄”字也頗類似;特別是長沙西漢初期墓中仿金版的泥版,則多作郢冄、郢稱,從字體和金版的形制上,都可以看出它的演化遞變的痕迹。因此,把金版的文字釋成郢冄、陳冄,可能比較符合於實際情況。（中略）

金版上所印的“冄”（稱）字,可能與金版的形制及其含義有關。

《考古學報》1973-2,頁 62—71

○**王樹偉**（1979）　爰,是鍰的省書寫,通作鈳、寽。曾有人懷疑爰、寽是兩回事,尚待有足夠的證據以肯定其説。今天爰的實物在貨幣中保留下來的主要有郢爰金版、梁寽銅幣兩種。

一,郢爰金版。郢,是戰國時楚國的地名,今湖北江陵。爰,是重量名,也是一種貨幣（主要是黃金貨幣）的專稱。近年以來在安徽等地有大量郢爰實物出土。它的形體製作前人介紹的很多,現可從略。它的重量,“安徽的六安、阜南等地出土的郢爰金版中有兩塊劃十六格,其重量分別爲 268.3 克和 269.8 克,則平均每格重量爲 16.77 克和 16.86 克”。

二,梁寽銅幣。釋文:“梁正尚金當寽。”梁,是地名,今河南開封。正可作“一”字解。尚通上。金就是貨幣,當,“直也”,“抵也”,俗讀上聲。寽,同爰。幣文中分明提出正（一）,寽（爰）。足夠説明它是代表一爰。此幣重 13.6 克,是後期減重劣幣,不是它的初鑄標準貨。梁寽幣有重 16 克的紀錄。

根據以上兩項實物,去粗取精,爰的重量可以概括在 16—16.86 克之間。

放下實物,再查文獻。

《説文》:“鈳,十一銖二十五分之十三也。”“一”是衍（誤寫多出來的）文,已見前人注解。實是 $10\frac{13}{25}$ 銖,古銖實物今天大量存在。一個精整的五銖錢重

3.4 克强。則一古銖重 0.68 克强。$10\frac{13}{25}$ 古銖合今 7.15 克。這與實物距離很遠，結合不上。

　　考《説文》雖是漢許慎所著，但曾經唐李陽冰竄改及宋初二徐等多人重加校訂整理。有關度量衡的數字，某些地方頗有可能已折算成唐、宋的規制。唐、宋時銖的重量也有大量的實物和文獻可考。如開元錢（重 3.73 克）。"武德四年（公元 621 年）七月廢五銖錢，行開元通寶錢，徑八分重二銖四絫，積十文重一兩，一千文重六斤四兩"。"唐初開元泉（錢）十枚，用庫平秤之，其重果爲一兩，故知唐權與今之庫平相同"。

　　舊庫平一錢合 3.7301 克。中含 2.4 唐銖。則一唐銖重 1.554 克。$10\frac{13}{25}$ 唐銖合 16.35 克弱。正在 16—16.86 克之間。這就是實物結合文獻得出來的一爰之重量的精確數字。爰的重量問題久已失傳（**編按**：原文如此）。《説文》所載從來是個謎，前人從未得出確切解釋。甚至懷疑它不可靠，非爰的真實重量。現在因爲有大量爰的實物出土得使這一千古疑案迎刃而解，也是一件快事。（另外，還有一個大爰，《説文》"北方以二十兩爲三鋝"這與貨幣關聯不大，暫不探討。）

《社會科學戰線》1979-3，頁 191—192

○**曹錦炎、吳振武**（1980）　　鋝爲重量單位已見上述。那麼爰是否也表示重量單位呢？安志敏曾指出："把'爰'作爲重量單位的説法，與目前發現的考古資料還存在着一定的矛盾。"據他的統計，每一小塊郢爰的重量本身就輕重不一。從出土的單印郢版來看，最輕的爲 11.5 克，最重的爲 22.8 克，兩者相差將近一半。同時我們從上述四種魏布的重量來看，二種夸釿是 2:1，正尚和半尚也是 2:1。由此可知郢爰之爰、梁夸釿之釿、梁正尚和梁半尚之尚等猶如齊刀幣稱"齊之法化、節墨之法化"的"化"一樣，都是表示每一個國家不同的貨幣名稱，並非表示重量單位。特別是長沙西漢初期墓葬中出土的仿金版泥版也有稱"郢禹、郢稱"的，更可證明爰是貨幣名稱，決非重量單位。爰、釿、尚、化等貨幣名稱流行於我國春秋戰國時期，直到秦統一以後，它們才退出歷史舞臺。至於貨幣爲何稱爰，蒙于省吾先生指教，爰字應訓爲"換"或"易"。爰換二字古音近字通，《詩・皇矣》"無然畔援"，《玉篇》引作"無然伴換"；《史記・司馬相如傳》索隱引韋昭謂"爰，換也"；《左傳・僖公十五年》"晉於是乎作爰田"，服注："爰，易也。"《小爾雅・廣詁》亦訓爰爲"易也"。貨幣之貨《説文》謂："財也，從貝化聲。"貨本是化的孳乳字，故貨幣亦可稱化（如"齊之法化"

等）。化在典籍中多訓“變”訓“易”，《淮南子·氾論》“禮與俗化”，注：“化，易也。”是爰和化可同訓作“易”。《漢書·食貨志下》顔師古注曰：“凡言幣者，皆所以通貨物，易有無也。”古時動詞往往可作名詞用，所以訓爲“換易”的爰、化二字，也可作爲商品交換的媒介——貨幣的專用名稱。

《社會科學戰線》1980-4，頁 217

○**李學勤**（1981）　信安君鼎“爰”字也須要説明一下。“再”字在戰國文字中每每從“爻”作，最常見的是楚國金幣“郢再”，漢代仿製者作“郢稱”，是最好的證據。舊釋“爰”，是不對的。安志敏同志和日本學者林巳奈夫都有論述。本鼎銘：“再二鎰六釿”“再九鎰”，可參看洛陽新村發現的一些青銅器銘文，“再”即稱量之意。由此也可知道，所謂“郢再、陳再”等，也是經過稱量的意思。

《中原文物》1981-4，頁 38

○**裘錫圭**（1982）　信安君鼎銘“十二年”下一字，羅文釋“受”。從銘文拓片看，此字似非“受”字，而實與“郢爰”金版印文“郢”下一字以及下引金村所出各器銘中置於所記重量之上的那個字相似：

　　十九，𩎟四孚廿九冢（左𠈁壺一，《三代》12·15。冢字從李家浩同志
　　釋）

　　　𩎟三孚七冢（公左私官鼎，《洛陽古城古墓考》圖版 187·9）

　　　𩎟四兩半□分〓，中府（甘□銀製小像，同上 33 頁圖 18·2）

　　此字舊多釋“爰”，日本學者林巳奈夫改釋爲“再”，其説可從（參看安志敏《金版與金餅》，《考古學報》1973 年 2 期 70 頁至 71 頁）。信安君鼎銘“十二年”下一字，也應釋作“再”。

　　信安君鼎蓋銘記“十二年再二鎰六釿”，器銘記“十二年再九鎰”。雖然“二鎰六釿”和“九鎰”都另起一行，但在文義上與前一行的“十二年再”應該是相接的。這兩個“再”字都置於所記重量之上，與金村諸器同例。此類“再”字似應讀爲“稱”，當“稱量輕重”或“所稱量的輕重”講。

《古文字論集》頁 488，1992；原載《考古與文物》1982-2

○**黃德馨**（1986）　楚國的黃金貨幣“郢爰”。

　　（中略）“郢”（包括“陳”等）係地名，已得到學術界的一致公認，但是“爰”字作何解釋，迄今尚無定論，多數人釋作重量單位，也有人釋作“再”（即“稱”）。這兩種解釋，都值得商榷。

　　（中略）“爰”與“再”（稱）字形迥異，“爰”非“再”。

（中略）"爰"字的ㄇ，左右兩端長短不齊。

○**何琳儀**（1989） "叟"，原篆作"？"（《錄遺》一三・一）。饒、郭、李均隸定
爲"爵"，訓"治"。容庚釋"受"。均非是。按，三體石經《君奭》"稱"作"？"
形，與本銘"？"上部所從吻合。二者前身應是西周金文中的"？"（歊段。至
於"？"所從"肉"與上文"瀅"所從"肉"形體雖同，但並非一字。這與三體石經
"稱"作"？"、"納"作"？"（《皋陶謨》）均屬異字同形現象，不足爲奇。另外，
楚金版"郢？、陳？"舊釋爲"郢爰、陳爰"，殊誤。林巳奈夫始讀"爰"爲"爯"。
安志敏引長沙出土西漢初年泥版"郢稱"或作"郢？"，金村器"爯"或作"？"
（《古墓》一・一〇一）爲例，證成林說。其實金村器和金版中的"爯"與本銘
"？"乃一字，只不過前者的筆畫略草率而已。以上諸字均應隸定爲"叟"，即
"爯"之繁文。《説文》："爯，并舉也。"本銘"爯"讀"偁"，典籍亦作"稱"，《説
文》："偁，揚也。"

○**湯餘惠**（1993） （編按：信安君鼎"叟"）稱，稱量。二鎰六釿，是稱量所得鼎蓋的
重量。據實測，鼎蓋重 787.5 克。鎰、釿都是重量單位。

○**劉彬徽、彭浩、胡雅麗、劉祖信**（1991） （編按：包山 244）爯，簡文作？，讀作稱。
《左傳・閔公二年》"祭服五稱"，注："衣單複具曰稱。"

○**何琳儀**（1998） 爯，甲骨文作？（鐵一〇二・二）。從爪提物。金文作？（衛
盉）。戰國文字冉旁多有省減，或下加又旁繁化，隸定叟。叟似與甲骨文？（後
下二〇・十一）、金文？（量鼎）有關。

周器、信安君鼎爯，讀稱。《説文》："稱，銓也。從禾，爯聲。"

楚金鈑爯，讀稱，見上。包山簡爯，讀稱。《左・閔二》"祭服五稱"，注：
"衣單複具曰稱。"者汈鐘爯，讀偁。《説文》："偁，揚也。"亦作稱。《禮記・表
記》："君子稱人之善。"

○**李家浩**（2000） （編按：九店 56・25）此五字原文都有不同程度的殘泐，從殘畫
看，當是"已亡貨不爯"。"不爯（稱）"，猶言"不得"。

○**馬承源**(2002) (編按:上博二·子羔8)叓 讀爲“偁”。《説文·冓部》:“爯,并舉也,从爪冓省。”此字上从爪,下从又,近乎並舉之形。

《上海博物館藏戰國楚竹書》(二)頁192

○**趙誠**(2003) 《者沪鐘》有“用剌(烈)壯”一語,其中的第二個字,舊或隸定爲“敻”,或釋爲“受”,何琳儀認爲“均非是”。何氏在發表於1989年《古文字研究》第十七輯的《者沪鐘銘校注》一文中指出:“(中略)以上諸字均應隸定爲‘叓’,即‘爯’之繁文。《説文》‘爯,并舉也’。本銘‘爯’讀‘偁’,典籍亦作‘稱’。《説文》:‘偁,揚也。’”從文字構形和銘文文意來看,何説可從。張亞初《殷周金文集成引得》1.120、1.125-8釋文徑釋此字爲“爯”,當取何氏之説。

《二十世紀金文研究述要》頁459—460

○**陳偉**(2003) (編按:郭店·魯邦1)簡文“亟稱”似乎存在兩種可能,一是“屢次稱述”,一是“急切指出”。後一種可能性似更大。

《郭店竹書别釋》頁45

○**趙平安**(2003) 稱量貨幣泛稱金,專稱爯。

《中國文字研究》4,頁104

○**張桂光**(2004) (編按:上博二·子羔8)“君天下而稱”是説治理天下而能見稱於世。

《上博館藏戰國楚竹書研究續》頁39

幼  务 ⿱幺曰 學

包山3 上博二·子羔4 上博三·中弓7

上博三·中弓8

集成2840中山王鼎

○**張政烺**(1979) (編按:集成2840中山王鼎)學,从子,幽聲,讀爲幼。《老子·道經》第二十一章“窈兮冥兮,其中有精”,窈,馬王堆帛書《老子》甲本作㘬,知學幼音同。

《古文字研究》1,頁224

○**趙誠**(1979) (編按:集成2840中山王鼎)學,从子幽聲,當即幼字,幽幼音同而通。

《古文字研究》1,頁255

○**徐中舒、伍仕謙**（1979）　（编按:集成 2840 中山王鼎）孯,與幼同。馬王堆帛書《老子》甲本二十一章作"灣",乙本作"幼"。

《徐中舒歷史論文選輯》頁 1335,1998;原載《中國史研究》1979-3

○**張克忠**（1979）　（编按:集成 2840 中山王鼎）"孯",幽子合文。《説文》:"幽,隱也,从山中丝。""丝,微也。"丝在山中,更顯微小。幽子,即幼子。

《故宮博物院院刊》1979-1,頁 40

○**于豪亮**（1979）　（编按:集成 2840 中山王鼎）孯讀爲幼。帛書甲本《老子》"灣呵鳴呵",乙本作"幼呵冥呵"。今本二十一章作"幽兮冥兮",灣幽與幼通,則孯得假作幼。

《考古學報》1979-2,頁 172

○**何琳儀**（1984）　（编按:集成 2840 中山王鼎）孯,从子幽聲,諸家均讀幼。按,幼是會意兼形聲字。孯則純粹形聲字。

《史學集刊》1984-3,頁 4

○**何琳儀**（1998）　（编按:集成 2840 中山王鼎）孯,从子,幽聲,幼之異文。《詩·小雅·伐木》:"出自幽谷。"阜陽漢簡"幽谷"則作"幼浴",是其佐證。

《戰國古文字典》頁 159

○**何琳儀**（1998）　幼,甲骨文作🦴(後下三五·一),从力从幺,幺亦聲。金文作🦴(禹鼎)。戰國文字承襲金文。

包山簡幼,讀幽。《周禮·地官·牧人》:"陰祀用黝牲。"注:"鄭司農曰,黝讀爲幽。"《史記·司馬相如傳》"蟉蟉蜿蜒",《漢書·司馬相如傳》蟉作蚴。《老子》二十一"窈兮冥兮",傳本窈作幽,馬王堆帛書作灣。《詩·小雅·伐木》"出自幽谷",阜陽漢簡作"幼浴"。均其佐證。《荀子·王霸》:"公侯失禮則幽。"注:"幽,囚也。"

《戰國古文字典》頁 160

○**劉信芳**（2003）　（编按:包山 3）幼:未成年。《禮記·檀弓上》:"幼名冠字。"又《曲禮上》:"人生十年曰幼,學;二十年曰弱,冠。"又《冠禮》:"棄爾幼志。"是二十歲行冠禮前皆可稱幼。

《包山楚簡解詁》頁 8

○**李朝遠**（2003）　（编按:上博三·中弓 7）《孟子·梁惠王上》"老吾老以及人之老,幼吾幼以及人之幼",趙岐注:"老,猶敬也;幼,猶愛也。敬吾之老,亦敬人之老;愛吾之幼,亦愛人之幼。""老老,慈幼"與此義同。

《上海博物館藏戰國楚竹書》(三)頁 268

○**李朝遠**（2003）　（編按：上博三·中弓 10）"幼"，通"要"。"要"，宵部影紐字；"幼"，幽部影紐字，兩字雙聲，宵、幽旁轉，可通。"要"，會合、符合。（中略）"民可幼（要）"，就是民可和合，行列得正，進退得齊。

《上海博物館藏戰國楚竹書》（三）頁 271

○**李守奎、曲冰、孫偉龍**（2007）　（編按：上博三·中弓 8）幼　智　按："幼"旁下部之"口"當是飾符。

《上海博物館藏戰國楚竹書（一—五）文字編》頁 208

【𢇛𦦕】集成 2840 中山王鼎

○**河北省文物管理處**（1979）　𢇛（幼）𦦕（童）。

《文物》1979-1，頁 6

○**朱德熙、裘錫圭**（1979）　𢇛（幼）𦦕（童）。

《文物》1979-1，頁 49

○**李學勤、李零**（1979）　𢇛（幼）𦦕（童）。

《考古學報》1979-2，頁 154

○**張政烺**（1979）　𢇛𦦕，言少年即位。

《古文字研究》1，頁 224

○**趙誠**（1979）　𢇛（幼）𦦕（童）。

《古文字研究》1，頁 254

○**商承祚**（1982）　𢇛𦦕讀爲幼童，幼童的智慧幽隱未明，故从𢇛以見意。

《古文字研究》7，頁 50

○**何琳儀**（1984）　"𢇛𦦕"即"幼沖"。《書·大誥》云"洪惟我幼沖人"，傳："我幼童人。"《漢書·敘傳》："孝昭幼沖，家宰惟忠。"至於《後漢書·沖帝紀》注："幼少在位曰沖。"與本銘"𦦕（童）"適可相互印證。

《史學集刊》1984-3，頁 4

○**何琳儀**（1998）　中山王鼎"𢇛𦦕"，讀"幼沖"。《史記·天官書》："炎炎衝天。"《漢書·天文志》引衝作中。《淮南子·脩務》："鍾子期死。"《戰國策·秦策》作"中旗"。《説文》："沖，讀若動。"《詩·召南·草蟲》傳："忡忡，猶衝衝也。"均其佐證。《書·大誥》："洪惟我幼沖人。"傳："我幼童人。"《漢書·敘傳》："孝昭幼沖。"《後漢書·沖帝紀》注："幼少在位曰沖。"

《戰國古文字典》頁 159

幽 幽

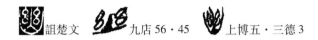

詛楚文　九店 56・45　上博五・三德 3

○**何琳儀**（1998）　幽，甲骨文作（粹五五〇），从火从丝（絲字初文），會意。金文作（牆盤）、（叔向簋），其火旁誤作山形。戰國文字承襲金文。

　　詛楚文幽，因。《荀子・王霸》：“公侯失禮則幽。”注：“幽，因也。”“幽釣（約）”與“幽繫、幽縛”義近。

《戰國古文字典》頁 159

○**李零**（1999）　（編按：九店 56・45）簡 45“凡”下四字缺右半，不詳所釋何據，疑漏貼照片（劉信芳讀爲“凡植垣樹邦”）。“西南之遇”後，應釋“君子處之，幽（猶）悆（疑）不出”（劉信芳、徐在國補釋“君子”）。

《考古學報》1999-2，頁 146

【幽子】九店 56・35

○**李家浩**（2000）　“幽子者不吉”，秦簡《日書》甲種楚除秀日占辭作“弟凶”。“幽、幼”二字音近古通。《詩・小雅・鹿鳴》“出自幽谷”，阜陽漢墓竹簡《詩經》“幽”作“幼”（《文物》1984 年 8 期 6 頁）。戰國中山王大鼎銘文“寡人學童未甬（通）智”，“學”即“幼”，从“子”从“幽”聲。《禮記・玉藻》“一命縕韍幽衡，再命赤韍幽衡”，鄭玄注：“幽，讀爲黝。”“黝”从“黑”从“幼”聲。簡文“幽子”當讀爲“幼子”。

《九店楚簡》頁 100

【幽悆】九店 56・45

○**李家浩**（2000）　“悆”字見於戰國璽印文字（《古璽彙編》三三七・三六四三），應當分析爲从“心”从“矣”聲。上古音“矣、思”都是之部字，可以通用。例如《楚辭・離騷》“溘埃風余上征”，《文選》卷五左太沖《吳都賦》劉淵林注、卷二六謝玄暉《在郡臥病呈沈尚書》和卷三一江文通《雜體詩・擬張黃門》李善注引，“埃風”皆作“飀風”。疑簡文“幽悆”應當讀爲“幽思”。《史記・屈原傳》：“屈平疾王聽之不聰也，讒諂之蔽明也，邪曲之害公也，方正之不容也，故憂愁幽思而作《離騷》。”

《九店楚簡》頁 112—113

○**劉國勝**（2000）　8.《日書》竹簡 45 號簡　盍西南之寓，君子居之，幽疑不出。

　　"君子"從李守奎釋。"疑",原釋文隸定不誤,字从心从矣,應讀爲"疑"。郭店《緇衣》簡:"則君不疑其臣,臣不惑於君。""疑"正作此形。"幽"訓深。《莊子‧讓王》"幽憂之病"意謂深憂之病。"幽疑"猶言"深疑"。

《奮發荊楚探索文明》頁 217

○**晏昌貴、鍾煒**(2002)　盍(蓋)西南之遇(寓),君子居之,幽思不出。"盍",陳偉先生讀作"掩"(第 157 頁)。"君子"爲合文,《禮記‧鄉飲酒義》鄭玄注:"君子,謂卿大夫士也。""思"字从心从矣,當讀作"思",《史記‧屈原賈生列傳》:"故憂愁幽思而作《離騷》。"李零先生讀作"疑"(第 141—152 頁)。

《武漢大學學報》2002-4,頁 418

幾　繇　幾

睡虎地‧答問 135　　睡虎地‧爲吏 29 伍　　睡虎地‧封診 14

上博四‧曹沫 40　　上博四‧曹沫 42　　上博四‧曹沫 44　　上博五‧季庚 14

郭店‧老甲 12　　郭店‧老甲 25　　上博二‧民之 1　　上博二‧從甲 8

上博三‧彭祖 2　　上博四‧曹沫 21　　上博五‧競建 9

○**中國科學院考古研究所**(1957)　(編按:五里牌 8)5 簡　幾一　當爲弩機。

《長沙發掘報告》頁 57

○**中大楚簡整理小組**(1977)　(編按:信陽 1‧14)第一簡　□虐戋,不智也夫。(中略)戋,讀爲哉。

《戰國楚簡研究》2,頁 1—2

(編按:五里牌 8)第八簡　幾一。　平医□

據盜墓人口述,此墓有弩機一件,放置於北邊箱中部偏西處。

《戰國楚簡研究》4,頁 22

○**劉雨**(1986)　4."戋"

"戋"字凡四見。

　　1-08:"章舉即戋,□不難。女果……"

　　1-014:"虐戋,不智也。夫周……"

　　1-025:"天下有戋,久□……"

　　1-074:"……戋。周公曰……"

　　從文義上看,這幾條簡文都應該在"戈"字後斷句,亦當爲表示語氣的句末虛字。我們認爲就是"哉"字。

　　在金文中"哉"通常作"戈",如禹鼎"烏乎哀戈"、魚鼎匕"欽戈"等。西漢末年王莽時一件"大泉五十"錢範上有"好戈"二字,"戈"即"哉"字,爲我們十分珍貴地保存了戰國時期"哉"字作"戈"的形體(見《金文續編》卷二,5頁)。

　　上述四個虛字在"竹書"中出現次數較多,把它們釋讀清楚,對通讀這批殘簡會有一定作用。

《信陽楚墓》頁 131—132

○**睡簡整理小組**(1990)　　(編按:睡虎地·爲吏 29 伍)口,關也;舌,幾(機)也。(中略)關、機都是弩上部件的名稱。機是扳機,其外護機的部分稱爲關。

《睡虎地秦墓竹簡》頁 176

○**商承祚**(1995)　　(編按:五里牌 8)第八簡

　　幾一。　　在医【賑】

　　幾,即弩機。據盜墓人口述,此墓有弩機一件,置北邊箱中部偏西處。

《戰國楚竹簡匯編》頁 129

○**何琳儀**(1998)　　幾,金文作𦀌(沇伯簋)。从戉从絲,會兵事深微莫測之意。或作𢿙(幾父壺),易人旁爲大旁。戰國文字承襲金文。

　　五里牌簡幾,讀璣。《説文》:"璣,珠不圓也。从玉,幾聲。"

　　詛楚文幾,讀禨。《廣雅·釋天》:"禨,祭也。"疏證:"禨之言祈也。《漢書·天文志》'察禨祥'。如淳注云:'《呂氏春秋》荊人鬼,越人禨,今之巫祝禱祀淫祀之比也。'"

《戰國古文字典》頁 1184

○**李零**(1999)　　(編按:信陽 1·14)例 2 辭例作"虖幾(豈)不智(知)才(哉)"。

《出土文獻研究》5,頁 145

○**濮茅左**(2002)　　(編按:上博二·民之 1)"幾俤君子,民之父母"(中略)"幾",通"豈、愷、凱"。《戰國策·楚策四》"則豈楚之任也哉",《馬王堆漢墓帛書》"豈"作"幾";又《荀子·大略》"幾爲知計哉",楊倞注:"或曰:'幾,讀爲豈。'"《禮記·孔子閒居》"凱弟君子",鄭玄注:"凱,本又作愷,又作豈。"《説文·豈部》:"豈,還師振旅樂也。"

《上海博物館藏戰國楚竹書》(二)頁 155

○**張光裕**(2002)　　(編按:上博二·從甲 8)從正(政)又(有)七幾(機)(中略)

“幾”讀爲“機”,事物之關鍵,亦事物變化之所由生。

《上海博物館藏戰國楚竹書》(二)頁 222

○**劉釗**(2003)　(編按:郭店·老甲25)“幾”訓爲“微”。

（編按:郭店·五行48)“炏”爲“幾”字省文,借爲“機”,(中略)“機”意爲“細微的徵兆”。

《郭店楚簡校釋》頁 20、86

○**李零**(2003)　(編按:上博三·彭祖2)“幾”,疑讀“豈”(簡文多如此)。

《上海博物館藏戰國楚竹書》(三)頁 305

○**李零**(2004)　(編按:上博四·曹沫21)幾俤君子,民之父母　連上簡“幾”字爲讀,即“豈弟君子,民之父母”,出《詩·大雅·泂酌》。

（編按:上博四·曹沫40)幾　讀“忌”,指忌諱。“幾”是見母微部字,“忌”是群母之部字,讀音相近。

（編按:上博四·曹沫42)出帀之幾　讀“出師之忌”,下有句讀。其忌在將帥出身卑賤,又無父兄薦舉,必須由國家遥控。

（編按:上博四·曹沫43)此燮果之幾　以上是講出師後、臨戰前,在行軍途中防止敵人包圍的注意事項。其忌在於隊形不整而穿越險阻(容易遭人伏擊)。按:宋楚泓之役,宋襄公恪守古訓,不肯乘楚師半渡未陳而擊之,遭慘敗。後世兵家都以“半渡而擊、未陳而擊”爲大利(參看《孫子·行軍》《吳子·料敵》)。

（編按:上博四·曹沫45)此既戰之幾　“幾”字下有句讀。以上是講戰鬥結束後的忌諱。其忌在於賞誅無當,對死者和傷者缺乏關心,讓人對戰爭仍心有餘悸。

《上海博物館藏戰國楚竹書》(四)頁 257、269、270、271、273

○**陳劍**(2005)　(編按:上博四·曹沫40)“幾”下文屢見,原皆釋讀爲“忌”,不可信。此類用法之“幾”舊注多訓爲“微、事之微”等,古書亦多作“機”。簡文此處及下文之“幾(機)”可翻譯作“機會、時機”,皆就敵方之可乘之機而言,“其將卑”云云之“其”指對方、敵軍,與上文簡17—18“以事其便嬖”之“其”同。下文“三軍出、三軍散果”亦皆指敵方而言。燕王職壺講燕昭王自即位起即準備出兵伐齊而“乇(度)幾(機)三十(年)”(參看董珊、陳劍《郾王職壺銘文研究》,《北京大學中國古文獻研究中心集刊》[第三輯],北京大學出版社2002年,第35—36頁),“幾”字用法與簡文同。《逸周書·大武》:“武有七制:政、攻、侵、伐、陳、戰、鬥……伐有七機,機有四時、三興……四時:一春違其農,二

夏食其穀,三秋取其刈,四冬凍其葆。三興:一政以和時,二伐亂以治,三伐飢
以飽。凡此七者,伐之機也。”“機”字用法與簡文尤近。

《戰國竹書論集》頁 119,2013

【幾時】睡虎地·爲吏 13
○**睡簡整理小組**(1990)　　幾,終了。幾時,結束的時候。

《睡虎地秦墓竹簡》頁 172

【幾籍亡】睡虎地·封診 14
○**睡簡整理小組**(1990)　　幾籍亡,幾次在簿籍上記録逃亡,參下《亡自
出》條。

《睡虎地秦墓竹簡》頁 150

叀

○**張政烺**(1981)　　(編按:集成 2782 哀成叔鼎)叀字銘文常見,阮元曰:“叀,《説文》
云:‘專,小謹也。’或曰:叀,古專省,通摶,摶義爲聚,訓見《管子》注。”(《積古
齋鐘鼎款識》卷五,束貽尊)

《古文字研究》5,頁 30

○**趙振華**(1981)　　(編按:集成 2782 哀成叔鼎)叀,與惠同,讀爲唯,語辭。

《文物》1981-7,頁 68

○**李天虹**(1995)　　叀　《説文》:“叀,古文叀;叀,亦古文叀。”

　　按:《説文》:“叡……从又从叀。叀,古文叀字。殿字从此;”“廏……殿,
古文从九。”則許慎所謂的古文叀有叀、叀、叀等不同形體。實際上叀本象叀形,
多作叀,或作叀(頌叀)、叀(秦公叀)(均叀从)。小篆之叀,當由叀形演變而來,叀、
叀兩形都是傳抄致訛。許慎之所以誤認爲叀是古文叀字,是因爲戰國時叀
的形體有叀(齊鎛惠从)、叀(信陽簡劼从)、叀(王孫鐘惠从)等形,和叀頗爲相
近,至於《説文》古文叀字第一體,在古文字中尚未見到過,也可能是傳抄
有誤。

《江漢考古》1995-2,頁 76

○**劉宗漢**(1996)　　(編按:集成 2782 哀成叔鼎)《説文·叀部》:“叀,小謹也。”《説

文·言部》：“謹，愼也。”是古人心目中的一種美德。然此處訓爲“小謹”的“叓”似另有微意。

《管子·形勢》：“小謹者不大立，訾食者不肥體。”唐尹知章注：“言人無弘量，但有小謹，不能大立也。”同書《形勢解》對這段話有很好的注釋：“謹於一家則立於一家，謹於一鄉則立於一鄉，謹於一國則立於一國，謹於天下則立於天下。是故其所謹者小，則其所立亦小；其所謹者大，則其所立亦大。故曰：小謹者不大立。”蓋“小謹”即“無弘量、不能大立”之謂也。換言之，即“無所作爲”。

《洛陽考古四十年》頁 247

○**何琳儀**（1998）　　叓，甲骨文作𰀀（前一·八一·一），象紡專之形。參專字。西周金文作𰀀（克鼎），或省作𰀀（同簋）。春秋金文作𰀀（王孫鐘惠作𰀀），底部**Ụ**訛作**ᶜ**形。或作𰀀（齊侯鎛惠作𰀀），戰國文字承襲兩周金文。楚文字或作𰀀。

哀成叔鼎叓，讀專，專一。

《戰國古文字典》頁 1024

○**裘錫圭**（1998）　　（編按：郭店·忠信5）𰀀，裘按：此字當釋爲“叓”，讀爲“惠”。

《郭店楚墓竹簡》頁 164

惠　𰀀

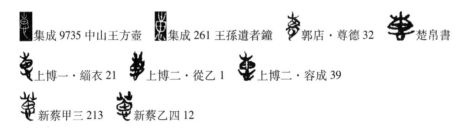

𰀀 集成 9735 中山王方壺　　𰀀 集成 261 王孫遺者鐘　　𰀀 郭店·尊德 32　　𰀀 楚帛書

𰀀 上博一·緇衣 21　　𰀀 上博二·從乙 1　　𰀀 上博二·容成 39

𰀀 新蔡甲三 213　　𰀀 新蔡乙四 12

○**安志敏、陳公柔**（1963）　　（編按：楚帛書）“神則惠之”（A.10.17—20）惠字或釋爲擊，我們以爲應從釋惠字。

《文物》1963-9，頁 55

○**饒宗頤**（1968）　　（編按：楚帛書）福、格、惻、忒，協韻。惠字不協，然其字爲惠，絕無疑問。如作“神則憑之”，則與諸韻協。豈誤書𰀀爲𰀀字耶？

《史語所集刊》40 上，頁 19

○**郭沫若**（1972）　（編按:楚帛書）天災神叀，天與神則不一致。叀字當讀爲違。

《考古學報》1972-1，頁 7

○**高明**（1985）　（編按:楚帛書）叀字《爾雅・釋言》:“叀，順也。”繒書則謂:惟天賜福於民，則群神謹天命，亦予福於民;惟天降禍於民，群神亦順從天命，賜民以災。

《古文字研究》12，頁 387

○**何琳儀**（1986）　（編按:楚帛書）“叀”，郭沫若《古代文字之辯證的發展》（《考古學報》1972 年 1 期）讀“違”。按《爾雅・釋詁》:“叀，順也。”帛書:“惟天作妖，神則叀之。”意謂“天爲妖祥，神則順從之”。古代“天”和“神”並非同一概念。觀《淮南子・時則訓》“以供皇天上帝，名山大川四方之神”。知帛書“天”即“皇天上帝”，而“神”則“名山大川四方之神”。

《江漢考古》1986-1，頁 56—57

○**嚴一萍**（1990）　（編按:楚帛書）19 毃　此字彥堂夫子釋“擊”，按當作毃。繒書作🔸，乃省殳。《說文》:“毃，相擊中也。”從高，當是🔸之訛。天作災，神擊之，天神一致，相承爲義。諸家釋“叀”，則神意與天意相背，恐非此段文字之原意矣。

《甲骨古文字研究》3，頁 274

○**曾憲通**（1993）　（編按:楚帛書）此字諸家皆釋作叀。惟嚴一萍氏從董作賓說擊而釋作毃，謂帛書作🔸乃省文，而《說文》毃所從之高，當是🔸之訛。今按楚王酓忎鼎忎字作🔸，所從心旁左右上揚，與帛文🔸字所從全同，而與口旁作🔸者大別，且🔸與車亦不類，嚴釋未可信。

《長沙楚帛書文字編》79

○**何琳儀**（1998）　叀，西周金文作🔸（衛盉）。從心從叀，會篤仁之意。春秋金文作🔸（王孫鐘）。戰國文字承襲兩周金文，或省心旁。商周文字叀或讀惟，是否亦叀字之省，待考。或説叀（專之初文）古讀若惠，故音轉讀惟。叀、惠聲韻不合，叀惟雙聲。

　　天星觀簡叀，諡號。《逸周書・諡法解》:“柔質慈民曰惠，愛民好與曰惠。”帛書叀，見《爾雅・釋詁》:“叀，順也。”者汈鐘叀，讀惟。

《戰國古文字典》頁 1181

○**劉信芳**（2001）　（編按:楚帛書）“叀”，董作賓先生（1955）釋爲“擊”，與字形不合。“叀之”，施仁於民也。《說文》:“叀，仁也。”《周書・諡法》:“柔質慈民曰惠，愛民好與曰惠。”

《華學》5，頁 137

○王志平（2002）　（編按：上博一·詩論11）"惠"，下"《鵲巢》出以百兩，不亦有惠乎?""惠其所愛，必曰:吾奚舍之? 賓贈是已"同。此"惠"訓愛，《詩·北風》:"惠而好我。"《傳》:"惠，愛也。"

（編按：上博一·詩論27）"惠"訓賜。《廣雅·釋言》:"惠，賜也。"

《上博館藏戰國楚竹書研究》頁 216、225

△按　新蔡簡甲三 213"蕙王"即楚惠王。"蕙"爲"惠"字訛寫。"惠"楚簡作 ![字]（上博《緇衣》簡 21），所從更旁上部與中形近，遂有訛寫作艸旁。新蔡乙四12 之 ![字] 也作此訛。

㝵 ![字]

![字]包山 105　![字]包山 167　![字]陶彙 5·20　![字]秦公大墓石磬
![字]睡虎地·封診 53　![字]上博五·鬼神 5　![字]上博六·慎子 1　![字]上博六·莊王 9

○睡簡整理小組（1990）　（編按：睡虎地·封診53）鼻腔壞。刺其鼻不㝵（嚏）。

《睡虎地秦墓竹簡》頁 156

○劉彬徽、彭浩、胡雅麗、劉祖信（1991）　（編按：包山25）步。

（編按：包山105）步，簡文作![字]，《汗簡》伂字作![字]，所從之步與簡文相同。

《包山楚簡》頁 18、46

○高明、葛英會（1991）　（編按：陶彙5·20）秦公簋㝵字寫作![字]，與此同。

《古陶文字徵》頁 160

○劉釗（1998）　[18]簡 25、116、194 有字作"![字]、![字]、![字]"，字表釋爲"步"。考釋（176）引《汗簡》"![字]"字爲證。按古文字"步"字皆作"![字]"，從不從"![田]"作，而從"![田]"正應是"陟"字，字應釋爲"陟"。中山器"厥愛深"之"厥"正作"![字]"，所從與簡文同。簡文中"陟"字用法不詳。

《出土簡帛文字叢考》頁 7，2004

○李零（1999）　（23）125 頁:步。

按:1—2 行乃"㞷"字，其中前 3 字辭例作"出内（入）㞷王"，應讀"侍";第四字，辭例作"以㞷娛（氣），不甘食人（食）"，參同書簡 242、245、247，是"㞷"字之訛，讀爲"上"。3—5 行皆人名用字，字作"![字]"，疑應釋"㝵"。

《出土文獻研究》5，頁 141

○**王輝、程學華**(1999)　（編按：秦景公石磬）“乍虔配天”是説先祖神靈長在,得以配天。文獻屢言商、周先祖配天之事。《詩·周頌·思文》:“思文后稷,克配彼天。”《詩·大雅·文王》:“殷之未喪師,克配上帝。”《尚書·召誥》:“其作大邑,其自時配皇天,毖祀于上下。”《禮記·大傳》:“王者禘其祖之所自出,以其祖配之。”《孝經·聖治章》:“子曰:‘天地之性,人爲貴。人之行,莫大於孝,孝莫大於嚴父,嚴父莫大於配天,則周公其人也。昔者周公郊祀后稷以配天,宗祀文王於明堂,以配上帝,是以四海之内,各以職來祭。’”秦人既自以爲受天命,故認爲先祖也可以配天。至於秦人以誰配天,史前無明文。

《秦文字集證》頁 110

○**曹錦炎**(2005)　（編按：上博五·鬼神 5)“𣥚”,即“步”字古文,構形亦見《汗簡》及《古文四聲韻》。《説文》書中雖脱漏“步”字古文,但“陟、遠”字古文所從偏旁仍存古文“步”字構形,與簡文相合。《説文》:“步,行也。”《尚書·武成》“王朝步自周”,孔安國傳:“步,行也。”此處“步”字也可訓爲緩行。

《上海博物館藏戰國楚竹書》(五) 頁 324

○**陳佩芬**(2007)　（編按：上博六·莊王 9)“㞢”,《包山楚簡》第一〇五、一五一、一六一、一九四等簡皆作“步”。《説文·止部》:“步,行也。”“扶步”即“扶行”。

《上海博物館藏戰國楚竹書》(六) 頁 251—252

○**李朝遠**(2007)　（編按：上博六·慎子 1)“𣥚”,步,甲骨文和金文均從二止(趾),作𣥂、𣥓。後或二止中閒加日爲飾(如包山簡二五“不㝆王敏步”的“步”作𣥚),或加田爲飾(如包山簡一六七“東阪人登步”的“步”作𣥚)。步,疑可讀爲“樸”,步、樸均爲並紐,雙聲,魚、屋旁對轉。“忠步”,即忠誠樸實。

《上海博物館藏戰國楚竹書》(六) 頁 276

玄 𤣥

𤣥 集成 11696 少虡劍　　𤣥 集成 226 邘欒鐘　　𤣥 集成 11091 蔡戈　　𤣥 集成 10910 玄翏戈

𤣥 曾侯乙 79　　𤣥 包山 66　　𤣥 郭店·老甲 8

𤣥 上博二·子羔 12　　𤣥 上博五·季庚 21　　𤣥 楚帛書

8 璽彙 0748　　8 璽彙 1969　　8 陶彙 5·453

8 貨系 318　　8 貨系 711　　玄 睡虎地·日甲 58 正壹

○**安志敏、陳公柔**（1963）　（編按：楚帛書）旁題曰"幺司秋"，或以爲是"少司命"，似乎不確。

《文物》1963-9，頁 57

○**商承祚**（1964）　（編按：楚帛書）（午）"幺司秋"

幺即玄，爲神名。神作鳥形，脖子特長，作飛騰狀。下有禾類的繪畫。

《文物》1964-9，頁 18

○**饒宗頤**（1968）　（編按：楚帛書）8 即玄，《越語》："至於玄月，王召范蠡而問焉。"韋注："《爾雅》曰九月爲玄月。"玄月一名，僅見於此。

《史語所集刊》40 上，頁 26

○**羅福頤等**（1981）　（編按：璽彙 748、1969）幻。

《古璽文編》頁 89

○**許學仁**（1983）　（編按：楚帛書）金文師奎父鼎、師晨鼎作 8，與繒書同。《爾雅·釋天》："九月爲玄。"《國語·越語》："越王將伐吳，范蠡諫曰：'王姑待之。'至於玄月，王召范蠡而問焉。"韋昭注引《爾雅》謂魯哀公十六年九月也。玄月一名見此。郭景純引之以注《爾雅》。

《中國文字》新 7，頁 151

○**李零**（1985）　（編按：楚帛書）玄，同於《爾雅·釋天》十二月名之秋九月。所附神像作一兩頭黿（？）形，或即玄黿。

《長沙子彈庫戰國楚帛書研究》頁 79

○**高明**（1985）　（編按：楚帛書）玄在此爲月名，《爾雅·釋天》："九月爲玄。"

《古文字研究》12，頁 392

○**曹錦炎**（1985）　（編按：楚帛書）《爾雅·釋天》："九月爲玄。"與帛書同。《國語·越語》記越王欲伐吳，范蠡勸王"姑待之"，"至於玄月，王召范蠡而問焉"，云云，韋昭注："《爾雅》曰：'九月爲玄。'謂魯哀十六年九月也。"亦以九月爲玄月。

《江漢考古》1985-1，頁 65

○**何琳儀**（1986）　（編按：楚帛書）"玄"，即"玄月"，見《爾雅·釋天》"九月爲玄"。

《江漢考古》1986-2，頁 85

○**嚴一萍**(1990)　（編按：楚帛書）玄　與金文同。《説文・玄部》，玄的古文作𢆶，與繒書異。而與申部申之古文同。申之作𢆶誤，玄之作𢆶，恐亦訛誤。《爾雅・釋天》：“九月爲玄。”郝氏《義疏》云：“玄者，懸也。陰遂在上也，《詩》‘何草不黄’，《正義》引李巡曰：‘九月萬物畢盡，陰氣侵寒，其色皆黑。’孫炎曰：‘物衰而色玄也。’引《詩》曰‘何草不玄’。（按《詩》言春非秋也。《正義》已駁之。）郭引《越語》云：‘至於玄月。’韋昭注引《爾雅》謂魯哀十六年九月也。”

《甲骨古文字研究》3，頁 343—344

○**連劭名**(1990)　（編按：楚帛書）帛書季秋九月名玄，《爾雅・釋天》與帛書同，帛書云：

> 玄司秋　曰玄，可以筑室☒可☒遉乃☒

九月卦有《歸妹》《無妄》《明夷》《困》《剥》。《釋名・釋親屬》云：“妹，昧也。猶日始入歷時少，尚昧也。”《廣雅・釋詁》四：“昧，冥也。”秋季爲收穫的時節，入藏於府庫。《象》曰：“澤上有雷，歸妹，君子以永終知蔽。”干寶注：“雷薄於澤，八月九月歸藏之時也。”玄者，昧冥幽暗之義，所以帛書月名曰“玄”，應與《歸妹》卦同義。

《考古》1990-9，頁 852

○**劉彬徽、彭浩、胡雅麗、劉祖信**(1991)　（編按：包山66）申。

《包山楚簡》頁 21

○**湯餘惠**(1993)　（編按：楚帛書）玄，九月月名，《爾雅》亦名玄，與帛書同，《國語・越語》“至於玄月”，亦指九月。

《戰國銘文選》頁 171

○**劉信芳**(1994)　（編按：楚帛書）帛書秋季月名從七月至九月分別爲“倉、臧、糸”，《爾雅》則分別爲“相、壯、玄”。

（七）帛書九月的標識文字學者多釋爲“玄司秋”，其實“玄”字應釋爲“糸”字（説詳下）。（**中略**）

惟古今尚存之懸疑在於：何以《爾雅》、帛書記九月之神爲“玄”？

按“蓐”之本義指陳草復生，引申則爲草席——猶今言“草蓐（褥）子”，而草席又名“兹”。“兹”的本義指草木多益，與“蓐”近義。《爾雅・釋器》：“蓐謂之兹。”郭璞注：“《公羊傳》曰：‘屬負兹。’兹者，蓐席也。”按郭注所引見《春秋公羊傳》桓公十六年。郝懿行疏：“蓐者，席薦之名。《一切經音義》引《三蒼》及《華嚴經音義》引《聲類》並云：‘蓐，薦也。’”其蓐皆指草席。《史記・周本紀》:"衞康叔封布茲。"集解引徐廣曰:"茲者,藉席之名,諸侯病曰負茲。"
《周禮·圉師》:"春除蓐。"鄭玄注:"蓐,馬茲也。"

　　釋爲草席之"茲",依《説文》:"从草,絲省聲。"古另有一从二玄之"茲"與
"茲"極爲形近,雖古今文字學家能將此二字嚴格區別開來,然經傳多混用,加
之"茲"之用例極少,故二字實難區別。如《左傳》哀公八年:"何故使吾水
滋。"釋文:"滋音玄。"前人已指出該字本應作"茲",俗加水旁,又誤"茲"爲
"茲"。

　　由"茲、茲"確爲二字,且易混用,知帛書作者(某楚人)將"糸"(糸)字寫
作糸(按:甲骨文有如此寫法),省去了下部的筆畫,《爾雅》的作者照此類竹帛
錯録爲"玄"(或許是《爾雅》未錯,後世學者錯録《爾雅》致誤),這一錯就錯了
二千餘年,後世訓詁學家關於九月爲"玄月"的種種訓釋,看來都白費精力了。

　　綜上,帛書九月的標識文字應釋爲"糸司秋"而不是"玄司秋","糸"即
"絲"字之初文,聲與"茲"通,"茲"與"蓐"可同訓爲草席,爲近義字。

　　　　　　　　　　　　　　　　　　　　　　《中華文史論叢》53,頁89—91

○**楊寬**(1997)　(編按:楚帛書)帛書九月"玄司秋"的祖像很是特殊,是一種雙首
的四足爬行動物,雙首類似龜頭,四足爬行類似鱉,即所謂"翏黃難"。這是帛
書所載四季神像中最值得我們注意的神物。這個"司秋"之神名"玄",當即水
神玄冥。帛書以玄冥爲秋季之神,和《月令》以玄冥爲冬季之神不同。帛書以
玄冥爲黄色而在西方,和《月令》以玄冥屬黑色而在北方不同。玄冥的簡稱爲
"玄",猶如玄冥也或簡稱爲"冥",如《國語·魯語》和《禮記·祭法》並稱"冥
勤其官而水死"。古代神話中的水神玄冥,就是古史傳説中的鯀,鯀的傳説原
來出於玄冥神話的分化演變。"鯀"字古作"鮌",从"玄"得聲,"玄"本讀若
"昆"。

　　　　　　　　　　　　　　　　　　　　　　　　　《文學遺產》1997-4,頁7

○**王志平**(1998)　(編按:楚帛書)九月　玄

　　九月日躔於氐或房,於十二次爲大火,於十二辰爲建戌之月。子年九月
歲星亦宿於氐、房、心。

　　九月之"玄",我們認爲即指玄戈。玄戈一作玄弋,張衡《西京賦》"建玄
弋,樹招搖"是其證。戰國文字中,弋經常寫爲"戈",所以"玄弋"也即"玄
戈"。《開元占經》卷六五《石氏中官占上一》"玄弋占五"云:"玄弋一星,在招
搖北。入氐一度,去極三十二度半,在黄道内五十三度半。"則玄戈雖爲中官,
亦與氐宿有關。《史記·天官書》云:"杓端有兩星,一内爲矛,招搖;一外爲

盾,天鋒。"《漢書·天文志》作天蠡。顏師古注引晉灼曰:"外,遠北斗也,古招
搖南,一名玄戈。"我國古代曾有北斗九星之說,如劉昭注《後漢書·天文志》
云:"璿璣者謂北極星也,玉衡者謂斗九星也。"據現代天文學研究,玄戈、招搖
本爲古北斗斗柄上的兩顆星,後來由於歲差的關係,玄戈、招搖離開了恆顯
圈。但玄戈仍然能夠起到與斗柄類似的指針作用。雲夢睡虎地秦簡《日書》
"玄戈"篇,即以招搖繫十二辰,玄戈繫二十八宿。其與北極星相連,再延伸到
赤道附近,適與氐宿相當。所以我們認爲九月之"玄"當與"玄戈"有關。

《華學》3,頁 186

○**陳煒湛**(1998) (編按:包山 66)🐍66 釋文釋串。按 67 簡有絲(茲),此爲其半
而从兩點,則爲玄字。《汗簡》卷上之二"玄"正作🐍🐍(分別引自碧落碑與華岳
碑),可爲參證。

《容庚先生百年誕辰紀念文集》頁 589

○**何琳儀**(1998) 玄,甲骨文作🐍(粹八一六),象絲束之形。引申爲微小幽
遠。古文字幺、玄同形。幺,影紐;玄,匣紐。影、匣均屬喉音,玄爲幺之準聲
首。西周金文作🐍(矢方彝),春秋金文作🐍(𠼝平鐘)。或加飾點作🐍(邾公牼
鐘)。戰國文字承襲兩周金文。秦系文字或加横筆爲飾作🐍,爲小篆所本。

吉日劍玄,見《詩·小雅·何草不黃》"何草不玄",注:"玄,赤黑色。"

楚帛書玄,見《爾雅·釋天》"九月爲玄"。(中略)

睡虎地簡"玄戈",星名。

《戰國古文字典》頁 1108

○**劉信芳**(1999) (編按:郭店·老甲 8)六 非溺因達

簡甲八:"長古之善爲士者,必非(菲)溺(弱)因達。"《郭店》釋"非"爲
"微",讀"非溺"爲"微妙",又依舊本將"因"字隸作"玄",皆不妥。《方言》卷
十三:"菲,薄也。"注:"謂微薄也。"非、微意近,而非音通。"因"字原篆作🐍,
簡甲二八作🐍。望二·四七注"一丹纙之因","因"字作🐍,讀如"茵",車席之謂
(說參拙文《楚簡器物釋名》,《中國文字》廿二、廿三期)。若隸作"玄",則無以
爲釋。其字信陽簡作"袦",字形可資比較。《呂氏春秋·君守》:"必有因也。"
注:"因,猶順也。"《管子·心術上》:"無爲之首,因也。因也者,無益無損也。
以其形因爲之名,此因之術也。"又:"因也者,舍己而以物爲法者也。"又:"故道
貴因,因者,因其能者,言所用也。""達"者,通也。"因達"謂"順達"。

簡甲二八"因同"謂相因而同,諸本作"玄同",字形之誤也。

《中國古文字研究》1,頁 104

○**湯餘惠等**（2001）　（編按：璽彙 748、1969）玄。

《戰國文字編》頁 248

【玄戈】睡虎地・日甲 47

○**睡簡整理小組**（1990）　玄戈，星名。《開元占經・石氏中官占・上一》引《石氏星經》：“玄戈，一星，在招搖北。”

《睡虎地秦墓竹簡》頁 188

【玄咎】上博二・子羔 12

○**馬承源**（2002）　串咎　地名，史籍未載。今按司馬貞《補史記・三皇本紀》：“太皞庖犧氏，風姓，代燧人氏繼天而王。母曰華胥，屢大人迹於雷澤而生庖犧於成紀，蛇身人首。”自注：“按伏羲風姓，出《國語》。其華胥以下，出《帝王世紀》。然雷澤，澤名。即舜所漁之地，在濟陰。成紀，亦地名，按天水有成紀縣。”華胥生庖犧“履大人迹於雷澤”，和簡狄生后稷的得孕方式相同。“串咎”或可讀爲“串澤”。（中略）依華胥得孕的傳說模式，此“串咎”讀爲“串澤”。周本在西戎，西戎有串夷之國。《詩・大雅・皇矣》：“帝遷明德，串夷載路。”毛傳：“徙就文王之德也。串，習。夷，常。路，大也。”鄭玄箋：“串夷，即混夷，西戎國名也。”

《上海博物館藏戰國楚竹書》（二）頁 197—198

○**李學勤**（2004）　后稷母所遊“玄咎”的“咎”，讀爲澤。

《上博館藏戰國楚竹書研究續編》頁 14

○**張富海**（2004）　“玄”字，原整理者釋爲“串”。此字原形作 𢎘，即在一般的“玄”字上加了貫穿上下的一豎筆，跟楚文字“關”字所從的“串”在字形上有較爲明顯的不同，所以釋“串”實不可信。郭店簡《老子甲》第二十八簡的“玄”字作 𢎘，在上下兩個圈的下部各加了一筆（上圈下部的一筆當然也可以看成下圈的頭部）。包山簡第六十六簡有字作 𢎘，用爲人名，諦審圖版可以發現，其字中部的豎筆雖然看起來上下相連，但實際上是分作兩筆寫的，跟上舉郭店簡《老子甲》可以確定的“玄”字相比較，包山簡的這個字也應該是“玄”字。那麼，簡文中的這個字釋爲“玄”恐怕也沒有問題。把原來的兩豎筆連成一筆的情況在古文字裏也確實存在，比如“折”字，較早的字形左部從上下相疊的兩個“屮”，但《説文》小篆“折”字已把兩個“屮”連了起來，變成了從“手”。又如“川”字和“泉”字，也有同樣的情況。（中略）

　　我們認爲簡文之“玄咎”可能與上引緯書《春秋元命苞》中姜嫄所遊的“閟宮”有關。

“閟宮”之稱見於《詩經》。《魯頌·閟宮》:“閟宮有侐,實實枚枚。”傳、箋皆謂閟宮是周之先妣姜嫄之廟,毛傳又引孟仲子曰:“是禖宮也。”（中略）從傳、箋的解釋來看,禖宮應自古就有,而不是專指姜嫄之廟,以姜嫄之廟爲禖宮應該是後來的事。緯書所記姜嫄遊閟宮,也就是遊禖宮。（中略）

簡文“玄咎”之“玄”與“閟宮”之“閟”意義相通,都有幽深、神秘的意思。“玄咎”之“咎”所表示的詞是一種建築名稱,與“宮”意義相近。

《上博館藏戰國楚竹書研究續編》頁 46—48

○**廖名春**（2004）　簡文之“玄丘”應當讀爲圜丘。“玄、圜”聲同而韻部真元可旁轉。

《上博館藏戰國楚竹書研究續編》頁 28

○**李鋭**（2004）　10.《子羔》簡十二“串咎之内”

按:“串”字筆者曾疑讀爲玄,不少學者也有相近意見。“咎”字白於藍先生指出當讀爲“丘”,説是。

《上博館藏戰國楚竹書研究續編》頁 526

○**林志鵬**（2004）　按,在“玄宮”之内而云“遊”,且“終見芙,搴而薦之”,可見此種建築規模較大,非僅一殿一室。黃人二也指出《魯頌·閟宮》“赫赫姜嫄,其德不回,上帝是依”,既在“閟宮”行祭大祖之禮,則“玄咎”即玄宮不必多所懷疑。

《上博館藏戰國楚竹書研究續編》頁 72

○**黃人二**（2005）　［十三］“遊於玄咎（宮）之内”,“玄咎”二字應從張富海《上博簡子羔篇后稷之母節考釋》讀爲“玄宮”,“咎、宮”二字,聲母皆爲見母,韻部一幽一中（編按:“宮”屬冬部）,陰陽對轉。白於藍《釋玄咎》釋讀爲“玄丘”,疑不可從,蓋簡文所指乃爲姜嫄,然其全舉簡狄吞卵故事所見之地名,與此相比附（其認爲簡狄與姜嫄故事互相錯亂,造成地名之錯置）,以證“玄咎”讀爲“玄丘”。張富海已指出“玄宮”即“明堂”,此庸鄙亦於《敦煌懸泉置詔書四時月令五十條試析》一書中論之頗詳。《閟宮》云“赫赫姜嫄,其德不回,上帝是依”,既在“閟宮”行祭大祖之禮,則“玄咎”爲“玄宮”,不必多所懷疑。

《出土文獻論文集》頁 216—217

○**羅新慧**（2005）　我認爲,“串咎”或有他解,茲試説如下:

簡文“咎”字通“皋”（皋又與高相通）,《郭店楚簡·唐虞之道》篇及上博楚竹書“皋陶”均寫爲“咎陶”,《尚書大傳》、《説文》言部引《尚書·皋陶謨》皆作《咎陶謨》,是爲咎、皋相通之證。“串”字簡文寫作“𢆉”,即“冊”字。“冊”字見於卜辭,武丁時期甲骨載"貞𠂤(毌)弗𢦏周,十二月",毌是當時的一個方國。"毌、貫"爲一字,段玉裁注《説文》曰:"古貫穿用此字,今貫行而毌廢。""串"則爲"毌"之變體。"毌"與"毋"通,(中略)"毋"則與"母"相通,甲骨、金文及戰國竹簡文字中習見。"母"與"某"可通,(中略)凡此種種,説明簡文"串(毌)咎",可讀若"媒高",其所指當與文獻中記載的"高禖"有關,或者當即"高禖"之異寫。

高禖爲上古時代神靈名稱,亦指祭祀此神的處所。(中略)

上古之高禖又稱"閟宫"。閟宫見於《詩・魯頌》"閟宫有侐,實實枚枚"。

《史學月刊》2005-2,頁15

【玄翏】

【玄鏐】

○**容庚**(1935) 二十五《玄鏐戈二》(圖二十五)銘錮金二字。援長四寸四分,胡長三寸三分,内長二寸四分。即陶祖光先生以四百金得於曲陽者。與上虞羅氏所藏玄鏐戈字形略異。翏即鏐之古文。邵鐘、邾公華鐘、邾公牼鐘、吉日壬午劍皆有玄鏐之文。惟玄鏐戈獨將鏐字金旁省去。《爾雅・釋器》:"黄金謂之璗,其美者謂之鏐。"注:"鏐即紫磨金。"彝器上所云玄鏐,乃指青銅而言,《爾雅》所釋,未盡確。

《燕京學報》17,頁175

○**傅天佑**(1988) 戈銘共六字。四字在援,二字在胡。援銘四字分兩行刻鑄,作鳥篆書體。援銘第一行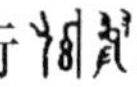釋爲"玄翏",他器或从金作"鉉鏐"。玄翏一語或从金作"鉉鏐"。玄翏一語爲金文習見。《叔夷鐘》銘:"玄鏐鐈鋁。"《配兒鉤鑃》銘:"鉉鏐鏞鋁。"除此,還有"玄鏐非吕、玄鏐鏄鋁、玄鏐赤鏞"等。玄翏,《邾公牼鐘》作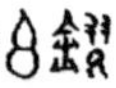,《吉日壬午劍》作,《玄翏子畲戈》作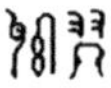,另有戈銘書作。玄,《説文》訓"黑而有赤色者",《司馬法》云:"夏執玄戉,殷執白戉。"玄與白對文,玄當是黑色。翏(鏐),《爾雅・釋器》:"黄金謂之璗,其美者謂之鏐。"郭注:"鏐即紫磨金。"《水經注・温水》:"華俗謂上金爲紫磨金。"《邾公華鐘》銘"玄鏐赤鏞",《曾伯霥簠》銘"吉金黄鏞",按赤鏞、黄鏞均是銅料,惟其顔色不同,"玄鏐赤鏞"與"吉金黄鏞"均爲複義連詞,"玄翏"與"吉金"一樣,也當是青銅原料。郭沫若先生説"玄翏,即《説文》所謂'與玉同色'者",認爲"玄翏"是對青銅顔色而言。翏,是金屬,不僅典籍有明確的記載,金文裏也有佐證:《翏金戈》銘"翏金良金,以鑄良兵",銘中"兵"指兵器,翏與金連文,且和"良金"並舉,互文見義。金文又有"玄鏞"一詞。當是"玄

鏐鏽鋁”一類用語之縮省。據研究,古代青銅由銅與錫或鉛合冶而成。經傳中稱銅爲“黃”,稱錫爲“白”。《吕氏春秋・別類》:“相劍者曰:‘白所以爲堅也,黃所以爲牣也,黃白雜則堅且牣,良劍也。’”可見古時是以金屬色澤表示其質地的,玄翏,是色澤帶黑的金屬,當指青銅原料的“鉛”。《玄鏐戈》銘云“玄繆蜚(飛)鉛”,《吳王光鑑》銘云“玄銚白銚”,玄銚即是鉛,這些都是金文中“玄翏”爲青銅原料“鉛”的有力明證。

《江漢考古》1988-1,頁 85—86

○杜迺松(1996) (二)“玄鏐鏽鋁”考釋

1975 年山東莒南大店出土的莒叔之仲子平鐘銘有“玄鏐鏑鏽”,清代同治時期出土於山西榮河縣的邵鐘銘有:“……作爲餘鐘,玄鏐鏽鋁,大鐘八肆……”故宮博物院收藏的少虡劍銘:“吉日壬午,作爲元用,玄鏐鎛吕(鋁)……”邾公華鐘銘:“邾公華擇厥吉金,玄鏐赤鏽,用鑄厥龢鐘。”邾公牼鐘:“邾公牼擇厥吉金,玄鏐膚吕,自作龢鐘。”

銘中的“玄鏐鏑鏽、玄鏐鏽鋁、玄鏐鎛鋁、玄鏐赤鏽”之“玄鏐”,與其後面的辭均屬並列,從幾件器銘内容字句的前後關係,它們應屬金屬名稱,兩件邾公鐘表現得最爲清楚不過了,均提到用“玄鏐赤鏽”或“玄鏐鏽吕”作“龢鐘”。我們先解釋“玄鏐”,“玄”字在此作定語形容詞,《説文・玄部》:“玄,黑而有赤色者爲玄。”“鏐”,《爾雅》:“黃金謂之璗,其美者謂之鏐。”郭璞注曰:“鏐即紫磨金。”古人對“鏐”的解釋,似都與“玄”字不能聯繫起來,因此金文中的“鏐”字應作重新考慮。按青銅器成分一般是爲銅、鉛、錫合金,“玄鏐”應指鉛而言,鉛,《説文・金部》:“鉛,青金也。”青除泛指青色物外,另有黑色義,《書・禹貢》:“厥土青黎。”孔穎達疏引王肅曰:“青,黑色。”“青金”即黑色的金屬。“玄”爲黑色,與青指黑色正相同。應注意的是,我們今天在研究古人對某些事物下的結論性語句時,不要過於拘泥。古人既將鉛稱作“青金”,“玄鏐”也可作爲鉛之美者。這樣“玄鏐”二字也就冰釋也。因此我們可以這樣推測,大凡許多精美的品質高的金屬,均可稱鏐,“鏐”並非單指“黃金”美者而言,因而我們也可補古文獻之不足。

從上舉有“玄鏐”銘文的幾例材料來看,“玄鏐”一詞後面常有“赤鏽”,曾伯黍簠銘文還有“余擇其吉金黃鏽”,這些辭例中,“玄”與“赤”、“玄”與“黃”爲對文,均指顏色。“鏐”既爲金屬鉛,“鏽”也應是某種金屬名稱。前代與現代學者對“鏽”有幾種解釋,認爲是“錯”字;認爲是方鑪之“鑪”;認爲是金屬名,等等。其中認爲是金屬名的,正和我們的分析相同。有學者指出,“吉金黃鏽,則鏽爲黃赤色之金屬,殆普通紅黃色之銅也"。如此"赤鏽"也應是紅銅。

《于省吾教授百年誕辰紀念文集》頁 127

○**周世榮**(1983)　青色謂之"玄"。黃金之美者謂之"鏐"。這裏則泛指"金屬"(銅)。

《古文字研究》10,頁 247

【玄翏虡鋁】
○**李家浩**(1989)　"虡、膚、呂"三字古音相近。戈銘的"玄翏虡鋁"當讀爲"玄鏐盧鋁","玄虡"當讀爲"玄鋁"。

《古文字研究》17,頁 143

【玄銧】
○**曹錦炎**(1989)　玄銧、白銧
　　銧讀爲礦,玄銧、白銧乃指礦石名。

《古文字研究》17,頁 78

【玄瑒】
○**張光裕**(1998)　圖 61、62 兩戈"玄瑒"連言,與"玄鏐"句例相同,因疑"瑒"或讀爲"瑒",亦即"瓗"字。《説文》云:

　　瓗,金之美者,與玉同色,從玉,湯聲。《禮記》曰:佩刀諸侯,瓗珕而璆珌。

《段注》:

　　《詩》毛傳同。《詩》正義作瓗珕而鏐珌也。《王莽傳》:瑒珕,珌。瑒即瓗字。孟康云玉名,非。

　　"玄鏐、玄瑒(瓗)"皆指玄色之美銅而言,是帶"瑒"字戈銘,由是而可得而略説也。

《容庚先生百年誕辰紀念文集》頁 494—495

兹 絲 絥

　　集成 2746 梁十九年亡智鼎　　集成 9710 曾姬無卹壺　　集成 10371 陳純釜

　　集成 11758 中山侯鉞　　集成 4630 陳逆簠　　集成 4190 陳肪簋蓋

　　包山 67　　郭店·成之 39　　陶彙 3·622　　貨系 791　　貨系 804

　　三晉 44　　聚珍 208　　侯馬 16:3　　石鼓文·吾車

　　集成 9735 中山王方壺　　集成 9734 姧蚉壺　　集成 2840 中山王鼎

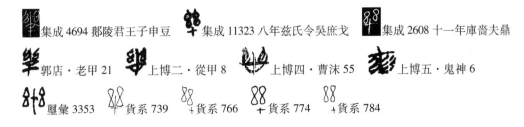

集成 4694 郙陵君王子申豆　集成 11323 八年兹氏令吳庶戈　集成 2608 十一年庫嗇夫鼎

郭店・老甲 21　上博二・從甲 8　上博四・曹沫 55　上博五・鬼神 6

璽彙 3353　貨系 739　貨系 766　貨系 774　貨系 784

○**馬敘倫**（1935）　（編按：石鼓文・吾車）兹實乃玄之重文，如余之籀文作絫耳。“弓兹以寺”者，弓本是器名，此作動詞，蓋借爲控。《説文》：“控，引也。匈奴名引弓曰控弦。”弓、控旁紐雙聲，《詩・白駒》“在彼空谷”，《韓詩》作“穹谷”，穹從弓得聲，此弓、空通借之證。

《石鼓文疏記》頁 24

○**强運開**（1935）　（編按：石鼓文・吾車）兹　𢆶　石鼓“弓兹已寺”。《説文》：“兹，黑也。從二玄。”與“兹”異，鼓文蓋叚作“弦”字。

《説文古籀三補》頁 19,1986

○**鄭家相**（1943）　右布文曰兹，見《魏策》，今山西汾陽縣治，戰國屬趙，按兹即春秋之瓜衍，至戰國趙始改曰兹，然則凡此種大尖足布，皆戰國時所鑄，非春秋時物也。

《泉幣》21，頁 17

○**山西省文物工作委員會**（1976）　絲　𢆶　一六：三　二例　通兹　宗盟類序篇余不敢惕絲。

《侯馬盟書》頁 307

○**張克忠**（1979）　（編按：集成 2840 中山王鼎）�る，從絲從才，此句讀爲才，假借爲哉。

（編按：集成 9734 𨭌盗壺）“𢆶愛全（百）每”。𢆶，從絲從才，於此句讀爲絲，假借爲慈。

《故宮博物院院刊》1979-1，頁 40、46

○**李學勤、李零**（1979）　（編按：集成 9735 中山王方壺）第卅五行𢆶，和上述堂字一樣，是同音的兹、才的複合字。兹、才古音同，《詩・下武》“昭兹來許”，《東觀漢記》引作哉，可爲證明。在平山器銘裏，𢆶字有時釋兹，有時釋哉。

《考古學報》1979-2，頁 153

○**于豪亮**（1979）　（編按：集成 2840 中山王鼎）𢆶，布幣“兹氏”之兹或如此作，知即兹字。兹讀爲哉，《詩・下武》“昭兹來許”，《續漢書・祭祀志》注載謝沈書引作

“昭哉來御”，此茲讀爲哉之證。(中略)茲讀爲滋，《説文・水部》：“滋，益也。”

○張政烺（1979）　茲，从丝，才聲，緇字異體。《禮記・玉藻》鄭玄注：“古文緇字或从（編按：原爲“作”）絲旁才。”當即此字。在此讀爲哉。(中略)

茲，讀爲宰，治也。(中略)

茲，嘼壺、嘼鼎中屢見，常用爲句末語詞“哉”。此在句首，讀爲載，其義爲始。

○趙誠（1979）　茲从才聲，借爲哉。

○李零、劉雨（1980）　（編按：集成4694 郳陵君王子申豆）兹，此也。造，這裏是“所造”之義。“兹造金監”可能如同十年陳侯午敦“用乍平壽造器享（敦）”以及兵器上常見的某某“之造戈”、某某“之所造戈”（“造戈”即“所造戈”之省），就是指這一銅鑑。

○吳振武（1982）　▉（兹）：

新出的平山三器銘文中常見▉字，或讀如哉，或讀如兹、慈。如《中山王嘼鼎》“嗚呼，念之茲”之茲讀如哉；同銘“天其有刑于茲厥邦”之茲讀如兹；《好盜壺》“昔者先王茲愛百服”之茲讀如慈。兹才二字古同屬精系之部字，因此▉字既可能是在兹上加注音符“才”，也可能是在才上加注音符“丝”（兹）。但我們傾向於前者，理由有三：第一，典籍中習見从才得聲的字假兹爲之，因此銘文中的▉字可以讀爲哉；第二，戰國“兹氏”布幣銘文中的兹字既作88也作88；第三，《中山王嘼鼎》“厥業才（在）祗”之才並不加注音符“丝”。所以我們認爲▉字是一個在88上又加注音符“才”的“注音形聲字”。

○商承祚（1982）　茲从才（在）聲，十一年鼎、古貨幣、丝作茲，此字在此讀哉。

○羅君惕（1983）　（編按：石鼓文・吾車）兹从艸不从玄，艸碣文作艸，不作十，可知其非一字。應釋弦。然寺應釋持，則弓不可再釋控。強説是，馬説非也。“弓兹以寺”弓弦已持也。

○**吳振武**（1983）　（編按：璽彙 3353）3353 ❦綫 · 孳（兹）綫。

　　　　　　　　　　　　　　　　　　《古文字學論集》（初編）頁 515

○**沈兼士**（1986）　（編按：石鼓文·吾車）竊謂兹即弝字，弓兹呂寺，即弓弝已持，如云扣弝持滿也。

　　　　　　　　　　　　　　　　　　《沈兼士學術論文集》頁 296

○**湯餘惠**（1986）　❦　（《古泉彙》元 7·8）即孳字。幺旁通常作❦，此篆析分爲二。中山王墓車馬坑出土衡帽銘有道字寫作❦，幺（玄）旁寫法類乎此。

　　　　　　　　　　　　　　　　　　《古文字研究》15，頁 20

○**李家浩**（1986）　（編按：集成 4694 邿陵君王子申豆）“孳”字亦見於戰國中山王銅器銘文，用爲“哉、兹、慈”。“孳”從“絲”從“才”。“絲”即“兹”字。“兹、才”古音相近。因此可以把這個字看作“兹”字加注聲符“才”，或在“才”字上加注聲符“兹”。在兩周銅器銘文裏常常見到“某人肇作某器”的句式，如下面舉的例子：

　　鑄子弔（叔）黑臣肇乍（作）寶鼎。（鑄子叔黑臣鼎　《三代吉金文存》3.40.1）

　　交君子叕肇乍（作）寶瑚。（交君子叕瑚　同上 10.11.4—12.1）

　　諶肇乍（作）其皇且（祖）皇母者比君齍鼎。（諶鼎　同上 4.6.1）

　　禾肇乍（作）皇母懿鞞孟姬饙彝。（禾簋　同上 6.47.2）

　　鑑銘的“孳”與此“肇”處於同樣的語法位置，其義應當相同。古代“肇”與“載”都有“始”義。《詩·大雅·生民》“以歸肇祀”，毛傳：“肇，始也。”《皇矣》“載錫之光”，毛傳：“載，始也。”據此，疑“孳”當讀爲“載”。不過楊樹達先生認爲銅器銘文中的“肇”爲語首詞。古書上的“載”或用在動詞之前。如《詩·鄘風·載馳》“載馳載驅”，《小雅·斯干》“載弄之璋”，《周頌·酌》“載用有嗣”，“孳”亦用在動詞之前，把“孳”讀爲“載”，作爲一個動詞前的虛字，於文意也是很順適的。

　　　　　　　　　　　　　　　　　　《江漢考古》1986-4，頁 83

○**睡簡整理小組**（1990）　（編按：睡虎地·爲吏 15）兹（慈）下勿陵。

　　　　　　　　　　　　　　　　　　《睡虎地秦墓竹簡》頁 167

○**劉釗**（1998）　［43］簡 67 有字作“❦”，字表隸作“絲”。按字應讀作“兹”。兹，此也。

　　　　　　　　　　　　　　　　　　《出土簡帛文字叢考》頁 11，2004

○**何琳儀**（1998）　孳，從才，兹爲疊加音符。才之繁文。

　　燕璽孳，讀才，姓氏。見《萬姓統譜》。

中山王鼎、方壺𢆶，讀哉，語尾歎詞。方壺“于𢆶”，讀“于兹”。圓壺“𢆶惡”，讀“慈愛”。《禮記·樂記》：“而民慈愛。”

楚器𢆶，讀哉。

《戰國古文字典》頁 100

○**李守奎、曲冰、孫偉龍**（2007）　　兹　丝　按：楚文字之“丝”字，皆爲“絲”之省。《説文》之“兹”亦爲“絲”之分化。“丝”在構形中是“絲、丝、䋣、戀”等多種偏旁的同形體。

《上海博物館藏戰國楚竹書（一—五）文字編》頁 209

𢆶　按：“兹、才”雙音符。

《上海博物館藏戰國楚竹書（一—五）文字編》頁 209

○**徐寶貴**（2008）　　（編按：石鼓文·吾車）按釋此字爲“兹”是正確的。此字在實物拓片上本作𢆶形。其上部直畫所加的筆畫既不上曲作“ ⌣ ”，也不下曲作“ ⌢ ”，而是作平直的短橫。這兩筆平直的短畫，無疑是在原𢆶形的基礎上所加的飾畫。它本來應像甲骨文、金文等古文字作𢆶形。但是，晚周文字常常在文字的直畫、橫畫、斜畫、閒隙等處增加一兩筆以爲裝飾。這在石鼓文中也表現得很突出。

《石鼓文整理研究》頁 826—827

△**按**　　“𢆶”可視爲雙聲符字。

【兹氏】

○**鄭家相**（1943）　　右布文曰兹氏，按兹氏即兹，注見前，師古曰，凡言氏者，皆謂因之而立名也。

《泉幣》21，頁 17

○**黄盛璋**（1974）　　（41）戈　八年𢆶（兹）氏命（令）吴庶、下庫工帀（師）張武（原注：内蒙古境内出土）

《漢書·地理志》太原郡有兹氏縣，漢初已有，《史記·夏侯嬰傳》“益食兹氏”可證。故城在今山西汾陽，屬趙屬魏，戰國文獻未見記載，故無可確考，方足及尖足布幣皆有兹氏，此幣國別，亦無定説，有些古錢幣論著定爲趙幣，但也没有確證。1963 年晉北陽高縣出土戰國布幣中兹氏幣數量較多（原注：《考古》1965 年 4 期 166—170 頁）。戈出於趙地，而秦、漢之太原郡原來自趙，故暫定爲趙戈。

《考古學報》1974-1，頁 28

○**睡簡整理小組**（1990）　　（編按：睡虎地·編年 25）兹氏，趙地，今山西汾陽南。《史記》記此年秦拔趙二城,兹氏應爲其一。

《睡虎地秦墓竹簡》頁 8

予　予　合

龍崗 198

集成 11327 六年格氏令戈　陶彙 6·13　陶彙 5·62·3　聖彙 112

舒　舒　緜

近出 1179 十一年皋落戈　　集成 11376 十八年戈

包山 76　　上博三·周易 49　　璽彙 3694

包山 125　　包山 132　　包山 137 反

○**李學勤**（1985）　（編按：集成 11376 十八年冢子戈）冶工的名字原作"舍",即
"舍"字。

《古文字研究》12,頁 330

○**劉彬徽、彭浩、胡雅麗、劉祖信**（1991）　（編按：包山 76）㝓,簡文作舍。

《包山楚簡》頁 44

○**何琳儀**（1993）　㝓丹 76

　　㝓劉釗釋"舒",姓氏。見《通志·氏族略·以國爲氏》。

《江漢考古》1993-4,頁 57

○**徐在國**（1996）　二.釋舒

　　簡一三七反有字作緜。白於藍《包山楚簡文字編》（吉林大學碩士論文油
印本,1995 年）隸作"緜",放在卷七"害"字後。

　　今按:此字隸作緜是正確的。因爲害與簡二一九中的"害(害)"形體完全
相同。但緜究竟是何字,還須要作進一步探求。我們認爲此字應分析爲从害
余聲,讀作舒姓之"舒"。與簡文中的舍(舒)字是一字異體。古音余、舒都是
魚部字,聲紐均屬舌音,緜可以讀作舒。驗之於辭例,可證明我們所釋不誤。

《于省吾教授百年誕辰紀念文集》頁 178

○**劉信芳**（1996）　"緜"字多用爲姓氏(以下代以△),簡八二"△快",一一八

"△賵",一二五"△瘅",一三二、一三七反"△慶",牘"△寅"。（中略）

　　按："△"即"餘"字,舒字異體,簡一三二、一三七反"△慶",簡一三一、一三六、一三七作"畲慶",畲从舍省,从予,字即"舒"。由"△"、舒爲互文,知"△"从舍从余,余、予古音近義通。此所以互作。上引諸例凡姓氏之"△"皆讀如"舒"。

《考古與文物》1996-2,頁 83

○**何琳儀**（1998）　十一年佫落戈舒,姓氏。舒氏,亦曰舒鳩氏,子爵,偃姓,皋陶之後也。舒子平僖三年爲徐所滅,其後復立。襄二十一年,舒鳩子爲楚所滅,子孫以國爲氏。見《通志·氏族略·以國爲氏》。

　　楚器舒,姓氏。

《戰國古文字典》頁 569

○**何琳儀**（1999）　劉文以夕陽坡簡與包山簡比較,識出的"舒"字至關重要。戰國文字"舒"字習見,如十八年冢子戈、十一年皋落戈、新鄭兵器、《古璽彙編》5633、《包山楚簡》131 等。以上材料"舒"或爲姓氏,或爲人名,唯夕陽坡簡"舒方"乃方國之名。以上"舒"字均上从"余",下从"吕"。《説文》:"舒,伸也。从舍从予,予亦聲。一曰,舒,緩也。"戰國文字與《説文》小篆的構形顯然不同。筆者推測:戰國文字"舒"本从"余",迻加"吕"聲。而"吕"下之圓圈形曳出一筆即是小篆"予"字。故"吕"與"予"實一字之分化。戰國文字"豫"从"吕"聲,是其確證。"余、吕、予、舍、舒、豫"均屬魚部。還有一種可能:戰國文字"舒"本从"舍",迻加"吕"聲。因"舍"下"口"旁與"吕"上之圓圈形相似,遂借用這一相似的偏旁。相類似的現象參見戰國文字"郘"（《古璽彙編》2203）、"郘"（《商周金文録遺》599）、"嗣"（平安君鼎）、"路"（《古璽彙編》0148）等。兩種理解有一共同的基點:"吕"分化爲"予",這是戰國文字演變爲小篆的癥結所在。

　　1983 年,江蘇丹徒北山頂春秋墓出土甚六鐘銘文載有"舍王",已有學者讀"舒王"。並舉《春秋·僖公三年》"徐人取舒",《玉篇》引作"徐人取郘"爲證,指出"舒國之舒可能本作舍,春秋時期或加邑旁作郘,作舒則爲後起的同音假借字"。上文筆者對"舒"字構形的第二種理解,似乎也有助於"舒"本作"舍"的觀點。地下文獻證明:舒國之"舒"早期作"舍",晚期作"舒",尚未發現"郘"。當然也不排斥舒國自稱"舍",楚國稱其爲"舒"的可能。

　　以往學者或主張徐、舒同源之説,不過春秋戰國時代的徐與舒已是完全不同的地域範疇。這不但有"徐人取舒"同文見異的地上文獻爲證,而且還有徐國作"余、邾"與舒國作"舍、舒"相互對應的地下文獻爲證。凡此"二重證據法"加深我們對徐、舒有別的認識。

先秦方國多稱"某方",例如甲骨卜辭有"工方、土方、龍方、馬方、周方、鬼方、羌方、人方"等(《殷墟卜辭綜類》458),銅器銘文有"夷方、邢方、蠻方、鬼方"等(《金文詁林》8.1159)。以此類推,夕陽坡簡"舒方"無疑應與舒國有關。先秦典籍中所謂"群舒",據《世本》記載包括"偃姓:舒庸、舒蓼、舒鳩、舒龍、舒鮑、舒龔"。又據《左傳·文公十二年》:"群舒叛楚。夏,子孔執舒子平及宗子,遂圍巢。"注:"宗、巢二國,群舒之屬。"還包括宗、巢二國。再加上典籍習見的"舒"。"群舒"至少有九個小方國。如果將英、六也計算在內,"群舒"的分布更爲廣袤。戰國時代楚之封地"舒方"是"群舒"之總稱,抑或"舒"之特指,暫不能確定。然而"群舒"的大致範圍在今安徽省淮南、江北之間,似無疑問。

戰國中期偏晚,楚威王滅越,春秋時代騎牆於吳、楚之間的群舒理應被楚國兼併。領土的擴張,爲楚王帶來巨大的財富也不言而喻。越甬君來歸之時,楚王居然將"舒方"偌大的財政主要收入"歲課"通過"佶迅尹"之手轉賜給"士尹",實令人驚歎其"大方"!如筆者釋讀不誤,夕陽坡楚墓的墓主"士尹某"可能生前在"舒方"任職,所以書寫二簡陪葬墓中,以期在陰界永享楚王賞賜的特權。

《安徽史學》1999-4,頁 16、22

○劉釗(1998)　[46]簡 76、131 有字作"㪔",字表隸作"㪔"。按簡文"豫"字作"㺊"(191),又作"㺔",古璽"豫"字作"㺊",又作"㺕",故可知"㪔"所從之"㪔"爲"予"。古文字"余、舍"乃一字之分化,於音可通。中山器"今舍方壯"即借"舍"爲"余"。故此字應釋爲"舒"。"舒"字在簡文中用爲姓氏字,應讀作舒姓之"舒"。

《出土簡帛文字叢考》頁 11—12,2004;原載《東方文化》1998-1、2

○濮茅左(2003)　(編按:上博三·周易 49)"㪔",或釋"舒",讀爲"序"。

《上海博物館藏戰國楚竹書》(三)頁 203

○陳惠玲(2005)　(編按:上博三·周易 49)"㪔"從余,呂聲,即"舒"字。今字"舒"從舍,"舍"本從"余"聲;從"予"聲,"予"本從"呂"分化(參《說文新證》上冊頁 314)。帛書、今本《周易》皆作"序"。"序"本從广,予聲,與"舒"同出一聲,可相通假。

《〈上海博物館藏戰國楚竹書(三)〉讀本》頁 140

○**吳鎮烽**(2006)　　舒　見十八年冢子韓矰戈(集成 11376)，戰國時期人，魏國邦庫冶鑄作坊的冶吏。

《金文人名彙編》(修訂本)頁 320

【舒憙】

○**蔡運章、楊海欽**(1991)　　郐上部从余，下部所从之㠯當是邑字別體。戰國平首布枹字邑旁作㞟，陶文邾字邑旁作㞟，都與此構形相近。此字从余从邑，當隸定爲郐。金文徐國之徐多作郐，當是徐字別體。徐喜是工師的姓名，徐是其姓，喜乃其名。

《考古》1991-5，頁 415

○**李家浩**(1993)　　舒憙　此二字是"工師"的名字，蔡、楊二氏釋爲"郐喜"。按此人名第一字亦見於韓國的十八年冢子韓矰戈銘文，原文作"余"，下从"吕"，而不是从"邑"，釋爲"郐"，非是。我們曾經對這個字作過考釋，認爲它是"舒"字的異體。第二字與古文字中常見的"喜"寫法有別，疑應該釋爲"憙"。

《考古》1993-8，頁 758—759

○**施謝捷**(1994)　　再看工師之名"舍喜"。蔡文認爲此姓氏字下所从"當是邑字別體"，進而釋它爲"从余从邑"的"徐"字。這種釋法實際上也是有問題的。"从余从吕"的字在戰國文字中常見(圖三)：

图三

　　圖三 1、2，郝本性先生《新鄭出土戰國銅兵器部分銘文考釋》釋爲姓氏"寮"(《古文字研究》第 19 輯 124 頁)；圖三 3—6，分別見於《包山楚簡》76、131 簡，原釋文作"李"，未釋；圖三 7—9，分別見《古璽彙編》3694、5633、5634，其中 3694 中的一例吳振武先生《〈古璽彙編〉釋文訂補及分類修訂》釋"雍"。前面所舉"从余从吕"的字都寫作"余"在上"吕"在下，原或釋"寮、雍"，都於字形不合，我們認爲這個字應該釋爲"舒"，猶如戰國文字中的"豫"字寫作"从吕从象"(參何琳儀先生《古璽雜識續》，《古文字研究》第 19 輯 478—480頁)，秦陶文字及漢印中"野"字作"从田从土从吕"(《秦代陶文》335 號，《漢印文字徵》13・12F)，均其證。後世从"予"當是"吕"的分化字，《包山楚簡》釋文作"从余从予"，應是正確的。"舒"在戈銘及上舉其他文字材料多用爲姓氏(3694 璽中用作人名)，古有舒姓，見《通志・氏族略二》。至於名字"喜"，

應釋爲"憙"。總之"舒憙",蔡文釋"徐喜",悖於形構,是錯誤的。

《文物資料》1994-4,頁 110—111

放

集成 9735 中山王方壺

○ **張政烺**(1979)　放,效。

《古文字研究》1,頁 212

○ **李學勤、李零**(1979)　放,義爲放(仿)效。

《考古學報》1979-2,頁 151

○ **于豪亮**(1979)　放讀爲仿,《廣雅・釋詁三》:"放,效也。"

《考古學報》1979-2,頁 178

○ **徐中舒、伍仕謙**(1979)　(6)放,與倣同。《前漢書・貢禹傳》"亦相放效"。

《中國史研究》1979-4,頁 86

○ **何琳儀**(1998)　中山王方壺放,讀仿。

《戰國古文字典》頁 714

敖

陶彙 5・384　十鐘

睡虎地・雜抄 32　睡虎地・答問 165　睡虎地・爲吏 19 貳

○ **何琳儀**(1998)　敖,春秋金文作敖(屏敖簋)。从攴从大,會意不明。左上疑从毛聲。敖爲毛之準聲首,今暫據舊說獨立爲聲首。戰國文字在大旁中閒加短橫作夫形,或演變爲彡形,小篆遂誤認从方。

《戰國古文字典》頁 299

○ **王輝**(1998)　19 條末字岳起釋"放",似誤。方字一橫不上曲。疑此或爲敖字之殘。睡虎地秦簡《法律答問》"匿敖童","敖"字作"敖",與此形近。"咸重成□"頗難理解。上文已提到"咸重里禾",疑"咸重"即"咸重里"之省文。成爲古姓。《能志(編按:應爲"通志")・氏族略三》:"成氏,楚若敖之後,以字爲氏……又有郕國之後,亦去邑爲成……後漢成瑨,魏有成濟、成倅。"《左傳・僖公二十六年》"楚成得

19

臣……"杜預注:"咸(編按:應爲"成")得臣,令尹子玉也。"秦都咸陽三號宮殿遺址西區采集筒瓦陶文"咸陽成口"、板瓦陶文"咸陽成洛"(《秦代陶文》拓1290、1291)。"成"字前人或看成里名,讀作"咸成陽口",但將咸陽分讀,頗覺不辭;或讀"成"爲"城",但咸陽遺址並未發現城牆,亦與考古實際不符。將"成"看作姓,則問題迎刃而解。

《陝西歷史博物館館刊》5,頁 2

△按　敖,《説文》出部、放部重出,金文構形待考,小篆字形有所訛變,秦簡之**敖**,爲後世隸楷所從來。就小篆結構而言,由於"出"符居字之左上角,逼使"放"旁的"方"符屈居左下角,造成"放"偏旁的移位。隸變以後,"出"形如"土",其豎筆下透與"方"符上透之筆相連,看起來好像是左右結構的字形,須注意辨析。

【敖童】睡虎地・雜抄 32

○**郭子直**(1986)　《秦律雜抄・傅律》:"匿敖童,及占瘁(癃)不審,典、老贖耐。"注:"敖童,見《新書・春秋》:'敖童不謳歌。'古時男子十五歲以上未冠者,稱爲成童。據《編年紀》,秦當時十七歲傅籍,年齡還屬於成童的範圍。"(143 頁)線裝本注文雖然提出兩種假設,在瓦書銘文裏都難講通。敖童又見《法律答問》第 145 條:"可(何)謂'匿户'及'敖童弗傅'?"(222 頁)我們認爲瓦書銘中的"敖童"顯然不能作"成童"解。秦律已有明文規定,如《秦律十八種・内史雜》第五條:"除佐必當壯以上,毋除士五(伍)新傅。"注:"壯,壯年,古時一般指三十歲。""士伍,《漢舊儀》:'無爵爲士伍。'即沒有爵位的成年男子。"(106 頁)當時究竟原意何指,須要再加研究。

《古文字研究》14,頁 185

○**尚志儒**(1986)　"敖",疑當讀爲豪。《法律答問》一七八條云:"可(何)謂'衛敖'?'衛(率)敖'當里典謂殹(也)。"注曰:"率,通帥。敖,讀爲豪。古書豪帥同義連用,如《史記・韓長孺列傳》集解引張晏云:'豪,猶帥也。'當時以鄉里中豪强有力的人爲里正。""童"似爲僮僕之童,即《易・旅》"喪其童僕"。《説文》:"男有罪曰奴,奴曰童。"是童爲有罪之男奴。《説文》對童的這種解釋,疑指秦漢以後的含義。《史記・貨殖列傳》"僮手千指",《卓王孫列傳》"富至僮千人",均是漢時的情形。雲夢秦簡中因有罪而降爲官奴僕的記載甚多,但從未見有童這一名稱,這不能不説是一個佐證。瓦書中的敖童,似爲官署中跟隨大田佐辦事的豪强有力的人員。

《文博》1986-6,頁 46

○**蔡鏡浩**（1988）　敖童

《秦律雜抄·傅律》：“匿敖童，及占瘳（癃）不審，典、老贖耐。”注：“敖童，見《新書·春秋》：‘敖童不謳歌。’古時男子十五歲以上未冠者，稱爲成童。據《編年紀》，秦當時十七歲傅籍，年齡還屬於成童的範圍。”（《睡虎地秦墓竹簡》143 頁）

又，《法律答問》：“可（何）謂‘匿戶’及‘敖童弗傅’？匿戶弗繇，使弗令出戶賦之謂殹（也）。”（222 頁）

按：注文所引例證與文義不合。《新書·春秋》云：“穆公死，鄒之百姓若失慈父……酤家不讎其酒，屠者罷列而歸，敖（《四部叢刊》本作“傲”）童不謳歌，舂築者不相杵……”綜觀上下文可知“敖童不謳歌”者，謂遊嬉之童因哀痛穆公之死而不唱歌。《説文》：“敖，出遊也。”《廣雅·釋詁三》：“敖，戲也。”《詩·小雅·鹿鳴》：“嘉賓以燕以敖。”毛傳：“敖，遊也。”《新書》中之“敖”字正用此義。而簡文的“敖童”之“敖”則與此義無涉，當訓爲長、大。《詩·衛風·碩人》“碩人敖敖”，毛傳：“敖敖，長貌。”又，《莊子·天下》：“圖敖乎救世之士哉。”成玄英疏：“圖敖，高大之貌也。”且从“敖”得聲的孳乳字亦往往有高、大之義。如《正字通》：“螯，蟹大足有毛似鉞，或作蝥，俗作螯。”《集韻》：“螯，蟹大足者，或从虫。”《爾雅·釋畜》：“狗四尺爲獒。”《左傳·宣公二年》：“公嗾夫獒焉。”《經典釋文》云：“尚書傳云：大犬也。”而《史記·晉世家》述此事時，“獒”作“敖”。《説文》：“顤，頭（編按：應作“顙”）高也。”《廣韻》云：“頭長。”《楚辭·天問》：“鼇戴山抃。”王逸注：“鼇，大龜也。”《韻會》：“鼇，大貌。”《莊子·德充符》：“謷乎大哉，獨成其天。”成玄英疏：“謷，高大貌也。”

古代區分兒童與成人常常以身高爲標準。如《論語·泰伯》：“曾子曰：‘可以托六尺之孤，可以寄百里之命。’”邢昺疏引鄭玄注云：“六尺之孤，年十五以下。”《管子·乘馬》：“童五尺一犂。”《周禮·地官司徒·鄉大夫》：“國中自七尺以及六十，野自六尺以及六十有五，皆徵之。”賈公彥疏：“七尺謂年二十。”“六尺謂年十五。”關於秦時青少年何時傅籍服役，有種種不同的説法。馬端臨《文獻通考·兵考》、孫楷《秦會要》等認爲是二十三歲，簡文注者認爲是十七歲，高敏據《編年紀》關於喜傅籍的記錄推算認爲是十五歲。其實仔細琢磨簡文，則可以發現秦代傅籍的制度並不以明確的年歲爲標準，而仍然沿用先秦慣例，以身高爲標準。簡文明確規定：“隸臣、城旦高不盈六尺五寸，隸妾、舂高不盈六尺二寸，皆爲小。”（49 頁）超過這個高度則爲大隸臣妾，“小隸臣妾以八月傅爲大隸臣妾”（50 頁）。所以不少法律條文都注重身高，而不講歲數。如："隸臣欲以人丁粼者二人贖,許之。其老當免老、小高五尺以下及隸妾欲以丁粼者一人贖,許之。"(54頁)又如:"甲小未盈六尺,有馬一匹自牧之,今馬爲人敗,食人稼一石,問當論不當? 不當論及賞(償)稼。"(218頁)因而所規定的治獄程式中,對青少年的罪犯或犯罪者的青少年家屬也往往不記載具體歲數,卻記載確切的身高。如《封診式·封守》是關於查封犯罪者的家屬、財産的,其中記載:"妻曰某,亡,不會封。子大女子某,未有夫。子小男子某,高六尺五寸。"(249頁)這裏特別記載犯人的小兒子的身高,因爲六尺五寸,正是該傅籍的高度。

漢代的著作中談到當時的傅籍制度時,往往以年歲爲準。《漢書·景帝紀》:"二年冬十二月,令天下男子二十始傅。"《鹽鐵論·未通篇》:"今陛下哀憐百姓,寬力役之下和,二十三始傅,五十六而免,所以輔耆壯而息老艾也。"但是,當時仍然參照身高。《史記·項羽本紀》裴駰集解引如淳之説云:"《律》:年二十三傅之疇官,各從其父疇内學之,高不滿六尺二寸以下爲罷癃。"據此,我們也可以明白,簡文中所謂"占瘴(癃)不審"中的"瘴(癃)"也包括有身高不達標準的矮個子。"匿敖童"與"占瘴(癃)不審"並列相提,顯然都是與身高有關的。

因此,簡文中所説的"敖童"應爲秦代法律中的專門術語,用現代語來説,即是身材已長高的青少年,更明確一點説,就是指身高已達到服役標準的青少年。達到身高標準而不及時向官府申報、登記,就叫"匿敖童"。

《文史》29,頁130

○**李學勤**(1989) "敖童"是一種身份。在銘文中見到的秦人身份,在官職、爵稱之外,有的記爲更或某種刑徒,有的則記"大女子、小女子、小男子、大人"之類,皆與該人户籍及應服兵役、徭役等有關。"敖童"見秦律《傅律》。《新書·春秋》亦有之。律文對"匿敖童"規定處罰典、老。又秦簡《律説》云:"何謂'匿户'及'敖童'弗傅? 匿户弗徭、使,弗令出户賦之謂也。"可知"敖童"是達到規定年齡應傅籍負種種義務的男青年(根據簡《編年記》,男子十七歲傅籍)。未以敖童任大田佐,在當時未免被譏爲稚嫩。秦律《内史雜》言:"除佐必當壯以上,毋除士伍新傅。"可能就是針對這種情形而制定,惠文君時或無該一律文。

《李學勤學術文化隨筆》頁341—342,1999;
原載《聯合書院30周年紀念論文集》

○**睡簡整理小組**(1990) 敖童,見《新書·春秋》:"敖童不謳歌。"古時男子十五歲以上未冠者,稱爲成童。據《編年紀》,秦當時十七歲傅籍,年齡還屬於成童的範圍,參看《法律答問》"何謂匿户"條。

《睡虎地秦墓竹簡》頁87

○**黃盛璋**(1991) (三)敖童:"大田佐敖童曰未。"敖童兩見雲夢秦律,一見《傅律》:"匿敖童及占瘝(癃)不審,典、老贖耐。"二見《秦律説》:"可(何)謂匿户及敖童弗傅? 匿户弗徭,使弗令出户賦之謂也。"也當爲《傅律》的解説,按秦制度,百姓到成年,就要登記入户籍,秦稱爲傅與傅律,一入傅籍就有服徭役、兵役與納賦税的義務,秦在未統一六國前,戰爭頻繁地進行,需要財力,更需要人,匿户是匿報户口,匿敖童是不報成年應該服役與户賦的人。所以秦特制訂律文,處罰較重,我在《雲夢秦簡〈編年記〉地理與歷史問題》論證敖或從"敖"聲,皆有高大壯之意,如獒爲高四尺的大狗或猛犬,鼇爲大龜,驁爲駿馬或千里馬,螯爲蟹腳大,贅爲長大貌,謷有志遠貌,"敖、傲、嫯"均高敖驕慢之意,所以我以爲敖童即壯男,年齡在應傅之上(漢代年二十三就要傅之材官,秦更早),身體壯大應服兵徭役者。《新書・春秋》説"敖童不謳歌",也説明年齡與身體都壯大,不能像小孩的行爲。郭文以爲瓦書中的敖童,顯然不能作成童解,並引《秦律・内史雜》"除佐必當壯以上,毋除士伍、新傅"爲證。大田佐既是佐,而稱敖童,這是郭文否定"成童"説的理由,但原意何指,郭文不能解決,"須要再加研究"。按瓦書與秦漢稱謂通例,大田佐是官職,敖童應爲爵稱,二十等爵稱没有敖童,無爵時稱士伍,敖童應爲士伍中壯男,與高不滿六尺二寸有疾之疲癃及不滿六尺五寸稱"小"(見倉律)對,正是兵役中最適當作戰之人選,而士伍之意即是無爵一般士卒,只要年齡與身體合格,敖童必須是士伍中年壯身强。早期當有敖童一稱,甚至爲士伍之前稱、而士伍出於後起,瓦書爲秦惠文君四年所作,而傅律等時間在後,出土秦律爲秦始皇未統一六國前所抄,一般時代多屬昭王,"除佐必當壯以上,毋除士伍、新傅",説明必以前曾除士伍、新傅,而此時則禁止之。除佐可以當壯以上,但毋除士伍,壯表年齡與身材體力,而非爵稱,並應是屬於無爵者,但又非一般士伍,"新傅"即新傅入傅籍,年齡必小,不能是壯,從律文可以證明士伍中當壯以上應即敖童,大田佐是佐而不加"敖童",也説明敖童屬於"當壯",但無爵稱,應屬士伍,敖童就是士伍中之當壯以上,依秦漢一般文書中稱謂通例,無爵也要稱士伍之例所以可以肯定敖童就是士伍中的壯男,不論從得名之意與秦漢文書與制度都是完全講通的(**編按**:原文疑有誤字、漏字,但不影響句意。照録),郭文所論非是。

《考古與文物》1991-3,頁89

○**袁仲一**（1993）　　“大田佐敖童曰末”，“大田”是主管農業的官吏。《呂氏春秋·勿躬》：“墾天大邑，辟土藝粟，盡地力之利，臣不若寧遫，請直以爲大田。”又見於秦簡《田律》及《晏子·內篇·問下第四》等。“大田佐”是協助大田的農官。敖童是大田佐之字，末爲其名。古代人多名與字相對應，此點西周金文例子很多。“敖童”，秦簡中有“匿敖童”（《傅律》）及“敖童弗傅”（《法律答問》），是指未傅籍的成童。“末，木上曰末”（《説文》），含有幼小的意思，與童敖的意義相將。“古人連言名字者，皆先字后名”，如宋國司徒“皇父充石”，“皇父”爲名，“充石”爲字。由此可知“敖童”爲大田佐之字，“末”爲大田佐之名。

《秦文化論叢》1，頁 280

○**黃留珠**（1997）　　秦簡“敖童”解

雲夢秦簡先後兩次出現“敖童”一詞。一見《秦律雜抄》：“匿敖童，及占癃（癃）不審，典、老贖耐。”另見《法律問答》：“可（何）謂‘匿户’及‘敖童弗傅’？匿户弗繇（徭）、使，弗令出户賦之謂殹（也）。”對於“敖童”的解釋，1977 年文物出版社出版的《睡虎地秦墓竹簡》線裝本第 5 冊第 94 頁注云：“敖即勢，健壯。敖童疑是傅籍前之男子，即唐户令之中男，無丁則選以充軍者。一説敖意爲敖遊，敖童是漢武帝常徵發從軍之‘惡少年’。”次年出版的同書平裝本第 143 頁注文有所變化：“敖童，見《新書·春秋》：‘敖童不謳歌。’古時男子十五歲以上未冠者，稱爲成童。據《編年紀》，秦當時十七歲傅籍，年齡還屬於成童的範圍，參見《法律答問》‘何謂匿户’條。”1990 年出版的同書精裝本注文與平裝本相同。表明此注是秦簡整理小組關於“敖童”釋義的定稿。

若僅就平裝本注文本身而言，尚難看清關於“敖童”的最終解釋，這一點反而不如線裝本注文那樣明晰。但從整理小組把“匿敖童”譯作“隱匿成童”來看（見平裝本第 144 頁，精裝本“釋文注釋”部分第 87 頁），“敖童”即“成童”，還是非常清楚的。應該承認，這一解釋於秦簡文意完全可通。不過倘作推敲，則不難發現這一解釋只是重複了“童”字的含義。《釋名·釋長幼》：“十五曰童。”可見“童”字本身就已表示“成童”；“敖”字何解？注文實未涉及。若訓“敖”爲“成”，則更加不妥，因“敖”字絕無此義項。所以“敖童”即“成童”之説，看似作出了解釋，實際上卻等於沒有解釋。

爾後，陸續又出現了幾種關於“敖童”的新解。如釋“敖”爲“傲”的“傲童”説，釋“敖”爲“遊”的“遊童”説，釋“敖”爲“長大”的年齡説，釋“敖”爲“逸遊”的“逸遊成童”説，等等。這些解釋大率在“成童”説的基礎上，著重對

“敖”字的含義作了説明,較之秦簡整理小組注文完全忽視“敖”字的狀況有所改進。然而這些解釋卻也存在一個共性問題,即把它們放入秦簡原文中之後,或於文意有所滯礙,或於事理有所不通,就此而論,反不如秦簡整理小組徑直釋爲“成童”流暢。爲了具體説明這一點,不妨以表述較完整的“遊童”説爲例作些分析:“匿敖童,童當即‘五尺以下’的‘小’;敖者,遊也。遊童,也就是指未成年者。匿敖童就是隱匿真實的年齡,假稱爲‘童’或‘小’。”大家知道,古時通常以身高“六尺”表示“成童”,始年15歲。以上的表述認爲,“遊童”之“童”爲“五尺以下”的“小”,據此則“遊童”不僅未成年,而且也未成童,應是15歲以下的小孩。按規定,此類小孩是不服役、不出算賦的。這樣就産生了一種難以解釋的現象:秦的那些里典、伍老等何以甘冒犯法受刑的風險去隱匿不須要服役出賦的“遊童”? 顯然,這在情理上很難説通。對此疏漏,“遊童”説未能解開秦簡“敖童”之謎。其他幾種説法與此大體類似,亦皆未能切中題旨。尤其須要指出的是,以上諸家解釋,包括秦簡整理的解釋在内,都只是就秦簡而論秦簡,普遍忽視了一個非常重要的事實:即“敖童”一詞,不僅見於秦簡,而且還見於其他出土的秦器物銘文。所以關於“敖童”的解釋,必須貫通這兩方面方算確解。

二

　　1948年陝西户縣出土的秦封宗邑瓦書,是反映戰國後期秦政治生活的重要文物。1957年,陳直先生對其作出釋文並予初步考證,後又在所著《漢書新證》《史記新證》中多次徵引。80年代中期,郭子直教授精拓全銘,附以摹本及照片,公之於世,同時對陳釋加以考辨,撰成《戰國秦封宗邑瓦書銘文新釋》一文。在此瓦書中,即出現有“敖童”一詞。(中略)瓦書所記是秦國一次封宗邑的經過,其中的“四年”,陳、郭均考訂爲秦惠文王四年,即公元前334年,甚是。這表明瓦書的時代約早於雲夢秦簡百年左右。由此可知,“敖童”存在於秦爲時已經很久,只是未見文獻記載而已,今賴出土文物,方得昭顯於世。

　　瓦書銘中的“敖童”,前連“大田佐”,後有“曰未”。“大田”,官名,主掌農事,見於秦簡《田律》、《吕氏春秋·勿躬》以及《晏子·内篇·問下第四》等。于豪亮考證:“秦國主管農業的官員最初稱爲大田,後來改稱治粟内史。”“佐”屬官府“少吏”,“大田佐”即農官大田的“少吏”。全句意謂大田佐敖童名字叫未,係參加惠文王四年冬十一月癸酉日封界的官吏之一。從“大田佐敖童曰未”的句式來看,其與瓦書的“大良造庶長游、司御不更顤”近似,“敖童”所處位置與“庶長、不更”相當。後二者皆爵名。以此類推,“敖童”應是同爵名類似的用以説明"未"這個人身份的定語。秦簡《内史雜》載,秦時"除佐必當壯士以上,毋除士伍新傅"。整理小組注:"壯,壯年,古時一般指三十歲";"士伍,《漢舊儀》:'無爵爲士伍。'即没有爵位的成年男子。"據此,大田佐這個敖童,至少應該是 30 歲以上的男性。

把以上瓦書中的"敖童"與秦簡中的"敖童"結合起來考察,可以清楚地看到如下事實:

1.敖童必須載入名籍,爲國家出賦役。這意味着在當時實行的授田制下,敖童享有國家的授田。唯此,敖童才有相應的賦役負擔。

2.秦社會中存在着隱匿敖童現象,時稱"匿敖童",亦"敖童弗傅",等於"匿户",即隱匿人户,不徵發徭役,也不命繳納户賦。對這種犯法行爲,國家制定有具體的治罪標準。

3.敖童可以充當"佐"一類的官府"少吏",但須要標明其"敖童"的特殊身份。

上述事實表明,"敖童"絶不可能是"成童",而令人頗疑"童"字應解如《説文》所云:"男有罪曰奴,奴曰童。"要之,"敖童"應是當時一種具有"奴"的身份的特殊人口。他們不同於一般農户,但在享有授田及承擔賦役方面卻又同於一般農户。因此國家十分重視對這部分人口的控制,以防止賦役流失。此其一。其二,"童"字前加"敖",表示"敖童"是"童"中更加特殊的一部分。秦簡中出現有"衛敖"。"可(何)謂'衛(率)敖'? '衛(率)敖'當里典謂殹(也)。"秦簡整理小組注"敖"讀爲"豪",極是。所以"敖童"實應爲"豪童",即指"童"中豪强有力者。

如果以上兩點推測尚不致大謬,那麽,"敖童"之謎關鍵在於對"童"字的理解。以往論者總是擺脱不了釋"童"爲"成童"的基調,揆其緣由,恐怕同人們習慣於把"童"當做"幼、小",而把"僮"才看成"奴"有關。其實,古之通義,恰恰與此相反:"奴曰童";"僮,未冠也"。

三

戰國時期各國普遍推行授田制,目的在於實現勞動力與土地的有效結合,把農夫固著於土地之上。僅此而論,它與後世的均田制頗有類似之處。衆所周知,首啟均田的北魏,對奴婢是授田的,而且授田標準與良人相同。以後的北齊及隋同樣如此。同此上溯授田制,具有"奴"身份的"敖童"享有國家授田,自在情理之中。而具有"奴"的身份的"敖童"出任"佐"一類官府"少吏",則是比較費解的問題。

　　按一般的認識,根本没有人身自由的奴隸怎麽能擔任官府"少吏"之類的公職呢? 其實,這是對古代社會的很大誤解。事實上,古代使用奴隸或具有"奴"一類身份的人從事某些公務活動或擔任某些公職,是相當普遍的現象。雲夢秦簡中便有不少具體的反映。例如:

　　　　毋令居貲贖責(債)將城旦舂。城旦司寇不足以將,令隸臣妾將。(《秦律十八種·司空》)

　　　　可(何)謂"耐卜隸、耐史隸"? 卜、史當耐者皆耐以卜、史隸(《法律答問》。秦簡整理小組注:"耐卜隸、耐史隸,受耐刑而仍做卜、史事務的奴隸。"見平裝本第 235 頁,精裝本"釋文注釋"部分第 139 頁)。

　　　　令史已爰書:與牢隸臣某執丙,得某室(《封診式》)。秦簡整理小組注:"牢隸臣,據簡文係在牢獄服役的隸臣。"見平裝本第 263 頁,精裝本"釋文注釋"部分第 156 頁。黄按:秦簡中反映牢隸臣從事公務的實例除本條簡文外,還有許多,如其與令史共同驗尸、勘查作案現場等等,兹不一一列舉)。

　　　　出子　爰書:有(又)令隸妾數位者,診甲前血以及癃狀……丞乙爰書:令令史某、隸臣某診甲所詣子……其一式曰:令隸妾數字者某某診甲……(《封診式》)

　　上舉各例中,有隸臣妾監率犯人者,有受耐刑而仍擔任卜、史職務者,有在牢獄中服役從事多種公務者,還有從事婦科、兒科特殊檢查的女奴與男奴。儘管這些實例所反映的只是司法領域的情況(此係秦簡多爲法律文書的特點決定的),但由此也足以看出當時秦國社會使用奴隸從事公務及擔任公職的廣泛性。

　　實際上,這類情形並非中國古代獨有,古代西方世界亦同樣如此。例如古雅典,警察即由奴隸組成。民族史的材料也告訴我們,奴隸是有層次之分的,其地位絶非一成不變,奴隸主每每還對某些奴隸委以重任,使之成爲奴隸中的特殊成員。例如處於奴隸社會初期階段的肖特蘭島上的美拉尼亞人,"奴隸通過婚姻與首領結成親戚以後,在社會上甚至還獲得了具有影響的地位"。再如涼山彝族奴隸社會中,政權首腦"土司"常常從貼身奴隸中選拔"看房"或"頭人"。這些"看房、頭人",負責管理土司對內對外事務,掌握着實權,而且職位世代相襲。由此推測古代社會,當亦有相似的情形。

　　從以上所列舉的各種材料來看,具有"奴"身份的"敖童"擔任官府"佐"一類的"少吏"不僅是可能的,而且也是現實的。《漢書·百官公卿表》顔注引《漢官名秩簿》稱:"佐史月奉八斛也。"此數僅是秦時爲官府服役之隸臣月口糧標準的 4 倍,其俸禄之微薄實在也達到極致。這樣低下的職位,由一種"豪奴"去擔任,應該是不足爲奇的。

綜上可知,秦簡中的"敖童",是一種具有特殊身份的"豪奴",享有國家授田,爲國家出賦役,可以擔任官府的"少吏"。這一解釋是從有關"敖童"的基本事實出發,於秦簡與瓦書皆可貫通,而且有訓詁方面的依據,應該説是一個比較符合實際的解釋。當然也要看到,由於資料有限,在許多方面尚難更具體地展開論述。特別是"敖"與"童"皆多義字,不同時代其構成的相同詞語,所表達的内容不一定完全相同。賈誼《新書·春秋》裏的"敖童",以"成童"或"遊童"等解之,可能合適;以此解秦簡與秦瓦書中的"敖童",顯然不確。

《歷史研究》1997-5,頁 176—179

○**何琳儀**(1998)　秦器"敖童",見《新書·春秋》:"敖童不謳歌。"

《戰國古文字典》頁 299

△**按**　對"敖童"解釋存不少分歧,各家之説似乎都欠足夠的説服力。近來仍有人解釋爲"傲童",即"逸遊在外的成童"(楊志賢《戰國秦漢出土簡帛的詞典學價值》,《東南學術》2009 年 3 期)。

敳 敤

敨睡虎地·日乙 36 壹

○**陳振裕、劉信芳**(1993)　日書九二三:敨酉。按:"敨",日書九二二作徼。又,日書八六七:敨日。日書七五三反:入月七日,及冬未、春戌、夏丑、秋辰,是胃(謂)四敨。

《睡虎地秦簡文字編》頁 77

【敨日】

○**劉樂賢**(1994)　本篇的敨日在《日書》中是一個常見的忌日,僅以《日書》甲種爲例,就有:

凡不可用者:秋三月辰,冬三月未,春三月戌,夏三月亥。(一正貳)

凡入月七日及夏丑、秋辰、冬未、春戌,不可壞垣、起之,必有死者。以殺豕,其肉未索必死。(一〇七正壹)

入月七日及冬未、春戌、夏丑、秋辰,是胃(謂)四敨,不可初穿門、爲户牖、伐木、壞垣、起垣、徹屋及殺,大凶;利爲嗇夫。(一四四背)

（中略）《日書》"稷辰篇、秦篇、除篇"等篇中也有敫（又作徽）日，（中略）本篇敫日與另外三篇敫日之間的區別是顯而易見的。（中略）本篇的敫日也不可能與建除説中的敫日混同。

敫日這個忌日在別的資料及後代的選擇通書中還能見到。《醫心方》卷二引漢代的《蝦蟆經》云："四激日：春戌、夏丑、秋辰、冬卯。"並加按語説："右四時忌日，今古傳諱，不合藥服也。今按《開元天一遁甲經》曰：此爲四極所破，故曰四激之急也。"（中略）四激當即是四敫。（中略）後代的選擇通書不再采用"四激日"或"四敫日"的寫法，而是寫作"四擊日"。（注：選擇通書中有時還使用"四激日"，但具體所指是"春丑、夏戌、秋辰、冬未"。不知是抄寫錯誤，還是另有來歷。）（中略）鄭剛認爲敫、擊讀音相同，故四敫又可寫作四擊。

《睡虎地秦簡日書研究》頁 177—179

夏

集成 12113 鄂君啟舟節　　集成 12113 鄂君啟車節　　集成 10372 商鞅量

郭店・尊德 23　　睡虎地・封診 84　　陶彙 3・1153　　陶録 3・218・1

○**李裕民**（1981）　二十、夏　《侯馬盟書》委質類一七九：一五。

《〈侯馬盟書〉字表》釋孚，非。盟書孚作夏、夏，金文作夏（《毛公鼎》），均與此形不同。字應釋夏，《虢季子白盤》作夏，楚金幣郢夏之夏作夏（《考古》1973年3期163頁圖二），陳夏之夏作夏（同上167頁圖一），盟書一七九：五輮字偏旁作夏，均與此字相同。盟書忣夏即委質類被誅討對象忣孚，此人亦稱忣枒、忣迌、忣狩。此處疑係筆誤。

《古文字研究》5，頁 299

○**湯餘惠**（1993）　（編按：商鞅方升）夏，乃，語助詞。

《戰國銘文選》頁 25

○**何琳儀**（1998）　夏，西周金文作夏（虢季子白盤）。从帀（師之省文）从孚（帀、孚借用一横筆），會以師旅援助之意。援之初文。《廣韻》："援，接援救助也。"孚亦聲。夏，匣紐元部；孚，來紐月部。匣、來複輔音通轉，月、元爲入陽對轉。夏爲孚之準聲首。春秋金文作夏（楚子賝臣瑗作夏）。戰國文字承襲兩周金文。齊系文字帀旁或省作夏、夏，晉系文字作夏、夏，楚系文字或作夏、夏、夏、夏、夏，秦系文字作夏、夏。其中楚系文字夏作夏、夏，與孚作夏僅一筆之別，頗易相混。侯馬盟書“烎㽸”，或作“烎爰”。典籍鍰與鋝混用，見《書·呂刑》。凡此説明，㽸與爰形音義均有關涉，應爲一字分化。茲從元韻中剔出爰聲首，附於月部㽸聲首之後。

鄂君啓節“爰陵”，讀“宛陵”。《史記·高祖功臣表》“厭次侯元頃”，集解引徐廣曰：“《漢書》作‘爰類’。《淮南子·地形訓》‘荆阮’，《初學記·州郡部》作‘荆苑’。”是其旁證。“宛陵”，地名，見《漢書·地理志》丹陽郡。在今安徽宣城。望山簡爰，讀轅。《左·僖十五》“晉於是乎作爰田”，《國語·晉語》三爰作轅。是其佐證。

商鞅方升爰，語首助詞。《書·無逸》“爰及小人”，注：“爰，於也。”

《戰國古文字典》頁 936

○**王恩田**（2007）　　“爰”字初文象上下二手握棒。陶文不从棒，而从三短畫或二短畫，即銅塊的象形，意爲交換。

《陶文字典》頁 94

【爰陵】鄂君啓節

○**郭沫若**（1958）　　爰陵疑是南昌。

《文物參考資料》1958-4，頁 4

○**譚其驤**（1962）　　庚爰陵　疑即《水經注》（《名勝志》引）中的團亭，在今桐城縣東南六十里。唐宋後有團亭湖，見《括地志》《太平寰宇記》；據《清統志》引舊志，其水出白兔河，達樅陽，知爲古代“瀘江”所經。

《中華文史論叢》2，頁 177

○**黃盛璋**（1964）　　庚爰陵，爰陵必爲大地方，譚文舉《水經注》之“團亭”，此乃小地不足以當爰陵，當於邗江沿岸大城求之。以後來政治地位推測，疑在今淮安附近，淮安晉爲山陽，唐宋爲楚州治，明清爲淮安府，地位歷來皆甚重要。惟爰陵之名於史無考，有待進一步研究解決。

《中華文史論叢》5，頁 155

○**譚其驤**（1964）　　（四）庚爰陵　澮江既爲今之青弋江，則爰陵當即漢代丹陽郡治宛陵縣。爰、宛只是一聲之轉。宛陵故城舊説即今宣城縣治，但《元和志》宣城縣下有云，“隋自宛陵移於今理”，故《清一統志》已疑舊説不確，我以爲有可能在今縣西青弋江上。銘文此路航線當由江入青弋，或迳達青弋江上的漢宛陵故城，或折入支流水陽江達於今宣城。

《中華文史論叢》5，頁 178

○**黃盛璋**（1982）　　（二）譚文《再論》考訂爰陵爲漢代之宛陵，即今宣城前身，語音、方位皆合,此地名自此可定,拙文此處所論有誤,應改從譚文。

《歷史地理論集》頁 286

○**姚漢源**(1983)　**戔陸**　爰陸即爰陵

應即《漢志》豫章郡之歷陵。从爰得音之字多爲喻紐而可有平、上、去等聲。如瑗字有去聲,古去入不分則可通入聲之越或悦。爰陵直是越陲爲鄰越邊境,故設關卡。可以證歷、爰通者有:鍰、銟古爲或可能爲一字,銟越疊韻僅來喻紐之異。故可轉。銟爲元寒部之入聲可通庚青部之入聲(或支脂部之入聲)則爲歷音。孚爲脂部之入。是則鍰可通歷音。又瀝與洷義極近,音僅有去入之分,古去入固不分,音同義近。而古立、洷、位爲一字,洷爲位音通寒元部則爲瑗音矣。又歷與櫟同音,櫟固可轉喻紐爲以灼切。歷轉喻紐則可通寒元部入聲之越。春秋鄭地之櫟,戰國名陽翟,實櫟讀以灼切之長讀。翟爲蕭豪部之入,亦有狄音則爲庚青部之入,陽狄合音近繹可通寒元之越。今北音以灼切之櫟與越音已有不可分者。

歷陵所在,舊説在今江西德安縣之東。宋人晁以道則謂鄱陽縣境有古歷陵城。清人胡渭《禹貢錐指》引黃儀説及自爲説證晁説爲是。謂鄱陽故城在今波陽東六十里,今波陽西當即古歷陵地。則其地西鄰彭蠡,故通水道,東通越境故設關卡。

《漢志》豫章郡餘汗(又作餘干)縣,古稱越之西界城在今餘干縣東北。餘汗急讀爲爰音(汗如讀去聲則爲瑗音),其北與歷陵接境。清人引《漢書・貨殖傳》"譬猶戎狄之與於越不相入矣!"韋昭《注》云:"於越今餘干縣,越之別名也。"則餘汗或餘干之越即於越。爰陲亦越陲。

《古文字研究》10,頁 200—201

○**李零**(1986)　　即漢宛陵縣,在今安徽宣城。

《古文字研究》13,頁 370

○**張中一**(1989)　　鄂君的舟隊要"庚爰陲(陵)",就必須通過"瀟溪口"才能進入,"爰",不是地名,是"更換"之意,"陵"指山陵,即陸水兩岸的山地和丘陵,實指崇陽地區一帶。崇陽南去,陸水無法通行鄂君的"三舟爲一舿"的大船隊,因此,舟隊必須返回航向。

《求索》1989-3,頁 127

○**湯餘惠**(1993)　　爰陵,即宛陵,在今安徽宣城縣治。船隊沿長江而下,經彭澤、樅陽,轉入青弋江至宛陵,這一段水路爲船隊東行路線。

《戰國銘文選》頁 48

閟 閟 閟

閟睡虎地·日甲78背

閟郭店·老甲26 閟郭店·成之32

閟郭店·尊德6 閟郭店·尊德23 閟郭店·唐虞28 閟包山192 楚帛書

○**劉雨**(1986) 1–034:"以吏閟牒。"

長沙楚帛書"亂"字作"閟",與簡文"閟"字形體相近,故釋"亂"可從。《爾雅·釋詁下》:"亂,治也。"《古文尚書·泰誓》"余有亂臣十人"即訓爲"余有治臣十人"。

"亂"又可通"辭"。《楚辭》每每言"亂曰",實即"辭曰"。"辭"又可通"嗣","嗣"亦"治也"。將此簡釋爲"以吏治牒",則文從字順,比較妥帖。

《信陽楚墓》頁133

○**睡簡整理小組**(1990) (編按:睡虎地·日甲78反)閟,讀爲纞,瘦。《説文》:"纞,臞也。"

《睡虎地秦墓竹簡》頁221

○**劉彬徽、彭浩、胡雅麗、劉祖信**(1991) 亂,簡文作閟。《汗簡》亂字作閟、閟,與簡文形似。長沙子彈庫帛書的亂字與簡文相同。

《包山楚簡》頁52

○**曾憲通**(1993) 魏三體石經《書·無逸》"無若殷王受之迷亂",亂字古文作閟,與帛文同。《古文四聲韻》引石經作閟,雖與魏石經古文小異,而與《説文》訓"亂也"之纞字古文作閟者則同。故有亂、纞同字之説。陳鐵凡云:"纞字本義爲以手治絲,引申爲治。治絲而紊則亂,乃反訓爲亂。引申爲亂流、爲煩亂。纞字訛省爲纞,再訛爲纞、爲纞、爲閟。後又增加義符,別造從乙之亂,從攴之敽,以爲'正絶流、煩亂'之字。許氏著《説文》,乃分廁各部,而繫以異訓,實則言部之纞、爰部之閟、攴部之敽,俱一字之衍化,亦王錄友所謂異部同文也。"(陳鐵凡《率與亂》,《中國文字》第二六期)然則帛文閟左右四口並非從閟,而是由閟訛變而成,從閟(《説文》纞之古文)→閟(三體石經亂之古文)→閟(帛書)之對比自明。信陽楚簡之閟,則是帛書閟的進一步簡化。

《長沙楚帛書文字編》頁91—92

○**劉信芳**(1996) 亂 《洪範五行傳》:"時則有日月亂行。"鄭玄注:"亂謂薄

食,鬭、並見。”

《中國文字》新 21,頁 85

○何琳儀(1998) 屬金文作🔣(五年琱生簋)。从乥从幺(絲之省),會理絲之意。⊢爲理絲之架,或以爲飾件。戰國文字承襲金文。《説文》:“治也。幺子相亂,乥治之也。讀若亂同。一曰,理也。🔣,古文屬。”《説文》:“亂,治也。从乙,乙,治之也。从屬。”

秦器亂,讀敵。《説文》:“敵,煩也。从攴从屬,屬亦聲。”典籍通作亂。《集韻》“亂,紊也”。

《戰國古文字典》頁 1036

○李零(2003) (編按:上博三·互先8)“緎”讀“治”。“嚻”讀“亂”。

《上海博物館藏戰國楚竹書》(三)頁 295

○李守奎(2003) 屬 嚻 三體石經亂之古文。卷十四重見。

《楚文字編》頁 250

○濮茅左(2004) (編按:上博四·柬大6) “叀”,讀爲“變”。“屬”,讀若“亂”。《説文·乥部》:“屬,治也,幺子相亂,乥治之也,讀若亂同。一曰理也。”

《上海博物館藏戰國楚竹書》(四)頁 200

【屬(亂)紀】楚帛書

○陳邦懷(1981) 是胃(謂)亂綰(紀)。(甲篇·四行)

按:“亂紀”謂亂經紀。《禮記·月令》孟春之月:“司天日月星辰之行,宿離不忒,毋失經紀。”鄭注:“經紀,謂天文進退度數。”

《古文字研究》5,頁 236

乥 🧑

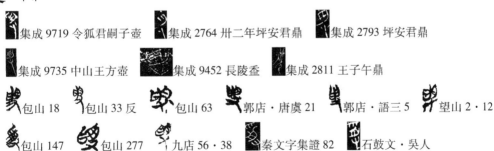

集成 9719 令狐君嗣子壺　集成 2764 卅二年坪安君鼎　集成 2793 坪安君鼎

集成 9735 中山王方壺　集成 9452 長陵盉　集成 2811 王子午鼎

包山 18　包山 33 反　包山 63　郭店·唐虞 21　郭店·語三 5　望山 2·12

包山 147　包山 277　九店 56·38　秦文字集證 82　石鼓文·吳人

陶彙 3·1350　璽彙 2141　璽彙 1231　璽彙 2799　璽彙 3274

○強運開(1935) 🔲,薛尚功及天一閣本俱泐,惟顧研本有之。今據安氏十鼓齋所藏弟一本橅拓如上。按,古華山農石鼓文定本誤釋作爰,並將會字倒置且於其字下添一式字,讀作"爰曾其式廓",五字成句,非特其誤,實甚所謂强古人以就我者,惡足稱爲定本與。又按,頌壺作𤔔,毛公鼎作𤔔,秦公敦作𤔔,均與鼓文同,可證實爲受字無疑。

《石鼓釋文》癸鼓,頁 6

○**吳蒙**(1982)　　器名以下,記器的容積。"𤔔"字從"㐅"聲。按古"㐅"聲字有時與"公"聲通假,如"憁"字或作"㣔",此字所從之"松"原從"公"。《説文》"容"字古文從"公"。因此,銘文中"𤔔"字當讀爲"容"。戰國銘文的"容"字有好多通假的寫法,這不過是一種較少見的例子。

《文物》1982-11,頁 13

○**朱德熙**(1983)　　重金罍銘文

西卅八重金斜𤔔一盲六□

第七字作:𤔔

前人無釋,今按是"受"字。此字寫法與訇鼎受字極相似:𤔔

特點是把爪和舟連在一起寫,不過訇鼎爪字的三橫和舟字的三橫是分開寫的,所以略有參差,不像重金罍那樣連成一筆罷了。

認出了重金罍的受字,就知道下邊兩個見於印璽文的字也是受字:

𤔔徵附四六下　𤔔籀五六下

重金罍的銘文説:

百卅八重金斜受一盲六□

"盲"是觳的假借字,《説文·角部》觳下云"讀若斛"。"受一斛六□"説的是器的容量。受是容的意思。《方言》六"受,盛也,猶秦晉言容盛也"。《大戴記·投壺》"壺脰修七寸,口徑二寸半,壺高尺二寸,受斗五升,壺腹修五寸"。"受斗五升",《小戴記》作"容斗五升"。

《朱德熙古文字論集》頁 153—154,1995;原載《古文字研究》8

○**黃盛璋**(1984)　　器名下一字《小議》隸定爲"𤔔",解爲從"㐅"聲,讀爲"容"。金鉼與此金絡鐺表容量多少皆用此字,此字又見《古璽彙編》2799 與 3274 戰國燕璽,皆用爲人名。《古璽文編》(516 頁)列爲附録,不識。所舉之璽,據姓氏、字體可定爲燕印。筆者在《戰國燕國銅器銘刻新考》一文中也認爲此字相當於"容"的一類字,爲燕國銘刻所僅有,凡用此字可以定爲燕國器,但字尚不能確認。1983 年 9 月初在香港參加國際中國古文字學研討會,見吳

振武同志提交該會論文《古璽彙編釋文訂補及分類修訂》，訂此字爲“受”，未詳其說。其後回到廣州，在中山大學，吳同志來訪，告以此字已考定是“受”，舉平安君鼎“受”字爲證。返京寓後，檢多年所收戰國銘刻資料，證知吳君考證“受”字甚確。傳世有“十三年少府工儋”矛，今藏中國歷史博物館，此矛一面刻“武庫受屬邦”，“受”字作𩪧，與上引兩器銘中兩字結構基本相同。《説文》：“受，相付也，从受，舟省聲。”銅器所見戰國“受”字有多種變化，大抵上从“爪”，下从“又”即“手”，中从“舟”，如命瓜君壺“受”字作𩪧。平安君鼎“受”字作𩪧上从“舟”。兩器銘中之受字下皆似“寸”字，實是“又”字簡作，上實从“舟”，確定爲“受”無可置疑。“受”多少，即容多少，盛多少。《廣雅・釋詁》：“受，盛也。”《方言》卷六：“受，盛也，猶秦晉言容盛也。”按戰國秦漢銘刻記容量之動詞，三晉常用“胸”，趙或用“空”，皆假爲“容”字；東周秦漢皆用“容”，與《方言》謂“秦晉言容盛也”合。用“受”字表容盛意，必爲秦晉之外系統。燕國銘刻如此，而他國尚未之見。

《文物》1984-10，頁60

○吳振武（1986） 《古璽彙編》一二三一、二七九九、三二七四重新著録下列三方古璽：

𩪧 𩪧 𩪧

三璽中的𩪧字《古璽文編》不識，既收於附録，又分列兩處（516頁第四欄、545頁第五欄）。

我們認爲此字从“舟”从“又”，可隸定作“𩪧”，即“受”字簡體。戰國趙“榆即（次）”布和“榆即（次）半”布上的“俞”旁或作：𩪧 𩪧 𩪧

“俞”本从“舟”，可知“舟”旁可以作𩪧形。很顯然，𩪧字上部所从的𩪧應是𩪧形的進一步演化。這跟古璽中“亡”字既作𩪧，又作𩪧，“正”字既作𩪧，又作𩪧，是同類現象。《古璽彙編》三四○三著録下列一方單字璽：

𩪧原璽反書

此字舊不識，《古璽文編》收於附録（453頁第二欄）。《古璽彙編》雖認爲它是一個字，但又不入該書“單字璽”類而入“姓名私璽”類。今按此字从“舟”从“余”从“心”，應釋爲“愉”（“俞”本从“舟”“余”聲，參看于省吾先生《甲骨文字釋林》第74頁）。“愉”有樂、喜、悦、歡、和等義。因此，從内容和風格上看，此璽當屬戰國吉語璽而非姓名私璽。𩪧字所从的𩪧（反書）似乎介於𩪧、𩪧二形之間。可見“舟”字由𩪧而𩪧，又由𩪧而𩪧的遞變痕迹是十分明顯的。

《古璽彙編》五五〇〇還著録下列一方單字璽: 🐦

此字舊亦不識,《古璽文編》收於附録(562 頁第二欄)。跟上揭"愉"單字吉語璽比較,此字應釋爲"舟"當無疑問。

🐦字下部所從的 寸即"寸"旁,也即"又"旁。古文字中"寸、又"二旁往往不分。古璽"得"字或作 得,"返"字或作 返,可爲其證。

"受"字甲骨文作 受,西周金文作 受,小篆作 受。《説文·受部》謂:"受,相付也。從受,舟省聲。"可知"受"字本從"舟"得聲。"受"字作"叟"雖有簡省,但仍保留了聲符"舟"。古文字中的形聲字形體省化往往只省形符而不省聲符。跟"叟"字類似的省化現象在古文字中是很常見的。二十八年、三十二年平安君鼎銘文"單父上官冢子愳所受坪(平)安君者也"一語中的"受"字作 受,也同樣是從"又"(實際上是從"受"省)從"舟"聲。這是我們釋🐦爲"受"的最好證明。

上揭古璽中的🐦字均用作人名。漢印中有"李受、王受、郭受私印、臣受"等印。可見古人有以"受"爲名的。

🐦字確釋後,下列兩件銅器銘文的後半段也就不難理解了。

　　盱眙南窯銅壺:"廿二,重金縊壺(？),🐦一壹(轂)五斤。"

　　重金方壺:"百卅八,重金□,🐦一壹(轂)六斤。"

(中略)

盱眙南窯銅壺出土後,《光明日報》1982 年 4 月 26 日第三版《史學》副刊《考古與文物》欄和《文物》1982 年第 11 期都作了專題報導。關於銘文中的🐦字,李學勤、姚遷、吳蒙三先生皆隸定爲"𤳊",讀作"容"。吳蒙先生在《盱眙南窯銅壺小議》一文中謂:

　　　　器名以下,記器的容積。"𤳊"字從"卤"聲。按古"卤"聲字有時與"公"聲通假,如"憁"字或作"㣳",此字所從之"松"原從"公"。《説文》"容"字古文從"公"。因此,銘文中"𤳊"字當讀爲"容"。戰國銘文的"容"字有好多通假的寫法,這不過是一種較少見的例子。

吳先生的看法較有代表性。本來,李、姚、吳三先生根據銘文上下文義斷🐦字和"容"字意義相當是頗具卓識的,但遺憾的是三先生卻徑將🐦字寫作"𤳊",又讀爲"容",這從字形上看,顯然是不能令人信服的。實際上,兩壺中的🐦字和上述古璽中的🐦字完全相同,也應釋爲"受"。"受"古有承、容納、盛等義。《廣雅·釋詁》:"受,盛也。"《方言》六:"鈴、龕,受也。齊楚曰鈴,揚越曰𥂁。受，盛也，猶秦晉言容盛也。"容量前用"受"字在古書中也不乏其例，如《説文・竹部》："籈，飯筥也，受五升。"《周禮・考工記》注："豆實三而成觳，則觳受斗二升。"等等即是。如此，釋〇爲"受"在銅器銘文中也得到了證實。

自盱眙南窰銅壺出土後，它和跟它銘文格式完全一致的重金方壺（舊稱重金罍）的國別就引起了人們的注意。由於盱眙南窰銅壺出土地在戰國晚期是楚國的重要地區，又因爲銅壺出土時壺内所貯的黄金鑄幣中有十一塊是楚"郢爯（稱）"金版，所以論者都推斷此銅壺和傳世的重金方壺均爲楚器，並都認爲可以據此測算楚國量制。我們認爲無論是從字體風格上看，還是從容量單位上看，兩壺都不是楚器而是燕器。因此有必要重新加以檢討。

兩壺銘文中的〇字跟古璽中的〇字在結構和風格上完全一致。而跟古璽〇字同時出現的是〇、〇、〇三字。其中"喬"字作〇是較典型的燕國風格，而"韓"字作〇也只出現在燕國姓名私璽中。〇字下部所从的"又"旁作〇可以説是燕國文字的一大特色。跟前引从〇的〇、〇二字共出的字中有〇、〇、〇等字。除已談過的〇字外，"孫"字作〇、"邑"旁作〇皆僅見於燕國文字而不見於別國文字。特別是出〇字的那方古璽更是明確無疑的典型燕璽。原璽全文作"韓（〇）生返"。戰國姓名私璽中只有燕璽往往在姓氏後綴一"生"字，如《古璽彙編》一三三九"衛生肖"、一六七九"鄔（易）生豕"、二六二六"延（征）生嬌"、三四二三"秦生□"、三八九七"公孫生易"、三九二九"王孫生□"、三九六一"東方生乘"等璽即是。在已發現的戰國各地文字中，"又"或"又"旁疊出繁見，除燕國外，一般都作〇、〇、〇、〇等形，從未見有作〇形的。楚酓忓鼎銘文中的"隻、事"等字所从的"又"旁作〇，"兵、共"等字所从的"又"旁作〇，皆與〇不同。因此，從文字風格上完全可以判斷兩壺均是燕器。

《古文字研究》14，頁 51—54

○袁國華（1993） "〇"字見"包山楚簡"第 147 簡，《釋文》與《字表》均誤釋爲"爰"字。"鄂君啓舟節""爰"作〇，"包山楚簡"有"媛""緩"兩字，所从"爰"通作〇，字形與"〇"有相當差别，因此"〇"不是"爰"字。從字形分式（編按："式"疑爲"析"誤），字从"〇"从"〇"从"〇"，與古文字的"受"字的組合部件相同。"受"甲骨文作〇甲二七五二；西周金文作〇牆盤；戰國文字作〇秦公鐘、〇石鼓文，又"包山楚簡"簡 277 的"〇"字，更是一個極佳的例證，因此將"〇"釋作"受"是没有問題的。

簡 147 句云:"受屯二僧之飤",由於《包山楚簡·釋文》過去將"受"誤認作"爰"字,既令斷句有問題,而文句亦無法通讀。今改讀爲"受屯二僧之飤",則文從字順,大意是説:"給予駐扎所需的糧食二擔",陸畢與宋獻因替楚王煮鹽於海,故得支領糧食,簡文所記如此。

《第二届國際中國古文字學研討會論文集》頁 432—433

○**劉信芳**(1997)　　彎、紃受

望山簡二·一二:"紫彎,紃受,鋯真。"(簡一三同例)曾侯乙簡五七、九二等:"四䩨、六彎。"《禮記·曲禮上》:"執策分彎。"疏云:"彎,御馬索也。"準此,望山簡"紃受"即"紃綏",應是彎之執手。

《中國文字》新 22,頁 175

○**李零**(2002)　(編按:上博二·容成 42)"受"即"紂",古書或作"紂",或作"受",簡文作"受"。

《上海博物館藏戰國楚竹書》(二)頁 283

○**陳斯鵬**(2002)　《語叢一》簡 75 云:"者(?)迲受不逮从一術(道)。"

第一字原篆作🖼,整理者雖釋爲"者",但又括注問號,以示不很確定。目前出版的兩種《文字編》都將該字形收入"者"字條下。按"者"字在郭店簡寫法甚多,其中有作🖼者與此字接近。但此字下部从又,與"者"字相去甚遠,故字似不宜釋"者"。就字形來看,它倒是更接近"受"字。"受"字郭店簡一般寫作🖼,其上部稍訛即可成🖼。

《古文字研究》24,頁 411

○**劉信芳**(2003)　(編按:包山 58)受:此謂收受、窩藏,其義與"受期"之"受"有不同。簡 87 記載軧慶等"受郵易之櫨官"而被起訴,"受"亦謂收受,窩藏。《周禮·春官·司干》:"既舞,則受之。"鄭玄《注》:"受,取藏之。"

《包山楚簡釋詁》頁 61

○**曹錦炎**(2005)　(編按:上博五·鬼神 2)受,即商紂,古書或作"紂",或作"受"。

《上海博物館藏戰國楚竹書》(五)頁 314

○**白於藍**(2005)　(編按:上博二·子羔 1)簡文"善與善相受也"之"受"字之釋讀是有疑問的。該字原篆作"🖼",同篇簡 7 有"舜其可謂受命之民矣"語,"受"字作"🖼"。可見"🖼"並非"受"字。筆者以爲,該字當釋爲"尋"。金文中有"尋"字作"🖼",字形與該字接近。"相尋"一詞見於典籍,指相繼。(中略)"尋"字於此也可能訓爲"用"。《左傳·莊公二十八年》:"今令尹不尋諸讎仇而於

未亡人之側,不亦異乎。"杜預《注》:"尋,用也。"《小爾雅・廣詁》:"尋,用也。"故該簡中之"相尋"也可能是指相用。

【受正】

○劉信芳(1996)　"受正"凡二見:

　　蔡遺受鑄劍之官宋强,宋强廢其官事,命受正以出之。(簡一八)

　　臲月辛未之日,迅命人周甬受正,李剴耴賬田於章鄝邑。(簡七七)

　按"受正"猶言"受中"。中、正義通,《儀禮・聘禮》"入每門"鄭玄注:"門中,門之正也。"《孟子・離婁下》:"指履其正者,乃可爲中。"《周禮・秋官・小司寇》:"以三刺斷庶民獄訟之中。"鄭玄注:"中謂罪正所定。""受中"是司法常用語,《周禮・秋官・鄉士》:"獄訟成,士師受中,協日刑殺。"鄭玄注:"受中,受獄訟之成也。"鄭司農注:"中者,形罰之中也。故《論語》曰:刑罰不中則民無所措手足。"

　可知"受正"即接受獄訟裁決,從當時司法程式上説,是由刑獄官"士"執行判決結果。簡一八"命受正以出之",意謂命刑獄官執行判決,將"廢其官事"的宋强逐出官府。簡七七"迅命人周甬受正",意謂由迅命人周甬執行官府判決,判決的具體内容是李剴耴賬田。"賬田"謂擅自擴大田界。

【受旮】

【受嵏】

○劉彬徽、彭浩、胡雅麗、劉祖信(1991)　《受期》共 61 枚簡(簡 19—79),是受理各種訴訟案件的時間與審理時間及初步結論的摘要記録。一般以一枚簡記一件事,所記内容主要爲接受報告的官員姓名及職位,人犯姓名及身份;審問結果及審訊人姓名。(中略)

　受期,篇題,根據簡文可知爲受理各種訴訟的時間及初步審理結論的記録。期,簡文作旮,從几從日,與《説文》古文期字從丌從日不盡相同,應是期字的異體。

○曹錦炎(1993)　包山楚簡文書類中,有一組"受期"簡,共 61 枚(簡 19—79)。這是根據簡 33 反面原有的篇題,以及絶大部分簡中均有"受期"字樣而定名的。(中略)

　我反復按讀簡文,覺得整理者的説法可商。今將拙見提出,供大家討論。

　要讀懂簡文,關鍵是首先要弄清楚"受期"一詞的意思。

期之本義爲一周年。(中略)春秋戰國時期,對官吏的政績往往以“期”爲單位進行年度考核,(中略)引申之,年度考核也稱爲“期”。漢代則稱之“期會”,(中略)歷來釋“期會”者未有的詁,均是忽略了期字之義。當時記録這種考績的簿籍稱爲“簿書”,(中略)所以,包山楚簡中的“期”,也應作如是解。所謂某人受期,即某人接受年度考核之意,並非是指其接受報告而言。從簡文看,“受期”當爲專門術語。

《江漢考古》1993-1,頁 68—69

○**陳偉**(1993)　　“受期”簡應是左尹官署向被告責任人或被告本人下達指令的記録。簡中的第一個日期,是對方接到指令的時間;第二個日期,是要求對方執行指令的時間。指令的具體内容,大多是要求出庭對質或説明情況(廷、謾);另有爲數不多的,如簡44“歸登人之金”、簡53“量厤下之貣”,則是有了初步裁決而要求執行的。

《江漢考古》1993-1,頁 79

○**黄盛璋**(1994)　　此類凡 42 簡有篇題自稱“受昌”,從日從几,有時“几”置“日”上,有時又將日置於几之中間,這是《包簡》特有的寫法,信陽與江陵望山、天星觀等楚墓之簡皆不見,從文字結構形聲論,此字可以是“期”字異體。關鍵問題是其字義與用法特别是作爲標題,必須與其各條簡文内容表裏相符始能爲正確的解釋,否則任何説法都不能通過。

此類各簡皆爲受理《疋獄》類各項訟案與廷審結果,而不是受理與廷問日期,故讀“受期”與内容不符,此字義當爲訟案稽審,而“几”聲與“旨”聲古音又同一部,聲又相近,從古音義説,釋“稽”比“期”要有證據得多,同時簡文有一從“日”從“其”之字,從日與從月一樣,此字是“期”字。前者就和“期”字在字義和用法上必須有區别。從日從其之期,確表日、月運行之周期、時期、日期,至今通行,而“受期”之“期”數多至百,無一作“期”,全統一從“几”,並不表接受廷審的日期,而是表廷審情況與結果,近見《江漢考古》1993 年 1 期發表曹錦炎和陳偉兩篇討論“受期”論文,前者解爲漢代年度考核之“期會”,但《受期》各簡,前後二個日期皆司法官吏所定立案與廷審之日,且相去遠近,與定期的年度查核風馬牛不相及。後者以爲左尹官署向被告下達指令的記録,但各簡基本没有左尹,吏屬無生有,我以爲其字爲“期”,而義則爲“稽”,“受期”爲“受稽”,至少比解爲時間之期,更加合於簡文内容。

(2)“受稽”除個别格式基本固定,分爲四項:

①受稽立案之月日,②受稽的官吏,以管理司法的司敗爲最多,也有其他

官吏,以本地方爲常見,有一人,也有二人,③廷審日期,距上立案受稽日期一般爲二三日,故多在本月,但受稽日期如在下旬之後半,也有定在次月,④廷審結果,⑤記録者與陪審者,一般二人分爲正、副,正主記録,(副)爲孛(陪),但有時只有一人,只能爲正,由他記録,此項在《廷獄》最後者基本皆具備,而在《受稽》中不少皆缺,有時只寫二人或一人之名,餘皆不寫,此項至少要有一人記録,其全缺者,並非没有人參加,而應爲抄於簡時没有寫進去,尚不如《廷獄》之鄭重其事。

《湖南考古輯刊》6,頁 191—193

○葛英會(1996)　　"受期"是《包山》文書簡篇題之一。受期簡各條簡文都采用了大體相同的行文程式:某月某日,某地官員某受期,某月某日將弊斷(或成平)某人之獄訟。如:

九月辛亥之日,喜司敗叟善受期,丙辰之日不謹長陵不死。阩門有敗。(《包山》54)

九月戊申之日,鄵少司敗鄰丙受期,乙丑之日不遜郘辛以廷。阩門有敗。(《包山》50)

可知簡文所謂受期,就是授以期日,就是限定聽訟治獄的日期。《秋官·朝士》:"凡士之治有期日,國中一旬,郊二旬,野三旬,都三月,邦國期。期内之治聽,期外不聽。"引文"士"即群士,"治"即聽訟治獄。期日者,賈公彦以爲"即鄉士、遂士之等獄訟成,來於外朝職聽,遠近節之,皆有期日"。孫詒讓辨其非,謂"此士治有期日,蓋有二義,一則民以事來訟,士官爲約期日以治之;二則獄在有司而斷決不當者,許於期内申訴"。

今讀《包山》受期簡文,大都屬於孫氏所說的第一種情況。①期日皆由各地方有司官員所限定;②及至限定期日,獄訟仍未審理完畢者,即再行授以期日,屆時將再度審理。如 22 號簡記八月己巳,邸司馬之加州公、里公受期,當月辛未日將弊斷陳主受傷害案。24 號簡記八月辛未日又受期,當月癸酉日將再度弊斷此案(按:癸酉日治獄簡文未見)。30 號簡又記八月戊寅又一次受期,當月辛巳又將弊斷該案。此三簡所記爲同一案件,24 號簡之八月辛未之日,即 22 號簡所授期日,兩簡日辰正前後相接。又如 46、52、55、64 等四簡,同記鄵異司敗四度受期,四度審理大師戊值之獄訟。其中 52、55 號簡所記日期亦前後承接。可見,簡文所記與《秋官·朝士》"期内之治聽,期外不聽"不是同類司法程式。③受期簡文所限定聽訟治獄的日期,少的三日(即隔日),多的百日,但以 3—20 日(即二旬内)者居多,約占全部受期簡文的 84%。如與上《秋官·朝士》所載相對照,則受期簡文所涉案件,八成以上要歸於國中與四郊,野與都所占比重極小,當與事實不符。顯然,受期簡文限定的日期,應該是"民以事來訟,士官爲約期日以治之"者,而不是"有司斷決不當,許於期内申訴"者。

《南方文物》1996-2,頁 87—88

○**劉信芳**(1996)　"受期"是簡一九至簡七九這一組簡的篇題,兹舉一例:

八月甲戌之日,鄭莫囂之人周壬受期,癸未之日不廷,阱門又(有)敗。正生得。(簡二九)

《説文》"期"之古文作"𣄰",與簡文"期"字形同。關於"受期",學者們的理解分歧很大,目前至少已有五説:

其一,報告考釋云:"根據簡文可知爲受理各種訴訟的時閒及初步審理結論的記録。"彭浩先生認爲:"《受期》就是各地送報的告訴記録摘要……簡上的第一個日期是官吏接受告訴的時閒,也稱作'受期',簡文的第二個日期則是接受告訴後,縣廷決定不對被告起訴的時閒。"

其二,曹錦炎先生認爲:"所謂某人受期,即某人接受年度考核之意,並非是指其接受報告而言。"

其三,陳偉先生認爲:"受期簡應是左尹官署向被告責任人或被告本人下達指令的記録。簡中的第一個日期,是對方接到指令的時閒,第二個日期,是要求對方執行指令的時閒。指令的具體内容,大多是要求出庭對質或説明情況(廷、謹);另有爲數不多的,如簡四四'歸登人之金'、簡五三'量廡下之貧',則是有了初步裁決而要求執行的。"

其四,夏淥先生釋"受期"爲"受賄","受賄一類案例,極大多數由立案和定讞兩部分組成,分别列於兩個'干支紀日'之後,立案由'受賄'即罪名收尾,定讞由'茅門有敗'收尾。從立案和定讞的時閒距離看,估計中閒還會有查證、審訊等中閒法律程式在簡文中省略了。簡文最後往往署有審理此案的法官職務、人名,顯然簡書是用來呈報上級主管左尹作最終判决的"。

其五,李零先生認爲:"受期所述並非'初步審理結論的記録',而是講由於何種原因,無法審理,也就是説,簡文所録都是未能結案的案例。"

按:原報告對"受期"二字的擬定是正確的,不收釋爲"受鬱","期"字用例達七十餘,讀爲"期"已是文從字順,若勉强擬定爲"冥",通轉爲"晦",再通轉爲"賄",反而不好理解。其二,"受期"不可能是年度考核。其三,"阱門又敗"是對違犯審案程式的認定語(説詳下),對於當事人來説,就是一種定性裁決,因而不能認爲是"未能結案"。如果訴訟一方或雙方中止訴訟,以至未能開庭審理,"阶門又敗"即可認爲是結案;如果繼續訴訟,那是審案的發展,"受期"簡有數次受期的例證,就屬後一種情況。

"受期"的意思其實既簡單又明確,就是接受訴訟的期約。簡八一:"周賜訟郊(鄢)之兵麇(甲)執事人宫司馬競(景)丁,以其政其田,期甲戌之日。""期"即司法官員受理案件後,與訴訟人及被告共同約的審案日期。古代訴訟須由涉案雙方"入束矢","入鈞金",由官方期以時日,然後審案。若有一方不入束矢,不入鈞金,則是自認爲"不直",成爲敗訴方,此案自行了結,官方不再審理。《周禮·秋官·大司寇》:"以兩造禁民訟,入束矢於朝,然後聽之;以兩劑禁民訟,入鈞金三日,乃致於朝,然後聽之。"鄭玄注:"訟謂以財貨相告者;造,至也;使訟者兩至,既兩至,使入束矢,乃治之也。不至,不入束矢,則是自服不直者也。"又:"獄,謂相告以罪名者;劑,券書;既兩券書,使入鈞金,又三日,乃治之,重刑也。不券書,不入金,則是自服不直者也。"所謂"三日"是約數;所謂"束矢",或云十矢,或云百矢(參上引注疏);所謂"鈞金",三十斤爲鈞。"束矢、鈞金"是一筆極重要的訴訟費,告狀者若非萬不得已,恐怕不會出此巨資。之所以制定此類法律,是爲了使告狀、訟獄者以刑獄爲重,不輕易對簿公堂。

《簡帛研究》2,頁 16—17

○賈繼東(1996)　《包山楚簡》中《受期》簡別解

對《包山楚簡》中《受期》簡的理解,學術界異辭紛呈,其中最主要的觀點有以下四種。

第一種觀點認爲,《受期》簡是"受理各種訴訟案件的時間與審理時間及初步結論的摘要記錄……所記内容主要爲接受報告的官員姓名及職位,人犯姓名及身份;審問結果及審訊人姓名"。《受期》簡中的"第一個日期是官吏接受告訴的時間,也稱做'受期'。簡文的第二個日期則是接受告訴後,縣廷決定不對被告起訴的時間"。

第二種觀點認爲,"所謂某人受期,即某人接受年度考核之意,並非是指其接受報告而言"。

第三種觀點認爲,"'受期'簡應是左尹官署向被告責任人或被告本人下達指令的記錄。簡中的第一個日期,是對方接到指令的時間,第二個日期,是要求對方執行指令的時間"。簡文中"不"字引起的文句,"是采用虛擬語氣","不以什麼致命,不將某某以廷",是"用假設的否定句式表示肯定性的指令,實際是要求以什麼致命或將某某以廷"。"阰門又敗"的含義"大致應是對抗命者不利的某種處置"。"指令的具體内容,大多是要求出庭對質或説明情況,另有爲數不多的,如簡44'歸登人之金'、簡53'量廡下之貧',則是有了初步裁決而要求執行的"。

第四種觀點認爲,"受期"應釋爲"受賄","阰門又敗"應釋爲"茅門有敗"。

上述觀點雖各成一家之言,但卻有一個共通之處,即都將"受"與"期"(或"賄")連屬而釋。我則以爲,"受"與"期"應斷開,作如下理解。

"受"與簡文中的第一個日期對應。如:簡37:"八月己丑之日,福易剘尹之州里公婁毛受。"簡55:"九月癸丑之日,陇異之司敗番迫受。"簡63:"九月癸亥之日,郢市﹦(市之)里人鬯伵受期其覞(兄)鬯朔。"簡77:"亯月辛未之日,迅敓(命)人周甬受。"

上引簡文的格式都是"某月某日某地某人受",在日期之後只有"受"而没有"期"。可證在《受期》簡中,與第一個日期相對應的是"受"而不是"受期"。

(中略)在上列兩簡中,也是有"受"而無"期"。可見並非"'受'字後脱'期'字",而是與第一個日期對應的本來就只有一個"受"字。"受"爲接受、承受之意。《説文·受部》云:"受,相付也。"《廣雅·釋詁三》曰:"受,得也。"《莊子·讓王》記:"堯以天下讓許由,許由不受。"《吕氏春秋·孟冬·異寳》記孫叔敖説:"王數封我矣,吾不受也。"皆可爲證。因此,《受期》簡中的"受"當引申爲"受理案件"之意。

"期"與第二個日期對應。簡81有"期甲戌之日"句,簡82有"期乙丑"句,是其明證。"期"有"約會"之意,《説文·月部》云:"期,會也。"段玉裁注曰:"會者,合也。期者,邀約之意,所以爲合也。"《詩·鄘風·桑中》有"期我乎桑中"足證。"期"又引申爲約定、預定、指定、限定(時閒),簡81及簡82中的"期",與《受期》簡中的"期"涵義相同,皆爲此意,而並非"受期"("接受告訴")之意。《左傳·僖公二十三年》記:"懷公命無從亡人,期期而不至,無赦。"可佐其證。

《受期》簡尾習見"某某識之"的句式,有的學者訓"識"爲"記",認爲是記録者的簽名,似尚可商。在《包山楚簡》中,"某某公識之""正某某識之"的句式凡數見,若訓"識"爲"記","公"和"正"就成爲職微位卑的書記員了,這似與事理有悖。

《受期》簡尾和《疋獄》簡尾常見"正某某識之"的句式。"正"有"官長、君長”之意。《爾雅·釋詁下》云：“正、伯，長也。”郭璞注曰：“正、伯皆官長。”《廣韻》勁韻曰：“正，君也。”《老子》第四十五章曰：“清靜爲天下正。”高亨正詁：“正，長也，君也。”“正”又可指掌獄訟之官。《禮記·王制》云：“成獄辭，史以獄成告於正，正聽之。正以獄成告於大司寇，大司寇聽之棘木之下。大司寇以獄之成告於王。”陳浩注曰：“正，士師之屬。”《周禮·秋官·士師》云：“士師之職，掌國之五禁之法，以左右刑罰。一曰宮禁，二曰官禁，三曰國禁，四曰野禁，五曰軍禁。皆以木鐸徇之於朝，書而懸於門閭。以五戒先後刑罰，毋使罪麗於民……掌鄉合州黨族閭比之聯，與其民人之什伍，使之相安相受，以比追胥之事，以施刑罰慶賞。掌宮中之政令，察獄訟之辭，以詔司寇斷獄弊訟，致邦令。掌士之八成。”戰國之世，楚國在其司法職官體系中也没有“正”，掌獄訟，這有《包山楚簡》爲證。（中略）

《包山楚簡·考釋》第 52 條説：“受期，篇題，根據簡文可知爲受理各種訴訟的時間及初步審理結論的記録。”此説似欠妥。《受期》簡中只有簡 58、簡63、簡 77 爲受理訴訟的時間及初步審理結論的記録，其餘各簡的内容則大致包括：受理訴訟的時間；受理訴訟的官員職位及姓名；預定審理案件的時間；針對可能出現的違反命令的情況，重申和强調有關案件審理的指示與要求；對違反指令者施行懲罰的規定；以及預定的案件審理人的職位及姓名。

《東南文化》1996-1，頁 64—66

○李零（1994）　見簡 19—79，原書注（52）指出“受期”是指“受理各種訴訟的時間”，這很對，但我們理解，簡文於“受期”外所述卻並非“初步審理結論的記録”，而是講由於何種原因，無法審理。也就是説，簡文所録都是未能結案的案例。

這部分簡文是録於公元前 317 年的七至十一月（見簡 58），格式統一，大體是作：

××月××之日，××（受理官員之職稱和私名）受期。××月××之日，不將××（被告或證人）以廷（或其他原因），登門有敗。　　××識之（或省去“識之”）。

這裏的“將某以廷”與簡 7“王廷于藍郢之游宫”的“廷”字不同，不是指廷官見下，而是指帶被告或證人到廷。睡虎地秦律多以“廷”稱受訟之所，如《法律答問》稱郡守、縣令爲“廷”，《封診式》把出廷叫“詣廷”。“登門有敗”，亦見第七節第三案，似指升堂開廷而審理失敗。《封診式·治獄》曰：“治獄，能以書從迹其言，毋治（笞）諒（掠）而得人請（情）爲上，治（笞）諒（掠）爲下；有恐爲敗。”可參看。這裏的記録多數爲一人録一案，但也有一人録兩案，簡 42 且

兩人録之。另外,值得注意的是,這裏受理的案件很多是經多次審理,如簡 22
與 24、30、27 與 32,31 與 50、34 與 39,38 與 60,41 與 48,45 與 57,46 與 52、
55、64,都是同一個案子。

簡文所述敗事之由,雖以"不將某人以廷"爲最多(簡 19、21、25、26、28、
29、31、33—41、45、46—52、55—57、59、60、62—66、68—71、74—76、78、79)
(按:有些簡文略有差異,如簡 29、59 作"不廷"或"不以廷",無人名;簡 47 作
"不將某人之分對以廷";簡 63 作"不以某人廷";簡 64 作"不將某人"),但也
還有其他幾種情況:

(1)"不將某人以盟,某地無某人"。見簡 23,"盟"指盟誓;"李競凶"是
人名。

(2)"不以某事某情致命"。見簡 20、32、43、44、67。其中簡 20 作"不貞
某人以致命",簡 43 作"不歸板(版)于鄧人以致命於郢"(按:簡文鄧氏之鄧
皆作登),簡 44 承簡 43 而省去"以致命於郢",略異。"致命"是送達命令,可
指送來,也可指送去(即復命)。

(3)"不對某某之故以告"或"不以某某之對告"。也省稱"不對案情如
何"。見簡 22、24、27、30、42、54。"對"亦核對之義。

(4)其他。如簡 53 是"不量廡下之貸"(償貸不足其數),簡 58 是某人授
爲人客,"三受(授)不以出",簡 61 是"不行伐陽廄尹甫之人鬥戟于長沙公之
軍"(按:甫,原從邑旁;鬥,原從豆從戈;沙,原從尾從少[黄錫全、何琳儀、湯餘
惠、劉釗均讀沙,可從],釋文誤讀爲尾),簡 72 是"不投人於"某地,簡 73 是
"不量牡奉(俸)"(按:牡,原從馬從木從土)。

它們的共同點是幾乎都帶"不",只有簡 77 既不言"受期",也没有上面這
些話。

這批簡文,每一條的後面只有"識者"没有"理者",並且常將"識之"二字
略去。其中簡 58 提到"執事人"一詞,爲下文常見,是指有關的負責官員。

《李零自選集》頁 137—138,1998;原載《王玉哲先生八十壽辰紀念文集》
○**陳恩林、張全民**(1998)　"受期"簡共 58 支。其中,56 支明顯地有"受期"
字樣,簡 37 與簡 55 脱"期"字。這批簡書寫格式固定。其完整形式爲:××日,
××受期,××日,不××××,鬥又敗。××識之。(中略)

彭浩云:"第一個日期是官吏接受告訴的時間,也稱作'受期'。"認爲是名
詞性短語"接受的時間",誤。劉信芳云:"'受期'的意思……就是接受訴訟
的期約。"將其理解爲動賓詞組,義爲"接受期約",甚是。"期"字的這種用

法，古籍中習見。（中略）

每支包山“受期”簡皆有兩個時間。關於第一個日期，彭浩以爲即“官吏接受告訴的時間”，陳偉認爲乃“對方接到指令的時間”。二説雖對“受期”者的身份存在着認識上的分歧，但在認定其爲接受之時這一點上並無多大差别。這是正確的。

至於簡文中的第三個日期，彭浩説：“是接受告訴後，縣廷決定不對被告起訴的時間。”陳偉云：“是要求對方執行命令的時間。”皆以爲是所記載行爲終止的時間，亦無本質差别。這種理解不誤。

應該説明的是，簡文的第二個日期指的是規定行爲的最後期限，而非它的唯一指定時間。也就是説，規定行爲於此期限之前完成皆可，並不一定非要在這天進行不可。（中略）

關於“受期”者的身份，學術界分歧甚大。一種意見認爲是“接受報告的官員”，持此説者以包山楚簡的整理者和李零爲代表；另一種意見認爲“是所期之事的直接責任人”，直言之，即“被告責任人或被告本人”，陳偉主此説。當然，二説都有一定的道理。但仔細審核全部“受期”簡，並將其與文書簡的其他部分加以對照，便覺此二説皆不確。（中略）

我們認爲：受期者的身份並不一樣。從簡文來看，既有專職的執法人員“司敗、正、大正、旦、正差”等，又有“大夫、司馬、仔尹、新大廄、邑公、令”等其他官員，還有“鄝莫敖之人、大臧之州人”之類的普通人。但他們都有一個共同點：與該案的審理或裁決結果的執行直接或間接地相關。他們有的要將被告帶到法庭，有的要將有關證人及其他證明材料帶到法庭，有的要直接出庭作證，有的要執行裁決。總之，他們的身份是較爲複雜的。（中略）

關於“受期”簡的性質，整理者認爲是“受理各種訴訟案件的時間與審理時間及初步結論的摘要記録”。陳偉認爲“應是左尹官署向被告責任人或被告本人下達指令的記録”。二説相較，陳説稍長。但陳説也存在兩個問題：第一，“受期者非被告責任人或被告本人”，這一點前文已予以辨析，兹不再贅；第二，指令的發出者是否全爲左尹官署，尚難於確定。

《江漢考古》1998-2，頁 68—73

○**董蓮池**（1999） 我們認爲欲解開“受期”一語之謎，當先從“阩門有敗”一語著手。“阩門”，有人曾認爲是楚司法官府名，相當於周魯之所謂雉門。“阩門”讀如登門，登、雉同有理獄之名，登門、雉門皆爲理獄之門，名稱不同，内涵則一。“阩門有敗”猶言敗壞法廷，亦即使司法官府蒙受污名。它是很抽象的法律認定語,其内涵隨具體案例而有差別,等等。考其根據,並不堅實,多半是附會穿鑿所得,是不值得相信的。我們認爲這句話其實是一句休咎語。"阩"見《集韻》蒸韻,訓登。"門"當謂獄所之門。"有敗"語見《禮記·孔子閒居》:"孔子曰:'夫民之父母乎,必達於禮樂之原,以致五至而行三無,以横於天下。四方有敗,必先知之,此之謂民之父母矣。'"鄭玄注"有敗"之"敗"云:"謂禍災也。"據此,"阩門有敗"當謂登治獄之所的門將有禍災,爲凶語,由於它贅加在"受期"之後,某日不行某獄訟事即禁絶某獄訟事之後,則當是起載明其原因作用的,謂某日不可行某獄訟事,這是因爲其日入治獄之所的門將有災殃。由此可知"受期"後的某日當爲理行獄訟之事的忌日,例如上舉第一條簡文"邸昜君之州里公登纓受期,辛巳之日不以所死其州者之居處名族至命,阩門有敗",則"辛巳之日"即其忌日,餘可類推。考慮到戰國時楚俗興曆忌,於日禁尤重,行事每每要擇日之吉凶以趨吉避凶,獄訟事關刑殺,擇良辰吉日是很自然的。由此認識出發,則可知某人受期當謂治獄者接受日者擇定的臨治獄訟的吉凶之期。每條簡文最後所載人名當爲日者之名。

　　至於簡文爲何只載忌期,猜想其原因恐怕是理獄者特諱凶日,標出之後,便可避免於凶日開廷而招致禍殃。因此,全部《受期》簡文應該看作是理獄宜忌書,並且很可能就是理獄宜忌書。

《古籍整理研究學刊》1999-4,頁 4—5

○劉信芳(2003)　簡文"期"與《説文》"期"之古文同形。"受期"爲司法用語,指接受訴訟的期約。簡 81:"周賜訟郊之兵甲執事人宫司馬競丁,以其政其田。期甲戌之日。""期"即司法官員受理案件後,與訴訟人及被告共同約定的審案日期。古代訴訟須由涉案雙方"入束矢、入鈞金",由官方期以時日,然後受理。若有一方不入束矢,不入鈞金,則是自認爲"不直",成爲敗訴方,此案自行了結,官方不再受理。《周禮·秋官·大司寇》:"以兩造禁民訟,入束矢於朝,然後聽之。以兩劑禁民獄,入鈞金三日,乃致於朝,然後聽之。"鄭玄《注》:"訟謂以財貨相告者。造,至也。使訟者兩至,既兩至,使入束矢,乃治之也。不至。不入束矢,則是自服不直者也。"又:"獄,謂相告以罪名者。劑,今券書也。使獄者各齎券書,既兩卷書,使入鈞金,又三日,乃治之,重刑也。不券書,不入金,則是亦自服不直者也。"所謂"束矢",或云"五十矢",或云"百矢"(參上引注、疏):所謂"鈞金",三十斤爲鈞。"束矢、鈞金"是一筆極重的訴訟費,告狀者若非萬不得已,恐怕不會出此巨資。之所以制定此類法律,是爲了使訴訟者以刑獄爲重,不輕易對簿公堂。"受期"一組簡中,凡受期者多爲地方司法官員。也有少數案例,"受"者爲涉案當事人,參簡 58、63,"受"與"受期"是不同的司法概念。

關於"受期",學者解釋多有不同,我們曾作過歸納,參《包山楚簡司法術語考釋》(《簡帛研究》第 2 輯,法律出版社 1996 年),此不具。

《包山楚簡解詁》頁 30

○裘錫圭(2006) "受峊"之義論者甚衆,當以陳偉"指接到時間約定"之説爲是。(中略)"峊"字從"日""几"聲,應該是爲訓"期"的"幾"而造的專字。(中略)近讀《新蔡葛陵楚墓》(大象出版社 2003 年),在此書所發表的楚簡中,看到一支殘簡,其文如下:

☐赴亡咎,△中☐(零 336、341,圖版一七四,釋文見 219 頁)

我們以△號代替的,是一個從"日"從"幾"省聲的字,其用法與楚簡常見的"峊"字相同,原整理者讀爲"期"。這似可證實拙文將"峊"字讀爲訓作"期"的"幾"字的説法。

《古文字研究》26,頁 251、254

【受學】郭店・成之 34

○陳偉(1998) "受"字的"舟"形較之楚文字中習見者簡略,釋"受"似問題不大。"幼"從"幽"從"子"。"幼、幽"古音同在幽部影紐,度之音義,恐當讀爲"幼"。又本句與下句相對,"幼"正與"賤"相當。《禮記・坊記》云:"觴酒豆肉讓而受惡,民猶犯齒;衽席之上讓而坐下,民猶犯貴;朝廷之位讓而就賤,民猶犯君。"與簡書意義相關。

《江漢考古》1998-4,頁 70

○黃德寬、徐在國(1999) 《成之聞之》34 有𢼸𡥝二字,簡文爲"君子簸筶(席)之上,讓而𢼸𡥝,朝廷之立(位),讓而處戔(賤),所宅不遠悈(矣)"。我們以爲𢼸𡥝爲"受幼"二字。郭店竹簡"受"字多作𢼸、𢼸,此字作𢼸略有省簡。𡥝從子從幽。中山王大鼎"幼"作𡥝,馬王堆帛書老子甲本"窈兮冥兮"作"瀀呵鳴(冥)呵"。王本"窈"從"幼",帛書本作"瀀",作從"學"也即"幼"。"受幼"與下句"處賤"相對爲文。《禮記・坊記》:"衽席之上,讓而坐下,民猶犯貴;朝廷之位,讓而就賤,民猶犯君。"簡文與此相近。

《江漢考古》1999-2,頁 75

○劉樂賢(1999) "讓而"後面的兩字,目前尚難辨認(但決不是今本《禮記》的"坐下"),我們懷疑可能是"受學(幼)"二字的簡省。"受幼",大概是指容受幼小。

　　總結起來說,簡文似可釋爲"是故君子寢席之上,讓而受幼;朝廷之位,讓而處賤"。據《禮記》可知,簡文乃是引述孔子的話。

《中國哲學》20,頁 362

○趙平安(2001)　　這個字一般釋受,字形相去既遠,文例也講不通。鄂君啟節爰作🔲、郭店《語叢》二·一五援所从作🔲。此字中部在通常寫法上略有省簡。《説文·受部》:"爰,引也。"後增𦥑爲援。《禮記·儒行》:"適弗逢世,上弗援,下弗推。"《禮記·中庸》:"在上位,不淩下。在下位,不援上。"鄭玄注:"援謂牽持之也。"孔穎達疏:"在上位不陵下,此素富貴行富貴也。若身處富貴,依我常正之性,不使富貴以陵人,若以富貴陵人,是不行富貴之道。在下位不援上者,在素貧賤行貧賤也,援,牽持也,若身處貧賤則安之,宜令自樂,不得援牽富貴,若以援牽富貴,是不行貧賤之道。"

《簡帛研究二○○一》頁 175

爭 🔲

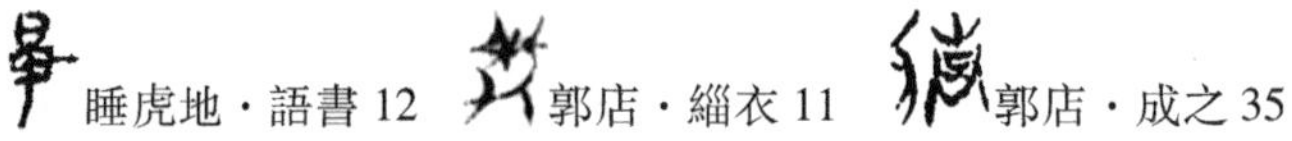

争 睡虎地·語書 12　　🔲 郭店·緇衣 11　　🔲 郭店·成之 35

○何琳儀(1998)　　爭,西周金文作🔲(克鼎靜作🔲)。从受从力,會用力相爭之意。或作🔲(靜𣪘靜作🔲),又旁與力旁借用筆畫。春秋金文作🔲(國差𦉜靜作🔲)、🔲(秦公簋靜作🔲),力旁已不顯。楚系文字承襲金文,在偏旁中或省作🔲。秦系文字力旁省作🔲形。

　　睡虎地簡爭,見《廣韻》:"爭,競也。"

《戰國古文字典》頁 820

○荊門市博物館(1998)　　(編按:郭店·緇衣 12)爭,簡文作🔲,與"嘉"字作🔲(包山楚簡第二一七號)有別,楚簡中還有另一個从"爭"的字🔲(包山楚簡第一四○號),當釋作"靜",於該段簡文中讀作"爭"。

《郭店楚墓竹簡》頁 133

乎 🔲

🔲 集成 9648 四升�客方壺　　🔲 望山 2·2　　🔲 先秦編 216　　🔲 先秦編 218　　🔲 貨系 1340
🔲 貨系 1343　　🔲 先秦編 218　　🔲 侯馬 156:21　　🔲 侯馬 179:15

○**朱德熙、裘錫圭、李家浩**（1995）　（編按：望山2・2）"齒"下一字亦見古璽文字，《古璽文編》釋"爰"（89頁）。但鄂君啟節"爰"字作，下二二號簡有一從"革"之字，即以之爲聲旁，可見字不宜釋作"爰"。古璽有字（《古璽文字徵》附12頁下）、字（《古璽文編》423頁）。前一形之聲旁應爲"孚"字，後一形之聲旁應爲"埒"字，當即前一形之異體，字疑當釋爲"病"或"癘"（孚、列、癘聲母相同，均屬古祭部）。古璽又有（《古璽文字徵》附一三上），所從之應即之變體，故簡文字似應當釋爲"孚"，所指未詳。（中略）簡文"齒孚"疑指用象牙裝飾的"孚"。

《望山楚簡》頁115

○**何琳儀**（1998）　孚，甲骨文作（乙八七三〇）。從受從一，會雙手持一物之意。金文作（毛公鼎）。戰國文字承襲金文。

周金、魏橋形布孚，讀鋝。《說文》："鋝，十銖二十五分之十三也。從金，孚聲。"

《戰國古文字典》頁934

敢

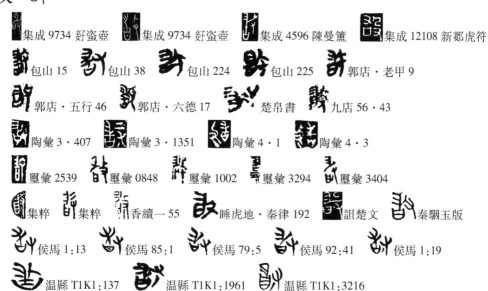

集成9734 舒盈壺　集成9734 舒盈壺　集成4596 陳曼簠　集成12108 新郪虎符
包山15　包山38　包山224　包山225　郭店・老甲9
郭店・五行46　郭店・六德17　楚帛書　九店56・43
陶彙3・407　陶彙3・1351　陶彙4・1　陶彙4・3
璽彙2539　璽彙0848　璽彙1002　璽彙3294　璽彙3404
集粹　集粹　香續一55　睡虎地・秦律192　詛楚文　秦駰玉版
侯馬1:13　侯馬85:1　侯馬79:5　侯馬92:41　侯馬1:19
溫縣T1K1:137　溫縣T1K1:1961　溫縣T1K1:3216

○**張政烺**（1979）　（編按：集成9734 舒盈壺）敢明昜（陽）告：

《說文》月部："明，照也。"又日部："昜，開也。"告者下告上之辭。《左傳》（哀公二年）記載"衛太子禱，曰：曾孫蒯聵敢昭告皇祖文王、列祖康叔、文祖襄公……敢告無絕筋，無折骨，無面傷，以集大事，無作三祖羞……"。這裏用的

"敢昭告"三字也見於古代其他的禱告文辭中,如《論語·堯曰》記載商湯告天,説"敢昭告于皇皇后帝"(皇侃疏"昭,明也。敢明告于大大君天帝也")。敢明陽告即敢昭告。告必有辭,《尚書·金縢》"周公立焉,植璧秉珪,乃告太王、王季、文王",孔氏傳:"告,謂祝辭。"下文"史乃册祝曰:惟爾元孫某……"至"我乃屏璧與珪"凡 129 字,即周公致告的祝辭。這篇壺銘自下句起,至末凡 196 字,是蚤告中山王嚳的祝辭。

《古文字研究》1,頁 234

○**姜亮夫**(1980)　　(編按:詛楚文)(11)敢字金文習見,但形制奇古,結構含義,雖不可知,書法體式,變易極多。細爲分理,其基本形體,不出三端:一爲(12),即小篆變易之爪也;二爲(13),或作(14);三爲(15),或作(16)。而詛楚文尚有(17)一形,實即諸金銘文中之(18)一形。金文(19)多與(20)相承,作(21),甘形又皆作(22),故小篆變易作(23),又録籀文作(24),古文作(25),訓進取也。義訓爲漢儒説,而形則變易難明。其實从爪與諸金文實不調遂,許氏因其从受(編按:"受"當即"叉"之誤),故遂訓爲進取,義亦不調矣。諸金文形體,雖不能析理,由於古事物未知者多,而小篆詭更正文,益非本形無疑。又詛楚文所从之(26),於群籍皆無例證,疑爲重鐫字誤字。然自古籍使用之内涵論之,近人所謂"敢作、敢爲"乃其引申義。余詳考之,此與厰、嚴、儼爲一字之繁簡,而與敬畏字爲同根同族語。凡言"敢昭告、敢告、敢求、敢用璧玉、敢乙太牢小牢"等,皆即敬之又敬之義,略與近人言莊嚴相近。敢、嚴疊韻之變,敢、敬雙聲之變,故敢字實與嚴、敬同根同族。

⚋ ⊒ ⊟ Ↄ ⋝ ⊂ ⌐ ⌐ ⊔ ⊏ ⊔ 鼾 鼔 ⊂
11　12　13　14　15　16　17　18　19　20　21　22　23　24　25　26

《蘭州大學學報》1980-4,頁 55

○**曾憲通**(1993)　　(編按:楚帛書)此字筆畫模糊不清,諸家摹本多有訛誤。商先生釋作旱祭之雩,林巳奈夫氏從之。李零據紅外線照片釋作"敢",甚是。"毋敢"云云,義亦通。

《長沙楚帛書文字編》頁 78

○**李零**(2000)　　(編按:楚帛書)補注:第三字,各家多從拙作釋"敢",經目驗帛書,非"敢"字。

《古文字研究》20,頁 172

○**劉釗**(2003)　　(編按:郭店·老甲 9)"敢"讀爲"儼"。

《郭店楚簡校釋》頁 10

叡 𣦍 覩 歔

𣦍 集成 2840 中山王鼎

𣦍 上博三・周易 28　　𣦍 上博三・周易 29　　𣦍 上博六・用曰 18

○朱德熙、裘錫圭（1979）　（編按：集成 2840 中山王鼎）覩弇夫猺，疑當讀爲“睿恰博悟”。

《文物》1979-1，頁 49

○李學勤、李零（1979）　（編按：集成 2840 中山王鼎）第七行，睿和弇都有深的意思。

《考古學報》1979-2，頁 155

○于豪亮（1979）　（編按：集成 2840 中山王鼎）覩即叡字，《説文・叔部》：“叡，深明也。”《廣雅・釋詁三》：“叡，智也。”

《考古學報》1979-2，頁 172

○張政烺（1979）　（編按：集成 2840 中山王鼎）覩，從見，睿聲，古書皆以叡爲之。《説文》：“叡，深明也。”《廣雅・釋詁》：“叡，智也。”

《古文字研究》1，頁 222

○趙誠（1979）　（編按：集成 2840 中山王鼎）額即《説文》叡字，聖哲通明之義。

《古文字研究》1，頁 254

○張克忠（1979）　（編按：集成 2840 中山王鼎）“覩弇夫歔”，覩即睿字。《説文》：“叡，深明也，通也，從叔從目從谷省。睿，古文叡。”從見，增成深明之義。弇即弇字，此鼎今字作含，念字作忿，復字作復，都從口；又戰國文字，常於口内加一點或一横，以此鼎爲例，告字作告，否字作否。《説文》：“弇，蓋也，從廾從合。宎，古文弇。”《吕覽・仲冬》：“處必弇。”注：“深邃也。”夫，語助詞。歔，假借爲悟。此句意爲深明深悟。

《故宮博物院院刊》1979-1，頁 40

○徐中舒、伍仕謙（1979）　（編按：集成 2840 中山王鼎）“覩弇夫歔。”覩與睿同，智也。

《徐中舒歷史論文選輯》頁 1334，1998；原載《中國史研究》1979-4

○商承祚（1982）　（編按：集成 2840 中山王鼎）睿又作叡、䜭，有通深明見義，故銘文從見作覩。弇即弇，義爲宏大弇深。

《古文字研究》7，頁 47

○**湯餘惠**（1993） （編按：集成 2840 中山王鼎）叡弇，聰明而富有遠見。

《戰國銘文選》頁 33

○**濮茅左**（2003） （編按：上博三·周易 28）"叡"，同"叡"，《説文·叔部》："叡，深明也，从叔从目从谷省。睿，古文叡。"與"浚"通，鄭本作"濬"。

《上海博物館藏戰國楚竹書》（三）頁 175

○**李零**（2006） （編按：上博三·周易 28）浚恆，出現兩次，簡文原作歡恆，馬王堆本作夐恆，今本上作浚恆，下作振恆，上下應統一起來。按歡夐，從古文字的寫法看，應是同一字分化，它們和朵字也有關係（參看下文簡 54、55 澳字的寫法），都是由朵字的上半加目加支而構成，只不過一個支旁在右，一個支旁在下，在右的支旁後來又省爲又旁。《説文》把這兩個字分在不同的部首，夐在卷四上，睿在卷四下，爲叡的古文，其實是一回事。許慎説朵从夐省（卷三上）也不對，我們從簡本和馬王堆本的寫法看，它們的上部，其實是同一種構形（歺+谷字去口），估計是共有的聲旁。睿（或叡）是喻母月部，夐是邪母元部，朵是曉母元部，它們是一組同源字。

《中國歷史文物》2006-4，頁 60

○**何琳儀**（2007） （編按：上博三·周易 28）"歡"，帛本作"夐"，今本作"浚"。"叡"，喻紐四等（歸定紐）月部；"夐"，曉紐元部（段玉裁説）；"浚"所從"允"，喻紐四等（歸定紐）元部（段玉裁説）。三字或雙聲，或月、元對轉。以下同。

《第二屆傳統中國研究國際學術研討會論文集》（一）頁 39

△**按** 《上博三·周易》之**歡**，其形也從支作，可參見卷三支部"歡"字條。

歡爰　睿爰

歡爰 上博三·周易 54　**歡** 上博三·周易 55
歡 上博三·周易 54

○**濮茅左**（2003） （編按：上博三·54）"睿爰"，爰聲，下或作"歡爰"，可讀爲"澳"，澳散，離散，字待考。

《上海博物館藏戰國楚竹書》（三）頁 209

○**李零**（2006） （編按：上博三·54）澳，簡文從睿從爰，左右皆聲旁。其首字，睿旁加廾，其實就是朵字，等於朵加爰。

《中國歷史文物》2006-4，頁 65

○孟蓬生（2009）　　“^ᄲ”字讀“涣”，毫無疑義，但其構形當分析爲（編按：此脱“从”字）卝，睿聲。而“睿”字爲一雙聲符字，睿爰皆聲。爰聲與奂聲的關係已爲人們所熟知，無煩贅述，下面主要討論睿聲和奂聲的關係。

睿聲字一般認爲在文部，而按之載籍，則常與元部之字發生關係。今本《周易》：“浚恆，貞凶，无攸利。”《上三·周易》28：“瀿恆，貞凶，无攸利。”（174頁）馬王堆漢墓帛書《周易》：“夐恆，貞凶，无攸利。”《説文·玉部》：“瓊，赤玉也。从玉，夐聲。”臣鉉等曰：“今與璚同。”《左傳·僖公二十八年》：“楚子玉自爲瓊弁玉纓。”《説文·玉部》：“璿，美玉也。从玉，睿聲。《春秋傳》曰：璿弁玉纓。”《説文·目部》：“夐，營求也。从夊，从人在穴上。《商書》曰：高宗夢得説，使百工夐求，得之傅巖。巖，穴也。”又《卝部》：“奂，取奂也。一曰大也。从卝，夐省。”小徐本作“夐省聲”，段注從之，並説：“鉉本去聲字而爲之説，不知古音故也。”實際上奂夐上部均从^ᄉ，二者皆从之得聲。金文師寏簋之“寏”字作^ᄝ，侯馬盟書“改換”的“換”字作^ᄉ、^ᄊ（奂）、^ᄉ（涣）、^ᄉ（寏）等形，表明^ᄉ（^ᄉ）是可以獨立成字的構件。《説文》將該構件分析爲“从人在穴上”，當屬可信，但附會殷高宗得傅説之事爲説，則爲蛇足。

睿聲古音與夐聲相通，而夐與奂又同从^ᄉ（^ᄉ）聲，故睿與涣可以相通。睿（睿亦聲）之於涣，猶璿之於瓊、瀿之於夐也。

《簡帛文獻語言研究》頁 135

歺　𣦽

𣦽 錢典 84

○何琳儀（1998）　　歺，甲骨文作^ᄝ（京津四一九）、^ᄝ（林一·三〇·五），構形不明。或説，凸（骨之初文）之省簡。𣦽内加斜筆即^ᄝ，爲一字之變。西周金文作^ᄝ（盂鼎死作^ᄝ），春秋金文作^ᄝ（齊侯鎛死作^ᄝ）。戰國文字承襲商周文字，或作^ᄝ，或作^ᄝ。或演變爲^ᄝ、^ᄝ、^ᄝ、^ᄝ、^ᄝ、^ᄝ、^ᄝ（參死聲首諸字及殤、殆、殩等）。

趙方足布“平歺”，讀“平利”，地名。

《戰國古文字典》頁 909

殤 膓　殤 𣦻

^ᄝ 曾侯乙 172　　^ᄝ 包山 222　　^ᄝ 天星觀

殤 包山 225

○裘錫圭、李家浩（1989） （編按：曾侯乙 172）殤。

《曾侯乙墓》頁 499

○劉彬徽、彭浩、胡雅麗、劉祖信（1991） （編按：包山 222）殤，借作裼。《禮記·郊特牲》"鄉人裼"，注："裼，疆鬼。"（編按："裼"从衣旁誤，應从示字旁。"疆"應爲"彊"之誤。）

《包山楚簡》頁 57

○張鐵慧（1996） （編按：曾侯乙 172）按此字應釋"殤"，後世从"昜"之字，在古文字中有時可从"易"作。（中略）

"殤"字亦見於包山楚簡，作"殤"，《字表》隸作"殤"，按此字與曾侯乙墓竹簡"殤"字結構完全相同，也即"殤"字。

（中略）"殤褾"之"殤"在簡文中用爲姓氏字。

《江漢考古》1996-3，頁 67—68

○何琳儀（1998） 殤，从歹，昜聲。即殤之省文。《説文》："殤，不成人也。从歹，傷省聲。"昜，腸之省文。腸，楚系文字習見。参腸、瀓等字。許慎"傷省聲"無據。《説文》从"傷省聲"之觴、傷、愓及殤，均應改从"腸省聲"。

隨縣簡殤，姓氏，疑讀傷。傷省，宋國人。見《奇姓通》。

《戰國古文字典》頁 663

○劉信芳（2003） （編按：包山 222）殤：強死之鬼。《禮記·郊特牲》："鄉人裼，孔子朝服立於阼，存室神也。"鄭玄《注》："裼，強鬼也。謂時儺、索室、毆疾、逐強鬼也。"睡虎地秦簡《日書》（簡 803、804）："庚辛有疾，外鬼傷死爲祟。"傷、裼同"殤"。屈原《九歌》有《國殤》，湯炳正先生云："殤之本義，本爲未成年而死。引申言之，凡不終其天年而犧牲的戰士，皆得謂之殤。"（《楚辭類稿》，巴蜀書社 1998 年）此論極確。"殤"因其非正常死亡，故其祀禮有其特殊之處。

《包山楚簡解詁》頁 236

○賈連敏（2003） （編按：新蔡乙四 109）殤（殤）。

《新蔡葛陵楚墓》頁 208

殂 殂 殊

殊 九店 56·51

○**李家浩**(2000)　(編按:九店56·50)包山楚墓一三二號簡背和《古璽彙編》三五〇一號印的"作"字作"𠂤",所從聲旁"柞"作上下重疊結構,與本簡"殊"字所從右旁相同。"殊"當從"歺"從"柞"聲,即"歾"字的異體。"乍、且"古音相近,可以通用。《説文》以"歾"爲"俎"之古文即其例。簡文"歾"與"增"對言,應當讀爲"沮",義爲崩塌。《山海經・海外北經》:"禹殺相柳,其血腥,不可以樹五穀種。禹厥之,三仞三沮,乃以爲衆帝之臺。"郭璞注:"厥,掘也,音撅。掘塞之,而土三沮陷,言其血膏浸潤壞也。"禹殺相柳之事,又見於《大荒北經》:"禹湮洪水,殺相繇,其血腥臭,不可生穀;其地多水,不可居也。禹湮之,三仞三沮,乃以爲池,群帝因是以爲臺。"郭璞注:"言禹以土塞之,地陷壞也。"袁珂《山海經校注》429頁引王念孫説:"仞讀爲牣。牣,滿也。《史記・司馬相如傳》云'充牣其中'。仞、牣古通用。"簡文"三增三沮"與《山海經》"三仞三沮"用語相似,義亦相近,可以參看。

《九店楚簡》頁116

歾 𣤲

𣤲　睡虎地・效律22

○**睡簡整理小組**(1990)　歾(朽)。

《睡虎地秦墓竹簡》頁72

殈 𣥵

𣥵曾侯乙1　𣥵曾侯乙16　𣥵曾侯乙39　𣥵曾侯乙102　𣥵璽彙2144

○**羅福頤等**(1981)　(編按:璽彙2144)《説文》歺古文作𣦵,與此偏旁形近。

《古璽文編》頁90

○**裘錫圭、李家浩**(1989)　《周禮・夏官・司馬矢》"中秋獻矢箙",鄭玄注:"箙,盛矢器也,以獸皮爲之。""箙"或借"服"爲之。《國語・鄭語》"檿弧箕服",韋昭注:"服,矢房。"簡文"箙"原文作"𥴊",從"竹""葡"聲。"葡"即"箙"字的初文,故釋文逕將"𥴊"寫作"箙"。"殈箙之箙"亦見於16號、39號、102號三簡。

《曾侯乙墓》頁503

○**何琳儀**（1998）　《説文》："𣨙，禽獸所食餘也。从歺从肉。（昨干切）。"《廣韻》殑，有"昨干切、五刮切"二讀。若據後者，則歺亦聲。殑，疑紐元部；歺，疑紐月部。月、元爲入、陽對轉。殑爲歺之準聲首。茲暫據舊説殑聲首獨立。殑爲殘餘之殘的初文。參《吕覽・權勳》"達子又帥其殘卒"，注："殘，餘也。"

　　隨縣簡殑，疑讀幝。《集韻》："幝，群幅也。"引申爲邊幅。"鼾殑"，讀"豻幝"，豻毛爲幅。

《戰國古文字典》頁 1043—1044

○**楊澤生**（2001）　我們認爲**𣧑**應該分析爲从"肉""歺"聲。"歺"和"曷"分別爲疑母月部字和匣母月部字，音近可通，所以**𣧑**可以看作"膈"字的異體。此字《玉篇・肉部》解作"臆也"，即胸臆、胸部。箙是裝箭的袋子，簡文"豻**𣧑**之箙"是説用豻胸部的皮裝飾或製作的箭袋子，這和《周禮・夏官・射人》裏的"豻侯"指用豻皮製作和裝飾的箭靶相似。值得注意的是，曾侯乙墓竹簡既有"豻首之𧶠、豻尾之毾、豻**𣧑**之箙"這樣的詞句，又有"豻𧶠、豻毾、豻箙"這樣的詞句，可見"豻**𣧑**"和"豻首、豻尾"意義相對，都用作某種器物的修飾語，這説明我們把簡文"豻**𣧑**之箙"的"豻**𣧑**"理解作"豻胸"是對的。

《古漢語研究》2001-3，頁 31

殆 𣧑 殆

包山 217　包山 248　望山 1・78　天星觀　集成 9734 䍐盗壺

△按　《説文》："殆，枯也。"戰國簡中"殆"字多作"辜"。詳參卷十四"辜"字條。

𣨙

集成 10478 中山兆域圖　上博二・容成 33

△按　𣨙，"葬"字異體。詳參卷一艸部"葬"字條。

𣨙

睡虎地・日甲 81 背

○**睡簡整理小組**（1990）　（編按:睡虎地・日甲 81 背）戌名曰匽爲勝殊。

《睡虎地秦墓竹簡》頁 220

殂

上博四・昭王 1

△**按**　殂，"喪"字異體。詳參卷二哭部"喪"字條。

殌

上博三・周易 7

○**濮茅左**（2003）　（編按:上博三・周易 7）"殌"疑"屍"字，从歺，屚聲，通"尸"。
《增修互注禮部韻略》:"屍在牀曰屍，在棺曰柩，通作'尸'。"

《上海博物館藏戰國楚竹書》（三）頁 146

殜

天星觀　　信陽 1・34　　郭店・尊德 25　　郭店・窮達 2　　郭店・語四 3

上博二・子羔 1　　上博二・容成 5　　上博四・曹沫 65　　上博五・鬼神 2

九店 56・51　　新蔡乙四 27　　新蔡乙四 109

△**按**　殜，同"世"。詳參卷三卅部"世"字條。

殔

集成 287 曾侯乙鐘

○**何琳儀**（1998）　殔，从歺，聿聲。
曾樂律鐘"割殔"，讀"姑洗"，見鉾字。

《戰國古文字典》頁 1155

殗

包山 277

○ 劉彬徽、彭浩、胡雅麗、劉祖信（1991）　殗。

《包山楚簡》頁 39

○ 劉信芳（2003）　韗（韋）。

《包山楚簡解詁》頁 317

○ 李家浩（2003）　"韔殗（韋）之盾"；(中略)根據文義，"豹韋之盾"是屬於"筓"的，並非指另有一種用豹皮作的防禦武器"盾"。(中略)我認爲包山"竹笩"上部原來也應該有像南北朝武士俑所負之笩上的那種帶狀物，以約束箭杆向外傾斜、散亂，而那種約束箭杆的帶狀物，就是簡文所説的"盾"。因爲是用豹皮作的，故稱爲"豹韋之盾"。

《古籍整理研究學刊》2003-5，頁 6—7

殗

![字形]楚帛書　![字形]信陽 1・1　![字形]上博七・君甲 9

○ 商承祚（1964）　(編按：楚帛書)戮从歺。

《文物》1964-9，頁 18

○ 饒宗頤（1968）　(編按：楚帛書)![字形]即殗，从歺，翏聲。《正字通》殗爲戮俗字，然戰國已見之。《説文》："戮，殺也。"《晉語》："戮其死者。"韋注："陳尸爲戮。"

《史語所集刊》40 上，頁 27

○ 李零（1985）　(編按：楚帛書)殗　![字形]　同戮。

《長沙子彈庫藏戰國楚帛書研究》頁 113

○ 高明（1985）　(編按：楚帛書)"殗不義"，殗乃戮字之別體，乃謂殺戮不義之人。

《古文字研究》12，頁 392

○ 何琳儀（1986）　(編按：楚帛書)"殗"，同"戮"。中山王鼎"以征不義"，《淮南子・時則訓》"以征不義"與帛書"戮不義"意近。

《江漢考古》1986-2，頁 85—86

○嚴一萍(1990) （編按:楚帛書）戮 戮从歹。

《甲骨古文字研究》3,頁352

○曾憲通(1993) （編按:楚帛書）戮字中山王鼎作朕,信陽楚簡作戮,詛楚文作戮,寥、录同聲,戈事殺戮而殘骨可見,故从戈、从歹意亦相近。《説文》:"戮,殺也。"《晉語》:"戮其死者。"韋注:"陳尸爲戮。"俱其證。

《長沙楚帛書文字編》頁97—98

○濮茅左(2008) （編按:上博七·君甲9）"戮",《字彙》:"戮,同戮。""戮",殺。《尚書·甘誓》:"弗用命,戮於社。"

《上海博物館藏戰國楚竹書》(七)頁207

死

集成10478 中山兆域圖　集成2782 哀成叔鼎　集成9735 中山王方壺

包山27　包山54　包山158　包山241　包山249

郭店·窮達9　郭店·忠信3　郭店·六德5　郭店·六德19

望山1·48　望山1·47　望山1·176　天星觀

上博二·魯邦4　上博二·容成5　上博三·周易15　上博四·昭王1

上博四·曹沫58　上博五·姑成7　上博一·緇衣19　上博五·競建3

睡虎地·秦律84　龍崗木牘　侯馬105:3　侯馬179:18

○睡簡整理小組(1990) （編按:睡虎地·封診56）死,通屍,《漢書·陳湯傳》:"求谷吉等死。"注:"屍也。"

《睡虎地秦墓竹簡》頁157

○劉彬徽、彭浩、胡雅麗、劉祖信(1991) （編按:包山241）兵死,死於戰事。

《包山楚簡》頁58

○朱德熙、裘錫圭、李家浩(1995) （編按:望山1·39）簡文"死"字大致可以分爲兩體。"之"字作止者,"死"字作戮(三九號)或戮(四七號)。"之"字作止者,"死"字作戮(五四號)、戮(一七六號)或戮(四八號)。後一體"人"寫在"歹"的下方,與《説文》"死"字古文戮及三體石經《多方》"辜"字古文戮所从之"死"相同。"歹"旁寫法亦與之相近。四八號簡的"死"字重一"人"字,隸定當作"伖"（五八號"死"字與此同）。前一體"歺"旁作✕，寫法較特殊，但據下七八號"砧"字作✕，可知確是"歺"字。古人占卜疾病吉凶之辭，常言"無（毋）死、不死"，見《史記·龜策列傳》。

《望山楚簡》頁 94

○**商承祚**（1995）　　（編按：望山 1·47）✕，與下簡及第五七簡之✕係一字。

　　（編按：望山 1·54）✕，即死，與《古文四聲韻》引古文《老子》之✕、中山王鼎兆域圖之✕形同。

《戰國楚竹簡匯編》頁 256、242

○**何琳儀**（1998）　　死，甲骨文作✕（甲一一六五）。从人从歺，會人死僅存殘骸之意。西周金文作✕（盂鼎），春秋金文作✕（齊侯鎛）。戰國文字承襲商周文字。歺旁或由✕演變爲✕、✕、✕、✕（兆域圖牀作✕）、✕、✕、✕，或由✕省作✕（信陽簡殠作✕）。

　　中山王鼎"死皋"，讀"死罪"。《左·昭三》："有死罪三，何以堪之。"

《戰國古文字典》頁 1276

○**李家浩**（2000）　　（編按：九店 56·63）"大"下一字原文左半殘損。按望山一號楚墓一五四號簡"死"字作✕形。從"大"下一字殘存筆畫看，當是上揭望山楚簡那種寫法的"死"之殘文，故釋文將其寫作"死"。"必又大死"，秦簡《日書》乙種卯之占辭作"必有大亡"。"死、亡"義同。

《九店楚簡》頁 122

○**連劭名**（2001）　　包山簡（241）：思攻解於祖和兵死，（中略）"兵死"，整理者注釋認爲是死於戰爭者，不確。凡爲利器所害，皆爲"兵死"，不僅限於戰爭。

《考古》2001-6，頁 67

○**袁國華**（2002）　　✕字，見望山一號墓楚簡，第 96 號簡，簡文云：

　　　　☒✕占之曰吉。山川☒

　　✕字原釋文未釋，從殘存筆畫及文意推敲，✕當爲"死"字。"死"字楚簡文字屢見，望山楚簡作：✕　✕　✕　✕

　　包山楚簡作：✕　✕　✕　✕　✕

　　天星觀楚簡作：✕　✕　✕

　　可見望山一號墓第 96 號簡的"✕"字，與天星觀楚簡"死"字或作"✕"之左半，最爲近似。惟因"✕"字所從"人"字殘泐，故不易辨識。此外參照相關文例，如一號墓第 47 號簡云："☒死。占之☒。"又同墓第 48 號簡云："☒死。占之……”亦可證明將隷定爲“死”字,應屬可從。包山楚簡第 249 號簡云：
“大司馬邵慯救郙之歲,夏層之月,己亥之日,觀義以保豫爲左尹邵㐌貞,以其
有瘇(重)病,上氣,尚母死,義占之恆貞[吉],不死。又䈞,見於絶無後者與漸
木立,以其古敓之……”以上内容説明貞人“觀義”以“保豫”爲“左尹邵㐌”貞
問疾病的情况,貞問的結果是“不死”。此外,望山一號墓第 39 號簡云：“足骨
疾,尚毋死。占之恆貞吉,不死……”望山一號墓楚簡第 96 號簡云：“☐占之
曰吉。山川☐。”據上述内容,望山簡文前一段似可擬補作“[尚毋]死,占之曰
吉”,乃占問疾病的休咎。而後一段則可能係與“祭山川有關之辭”。

　　　　　　　　　　　　　　　　　　　　　　　《古文字研究》24,頁 371—372

○李朝遠(2003)　(編按：上博三·中弓 23)“成死”與下述的“立生”對文。

　　　　　　　　　　　　　　　　　　　　《上海博物館藏戰國楚竹書》(三)頁 280

○馬承源(2004)　(編按：上博四·采風 6)狗虘君毋死　曲目。“狗”讀爲“苟”。
“虘”讀爲“吾”。本句辭意未詳。

　　　　　　　　　　　　　　　　　　　　《上海博物館藏戰國楚竹書》(四)頁 170

【死日】九店 56·34

○李家浩(2000)　“名之曰死日”,秦簡《日書》甲種楚除絶日占辭作“名曰毃
日”。睡虎地秦墓竹簡整理小組將“毃”讀爲“擊”,並注云：“擊,抵觸,乖戾。”

　　　　　　　　　　　　　　　　　　　　　　　　　　　《九店楚簡》頁 95

【死事】睡虎地·雜抄 37

○睡簡整理小組(1990)　死事,死於戰事,《吴子·勵士》：“有死事之家,歲使
使者勞賜其父母,著不忘於心。”

　　　　　　　　　　　　　　　　　　　　　　　　《睡虎地秦墓竹簡》頁 89

氝

璽彙 1701

○吴振武(1983)　1701　郯(梁)𩰬·郯(梁)氝
　　(氝—刉)。

　　　　　　　　　　　　　　　　　　　　《古文字學論集》(初編)頁 500

○何琳儀(1998)　氝,從死,气聲。疑氞之繁文。《集韻》：“刉,或作氝。”《説
文》：“刉,劃傷也。從刀,气聲。一曰,斷也。讀若殪。”

晉璽氛，人名。

《戰國古文字典》頁 1200

㱙

上博四・曹沫 9

○李零（2004）　（編按：上博四・曹沫 9）㱙與簡文常見的"死"字（作"㱙"）相近，這裏釋"死"。

《上海博物館藏戰國楚竹書》（四）頁 249

○李守奎、曲冰、孫偉龍（2007）　㱙　按：此字或當隸作"㱙"，釋爲"殂"。簡文中"殞身還㱙"義當"殁身就死"。

《上海博物館藏戰國楚竹書（一—五）文字編》頁 215

葬

上博五・鮑叔 1　上博五・鮑叔 2　上博五・鮑叔 5

○陳佩芬（2005）　（編按：上博五・鮑叔牙 1）"葬"，疑"葬"之異體。《説文・茻部》："葬，藏也，从死在茻中。"

《上海博物館藏戰國楚竹書》（五）頁 183

○李守奎、曲冰、孫偉龍（2007）　葬　按："衰亡"之"亡"，从死，芒聲，卷十二亡部重見。

《上海博物館藏戰國楚竹書（一—五）文字編》頁 214

葬

上博四・昭王 5

○陳佩芬（2004）　"葬"，即"葬"字，《説文・茻部》："葬，藏也。从死在茻中。"

《上海博物館藏戰國楚竹書》（四）頁 186

○李守奎、曲冰、孫偉龍（2007）　葬　按："墓葬"之"墓"，卷十三土部重見。

《上海博物館藏戰國楚竹書（一—五）文字編》頁 215

上博五・三德 16

○李零（2005）　必龑（喪）兀佖（匹）。（中略）龑（喪）忘（怠）係樂。

《上海博物館藏戰國楚竹書》（五）頁 299

○李守奎、曲冰、孫偉龍（2007）　龑　按：“喪”字異體。詳見卷二哭部。

《上海博物館藏戰國楚竹書（一—五）文字編》頁 215

包山 91

【龑器】曹家崗 1

○劉國勝（2011）　“器”是“器”的繁寫。“龑”，從“死”“臧”聲，可讀爲“葬”。“葬器”即隨葬器物。

《楚喪葬簡牘集釋》頁 137

別　別

別睡虎地・秦律 34　　別睡虎地・答問 1

○睡簡整理小組（1990）　（編按：睡虎地・答問 1）別，讀爲背。

《睡虎地秦墓竹簡》頁 93

○何琳儀（1998）　睡虎地簡別，離別。《楚辭・離騷》“余既不難夫離別”，注：“遠曰別。”

《戰國古文字典》頁 956

骨　骨

骨包山 263　　骨仰天湖 15　　骨郭店・老甲 33

骨上博二・容成 21　　骨上博四・昭王 3　　骨上博四・昭王 4

骨璽彙 1672　　骨睡虎地・答問 75

○**李學勤**（1992） （編按：包山 152）兩個"骨"字都以音近讀爲"訖"，《逸周書·皇門》注："既也。"訖鬻是已經賣了，訖賈是已經買了。

　　　　　　　　《綴古集》頁 154，1998；原載《中國文物報》1992 年 3 月 22 日

○**何琳儀**（1998） 冎，甲骨文作 ![字形]（粹一三〇六），象三骨連接之形。金文作 ![字形]（過伯簋作 ![字形]）。戰國文字承襲商周文字。或作 ![字形]、![字形]、![字形]、![字形]，或省作 ![字形]。或雙鉤作 ![字形]，或省作 ![字形]。《説文》："冎，剔人肉置其骨也，象形，頭隆骨也。"骨，從肉，冎聲。骨冎均屬見紐。本一字之分化。茲以骨聲首代替冎聲首。《説文》："骨，肉之覈也。從冎，有肉。"

　　戰國文字骨，除人名外，均用本義。

　　　　　　　　　　　　　　　　　　　　《戰國古文字典》頁 1193

○**劉釗**（2002） （編按：包山 152）兩個"骨"字疑應讀爲"過"。包山楚簡中有神名"司禍"，學者們指出就是見於典籍的"司過"，可證"骨"可通"過"。在簡文中，"過"是指"過户"。

　　　　　　　　　　　　　　　　　　　《中國文字》新 28，頁 124

○**李零**（2002） （編按：上博二·容成 21）折骨，是節解的牲肉。

　　　　　　　　　　　　《上海博物館藏戰國楚竹書》（二）頁 266

【骨夬】仰天湖 7

○**何琳儀**（1998） 仰天湖簡文"骨夬"即"象骨"所製之"夬"。扳指在考古遺物中習見，望山 M1 出土 2 件，望山 M2 出土 20 件，多爲骨製。

　　　　　　　　　　　　　　　　　　　　《簡帛研究》3，頁 111

【骨交】仰天湖 35

【骨玟】望山 2·6

○**朱德熙、裘錫圭、李家浩**（1995） 仰天湖七號簡有"骨交"，與"骨玟"當爲同語的異寫。此墓一八號簡又有"黄生角之交"，一九號簡又有"白金之交"。"交"當是器物上的一種飾物或附件。

　　　　　　　　　　　　　　　　　　　　　《望山楚簡》頁 117

【骨梢】包山 263

○**劉彬徽、彭浩、胡雅麗、劉祖信**（1991） 梢，讀作蔱。（中略）骨蔱即以骨料製作的細枝雕刻物品，可與出土實物相印證。

　　　　　　　　　　　　　　　　　　　　　《包山楚簡》頁 62

○**胡雅麗**（1991） "二骨梢"。梢，讀作蔱。《説文》："蔱，青齊沇冀謂木細枝曰蔱。"《釋名·釋首飾》："簪，兓也，以兓連冠於髮也。又枝也，因形名之

也。”“二骨梢（蔆）”即兩件骨笄。

《包山楚墓》頁 517

○**劉信芳**（1997）　包山簡二六三：“二骨槒。”即出土實物之二對骨笄。稱“笄”爲“槒”，大約是因其外形如細枝狀，《説文》：“青齊沇冀謂木細枝曰蔆。”《方言》卷二：“細枝謂之杪……青齊兖冀之閒謂之蔆。”蔆、槒皆从凶得聲。

《中國文字》新 23，頁 110

○**劉信芳**（1997）　槒：字从木，胷聲，“二骨槒”即出土之二件骨笄。稱“笄”爲“槒”應是楚人方言，究其所以，“槒”讀與“蔆”通，《説文》：“青齊沇冀謂木細枝曰蔆。”結髮之笄，男子婦人皆有之，《禮記·內則》所云子事父母，婦事舅姑，皆“櫛縰笄總”是也。

《包山楚簡解詁》頁 281

【骨溺蓳秡】郭店·老甲 33

○**彭浩、劉祖信、王傳富**（1998）　骨溺（弱）蓳（筋）秡（柔）。

《郭店楚墓竹簡》頁 113

髀　髀

新蔡甲三 54、55　　新蔡零 584　　新蔡甲三 301-1　　新蔡零 311

○**賈連敏**（2003）　（編按：新蔡甲三 54、55）髀髀爲。

《新蔡葛陵楚墓》頁 190

骭　骭

秦駰玉版

○**曾憲通、楊澤生、蕭毅**（2001）　“足骭（？）”當即足脛。“足”字李文缺釋，後一字从“骨”，右旁不太清楚，但是根據文義和殘留的筆畫，應是“骭”字。《説文·骨部》：“骭，骹也。”“骹，脛也。”

《考古與文物》2001-1，頁 52

○**李家浩**（2001）　“已吾复心以下至于足骭之病”，（中略）“骭”，腳脛。

《北京大學中國古文獻研究中心集刊》2，頁 105

體 軆　膿 軆

郭店・緇衣 8　郭店・緇衣 9　郭店・性自 17　新蔡甲三 189

郭店・窮達 10　上博二・民之 11　上博二・民之 12　上博二・民之 13

睡虎地・日乙 246　睡虎地・答問 79

集成 9735 中山王方壺

○**睡簡整理小組**（1900）　（編按：睡虎地・答問 79）膿（體）。

《睡虎地秦墓竹簡》頁 112

○**何琳儀**（1998）　軆，从身，豐聲。體之異文。《玉篇》：“躰，俗體字。軆，同上。”

　　中山王方壺軆，讀體。《禮記・仲尼燕居》“官得其體”，注：“體，尊卑異而合同。”

《戰國古文字典》頁 1262

○**陳偉**（2000）　（編按：郭店・性自 17）體，體察、體驗。

《中國哲學史》2000-4，頁 9

○**濮茅左**（2002）　（編按：上博二・民之 11）“亡膿之”三字屬上簡。“膿”，根據語例及今本，當爲“服”之誤抄。

《上海博物館藏戰國楚竹書》（二）頁 172

骺

新蔡乙四 8　新蔡零 210-2

○**賈連敏**（2003）　（編按：新蔡乙四 8）骺（背）。

《新蔡葛陵楚墓》頁 206

骳

包山 276

○**何琳儀**（1998）　骳，从骨，毛聲。

包山簡骶,不詳。

《戰國古文字典》頁 328

○李家浩(2003) (1)(2)的"臼(舊)骶"與(5)的"角鑣"所處的位置相同,都位於"面"之後。"骶"當从"毛"得聲。《説文》衣部:"表,上衣也。从衣、毛。古者衣裘,故以毛爲表。襯,古文表从麃。"段玉裁注説"毛亦聲也"。按"表、毛"二字上古音都屬幫組宵部,讀音十分相近,段氏的説法顯然是可信的。"表"字古文"襯"毫無疑問从"麃"聲。據此,疑簡文"骶"應當讀爲"鑣"。

《古籍整理研究學刊》2003-5,頁 5

骹

信陽 2・23　包山 277

○中大楚簡整理小組(1977) (編按:信陽 2・23)骹。

《戰國楚簡研究》2,頁 28

○商承祚(1995) (編按:信陽 2・23)骹,所从之受,即受省,甲骨文及金文受字皆作,故知之。

《戰國楚竹簡匯編》頁 34

○李家浩(1996) (編按:信陽 2・23)"又骹、緱、枕、枳"當是重複上文所記之物。

《簡帛研究》2,頁 5

○何琳儀(1998) 骹,从骨,孚聲。

信陽簡骹,讀毨。《廣韻》:"毨,毛色斑也。"

《戰國古文字典》頁 935

○李零(1999) (編按:包山 277)(219)1134 頁:4 行。

按:應釋"骴"。

《出土文獻研究》5,頁 155

○李守奎(2003) 骹　望山 2・23。

《楚文字編》頁 255

○劉信芳(2003) (編按:包山 277)該字前所未見,謹參照睡虎地秦簡,馬王堆漢墓帛書"巴、把"諸字形酌定。"骶"字見於《集韻》,《玉篇》釋爲"刀骶"。簡文"骶"字所述爲車馬器,疑讀爲"靶",《説文》:"靶,轡革也。"蓋馬韁之執手。

　　　　　　　　　　　　　　　　　　　　　　《包山楚簡解詁》頁 319

○**劉國勝**（2011）　（編按:包山 277）似當釋爲“骺”，讀爲“決”，扳指。“決”也稱
“韘”。《説文》：“韘，射決也，所以拘弦。以象骨，韋繫。”

　　　　　　　　　　　　　　　　　　　　　　《楚喪葬簡牘集釋》頁 64

骺佗

新蔡乙三 5

○**楊華**（2006）　7.司骺佗

　　此神亦僅見於上引新蔡楚簡中（乙三 5），它與司禒並列，此神可能讀作
“司怪”（詳下）。（中略）

　　頗疑“司骺佗”就是文獻中的“司怪”。《説文·心部》：“怪，从心，圣聲。”
《土部》圣字讀若“兔、鹿、窟”，苦骨切；而《骨部》骨字，則爲古忽切。二者同
紐（見紐）同部（段氏十五部）。另，怪與化，也可能有旁轉關係。

　　司怪之神見於《晉書·天文志》：“文昌六星……五曰司命、司怪，太史主
威咎。”又稱：“東井鉞前四星曰司怪，主候天地、日月、星辰變異及鳥獸草木之
妖，明主聞災，修德保福也。”其後各代正史《天文志》皆同此載。

　　　　　　　　　　《古禮新研》頁 271—278,2012；原載《中國文化研究》2006-1

○**宋華强**（2007）　按，依照漢字一般構形規律，“骺佗”更有可能是一個从
“骨”、“佗”聲之字。上古音“佗”屬定母歌部。而“怪”字若按《説文·土部》
从“圣”得聲，“圣”讀若“窟”，則“怪”屬溪母物部；而古音學家又多據押韻材
料把“怪”定爲見母之部字（參看何九盈、陳復華《古韻通曉》，中國社會科學
出版社 1987 年，第 333 頁）。不論采取哪種意見，“骺佗、怪”聲韻都有距離，恐
難相通。

　　　　　　　　　　　　　　　　　　　　　《新蔡葛陵楚簡初探》頁 429,2010

骷鬼

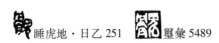

○**睡簡整理小組**(1990)　癸失火,有⿰骨鬼(鬼)。

《睡虎地秦墓竹簡》頁254

○**何琳儀**(1998)　⿰骨鬼,从骨,鬼聲。《玉篇》:"⿰骨鬼,愚兒皃也。"

秦璽⿰骨鬼,人名。

《戰國古文字典》頁1185

⿰骨⿱出心

包山226 包山230 包山232 包山239

△**按**　⿰骨⿱出心,"愲"字異體,詳見卷十心部"愲"字條。

⿰骨盇

新蔡甲三131 新蔡甲三245

○**何琳儀**(2004)　△疾,以心……(甲三:245)

△,原篆左从"骨",右从"盇"聲。簡文△疑讀"瘂"。《廣韻》:"瘂,短氣也。"

《安徽大學學報》2004-3,頁8

○**徐在國**(2004)　8.甲三131　△疾

"△"字从"骨""盇"聲,不見於字書。"盇、甲"二字古通。如:《易·謙·九四》"勿疑朋盇簪",漢帛書本"盇"作"甲"。從這個角度考慮此字可讀爲"胛",但"胛"字簡文已經出現。頗疑此字應讀爲"脅"。《説文》"瘂,讀若脅"可證。《説文》:"脅,兩膀也。"《玉篇》:"脅,身左右腋下也。"脅指腋下到腰上的部分。

《中國文字研究》5,頁155—156

○**張光裕、陳偉武**(2006)　⿰骨盇疾

葛陵簡甲三131:"⧄疾、⿰骨盇疾,以心⿸疒孛,尚毋死。"又甲三245:"⧄□疾、⿰骨盇疾,以心⧄。""⿰骨盇"字不見於字書,从骨,盇聲。又甲三100:"既肧(背)⿰骨雁(膺)疾、以⿰骨龍疾,以心⧄。"徐在國先生指出:"⿰骨盇"字"从'骨''盇'聲,不見於字書。'盇、甲'二字古通……從這個角度考慮此字可讀爲'胛',但'胛'字簡文已經出現。頗疑此字應讀爲'脅'……脅指腋下到腰上的部分。"今按,據文

例比對,徐先生前説似長於後説,“髇”讀爲“胛”而不讀爲“脅”,“髇疾”當即“矙疾”,即肩胛疾患。一詞數寫,楚簡習見,故傳世醫典作“胛”作“甲”,楚簡可作“矙”,亦可作“髇”。

《中國文字學報》1,頁 84

骴雁

新蔡甲三 100　　 新蔡乙四 8

○**賈連敏**(2003)　　(**編按**:新蔡甲三 100)骴(膺)疾。

《新蔡葛陵楚墓》頁 191

【骴(膺)疾】

○**張光裕、陳偉武**(2006)　　膺疾

　　指前胸部疾病。傳世醫書有“胸膺”連言者,如《素問·刺熱篇》:“熱爭則喘咳,痛走胸膺背,不得太息。”楚簡或作“膺疾”,如葛陵簡甲三 149:“☐膺疾,以瘥痕☐。”或作“骴(膺)疾”,如葛陵簡甲三 100。古文字形符從骨、從肉每互作,故“骴”當是“膺”之異構。或假“雁”爲“膺”,如天星觀卜筮簡:“既胇(背)雁(膺)疾,以心瘥,尚毋又(有)咎。”“胇(背)雁(膺)疾”包括背疾和膺疾。

《中國文字學報》1,頁 84

髗膚

新蔡零 584

【髗髀】

○**宋華强**(2008)　　“髗髀”兩字皆從“骨”作,恐怕不是偶然的,它應該是一種卜骨名。自古以來最常用的卜骨是動物的肩胛骨,肩胛骨在古書中有多種異名,其中一種叫“髆髀”(説詳下文)。筆者認爲“髗髀”很可能就是“髆髀”。“髗”從“膚”聲,“髆”從“尃”聲。上古音“膚”屬幫母魚部,“尃”屬滂母魚部,二者韻部相同,聲母都是脣音,所以“髗”可讀爲“髆”。《周易·剝卦》六四“剝牀以膚”,陸德明《經典釋文》:“膚,京作簠。”“簠”與“尃”皆從“甫”聲,“髗”可通“髆”,亦如“膚”可通“簠”。楚簡中的祭牲名“𤡔”,陳偉先生認爲

應該讀爲"髆",其説可信。"髖"可通"髆",亦如"牆"可通"墻"。

髖

新蔡甲三100　　新蔡乙四8

○**贾連敏**(2003)　髖(胛)。

○**張光裕、陳偉武**(2006)　髖疾

葛陵簡甲三9:"☑貞:既疾☑☑,以髖(胛)疾,自☑。"又甲三100:"☑貞:既肧(背)髖(膺)疾,以髖(胛)疾,以心☑。"又乙四8:"☑貞:既骱(背)髖(膺)疾,以髖(胛)疾☑。"整理者贾連敏先生釋"髖"爲"胛"甚是。"髖"字不見於字書,從骨,虤聲,"虤"字,曾見於西周金文,李零先生指出:"幸字古音原同於甲,乃關押之押的本字;虤字從之,則是柙的本字……柙是老虎籠子,所以從虎從幸。""髖"字從骨,爲(肩)胛之專字,《素問》作"甲",如《藏氣法時論》:"心病者,胸中痛,脅支滿,脅下痛,膺背肩甲(胛)間痛,兩臂内痛。"

髖

新蔡乙一31、25

○**張光裕、陳偉武**(2006)　疾髖

如葛陵簡乙一31、25:"疾髖、痕腹、瘠(膚)疾。""疾髖",未詳。

戰國楚簡所見病名,大致可分爲三類,一是意思基本明確,且多可與傳世醫書合證者如"疾、病、首疾、髖(胛)疾、髖(胛)疾、背疾、膺疾、背膺忠心之疾、心疾、腹心疾、心愿、瘇(腫)病、瘁痕、痕腹、膚疾、上氣、少氣、百腢(骸)體疾、痤、疥(疥)、瘊(瘙)鼠(瘰)疠(病)"等;二是涵義雖亦可作推測,而尚難論定者,如"痀疾、脊背疾、胸口疾、足骨疾"等;三是音義不明,暫存待考者,如"疾髖"等。隨着新材料不斷涌現,相信第二、三類病名將會獲得比較合理考釋。

肉 𠕎

𠕎龍崗83　　𠕎包山145　　𠕎包山255　　𠕎上博二·魯邦6　　𠕎上博五·弟子8

○**劉彬徽、彭浩、胡雅麗、劉祖信**（1991）　（編按：包山145）月。

《包山楚簡》頁27

○**劉釗**（1998）　[113]簡145有字作"夕"，字又見於簡145反，字表皆釋爲"月"。按此字釋"月"大誤。簡文月字作"夕"，外框乃一筆寫成，"夕""夕"乃"夕"字，字應釋爲"夕"。簡145曰："夕裦旦法（廢）之。"夕、旦對文，可證釋"夕"不誤。

《出土簡帛文字叢考》頁22，2004；原載《東方文化》1998-1、2

○**何琳儀**（1998）　肉，甲骨文作𠕎（乙一八八），象肉塊之形。春秋金文作𠕎（秦公鐘胤作𠕎），中開附加一筆。戰國文字承襲金文。

　　包山簡"窨肉酶"，讀"蜜肉醢"。

《戰國古文字典》頁219

○**白於藍**（1999）　（編按：包山145）[一二〇]115頁"月"字條，"夕"（145），乃肉字。包山簡中肉字及肉旁作"夕"形，而月字及月旁作"夕"（參是編61—63頁和115—116）。

《中國文字》新25，頁189

○**馬承源**（2002）　（編按：上博二·魯邦6）飤肉，即"食肉"。

《上海博物館藏戰國楚竹書》（二）頁210

○**劉信芳**（2003）　（編按：包山145）整理小組隸定爲"月"，白於藍謂字應是"肉"字（《包山楚簡文字編》校訂），《中國文字》新廿五期）。釋"肉"是。《左傳》昭公四年："食肉之禄。"杜預《注》："謂在朝廷治其職事，就官食者。"孔穎達《疏》："大夫以上食乃有肉，故魯人謂曹劌曰：肉食者謀之。"《國語·楚語下》："成王聞子文之朝不及夕也，於是乎每朝設脯一束，糗一筐，以羞文子。"

《包山楚簡解詁》頁145

【肉食】九店56·53

○**李家浩**（2000）　"必肉食以食"之"以"義同"而"。參看王引之《經傳釋詞》卷一"以"字條。先秦時期，貴族和七十歲以上的老人，每餐必食肉，所以古人以"肉食"指代有位有禄的人。《左傳》莊公十年"公將戰，曹劌請見。其鄉人曰:肉食者謀之,又何閒焉",杜預注:"肉食,在位者。"

《九店楚簡》頁 118

肧 胏

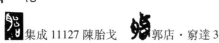

余 天星觀 　滁 新蔡甲三 100 　乔 新蔡甲三 301-2

○**何琳儀**(1998)　《説文》:"肧,婦孕一月也。从肉,不聲。"亦作胚。《字彙》:"胚,俗肧字。"

天星觀簡肧,懷孕。

《戰國古文字典》頁 118

○**賈連敏**(2003)　(編按:新蔡甲三 100)肧(背)。

《新蔡葛陵楚墓》頁 191

【肧疾】

○**張光裕、陳偉武**(2006)　背疾

背,楚簡或作"肧",从肉,不聲;或作"骬",从骨,不聲;或作"伓",从人,不聲。如天星觀卜筮簡:"既肧(背)雁(膺)疾,以心疼,尚毋又(有)咎。"葛陵簡乙四 8:"既骬(背)雠(膺)疾,以讎(胛)疾☐。"又甲一 13:"伓(背)膺疾,以瘰痕、心☐。"又甲一 14:"☐貞:伓(背)膺疾,以瘰痕、心忎☐。""肧(背)雁(膺)疾"包括背疾和膺疾,膺疾指胸部疾病。又甲三 233、190:"既心疾,以合於伓(背),叡(且)心疼☐。"説明背疾爲一事,膺疾別爲一事。《素問・脈要精微論篇》:"背者,胸中之府,背曲肩隨,府將壞矣。"由此可知背、胸、肩三者之關係,故楚簡每將"肧(背)"疾"雁(膺)"疾合稱"肧(背)雁(膺)疾",或合稱後再與"讎(胛)疾"相提並論。(中略)

背膺忎心之疾

"背膺忎心之疾"包括背疾、膺疾和忎心之疾。葛陵簡甲三 22、59:"☐伓(背)₌膺₌忎₌心₌之₌疾₌,迷(速)瘳迷(速)瘥(疽)。""背膺忎心之疾"重文。"忎"讀爲"悗",説詳下文。

《中國文字學報》1,頁 84

胎 𦙚

𦙚 集成 11127 陳胎戈 　𦙚 郭店・窮達 3

【胎蓋】郭店・窮達3

○李零（1999）　下或讀"枲蓋"，指麻布之被。

《道家文化研究》17，頁494

○周鳳五（1999）　六、邵繴衣胎蓋冒絰蒙巾（《窮達以時》簡三）：胎蓋，《郭簡》依形隸定而無説。按，當讀作"枲褐"。胎、枲二字古音同屬之部，可通。蓋古音見母月部；褐，匣母月部，可通。《説文》："枲，麻也。"又："褐，編枲韤也。一曰粗衣。"是枲褐即粗麻之衣，爲賤者或居喪者所服。

《張以仁先生七秩壽慶論文集》頁353—354

肌 𦙝

𦙝 璽彙2454　𦙝 璽彙2471

○羅福頤（1981）　肌。

《古璽文編》頁90

○何琳儀（1998）　晉璽肌，人名。

《戰國古文字典》頁1190

臚 臚　膚 胅

臚 集成11358 兼陵公戈　膚 信陽2・15　膚 包山84　膚 包山191　膚 郭店・五行43

膚 上博二・從乙2　膚 上博二・容成1　膚 上博二・魯邦4　膚 上博四・柬大3

膚 新蔡甲三291-2　膚 新蔡零292　膚 新蔡零306

膚 璽彙0656　膚 三晉48　膚 三晉48　膚 三晉66　膚 睡虎地・雜抄29

胅 上博三・周易4　胅 上博三・周易33　胅 上博三・周易38　胅 上博三・三德10

○中大楚簡整理小組（1977）　（編按:信阳2・15）"壽膚之純"是進一步描述這件裳的，純指衣緣，膚、臚同字，是説用苧麻之類的織物緣邊。

《戰國楚簡研究》2，頁21

○中大楚簡整理小組（1977）　（編按:五里牌5）第五簡，□膚一臝。（中略）

簡首微損,第一字不清,膚盧古通用。金文《嬰次盧》的盧字从皿膚聲,魏《三體石經》盧之古文作膚。

《戰國楚簡研究》4,頁 22

○**劉雨**(1986)　(編按:信阳 2·15)鑢。

《信陽楚墓》頁 129

○**睡簡整理小組**(1990)　(編按:睡虎地·秦律 13)膚,即臚字,《爾雅·釋言》:“敘也。”在這裏的意思是評比。

　(編按:睡虎地·雜抄 29)膚,即臚字,評比,參看《秦律十八種》中的《廄苑律》“以四月、七月、十月、正月膚田牛”條注[二]。

《睡虎地秦墓竹簡》頁 23、86

○**劉彬徽、彭浩、胡雅麗、劉祖信**(1991)　(編按:包山 84)膚,借作盧,古國名,在今湖北省南漳縣境内,後入楚。

《包山楚簡》頁 45

○**郭若愚**(1994)　(編按:信阳 2·15)膚通盧。借爲黑色之稱。《集韻》:“黑弓也。通作旅,或作鸕。”《釋名》:“土黑曰盧,盧然解散也。”

　(編按:信陽 2·27)一膚缶　膚,《儀禮·聘禮》:“膚、鮮魚、鮮腊。”注:“膚,豕肉也。”《禮記·內則》:“脯羹、兔醢、麋膚。”注:“膚,切肉也。”缶,盛酒瓦器。釋見二一一四簡。此謂一盛肉缶。

《戰國楚簡文字編》頁 85、98

○**商承祚**(1995)　(編按:信陽 2·15)壽膚,可能是衣料的名稱或縫製的一種式樣。壽膚之純,以之作爲此裳的邊沿。

　(編按:五里牌 5)膚、盧古通用,金文王子嬰次盧及魏三體石經的盧之古文皆作膚。

《戰國楚竹簡匯編》頁 23、128

○**何琳儀**(1998)　臚,从肉,虘聲。臚之異文。《説文》:“臚,皮也。从肉,盧聲。𦜕,籀文臚。”

　趙幣“臚虍”,讀“慮虒”,地名。見虘字。

　養(編按:450 下。“養”應爲“羕”。程訂《字典》1617 頁)陵公戈臚,讀盧,寄止。《國語·齊語》:“衛人出廬於曹。”信陽簡二·〇一四、二·〇二九臚,讀鑢(爐)。信陽簡二·〇一五、望山簡、包山簡二六一臚,讀鑢。《説文》:“鑢,布縷也。从糸,盧聲。”包山簡八四、一九一臚,讀盧,地名。《書·牧誓》:“及庸、蜀、羌、髳、微、盧、彭、濮人。”在今湖北襄陽西南。包山簡臚,讀盧,姓氏。見膚字。

《戰國古文字典》頁 450

○**廖名春**（2001）　（編按:郭店·五行 43）筆者以爲楚簡“膚”當爲本字,而“臚”當訓爲“大”。（中略）“膚膚”連言,基本意義與“膚”無別,只是强調程度有所加强而已。

《中國哲學史》2001-3,頁 34

○**李零**（2002）　（編按:上博二·容成 1）膚（盧）。

《上海博物館藏戰國楚竹書》（二）頁 250

○**張光裕**（2002）　（編按:上博二·從乙 2）“膚”,字左側宜有偏旁,原簡字迹不清。“膚”,籀文“臚”字。《説文·肉部》“臚,皮也”,段玉裁注:“今字皮膚从籀文作膚,膚行而臚廢矣。”《漢書·叔孫通傳》:“大行設九賓,臚句傳。”顏師古注引蘇林曰:“上傳語告下爲臚,下告上爲句也。”段玉裁因曰:“此皆讀爲敷奏以言之敷也。”故“膚瀍”亦當讀爲“敷瀍（法）”。“嬴”,讀爲“盈”。“亞”即“惡”。“敷法盈惡”之“敷法”有貶義,或與“枉法”意近。不枉法盈惡,百姓自無怨言。

《上海博物館藏戰國楚竹書》（二）頁 235

○**濮茅左**（2003）　（編按:上博三·周易 4）“肤”,讀作“逋”,“逋、肤”上古韻均入魚部,相通。（中略）或疑“逋”讀爲“賦”。

　　（編按:上博三·周易 33）“肤”,同“膚”,《集韻》:“膚,皮也、美也,或作‘肤’。”

《上海博物館藏戰國楚竹書》（三）頁 142、181

○**李學勤**（2004）　（編按:上博二·魯邦 4）第四簡“夫山,石以爲膚”以下一段,上博書已指出類似《晏子春秋》内篇的《景公欲祠靈山河伯以禱雨晏子諫第十五》,（中略）與簡文對照,可知簡文有一些訛誤。如“木以爲民”,“民”字與“石以爲膚”的“膚”不倫,揣想當係“毛”字,因楚文字“毛、民”近似而誤。其下“水以爲膚”,“膚”字又與“魚以爲民”的“民”不倫,應依《晏子》改作“國”字。

《上博館藏戰國楚竹書研究續編》頁 99

○**濮茅左**（2004）　（編按:上博四·柬大 3）“膚”讀爲“盧”,地名,在今湖北省漳縣境内。

《上海博物館藏戰國楚竹書》（四）頁 197

【膚虎】

○**裘錫圭**（1978）　五　慮虒布考

　　戰國貨幣裏有一種面文如下的尖足布：

　　　　《東亞》3・9　　　　　《辭典》450 號　　　　　《奇觚》12・18、19　　　　　同左

《古泉匯》引呂堯仙釋作“節”（《辭典》下 35 頁），《奇觚》釋作“豖韋”（12・18、19 合頁），都不可信。

　　這種尖足布的面文有時是倒鑄的：

　　　　《東亞》3・10　　　　　同左　　　　　　《辭典》339 號

末一品王懿榮釋爲“長葛”（《辭典》下 34 頁）。

　　根據上引各品幣文來看，這兩個字的上部都從“虍”，第一字的下部是“肉”字；中部作⊖、⊙等形，分別跟邿公華鐘的“䯧”字（《金》711 頁）所從的“膚”和盧氏半釿布“𤔖”字（《起源》圖版 18・3）的中部相同。所以這個字應該釋作“膚”。上引第二、第四兩品“膚”字下部作ᵱ，像“邑”字所從的“卩”，可能是有意變“肉”爲“卩”，跟其他幣文地名字加“邑”旁同意（“膚”字中部也跟“邑”字上部形近）。上引幣文第二字，上部是“虍”，下部象虎身，應該釋作“虎”。

　　據《漢書・地理志》，太原郡有慮虒。“慮、膚”皆從“虘聲，可以通用。幣文的膚虎應該就是慮虒。“虒”字作“虎”可能是省文，也可能別有原因，待考。

　　慮虒還鑄過一種面文有“半”字的尖足布：

　　　　《辭典》427 號　　　　　《古泉匯》元 8・12　　　　　同左　　　　　同左

　　上揭幣文“半”旁一字，顯然是剛才考釋過的那種幣文的合文。這一點《奇觚》已經指出。“膚”字在合文裏省去“肉”旁。這跟大陰布“大陰”合文裏面“陰”字省去“金”旁，榆次半布“榆即”合文裏“榆”字省去“木”旁，“即”字省去“卩”旁（參看《榆次布考》），是同類的現象。

　　慮虒布都是尖足布。尖足布多爲趙幣。慮虒在今山西省五臺縣北，戰國時正在趙國疆域內。

《北京大學學報》1978-2，頁 76—77

○**曹錦炎**（1984）　28.(1)　（293 頁）　　(2)　（294 頁）

　　《文編》均入於附錄。第(1)字應釋爲“膚”，第(2)字應釋爲“膚虎”合文，入合文部分。此種尖足布或合文，或分書，“膚虎”當讀爲“慮虒”，地在今山西五臺縣北，戰國時屬趙。

《中國錢幣》1984-2，頁 70

○**石永士**（1995）　【膚虒·平襠方足平首布】戰國晚期青銅鑄幣。鑄行於趙國，流通於燕。屬小型布。面文"膚虒"，形體多變。背無文，或鑄以數字等。"膚虒"，即盧虒，古地名，在今山西五臺。山西原平、河北易縣燕下都遺址有出土。一般通長 4.7—4.9、身長 3.4、肩寬 2.4 釐米，足寬 2.6 釐米，重 4 克，較罕見。

《中國錢幣大辭典·先秦編》頁 267

○**吳振武**（2000）　一·五　有時候，合文上字的末筆和下字的首筆不盡相同，但書寫者仍可因勢乘便，使下字的首筆借着上字的末筆，或反之。（中略）

（67）膚（盧）虎（虒）　　　　𧤴　盧虎布（中略）

（67）戰國盧虒布中"膚（盧）虎（虒）"二字分書者作𧤴𧤴（《奇觚室吉金文述》十二、十八），皆裘錫圭先生釋。盧虒，戰國趙地，在今山西省五臺縣北（《戰國貨幣考[十二篇]》，《北京大學學報》哲學社會科學版 1978 年 2 期）。

《古文字研究》20，頁 319—321

【膚疾】

○**張光裕、陳偉武**（2006）　瘤疾

葛陵簡甲三 291-2："囗痕、膚疾、悆心。""膚"或加疒旁爲專用字，如甲三 257："既怀（背）雁（膺）疾，以瘆痕，瘤（膚）囗。"又乙一 31、25："疾醴、痕腹、瘤（膚）疾。"乙二 5："瘤（膚）疾、瘆痕、心囗。""膚（瘤）疾"殆指"膚（瘤）脹"，《素問·脈解篇》："所謂癩癃疝膚脹者，曰陰亦盛而脈脹不通，故曰癩癃疝也。"《靈樞經·水脹》："膚脹者，寒氣客於皮膚之閒，鼕鼕然不堅，腹大，身盡腫，皮厚，按其腹，窅而不起，腹色不變，此其候也。"

《中國文字學報》1，頁 87

【膚嬴】

【膚鼎】

○**武漢市文物商店**（1983）　内上淺刻辭文兩行十五字："獻鼎之歲兼陲公伺之自所造后已女。"

《江漢考古》1983-2，頁 37

○**劉彬徽**（1986）　膚（擄）鼎之歲，兼陵公逅𢦏所郜（造），冶己女。（中略）簡報釋文不少字欠妥，本文釋文承李家浩同志函告。

《古文字研究》13，頁 263、284

○**黃錫全**（1992）　8.兼陵公戈

膚（擄）嬴（熊）之戕（歲），（中略）

第一行頭兩字,或釋爲"獻鼎"或"(獻)鼎",或釋爲"膚(擄)鼎",或缺釋爲"□鼎",(中略)顯然,第一字與"膚"形近,應該釋爲膚。至於夕(肉)旁的"="‚乃是裝飾筆畫,(中略)"膚嬴"應讀"擄熊"‚即"獲熊"。

"擄熊之歲",是以"獲熊"這件難遇或者特別之事作爲紀年。

《湖北出土商周文字輯證》頁 39—40

○**湯餘惠**(1993)　膚(擄)嬴(熊),讀爲擄熊,意謂獲熊。黄錫全説。

《戰國銘文選》頁 72

○**尤仁德**(1996)　釋文:罵(禡)疉(鼎)歲,(中略)

第一字从网馬聲,隸定作罵,在此讀爲禡,徐鍇《説文繫傳》:"禡之言罵也。"(中略)戈銘"禡鼎歲",即用征行之鼎作禡祭之年,亦是以事紀時之詞。

《考古與文物》1996-4,頁 36—37

屑　屑

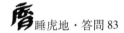睡虎地・答問 83

○**睡簡整理小組**(1990)　嚙斷人鼻若耳若指若屑。

《睡虎地秦墓竹簡》頁 113

脰　脰　膒

集成 2794 楚王酓忎鼎　　太句鼎　　集成 2095 集脰鼎

包山 173　　包山 139

包山 278 反

○**胡光煒**(1934)　《廣雅・釋言》:脰,饌也。王氏《疏證》云未詳。此云釬脰,云釬脰杠鼎。鼎之爲器,非壺罍之屬,脰不可以訓頸。鼎文云以共蔵嘗。此脰當從《廣雅》訓饌。蓋器爲王之饍鼎,言釬脰,意猶言龔饌矣。

《胡小石論文集三編》頁 180,1995 年;原載《國風》1934 年 4 卷 6 期

○**劉節**(1935)　脰字从肉豆聲,《廣雅・釋言》:"脰,饌也。""釬脰"必爲膳具之名。

《古史考存》頁 115,1958;原載《楚器圖釋》

○**周法高**（1951）　按"脰"疑皆解爲"廚"。尌聲、豆聲同隸侯部。"脰"屬定紐，"廚"屬澄紐，古聲母同爲 dʻ-。（中略）"脰官"者，"廚官"也。

《金文零釋》頁 147

○**朱德熙**（1972）　我們認爲壽縣楚器銘文中的脰字都應釋爲廚。這可以從以下四個方面來説。

　　從字音上説，脰从豆聲，豆和廚在上古都是侯部定母字。從訓詁上説，《廣雅·釋詁》有訓爲饌的脰字，與廚字意義密切相關。從字形上説，廚字从广，是從庖廚作爲一種建築方面著眼的；脰字从肉，則是從庖廚掌烹割的職能方面著眼的。戰國銅器銘文有床、脒二字：

　　　　上樂床　胥（容）㐱（參分）　（《三代》2·53）

　　　　右脒　三㪺（料）□　（《三代》2·53）

　　　　臀脒　一斗㪺（料）　（《三代》2·54）

　　郭沫若先生説："床疑廚之異文，从广朱聲，朱聲與尌聲同部。"按郭説甚是，脒亦當釋廚，其字从肉與脰字正同。

　　最後從楚器銘文本身來看，讀脰爲廚，所有的銘文都豁然貫通，毫無扞格。（中略）楚國的太后廚官正和漢代的長樂食官相當。集脰即集廚，當是楚王室廚官的名稱。凡刻有集脰字樣的銅器，都是集廚所掌的用器。集脰大子鼎和集脰大子鎬則是集廚中太子專用的器皿。（中略）集脰的集字意義不詳。信陽楚墓出土的銅匕木柄和木飾上也有集字，鄂君啟節有集尹官名。這些集字和集脰的集可能有關係。（中略）

　　那麼集脰、集脒的集也很可能是一個地名。

《朱德熙古文字論集》頁 41—43，1995；原載《考古學報》1972-2

○**郝本性**（1983）　集脰二字在壽縣楚器中較多見，（中略）脰字見於鄭公孫凡鼎，該鼎自銘爲脰鼎。脰在此當讀爲羞，傳世品有稱"羞鼎"者。《周禮·腊人》"凡祭祀，共豆脯、薦脯、膴胖凡腊物"，鄭注："脯非豆實，豆當爲羞，聲之誤也。"孫詒讓云："以豆盛濡物，與脯爲乾肉不相應也，古音豆在侯部，羞在尤幽部，合音相近，故云聲之誤。"《説文》云："脰，項也，从肉，豆聲。"項非脰的本義，脰的本義爲豆實，即羞，《詩經·楚茨》"爲豆孔庶"，傳云："豆謂内羞、庶羞也。"

　　集脰的職務當與《周禮·醢人》相近，該職務是"凡祭祀，共薦羞之豆實，賓客、喪紀亦如之，爲王及後（編按：當爲"后"）世子，共其内羞"。這從楚王畬肶鼎銘刻"集脰杠鼎"，以及該墓同出的王句（后）六室豆，都可以證明。

壽縣楚器有一帶流的鉇鼎,刻銘爲"盥(鑄)客爲大句(太后)脰官爲之"(《三代吉金文存》三·一九),脰字在此是饌食的意思,《廣雅·釋言》:"脰,饌也。"這乃是脰爲豆實之義引申而來。豆本爲食肉器,朱駿聲《説文通訓定聲》以爲脰假借爲豆。湖南省長沙市楚墓曾出土兩個陶豆,一豆盤内墨繪肉紋,呈方塊形,一豆盤内墨繪魚紋(《楚文物展覽圖録》著録),可證豆確爲盛魚肉的容器,河南信陽楚墓出土的錦瑟圖飾中,仙人在鼎旁持豆而食,因此脰字引申爲進食之義。官讀作館,《吕氏春秋·愛上篇》"處廣門之官",以及《論語·子張篇》:"夫子之牆數仞,不得其門而入,不見宗廟之美,百官之富。"均應讀官爲館。至於競卣銘的"各(格)于官"、隮尊銘的"洛(格)于官",官更應讀爲館。太后脰官即太后的脰館,是楚太后進食的宫室之一。這與王后六室是性質相近的。

集脰又稱"集脰尹"。湖北省江陵縣天星觀一號楚墓出土竹簡有"集脰尹",集脰乃集脰尹的省稱。集脰與集既、集糈、集醻、集膴地位相當,這些集某,也可能是集某尹的省稱。應當説明的是集某,絶不限於以上考釋者。

《古文字研究》10,頁210—212

○**陳秉新**(1987) 脰字从豆从肉,《廣雅·釋言》訓饌,是其本義。集脰乃楚王室總饌之官,也就是總管膳羞的機構。其長爲集脰尹,集脰尹見江陵天星觀一號楚墓遣册。《周禮》有膳夫,轄"上士二人,中士四人,下士八人,府二人,史四人,胥十有二人,徒百有二十人"。其職爲"掌王之食飲膳羞,以養王及后、世子"。鄭注:"膳夫,食官之長也。"金文中周王室有善(膳)夫。集脰尹應與膳夫相當。

集脰與集脰尹有别。集脰是掌管楚王、王后及太子食飲膳羞的機構,不是官名,集脰尹才是官名。壽縣楚器中有三鼎、一鑪刻有"鑄客爲集脰爲之",有一小鼎刻"鑄客爲集脰",省"爲之"二字,這些都是爲集脰這個機構鑄的器物。如把集脰解釋爲食官名,那麼地位卑下的食官器何得成爲楚王的隨葬品,便難以爲説。楚王酓忎鼎除正銘外,蓋内刻"集脰",楚王酓忎鼎三件除正銘外,器或蓋内都刻有"集脰",大府鎬亦楚王之器,正銘外也有"集脰"刻銘。以上爲集脰中楚王專用之器。楚器中太子小鼎之一、之二、一耳刻"集脰",另一耳刻"大子鼎",太子小鼎之三刻銘"集脰大子鼎",太子鎬刻銘"集脰大子之鎬"。以上爲集脰中太子專用之器。把這些器銘中的"集脰"解釋爲食官名就更爲不妥。這就更進一步證明了集脰不是食官名。

《楚文化研究論集》1,頁334—335

○**曹淑琴、殷瑋璋**（1987）　至於朏字,可從陝西鳳翔高王寺戰國銅器窖藏中出土銅鼎銘文有"吳王孫無土之朏鼎"得到啟示,表明朏與醽、粘、腈等字,都是與具體職能有關的職官。集朏應是集朏尹的省稱。

《考古學文化論集》1,頁 212

○**羅運環**（1991）　九、集廚尹

　　天星觀竹簡:邸陽君死後,贈物助喪者有集廚尹,其云:"集朏尹炀一齒輄、齒戢、翠翟……"

　　"集朏"二字習見於楚王熊肯（元）、楚王熊忓（悍）及太子諸器。"集"字很長一段時閒不能確認,不解其意。自從 50 年代中期朱德熙先生認出集字以後,人們才恍然大悟,疑團冰釋。熊元、熊悍二王有集朏二字的銅器,均爲烹飪器或温器,集朏當是楚王及太子的廚館,集朏尹當是其總管。天星觀竹簡與熊元熊悍二王銅器銘文互相印證,更加深了我們對"集朏、集朏尹"的理解。

《楚文化研究論集》2,頁 282

○**黃錫全**（1991）　按,"集"字應爲从宀从集。"吳王孫無土之朏鼎"銘表明,"朏"爲鼎之用途。《廣雅·釋言》朏,饌也。天星觀楚簡有"集朏尹",表明"集朏"爲機構名,負責楚王及太子的飲食膳羞。

《古文字與古貨幣文集》頁 79,2009;原載《文物研究》7

○**湯餘惠**（1993）　朏,通廚,集朏,或疑爲楚王御廚之名。

《戰國銘文選》頁 21

○**張懋鎔、王勇**（1994）　楚器中的"集朏",相當於燕器中的"和室"。（中略）《漢書·荊燕吳傳·贊》:"集,和也。"《史記·衛康叔世家》索隱亦云:"集,猶和也。"無論是集朏,還是集既、集粘、集醽、集膴在字義與性質上都與"和室"相近。

《考古與文物》1994-3,頁 101

○**劉彬徽**（1995）　集朏,李學勤認爲是管理王室飲食的職官名,"集"字的意義可能同於"司"字。朏,《廣釋（編按:"釋"當是"雅"字之誤）·釋言》:"朏,饌也。"朱德熙、裘錫圭讀爲廚。集廚當爲楚王室總饌之官即總管膳羞的機構。

《楚系青銅器研究》頁 359

○**崔恆昇**（1998）　集朏爲總管楚王、王后及太子飲食膳羞的機構,故集朏不是官職名,集朏尹才是官職名。

《安徽出土金文訂補》頁 18

○**何琳儀**（1998）　　楚器脰，饌。見《廣雅·釋詁》。或讀廚。

《戰國古文字典》頁 371

○**劉釗**（1998）　　［110］簡 139 有官名“大脰尹”。按“脰”字楚文字中用爲
“廚”（見朱德熙、裘錫圭《戰國文字研究［六種］》，《考古學報》1972 年 1 期），
“大脰尹”應讀爲“大廚尹”。大廚尹是掌管庖廚的官吏。

《出土簡帛文字叢考》頁 22，2004；原載《東方文化》1998-1、2

○**李守奎**（2003）　　从肉从豆，豆亦聲，當是楚之廚字。依字形廁此。卷九
重見。

《楚文字編》頁 256

【脰官】

○**黄錫全**（1991）　　30.脰官

（66）“鑄客爲大句（后）脰官爲之”　　（鑄客匜鼎，《三代》3·19）

劉節認爲“脰官即膳夫”（《楚器圖釋》）。有一鑄客鼎銘“鑄客爲王后七
府爲之”，李學勤認爲“脰官、七府”都是有司。朱德熙、裘錫圭認爲，“大句脰
官即太后廚官，就是太后的食官”。郝本性讀官爲館，認爲“太后脰官即太后
的脰館，是楚太后進食的宮室之一。這與王的六室是性質相近的”。按，“脰
館可能是主管太后膳食的機構或治食場所，楚太后不一定在該館進食”。

《文物研究》7，頁 217

腎　腎

睡虎地·答問 25

○**睡簡整理小組**（1990）　　本句“益、腎”二字下有重文號，實應重讀“益一腎”
三字。

《睡虎地秦墓竹簡》頁 99

脾　脾

陶彙 5·471

○**何琳儀**（1998）　　秦陶脾，人名。

《戰國古文字典》頁 772

胃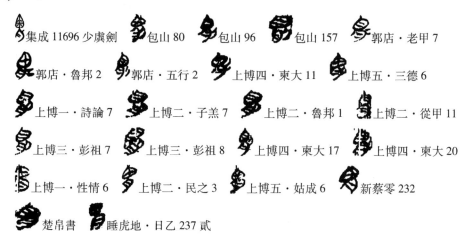

集成 11696 少虞劍　　包山 80　　包山 96　　包山 157　　郭店・老甲 7

郭店・魯邦 2　　郭店・五行 2　　上博四・柬大 11　　上博五・三德 6

上博一・詩論 7　　上博二・子羔 7　　上博二・魯邦 1　　上博二・從甲 11

上博三・彭祖 7　　上博三・彭祖 8　　上博四・柬大 17　　上博四・柬大 20

上博一・性情 6　　上博二・民之 3　　上博五・姑成 6　　新蔡零 232

楚帛書　　睡虎地・日乙 237 貳

○商承祚（1964）　（編按：楚帛書）金文及信陽竹簡"竹書"謂皆作"胃"，此將図字偏旁訛變爲。

《文物》1964-9，頁 12

（編按：楚帛書）6."是胃悳匿，群神乃悳"（九、21—28）

胃字不識，從文義看，是否定悳匿的一個反義詞，不然就與下句的意義相左。此字因裝裱時過甚的移動經緯紋，今據見到的筆畫摹出。

《文物》1964-9，頁 14

○饒宗頤（1968）　（編按：楚帛書）是（胃）�=（㝅=）

武威漢簡胃今本作謂。

《史語所集刊》40 上，頁 13

○唐健垣（1968）　（編按：楚帛書）繒書本文及《淮南子・天文訓》皆論及天文者，而二者内容又頗有相同之迹。據此而以爲繒書"是"即是胃即是謂，非誣也。

《中國文字》30，頁 10

○許學仁（1983）　（編按：楚帛書）楚繒書中字凡三見，其上皆加繫詞，作"是"之詞結出現，如"是胃字歲、是胃亂紀、是謂德匿"。（中略）

"是謂"連文，先秦典籍如：《老子》《莊子》《淮南子》《墨子》《左傳》《論語》等習見，而《老子》一書尤多。以胃爲謂之例，吉日壬午劍銘云："[朕]余名之，胃謂之少虞"，字作，不从言，近年所出先秦兩漢之帛書竹簡，觸目皆是，如：

　　▲帛書《老子》："是胃謂襲常"，"是胃謂玄同。"

　　▲帛書《戰國策》："胃謂穰侯"，"胃謂燕王。"

▲《十大經》：“夫雄節而數得，是胃謂積英殃；凶憂重至，幾於死亡，雌節而數亡，是胃謂積德。”（雌雄節一一三行）

▲《孫臏兵法》：“入竟而暴，胃謂之謀；再舉而暴，胃謂之華。”（五名五恭）

▲竹簡《六韜》：“是胃謂麑文，亡國之聲聲也。”（第五簡）

▲武威漢簡：“何大夫之胃謂也。”（甲本服傳·第三十五簡）

▲武威漢簡：“胃弟之妻婦者，是嫂亦可胃母也。”（全前，第四十二簡）

《中國文字》新 7，頁 116

○何琳儀（1986） （編按：楚帛書）胃，原篆作“𣎆”，從“目”。按，戰國文字“目、田”二形最易相混。（中略）然則商釋“𣎆”爲“胃”讀“謂”毋庸置疑。

《江漢考古》1986-1，頁 53

○曾憲通（1990） （編按：楚帛書）帛文胃字皆借爲謂。

《長沙楚帛書文字編》頁 55

○睡簡整理小組（1990） （編按：睡虎地·日甲 1）胃，二十八宿之一。《開元占經·西方七宿占》引《石氏星經》曰：“胃三星。”

《睡虎地秦墓竹簡》頁 180

○商承祚（1995） （編按：信陽 1·88）胃，假作畏，《廣雅·釋詁》畏，“懼也”。（中略）則胃爲畏之借，意義明白。

《戰國楚竹簡匯編》頁 160

○何琳儀（1998） 胃，從肉從囜。會胃臟藏污之意，囜亦聲。《說文》：“𦞅，穀府也。從肉、囜，象形。”

吉日劍胃，讀謂，稱名。《孟子·梁惠王》上：“謂其臺曰靈臺，謂其沼曰靈沼。”

信陽簡“是胃”，讀“是謂”，猶是爲。《詩·小雅·賓之初筵》：“是謂伐德。”包山簡胃，讀謂。《禮記·表記》“瑕不謂矣”，注：“謂，猶告也。”又《廣雅·釋詁》二：“謂，說也。”帛書“是胃”，見上。廿八宿漆書胃，二十八星宿之一。見《呂覽·有始》。

睡虎地簡“是胃”，讀“是謂”。

《戰國古文字典》頁 1220

○馬承源（2001） （編按：上博一·詩論 7）胃，簡文中多用作“謂”。

《上海博物館藏戰國楚竹書》（一）頁 135

○馬承源（2002） （編按：上博二·魯邦 1）“胃”，讀作“謂”。

《上海博物館藏戰國楚竹書》（二）頁 204

○**劉釗**（2003） （編按：郭店·尊德22）"胃"讀爲謂，意爲"以爲、料到"。

《郭店楚簡校釋》頁 132

○**李守奎**（2003） 簡文之胃，皆讀作言謂之謂。

《楚文字編》頁 258

脬 脬

陶彙 3·485

○**何琳儀**（1998） 《説文》："脬，膀胱也。从肉，孚聲。"
齊陶脬，人名。

《戰國古文字典》頁 250

腸 腸

包山166 曾侯乙164

上博一·詩論25"腸腸"合文

○**何琳儀**（1998） 包山簡腸，姓氏，疑讀暢。暢出姜姓，齊後。見《風俗通》。
隨縣簡"腸人"，疑讀塲人。《周禮·地官·塲人》："掌國之塲圃。"

《戰國古文字典》頁 663

○**馬承源**（2001） （編按：上博一·詩論25）"腸"字下有重文符，當爲"腸腸"，可能
爲《詩·大雅·蕩之什》的篇名。"腸、蕩"音可通。詩起首云："蕩蕩上帝，下
民之辟。""腸腸"可能本爲《蕩》的篇名。

《上海博物館藏戰國楚竹書》（一）頁 155

○**李零**（2002） （編按：上博一·詩論25）"陽陽"，原作"腸腸"，上文殘缺，疑即今
《王風·君子陽陽》，原書沒有對出。《君子陽陽》是寫得意之態，簡文以爲
"小人"。

《上博楚簡三篇校讀記》頁 23，2007

○**黃人二**（2002） （編按：上博一·詩論25）簡文作"腸"，有重文符號，故讀爲"陽
陽"，疑指《詩·王風·君子陽陽》。

《上博館藏戰國楚竹書研究》頁 87

膏

陶彙 3・240　　陶彙 3・241

○**丁佛言**（1932）　膏　古匋蔓陽匋里人膏。

《説文古籀補補》頁 19，1988

○**何琳儀**（1998）　《説文》：“膏，肥也。从肉，高聲。”

戰國文字膏，人名。

《戰國古文字典》頁 291

膺 膺 膺

新蔡甲一 13　　新蔡甲三 238　　新蔡乙三 35　　新蔡零 199

○**張光裕、陳偉武**（2006）　膺疾

指前胸部疾病。傳世醫書有“胸膺”連言者，如《素問・刺熱篇》：“熱爭則喘咳，痛走胸膺背，不得太息。”楚簡或作“膺疾”，如葛陵簡甲三 149：“☐膺疾，以瘇痕☐。”或作“髀（膺）疾”，如葛陵簡甲三 100。古文字形符从骨、从肉每互作，故“髀”當是“膺”之異構。或假“雁”爲“膺”，如天星觀卜筮簡：“既肧（背）雁（膺）疾，以心瘳，尚毋又（有）咎。”“肧（背）雁（膺）疾”包括背疾和膺疾。

《中國文字學報》1，頁 84

脅

璽彙 1566

○**羅福頤**（1981）　脅。

《古璽文編》頁 90

○**何琳儀**（1998）　《説文》：“脅，兩膀也。从肉，劦聲。”原篆从二力，乃劦之省。

晉璽脅，人名。

《戰國古文字典》頁 1372

肩 敲

肩 珍秦 45　　睡虎地·日甲 75 背

新蔡乙四 61

○**丁佛言**（1924）　　古鉢公孫肩。

《説文古籀補補》頁 19,1988

○**何琳儀**（1998）　　肩，甲骨文作（克字所从）。象上肢撐腰突出肩部之形（參克字）。《説文》：“克，肩也。”秦系文字訛作户形，或加飾筆作形，下加肉爲義符。肩，見紐；克，溪紐；均屬牙音。肩爲克之準聲首。《説文》：“肩，髆也。从肉，象形。肩，俗肩从户。”

秦璽肩，人名。

《戰國古文字典》頁 997

胑

 秦代印風 153

△**按**　　見於秦印之形與小篆結構左右互倒。

臂

集成 9734 舒盜壺　　青川木牘

○**李學勤、李零**（1979）　　（編按：集成 9734 舒盜壺）廿行臂字，寫法見《古徵》第四。“大辟”，義爲大罪。

《考古學報》1979-2,頁 161

○**徐中舒、伍仕謙**（1979）　　（編按：集成 9734 舒盜壺）臂，《説文》：“臂，从月，辟聲。”此處假爲辟。《論語》“友便辟”，注：“邪也，不誠實也。”

《徐中舒歷史論文選輯》頁 1340,1998；原載《中國史研究》1979-4

○**張克忠**（1979）　　（編按：集成 9734 舒盜壺）“子之大𦞠不宜”。𦞠，當爲愎字的繁文，从辛从𦣹从卩，𦣹是腹的省變，卩象人俯身屈膝，辛者罪也。意在表現愎者的罪過。《左傳・宣公十二年》"剛愎不仁",注:"愎,很也。"又宣公十五年"愎諫違卜",注:"愎,很也。"此句意爲子之剛愎自用、没有得當。

《故宫博物院院刊》1979-1,頁 46

○**朱德熙、裘錫圭**(1979) （編按:集成 9734 姧蚉壺）"臂"字所从之"辟","辛"旁寫在左側。這種寫法璽印文字常見（《古璽文字徵》4.2 下）。

《文物》1979-1,頁 50

○**于豪亮**(1979) （編按:集成 9734 姧蚉壺）"大臂不宜"讀爲大僻不義,《詩・板》"民之多僻",《釋文》:"僻,邪也。"

《考古學報》1979-2,頁 182

○**張政烺**(1979) （編按:集成 9734 姧蚉壺）臂,从辟从肙,音義無徵。按"大臂不宜"的句法和毛公鼎"酾酾四方,大從不靜"相同。毛公鼎的從字吴大澂讀爲縱,《爾雅・釋詁》"縱,亂也"（參考郝懿行《爾雅義疏》）,與不靜之義相合。壺銘不宜之宜讀爲義,罾壺、罾鼎中四五見,確鑿無疑,那麽臂字之義也就可推想了。如果是从辟,肙聲,可讀爲姦。如果是从肙,辟聲,可讀爲僻。兩相比較,以後者義長。僻之義爲邪,經籍亦以辟爲之,如《詩・大雅・板》"民之多辟"（鄭玄箋"民之行多爲辟者"）,《荀子・宥坐》"行辟而堅",是辟爲一種惡行。《荀子・正名》"凡邪説辟言之離正道而擅作者",又《成相》"邪枉辟回失道遠",《賈子・道術》"襲常緣道謂之道,反道爲辟",是辟爲一種邪道。這類例句可以舉很多,大都是邪僻之意。辟（或僻）與"不義"詞義相關,因此推斷,臂从肙,辟聲,義爲回邪。

《古文字研究》1,頁 238—239

○**湯餘惠**(1993) （編按:集成 9734 姧蚉壺）臂,通僻,邪僻。

《戰國銘文選》頁 40

○**何琳儀**(1998) 中山王圓壺臂,讀辟。《詩・大雅・蕩》"其命多辟",《釋文》:"辟,邪也。"

《戰國古文字典》頁 775

臑 臑

臑 睡虎地・日甲 70 背

○**睡簡整理小組**(1990) 臑,《説文》:"臂羊矢也。"段注以爲人臂無稱臑者。

簡文可證其誤。

《睡虎地秦墓竹簡》頁 220

○**劉樂賢**（1994）　　按：鄭剛云即《禮記・少儀》之“臂臑”。《禮記・少儀》：“其禮，大牢則以牛左肩，臂臑，折九個。”

《睡虎地秦簡日書研究》頁 271

○**魏德勝**（2001）　　臑　《説文》：“臑，臂羊矢也。”段玉裁注認爲，人稱“臂”，而羊豕稱“臑”，並改《説文》作：“臑，臂，羊豕曰臑。”上古典籍中偶見“臑”字，只用於牲畜，如《禮記・少儀》：“少牢則從左肩臂臑折九個（**編按**：引文有誤。原文：大牢則以牛左肩、臂、臑折九箇，少牢則以羊左肩七箇）。”《睡簡》中有兩例：

　　（1）丑，牛也。盜者大鼻，長頸，大辟（臂）臑而僂，疵在目，臧（藏）牛廄草木下。（《日書》甲 219）

　　（2）寅，虎也。盜者壯，希（稀）須（鬚），面有黑焉，不全於身，從以上辟（臂）臑梗，大疵在辟（臂），臧（藏）於瓦器間，旦閉夕啟西方。（《日書》甲 219）

　　整理小組注：“段注以爲人臂無稱臑者，簡文可證其誤。”這兩例是描述偷竊者的身體特徵，顯然是用於人的。段注有誤，當然他對《説文》的改動也就不足取了。那麼《説文》“臂羊矢也”中的“羊矢”何指？章炳麟《小學問答》：“股内廉近陰處曰羊矢，爲漢晉人常語。”“羊矢”，就是中醫的“羊矢穴”，本指股内側近陰處。“臑”之於臂，類似於“羊矢”之於股，故許書言“臂羊矢也”。“臑”是指胳膊上端内側靠近腋窩的地方。《醫宗金鑑・刺灸心法要訣・周身名位骨度》“臑”注：“臑者，肩膊下内側對腋處，高起軟白肉也。”從字形看，從“需”的字，這些與“軟”有關（如“糯、懦”），所以《醫宗金鑑》注把“臑”解爲“軟白肉”。

《中國語文》2001-4，頁 373

肘 ⎩

⎩ 郭店・成之 3　　𦙖 睡虎地・封診 53

○**袁國華**（1998）　　“守”字見簡本《成之聞之》第 3 簡，字形作⎩，《釋文注釋》未作隸定亦無任何説明。疑字乃“守”之訛體或省體。

　　郭店楚簡有兩個已被釋出的“守”字，一見《老子》甲“侯王能守之”句，一

見《唐虞之道》"禮畏守樂孫民教也"句,字形分別作: ［字形］　［字形］

［字形］字與《唐虞之道》"守"字所從［字形］,字形極近。戰國文字省減形符者屢見,如"官"字,先秦璽印作［字形］,亦可省作［字形］;又如"安"字,曾侯乙墓簡,簡 50 作［字形］,簡 146 即省作［字形］可證。又由以上省減形符"宀"的例子,可見將"［字形］"視作"守"字之省體,是有例可循的。

《成之聞之》第 3 簡云"故君子之立民也,身服善以先之,敬慎以守之,其所在者內矣",簡文"敬慎以守之"句,可與《禮記·郊特牲》"知其義而敬守之",以及《荀子·王霸》"聖王之道,儒之所謹守"等句相參照。簡文大意云: "恭敬、慎戒而保持之"之謂也。

《中國文字》新 24,頁 141—142

○**郭沂**(1999)　(編按:郭店·成之 3)"導",簡文作"［字形］",《釋文》未釋出。今按,"導"曾伯簠作"［字形］",上部很複雜,下部從"寸"。簡文"導"字乃將其上部簡化爲這部分左下角的"亻"並巧妙地置之於"［字形］"的下部。此字之釋爲"導",亦可證之於上下文。"敬慎以導之"的"之"字,從上文"故君子之立民也"一語看,謂"民"也。而敬慎導民之說,又見於二十八/十五/至二十九/十六簡:"是以民可敬導也。"

《中國哲學》20,頁 284

○**劉釗**(2000)　(編按:郭店·成之 3)按"［字形］"即"守"字省寫。守字本從"肘"聲,故"守"可省去義符"宀"而只保留聲符。"［字形］"字也可以直接釋爲"肘",即假借爲"守"。戰國文字中"守"字作下列之形:

［字形］　侯馬盟書

［字形］　《古璽彙編》3307

［字形］　《古璽彙編》0341

如果省去"［字形］"形的"宀"旁,其形體與簡文"［字形］"字如出一轍,應爲一字無疑。所以簡文"敬慎以［字形］之"即"敬慎以守之"。

《郭店楚簡國際學術研討會論文集》頁 83—84

○**李天虹**(2000)　(編按:郭店·成之 3)因此,"［字形］"不太可能是寸字。我認爲該字很可能就是肘。古肘屬端母幽部,導屬定母幽部,音極爲相近,故郭店《成之聞之》篇 3 號簡以"肘"代"導"。古鑄屬章母幽部,不少從壽得聲的字古音在端母,如禱、檮、譸等等。所以鑄字可以作"鋤",從金肘聲。古守屬書母幽部,以鑄字例之,其音與肘亦通。那麼侯馬盟書、古璽、金文等中的守字,都是從肘聲,爲形聲字。

由上看來,將""釋作肘,於字音、文義都非常貼合。下面,我們就肘字形體的源流做一番考察。(中略)

綜合上面的分析,茲將肘字形體演變的進程表示如下:

→→→→肘。

《古文字研究》22,頁 263—265

○陳偉(2002) (編按:郭店·成之3)肘,從李天虹博士釋。據分析,簡書中,可以讀爲"導"或"守"。鑒於從此形從"金"的字可以讀爲"鑄",疑在簡書中或可讀爲"主"。

《郭店楚簡別釋》頁 147

○劉釗(2003) (編按:郭店·成之3)"寸"即"肘"字初文,讀爲"守"。

《郭店楚簡校釋》頁 144

齎 齎

○何琳儀(1998) 燕璽齎,人名。

《戰國古文字典》頁 1268

○濮茅左(2001) (編按:上博一·性情29)"臍"字下有重文符。根據"祭祀重,故主敬"句,"臍臍"讀爲"濟濟"。《廣雅·釋訓》:"濟濟,敬也。"《國語·楚語下》:"肅肅濟濟。"《禮記·玉藻》"朝廷濟濟翔翔",鄭玄注:"濟濟,莊敬貌。"或讀爲"齊齊"。

《上海博物館藏戰國楚竹書》(一)頁 262

腹 膞

○**劉釗**(1990)　《文編》附録三六第1欄有字作“□”,按字从肉从复,應釋爲腹。

《考古與文物》1990-2,頁47

○**劉彬徽、彭浩、胡雅麗、劉祖信**(1991)　(編按:包山207)腹,簡文作□,爲腹字異體。

《包山楚簡》頁55

○**高智**(1997)　《古璽彙編》著録如下一印:

3174

此印第二字作“□”,《古璽彙編》缺釋,《古璽文編》入於附録,按此字作从“□”是“肉”無疑,右之所从“□”形中的“□”爲古璽文中“目”形常見的寫法,故“□”當與楚帛書中“退”作“□”(丙六・二)、曾侯乙墓竹簡“退”作“□”(一六〇)所从近同,原字形又與“腹”包山楚簡作“□”(二四五)、江陵天星觀楚簡遣策作“□”、古璽作“□”(1505)形相同,故此字當釋爲“腹”字。

《第三屆國際中國古文字學研討會論文集》頁854

【腹心】

○**何琳儀**(1998)　侯馬盟書“腹心”,見《詩・周南・兔罝》:“赳赳武夫,公侯腹心。”

《戰國古文字典》頁254

【腹心疾】

○**何琳儀**(1998)　包山簡“腹心疾”,見《史記・商鞅傳》:“譬如人之有腹心疾。”

《戰國古文字典》頁254

○**張光裕、陳偉武**(2006)　腹心疾

包山簡236:“盬吉以琛(寶)豙(家)爲左尹邡貞:既腹心疾,以走(上)㷼(氣),不甘飤(食),舊不瘉(痘),尚速瘉(痘),毋又(有)柰(祟)。”從包山簡所述内容看,左尹邵邡已經病情嚴重,“腹心疾”又見於簡239、242、245、247,當是腹疾與心疾合稱,指心臟及腹部疾病。“腹心”猶言“心腹”。如《神農本草經・序》云:“病在心腹以下者,先服藥而後食。”

《中國文字學報》1,頁85

【腹疾】

○**何琳儀**(1998)　包山簡“腹疾”,見《左・宣十二年》:“河魚腹疾奈何。”

《戰國古文字典》頁254

脽 脽 胈

集成 12113 鄂君啟舟節　新收 1285 襄城楚境尹戈　集成 11402 枕里瘣戈

璽彙 4128　璽彙 5531　璽彙 1745　璽彙 1165　陶彙 3·1035

○**周曉陸、紀達凱**（1995）　"𡆥"字刻劃甚疾,仔細辨認與戰國郚王舋戈、三晉兵器、楚高闊"𡆥"字結構一樣,釋爲"尹"。（中略）

"尹",《爾雅》"正也",郭璞注:"謂官正也。"《廣雅》:"尹,官也。"當時爲楚之習見官稱,據出土楚文字所見,楚有令尹、少令尹、大攻尹、攻尹、左尹、左喬尹、右征尹。（中略）此戈製造者"楚境尹"一職爲首見,當爲邊境上的職官。《史記》載有楚"關令尹"喜向老聃索書故事,"楚境尹"與"官令尹"職份、地位大致相近,"楚境尹"除守衛邊境,還應兼製守戰武器。

《考古》1995-1,頁 75—76、77

○**何琳儀**（1998）　戰國文字脽,人名。

《戰國古文字典》頁 1205

○**李守奎**（1998）　在包山楚簡中,有下列一組字:

包山 183　　包山 183　　包山 183

（中略）

我們以爲這組字應當隸作堁、鮭、雊,釋作堆、鮭、雓。

下面我們先從《説文》"雓、屍"二字與其或體間的形、音關係説起。

《説文·鳥部》:"雓,祝鳩也。從鳥,隹聲。隼,雓或從隹、一。一曰鶉字。""隼"字既然是"雓"字的或體,讀音當然應當相同,由此可知,在造字時,"隼"與"隹"的讀音應是很近的。

《説文·尸部》:"屍,髀也。從尸下丌,居几。脾,屍或從肉、隼。臀,屍或從骨,殿聲。"《説文》所説的"屍、脾、臀"就是現在的"臀"字。《説文》又在肉部有"脽"字。"脽,屍也。從肉,隹聲。""屍"字異體作"脾","雓"字異體作"隼",據此可知"脽、脾"二字音義無別,當是一字異寫。《説文》中相類的異部同字的例子爲數不少。文獻中"隹、隼"作同一個字的聲符構成異體字的例子還有"堆"與"軍"。《漢書·溝洫志》:"於蜀則蜀守李冰鑿離軍。"顏師古注引晉灼曰:"軍,古堆字也。"

"隹"是微部字,"隼"是文部字,微、文陰陽對轉,古音關係密切,兩部字例

可通假。《周禮·春官·司尊彝》"裸用虎彝蜼彝",鄭注:"鄭司農云:蜼或讀
爲射隼之隼。"

總之"隹""隼"二字古言(編按:"言"爲"音"之誤)相近,可以用作同一字的聲
旁構成異體。

下面我們回到字形上來。

在楚文字中,有下列四個形體相近的文字或偏旁,在構字中經常出現。

1　屖帛書　　　　㞘酓忎鼎　　　　峷包簡 202

2　屖(偏旁)　　殔鄂君啟節　　　艀包簡 24　　　醉包簡 173

3　堲(偏旁)　　雊曾簡 174　　　鵱曾 89

4　塦包簡 183　　鵻包簡 183　　　羅包簡 183

第一個字釋"隹"確鑿無疑,且構字能力最強,除所列隻、雀外,還有雁、
雇、雥、蒦、瞿、雙、難、雦、靃等。隹在較早的楚文字中,多作隺形,由四斜筆構
成。自戰國初期之後,無論是銅器銘文還是竹簡帛書,都一律簡化爲屖或屖
形,由三斜筆或三橫筆構成。

第二個形體舊多釋"隹",現在看來是有問題的。鄂君啟節之殔字從"隼"
不從"隹",是"脽"字,即《説文》"屍"字或體,今之臀字,前文雖然申述了"脽"
"膍"一字之異的論點,但如果依《説文》體例編排字表,依舊應置於"屍"字頭
下。"脽"在鄂君啟節中用爲人名,古人有以臀(脽)爲名者,如《左傳·宣公
六年》之"黑臀"。包山簡之艀與醉應隸作艀與醉。《龍龕手鑒》有"雅"字,
云爲觸字之俗體,不一定與楚簡之"艀"有關係。"醉"字不見於後世字書。

第三組字均見於曾侯乙墓竹簡。《釋文與考釋》云:"'雊旆'亦見於 86
號、89 號二簡,'雊'從'鳥'從'堆','堆'即'堆'字。174 號簡'難'字所從
'隹'旁原作'堆',與此字右半相同。據此,'雊'當是'雛'(編按:此處所引應爲
"雛"之誤。裘、李文原文爲"雛"字)字的異體。望山二號墓竹簡記車上的旌旗有'堆
(堆)臂(旌)','堆'亦當讀爲'雊'。《説文·鳥部》:'雛,祝鳩也。從鳥隹
聲。隼,雛或從隹一。一曰鶉也。'"

曾簡《考釋》所論之"雊"字所從偏旁作"堲"形,與望山二號墓第 13 號簡
"堆"字作堲形略有不同。所從"隹"旁在三斜筆之下尚有一橫貫豎畫的長曲
筆,與同墓所出衣箱漆書"隹"字作屖亦明顯不同。曾侯乙 164 號簡之舊字作
"䈤",中部所從"隹"形與衣箱漆書同而與"堲"旁有別。曾簡《考釋》所釋
"雊""難"二字聲旁,當隸作"堆"。上文已詳論"隼"與"隹"聲可通轉,用爲

聲旁可構成異體，“埭”可視爲“堆”字異體，“𪕲”“𪕲”二字最終依舊可釋爲“雉”“難”二字。

第四組字就是我們開頭所例（編按：“例”應爲“列”之誤）的三字，“𪕲”字是在上述𪕲形上多加了一筆，將橫曲筆變成了“九”形。

𪕲、𪕲、𪕲是一字異寫，均是“隹”字，這種在豎上加橫，又變橫爲“又”的文字演變現象不乏其例。如“萬”字、“禽”字等演化過程均與此相類。“佳”“隹”最初當是音義並同的一字，後來才音隨義轉，有所區別。“佳”字縱筆上所加的筆畫也就成了區別符號，雖然形體有別，但表音作用一樣。

《簡帛研究》3，頁 26—28

○李家浩（1999）　第二種省略説法的紀年，除見於湯氏所説的造府戈銘外，還見於下面三件楚國縣公所作的戈銘：（中略）

□壽之歲，襄城公競雎所造。（《考古》1995 年 1 期 76 頁圖三）

《著名中年語言學家自選集・李家浩卷》頁 119—120，2002；
原載《語言學論叢》22

○董珊（2006）　1987 年，在江蘇連雲港錦屏鎮陶灣村崗嘴發現 3 件銅戈，（中略）目前所見釋文有以下三種。

1.都壽之歲，襄城楚競（境）尹所造。

2.都壽之歲，襄城公競（境）尹所造。

3.□壽之歲，襄城公競雎所造。

第一種是材料發表者周曉陸、紀達凱二位先生的釋文。第二種是黃盛璋先生的釋文，糾正了發表者誤釋“公”爲“楚”的錯誤，認爲“襄城公”是楚國的封君。第三種是李家浩先生的釋文，他把“競”下一字改釋爲“雎”，右行首字則缺釋。（中略）戈銘可釋爲“向壽之歲，襄城公競雎所造”。（中略）

“襄城公競雎”既與向壽同時代，則戈銘人物“競雎”有可能就是見於文獻的楚將“景翠”。

《考古》，2006-3，頁 65—67

股 𦚾

𦚾　睡虎地・封診 88

△按　《説文》：“股，髀也。从肉，殳聲。”秦簡股字作𦚾，與小篆同。

腳　腳

睡虎地・日甲 159 背

△按　《説文》:"腳,脛也。从肉,卻聲。"秦簡腳字作⿰⿱⿰,與小篆類。

脛　脛

⿰⿱信陽 2・27

○**商承祚**(1995)　脛,足脛。

《戰國楚竹書匯編》頁 31

○**李家浩**(1994)　(20)皇脛二十又五,□脛二十又五,屯□豪(䠠);一豕(?)脛。(信陽)圖版一二七・2-026

(21)一鋏杙,一脛。……其木器:一□脛。(信陽)圖版一二八・2-027

(中略)這些"脛"的形制與包山、望山"桱"的形制有明顯的區別,"脛"與"桱"大概不是同一個詞。《方言》卷五:"俎,几也,西南蜀漢之郊曰杫。"郭璞於"杫"字下注"音賜"。《玉篇》木部:"杫,思漬切,肉几也。楈,同上;又思井切。"按"楈"字見於《説文》,訓爲"木三交以枝(支)炊𤑔者也",與《玉篇》訓爲"肉几也"有別。上古音"杫"屬心母錫部,"楈"屬心母耕部。二字聲母相同,耕、錫二部陽入對轉,故"楈"可以讀爲"杫"。"脛"屬匣母耕部。上文一説過,古代心、匣二母的字有互諧的現象。頗疑(20)(21)的"脛"跟"楈"字一樣,也讀爲"杫"。

《國學研究》2,頁 548—549

○**何琳儀**(1998)　信陽簡脛,讀桯。

《戰國古文字典》頁 785

胻　胻

胻睡虎地・日甲 75 背

○**睡簡整理小組**(1990)　胻,小腿上部接近膝蓋部分。《説文》:"胻,脛耑也。"

《睡虎地秦墓竹簡》頁 220

肖 〔图〕

〔图〕集成 2610 廿七年大梁司寇鼎　〔图〕陶彙 9・94　〔图〕陶彙 9・95　〔图〕璽彙 0895　〔图〕璽彙 1015

〔图〕璽彙 4136　〔图〕璽彙 4131　〔图〕璽彙 4132　〔图〕睡虎地・爲吏 2 伍　〔图〕侯馬 195:8

○**于豪亮**（1981）　《伏廬藏印》有"肖达痁"，（中略）其中"肖达痁"之肖字當讀爲趙。

《古文字研究》5，頁 257

○**湯餘惠**（1986）　"月"和"夕"在戰國文字都可以寫作〔图〕形。反之，"肉"卻從來沒有這樣寫的，這意味着"月"和"夕"左下方所加的"ㄟ"和"肉"旁右上方所加的"ㄟ"都是一種特定的標志，借此便可以把它們區別開來了。（中略）

《説文》肉部："肖，骨肉相似也。从肉，小聲。"

清代的《説文》注家都對許慎的這一説法堅信不疑。西周金文有宵字，見於宵簋銘文，字下从月清晰可辨，可是還有人用"古文不最古者，亦自有誤"回護許説；林義光謂宵字"从月在宀下，小聲"。其説雖然不無可議，但至少已注意到从月這一事實。肖字从月，不从肉，戰國文字提供了堅確的例證：

〔图〕戈　《文物》1972 年第 10 期 40 頁圖二八

〔图〕《璽》1053

〔图〕《璽》0895

月旁的標志"ㄟ"加在左下方，説明直到戰國時代人們還曉得肖字的構形原理，對肖字的誤解，大約是秦代"書同文字"以後的事情。

《古文字研究》15，頁 43

○**何琳儀**（1998）　肖，从月，小聲（或少聲）。宵之初文。《説文》："宵，夜也。"故从月爲義符。《説文》："〔图〕，骨肉相似也。从肉，小聲。不似其先，故曰，不肖也。"所謂"不肖"之肖，本應作俏。《列子・力命》"佹佹成者，俏成也"，注："俏，似也。"《列子・楊朱》"人俏天地之類"，釋文："俏本或作肖。"《集韻》："肖或从人。"

戰國文字肖，除人名之外，多爲姓氏，讀趙。伯益孫造父善御，幸於周穆王，賜以趙城。因封爲氏。見《廣韻》。

《戰國古文字典》頁 322

○**睡簡整理小組**(1990)　　肖人，即宵人、小人。

《睡虎地秦墓竹簡》頁 174

胤 胤

集成 9734 舒盗壺　　　　　　上博三·周易 49

○**何琳儀**(1984)　　（編按：集成 9734 舒盗壺）✦，諸家皆釋胤。檢胤字金文作✦（遹鼎）、✦（遹簋）、✦（秦公簋）、✦（秦公鎛）、✦（晉公簋）等形，漢印作✦、✦等形。均從肉從八從幺。其形體與《說文》小篆吻合，而與本銘✦有別。《說文》：“胤，子孫相承續也；從肉從八，象其長也；從幺象重累也。”本銘✦根本不從“八”。當然就不是胤字。

　　按，✦上部作✦顯係率字，自甲骨文下至小篆屢見，雖然率也偶有作✦、✦等形者，或在衛字偏旁中省去四點者，但是與胤所從✦卻決不相混。至於本銘及大鼎中達均作✦，更有✦本從率的確證。然則✦應隸定爲膟。即《說文》膟之或體膵。

　　《說文》：“膟，血祭也。膵，膟或從率。”《禮記·祭義》“取膵膟乃退”，注：“血與腸閒脂也。”孫希旦《集解》：“膵，血也；膟，腸閒脂也。”膵的本義是“血”或“血祭”。膵與類音義均近。如《書·堯典》“肆類於上帝”，隸古定本作“繡膟於上帝”。《汗簡》引古《尚書》類亦作膟。《周禮·考工記·梓人》注：“是取象率焉。率音類，本又作類。”王引之《經義述聞》卷廿一：“率與類古同聲同義，而字亦通用。”《國語·周語》：“類也者，不忝前哲之謂也。”《禮記·曲禮》“既葬，見天子曰類見”，注：“代父受國，類猶象也。”《大戴禮記·禮三本》：“先祖者，類之本也。”《廣雅·釋詁》四：“肖、似、類、鼎，象也。”從以上文獻記載中不難看出：做爲子孫是否與其先祖先考類似，乃是古人重視血緣關係的一種具體表現。膵之通類，不僅是音近所致，而且有意義上的必然聯繫。

《史學集刊》1984-3，頁 9

○**湯餘惠**(1986)　　（編按：上博三·周易 49）過去我們不明白爲什麼金文胤字作✦（秦公簋）而中山圓壺卻寫作✦，現在這個問題可以迎刃而解了。《說文》解說胤字構形：“從肉從八，象其長也，從幺，象重累也。”現在看來，胤字當是從幺從肉會意，✦或✦皆爲飾筆，許說殆不可據。

《古文字研究》15，頁 41

○**濮茅左**(2003)　　（編按：上博三·周易 49）“衛”，疑“胤”字。《說文·肉部》：

"胤,子孫相承續也。从肉从八,象其長也,从幺,象重累也。"許慎所謂从
"八",疑从"行"省。

《上海博物館藏戰國楚竹書》(三)頁202

○**李零**(2006)　（編按:上博三‧周易49）黂,簡文从行,行字的中閒,上半从幺,下
半从肉,應是胤字的異體;馬王堆本與此相當的字是从肉从巳,我懷疑,是肥
字的誤寫,相當今本六二的腓字;今本作黂,是夾脊肉。黂、胤都是喻母真部
字,簡本與今本相合。濮注說胤字从八是行字的省體,不妥,兩周金文,胤字
就已如此,从行反而是後起。

《中國歷史文物》2006-4,頁63—64

○**何琳儀**(2007)　（編按:上博三‧周易49）"肥",滬本作"衙",今本作"黂"。
"衙、黂"韻母同屬真部,"肥"(从"巳"得聲)、"黂"、"衙"聲母同屬定紐。

《周易研究》2007-1,頁5

【胤胤】集成9734 姧蚉壺

○**李學勤、李零**(1979)　胤嗣姧蚉是中山王罌的太子,據壺銘内容,銘文刻於
王罌剛剛去世之時,銘中"先王"均指王罌,所以姧蚉不稱王。

《考古學報》1979-2,頁160

○**于豪亮**(1979)　《爾雅‧釋詁》:"胤,繼也。""胤胤(嗣)姧蚉",姧蚉是中山
王罌的兒子,罌死後,他繼承了王位,故稱胤嗣。

《考古學報》1979-2,頁181

○**張政烺**(1979)　胤,《說文》:"子孫相承續也。"此字《說文》从八,壺銘从
公。公从重八,與八音義相同。(中略)蚉當是中山王罌的後人,作壺時罌初死
未葬,新君未即位故稱胤嗣姧,而不稱嗣王。

《古文字研究》1,頁233—234

○**湯餘惠**(1993)　胤嗣,承續王位者,指王罌之子。胤,原銘作㣽,字从幺、肉
會意,八爲飾筆,與加八同,《說文》謂胤字"从肉从八,象其長也,从幺象重累
也"。非是。

《戰國銘文選》頁39

胄

集成9735 中山王方壺　　集成9734 姧蚉壺　　侯馬200:26

△按　詳見卷七"胄"字條。

孃　孃

孃上博三·彭祖7　　孃上博三·彭祖8

○**李零**（2003）　（編按：上博三·彭祖7）孃與"聶"字的含義似乎相反。

《上海博物館藏戰國楚竹書》（三）頁 308

○**陳斯鵬**（2007）　"孃"應讀爲"仰"，"孃"爲日母陽部字，"仰"爲疑母陽部字，讀音相近，例可通假。

《簡帛文獻與文學考論》頁 90

○**孟蓬生**（2009）　（編按：上博三·彭祖7）"孃"讀爲"襄"，"上舉"之義。簡文與"聶"字對文，爲"舉首"之義。《尚書·堯典》："湯湯洪水方割，蕩蕩懷山襄陵，浩浩滔天。"某氏傳："襄，上也。"《漢書·賈鄒枚路傳》："臣聞交龍襄首奮翼，則浮雲出流，霧雨咸集。"師古注："襄，舉也。"又《漢書·敘傳》："雲起龍襄，化爲侯王。"師古注："襄，舉也。"

《簡帛文獻語言研究》頁 140

脱　脱

脱十鐘　脱睡虎地·效律 58

【脱實】睡虎地·效律 58
○**睡簡整理小組**（1990）　脱，失。脱實，疑指不足實有數。

《睡虎地秦墓竹簡》頁 76

爾　爾

爾石鼓文·汧殹　爾津藝 28　爾璽彙 0415

○**羅振玉**（1916）　（編按：石鼓文）䜌，音訓。籀文爾字。篆曰，與爾不殊，但移肉於上耳。

《羅振玉學術論著集》1，頁 521，2010

○**張政烺**（1934）　（編按：石鼓文）䜌：从絲，㕚聲，即"㑥"字。舊皆釋"爾"，誤。

苟爲彎字,則應从"⿰"(如第四碣"蠻"字),不應書作"⿰"也。《説文》:"繇,隨從也。从系,𩈪聲。"古文字中从系、从絲,固常不別也。

《張政烺文史論集》頁 15,2004;原載《史學論叢》1

○**强運開**(1935)　(編按:石鼓文)⿰　薛尚功、趙古則均釋作繇,非是。郭云籀文𦝯字,楊升庵亦作𦝯。運開按:《説文》:"𦝯,臞也。从肉,䜌聲。一曰切肉。"段注:"切肉曰𦝯,𦝯之大者曰𦞦。"此篆作⿰,移肉於上,亦籀文筆迹小異耳。

《石鼓釋文》乙鼓,頁 11—12

○**裘錫圭**(1983)　戰國印文裏有"�"字:

　　閏⿰王譜 5·6 下

這個字很像"絲"字,不過它那道連結兩個"系"的橫畫是一般的"絲"字所没有的。明代印譜把這個字釋作"絲"。《補補》把這個字釋作"系",並解釋説:"許氏説'系,繫也'……此上⿱即象連繫之形。"單就"絲"字本身看,釋"絲"或釋"系"似乎都不是没有道理的。但是如果結合古印裏的从"絲"諸字作全盤考慮,就可以看出"絲"既不是"絲"字也不是"系"字。

在古印从"絲"諸字裏,比較常見的是从"車"的"轡"字:

　　⿰和古徵 13·2 下　　　　⿰⿰尊集一 5·6

　　⿰⿰(牙?)尊集二 4·28　　⿰亡(無)忌只齋

　　睘⿰賓釋

上引諸例所从的"絲"字都省作"玆"形。古文字常常省"系"爲"幺",戰國文字裏這種現象尤其常見。(中略)上海博物館藏的長陵盉上的六國刻銘部分裏"轡"字兩見,一从⿰,一从⿰。可證"玆"確是"絲"的省文。

《古徵》和强運開的《三補》都把"轡"字釋作"䜌",黄賓虹的《賓釋》則把它釋作"轡"。我們認爲黄氏是正確的。(中略)

古印裏有从"肉"从"絲"的一個字:

　　王⿰古徵附 5 上,補補 4·6 下　　　　鄧⿰尊集一 3·38

(中略)

《古徵》把它們當做未識字而收在附録裏。《補補》釋"𦝯"爲"胤",《三補》釋"�"爲"䜌",都難以相信。但是按照釋"轡"爲"䜌"的辦法,這兩個字都可以順利地釋出來:"𦝯"即是"𦝯","�"即是"戀"。(中略)

總之,把"絲"字看作"䜌"字的替代者,古印裏的从"絲"諸字全都能順利地釋出來。但是如果把"絲"釋作"絲"或"系",這些字就難以認識了。由此可見"絲"決不會是"絲"字或"系"字。

《古文字研究》10,頁 85—87

○尤仁德(1990)　璽文第二字从絲从肉。(中略)而璽文的"🅑",實際與甲骨文系字中的🅐相同。《説文解字・言部》:"䜌,……一曰不絕也。从言、絲。"(同書《絲部》:"絕……🅺,古文絕,象不連體絕二絲。"所謂"不絕"者,即二絲相連也。)又《子部》:"孿,一乳兩子也。从子䜌聲。"段玉裁注:"孿之言連也。"以二束絲相連義,引申爲兩子連(孿)生。聯、連、䜌古音同屬來母元部韻,所以,聯、連、䜌、孿四字聲義相通。臠字石鼓文作🅼,从肉䜌聲。據此,璽文所从的🅑(絲),就是䜌字省文。那麽,璽文🆇即是从肉䜌省聲的臠字。《説文解字・肉部》:"臠,臞也。一曰切肉也。"(據段玉裁本)。

　　《彙編》釋此璽(1983 號)第二字爲臂,不確。

　　璽文臠字肉旁作🆈。右側橫出一短畫。這種寫法,大約起源於春秋時期,如吉日壬午劍銘胃字作🆉。到戰國時,這種現象就相當普遍了,特別是在璽印中,則比比皆是。肉字羨筆的結構,大概意在與日月字相區別,它在研究古文字的斷代方面,是有特殊意義的。

《考古與文物》1990-3,頁 63

○何琳儀(1998)　《説文》:"臠,臞也。从肉,䜌聲。一曰,切肉臠也。《詩》曰,棘人臠臠兮。"

　　石鼓臠,讀臠。《集韻》:"臠,臆臠,驢馬腹肥貌。"引申爲腹部肥肉。

《戰國古文字典》頁 1037

　　鬻,从肉,絲聲。疑臠之省文。

　　晉璽鬻,人名。

《戰國古文字典》頁 1038

○涂白奎(2000)　(編按:石鼓文)"臠"字,學者或讀作䜌,以爲隨從意,與詩義不切。郭沫若先生以爲"以臠飼魚,魚則駛駛然奔赴"。羅君惕先生指其曲解,而説云:"《儀禮》:'膴,刌魚時割其腹以爲大臠也。'蓋上文曰育者,以魚作羹也。此處曰臠者,以魚切塊也……'臠之駛駛'者,意謂取魚將臠,魚則躍去也。"郭釋以臠飼魚固爲曲解,而羅以切臠則魚躍去亦屬牽強。此時秦公之漁人正在捕魚,尚未獲取,何以便得切臠。若此時切臠,下文便不得言"何以包之,唯楊與柳"了。

　　臠當讀作闌,是以網遮魚也。臠、闌古音同,皆在來紐元部,音同義通。《説文・門部》:"闌,門遮也。"《廣雅・釋詁》:"闌,遮也。"具遮義之闌字,其動詞今又寫作攔。河南省信陽一帶方音猶讀攔爲孿，是其證。

　　此時網漸收，網圍漸小。魚兒爲所驚在網圍中來回奔游，故詩云"孿之駛駛"。其下又接言"趦趦團團"，與此"駛駛"意同，皆描繪魚在網圍之內疾速游竄以希脱逸。詩人所詠，形象生動如在目前。

《古文字研究》22，頁 191

○徐寶貴（2008）　　按：此字釋"孿"是正確的。"孿"，古文字作：🔲（兮甲盤）、🔲（虢季子白盤）、🔲（弭伯簋）、🔲（秦公簋）、🔲（宋公欒戈）。所從的"絲"與"言"是連在一起的。但也有不連的：🔲（西周甲骨文）、🔲（中伯變姬盨"變"字所從）、🔲（欒書缶）。這幾個字例與石鼓文"孿"字所從之"孿"相近，可證釋石鼓文此字爲"孿"，是對的。字在此當指魚餌。

《石鼓文整理研究》頁 773

腈　脄　瘯

　　楚帛書　　璽彙 1208　　璽彙 2659　　璽彙 5569　　睡虎地·答問 75
　　包山 168

○高明（1985）　　（編按：楚帛書）"□脯不復"；脄字過去釋脄，不確。此當爲脯字，假爲遄，亡也。如戰國時代的"甫反布"之甫寫作"🔲"，"莆子布"之莆寫作"🔲"，皆可爲證。

《古文字研究》12，頁 392

○李零（1985）　　（編按：楚帛書）脄，從肉從束，束，帛書作🔲，與《正始石經》速（迹）所從相同。

《長沙子彈庫戰國楚帛書研究》頁 78

○何琳儀（1986）　　（編按：楚帛書）"脄"，原篆作"🔲"。其右從束，與三體石經《君奭》"束"作"🔲"，吻合無間。"脄"，應是"腈"之異文。《説文》："腈，瘦也，從肉脊聲。瘯，古文腈，從疒從束，束亦聲。"典籍或作"瘠"。"瘠"，訓"瘦"，引申訓"病"。

《江漢考古》1986-2，頁 85

○朱德熙（1989）　　（編按：楚帛書）帛書 C20：

　　曰臧（壯）。不可以簸（築）室，不可以出帀（師），脄（脄）不遄（復），其邦有大亂。取（娶）女凶。

腺就是膌字。《説文·肉部》:"膌,瘦也。从肉脊聲。瘠,古文膌从疒从束,束亦聲。"《公羊·莊公二十年》:"大災者何? 大瘠也。大瘠者何? 痾也。"何休注:"瘠,病也。齊人語也。痾者,民病疫也。"《釋文》:"瘠,一本作漬。"《曲禮》:"四足死者曰漬。"《漢書·鼂錯傳》:"起兵而不知其埶,戰則爲人禽,屯則卒積死。"《廣雅·釋詁一》:"殰,病也。"瘠、漬、積、殰並通。

帛書"出巿"二字筆畫殘泐,據文義,此二字下似當有重文號。原文的意思是説在臧(壯)這個月裏,不可以蓋房子,也不能出兵,如果出兵,軍隊要發生疫病,回不來。

　　　　　　　《朱德熙古文字論集》頁 207,1995;原載《語言文字學術論文集》

○**劉彬徽、彭浩、胡雅麗、劉祖信**(1991)　　(編按:包山 168)痜。

　　　　　　　　　　　　　　　　　　　　　　　《包山楚簡》頁 30

○**林澐**(1992)　楚帛書有**殊**,舊釋腺是對的;高明先生改釋脯,於字形不合。

　　　　　　　　　　　　　　　　　　　　《古文字研究》19,頁 469

○**饒宗頤**(1993)　(編按:楚帛書)腺字從月束聲。三體石經《君奭》束作**朿**,腺爲膌之異體。《公羊·莊公十三年》:"大災者何? 大瘠也。"何休注:"瘠,病也,齊人語也。"《説文·肉部》:"膌,瘦也。古文膌从疒从束,束亦聲。"即帛書腺字。(朱德熙説)

　　　　　　　　　　　　　　　《楚地出土文獻三種研究》頁 274

○**曾憲通**(1993)　(編按:楚帛書)此字從月束聲,李零釋腺。按腺當讀爲倷。金文倷字羅振玉以爲是後世師所至曰次的專字。倷爲本字,次則假借。《左傳·莊公三年》:"凡師,一宿爲舍,再宿爲信,過信曰次。"因而師止之處亦曰次。帛文"腺不返"即"次不復",言師滯留某地不返也,乃凶兆。朱德熙先生謂腺即膌字,病也。"腺不返"即軍隊要發生疾病,回不來。

　　　　　　　　　　　　　　　　《長沙楚帛書文字編》頁 66

○**湯餘惠**(1993)　(編按:楚帛書)腺,從肉,束聲,與瘠通;師瘠,謂師旅發生疾病。《春秋·公羊傳》莊公二十年:"大瘠者何? 痾也。"何休注:"痾者,民疾疫也。"

　　　　　　　　　　　　　　　　　　《戰國銘文選》頁 171

○**李天虹**(1993)　**殊** 168　釋文作痜

　　按:此字應隸定作痜,讀作膌(釋文作痜可能是筆誤),《説文》膌字古文作**猴**,从疒从束聲,是其證。又楚帛書有**脾**,當从肉束聲,乃膌之異體。

　　　　　　　　　　　　　　　　《江漢考古》1993-3,頁 88

○劉信芳（1996） （編按:楚帛書）瘷　諸家多隸作"腬",不妥。帛書作"瘷",字又見包山簡一六八,用作人名。《説文》"腊"之古文作"瘷",與此字同形。腊,瘦也。

《中國文字》新21,頁103

○黃德寬（1996）　確定了"脊"從"朿"聲,戰國文字的"脊"也就可以確認了。楚帛書瘷,李零先生釋"腬",朱德熙先生指出就是"腊"字,驗之帛書,文意暢達可從。但是,考諸字形,此字從肉朿聲,應釋作"脊",讀爲"腊"。"肉"旁置,與包山楚簡"責"從"貝"旁置作瘷（九八）、瘷（一四六）相同,而包山楚簡瘷（一六八）才是"腊"字。《古璽彙編》瘷（二六五九）、瘷（一二〇八）、瘷（一七二〇）等字,林澐先生曾論定它們上部從"朿"省變,甚是。他認爲此字與楚帛書瘷相同,因而從朱釋"腊"。現在看來此字即是"脊"。此外,《古璽彙編》"肖瘷"（五六二〇）、"事院瘷"（五六二二）、"史瘷"（五五六九）等舊所不識之字,均當釋爲"脊"。《古陶文彙編》瘷（三·八四七）、瘷（三八四八）等,疑也是"脊"字。

《于省吾教授百年誕辰紀念文集》頁277

○劉釗（1998）　［125］簡168有字作"瘷",字表隸作"瘷"。按字從疒從"朿","朿"乃"朿"字,字應釋爲"瘷"。瘷字見於《集韻》《廣韻》等書,在簡文中用爲人名。

《出土簡帛文字叢考》頁24,2004

○何琳儀（1998）　瘷,從疒,朿聲。腊之省文。見脊字。
　　包山簡瘷,人名。

《戰國古文字典》頁769

○白於藍（1999） （編按:包山168）［一三二］128頁"瘷"字條,"瘷"（168）,即腊字。《説文》腊字古文作"瘷",與此字形同。

《中國文字》新25,頁191

○李零（2000） （編按:楚帛書）"腬",原讀疾,饒文引之,但正式文稿删去。其實這一讀法是不對的(疾爲質部字,朿爲錫部字)。何文、朱文讀腊或瘠(古文作瘷),以爲疫病之義。補注:原作"可［呂］□□,腬(瘠)不遝(復)",經目驗帛書,應作"可呂乍(作),不腬不遝","作"即睡虎地秦簡《日書》中的"作事"。

《古文字研究》20,頁175

胅 [篆]

胅 睡虎地・答問 79

○**睡簡整理小組**（1990）　胅（音迭），《説文》："骨差也。"段注："謂骨節差忒
不相值,故胅出也。"意即脱臼。

《睡虎地秦墓竹簡》頁 112

臘 [篆]

[字形] 望山 1・37　　[字形] 璽彙 2588　　[字形] 集粹　　[字形] 珍秦 47

○**中大楚簡整理小組**（1977）　（編按:望山 1・37）[字形],爲臘,假借爲脅。脅,《説
文》謂"兩膀也";《廣韻》謂"胸脇"。腦臘疾,謂胸脅閒有疾病,上面所説不能
進食,心緒煩亂、喘,大概都與此胸脅閒疾病有關。

《戰國楚簡研究》3,頁 21

○**劉釗**（1990）　《文編》附録三六第 6 欄有字作"[字形]",按字從肉從鼠,應釋爲
"臘"。金文鼠字形體作"[字形]、[字形]、[字形]"（鑷所从）、"[字形]"（歟所从）、"[字形]"（獵所
从）,與"[字形]"所从之"[字形]"形近,應爲一字。臘字見於《説文》肉部。

《考古與文物》1990-2,頁 47

○**朱德熙、裘錫圭、李家浩**（1995）　（編按:望山 1・37）三七號簡"胸[字形]疾"之
"[字形]",原文作[字形],中山大學中文系古文字研究室的同志釋爲"臘",謂借爲
"脅"（《戰國楚簡研究》三 21 頁,1977 年油印本）,可從。"胸脅疾"指胸脅處
有疾病。

《望山楚簡》頁 104

○**何琳儀**（1998）　望山簡臘,疑讀脅。《公羊・莊元》"搚幹而殺之",釋文搚
"亦作拉"。而鼠下從翌聲（見鼠字下引甲骨文）。又《説文》:"邋,搚也。從
辵,鼠聲。"以搚釋邋屬聲訓。凡此可證鼠、立、脅音近可通。《説文》:"脅,兩
膀也。從肉,旁聲。"

《戰國古文字典》頁 1435

胙　脙

隌 包山 205　　**胙** 包山 224　　**脙** 璽彙 0417　　**脙** 璽彙 0896　　**脙** 璽彙 2134

○**劉彬徽、彭浩、胡雅麗、劉祖信**（1991）　（編按：包山 205）脙（胙）。

《包山楚簡》頁 33

○**何琳儀**（1998）　脙，从肉，釵聲。胙之繁文。見胙字。

包山簡脙，讀胙。

《戰國古文字典》頁 578

脙，从肉，俊聲。胙之繁文。見胙字。

包山簡脙，讀胙。

《戰國古文字典》頁 578

《説文》：“胙，祭福肉也。从肉，乍聲。”

晉璽胙，人名。

《戰國古文字典》頁 579

隋　隋

隋 珍秦 100　　**隋** 吉大 42　　**隋** 璽彙 0831　　**隋** 璽彙 2769　　**隋** 侯馬 98：19　　**隋** 陶彙 3·938

○**劉釗**（1990）　《文編》十四·七第 6 欄有字作下揭形：

隋 二七七二　　**隋** 二七六九　　**隋** ○八三一

字還見於《古璽彙編》二九三七號璽。《文編》隸作“隌”，以不識字列阜部後。按字从阜从“毒”，“毒”字从土从肉。侯馬盟書隋字作“隋”，去掉所从之“艸”，與古璽“隋”字形同。古璽“隋”即應爲“隋”之省體，戰國文字中省去“又”旁者習見，例不贅舉。故古璽“隋”字可釋爲“隋”。

《考古與文物》1990-2，頁 45

○**高明、葛英會**（1991）　（編按：陶彙 3·938）《説文》肉部隋从肉陸聲。此从陸省聲。

《古陶文字徵》頁 197

○**何琳儀**（1998）　隋，从阜，育聲。育所从土形或在ㅋ形之上，參漢印隋作隋；育或省ㅋ，參隨、隋、隋。《説文》：“隋，裂肉也。从肉，从陸省。”隋，墮（墻）之本字,即《説文》之陸。見陸字。"裂肉也"應移於肎字之下。

　　睡虎地簡隋,讀惰。《説文》:"惰,不敬也。从心,墮省聲。"

《戰國古文字典》頁 878

膳　膳　膳

郭店・語一 15　　郭店・語一 84　　郭店・語三 38　　郭店・語三 47

郭店・語三 25

○荊門市博物館(1998)　　(編按:郭店・語一 15)膳(善)。

　　(編按:郭店・語三 25)膳(善)。

《郭店楚墓竹簡》頁 193、210

○湯餘惠等(2001)　　(編按:郭店・語三 25)膳。

《戰國文字編》頁 271

○李零(2002)　　(編按:郭店・語三 25)釋文作"膳",讀爲"善",按簡文原文確是"膳"字之訛,但寫法走形,實際上是上半爲"羊",下半爲"脂"。

《郭店楚簡校讀記》頁 154

○李守奎(2003)　　(編按:郭店・語三 25)膳　羞　从善省聲。

《楚文字編》頁 259

肴　

上博六・競公 9

○濮茅左(2007)　　肴生(牲)也。(中略)本句意爲"因此,並非是美玉、佳肴犧牲等祭品"。

《上海博物館藏戰國楚竹書》(六)頁 184

胡　

集成 11712 七年相邦鈹　　上博六・競公 10　　陶彙 5・254　　陶彙 5・256

陶彙 9・76　　璽彙 3691　　璽彙 1301　　璽彙 1302　　璽彙 2464　　珍秦 101

○**何琳儀**(1998)　　晉璽胡,姓氏。帝舜之後胡公封陳,子孫以謚爲姓。見《元和姓纂》。

《戰國古文字典》頁 473

肱　

陶彙 3·88

○**徐在國**(2002)　　三、釋"肱"

齊國陶文中有如下一字:D 　陶彙 3·88

《陶彙》缺釋。

按:戰國文字中"玄"字作:

璽彙 0748　　　　郭店·老子甲 8

同上 1969　　　　同上 28

D 上部所從"　"與上引"玄"字形近,應是"玄"。

如此,D 可分析爲從"肉","玄"聲,釋爲"肱"。《說文》:"肱,牛百葉也。從肉,弦省聲。"《陶彙》3·88"徭衢大匋里肱","肱"爲人名。

《古文字研究》23,頁 109—110

脯　脯　肴

包山 255　　包山 258

○**劉彬徽、彭浩、胡雅麗、劉祖信**(1991)　　(編按:包山 255)脯,簡文作　,父聲。

《包山楚簡》頁 59

○**何琳儀**(1998)　　胲,從肉,父聲。疑脯之省文。《說文》:"脯,乾肉也。從肉,甫聲。"

包山簡牘胲,讀脯。

《戰國古文字典》頁 594

○**劉信芳**(2003)　　肴:讀爲"脯",乾肉。《國語·楚語下》:"成王聞子文之朝不及夕也,於是乎每朝設脯一束,糗一筐,以羞子文。"脯、脩之別,《周禮·天官·膳夫》賈公彥《疏》:"加薑桂鍛治者謂之脩,不加薑桂以鹽乾之者謂之脯。"

《包山楚簡解詁》頁 258

脩 

集成 9939 脩武府栝 包山 255 包山 258 陶彙 9・55 耆録 4・1
璽彙 3980 璽彙 0302 官印 42 青川木牘

○**黄盛璋**(1974)　(**編按**:集成 11317 三年脩余令戈)“脩”字《説文》右上部从支,此从又,應是脩字簡寫。脩余殆是脩魚,《史記・韓世家》宣惠王十六年“秦敗我脩魚”,又《秦本紀》:惠文君後元七年“韓、趙、魏、燕、齊帥匈奴共攻秦,秦使庶長疾與戰脩魚,虜其將申差”,《正義》:“脩魚,韓邑也。”《左傳》成十年晉人及鄭“子然盟於脩澤”,杜注:“滎陽卷縣東南有修武亭。”此地爲濟水所逕,見《水經注》,並説是鄭地,韓滅鄭後,其地自屬韓。

《歷史地理與考古論叢》頁 93,1982;原載《考古學報》1974-1

○**劉彬徽、彭浩、胡雅麗、劉祖信**(1991)　(**編按**:包山 255)脩,簡文作,與金文“攸”字形近,攸鼎之攸作。《説文》:“脩,脯也。”

(**編按**:包山 258)僻腋,腋也作朊,讀如鷿鷉。《方言》八:“鷄,陳、楚、宋、魏之閒謂之辟疽鸊鷈。”

《包山楚簡》頁 59、61

○**李家浩**(1995)　(**編按**:包山 258)A 和 B 所从 A 旁的寫法,與 258 號簡“僻(腺)脩一箕、一箕脩”之“脩”所从“攸”旁的左半相同。

《第二屆國際中國古文字學研討會論文集續編》頁 377

○**劉信芳**(1997)　(**編按**:包山 258)包山簡二五八:“僻朊一篓。”“僻朊”乃聯綿詞,讀如“鷿鷈”,字或作“鷿鷉”,野鴨也。《方言》卷八:“野鳧,其小而好没水中,南楚之外謂之鷿鷉,大者謂之鶻蹏。”又云:“鷄,陳楚宋魏之閒謂之鷿鷈。”簡文“僻朊”應指野鴨。

《中國文字》新 23,頁 119

○**何琳儀**(1998)　趙璽“脩武”,地名。《戰國策・秦策》一“西攻脩武、羊腸”,注:“脩武,趙邑。”在今河南獲嘉。

包山簡脩,肉脯。

脩武府耳杯“脩武”。青川牘脩讀修。《廣雅・釋詁》三:“修,治也。”

《戰國古文字典》頁 207—208

○**何琳儀**（1998）　（編按：包山258）朓，从肉，死聲。

包山簡“僻朓”，讀“鷺鶿”。《書·舜典》“一死贄”，《説文》墊下引死作雉。又《説文》雉古文作鷈。是其佐證。張望《鷺鶿賦》：“惟鷺鶿之小鳥，托川湖以繁育。”亦作鷺鵜、鷺鶿、鷺鷉。《方言》卷八：“野鳧，其小而好没水中者，南楚之外謂之鷺鷉。”或讀“鷺鳲”。《史記·高祖功臣侯表》“魯侯毋疵”，《漢書·高惠高后文功臣表》疵作底。是其佐證。《方言》八：“雞，陳楚宋魏之間，謂之鷺鳲。”兩説存参。

《戰國古文字典》頁 1277

○**湯餘惠等**（2001）　（編按：包山258）朓。

《戰國文字編》頁 268

○**劉信芳**（2003）　（編按：包山258）“脩”字從李家浩釋。林清源讀“僻脩”爲“腜脩”（《楚國文字構形演變研究》，臺灣東海大學博士論文，1997年，第143頁）。按，“腜”乃牛百葉，“脩”乃干（編按：應作“乾”）肉。牛百葉似不宜干（編按：應作“乾”）製。疑“僻脩”讀爲“貔脩”，《説文》釋“貔”爲“豹屬”，《爾雅·釋獸》釋爲“白狐”。包262另有“狐”字作“鼲”，如是則“僻脩”以理解爲干制（編按：應作“乾製”）豹肉爲宜。

《包山楚簡解詁》頁 267

【脩余】集成 11317 三年脩余令戈

○**崔恆昇**（2002）　三年脩余戈：“三年脩余命戈。”戰國韓邑，在今河南原陽縣西南。亦稱修魚。《史記·秦本紀》：“秦使庶長疾與戰修魚，虜其將申差。”亦作脩魚。《史記·韓世家》宣惠王十六年，“秦敗我脩魚”。

《古文字研究》23，頁 223

【脩武】

○**王輝**（1987）　秦有脩武府。

與安邑下官鍾同出者有一耳杯，上刻“脩武府”三字。《漢書·地理志》河内郡有脩武縣，應劭曰：“晉始啟南陽，今南陽城是也，秦改曰脩武。”臣瓚曰：“《韓非》書‘秦昭王越趙長平西伐脩武’。時秦未兼天下，脩武之名久矣。”師古曰“瓚説是也”。脩武原爲魏邑，後入秦。咸陽塔兒坡出土銅器多爲魏國器物，然既劫掠至秦，秦人便於其上加刻文字，“脩武府”府字作𤖦，不从貝，顯係秦人補刻。

《中國考古學研究論集》頁 351

○**王輝**（1990）　府本爲製造、貯藏器物的處所。（中略）

脩武見《漢書・地理志》,應劭曰:"晉始啟南陽,今南陽城是也,秦改曰脩武。"臣瓚曰:"《韓非》書:秦昭王越趙長平,西伐脩武。時秦未兼天下,脩武之名久矣。"師古以爲"瓚説是也"。按《韓非子・初見秦》:"大王以詔破之,拔武安。當是時也,趙氏上下不相親也,貴賤不相信也。然則邯鄲不守。拔邯鄲,莞山東河間,引軍而去,西攻脩武。"據郭沫若《青銅時代・韓非子初見秦篇發微》,《初見秦》是呂不韋的作品,作於秦昭王五十一年,文中提到的"武安"指趙主將趙括,昭王四十七年,秦將白起坑殺括所將趙卒四十萬於長平。脩武之入秦,當在昭王晚年。杯作於昭王四十七年之後。

《秦銅器銘文編年集釋》頁 163—164

朐

望山 2・13

○何琳儀(1998) 楚簡朐,不詳。

《戰國古文字典》頁 342

○劉國勝(2011) (編按:望山 2・13)按:"朐",疑讀爲"拘"。下文"羸",疑讀爲"嬴"。"拘、嬴"皆作拘繫、纏繞的意思講。《易・大壯》"羸其角",孔穎達疏:"羸,拘累纏繞也。"簡文"翠拘翡嬴"似指旌旗旗杆上纏有翡翠鳥羽的裝飾。《楚辭・招魂》:"翡帷翠帳,飾高堂些。"

《楚喪葬簡牘集釋》頁 104

胥

秦陶 429　璽彙 3554　璽彙 2177　陶彙 3・697　陶彙 3・696

○高明、葛英會(1991) (編按:秦陶 429)跒。

《古陶文字徵》頁 230

○陳偉武(1995) 9.胥 《文字徵》第 230 頁"跒"字下:"《秦》429,獨字。"今按,此字當釋胥。足符與疋符通作可以楚簡爲證,仰天湖楚簡"綖"字凡四見,湯餘惠先生認爲就是後世字書上的"綖(疏)"字(湯餘惠《戰國文字考釋・釋"綖"》,《古文字研究》第 10 輯)。《文字徵》第 194 頁"胥"字下録《陶彙》3.696和 3.697,與當係一字異體。《古璽彙編》3554,釋胥,不釋跰。

《中山大學學報》1995-1,頁 123

○**何琳儀**(1998)　《説文》:"胥,蟹醢也。从肉,疋聲。"又《字彙》:"胝,牡胝也。"應另有來源。

　　齊璽胥,人名。

《戰國古文字典》頁 581

○**湯餘惠等**(2001)　　(編按:陶彙3·697、陶彙3·696)胝。

《戰國文字編》頁 266

胳 腦 腤

睡虎地·日乙 160

○**睡簡整理小組**(1990)　胳,《説文》:"豕肉醬也。"

《睡虎地秦墓竹簡》頁 246

○**張守中**(1994)　腤 《説文》所無。

《睡虎地秦簡文字編》頁 63

○**湯餘惠等**(2001)　腤。

《戰國文字編》頁 269

腪 䐖

集成 11815 齊城右造刀

○**何琳儀**(1998)　《説文》:"腪,切熟肉内於血中和也。从肉,員聲。讀若遜。"

　　齊城右造刀腪,人名。

《戰國古文字典》頁 1314—1315

脂 脂

脂郭店·唐虞 11　　脂璽彙 1273　　脂璽彙 3972

○**裘錫圭**(1983)　戰國印文裏有一個从"肉"从"旨"的字:

半 🔥　　簠集下 52 上　　　胸不 🔥　尊集一 5・9　　　空侗 🔥　娑羅 2

《古徵》附録收有🔥字,未注出處,疑即上引第三例的誤摹。《三補》收入上引第一例,誤摹爲🔥,釋作"脂"。（中略）

根據偏旁分析,🔥字無疑應該釋作"旨"。《説文・旨部》:"🔥,美也。从甘,匕聲。🔥,古文旨。"古印"甘"字或作🔥,🔥字下部正與之同形。🔥字上部的🔥,近於"人"字,但字形方向跟一般"人"字相反,正是《説文》所謂"从反人"的"匕"。（中略）

既知🔥即"旨"字,上引印文就可以確定爲"脂"字了。古印"脂"字的偏旁配置不采取並列式而采取重疊式。這跟《釋脂⋯⋯》篇裏講過的古印"胡"字作"胉"、"脂"字作"胥"等現象是一致的。

《古文字研究》10,頁 83—84

○何琳儀（1998）　晉璽脂,人名。

《戰國古文字典》頁 1289

膩　膩　貳

貳 集成 9735 中山王方壺　　　🔥 上博四・曹沫 11

🔥 睡虎地・爲吏 14 伍　　　🔥 秦駰玉版

○張政烺（1979）　（編按:集成 9735 中山王方壺）貳,从肉,弍聲,當是膩之異體,在此讀爲貳。

《古文字研究》1,頁 214

○趙誠（1979）　（編按:集成 9735 中山王方壺）貳（貳）。

《古文字研究》1,頁 249

○何琳儀（1998）　貳,从肉,弍聲。疑膩之省文。《説文》:"膩,上肥也。从肉,貳聲。"

中山王方壺"不貳",讀"不二"。《書・康王之誥》"不二心之臣"。或作"不貳"。《左・襄廿六》"思而不貳",注:"無貳叛之心也。"

《戰國古文字典》頁 1255

○曾憲通、楊澤生、蕭毅（2001）　"貳",即"二"的大寫數字。這和玉版文字"一"寫作"壹"相一致。

《考古與文物》2001-1,頁 52

○**王輝**（2001）　"貳"見於睡虎地簡《爲吏之道》："百姓摇（摇）貳乃難請。"貳即二。馬王堆帛書《戰國縱橫家書》："貳周、安陵必扡（弛）。""貳周"即東周、西周二周之地。

《考古學報》2001-2,頁 151

○**李零**（2004）　（編按:上博四·曹沫 11）飤不膏𧊮　第四字也可能是"顯"字的異寫,相當於"沫"字,這裏讀爲"食不二味"。《左傳·哀公元年》："昔闔廬食不二味,居不重席。"

《上海博物館藏戰國楚竹書》（四）頁 250

○**陳劍**（2005）　（編按:上博四·曹沫 11）貳。

《戰國竹書論集》頁 116,2013

○**陳斯鵬**（2005）　（編按:上博四·曹沫 11）膩（貳）。

《簡帛文獻與文學考論》頁 94,2007

○**李守奎、曲冰、孫偉龍**（2007）　（編按:上博四·曹沫 11）膏。

《上海博物館藏戰國楚竹書（一—五）文字編》頁 221

△按　《説文》："貳,副益也。从貝,弍聲。弍,古文二。"戰國文字"貳"用作數詞。西周金文作𣒄（《五年琱生簋》）,从𢦏（戈）从貝,會分割義。《説文》："貳,副益也。"段注:"當云副也,益也。"所訓"副",判也,與分割義同。"益、二"皆其引申義。《説文》小篆所从聲符"弍"當是"戈"訛變聲化造成的。

戠 𢧜 肕

璽彙 248　　　璽彙 3698

集成 2481 二年寧鼎　　　集成 2746 梁十九年亡智鼎

集成 2793 坪安君鼎　　　文物 2005-8,頁 91

○**何琳儀**（1998）　肕,从肉,才聲。戠之省文。《説文》："戠,大儹也。从肉,戈聲。"

魏器肕,讀載。

《戰國古文字典》頁 100

齊璽戠,讀載。姓氏。姬姓之後,春秋有載國,陳留外黄是。見《風俗通義》。

《戰國古文字典》頁 102

○蔡運章、趙曉軍（2005）　"肍"，與廿八年平安君鼎"肍四分䰜"、梁十九年鼎"肍少半"的"肍"字構形相同。此字从肉，才聲，爲䑋字省體，通作載，"義同容、盛"。

《文物》2005-8，頁91

散　𢼸　𢿍

集成11033 陳貝散戈　　集成11036 陳瘂散戈　　集成11210 羊角戈

睡虎地・秦律117　　龍崗119

○**睡簡整理小組**（1990）　（編按：睡虎地・秦律117）散，疑讀爲藩。

《睡虎地秦墓竹簡》頁48

○**劉釗**（1996）　（編按：睡虎地・秦律117）"散"字在此應讀爲"柵"。柵古有兩音，一在清紐錫部，一在邪紐元部。柵讀邪紐元部與散字心紐元部音很近。《説文・木部》："柵，編樹（《一切經音義》引作豎）木也。从木、册，册亦聲（小徐本徑作"册"聲）。"古从册得聲的"珊""姍""柵"等字皆爲心紐元部字。與散字聲韻皆同。字書"霰"字義同於"霰"。典籍散字與从册得聲的字可以相通，如《史記・平原君虞卿列傳》"檠散行汲"，《集解》謂："散亦作跚。"可證"散"確實可通作"柵"。《廣韻》去聲三十諫韻："柵，籬柵。"按籬即欄也，籬柵即柵欄，今稱柵欄。又龍崗秦簡252簡説："亟散□□□毋令獸逃。"散爲動詞，疑是亦讀爲"柵"，意爲柵欄苑囿以防野獸出逃。

《簡帛研究》2，頁110

○**陳偉武**（1998）　2.興徒以斬垣離散

《秦律十八種・徭律》："縣葆禁苑、公馬牛苑，興徒以斬（塹）垣離（籬）散及補繕之，輒以效苑吏，苑吏循之。"整理小組注："塹，動詞，挖掘起保衛作用的壕溝。散，疑讀爲藩。"

今按，"斬"讀爲"塹"不必理解爲動詞；"塹垣籬散"是個名詞性詞組，指苑囿的諸種防衛設施。試比較同律前文："興徒以爲邑中之紅（功）者，令結（婣）堵卒歲。""塹垣籬散及補繕之"正是"邑中之功"，"塹垣籬散"前省了動詞"爲"，"爲"即修建之意。"爲塹垣籬散"與"補繕之"均是述賓結構，故用連詞"及"表並列。"散"指藩籬，釋義雖無誤，而散字古音屬心紐元部，藩爲並紐元部，聲紐懸隔，依聲韻求之，散當讀爲柵。大徐本《説文》："柵，編樹木也。

从木从册,册亦聲。"唐寫本木部殘卷謂"栅"从"删"省聲,當較宋本近真。其他"珊删姗跚"諸字均歸元部。且"散"字有與"跚"通作者,《史記·平原君列傳》:"民家有躄者,盤散行汲。"裴駰集解:"散,亦作跚。"《集韻·寒韻》:"跚,蹣跚,行不進皃,或作散。"又《諫韻》"所晏切"小韻下:"栅,編竹木爲落也。"落即籬落、藩籬。《廣韻·諫韻》"所晏切":"栅,籬栅。"與秦簡"離散"顯係一詞。銀雀山漢簡《孫臏兵法·地葆》"天離"讀爲天籬。因此,秦簡的"離散"即是"籬栅",同義連文。

《中國語文》1998-2,頁 142

腏　𦝤

𦜕 睡虎地·日甲 156 背　　芳 璽彙 3144

○**饒宗頤**(1982)　　(編按:睡虎地·日甲 156 背)按腏者,《説文》云:"腏,挑取骨閒肉也。"《廣韻》腏字有三,一在入聲十三末,義同《説文》。一訓:腏,骨閒髓也。在入聲十七薛。《集韻》見入聲十三末。日書云"中三腏",腏用作動詞,似當讀爲餟。《廣韻》在去聲十三祭。云餟《説文》曰祭酹也。司馬貞曰《漢志》作腏,字通。餟亦訓連祭,故三腏謂酹祭凡三次。

《雲夢秦簡日書研究》頁 43

○**睡簡整理小組**(1990)　　(編按:睡虎地 · 日甲 156 背)腏,即餟,祭飯。玄應《一切經音義》十一引《字林》云:"餟,以酒沃地祭也。"《説文通訓定聲》則云:"以酒曰酹,以飯曰餟。"

《睡虎地秦墓竹簡》頁 228

○**劉信芳**(1991)　　(編按:睡虎地 · 日甲 156 背)(七)中三腏:"腏"同"叕"。《説文》:"叕,綴聯也。"《日書》1040 簡記行祠祝辭曰:"耐爲四席,席叕,其後亦席,三叕。"是"腏"同"叕"之内證。"中三腏"意爲中以三席爲叕,"席"即下文之"兕席",古時祭祀場面大,一次不止用一席,故有"傻席"。賀潤坤同志釋"腏"同"傻",饒宗頤先生釋爲"餟","三腏謂酹祭凡三次",與拙説不同。

《文博》1991-4,頁 67

○**何琳儀**(1998)　　(編按:璽彙 3144)　晉璽腏,人名。

《戰國古文字典》頁 926

胳　腽

胳 璽彙 2970　　胳 璽彙 2972　　胳 璽彙 2974　　胳 璽彙 2975　　胳 璽彙 2979　　胳 璽彙 2982

○**裘錫圭**（1983）　戰國印文裏有一個寫作胳、胳等形的字：

（1）胳古徵附 5 下,補補 4・7 下　　（2）胳痔古徵附 5 下

（3）胳沽攗華 1・57　　　　　　　（4）胳遣娑羅 1

（5）胳狎古徵附 5 下　　　　　　　（6）胳坤尊集一 3・17

（7）胳秦古徵附 5 下　　　　　　　（8）胳訣昔則 9・10

（9）胳栖古徵附 5 下

丁佛言《補補》收入(1),釋爲"胳"。《古徵》把(1)(2)(5)(7)(9)收入附錄,但是把(9)單列一行,大概表示它跟(1)(2)(5)(7)可能不是一個字。其實(9)跟其它各例不但字形很接近,在印文裏的用法也完全相同——都用作姓氏,它們顯然是同一個字的異體。

丁氏釋"胳"爲"胳"是正確的,可惜他沒有加以論證,因此沒有得到大家的重視,我們應該爲他申述一下把這個字釋爲"胳"的理由。

根據上面所引的各種寫法來看,這個字可以分析成上下兩部。下半顯然是"肉"字。上半又可以分析成上下兩部。下部的"臼"沒有問題可以釋作"臼"。上部的那個偏旁作"乁、亻、乀、亻、亻"等形,而以作"乁"的爲最常見。侯馬盟書"及"字作乁、乁、乁等形,所从"人"旁與此同形。戰國古印"疲、汲、鈒、郔"等字所从的"及","廗"字所从的"府",其"人"旁也都如此作。又古印"長"字多作乁、乁等形,"頁"旁多作乁,下部人形寫法也與此相近。由此可知乁確是"从人在臼上"的"臽"字。乁或作亻,正是"人"的本形,或作亻、乀、亻,則跟乁同樣是"人"的變形。

《說文・肉部》:"胳,食肉不猒也。从肉,臽聲。"小篆裏兩個偏旁左右並列的字,在先秦古文字裏往往可以寫作上下重疊式。**（中略）**

古印"胡"字收入《古徵》的共六個,全部寫作上下重疊式。所以古印的"胳"字沒有問題就是小篆的"胳"字。

上引各印的"胳"字全都是用作姓氏的。"胳"氏應該就是"闔"氏。**（中略）**古印的"胳"氏應該就是古書裏常見的"闔"氏。

認識了"脂"字,見於古印的幾個从"肎"之字,就都可以辨釋出來了。

《古文字研究》10,頁 78—80

○**何琳儀**(1998)　　晉璽脂,讀閻,姓氏。晉閻邑大夫,以邑爲氏。見《通志·氏族略》。

《戰國古文字典》頁 1444

肰　肰

肰 郭店·老丙 2　　肰 郭店·尊德 2　　肰 郭店·語一 76　　肰 信陽 1·1　　肰 望山 1·13

肰 上博一·詩論 16　　肰 上博二·容成 18　　肰 上博四·柬大 13　　肰 上博五·弟子 14

○**中大楚簡整理小組**(1977)　　(編按:信陽 1·1)"歲肰"讀爲卒(猝)然。

《戰國楚簡研究》2,頁 2

○**劉雨**(1986)　　(編按:信陽 1·1)然。

《信陽楚墓》頁 125

○**李家浩**(1990)　　(編按:信陽 1·1)然。

《文史》33,頁 11

○**何琳儀**(1998)　　楚簡肰,讀然,語末助詞。

《戰國古文字典》頁 1009

膠　膠

膠 睡虎地·秦律 128　　膠 睡虎地·日甲 34 背

○**睡簡整理小組**(1990)　　(編按:睡虎地·秦律 128)膠,黏接車輛木製部件用的膠,古時製車多用膠黏接。

　　(編按:睡虎地·日甲 34 背)膠,讀爲摎,糾結。

《睡虎地秦墓竹簡》頁 50、216

○**劉樂賢**(1994)　　(編按:睡虎地·日甲 34 背)[十九]膠,讀爲摎,糾結。按:鄭剛云:"膠讀爲繆。《荀子·哀公》'繆繆肫肫'注:'繆當爲膠。'繆即弔死鬼。《漢書·外戚傳下》'即自繆也',注引鄭氏:'繆,自縊也。'哀鬼因無家故喜與人爲伍,引誘人自經以爲伴,這在後世鬼怪故事中常見。"我們認爲,本條的鬼名是哀鬼，哀鬼只是使人"色柏然毋氣，喜契清，不飲食"，並未引誘人自經，故當從整理小組訓爲糾結。

《睡虎地秦簡日書研究》頁 236

嬴

集成 326 曾侯乙鐘　　信陽 2·19　　仰天湖 7　　包山 41　　包山牘 1

○**商承祚**（1995）　（編按：仰天湖 35）鼀，即嬴，《説文》釋爲獸名，郎果切（音羅）。鼀倓，是一種名物。

《戰國楚竹簡匯編》頁 62

○**劉信芳**（1997）　包山簡二六九："一和嬴甲。"（中略）（牘文同）出土之馬甲（標本二：三八一）左側背面漆書一"嬴"字。疑字讀如"纍"，有如"贏"俗作"騾"，"螺"俗作"螺"，"殯"又作"瘰"。《説文》："纍，綴得理也。"《國語·齊語》："諸侯甲不解纍，兵不解翳。"

《中國文字》新 22，頁 194

○**何琳儀**（1998）　嬴，甲骨文作（甲一六三二），象蝸牛觸角，蜷體（飾花紋）、四足之形。嬴之初文。《説文》："嬴，螺也。从虫，嬴聲。一曰，虒蝓。"亦作螺。《一切經音義》："螺，古文嬴同。"亦作蝸。《説文》："蝸，蝸嬴也。从虫，咼聲。"嬴、嬴、螺、蝸一聲之轉。甲骨文或作（粹四八三），省四足。西周金文作（伯衛父盉嬴作），其觸角訛變與能字所从相同，乃聲化趨勢。嬴，來紐；能，泥紐；均屬舌音。或作（筍伯盠嬴作），三足上移。春秋金文作（子季嬴青簠嬴作），三足訛作大形。或作（子叔嬴芮君盞嬴作），觸角訛作 M 形。戰國文字承襲春秋金文。下部多作能形，中部或作、（由蜷體訛變），上部作、、、、由三足省變，上部或作、由觸角 M 訛變。《説文》："嬴，或曰獸名。象形。闕。"小篆亡、口由、、訛變，肉旁乃能之左下部分，丮則由、、、訛變。

　　養陵公戈嬴，讀嬴，嬴秦。仰天湖簡、信陽簡嬴，讀嬴。《藝文類聚》："陶侃故事曰，侃上成帝嬴杯一枚。"包山簡"嬴迻"，地名。包山牘嬴，讀嬴。《周禮·天官·大司徒》"其動物宜嬴物"，注："虎豹貔貘之屬淺毛者。"帛書"□嬴"，疑讀"黃熊"。《禮記·月令》疏載"伏羲"號"黃熊氏"。

　　曾樂律鐘"嬴孠"，即"嬴亂"（亂爲𤔲也即孠之訛），樂律名。《國語·周語》下：“以無射之上宫，布憲施舍於百姓，故謂之嬴亂。”

《戰國古文字典》頁 872

○**李家浩**（2003）　據 271、273 號簡等“鞘牛之革鞻”語，可知“鞘甲”之“鞘”是一種牛名。“羸甲”與“鞘甲”文例相同，“羸”也應當是一種牛名。“羸、累”音近古通，《廣韻》戈韻“騾、螺”二字重文作“驘、蠃”即其例。疑“羸甲”之“羸”應當讀爲“㹈”。《淮南子·時則》“季春之月……乃合㹈牛、騰馬”，高誘注：“㹈牛，特牛也。”“㹈牛”或作“累牛、纍牛”，見《吕氏春秋·季春》和《禮記·月令》。《吕氏春秋》高誘注：“纍牛，父牛也。”

《古籍整理研究學刊》2003-5，頁 3

○**劉信芳**（2003）　（編按：包山 269）一和羸甲：“和”讀爲“合”（李家浩説）。“麈”讀爲“甲”，中山王方壺“身蒙麈胄”，即“甲胄”（參朱德熙、裘錫圭《平山中山王墓銅器銘文的初步研究》，《文物》1977 年 1 期）。該墓出土的馬甲（標本 2-381）左側背面漆書一“羸”字，疑字讀爲“纍”，有如“驘”俗作“騾”，蠃俗作“螺”，“癵”又作“瘰”。《説文》：“纍，綴得理也。”《國語·齊語》：“諸侯甲不解纍，兵不解翳。”

　　李家浩釋爲“纍牛”之甲，《吕氏春秋·季春紀》：“乃合纍牛騰馬。”高誘《注》：“纍牛，父牛也。”纍甲即公牛皮做的馬甲。

《包山楚簡解詁》頁 311

冐 肙 肙

肙 陶彙 3·1094

肙 望山 2·2　　肙 望山 2·6　　肙 望山 2·7　　肙 上博二·容成 36　　肙 新蔡甲三 110

○**高明、葛英會**（1991）　（編按：陶彙 3·1094）冐。

《古陶文字徵》頁 194

○**朱德熙、裘錫圭、李家浩**（1995）　（編按：望山 2·2）戰國文字“㞱、由、占”等偏旁往往相混，疑“肙”爲从“肉”“㞱”聲之字，“肙緅”當讀爲“緇紬”，即黑色之紬。

《望山楚簡》頁 115

○**李運富**（1997）　其實，上述各字所从之肙、肙、肙就是《説文》的“冐”，因而从心的當釋“悁”，从邑的當釋“郇”，从糸的當釋“絹”。（中略）

　　釋“悥”爲“悁”、“絹”爲“絹”、“郇”爲“郇”，投之簡文句意，皆能暢通無礙。如簡 138 反(編按:包山 138 反)的"又悬"即"有悁","悁"當訓仇怨。《説文・心部》:"悁,忿也。"《史記・魯仲連鄒陽傳》"棄忿悁之節,定累世之功",《楚辭・九歎・逢紛》"腸憤悁而含怒兮",所用"悁"皆怨恨之義。"有悁,不可證"者,言與乙方有仇怨之人,不可爲甲方作證説話。這樣理解正好跟後兩句言有親情關係者不可爲親友作證的意思相對並列。

《古漢語研究》1997-1,頁 91—92

○**李家浩**(1999) (編按:望山 2・12)冐(觑)。

《中國文字》新 25,頁 145

○**黄德寬、徐在國**(1998) 緇 10 有字作🔲,又見於緇 22 作🔲,原書隸作"悁"。注釋 32:"悁,裘按:此字應從今本釋作'怨',字形待考。此字又見於二二號,今本亦作'怨'。"(133 頁)我們認爲此字應該分析爲從心冐聲,釋爲"悁"。"🔲"乃楚文字之"冐",緇 46"我龜既猒(厭)","猒"從"冐"作🔲可證。"悁"讀爲"怨"。悁、怨古音同屬影紐元部,故悁字可借爲怨。包山簡 138 反有字作🔲,《簡帛編》隸作"悁"(803 頁),我們認爲此字亦應釋爲"悁",讀爲"怨"。簡文"又悁不可諓"即"有怨不可證"。

《吉林大學古籍整理研究所建所十五周年紀念文集》頁 102

○**魏宜輝、周言**(2000) 郭店楚簡中多見與🔲相關的一些字,如:

A 🔲《緇衣》10 B 🔲《緇衣》10 C 🔲《緇衣》22

D 🔲《緇衣》46 E 🔲《尊德義》34

A、B、C、E 釋文隸定作"悁",裘錫圭先生指出此字應從今本釋作"怨"。黄德寬、徐在國先生認爲:(中略)

我們認爲黄、徐的字形分析欠妥,楚簡文字中的"🔲"當從猒省,這一點由 D 可證;郭店楚簡《緇衣》簡 46 引詩"我龜既猒(厭)","猒"字即寫作"🔲"。🔲即"猒"之左半"冐",而絕非"冐"字。"冐"寫作"🔲",可能是楚系文字的一種習慣寫法。"冐"上從甘(楚系文字中其上從占),"冐"上從"口",二者字形相近,有時容易混淆(金文中的"猒"字所從的"甘"有的省減作"口",而與"冐"同),在考察時須審慎。我們認爲🔲字非"冐"字的另一個理由是:楚簡文字中本身就有從"冐"之字,如:

🔲 信陽 2.013 🔲 信陽 2.015

"猒(厭)"古音爲影紐談部字,"怨"古音爲影紐元部字,音近可以通假。

《汗簡》《古文四聲韻》中，"猒"或"厭"字多有省減作"肙"的字例，由此我們推測楚系文字中諸多从"𡿺"的字都應該是从猒省，如：

𡿺 望山 2.2　　𡿺 包山 2.138　　㥀 包山 2.275　　㹞 包山 2.122

分别應隸定作"肙、悁、絹、郿"。《包山楚簡》2.259 有"纚"字：

纚　S 包山 2.259

應即"絹"之繁構。可以説，《郭店楚簡》中的"𢛳"和"猒"字使我們對楚系文字中从"𡿺"的字有了一個新的認識。

《古文字研究》22，頁 233—234

○**孔仲温**（2000）　《緇衣》簡 10 有𢛳字，釋文隸定作"悁"，簡文作：

《君牙(牙)》(員)云："日俗雨，少(小)民隹(惟)日悁；晉冬旨(耆)滄，少(小)民亦隹(惟)日悁。"

又簡 22 亦有此字，内容作：

古(故)君不與少(小)悔(謀)大，則大臣不悁。

"悁"字《郭店》未多深考，唯注引裘錫圭先生之看法云："此字應從今本釋作'怨'，字形待考。"另外在包山楚簡 138 號簡反，也有此字作𢛳，隸定作"悁"，簡文作"又悁不可諆(證)"，《包山楚簡》並未考釋，不知何字。更值得注意的是，在包山楚簡與望山楚簡中有不少从𡿺或作𡿺的字，如包山楚簡"悁"字，見 92 號簡"悁墜午之里人藍"，又 139 號簡反面"左尹以王命告子悁公"等，"悁"字多作人名或地名。又如望山二號楚墓的遣策中，常見"肙緅"或"絹緅"的詞組，《望山楚簡》考釋説"緅"即"紬"，也就是後代所指稱的"綢"，而"絹"字則疑爲从肉肙聲，以"絹"爲"緇"，所以釋"肙緅""絹緅"爲"緇紬"。此外，滕壬生主編《楚系簡帛文字編》將从"肯"字，均隸釋爲"肙"字，所以"肙、絹、郿"三字隸釋作"肙、緇、郿"，個人以爲釋"肙、絹"爲"緇"，釋"肙"作"肙"均是不正確的看法，裘先生釋"悁"爲"怨"，其説正確。今考"肙、肙"實即"肙"字。"肙"與"肙"相同，蓋楚系文字中常見从口形符，内加一横畫的增飾，而又較"肙"增"卜"的形符，也可視爲無義的增飾，我們在包山楚簡或信陽楚簡中，可見"鼎"字作𣧑、𣧑之形，所以"卜"應是增飾。"悁"既釋讀作"悁"，而"悁"與"怨"實音同義近，考《説文》："悁，忿也，从心肙聲，一曰憂也。"又云："怨，恚也，从心夗聲。"二者在意義上可通，且"悁、怨"二字上古音皆屬影母 *?-元部 *-an，再者簡文作"悁"、今本作"怨"正可證明二者關係極爲密切。

從上面的結論，我們再反觀包山楚簡 138 號反面："又悁不可諆(證)。"這句話應該是説"有怨隙的人,在審判時不可爲證",且與下文"同社、同里、同官,不可詗"相銜接,文從字順。而望山二號墓遣策的"肓緅、緭緅"就是"絹紬(今綢字)",《説文》云:"絹,繒如麥稍色。"段注:"自絹至縓廿三篆,皆言繒帛之色……稍者麥莖也,繒色如麥莖青色也。"因此"絹紬"意指如麥莖青色的繒紬,且望山二號墓遣策文字中,尚有"丹緅、紅緅"正可與"絹紬"相對應。行文至此,則"悄"與從"肓、肓"之字,其形音義均可解釋了。

《古文字研究》22,頁 244—245

○**湯餘惠、吳良寶**（2001）　郭店楚簡《緇衣》第 46、47 號簡云:"《寺(詩)》員(云):'我甩既猷,不我告猶。'"此句見於今本《詩・小雅・小旻》,作"我龜既厭,不我告猶"。其中"厭"字簡文作如下揭之形:

此字從犬從肓(𦝠),見於《説文・甘部》:"猷,飽也。從甘從肰。"段玉裁《説文解字注》云:"淺人多改㲆爲厭,厭專行而猷廢也。猷與厭音同而義異……猷、厭古今字。"由此可知,猷即古厭字,字從"甶",乃由"甘"旁衍變。"甶"在楚簡中爲"占"字或體,占、猷音亦通。

商周金文中有"猷"字(可參《金文編》卷五,314 頁),在傳世古文中,猷字還有從甘從肉而省去犬旁的寫法,《汗簡》卷 2 引王存乂《切韻》"厭"字即作 形。由此可以推知,楚簡中" "即"𦝠",爲"猷(厭)"字省體。

《簡帛研究二〇〇一》頁 201—202

○**李零**（2002）　（編按:上博二・容成 36）肓即"怨"。《郭店楚墓竹簡・緇衣》第十簡"怨"字作"悄",這裏作"肓"。

《上海博物館藏戰國楚竹書》（二）頁 278

○**賈連敏**（2003）　（編按:新蔡甲三 110）肓。

《新蔡葛陵楚墓》頁 191

𦙾 𦙪

上博六・用曰 17　　 睡虎地・封診 92　　 璽彙 3963

○**羅福頤等**（1981）　𦙾　𦙪 3963　與梁鼎肯字同。 4045　畬肯鼎字亦從止從肉。

《古璽文編》頁 93

○**何琳儀**（1998）　𦙾,從肉從冃,會覆冒骨閒肉之意。六國文字從冃,秦國文字從冂,冂乃冃之省變。隸變作肎形,則待考。

　　睡虎地簡"冃來",參《詩·邶風·終風》"終風且霾,惠然冃來"。箋:"冃,可也。"

《戰國古文字典》頁 138

肥 𦚢

包山 202　　包山 203　　包山 250　　望山 1·116

上博二·容成 49　　上博三·周易 31　　上博五·季庚 1　　上博五·季庚 11

璽彙 1642　　睡虎地·爲吏 35 叁　　睡虎地·日乙 185　　睡虎地·日甲 157 背

○**何琳儀**(1998)　　肥,從肉從卩。會膝肉肥厚之意。或説巳聲。肥,並紐;巳,滂紐。滂、並均屬脣音,肥爲巳之準聲首。

　　包山簡"肥豢",肥豕。《文選·曹植〈七啟〉》:"玄熊素膚,肥豢膿肌。"

《戰國古文字典》頁 1299

○**濮茅左**(2003)　　(編按:上博三·周易 31)"肥",寬裕自得,饒裕。

《上海博物館藏戰國楚竹書》(三)頁 179

腎 𦜳

集成 11214 析君戟　　璽彙 3217　　璽彙 1411

○**何琳儀**(1998)　　腎,從肉,攴聲。《説文新附》:"腎,肥腸也。從肉,啟省聲。"

　　楚璽腎,讀啟,姓氏。見攴字。

《戰國古文字典》頁 744

腔 䏧

睿　睡虎地·封診 53

○**黃德寬等**(2007)　　秦簡腔,用其本義。

《古文字譜系疏證》頁 1140

肝

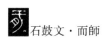石鼓文·而師

○**張政烺**（1934）　肝疑即"胯"字。《説文》："夸,奢也。从大,于聲。"（中略）
"肝"从月與从大同義,乃"夸"之異體。《説文》之"胯"則合从大从月於一字
也。碣文蓋通作"跨"。《説文》："跨,渡也。"張兩股越渡。《西京賦》："跨谷
彌阜。"《注》："越也。"

　　　　　　　　　　　　《張政烺文史論集》頁 29—30,2004;原載《史學論叢》1

○**強運開**（1935）　薛、趙、楊俱釋爲肝。誤。鄭作肝。運開按,肝字不見字
書。《吕刑》："王曰吁來。"《孔傳》云："吁,歎也。"又云："馬作于,于,於也。"
竊疑鼓言"肝來"亦即"吁來"也。

　　　　　　　　　　　　　　　　　　　　　　　《石鼓釋文》庚鼓頁 4

○**何琳儀**（1998）　肝,从肉,于聲。《玉篇》："肝,鄉名。"
　　石鼓肝,不詳。

　　　　　　　　　　　　　　　　　　　　　　　《戰國古文字典》頁 458

肝

舀璽彙 1405

○**羅福頤等**（1981）　肝。

　　　　　　　　　　　　　　　　　　　　　　　《古璽文編》頁 96

○**何琳儀**（1998）　肝,从肉,子聲。
　　戰國文字肝,人名。

　　　　　　　　　　　　　　　　　　　　　　　《戰國古文字典》頁 89

○**湯餘惠等**（2001）　孖。

　　　　　　　　　　　　　　　　　　　　　　　《戰國文字編》頁 266

胗

望山 1·125　　上博二·容成 5　　上博二·容成 16

△按　肦,"函"字異體,參卷七弓部"函"字條。

朎

朎　璽彙 2513

○何琳儀(1998)　朎,从肉,反聲。《集韻》:"朎,肉也。"
　　燕璽朎,人名。

《戰國古文字典》頁 980

欨

欨　包山 175

○白於藍(1996)　十五　欨
　　簡(175)有字作"欨",字表隸作"胈"。此字左旁从"肉",右旁非爲
"女",而應是"欠"字,簡文从"欠"之字多見,如:

　　　　歑:讼(85);欨:弨(146)、杀(189)

　　　　欳:弨(168);欽:钐(143)、钐(143)

　　可見,欠有"冇、冇"兩形,上引之字之右旁與第二形接近,故字當釋爲
"欨",字見於《玉篇》,在簡文中用爲人名。

《簡帛研究》2,頁 45

○劉信芳(2003)　欨:或隸作"胈",白於藍改隸作"欨",謂字見於《玉篇》
(《包山楚簡零拾》,《簡帛研究》第 2 輯)。按楚王酓忎鼎銘有人名"苟監",鄂
君啟節銘"聚、沅、澧",包 141 人名"瘀",均以"欨"爲聲符,字讀如"次"。

《包山楚簡解詁》頁 203

肮

肮　睡虎地·語書 11　　　陶錄 3·269·6　　　陶錄 3·270·1　　　陶錄 3·271·2

○睡簡整理小組(1990)　(編按:睡虎地·語書 11)阬閬强肮(伉)以視(示)强,(中
略)强伉(音抗),倔强。

《睡虎地秦墓竹簡》頁 15—16

君

璽彙 2766　璽彙 2786　璽彙 2787

集成 11577 大攻尹劍　陶彙 6・70　陶彙 4・15　陶彙 4・30

△按　君，"尹"字異體，詳見卷三又部"尹"字條。

肕

璽彙 3206

○**羅福頤等**（1981）　肕　3206　《説文》所無，《廣韻》："肕，腸也、謫也、澆也。"《集韻》："肕，腸，畜水腸，一曰腹大貌。"

《古璽文編》頁 97

○**何琳儀**（1998）　肕，從肉，石聲（或石省聲）。肬之異文，《篇海類編》："肕，同肬。"《集韻》："肬，胍肬，大腹兒。"

晉璽"庚肕"，疑讀"庚石"。《國語・周語》下"關石龢鈞"，注："石，今之斛也。"

《戰國古文字典》頁 548

肘

陶彙 3・204　陶彙 3・205

○**何琳儀**（1998）　肘，從肉，付聲。腑之省文。《集韻》："腑，人之六腑也。或省。"又跗之異文。《集韻》："跗，足也。或作肘。"

齊陶肘，人名。

《戰國古文字典》頁 391

胉

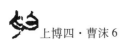上博四・曹沫 6

○李零（2004）　舥。

《上海博物館藏戰國楚竹書》（四）頁 247

○高佑仁（2007）　肑（伯）。

《〈上海博物館藏戰國楚竹書（四）〉讀本》頁 165

○李守奎、曲冰、孫偉龍（2007）　肑。

《上海博物館藏戰國楚竹書（一—五）文字編》頁 221

○高佑仁（2008）　《曹沫之陣》簡文中“肉”旁作“夕”（簡 6/然）、“夕”（簡 8/然），從“舟”旁者僅見“盤”字，舟旁作“夕”（簡 50），若單從《曹沫之陣》△與從“肉、舟”偏旁比對後會發現，從“肉”作“肑”較佳，不過，戰國文字中“肉、舟”兩偏旁常常有相混的現象，是個頗爲複雜的問題，筆者此處僅據《曹沫之陣》書手對於“肉、舟”字形的差異，暫時將夕字釋作從“肉”。

《〈上海博物館藏戰國楚竹書（四）·曹沫之陣〉研究》頁 78

胈

璽彙 0529

○羅福頤等（1981）　胈　0529　《玉篇》：“胈，肉也。”

《古璽文編》頁 95

○何琳儀（1998）　胈，從肉，皮聲。《五音集韻》：“胈，肉也。”
晉璽胈，人名。

《戰國古文字典》頁 886

䏶

璽彙 2711

○羅福頤等（1981）　䏶　2711　《說文》所無，《廣雅·釋器》：“朡謂之䏶。”

《古璽文編》頁 97

○何琳儀（1998）　䏶，從肉，立聲。《廣雅·釋器》：“朡，謂之䏶。”《韻會》“䏶，肉羹也。”或作渖。

督璽肒,人名。

《戰國古文字典》頁 1384

○湯餘惠等(2001)　　蚋。

《戰國文字編》頁 266

胴

璽彙 2055

○羅福頤等(1981)　　胴　　2055　《説文》所無,《玉篇》:"胴,同腜。肉腜,腦蓋也。"

《古璽文編》頁 97

朏

朋璽彙 2646

○羅福頤等(1981)　　崩。

《古璽文編》頁 96

○劉剑(1990)　　《文編》四・八第 11 欄有字作"朋",《文編》釋作"崩"。按字從出從二肉,應釋作"朏"。戰國文字中有些字的部分偏旁常常寫成兩個(參見十)。朏字見於《集韻》《廣韻》等書。

《古文字考釋叢稿》頁 167,2005;原載《考古與文物》1990-2

○何琳儀(1998)　　朏,從肉(或二肉),出聲。《集韻》:"朏,刻疾。"

戰國文字朏,人名。

《戰國古文字典》頁 1237

胔

肖璽彙 4013　　脊陶彙 3・205　　朓陶彙 3・1113　　胊陶録 2・231・1

○高明、葛英會(1991)　　胔　《説文》所無,即《玉篇》胔字。

《古陶文字徵》頁 195

○何琳儀(1998)　　胔,從肉,此聲。《廣韻》:"胔,人子腸名。"

齊器觜,人名。

《戰國古文字典》頁 766

○**王恩田**（2007） 胏（觜） 《説文》所無,即《玉篇》"觜"字,高明、葛英會釋。

《陶文字典》頁 97

胏

集成 2361 公廚右官鼎　陶彙 6·101　新收 1488 眉胏鼎

○**高田忠周**（1928） 胏 羃胏鼎 奇觚 按劉亦釋胏而無説爲疏,此從肉從朱,甚明顯者。而字書未收,此古字逸文也。但其從肉朱聲無疑。此器吳大澂謂爲周器,劉以爲漢物。今依篆形,當爲秦物,即知胏字亦爲秦文,非最古字也。推文義,羃胏或爲媚姝叚借,亦婦官之偁,而記傳無徵,不敢肛説。

《古籀篇》41·34

○**朱德熙、裘錫圭**（1972） 戰國銅器銘文有庥、胏二字:

上樂庥 𦥑（容）㕘（参分） （《三代》2·53）

右胏 三斗（料）□ （《三代》2·53）

羃胏 一斗㕘（料） （《三代》2·54）

郭沫若先生説:"庥疑廚之異文,從广朱聲,朱聲與尌聲同部。"按郭説甚是,胏亦當釋廚,其字從肉與腒字正同。

《考古學報》1972–1,頁 82

○**黃盛璋**（1989） 《殷周金文集成》第四册 257 頁 2376.1、2 爲公胏左官鼎,器蓋同銘,凡八字,(圖一:4)最後三字不易確認,今釋如下:

公胏左𠂤（官）貞（鼎）□□爲?

按公胏（即"宫廚"）亦作"公朱"。(中略)

"朱"讀爲"廚"。新鄭鄭韓故城内一宫廚遺址出土陶文有"公胏吏、左胏、胏",同出有大量牛、羊、雞等殘骨,確證其地爲廚,"公胏、左胏、胏",皆是"廚"字,傳世有"右胏"鼎、"貴胏"鼎、"上樂庥"鼎、"上員庥鼎","庥"亦即"胏"即"廚"。

這件公胏左官國别可以肯定屬東周。

《文博》1989–2,頁 29—30

○**黃盛璋**（1989） 韓故都出土陶器有"左胏、公胏吏、胏"等刻文。1978 年作

者至鄭韓故城考察,承馬世之等同志以出土陶文出示,囑爲辨認。凡出土有"朱"字的陶器,均爲 T3,在宮城北,有豬牛羊雞等大量殘骨,其地顯爲官廚,如此"朱"就是"廚"字。（中略）

一是依音創造新字,如"朱"與"廚"同音,而較簡,因而以簡代繁,魏器有"床",韓器有"朱"（東周與韓陶文甚至直接以"朱"代"廚"）,雖各加有形旁,但音爲主要。

《古文字研究》17,頁 19—20、56

○ **高明、葛英會**（1991） 朱,廚字别體。

《古陶文字徵》頁 195

○ **何琳儀**（1998） 朱,從肉,朱聲。廚之異文。參朱字 b。

晉器朱,讀廚。

《戰國古文字典》頁 399

○ **湯餘惠等**（2001） 朱 同廚。

《戰國文字編》頁 268

脜

陶彙 3·748

○ **高明、葛英會**（1991） 脜 《説文》所無。《類篇》:"脜,縣名,在東萊。"

《古陶文字徵》頁 195

胋

上博三·周易 27

○ **濮茅左**（2003） "胋",《集韻》:"胋,肥也。"又:"胋,脂也。"或讀爲"舌"。

《上海博物館藏戰國楚竹書》（三）頁 174

○ **李守奎、曲冰、孫偉龍**（2007） 胋 肎 按:帛本、今本皆作"舌"。

《上海博物館藏戰國楚竹書（一—五）文字編》頁 221

胢

璽彙 2072   璽彙 2753

○**羅福頤等**(1981)　胉。

《古璽文編》頁 94

○**何琳儀**(1998)　胉,从肉,自聲。疑自之繁文。見自字。

齊陶胉,讀自,姓氏。見自字。

《戰國古文字典》頁 1273

胗

璽彙 1580

○**吴振武**(1983)　1580 郳・郳胗。

《古文字學論集》(初編)頁 499

○**何琳儀**(1998)　胗,从肉,多聲。肉右上斜筆、多左下二斜筆,均爲區别符號。此爲肉與夕(或月)有别之確證,亦可證多从夕(或月)不从肉。《集韻》:“胗,肉物肥美也。”

晉璽胗,人名。

《戰國古文字典》頁 861

胸　脳

集成 10458 少府銀圜器　望山 1・37　望山 1・52

○**朱德熙、裘錫圭、李家浩**(1995)　(**編按**:望山 1・37)肖(胸)。

(**編按**:望山 1・52)胸。

《望山楚簡》頁 71、72

○**何琳儀**(1998)　肖,从肉,凶聲。胸(胷)之省文。《集韻》:“匈,《説文》膺也。或作肖、胷。”今本《説文》:“,匈或从肉。”

望山簡“肖臘”,讀“胸脅”。《管子・禁藏》:“禁藏於胸脅之内。”

《戰國古文字典》頁 406

胷,从勹,肖聲。脳(肖)之繁文。《字彙》:“胸,同肖。”

望山簡胷,讀胸。胷上文辭殘缺,疑胷從上讀。簡文意謂,有胸疾故禱之,不久痊愈。胷字内箸,疑裝飾部件。

《戰國古文字典》頁 406

胖

璽彙 2524　　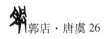璽彙 3420

○**羅福頤等**（1981）　胖。

《古璽文編》頁 95

○**何琳儀**（1998）　胖，从肉，羊聲。《字彙補》："胖，羝羊也。"
　　晉璽胖，人名。

《戰國古文字典》頁 675

胼

包山 85

○**劉彬徽、彭浩、胡雅麗、劉祖信**（1991）　胼。

《包山楚簡》頁 22

○**何琳儀**（1998）　胼，从肉，并聲。《廣韻》："胼，胼胝，皮上堅也。"
　　包山簡胼，人名。

《戰國古文字典》頁 832

朕

郭店・唐虞 26

○**裘錫圭**（1998）　"四枳朕陛"應讀爲"四肢倦惰"。

《郭店楚墓竹簡》頁 159

○**湯餘惠等**（2001）　朕　同倦。

《戰國文字編》頁 267

○**陳偉武**（2002）　郭簡"朕"字讀爲"倦"（7.26），當是"腃"之初文，《集韻・
僊韻》："腃，身曲皃。""腃"見於《字典》。

《中國文字研究》3，頁 125

○**李守奎**（2003）　腃　朕　讀倦怠之倦。《廣韻・至韻》有腃字。

《楚文字編》頁 262

胼

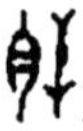璽彙 3633

○**劉釗**(1990)　《文編》附録一〇二第 5 欄有字作"",按字从肉从干,應釋作肝。金文干字作"、",古璽作"",與""所从之""形同。肝字見於《説文》肉部。

《古文字考釋叢稿》頁 169,2005;原載《考古與文物》1990-2

○**何琳儀**(1998)　朔。

《戰國古文字典》頁 513

○**田煒**(2006)

頁碼	字形	出處	原釋	校訂
1148 頁		璽彙 3633	□	胼

(中略)

何琳儀先生指出此字右部是"屰",甚是,但認爲左部是"月"則未達一閒,左部實爲"肉"旁。

《湖南省博物館館刊》3,頁 219、221

△**按**　此從田煒釋。

脊

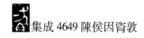

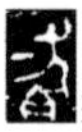集成 4649 陳侯因脊敦　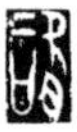陶彙 3・1085　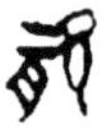中國歷史文物 2007-5,頁 15 陳侯因資造陵左戟

○**于省吾**(1943)　陶文有字,《匋文香録》入於附編。按瞀字从欷从肉,即脊字。从欷聲與从次聲一也。《儀禮・大射禮》釋文:絺,劉作綹。按綹即《説文》紩字。陳侯因脊鐔脊字作。因脊,《史記》作因齊,容庚以脊字當《説文》之齎。是也。

《雙劍誃殷契駢枝　雙劍誃殷契駢枝續編　雙劍誃殷契駢枝三編》頁 341,2009

○**楊澤生**(2006)　(94)295 頁引 3・1085　當釋作"膾",164 頁"瘠"字引 3・1227 可作參考。

《論衡》4,頁 113

脋

秦代印風 208

○許雄志（1999）　范脋。

《秦代印風》頁 208

○湯餘惠等（2001）　脋。

《戰國文字編》頁 267

脬　脋　臂　臂

郭店・性自 31　　臂郭店・性自 44

臂包山 80

臂包山 135

○荊門市博物館（1998）　（編按:郭店・性自31）臟。

《郭店楚墓竹簡》頁 180

○劉彬徽、彭浩、胡雅麗、劉祖信（1991）　（編按:包山80）臂。

（編按:包山 135）臂。

《包山楚簡》頁 22、26

○何琳儀（1993）　石臂 80

臂即"臟"。由"誖"籀文作譱,知臂應釋"脬",或作"臟"135。

《江漢考古》1993-4,頁 61

○何琳儀（1998）　臟,從肉,譱聲。疑脬之異文。《廣韻》:"脬,映臍。"《集韻》:"脬,脬映,齊（臍）也。"

戰國文字臟,人名。

《戰國古文字典》頁 1301

○湯餘惠等（2001）　（編按:郭店・性自31、郭店・性自44、包山 80、包山 135）脬。

《戰國文字編》頁 270

○**李守奎**（2003）　（**編按**：包山80、郭店·性自31、郭店·性自44）臅　臅　臅。

（**編按**：包山135）臅　疑與臅爲一字。

《楚文字編》頁263、264

○**劉信芳**（2003）　腻：原簡字形爲上下結構，其上从二或。字又見簡135，其上从三或。郭店《性自命出》31："樂之動心也，濬（?）深腻舀。"44："目之好色，耳之樂聖（聲），腻舀之（氣）也。""腻舀"即"鬱陶"（參周鳳五《郭店楚簡識字札記》稿本）。

《包山楚簡解詁》頁77

【腻舀】郭店·性自31

○**周鳳五**（1999）　腻舀，當讀作"鬱陶"，腻从或聲，古音匣母職部；鬱，影母物部，旁轉可通。舀、陶古音同屬餘母幽部，本篇簡三四"喜斯慆"，从心舀聲，《禮記·檀弓下》作"人喜則斯陶"，是舀、陶相通之證。鬱陶之訓，向來有憂、喜二説，王念孫《廣雅疏證》則以爲當是鬱積未暢之意，不分憂喜。按，王説是也。簡文"濬深鬱陶"，謂喜樂之心，其始也，蓄積胸臆，鬱而未發，繼而流如以悲，終而悠然以思矣。（**中略**）

復按，"腻舀"二字又見本篇簡四三："目之好色，耳之樂聲，腻舀之氣也，人不難爲之死。"此亦當讀作"鬱陶"，簡文謂人目之好色，耳之樂聲，皆出於胸臆中所蓄積之氣使然。氣極而生情，情生而動性，則人不難爲之死也。

《張以仁先生七秩壽慶論文集》頁361—362

○**李零**（1999）　"鬱陶"，下文簡44也有這個詞。"鬱"，原从肉从或（"鬱"是影母物部字，"或"是匣母職部字，讀音相近）；"陶"原作"舀"。"鬱陶"一詞見於《書·五子之歌》《孟子·萬章上》等古書，是形容憂思積聚。

《道家文化研究》17，頁509

○**劉釗**（2000）　《性自命出》簡中兩見"腻舀"一詞：

樂之動心也，浚深腻舀，其剌（烈）則流如以悲，條（悠）然以思。

目之好色，耳之樂聲，腻舀之氣也，人不難爲之死。

"腻舀"一詞《郭店楚墓竹簡》一書未做解釋，以往的研究文章亦未見涉及。按"腻舀"應讀作"鬱陶"。"腻"字不見於字書，應是从"肉""或"聲的形聲字。古音从"或"得聲的字如"馘、緎、彧"等都在影紐職部，而"鬱"在影紐物部。所以"腻、鬱"聲母相同可通，韻母元音相同可以通轉。典籍"郁、鬱"相通，《春秋》昭公二十四年"杞伯郁釐卒"，《公羊傳》郁釐作鬱釐，而"郁"字古音就在影紐職部。"郁"從"有"聲,典籍"或"聲與"有"聲相通之字例證極多,不贅舉。以上皆可證"臷"可通"鬱"。"舀"字古音在喻紐幽部,從舀得聲的"稻、蹈"在定紐幽部。"陶"亦在定紐幽部。所以"舀"可通"陶"。《性自命出》簡中有"喜斯慆,慆斯奮"句,學者已指出即見於今本《禮記·檀弓下》的"人喜則斯陶,陶斯詠……"。"慆"從"舀"聲。既然"慆"可通"陶","舀"自然也可通"陶"。這是"舀"可通"陶"的本身證據。

古文《尚書·五子之歌》"鬱陶乎予心",傳:"鬱陶言哀思也。"《禮記·檀弓下》"人喜則斯陶",《正義》曰:"鬱陶者,心初悦而未暢之意也。"《楚辭·九辯》:"豈不鬱陶而思君兮。"王注:"憤念蓄積,盈胸臆也。"古人解釋"鬱陶"一詞頗多紛歧,王念孫《廣雅疏證》參會衆説,指出"鬱陶"兼憂、喜二義,"大抵喜憂不能舒,結而爲思",故喜意未暢謂之鬱陶,憂思憤盈亦謂之鬱陶,暑氣蘊隆亦謂之鬱陶。事雖不同,而同爲鬱積之義。按王説極是。"憂、喜"本可互相轉化,故"鬱陶"既可訓爲"憂思",又可訓爲"喜樂"。《性自命出》簡説:"凡至樂必悲","哀、樂,其性相近也,是故其心不遠。"《禮記·樂記》説"樂勝則流",《禮記·曲禮》説"樂不可極",説的都是"憂悲"與"喜樂"之間的辯證關係。中古漢語中"傷心腸斷"或用爲"歡快"意,"哀"或用爲"歡欣快樂"意,也是這一觀念的反映。

上揭有"臷舀"一詞的兩段簡文第一段説:"樂之動心也,浚深臷舀,其烈則流如以悲,悠然以思。"句中"臷舀"與"浚深"一詞並列,"浚深"與有"鬱積"義的"鬱陶"義正相因。"流如以悲"及"悠然以思"中的"悲、悠、思"三字都是悲哀、憂傷的意思。《爾雅·釋詁》:"悠、傷、憂,思也。"《爾雅·釋訓》:"悠悠、洋洋,思也。"吳王光鐘:"敬夙而光,油油洋洋。"《詩·邶風·雄雉》:"瞻彼日月,悠悠我思。"簡文以"悲、悠、思"上接訓爲"憂思"的"鬱陶",文氣十分連貫。這也説明"臷舀"爲"鬱陶"是正確的。

第二段簡文"目之好色,耳之樂聲,臷舀之氣也"中之"臷舀",正是指鬱積於胸中的"心初悦而未暢"的一種情感。

《郭店楚簡國際學術研討會論文集》頁78

○吕浩(2001) "臷舀"凡兩見於《性自命出》,另一處在簡四四:"目之好色,耳之樂聲,臷舀之氣也,人不難爲之死。"單獨的"舀"字在簡文中亦有出現。簡二四:"聞歌謠,則舀如也斯奮。"與簡三四"喜斯慆,慆斯奮"相比較,知"舀"字當讀爲"慆"。《玉篇》:"慆,喜也。"經傳中多寫作"陶"字,《禮記·檀弓》"人喜則斯陶,陶斯詠",鄭注:"陶,鬱陶也。"孔疏:"鬱陶者,心初悦而未

暢之意也。”《廣雅·釋言》：“陶,喜也。”《爾雅·釋詁》：“鬱陶,喜也。”可知
“鬱陶”與“陶”同義(此處“陶”當是“慆”之借字)。(中略)簡文之“膩舀”疑與
“鬱陶”同詞。“膩”從或得聲,古音在職部匣紐;“鬱”古音在物部影紐,二者
韻通轉,聲鄰紐,故可通。簡文“膩舀”亦即喜悦之義。

《中國文字研究》2,頁 286

腴

璽彙 2815

○**羅福頤等**(1981)　腴。

《古璽文編》頁 97

○**何琳儀**(1998)　畲,从肉,余聲。《廣韻》：“畲,含舌兒。”
　　戰國文字畲,人名。

《戰國古文字典》頁 536

○**湯餘惠等**(2001)　腴。

《戰國文字編》頁 268

脧

璽彙 5571　　　陶録 4·2·1

○**羅福頤等**(1981)　脧。

《古璽文編》頁 95

○**何琳儀**(1998)　脧,从肉,夋聲。疑腰之異文。《說文》：“骹,《說文》(編按:
“《說文》”爲《戰典》誤加)食骨留咽中也。或(編按:《說文》無“或”字)从肉。”
　　燕璽脧,人名。

《戰國古文字典》頁 1063

○**王恩田**(2007)　脧。

《陶文字典》頁 98

胃

璽彙 1282　　　璽彙 2623

○**湯餘惠等**(2001) 胷。

《戰國文字編》頁 269

脮

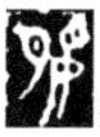集成 11272 郾侯脮戈

○**李學勤**(1959) 而脮可能是武成王。

《文物》1959-7,頁 54

○**河北省文物管理處**(1982) 《小校經閣金文拓本》卷十頁 46 和《三代吉金文存》卷十九頁 46,各著録一件郾侯脮戈。銘文作:"郾侯脮作个萃鍨鉘。"以前燕下都出土過郾侯載的銅戈,銘文作:"郾侯載作个萃鋸。"同時,郾王職的戈也有稱郾侯職的,如"郾侯職作个萃鋸",這次燕下都出土的第 59 號戈也稱"郾侯職"。不過,就目前的資料來看,凡稱"郾侯職"的兵器,都是增補的刻款,未見鑄款稱"郾侯職"的。這種自稱"个萃鋸"的戈,戎人以後的(包括戎人)燕王兵器中,就目前來看,我們還没有發現。因此,郾侯脮不會是郾王(侯)職以後的燕王。易王在稱王前稱侯,因此,郾侯脮可能是燕易王的名字。

《文物》1982-8,頁 49

○**石永士**(1983) 《小校經閣金文拓本》卷十和《三代吉金文存》卷十九都著録了兩件郾侯脮戈,戈銘作:"郾侯脮乍个萃鍨鉘。"燕下都以前出土過郾載(載,即《紀年》中的燕成侯,前 359 年至前 333 年)的銅戈,戈銘作:"郾侯載作个萃鉘。"郾王職戈,也有稱郾侯職的,戈銘作:"郾侯職乍个萃鋸。"

從以上資料來看,"个"字,在郾王戎人、郾王詈和郾王喜的兵器中不見,只有郾王職的兵器中才有此字,因此,郾侯脮不會晚於郾王(侯)職。再從郾侯脮戈的形制來看,它與郾侯載戈不同,而與郾王(侯)職戈的形制接近,因此,它比郾侯載要晚。由此看來,郾侯脮很可能是燕易王。脮,應是燕易王的名字。據《史記·燕召王世家》,燕易王初立稱侯,易王十年(前 323 年)始稱王。《索隱》云:"易,謚也,後追書謚耳。"可知燕易王稱王前應稱侯,後來才稱王。稱侯在前,稱王在後,故易王稱王前鑄造的兵器上鑄以"郾侯脮"。

《中國考古學會第四次年會論文集》頁 105—106

○**石永士**(1984) 這樣,燕世系失去王名者,就只有易王和孝王了。

燕易王,失名,史籍無載。今根據出土文物資料考辨如下:

　　《小校經閣金文拓本》卷十頁146和《三代吉金文存》卷十九頁46,各著録一件郾侯脮戈,銘文作:"郾侯脮乍𠂤萃鋄鉌。"燕下都遺址以前出土過郾侯載(載,即燕成侯)銅戈,銘文作:"郾侯載乍𠂤萃鉌。"郾王職的兵器,也有稱郾侯職的,銘文作:"郾侯職乍𠂤萃鋸。"

　　從以上四器和目前所見到的資料來看,"𠂤"字,在郾王戎人、郾王詈和郾王喜的兵器中不見,只有郾王職的兵器中才有此字,因此,郾侯脮不會晚於郾王(侯)職,從郾侯脮戈的形制、銘文内容來看,它又與郾侯載戈不同,而與郾王職戈的形制、銘文内容接近,因此他比郾侯載要晚,由此看來,郾侯脮,很可能是燕易王的名字。據《史記·燕召公世家》,燕易王初立時稱侯,易王十年始稱王,《索隱》云:"易,謚也,後追書謚耳。"可知燕易王先稱侯,後來才稱王。故易王稱王前在其所鑄造的兵器上鑄以"燕侯脮",是符合客觀實際情況的。

《河北學刊》1984-6,頁112

○**馮勝君**(1998)　　《史記·燕召公世家》:"(易王)十年,燕君爲王。"謂自燕易王十年燕君始稱王(即所謂"五國相王"),前此皆稱侯。易王之後的郾王職戈銘文中雖偶爾也稱郾侯,但多數稱郾王,郾王喜戈銘文則無一例外皆稱郾王,郾侯載戈銘文則一律稱郾侯,可見《史記》所載大體不誤。據此,郾侯脮戈雖然只有兩件,然皆稱郾侯,則將郾侯脮的年代定於燕成公之後、燕易王之前,當無大錯。惜燕史殘闕,郾侯脮具體相當於哪一代燕王,已不可詳考。

《華學》3,頁243—244

○**何琳儀**(1998)　　脮,從月,妥聲。疑綏之省文。《字彙補》:"綏,多也。"
　　燕侯脮戟脮,燕王名。

《戰國古文字典》頁867

△**按**　　梁春勝(《〈戰國古文字典〉引近代漢字資料辨析》,復旦大學出土文獻與古文字研究中心網2008年9月19日)説:燕𦛗侯戈的𦛗字,何先生隸定作"脮"(867頁),釋云:"脮,從月,妥聲。疑綏之省文。《字彙補》:'綏,多也。'"按:《龍龕》多部(179):"綏,烏果反,多也。"此爲《字彙補》所本。《中華字海》以此字同"矮"(509A),甚是。"委"聲與"妥"聲相通(參高亨等《古字通假會典》　508—509頁),形亦近,故從"委"之字往往可换旁從"妥","矮"作"綏"就是這種情況。"矮"的異體"綏"出現較晚,燕國文字"脮"不太可能是其省文。

胺

 陶録 2・538・1　　　 陶録 2・538・2

○**湯餘惠等**（2001）　胺。

《戰國文字編》頁 258

胱

包山 221　　　包山 222　　　包山 223　　　璽彙 2258

○**劉彬徽、彭浩、胡雅麗、劉祖信**（1991）　羫。

《包山楚簡》頁 34

○**何琳儀**（1998）　胱，从肉，羊聲。疑胖之繁文。見胖字。
戰國文字胱，人名。

《戰國古文字典》頁 673

脊

上博三・周易 26

○**濮茅左**（2003）　　“脊”，字待考，就字形而言，相近者有三：一、“臀”，股部，大腿，《説文・尸部》：“臀，髀也。”二、“股”，大腿，《左傳・僖公二十二年》：“公傷股。”三、“脊”，小腿肚，《山海經・海外北經》：“爲人無脊。”其中以釋“脊”爲近。今本作“腓”，指脛後肉。

《上海博物館藏戰國楚竹書》（三）頁 172

○**徐寶貴**（2005）　　“脊”字聲旁“癹”來源甚早，甲骨文已有此字，裘錫圭先生釋之爲“發”。（中略）因此，竹簡“脊”字所从之“癹”，也應該釋爲“發”。“脊”字應該分析爲从“肉”，“發”聲。此字雖爲字書所無，但是，有馬王堆帛書及傳世文獻《周易》與之相對應的“腿”和“腓”字，我們可以知道它們的音義是相同或相近的。馬王堆帛書《周易》的“腿”字亦爲字書所無。“腿”之聲旁“肥”爲並紐微部字，“腓”亦爲並紐微部字，二者聲音相同，因此，我們認爲，“腿”很可能是“腓”字的異體。也可以説“腓”字本來就寫作“腿”，是後來以“腓”取代之。"脊"字聲旁"犮"（發）爲幫紐月部字。從聲紐上看，"腥"和"腓"字屬於幫、並旁紐雙聲。從韻部上看，"脊"字跟"腥"和"腓"爲微、月旁對轉關係。

《清華大學學報》2005-3，頁 75

○**李零**（2006）　腓，簡文上从弓从攴，下从肉。馬王堆本上从肥，下从足，相當腓字。今本，六二作腓，九三作股。濮注，六二讀脊，九三讀腓。脊，上半爲啟、肇等字所从，是一個整體，不同於此。我懷疑，這個字也許和枚、攻等字讀音相似。枚、攻是明母微部，腓是並母微部，音極近。它可能是腓字的異體。今本九三的股字則是錯字。

《中國歷史文物》2006-4，頁 59—60

臟

陶彙 3‧323　　陶彙 3‧324

○**孫敬明**（1986）　陶文葰陽邑中有臟（戟）里，《括地志》謂畫即戟里城，去臨淄三十里，《水經注》謂去齊十八里。《臨淄縣志》云，田和篡齊建都如故，後改鄟曰安平，改棘曰畫。《注》云春秋棘里。王蠋所居。王蠋亦即宣王時之顏斶。棘即戟，春秋時稱棘邑，戰國時名戟里，其屬葰陽邑。今由陶文戟爲戰國時正字，棘乃借字，畫與潩均爲葰之借字。以此可證文獻之訛。

《古文字研究》14，頁 233

○**陳偉武**（1995）　此字當從孫敬明先生釋臟（戟）。（中略）戟，曾侯乙戟作 ，陶文臟當是从戈，芈（古拜切）聲、月聲的雙聲符字。

《中山大學學報》1995-1，頁 123—124

○**何琳儀**（1998）　臟，从肉，戢聲。戚之繁文，參戚字。

齊陶臟，讀棘，地名。《左‧昭十年》："陳桓子召子山而反棘焉。"在山東臨淄西北。

《戰國古文字典》頁 491

腊

郭店‧窮達 5

○**荊門市博物館**(1998)　腈(屠)。

《郭店楚墓竹簡》頁 145

○**李守奎**(2003)　腈　《玉篇・肉部》:"腈,亦作豬。"簡文中讀屠。

《楚文字編》頁 262

腈

 上博六・天甲 3　　上博六・天乙 3

○**曹錦炎**(2007)　"腈",讀爲"精",二字均从青得聲,可通。"腈"字雖不見於《説文》,但從造字本意分析,米之精細者爲"精",則肉之精細者爲"腈"。或即"腈"當爲"精"字異構。

《上海博物館藏戰國楚竹書》(六)頁 314

腊

 陶彙 3・362

○**陳偉武**(1995)　27.腊　《文字徵》第 119 頁"昔"字下:"3.362,楚章衡武里昔。《説文》昔籀文作。"今按,此字从肉从昔,自當釋腊。陳初生先生在列舉昔字作甲、金文諸體後,引葉玉森説:"古人殆不忘洪水之（災）,故製昔字取誼於洪水之日。"並指出:"《説文》訓'乾肉'者,當爲假借,从肉昔聲之籀文腊方爲'乾肉'之本字……《玉篇》:'腊,思亦切,乾肉也。《周禮》腊人掌乾肉。'已正《説文》之誤。"(陳初生編纂、曾憲通審校《金文常用字典》第 676—677 頁,陝西人民出版社 1987 年)徐王鼎腊字作,與陶文近。

《中山大學學報》1995-1,頁 125

○**何琳儀**(1998)　腊,从肉,昔聲。見昔之籀文。《廣雅・釋器》:"腊,脯也。"齊陶腊,人名。

《戰國古文字典》頁 587

賤

上博一・性情 19　　　睡虎地・封診 36

【朘朘】睡虎地·封診 36

○睡簡整理小組（1990）　朘朘，即古書中的戔戔、殘殘、翦翦，短小的樣子，參看朱起鳳《辭通》卷七。

《睡虎地秦墓竹簡》頁 154

【瞀惱】上博一·性情 19

○濮茅左（2001）　"瞀"字待考。瞀惱，如讀爲"鬱陶"可通。《郭店楚墓竹簡·性自命出》作"臧舀"。

《上海博物館藏戰國楚竹書》（一）頁 249

○李守奎（2002）　上博簡中的"朘惱"，疑讀爲"踐蹈"。

《中國文字研究》3，頁 196

虖

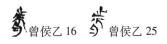
曾侯乙 16　　曾侯乙 25

○裘錫圭、李家浩（1989）　（編按：曾侯乙 16、25）虖（虎）韔。

《曾侯乙墓》頁 491

○何琳儀（1998）　虖，从肉，虎聲。
隨縣簡"虖囊"，讀"虎韔"。見虎字 d。

《戰國古文字典》頁 446

○李守奎（2003）　虖　皆讀爲虎，或即虎字異體。

《楚文字編》頁 263

腋

集成 2480 鑄客鼎　　包山 194　　璽彙 0752

○李學勤（1959）　鑄客爲集膴、何膴、□腋膴爲之　鼎，三代 3,16,1。

《文物》1959-9，頁 60

○劉彬徽、彭浩、胡雅麗、劉祖信（1990）　（編按：包山 194）夜。

《包山楚簡》頁 32

○何琳儀（1998）　腋，从肉，夜聲。《廣韻》："腋，肘腋。"

鑄客爲集腏鼎腋,牲腋之肉。

《戰國古文字典》頁 553

○**李守奎**（2003）　　腋　《玉篇・肉部》有腋字。

《楚文字編》頁 262

膚

集成 2451 梁上官鼎　　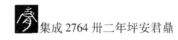集成 2764 卅二年坪安君鼎

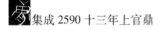集成 2590 十三年上官鼎　　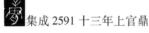集成 2591 十三年上官鼎　　集成 2773 信安君鼎

○**丁佛言**（1920）　　🖼　上官鼎从凶从⿱从肉,古匈字。　🖼　古璽辛匈。

《説文古籀補補》頁 43,1988

○**郭沫若**（1954）　　統觀諸器膚字,其下均繫量數,大梁司寇鼎云“爲量膚四分”,其意尤顯著。是則梁鼎銘例與漢鼎之紀容量輕重者相同。漢鼎銘,例言“容若干斗升,重若干斤兩”,因之前人遂有疑膚爲庸字,而讀爲容者。今按其讀則是,而其釋則非也。余謂膚乃匈字(今通作胸)之異,讀爲容。《説文》云“匈,膺也,从勹凶聲,胷或从肉”。此字亦正从肉凶聲,中央之⿱形乃象胸之形也。象胸頭有劍骨,有橫肋,而左右有二垂乳。(中略)古匈容同紐,且復同在東部,乃雙聲而兼疊韻之字,故匈假爲容。

《金文叢考》頁 460

○**黃盛璋**（1989）　　表容量之🖼,據少府銀器銘作🖼,乃从“月（肉）,凶聲”,即胸字,假借爲“容”。

《古文字研究》17,頁 65

○**王人聰**（1991）　　戰國記容銅器刻銘中,常見有“膚”字,如:

上樂床鼎:膚厶分。(《代》2・53)(編按:前應爲“上樂床鼎”,漏“床”字)

梁上官鼎:上官,膚厶分。(《代》2・53)

信安君鼎:信安君,私官,膚年。(《考古與文物》1981 年 2 期)

弗官鼎:十年,弗官。膚䉛。(《中國古代度量圖集》)

十三年梁陰令鼎:十三年,梁陰命〈令〉達、上官冡子疾,冶勳釙,膚半。(《代》3・40)

梁廿又七年鼎:梁廿又七年,大梁司寇肖亡,智釙,爲量膚半䉛。(《代》3・43)

平安君鼎：卅二年，平安邦冶客，膚四分蠶。（《恆軒所藏吉金録》22）

上引諸器銘，由上下文義推勘，可知膚字應讀容，目前學術界也大都作如此讀。這種讀法，對銘辭的文義來説，無疑是很通暢的。可是膚與容字，構形迥異，除了從文義推勘之外，膚字爲什麽可以讀容，在字形結構方面，至今仍未見有合理的解釋。因此，從文字學的角度來説，此字可説是仍未真正認識。

郭沫若先生將此字隸定爲臂，（中略）今按郭氏對此字結構的分析，並不正確。此字原篆作㼈（注：《三代吉金文存》3·40），古文字中有凶字，如楚帛書凶字作㐫，古鈢兇奴相邦鈢兇字所从之凶作㐫（注：見徐仲舒主編《漢語古文字字形表》頁283），均與此字上半所从之構形不合，知非凶字。今細察此字上半所从之構形，與金文之庚字及康、庸所从之庚相同（見《金文編》卷三及卷十四，中華書局1985年），可知實是庚字。下半所从亦非肉，而是月字，此字从庚从月，故目前各家多隸定爲膚，這是很正確的。郭沫若在文中提到他不同意前人將此字釋爲庸，此前人係指吴大澂與孫詒讓。吴大澂在釋梁上官鼎銘的膚字時説：“疑古庸字，與容同意。”（注：吴大澂《愙齋集古録釋文賸稿》下册。）孫詒讓同意吴説，云：“吴大澂釋爲庸，近是。”（注：孫詒讓《古籀餘論》卷上。）其實吴、孫二氏的意見是值得重視的，可惜他們對此字都未作具體的分析，只是作疑似之辭，所以也就不易爲人取信，而逐漸被遺忘。我們認爲將此字釋爲庸，可從傳抄古文資料中找到根據。查夏竦所著《古文四聲韻》一書中，引崔希裕《纂古》收有庸字的一個異體作膏，此字在古文材料中未見，應是在傳抄過程中所形成的訛體字。此字上半所从的富，有可能是金文假借爲庸字之𣆪的形訛（見《金文編》卷五）。《古文四聲韻》收有庸字的另一異體作𣆪（王存乂《切韻》），可證。此字下半从月。從近些年來新出土的戰國文字資料以及一些文字學者的研究中，可知像《汗簡》《古文四聲韻》這類書中所收的古文，多與戰國文字相合或相近，説明兩者之間存有淵源關係，這些傳抄古文，是我們今天釋讀戰國文字時可以參考的重要資料。（中略）因此，《古文四聲韻》所收的庸字異體“膏”的構形，可以看作是戰國時期庸字曾出現過的另一種寫法，即下半不从用而是从月。根據這一點，我們有理由認爲，戰國記容銅器刻銘中的“膚”，應當就是庸，即庸字的異體。庸可假爲容，《後漢書·左雄傳》“白璧不可爲，容容後多福”，容容即庸庸，《莊子·胠篋》“容成氏”，《六韜》作“庸成氏”（參見翟雲昇《校正古今人表》,《史記漢書補表訂補十種》,中華書局 1982 年);又,《玉篇》甎或作瓫;《集韻》鱅亦作鰫,庸、容互作,均是其證。臅與庸爲同字,在記容銅器銘辭中,假爲容,表示容積的意思。以上的分析,如果不誤,那麼,我們認爲在引用這類銘辭時應引作"臅(庸)××",比目前通常引作"臅(容)××"的方式,較爲確切。

到目前爲止,在我們所見的古文字資料中,臅字只出現於戰國時期的記容銅器刻銘,以後則未見。這反映了在文字使用過程中,庸行而臅廢。究其原因,應與兩字構形所表示的音讀有關。《説文》解釋庸字説:"用也,從用、庚。庚,更事也,易曰先庚三日。"段玉裁於"用也"句下注"疊韻";於"庚,更事也"句下注:"庚更同音,説從庚之意。"説明《説文》是用聲訓的方法來解釋庸字的音義。從《説文》對庸字的解釋中,可知庸字原本有兩個讀音,一是讀余封切,讀同用;一是讀古孟切或古行切,讀同更。以後,在字音演變的過程中,庸字讀古孟切或古行切一音逐漸消失,只保留讀余封切一音。而臅字的構形,從形聲字的構字原則來看,只能表示從庚聲即古孟切或古行切一音,這與後來通行的余封切一音不符,臅字此時可説已失去了表音的作用。在臅字又未能轉化爲其他的意義而被使用的情況下,臅字實際上已失去了使用的價值,因而也就被淘汰,而由庸字專行。

《江漢考古》1991-1,頁 70—72

○**杜迺松**(1996) 上舉幾件銅器均魏國器,有的學者已指出,此處的臅釋匂,讀容,匂、容爲雙聲疊韻字,匂可通假爲容,而正如大家所熟知的,上舉每件魏鼎中的"庸"字,庸的下面與記容量的量詞相連,如上官鼎銘"庸(容)三分",中私官鼎銘"庸(容)半斗"。記鼎的容量,庸讀爲"容"可謂文通字順,"庸"是容的假借字……西周匍簋與梁鼎的"庸"字,下部亦從肉,而中山器銘的庸字,下部則從用。從古體形聲字意義相近,形旁可以互用的規律看,"肉"與"用"形旁可通用,這應該是當時的一種通用的寫法。

《于省吾教授百年誕辰紀念文集》頁 124—125

○**何琳儀**(1998) 臅,從庚,肉聲。

晉金臅,讀容。臅,泥紐幽部;容,定紐東部。泥、定均屬舌音,幽、東亦近。

《戰國古文字典》頁 221

○**李家浩**(2001) 韓、魏兩國銅器記容銘文中的"容",多寫做從"肉"從"庚"聲的"臅"。上古音"容"屬東部,"庚"屬陽部,古代東陽二部的字音關係密切,故“膚”可以讀爲“容”。

《華學》5,頁 156

○蔡運章、趙曉君、戴霖(2004)　“膚”字當是从肉,庚聲,可隸定爲庚,疑爲康字別體。《説文·禾部》“穅,穀皮也。从禾、米,庚聲。康,穅或省”。《集韻·唐韻》“穅古作稴”。這説明“从米、庚聲”的穅字,應是“康”字的古體。因肉、米同爲食品,在古文字的形(義)符裏可以通用(中略)。《史記·賈生列傳》“斡弃周鼎兮寶康瓠”,《集解》引應劭曰:“康,容也。一曰康,空也。”《釋名·釋道》:“康,昌也,昌盛也。”《淮南子·天文訓》:“十二歲一康。”高誘注:“康,盛也。”《説文·禾部》注謂“康”的本義爲“空其中以含米也”。故康有“容、盛”之義。

《文物》2004-9,頁 82—83

△按　“膚”主要見於魏國記容銅器,標記器物的容量。王人聰分析字形爲从庚从月(肉),其説可從,但認爲是“庸”字異體,恐未必。何琳儀、李家浩從聲韻的角度認爲“膚”可用爲“容”是有道理的。

胴

 璽彙 3225

○羅福頤等(1981)　肯。

《古璽文編》頁 96

○何琳儀(1998)　胴,从肉,尚聲。

齊璽胴,姓氏。疑讀嘗。齊孟嘗君之後。見《風俗通》。

《戰國古文字典》頁 680

腤

 璽彙 1166

○羅福頤等(1981)　肖。

《古璽彙編》頁 131

○湯餘惠等(1998)　腤。

《戰國文字編》頁 270

腇

陶録 3・498・1　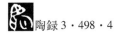陶録 3・498・2　陶録 3・498・4

○**王恩田**（2006）　腇。

《陶文圖録》頁 1350

△**按**　《陶文圖録》隸爲“腇”，《陶文字典》未收。

胥

新蔡甲三 189

○**賈連敏**（2003）　胥。

《新蔡葛陵楚墓》頁 194

○**張光裕、陳偉武**（2006）　百胥體疾

葛陵簡甲三 189：“既心忌（悗），瘩痕，以百胥體疾。”“胥”即《龍龕手鑒・骨部》以爲“骸”字俗體之“髊”。“百胥體”猶言“百骸、百體”，典籍有“百骸、百體”之語，均指渾身、遍體，如《莊子・齊物論》：“百骸、九竅、六藏（髒），賅而存焉，吾誰與爲親?”成玄英疏：“百骸，百骨節也。”《管子・立政》：“令則行，禁則止，憲之所及，俗之所被，如百體之從心，政之所期也。”“百胥（骸）體疾”即指全身疾痛。

《中國文字學報》1，頁 88

腃

包山 45

○**劉彬徽、彭浩、胡雅麗、劉祖信**（1990）　腃。

《包山楚簡》頁 19

○**何琳儀**（1998）　腃，从肉，爰聲。《集韻》：“腃，牛舌也。”

包山簡腃，人名。

《戰國古文字典》頁 937

○李守奎（2003）　《廣韻·藥韻》有膡字。

《楚文字編》頁 263

膎

 上博五·季庚 18　　　上博五·君子 3

○濮茅左（2005）　（編按：上博五·季庚 18）“膎”，讀爲“邪”，“膎、邪”同韻。“膎民”，姦佞小人。

《上海博物館藏戰國楚竹書》（五）頁 228

○張光裕（2005）　（編按：上博五·君子 3）“膎”，从差（差）从肉，古文字“差、左”兩字相通，故字亦可隸作“脊”。西周《遹公盨》銘：“天命禹，敷土，墮山，濬川。”“墮”从二“左”，包山楚簡所見“墮”字亦然。簡云：“虔（吾）子可（何）其膎也。”又云：“虔（吾）是以膎也。”膎讀爲“惰”，則文從字順。

《上海博物館藏戰國楚竹書》（五）頁 256

○陳劍（2006）　（編按：上博五·君子 3）“膎”字原讀爲“惰”。我們改讀爲“瘠”，瘦也。《説文》作“膌”。差聲、此聲和束聲字多可相通。如古書中表示“人和鳥獸尸體的殘骨”義之字有骴、胔、髊、漬、脊、瘠和柴等多種寫法，即其例。“膎”字又見於《上博（五）·季康子問於孔子》：

　　　□□肥民則安，膎（瘠）民不鼓（樹）。是故賢人大於邦，而有□心，能爲鬼【季康子問於孔子 18B】

　　“膎”字原讀爲“邪”。此簡“膎”與“肥”相對，當讀爲“瘠”更爲明顯。

《戰國竹書論集》頁 175，2013

○李守奎、曲冰、孫偉龍（2007）　“膎”字見於《廣韻·佳韻》。

《上海博物館藏戰國楚竹書（一——五）文字編》頁 221

膝

　　上博三·周易 30　　　上博三·周易 31

○濮茅左（2003）　（編按：上博三·周易 30）“膝”，讀爲“遯”，逃隱、退避之意，今本借“遯”字。

《上海博物館藏戰國楚竹書》（三）頁 177

胃

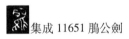考古學集刊5,頁166

○湯餘惠等（2001）　胃。

《戰國文字編》頁271

膜

膜彙2030　　膜彙2637

○羅福頤等（1981）　胂。

《古璽文編》頁97

○何琳儀（1998）　膜,從肉,臬聲。

晉璽膜,人名。

《戰國古文字典》頁1273

○湯餘惠等（2001）　膜。

《戰國文字編》頁271

鵬

集成11651 鵬公劍

○孫常敘（1962）　《鵬公劍》的“鵬”字也見於《鵬戈》和《闖丘戈》。

《闖丘戈》的銘文是:“闖丘爲鵬造。”

“闖丘”就是《春秋》襄公二十一年“邾庶其以漆闖丘來奔”,《左傳》襄公二十五年“閭丘嬰”、哀公八年“閭丘明”、二十一年“閭丘息”的“閭丘”,是地名或氏名。（中略）

把《闖丘戈》和《鵬戈》的“鵬”同《鵬公劍》銘文聯繫起來,可以推定,“鵬公圖”的“鵬”是一個國名。（中略）

鳥類的共名“鳥”和“隹”在早期金文裏還没有嚴格的區別。後來隨着詞的分化和與之相應的詞的書寫形式改變,終於演化出“鳥”“隹”之分。在小篆裏,還有一小部分文字反映着當初渾然一體的痕迹,例如:鷄、雞,鵯、難。

若從這種或體關係來看，"鵬"也可以隸作"雁"。容庚《金文編》把它歸到肉部，並且據高景成説定爲"雁"字。單從形式上著眼，這個安排也自有它一定的道理。但是，漢字是漢語詞的書寫形式。形式上的考查只是事情的一個部分，必須進一步探索它所寫的詞，才能得到合理的解決。（中略）

《説文解字》："雁，屍也。从肉隹聲。"

儘管"鵬"也可以隸作"雁"，可是在這幾件銘文裏它所寫的詞是不是就是訓作臀尻的"雁"？ 也還值得考慮。（中略）

我的初步看法："鵬"不能是雁尻之"雁"，可能是鷹鸇之"雁"。（中略）

那麼，《鵬公劍》的"鵬"是不是雁尻之"雁"呢？

不是。

在文字結構上它不是形聲字。既不是从肉鳥聲（或隹聲），也不是从鳥肉聲的字。這是它和"雁"的根本區別。"鵬"《闔丘戈》寫作"𪇞"，鳥前著"𠂤"，可見它並不是从肉鳥聲（或隹聲）的。"𠂤"也不是"有"。"有"从"又"聲。爲了保留聲符特點，"有"只能省作"又"，不能省作"𠂤"。《鵬戈》《鵬公劍》"鵬"都省去了"𠂤"，可見也不是从鳥有聲的字。有人認爲"鵬"是"雁"，我們還不知道是如何處理"𠂤""𠂤"關係的。除非把"𪇞""𪇞"看作兩個詞的書寫形式；但是比較謹慎的《金文編》卻把它們看作一個字。

"𪇞"从𠂤从𠂤从鳥，會意。象从又持肉喂鳥之意。從文字所標舉的詞義特點來看，這個形象的音節表意文字所寫的詞可能是"鷹"。（中略）

"隹"形近似鷹形的情形下，漢字的求別律促使鷹字出現兩種寫法：一種是象意的"𪇞"，从又持肉表示它的特點；一個是用同音詞作聲符，構成形聲字，變成从"隹""𠂤（膺）"聲，字寫作"𪇳"。（中略）

"𠂤"和"鷹"是同音詞。从隹𠂤聲的"𪇳"是古文鷹的後起形聲字，也是"鵬"的或體字。（中略）

假如這一初步嘗試還可以成立的話，那麼，《鵬公劍》《鵬戈》《闔丘戈》的"鵬"應該是《左傳》僖公二十四年"邘、晉、應、韓，武之穆也"的"應"。"鵬"和"應"是同一國名的不同寫法。

　　　　　《孫常敍古文字學論集》頁 289—296，1998；原載《考古》1962-5；

朕盍

𦥑 陶彙 3·1317　　𦥑 陶録 3·533·6　　𦥑 璽彙 1020

○**湯餘惠**（1989）　戰國陶文有一個舊所未識的✦（《季木》67・10）字。字下從夕，右上加✦，爲肉旁標志（詳後）；✦即古文羞。甲骨文作✦、✦等形，金文作✦（不嬰簋）。《説文》云：羞，進獻也。從羊，羊所進也。從丑，丑亦聲。按丑、又古通，商周古文羞字從又不從丑。陶文此字羊旁省略中閒直筆，古璽美、善等字從羊多如是作，可以互證；又旁作✦增點飾，戰國文字習見。字當釋“膮”，即珍膮字。

《古文字研究》15，頁 11

○**陳偉武**（1995）　22.膮　《文字徵》第 300 頁附録：“✦ 3.1317。”今按，湯餘惠先生對此字有考證：“戰國陶文有一個舊所不識的✦，（中略）字當釋‘膮’，即珍膮字。”《陶彙》3.1317 與《季木藏陶》67.10 實爲同片陶文，《文字徵》摹寫奪去又旁點飾。

《中山大學學報》1995-1，頁 124

○**何琳儀**（1998）　膮，從肉，羞聲。羞之繁文。《玉篇》：“膮，或羞字。”
晉璽膮，人名。

《戰國古文字典》頁 235

膉

腦 郭店・唐虞10　　腦 天星觀　　腦 天星觀

○**荊門市博物館**（1998）　膉（益）。

《郭店楚墓竹簡》頁 157

○**李守奎**（2003）　《玉篇・肉部》有膉字。或即嗌字古文增加形旁，爲嗌字異體。

《楚文字編》頁 263

膞

腦 陶彙 3・692　　腦 陶録 2・292・4

○**高明、葛英會**（1991）　膞　《説文》所無。《集韻》：“膞，食也。”

《古陶文字徵》頁 196

○**楊澤生**（1996）　（2）169 頁（編按，此爲《古陶文字徵》頁碼）“膞”字謂“《説文》所無”,其實“膟”字見於《説文》,是“凶”的異體。

《江漢考古》1996-4,頁 84

○**何琳儀**(1998)　膟,从肉,宰聲。《廣韻》:“膟,腦蓋。”膟所从辛上有飾筆,可與三體石經《僖公》宰作互證。

　　齊璽膟,讀肺。《集韻》:“奞,《説文》食所遺也。或作膟。”《説文》:“,食所遺也。从肉,仕聲。《易》曰,噬乾奞。肺,揚雄説奞从疒。”(四下十四)《易·噬嗑》釋文:“《字林》云,肺,脯也。”

《戰國古文字典》頁 87

○**湯餘惠等**(2001)　膟　同宰。

《戰國文字編》頁 271

膌

璽彙 3931

△按　《璽彙》3931 之,《戰國文字編》排入附錄 174 號。但該字構形確可辨析,隸定爲“膌”,可從。

膲

璽彙 2176

○**吳振武**(1983)　2176　邢·邢(尹)膲。

《古文字學論集》(初編)頁 504

衰
刖

包山 95　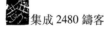集成 2480 鑄客鼎　集成 2480 鑄客鼎　新收 1325 鑄客鼎

○**朱德熙、裘錫圭**(1972)　現在我們再來討論上引大鼎的銘文。這條銘文裏有好幾個字不可識。其中最關鍵的是出現了三次的字。根據目前所掌握的戰國文字的知識,這個字似乎有以下兩種可能的分析途徑。

　　可以認爲這個字上端从乘,試與下列乘字比較:

　　　　見注㊶　　　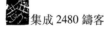《古璽文字徵》附 35 上“公乘畫”印

采取這種看法,我們可以説這個字從肉從刀從乘,但我們的分析只能到這裏爲止,這個字到底是什麼字,在銘文裏是什麼意思,都無法作進一步的推斷。這條路是走不通的。

另一條途徑是跟下面幾個字比較:

{字}a　　{字}b　　{字}c

a 見於東陵鼎,b 見於壽春鼎。b 只是把 a 所從的厂轉了一個角度,二者顯然是一個字。c 見於春秋時代的齊器叔夷鎛,銘文説:"易(錫)女(汝)釐都□劇。"用爲地名。跟金文從𣦼的字比較,可知此字從刀從{字}從𣦼,疑是劇之繁文。a 跟 c 字形近似,只是省去了 c 字上端的來,又增加了肉旁,似可釋爲從肉從劇省,隸定爲勝,大鼎{字}字跟 a 和 b 十分近似,也可能是勝字。(中略)

大鼎之勝可能與《周禮》饎人相似,也是主飲食的職官。(中略)集勝的集也很可能是一個地名。

《朱德熙古文字論集》頁 42—43,1995;原載《考古學報》1972-1

○**郝本性**(1983)　壽縣楚器有一小鼎,一鼎耳上刻"大子鼎",另一鼎耳上刻"集{字}"。還有一有蓋小鼎,蓋邊有"盥(鑄)客爲集{字}爲之"。《三代吉金文存》三・二六還著録一楚國大鼎,銘爲"鑄客爲集{字}、倡{字}、曼{字}{字}爲之"。關於{字}字,從前,釋祭、散、勝、臄,我認爲釋臄是正確的。

{字}字下從肉從刀而上面從無,此字應爲臄字。舞字甲骨文作{字}(《殷契粹編》三二二),象人兩手執舞具而舞的形象,{字}仍保持這一特徵。舞隸變爲無。

古璽文字習見{字},爲公{字}和{字}馬,均爲複姓。舊釋乘,但乘字特點是人在木或几上,如甲骨文作{字}(《殷契粹編》一○九),金文作{字}(匽公匜)、{字}(乘父簋)、{字}(廿年距末)、{字}(鄂君啟節車節),古璽文作{字}(《十鐘山房印舉》古璽九・三八上)。(中略)

《三代吉金文存》三・一二上著録有一臄鼎,上有銘文"中{字}",即中臄,可讀作中廕,《商周金文録遺》一九・七○著録有大右秦鼎,銘文有"東陵{字}",壽春府鼎有"暑官{字}",均爲廕。都是表明該鼎的置用場所。

集臄的臄,《説文》謂"無骨腊",而《周禮・腊人》鄭玄注云"臄亦膡肉大臠",鄭司農云"臄,脣肉",又謂"夾脊肉"(見《周禮・内饔》鄭注引),臄當指鮮肉大臠爲宜。

《古文字研究》10,頁 208—209

○**夏渌**(1984)　銘文中的"□"爲共用此鼎的三個單位名稱,"陰"字的音義既已突破,大致這三個共用大鼎的部門所在楚王北宫的範圍,已經可以推知。今從字形分析入手,上部从大(楚字"大子"字作"□□"),上肢有切割紋,下部从月(肉)从刀,表示割肉之意。聯繫大鼎本身作爲物證,這三個單位應當是供給楚王後宫和親戚肉食的屠宰單位,這個字有可能是"庖""宰""屠"一類字。陰□和陰廚的分工,一爲宰殺牲口提供肉源,一爲烹飪加工。以上所舉的三個字,"宰"金文習見,與此不類,加以排除,剩下庖、屠二字,聯繫銘文,讀"陰庖、徭庖、胄腋庖"的可能性頗大。從古文字發展的規律考慮,漢字大多從象形表意字發展爲形聲字,從形聲字也往往可以逆推出其原始的象形表意文字。(中略)

"屠"的"尸"代表人體,爲屠宰對象,楚字□上部□爲"大"代表正面人體,肢體有切割紋,與"屠"的上部"尸"作義符含義一致,僅僅在於"正面人體"和"側面人體"之分,下部从刀从肉;表示宰割人體之肉,以備食用,當爲"屠"的象形表意字。隨着漢字形聲化,下部的□(表意符號)更换成聲符"者",上部簡化以側面的"尸"代正面的"□",於是產生了新的形聲字:"屠","□"爲"屠"古字。

"陰屠"是供"陰廚"的屠宰牲畜的單位。

《楚史論叢》初集,頁274—276

○**陳秉新**(1987)　愚意,集膴是楚王室總管製饡的機構。

《楚文化研究論集》1,頁337

○**馬承源**(1990)　集脰鼎(中略),脰,从桀省从刖,刖當是意符,《説文》所無。

《商周青銅器銘文選》(四),頁441—442

○**黄錫全**(1991)　□字既非从"無",又非从"乘",只能是从另外一個字。

楚簡中有字作□　□

這個字又作□　□　□

戰國陶文、璽文中有□　□　□

思泊師釋□爲賢,丁佛言釋後二字爲綴、腏。

金文遯盂、雲夢秦簡有字　□　□　□

黑光、朱捷元與睡虎地秦墓竹簡整理小組釋爲隥、叕。

釋□、□爲叕,確切無疑。由此,我們不難看出,上舉之□、□、□、□等應是一字,即賢。□字所从之□,可以看成是□形的進一步訛變,□乃□形連筆而成。□字所从之□與□字所从之□形體完全相同,因此,我們有理由認爲□

字从叕,應隸作鬚或劂,即腏字古體。

《古文字與古貨幣文集》頁 387—389,2009;原載《江漢考古》1991-1

○劉釗(1991)　壽縣楚器銘文中有"𤟭"字,以往考釋爲剎。

我們認爲這個字上部所从之"𤟭"也應是"叕"字。字从刀乃繁構,从刀與《説文》訓"挑取骨閒肉也"正合。故字應隸作"劂",釋爲"腏"。"集腏"爲官名,大概與璽文"叕(腏)"一樣,也是指掌管餟祭或餽食的官吏。

《江漢考古》1991-1,頁 75

○李零(1992)　𤐫,李學勤先生釋膴,朱德熙、裘錫圭先生釋膌,我們認爲這個字是从兩爻从肉从刀,東陵廚鼎和壽春府鼎所从爻皆單作,説明這個字可隸定爲剎,讀爲肴饌之肴。肴是切細的肉,从刀作是兼有會意的成分,上加厂旁或宀旁,是表示製造肴饌的處所。可見這個字和庖意思差不多。(中略)這裏我們暫時根據"鑄客爲王后六室爲之"等銘例,把集肴、佫肴、員𤐫看作三個並列食官名看待。

《古文字研究》19,頁 148

○黃錫全(1992)　95　𤟭　𤟭　鬚(腏)。

《古文字與古貨幣文集》頁 399,2009;原載《湖北出土商周文字輯證》

○何琳儀(1993)　"鬚"包山簡作𤟭 95。

《江漢考古》1993-4,頁 58

○董蓮池(1995)　然則此文可隸作"鬚"。依漢字構形規律分析應从"叕"得聲。如果這一推斷不錯,則此文疑是"廚"字的異體之一。(中略)因此將"鬚"釋爲廚,從所選用義符上分析也可以説得通。從辭例上分析,此云"集鬚",又用以銘鼎,鼎則爲廚中所用之具,在楚器鼎銘中,銘以"集胆(廚)"者數見,因此"集鬚"與"集胆(廚)"意義相當。如果此釋不誤,則此鼎銘文讀成"鑄客爲集廚伸廚罱腋廚爲之",是記此鼎爲三廚同時造鼎時所造之一,或記此鼎是爲供三廚使用所造。

《金文編校補》頁 423—424

○劉彬徽(1995)　集腏,當爲主管腏祭的機構,按顏師古注,爲連續祭群神之用器。

《楚系青銅器研究》頁 363

○崔恆昇(1998)　"集膴"與"集胆、集醻、集糈"等同爲楚王室飲食膳羞的機構,所不同者,前者用於享禮,後三者用於生者。

《安徽出土金文訂補》頁 12

△按 《戰國文字編》將包山 95 號簡之歸入"鬲"字條,且僅收此一例,但將鑄客鼎之作待釋字移入附錄。《楚文字編》則將鑄客鼎之併入"鬲"字條。依字形而論,將鑄客鼎之隸爲"鬲",還有待新的證據,目前从"爻"之説較多。郭永秉將讀爲"庖",認爲其从"爻"得聲。詳參《談談戰國文字中可能與"庖"有關的資料》(《出土文獻研究》11 輯 84—112 頁,中西書局 2012年)一文。

瞳

瞳 璽彙 0623

○羅福頤等(1981) 腫。

《古璽文編》頁 92

○吳振武(1983) 0623 王腫・王瞳。

《古文字學論集》(初編)頁 493

○何琳儀(1998) 瞳,从肉,童聲。《集韻》:"瞳,肥貌。"

齊璽瞳,人名。

《戰國古文字典》頁 367

螆

集成 9932 秦苛螆勺　　集成 2794 楚王酓忑鼎

○朱德熙(1954) 第一個是螆字,原銘作:苛勺之一

郭沫若先生釋燕,又有人釋然,並非。應該是从肉从虫从次聲。戰國時欠字寫作,例如:

《古鉢文字徵》附録四七　歜　　同書八・三　歇

虫字寫作(《三代》一八・三○魚鼎匕諸字偏旁),字把次所从的二移到欠字下側,就不容易認識了。古璽有螆字,寫作:《徵》附二九

陳侯因資敦有脀字,寫作:

脀螆螆是一個字的分化。戰國時人很喜歡用這幾個字做名字。

《朱德熙古文字論集》頁 13,1995;原載《歷史研究》1954-1

○**李零**(1992) 苟膌,苟姓常見於戰國秦漢印;膌,與膌鼎冶師同名,或即一人,這個字應即古書常見人名用字"齊"。例如楚王子嬰齊,器名作嬰次;齊威王因齊,器銘作因脀。此字从月从䖵,與脀應是一字。脀即臍,䖵即蠐。平山中山王墓出土奻䖵壺,䖵也應讀爲齊。

《古文字研究》19,頁 146

膜

璽彙 0575

○**吳振武**(1983) 0575 王𧤤・王膜。

《古文字學論集》(初編) 頁 493

○**何琳儀**(1998) 膜,从肉,巽聲。《廣韻》:"膜,切熟肉再煮也。"《集韻》䐋異文作膜。

齊璽膜,人名。

《戰國古文字典》頁 1355

膒

陶彙 3・422

○**高明、葛英會**(1991) 膒 《説文》所無。《玉篇》:"膒膃,腫皃。"

《古陶文字徵》頁 196

○**湯餘惠等**(2001) 膒。

《戰國文字編》頁 272

膻

郭店・窮達 10 上博二・民之 11 上博二・民之 12 上博二・民之 13

睡虎地・日乙 246 睡虎地・答問 79

△按 膻,"體"字異體,詳見本卷骨部"體"字條。

腷

集成 330 曾侯乙鐘　　　集成 291 曾侯乙鐘

○**裘錫圭**（1979）　鐘銘裏還有一個叫"羸孠"的律名（羸或作嬴、蠃，孠或作脖）（中略）。"孠"是"嗣"字的古文（見《説文》），"嗣、觸"音近古通，而古書的"亂"字又常常是"觸"字的訛字，所以"羸孠"跟《國語》的"嬴亂"也沒有問題是一回事。

《古文字論集》頁 412，1992；原載《文物》1979–7

腷

集成 3·1083　　集成 3·1086　　集成 3·595·2　　集成 3·595·1

○**施謝捷**（1997）　三、釋"腷、燭、蜀"

山東出土陶文中有下揭諸字：

*31《陶彙》3·1083　　　　　*32《陶彙》3·1086

*33《陶字》713 頁，自 48·1　*34《陶彙》3·1100

*35《陶彙》3·1154　　　　　*36《陶彙》3·1148

*37《鐵云》95·1　　　　　　*38《陶字》648 頁，自 15·2

*39《陶字》710 頁，自 46·2　*40《陶字》710 頁，自 46·2

*41《陶字》778 頁，恆 14

"*31"，過去或釋爲"腷"；"*34"，過去或釋爲"炙"；"*36"，過去或釋爲"酉"，將其倒置；其餘諸字均無釋。

按先秦古文字中"酉"字屢見，從無與上引"*36"形構相同或相似之例，陶文亦是如此，與"*36"都有明顯的差異，可見原來釋"酉"，並無根據，顯然是錯誤的。至於釋"*34"爲"炙"字，《陶徵》的唯一依據是見於古璽的下揭一字：

*42《璽彙》5303

"*42"，原釋"炙"。且不説"*42"釋"炙"是否能夠成立，若將它與"*34"相較，二形除所從"火"旁相同外，上半所從偏旁的差異是顯而易見的，二者不可能爲一字異構，因此原釋"*34"爲"炙"字，自然也不能成立。

只有釋“ *31”爲“䐲”字,是正確的。古文字中的“蜀”往往寫作“从目从虫”形,如商代甲骨文裏寫作下揭諸形:

　　　*43《甲骨文編》509 頁

對此劉釗先生有詳説,可以參閲。戰國文字中這種寫法更是常見,如

　　　*44《璽彙》3302　　　　　　　*45《璽彙》0721

　　　*46 天星觀楚簡　　　　　　　*47《楚簡》21 頁、26 頁、28 頁

傳抄古文亦作“从目从虫”形:

　　　*48《汗簡》下之二,72 頁　　　　*49《古文四聲韻》入一屋,2 頁

　　　*50《古文四聲韻》入三燭,6 頁

均其比。尤其是“ *48、*49、*50”三例,與前揭“ *31”右半所從的構形最爲接近,可見原來將“ *31”釋爲“䐲”,顯然非常合適。

　　戰國文字中的“虫”字,除上揭“蜀”所從諸形,還可以寫作下列二形:

　　　*51《輯證》圖版壹叁捌,221·1“濁”　*52《輯證》圖版壹叁玖,222·7“濁”

再説“目”字,金文裏寫作:

　　　*53《金文編》233—235 頁

陶文及璽印文裏寫作:

　　　*54《陶彙》3·701　　　　　　*55《陶彙》3·1311“衆”

　　　*56《鐵雲》69·3“親”　　　　*57《陶字》110 頁,自 3·110“擇”

　　　*58《陶彙》3·1042“愇”　　　*59《璽彙》3521“親”

傳抄古文中寫作:

　　　*60《石經》“衆、睦”等　　　　*61《説文》“目”

　　　*62《説文》“睦、省、觀”　　　*63《説文》“悳”

　　　*64《汗簡》上之二,16 頁　　　*65《古文四聲韻》入一屋,3 頁

　　　*66《汗簡》中之二,57 頁“睪”

　　至此,我們除知道“蜀”字刻意作“从目从虫”形,還知道了“目”與“虫”的種種不同形體。將它們同前揭陶文“ *31”—“ *41”諸例對照起來看,“ *32、*33”無疑與“ *31”爲一字異構,也應釋爲“䐲”,所不同的是“ *33”一例形爲反書。“ *34”从火,應釋爲“燭”,所從“蜀”的“目、虫”兩偏旁共用了部分筆畫,致“虫”有所變形。“ *35”—“ *41”七例則應釋爲“蜀”,其中“ *35、*36、*37”三例所從“目”形相同,傳抄古文中的“ *61、*66”二形蓋由此出;“ *39”一例所從“目”形與陶文“ *57”及“ *34”所從相同;“ *38、*40、*41”三例所從“目”與本文討論的陶文“䐲”所從全同。所從“虫”,由於刻文草率,形各有

異,但與前舉"蜀"或"虫"諸形相較,還是能夠確認的。

《古漢語研究》1997-3,頁 68—69

〇**何琳儀**(1998)　膱,从肉,蜀聲。《集韻》:"膱,狼臆中膏。"

　　齊陶膱,人名。

《戰國古文字典》頁 377

〇**王恩田**(2007)　腥。

《陶文字典》頁 96

△**按**　徐在國(《〈陶文字典〉中的釋字問題》,《出土文獻》2 輯 185 頁,中西書局 2011 年)指出:"0329 腥■ 3・595・2　按:此字釋腥,誤。當釋爲'膱'。"徐説可從。

腆

集成 2738 蔡大師鼎

〇**于省吾**(1933)　蔡大師名腆,嫁其女名可者於許叔而爲之作媵器。

《雙劍誃吉金文選》頁 269,2009

〇**容庚等**(1985)　腆　𣢮　《説文》所無。《廣韻》:"肥也。"蔡大師腆鼎。

《金文編》頁 284

膞

陶錄 2・588・4　　陶文編,頁 28

〇**高明、葛英會**(1991)　膞　《説文》所無。

《古陶文字徵》頁 197

〇**王恩田**(2007)　膞。

《陶文字典》頁 98

膚

𤊾璽彙 485　　𤊾璽彙 1271　　𤊾璽彙 1499　　𤊾璽彙 3789

○**何琳儀**(1998)　戝,从戈,菁聲。或从肉,蒩省聲。

《戰國古文字典》頁 958

○**湯餘惠等**(2001)　膱。

《戰國文字編》頁 272

膗

璽彙 0344

△**按**　璽彙 0344,《戰國文字編》作待釋字編入附錄 168 號。

膭

集粹　璽彙 3689

○**劉釗**(1990)　《古璽彙編》三六八九號璽有字作"𤺥",《古璽彙編》不釋。按字从肉从鼻,應釋作膭。古璽鼻字作"𤱌"(《文編》四·二第 8 欄)、癗字作"𤺩",陶文劓字作"𠜜",所從之"鼻"皆與"𤺥"所從之"𤴐"形近。膭字見於《集韻》《廣韻》等書。

《古文字考釋叢稿》頁 165,2004;原載《考古與文物》1990-2

○**何琳儀**(1998)　膭,从肉,鼻聲。《集韻》:"膭,肥壯也。"

　　齊璽膭,人名。

《戰國古文字典》頁 1297

膞

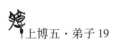上博五·弟子 19

○**張光裕**(2005)　"膞",讀如"惇"或"敦"。

《上海博物館藏戰國楚竹書》(五)頁 279

○**李守奎、曲冰、孫偉龍**(2007)　膞。

《上海博物館藏戰國楚竹書(一—五)文字編》頁 222

臛

〔篆形〕璽彙 1079

○**何琳儀**（1998）　雛,从隹,𦥯聲。疑離之異文。《集韻》:"鸙,鸙鳥名。工雀也。一曰,巧婦。或从隹。"

晉璽雛,人名。

《戰國古文字典》頁 957—958

○**湯餘惠等**（2001）　臛。

《戰國文字編》頁 272

膽

〔篆形〕上博一·性情 24

○**濮茅左**（2001）　籃,《郭店楚墓竹簡·性自命出》作"箮"。

《上海博物館藏戰國楚竹書》（一）頁 255

○**李天虹**（2003）　此從整理者隸定,原文似作"籃",郭本作"箮"。

《郭店竹簡〈性自命出〉研究》頁 218

○**李守奎、曲冰、孫偉龍**（2007）　膽　按:从肉,籃聲,疑爲"箮"字異體,卷五言部重見。

《上海博物館藏戰國楚竹書（一—五）文字編》頁 222

筋 〔篆形〕

〔篆形〕龍崗 85　〔篆形〕睡虎地·秦律 17　〔篆形〕睡虎地·日甲 39 背貳

○**湖北省文物考古研究所、孝感地區博物館、雲夢縣博物館**（1994）　中獸,以皮、革、筋給用而毋敢射□☑。（165）

《考古學集刊》8,頁 110

○**何琳儀**（1998）　筋,从竹从剶。（《集韻》:"剥,或从卜,亦作剶。"）會剝竹多筋之意。帛書《老子》甲三六作〔篆形〕,乙一九一上作〔篆形〕,右下均从刀,不从力。小篆从力應爲从刀之訛變。

睡虎地簡"筋革",見《大戴禮·夏小正》"陳筋革者,省兵甲也"。參《周禮·考工記》:"弓人爲弓,筋也者,取其深也。函人爲甲,必先爲容,然後製革。"

《戰國古文字典》頁1320

刀 刀 厇

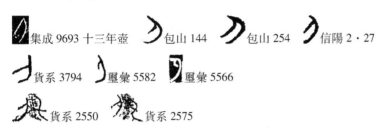

集成9693 十三年壺　　包山144　　包山254　　信陽2·27

貨系3794　　璽彙5582　　璽彙5566

貨系2550　　貨系2575

○**朱德熙、裴錫圭**(1973)　(編按:信陽2·27)絲刀的絲字不很清晰,但細辨仍可看出是絲字。(中略)簡文絲刀即鸞刀。

《朱德熙古文字論集》頁63,1995;原載《考古學報》1973-1

○**朱德熙、裴錫圭**(1979)　(編按:十三年壺)"冢"當讀爲"重"。"重一石三百三十九刀之重"的意思是:這個壺的重量是一石之外再加上三百三十九把刀的重量。"刀"疑指貨幣之刀。因爲"刀"不是正式的重量單位,所以後邊必須加"之重"二字。

《文物》1979-1,頁51

○**吳振武**(1983)　在齊國貨幣銘文中常見一個作厇形的字。(中略)

我們認爲厇字的形體結構應分析爲從刀從毛,當是一個在本爲象形字的刀上又加注音符毛的"注音形聲字",可隸定作"厇",也就是刀的異體字。(中略)

貨幣最初稱"刀"者當是指的刀形幣,後遂成爲一部分貨幣的通名。

《古文字研究》10,頁305—312

○**裴錫圭**(1992)　齊刀幣面文末一字,本文從舊說釋作"化",不確。這個字很可能是"刀"字繁文。這一點我在1981年4月致王毓銓先生的信中曾經指出過。吳振武同志也有這種看法。

《古文字論集》頁467

○**湯餘惠**(1993)　"重一石三百三十九刀之重"爲記壺重文字。或解釋這句話的意思是:這個壺的重量是一石之外再加上三百三十九把刀的重量,"刀"指刀幣,其說尚有待於實測驗證。

《戰國銘文選》頁42

○**商承祚**（1995）　（編按：信陽2·27）鸞刀，即鸞刀，《詩·小雅·信南山》：“執其鸞刀。”正義曰：“鸞，即鈴也，謂刀環有鈴，其聲中節。”

《戰國楚竹簡匯編》頁 31

○**黃錫全**（1998）　所謂“六字刀”，就是齊國大刀中面文作“齊迊邦𢓊𠮷㕻”六字者。銘文除齊、邦、𢓊三字釋讀目前已基本達成共識外，其餘三字，仍釋讀不一。

　　刀銘末尾二字，過去有釋寶化、圓化、大化、大刀等者，目前主要有“去（法）化（貨）、杏（大）𠬠（刀）”兩說，文義均較通順，但從文字學的角度考慮，以後說更趨合理。杏字又見於即墨二種刀、齊之大刀背文“大昌”；所从“大”形，又見於“即墨大刀”背文“大行”。（中略）

　　“𠬠”字从刀，毛聲，毛當是刀所加之音符。或疑爲“毛刀”合文，讀爲“度刀”，即合乎法度之刀。不論怎麼理解，刀尾兩字釋讀爲“大刀”也比較合理。（中略）

　　因此，從歷史上看，齊開拓封疆之君或者開拓封疆長遠時期，在田氏齊國非齊威王或齊湣王時莫屬。“六字刀”所記當與二君主有關，而很有可能與公元前 286 年滅宋有關，以歌頌或紀念齊湣王將齊國推向鼎盛時期的功績。因此，這種刀鑄行量不大，出土很少。

　　如將“六字刀”定在齊湣王時，其他刀幣的時間亦可由此推求。

　　目前發現的齊國大刀上的銘文不同者共有下列 7 種：

　　　1.齊之大刀　　　　2.節（即）墨之大刀

　　　3.安陽之大刀　　　4.䣆大刀

　　　5.節（即）墨大刀　　6.齊大刀

　　　7.齊近邦𢓊大刀

　　除少數學者過去曾有不同看法外，學術界多將上列刀分爲前後兩大段，即有“之大刀”者爲一段，有“大刀”而少一“之”字者爲一段，並多認爲前者要早於後者。根據刀幣的形制、風格及特點，這種劃分顯然是比較合理的。

《吉林大學古籍整理研究所建所十五周年紀念文集》頁 123—130

○**何琳儀**（1998）　刀，甲骨文作𠚣（甲三〇八五），象刀之形。出土商刀或作𠚣形，𠚣即其省化。金文作𠚣（旂鼎初作𠚣）。戰國文字承襲商周文字。或反相作𠚣。或作𠚣、𠚣、𠚣、𠚣，與月、勹等字易混。或作𠚣加一斜筆，在表義偏旁中尤爲習見。

　　a 齊刀刀，刀形貨幣。《荀子·榮辱》“然而食不敢有酒肉餘刀布”，注：

"刀,錢也。"《史記·平準書·贊》"龜貝金錢刀布之幣興焉",索隱:"刀者,錢也。以其形如刀,故曰刀。"圜錢銘刀,指圜錢與刀幣的比值。

　　b 燕刀、圜錢刀,見 a。燕方足布"釳刀",讀"韓號",地名。

　　c 趙小直刀刀,見 a。中山雜器刀,重量單位,疑與刀幣有關。

　　d 石夆刀鼎刀,見 c。楚簡刀,切割牲肉之刀,或爲兵器。

《戰國古文字典》頁 302—303

削

曾侯乙 61　　曾侯乙 43　　睡虎地·雜抄 5

○**何琳儀**(1998)　　隨縣簡削,疑讀小。

《戰國古文字典》頁 322

○**劉信芳**(2002)　　既明"雀韋、小韋"之訓釋,則本文上引曾侯乙簡 3、98 等,其用在器物名之前的"削"字,依例應讀爲"雀",可以説是順理成章的事情。

《古文字研究》24,頁 377

【削籍】睡虎地·雜抄 5

○**睡簡整理小組**(1990)　　《商君書·境内》:"四境之内,丈夫女子皆有名於上,生者著,死者削。"削籍即自簿籍上除名,使該人脱離秦政府的控制。

《睡虎地秦墓竹簡》頁 80

剴 剴 剴

剴郭店·緇衣 12　　剴郭店·緇衣 42　　剴上博二·魯邦 6

剴上博四·内豊 8

○**馬承源**(2002)　(編按:上博二·魯邦 6)"剴",从刀,豈聲,字書未見,當讀爲"豈"。

《上海博物館藏戰國楚竹書》(二)頁 210

○**李朝遠**(2004)　(編按:上博四·内豊 8)"剴"即"剴"。《詩》"愷悌君子"之"愷",本册《逸詩》作"戁"。"剴"有規勸之義。《周禮·春官·大司樂》"以樂語教國子興道諷誦言語",鄭玄注:"道,讀爲導。導者,言古以剴今也。"

《上海博物館藏戰國楚竹書》(四)頁 227

○**劉釗**（2003） （編按:郭店・緇衣12）"劇"讀爲"豈"。

《郭店楚簡校釋》頁56

【劇辟】集成277 叔尸鐘

○**李家浩**（1992） 内外劇屖 "内外"，疑指鐘鼓的正背兩面。"屖"，舊釋爲"辟"，並將"劇辟"讀爲"閨闥"，非是。（中略）疑"劇辟"應該讀爲"愷悌"。"愷悌"古書多作"豈弟"。《詩・小雅・青蠅》"豈弟君子"，鄭玄箋:"豈弟，樂易也。"《國語・周語下》記周景王將鑄無射而爲大林之鐘，單穆公説:"聲應相保曰和，細大不逾曰平……夫有和平之聲，則有番殖之財。""樂易"與"和平"義近。《左傳》文公十八年杜預注:"愷，和也。"孔穎達疏:"《釋詁》'愷'訓爲'樂'，'樂'亦'和'也。"《史記・樂書》裴駰《集解》引王肅曰:"易，平易。"此句銘文是以鐘鼓正背兩面敲擊的聲音都和樂平易，比況叔弓在内外政事上與他的群僚相處得都和樂平易。

《著名中年語言學家自選集・李家浩卷》頁49—50，2002；
原載《湖北大學學報》1992-3

利 利

利（集成11528 郾王喜矛） 利（集成10407 鳥書箴銘帶鉤） 利包山141 利包山143
利九店56・41 利包山258 利郭店・老甲30 利郭店・老甲28 利楚帛書
利郭店・唐虞1 利郭店・性自46 利上博一・詩論17 利上博二・容成49
利上博三・周易1 利上博三・互先7 利上博四・曹沫15 利上博五・三德4
利璽彙2558 利璽彙2710 利璽彙2711 利珍秦102 利陶彙9・36
利陶彙5・373 利侯馬105:1 利侯馬105:2

○**陳邦懷**（1981） （編按:楚帛書）利侵伐，可以攻城，可以聚衆，會者（諸）侯，型（刑）首事，繆（戮）不義。（邊文、申一）

巴氏摹本"利"字不成字形，當以商氏摹本爲是。

《古文字研究》5，頁242

○**周世榮**（1982） （編按:楚帛書）筆者認爲第三字以釋"利"爲是，根據商老的摹本"利"字从"禾"旁，而"夕"或作"夕"，且爲繒書"刀"旁所習見。繒書是一種巫術占驗性質的圖文，類似的圖形和文字還見於馬王堆《天文雲氣占》。其中

“雲氣占”中有一圖形,圓圈中繪一月形,占文中説:“月軍(暈)不成,利以攻城……”又一怪獸狀圖形中,占文説:“此出所之邦,利以興兵,大勝……”以上“利”字爲占文中常用語。又書中“利”作“𥝫”,而“相”作“𣎴”,字體筆畫顯然不同。故以釋“利”爲是。

《湖南考古輯刊》1,頁96

○**李零**(1985)　　(編按:楚帛書)利戡伐,利字,一般都隸定作杴,經仔細辨認仍然是個从禾的字。

《長沙子彈庫戰國楚帛書研究》頁80

○**曹錦炎**(1985)　　(編按:楚帛書)“利侵伐”,有利於征伐。《易・謙》六五“不富以其鄰,利用侵伐,無不利”,義與此正同。

《江漢考古》1985-1,頁66

○**李學勤**(1987)　　(編按:楚帛書)第(11)章,“利”字从“木”,與淅川下寺所出王子午鼎銘“子孫是利”的“利”相似。

《簡帛佚籍與學術史》頁59,2001;原載《湖南考古輯刊》4

○**劉彬徽、彭浩、劉雅麗、劉祖信**(1991)　　(編按:包山258)利,借作梨。

《包山楚簡》頁61

○**曾憲通**(1993)　　(編按:楚帛書)《説文》利古文作𥝫,許氏謂从刀从和省。過去以爲帛文利字从木,今審視放大照片,仍以从禾爲是。

《長沙楚帛書文字編》頁37

○**曹錦炎**(1997)　　(編按:古越閣新藏之州句劍銘)“利”字的“刀”旁有省筆,相同的劍銘有不省的構形。(**中略**)

“利”,順利、吉利。

《第三屆國際中國古文字學研討會論文集》頁391—392

○**何琳儀**(1998)　　利,甲骨文作𥝫(粹六七三)。从刀从禾,會刀割禾鋒利之意。禾亦聲。利,來紐;禾,匣紐。來、匣爲複輔音。利爲禾之準聲首。或作𥝫(珠六七五),加飾筆(或説象禾穗)。西周金文作𥝫(利簋)。戰國文字承襲商周文字(**中略**)。

c 侯馬盟書“不利于”,參《書・金縢》“公將不利於孺子”。晉璽利,姓氏。老子之後有利氏,老子祖名利貞,後爲氏。見《路史》。

d 天星觀簡利,見《廣韻》“利,宜也”。包山簡利,姓氏。楚公子食采於利,因以爲氏。見《元和姓纂》。帛書利,宜。

e 詛楚文“不利”,見c。秦璽利,姓氏。青川牘利,通順。《禮記・月令》:

“修利隄防。”

　　f 利戈利，疑地名，即《漢書・地理志》齊郡“利縣”。在今山東廣饒西北。

《戰國古文字典》頁 1260

○涂宗流（2000）　（編按：郭店・唐虞 1）“利天下”之“利”與“弗利”之“利”，意義也應相反。將“弗利”釋爲“不利一己之私”，並未釋“弗利”之“利”，前後兩個“利”所指並没有區别。“利天下”，就是“爲人民謀利”或“有利於人民”。與之相對應的是“爲個人謀利”或“有利於個人”。“爲個人謀利”就是“貪”。《廣雅・釋詁二》：“利，貪也。”《禮記・坊記》：“先財而後利，則民利。”鄭玄注：“利，猶貪也。”因此，“弗利”之“利”應釋爲“貪”。（中略）“弗利”應釋爲“不貪”，含有“己不貪”和“使人不貪”兩層意思。“己不貪”，正己之貪心；“使人不貪”，正人之貪心。正己、正人相統一，乃“其弗利也”。

《荆門職業技術學院學報》2000-5，頁 98—99

○王志平（2002）　（編按：上博一・詩論 17）“利”疑當讀爲“戾”。“利、戾”並爲來母質部字，可相通假。《爾雅・釋詁》：“戾，辠也。”

《上博館藏戰國楚竹書研究》頁 219

○濮茅左（2003）　（編按：上博三・周易 1）“利”，簡文“利”作“称”，即《説文》古文“利”。

《上海博物館藏戰國楚竹書》（三）頁 137

○曹錦炎（2004）　“足利次留”，人名，作器者“自”的父親，徐王旨後的孫輩或裔孫。

《文物》2004-2，頁 72

○董珊（2004）　（編按：上博三・恆先 7）“利”，古書常訓爲“便、益”，作爲動詞，即“有利（於）”的意思。

　　綜上怕（編按：“怕”疑是“所”字之誤）述，“羕（詳）宜利丂（巧）”字面的意思是：詳於約定之事，則便於巧詐。換言之，即“約定衆多，就變詐滋生”。

《簡帛文獻考釋論叢》頁 30,2014

【利訂】上博一・詩論 17

○馬承源（2001）　“訂”爲“詞”的古寫。“利詞”是詩句直言朝政無序。

《上海博物館藏戰國楚竹書》（一）頁 146

初　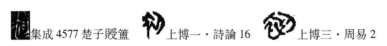

集成 4577 楚子賸簠　　上博一・詩論 16　　上博三・周易 2

郭店·窮達9　 上博一·詩論10　 上博五·姑成4

 陶彙5·384　 秦公大墓石磬

○**何琳儀**（1998）　初,甲骨文作𥘵（前五·三九·八）。从衣从刀,會以刀裁衣見初始之意。金文作𥘵（旂鼎）。戰國文字承襲商周文字。

《戰國古文字典》頁575

○**周鳳五**（2002）　22.簡十六"得是初之詩"：（中略）簡文所謂"初",即下文"反本"之意。（中略）歸寧父母則知反本,故稱其爲"初之詩"以美之也。

《上博館藏戰國楚竹書研究》頁161

○**李守奎**（2003）　（編按：郭店·窮達9）𥘵　楚簡衣多與《説文》卒同形。

《楚文字編》頁266

【初吉】

△**按**　楚子賏簠首句云"隹（唯）八月初吉庚申",邳伯罍也有"隹（唯）正月初吉丁亥",秦景公石磬銘"八月初吉甲申"。"初吉"一詞,殷周銅器銘文中多見,常指自朔日至上弦（初八日）（參王國維《觀堂集林·生霸死霸考》）。

【初庚】

○**曹錦炎**（1984）　吉日初庚　古人往往把月之第一個庚日視爲吉日（即好日子）,如果這一天在"初吉"期内,則省稱爲"初吉庚×"。本銘因正月的第一個庚日已在"初吉"後,故只能稱"吉日初庚"。蔡侯墓出土的吳王光鑑銘文"既字白期,吉日初庚"可證。

《文物》1984-1,頁27

○**何琳儀**（1998）　徐郊尹鼎"初庚",首庚之日。

《戰國古文字典》頁575

則

 集成287 曾侯乙鐘　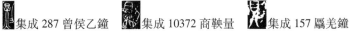 集成10372 商鞅量　集成157 虘羌鐘

 集成12110 鄂君啓車節　集成9735 中山王方壺　行氣玉銘　楚帛書

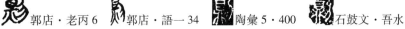 郭店·老丙6　郭店·語一34　陶彙5·400　石鼓文·吾水

 郭店·六德25　郭店·忠信1　郭店·老甲35　郭店·老乙2

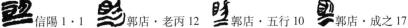 信陽1·1　郭店·老丙12　郭店·五行10　郭店·成之17

集成 10407 鳥書箴銘帶鉤

○**容庚**（1936）　（編按：集成 157 鷹羌鐘）用明則之于銘。

　　與秦刻石“具刻詔書金石刻因明白矣”義同。吾友陳夢家曰：“《說文》：‘則，等畫物也。从刀从貝，貝者古之物貨也……籀文則从鼎。’朱駿聲曰：‘貝者鼎省，刀者刻畫鼎文也。’故則有刻畫意。”

《容庚學術著作全集》13，頁 411，2011

○**嚴一萍**（1967）　（編按：楚帛書）則　金文皆从鼎作如：▦曶鼎、▦召伯鼎、▦散盤、▦齊侯壺、▦鷹羌鐘、▦曾子簠，《說文》之古文作▦▦，籀文作▦，皆與繒書異。三體石經《書·無逸》：“不則用口詛祝。”則之古文作▦，與《汗簡》所引《義雲章》作▦，皆从鼎省（王國維說）。與繒書同。孫海波謂：“石經以▦當敗字古文（僖二十八年），故訛▦爲則。”按敗字《說文》之古文及《汗簡》並作▦，與余▦鉦作▦同。《汗簡》勿部又出則字作▦。鄭珍《箋正》曰：“仿古文▦爲▦形，疑是重刀，古文喜重形。”今繒書有▦字，知石經訛▦爲敗，而非訛▦爲則也。《說文》古文第二體▦，《汗簡》載之，注曰：“《說文》續添。”乃後人所竄入也。

《中國文字》26，頁 7

○**商承祚**（1981）　金文則字皆从鼎作▦，秦詛楚文、石碣皆然。後漢安帝延光二年之開母廟石闕亦如此作，乃知兩周戰國時代之古文而保存於漢篆中者此其一也。秦始皇統一六國，統一文字，罷其不與秦文合者，但則字見於秦權、量、詔版百分之九十九作▦，其从貝作則者百不及一。我懷疑此則字並未簡，至於从貝作者，當爲民閒簡體，而影響至上層者。

《古文字研究》5，頁 216

○**胡平生**（1983）　“爲田律”的前一段應該這樣句讀：

　　　　田廣一步，袤八則，爲畛。（中略）

　　正確地釋讀這一段文字的關鍵是“則”字。前述諸家均將“則”誤作爲連詞，而以爲廣和袤的單位都是“步”。實際上，“則”在這裏是一個量詞。我們依據的是阜陽漢簡中的有關材料。（中略）其中有一片殘簡上即有“卅步爲則”的記載。知道了這一點，等於是爲我們讀通“爲田律”提供了一把鑰匙。茲將“爲田律”所規定的田畝制度通釋如下：田每寬一步、長八則（二百四十步）爲一“畛”（有一條田界）。

《文史》19，頁 216—217

○饒宗頤（1985）　（編按：楚帛書）則字與《汗簡》《三體石經》古文形同。

《楚帛書》頁29

○李零（1985）　（編按：楚帛書）則是設詞，猶若也。

（編按：楚帛書）“則”在這裏是“之”的意思，則訓之，參楊樹達《詞詮》卷六。

《長沙子彈庫戰國楚帛書研究》頁63、72

○何琳儀（1986）　（編按：楚帛書）“劓”，原篆作“□”。“則”，三體石經《無逸》作“□”，《汗簡》引《義雲章》作“□”，均與帛書同。

《江漢考古》1986-1，頁52

○劉彬徽、彭浩、胡雅麗、劉祖信（1991）　（編按：包山216）　劓，則字異體。

《包山楚簡》頁56

○曾憲通（1993）　則字金文皆从鼎作，《説文》籀文同金文，古文出□、□二形，皆與帛文異。三體石經古文作□，《汗簡》引義雲章作□，均與帛文同。王國維《魏正始石經殘石考》於古文□下云：“此从員亦鼎之省，夜君鼎鼎字作員，褢鼎名鼎曰□□，从員或从□皆鼎之省也。則右从刂，古惟利字爲然，魏石經刀部字無不从刂者，蓋以是爲刀字也。”按楚文字之鼎如員（會肯鼎）、員（會忎鼎）、□、□、□（俱見楚簡）等，皆省作員或員，可爲王説佐證。又楚簡則字有□、□二體，後者與帛書全同。

《長沙楚帛書文字編》頁56—57

○劉信芳（1996）　（編按：楚帛書）則　《左傳》昭公二十五年：“天地之經，而民實則之，則天之明，因地之性。”帛書謂遇有星象變異，風雨不時，“恭民”即令不知其所以，亦應以安靜爲準則，而不可驚惶失措。

《中國文字》新21，頁93—94

○何琳儀（1998）　則，金文作□（何尊）。从刀从鼎，會以刀刻鼎銘爲準則之意。或作□（段簋），从刀从二鼎，會以一鼎爲準則用刀刻畫另一鼎之意，即所謂“等畫物”。春秋金文作□（洹子孟姜壺）。戰國文字承襲兩周金文。鼎足或由□省演爲□、□、□，鼎旁遂譌作貝形。刀旁或加飾筆作刂、刂、刂，或與刃形相混淆作刂。晉系文字鼎旁或承襲西周金文从雙鼎作□、□，上鼎由□省作□、□，與古文吻合。楚系文字或作□，與三體石經《無逸》□形吻合。或作□，二爲省略符號。

𤔲羌鐘則，刻畫。參《説文》：“則，等畫物也。”晉器則，轉折連詞。温縣盟書則，或作賊，見賊字。

楚器則,轉折連詞。帛書則,與式音義均近。參厝字 d。《爾雅·釋詁》: "則,法也。"曾樂律鐘"屖則、犀則",均讀"夷則",樂律之名。

秦器則,轉折連詞。秦陶則,見《詩·大雅·烝民》"有物有則",傳:"則, 法也。"

《戰國古文字典》頁 94

○**荊門市博物館**(1998)　(編按:郭店·緇衣4)則,簡文字形與曾侯乙鐘"則"字左 旁同,簡文省去右部之"刀"。

(編按:郭店·緇衣16)則,簡文字形爲"則"字省文。今本於此句前有"以齊其 民"句。

《郭店楚墓竹簡》頁 132、133

○**張光裕**(2002)　(編按:上博二·從乙6)"智"下應爲"則"字,可據殘存字畫筆 勢,並由句式與"不武則志不遠"比對而推知。

《上海博物館藏戰國楚竹書》(二)頁 238

○**李學勤**(2004)　(編按:上博二·子羔7)"王則"的"則"訓爲法或常。

《上博館藏戰國楚竹書研究續編》頁 14

【則里】石鼓·吾水
○**郭沫若**(1982)　則讀爲即,里假爲理,即里猶就緒。

《石鼓文研究》頁 75

剛 㓻

信陽1·2　　郭店·性自8　　上博三·互先9　　十鐘

【剛怘】信陽1·2
○**中大楚簡整理小組**(1977)　周公曰:"烏夫! 戔人剛怘。天迮於型。"(中 略)

此簡在剛怘二字之閒有編組痕迹。(中略)

周公説:"小人剛愎自用不聽話,那麼上帝就要用刑罰來懲處他。"

《戰國楚竹簡研究》2,頁 1—2

○**李學勤**(1984)　周公曰:比夫賤人剛怘(志)(中略)

學者已指出,《太平御覽》卷八○二引《墨子》佚文:"周公見申徒狄曰:賤人強氣,則罰至。"簡文"剛志"就是"強氣",兩者是相合的。

《東周與秦代文明》頁 339

○**王志平**(1998)　信陽長臺關竹簡中的"剛恃"

信陽長臺關竹簡有如下文字:

曰:狄!夫戔人剛恃,天这干刑卣(者),有圭(尚)臤(賢)

學者們早已指出簡文與《太平御覽》卷八〇二所引《墨子》佚文"周公見申徒狄曰'賤人強氣則罰至'"及《孔子家語・好生篇》"孔子謂子路曰:'君子而強氣而不得其死,小人而強氣則刑戮薦臻'"內容相似。但簡文中"剛恃"一語費解。李學勤先生曾在《東周與秦代文明》一書中把"剛恃"讀爲"剛志",認爲"簡文'剛志'就是'強氣',兩者是相合的"。

最初我們以爲"剛志"不見於文獻,所以想讀爲"彊志"。"彊志"一詞見《國語・晉語七》:"祁奚曰:'午之少也,婉以從令,遊有鄉,處有所,好學而不戲。其壯也,彊志而用命,守業而不淫。'"韋昭注:"此壯,謂未二十時。志,識也。命,父命。"細審《國語》文義,這裏的"彊志"實與博聞彊志之"彊志"並不相干,而應是剛毅果敢、志氣剛強之意。《漢書》卷七十五《李尋傳》:"唯陛下執乾剛之德,彊志守度,毋聽女謁邪臣之態。"此"彊志"同樣也只能作如是解,而不可解爲博聞彊志之"彊志"。《論語・公冶長》"吾未見剛者"。劉寶楠《論語正義》云:"鄭《注》云:'剛謂彊志不屈撓。'案《說文》'剛,彊斷也'。《皋陶謨》'剛而塞,彊而毅',是剛、彊義近。撓者,曲也、折也。志不屈撓,則'富貴不能淫,貧賤不能移,威武不能屈'(引者按:見《孟子・滕文公下》),所以能無欲也。"按:劉寶楠誤讀鄭《注》,將"彊志"一詞誤分爲二,但其引《孟子》語證"彊志、不屈撓"則甚是。這也即《禮記・儒行篇》所說的"儒有可親而不可劫也,可近而不可迫也,可殺而不可辱也,其居處不淫,其飲食不溽,其過失可微辨而不可數也。其強毅有如此者"。"彊志""彊毅"是同義語。與此相對的則是"降志"。《論語・微子篇》:"不降其志,不辱其身,伯夷、叔齊與?謂柳下惠、少連降志辱身矣。"

"彊志"雖然見於文獻,但多是用於描述君子的褒詞,而"強氣"從語氣上看,則顯然是一個貶義詞,所以我們雖釋爲"彊志",但仍然心有未安。還有一度曾想把"剛恃"釋爲《禮記・樂記》之"剛氣不怒,柔氣不懾"及《孟子・公孫丑上》之"其爲氣也,至大至剛"之"剛氣"。後來也由於上面所說的同樣理由,而終於放棄了。

最近我們閱讀銀雀山漢墓竹簡《孫臏兵法》,發現其中的《五名五恭》篇有如下文字：“兵有五名：一曰威强，二曰軒驕，三曰剛至，四曰助忌，五曰重粲……剛至之兵，則誘而取之。”才恍然悟到“剛恃”應該讀爲“剛至”。“恃”爲禪母之部字，“至”爲章母質部字。聲母均屬照系三等，韻母雖然稍隔，但“至”字及从“至”得聲之字與之部字頗多通假之例。如《荀子·正論》：“其至意至闇也，其行爲至亂也。”注：“至意當爲志意。”又《詩·小雅·青蠅》：“營營青蠅，止於樊。”《漢書·昌邑王傳》引“止”作“至”。《荀子·禮論》：“而社止於諸侯。”《史記·禮書》“止”作“至”。又如：馬王堆漢墓竹簡《天下至道談》“一曰治氣”，下文云：“一曰致氣。”《史記·李斯列傳》“趙高案治李斯”、《漢書·何武傳》“遣使者乘傳案治黨與”之“案治”，《漢書·尹翁歸傳》“案致其罪”、《魏相傳》“收捕案致其罪”、《後漢書·蓋勳傳》“從事武都蘇正和案致其罪”作“案致”，顯爲一詞之異寫。可見“至”字及从“至”得聲之字與之部字有較密切的關係。我們懷疑長臺關簡文中的“剛恃”，即銀雀山簡《五名五恭》中的“剛至”。因爲簡文中的“剛至”顯然是一個貶義詞，放到長臺關簡文的語境中看也顯得比較通順。

銀雀山漢簡《五名五恭》篇之“剛至”，整理小組舊注爲“‘至’疑借爲怾。剛怾，剛愎自用”。所注甚是。《廣雅·釋詁三》：“怾、愎，很也。”又《玉篇·心部》：“怾，徒結切。惡性也。”顯然“怾、愎”同義，“剛怾”即“剛愎”。《左傳》宣公十二年“剛愎不仁”，杜預注：“愎，很也。”是“剛怾、剛愎”均爲“剛狠”之意。

總之，長臺關簡文中的“剛恃”恐當讀爲銀雀山漢簡《五名五恭》中的“剛至”，亦即“剛怾”，義同“剛愎”，均爲“剛狠”之意。以此訓詁，文從字順。

《簡帛研究》3，頁 129—131

○何琳儀（2001） “剛恃”，諸家多以爲是貶義詞，即所謂“剛愎自用”。然而“剛恃”似未見於典籍。今改讀“强志”。“剛”與“强”音近可通。《詩·小雅·北山》“旅力方剛”，《一切經音義》十三“剛”作“强”。《説文》“剛”古文作“强”。均其佐證。“恃”與“志”均从“止”聲，例可通假。《老子》二章“爲而不恃”，帛書甲本“恃”作“志”，是其確證。“强志”，見《淮南子·齊俗訓》“博聞强志”，或作“彊志”，見《荀子·解蔽》“博聞彊志”。或作“强識”，見《禮記·曲禮》上“博聞强識”。凡此與竹書“剛恃”皆一音之轉，指記憶力甚强。

《安徽大學學報》2001-1，頁 28

刻 劑

劑睡虎地・效律 40

○黃德寬等（2007） 秦器刻，用本義。

《古文字譜系疏證》頁 22

△按 《説文》：“刻，鏤也。从刀，亥聲。”秦簡形體與小篆同。

辨 辨

辨睡虎地・秦律 80

△按 《説文》：“辨，判也。从刀，辡聲。”睡虎地簡“辨”字形體與小篆同。

列 肰

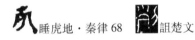睡虎地・秦律 68　詛楚文

○睡虎地整理小組（1990）　（編按：睡虎地・秦律 68）列，市肆。《漢書・食貨志》：“小者坐列販賣。”注：“列者，若今市中賣物行也。”買市居列者即市肆中的商賈。

《睡虎地秦墓竹簡》頁 36

○何琳儀（1998） 詛楚文“光列”，讀“光烈”。

《戰國古文字典》頁 909

△按 《説文》：“列，分解也。从刀，歹聲。”詛楚文“列”字形體與小篆同。

刊 肵

刊睡虎地・日甲 66 背貳　刊秦代陶文・秦陶文字録 59

△按 《説文》：“刊，剟也。从刀，干聲。”睡虎地簡“刊”字形體與小篆同。

割 劇 戳 劃

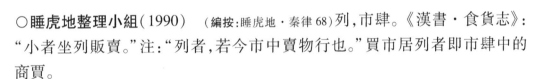集成 330 曾侯乙鐘　集成 325 曾侯乙鐘　集成 341 曾侯乙鐘

包山 121　　　包山 122　　　郭店·語四 16

郭店·語四 18　　　上博二·昔者 3　　　上博五·弟子 13　　　郭店·緇衣 3

○**湯餘惠**(1993)　（編按:包山 122）■ 122　劘·割　曾侯乙墓編鐘、編磬銘文“割肂”二字屢見,害旁寫作⬚、⬚,乃商周金文⬚形之變,字中原非从羊。字下从曰與口同,右从刃與从刀通,應釋爲“割”。

《考古與文物》1993-2,頁 72

○**何琳儀**(1993)　競不割 121

割原篆作■,劉釗釋“割”,讀“害”。古人名“不害”習見。

《江漢考古》1993-4,頁 58

○**劉釗**(1998)　［96］簡 121 有字作“⬚、⬚”,字表隸作“割”。按字从“刀”从“⬚”,“⬚”即“害”字。字應釋爲“割”。曾侯乙墓編鐘“割”字作“⬚”,與此字形相同。簡文人名“競不割”應讀作“競不害”。“不害”乃古人常用名,韓有“申不害”可證。

《東方文化》1998-1、2,頁 60

○**何琳儀**(1998)　包山簡“不割”,讀“不害”,習見人名。曾樂律鐘“割殏”,讀“姑洗”,樂律名。

《戰國古文字典》頁 900

○**陳偉**(2003)　（編按:郭店·語四 16）“割”,原讀爲“害”,疑當讀爲“介”,“介”有佐助、依憑義。

《郭店竹書別釋》頁 239

○**陳佩芬**(2002)　（編按:上博二·昔者 3）“割”,與“蓋”通。《説文通訓定聲·泰部》:“割……假借爲害……又爲蓋。”

《上海博物館藏戰國楚竹書》(二)頁 244

○**劉釗**(2002)　（編按:郭店·語四 16）《語叢四》有一句話説:

善使其下,若蚚蛬之足,衆而不割,割而不仆。

其中“蚚蛬之足,衆而不割,割而不仆”是一句諺語。《郭店楚墓竹簡》一書訓“仆”爲“僵仆”甚是。在“衆而不割,割而不仆”的兩個“割”字後,《郭店楚墓竹簡》一書都加圓括弧注爲(害),即以爲在這句話中“割”是借爲“害”的。顯然作者是以爲“害”是妨害、衝突之意,“衆而不害,害而不仆”也就是“衆多但不妨害,衝突而不僵仆”的意思。

林素清先生在《郭店竹簡〈語叢四〉箋釋》一文中,語譯這段話的大意爲:"這裏用蚈蚣的多足善走、多足而不亂比喻領導人若善於統御,則能使群衆協調有序,不致於彼此衝突。"可見林先生也認爲"割"應讀爲"害",理解"害"就是"衝突"的意思。林先生在文中引用了《淮南子・兵略》和《淮南子・説文》中的兩段話,並以此來作對比。《淮南子・兵略》的一段是:

> 故良將之卒,若虎之牙,若兕之角,若蚈之足,可以行,可以舉,可以噬,可以觸,强而不相敗,衆而不相害,一心以使之也。

《淮南子・説林》的一段是:

> 善用人者,若蚈之足,衆而不相害;若脣之與齒,堅柔相摩而不相敗。

這兩段話中的"衆而不相害"顯然就是《語叢四》中的"衆而不割",所以這一引用對比十分恰當。

不過筆者認爲"衆而不割,割而不仆"的兩個"割"字也可以不必讀爲"害",就讀爲本字即可。"割"有割斷、截斷之意,"衆而不割,割而不仆"意爲雖然衆多但卻連續不斷,即使割斷了也不會仆倒或死掉。

《太平御覽》卷九百四十四、卷九百四十八都引用一句古諺語:

> 百足之蟲,斷而不蹶。

比較可知,"斷而不蹶"顯然就是《語叢四》的"割而不仆"。"斷而不蹶"的"斷"就是"割而不仆"的"割","斷而不蹶"的"蹶"就是"割而不仆"的"仆"。"斷"與"割"義訓相同,"蹶"與"仆"義訓也相同。

古諺語大多數都有着悠久的歷史和久遠的傳承,"百足之蟲,斷而不蹶"應該就是屬於此列。這句諺語中的"割"很可能本來就是"斷"的意思,但是有的本子用了通假字"害",於是便有人按"害"字理解文意出現了像《淮南子》"衆而不相害"那樣將錯就錯的文句。而其本來形態卻在"百足之蟲,斷而不蹶"這樣的古諺語中保存了下來。類似的將錯就錯的演變在諺語和成語中並不乏見。

《古籍整理研究》2002-5,頁4—5

○**陳偉武**(2003) (編按:郭店・語四 16)又簡16:"其舉(原釋'罨',此從陳偉先生釋)如將又(有)敗,雄是爲割(遏)。"

"割",整理者讀"害",學者或讀"介"訓佐助、依憑。今按,"割"或當讀爲"遏",指遏止。"害"及從"害"之字與"曷"及從"曷"之字古多通用,如《管子・七法》篇"莫害其前",又《度地》篇"五者不可害",兩"害"字于省吾先生均讀爲"遏"。銀雀山漢簡《王兵》:"天下莫之能害,故可以有地君國。"整理者無注，“害”亦當讀爲“遏”。上揭楚簡“割”字從“害”得聲，故可讀爲從“曷”之“遏”。簡文意謂舉動如將失敗，“巨雄”（雄傑之人）就會加以遏止。

《第四屆國際中國古文字學研討會論文集》頁 201

○**林素清**（2004）　（編按：上博二·昔者3)君子曰：“子省蓋。喜於内，不見於外。”

（中略）“子省蓋”：簡文作“子眚割”，整理者讀“眚”爲省，察也；以“割”與“蓋”通，並於“眚”字下斷句，讀作“子省，蓋喜於内，不顯於外”云云。但“子省”斷句，文意不明，語氣也難以接續。（中略）按，整理者讀“割”爲蓋，可從，但應解作“覆蓋”之“蓋”，與“器”相對，《説文》作“盍”。器物蓋上蓋子之後，可以隔離内外，故簡文以蓋爲喻，闡述人君必須内外有別。

《上博館藏戰國楚竹書研究續編》頁 201

劃 劃

 曾侯乙 58　　 曾侯乙 67　　 曾侯乙 88　　 信陽 2·1　　 信陽 2·3　　 新蔡甲三 89

○**裘錫圭、李家浩**（1989）　（編按：曾侯乙 6）𠚣（中略）此字原文作𠚣，從“刀”從“𤯞”。“𤯞”與簡文“畫”字所從“妻”旁相同。

《曾侯乙墓》頁 490、510

○**何琳儀**（1993）　“遣策”有一字，見 2-01、2-03、2-018、2-026、2-028 號簡，凡五見：

舊多隸定“彖”，讀“緣”，似是而非。此字可與隨縣簡（6 號）一字比較：

裘錫圭、李家浩分析“從刀從𤯞。𤯞與簡文‘畫’字所從‘妻’旁相同”。頗有見地，但在其所寫“釋文”中仍存原篆。信陽簡與隨縣簡二字形體基本相同，唯前者省中閒豎筆而已。富奠劍（《録遺留》589）銘“斳”字（《玉篇》“斳同斳”），原篆作：𣂈

其所從“畫”的“妻”旁，已與信陽簡十分接近。“妻”的演變序列如次：

𤯞—𣂈—𣂈

“畫”，從“聿”從“周”（“彫”之初文），會意；或從“妻”（“規”之初文）從“周”（多訛變爲“田”形），會意。茲選録其形體如次：

宅簠　　張畫戈　　吳方彝　　上官登　　《璽彙》1720

最後一個形體省"田"形爲"一"，楚簡則索性省"一"。楚簡此字上從"妻"，下從"刀"，亦見三晉古璽（《古璽彙編》2865）：

楚簡與晉璽此字均應隸定"劃"，乃"劃"之省。《説文》："劃，錐刀畫曰劃。從刀從畫，畫亦聲。"（中略）

在信陽簡中"劃"讀"畫"均可通。

《文物研究》8，頁 171

○**何琳儀**（1998）　劃，從刀從妻，劃之省文。刀（或作刃形）與又或借用筆畫。《説文》："劃，錐刀曰劃。從刀從畫，畫亦聲。"楚系文字妻旁參見富奠劍斲作

形。

楚系簡劃，讀畫。

《戰國古文字典》頁 738

○**李守奎**（2003）　劃　雾　從畫省。

《楚文字編》頁 269

○**賈連敏**（2003）　（編按：新蔡甲三 89）象。

《新蔡葛陵楚墓》頁 191

○**張新俊、張勝波**（2008）　（編按：新蔡甲三 89）劃。

《新蔡葛陵楚簡文字編》頁 93

△**按**　白於藍《釋"妻"》（《古文字研究》28 輯 514—520 頁，中華書局 2010年）一文詳細討論了與"妻"有關的字，可參。

劑

詛楚文

△**按**　《説文》："劑，齊也。從刀從齊，齊亦聲。"詛楚文"劑"字形體與小篆同。

剽

睡虎地·日乙 37 壹

○**睡簡整理小組**（1990）　（編按：睡虎地·封診 21）剽，疑讀爲瞟，《廣韻》引《埤

蒼》：“一目病也。”《居延漢簡甲篇》八七八有“□駮乘兩剽，齒十六……”，一九三七有“……左剽，齒五歲，高五尺九寸”。

《睡虎地秦墓竹簡》頁 151

剕

九店 56·35

○**李家浩**（2000）　（編按：九店 56·35）《説文》刀部：“剕，折傷也。”本簡下文“居有食，行有得”是承此“利於飲食；如遠行，剕”而言的，可見“剕”與“得”的意思相近，當非《説文》所説之義。《説文》人部：“侑，安也。”《廣韻》卷四過韻：“侑，安也，有也。”據唐寫本《唐韻》，《廣韻》“侑”字二訓實出自《説文》（見周祖謨編《唐五代韻書集存》下册 669 頁），今《説文》“二徐本奪下一訓”（《説文解字詁林》3544 頁“侑”字説解下周雲青按語）。“有”有“得”義。《玉篇》有部：“有，得也。”疑簡文“剕”應當讀爲“侑”，訓爲“有”，“利於酓飤；女遠行，剕”，秦簡《日書》甲種夬光日占辭作“利以登高，飲食，邋（獵）四方野外”，文字出入較大。

《九店楚簡》頁 95—96

刖

睡虎地·爲吏 9 壹

○**王輝**（1992）　所謂“肵”字，拓片看不清楚，摹本作佣，大概近是，惟釋肵，解作俎，則殊誤。按此字左旁𠄌應爲刀字，刀字早期金文作𠂆，晚期金文作𠃌，此爲反書。右旁月應爲肉，此字從刀從肉，應即刖字。刖字甲骨文作𠛱，《睡虎地秦墓竹簡》5·29 作肵，與劍銘同。《説文》：“刖，絶也。從刀月聲。”許慎混淆月與肉，解刖爲形聲字，非是。

“刖”應爲吳季子之名，文獻又稱季札，刖與札大概也是名與字的關係。刖、札意義接近。刖，《説文》訓“絶”，《廣雅·釋詁一》訓“斷”。札也有斷義。

《文物》1992–10，頁 90

○**何琳儀**（1998）　秦文字刖作肵，與楚文字剮作剮頗易相混。

楚簡“又刖”，讀“有閒（間）”。

睡虎地簡"廉而毋則",《荀子・不苟》作"廉而不劌"。

《戰國古文字典》頁 913

制

集成 2811 王子午鼎　　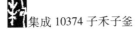集成 10374 子禾子釜

○裴錫圭（1988）　3.說"制"

《說文・四下・刀部》："制（制），裁也。从刀、未。未，物成有滋味可裁斷。一曰：止也。"所說"制"字从"未"的理由牽強難信。

常見於秦代權量上的二世詔文中有"制"字。不少權量上的"制"字作制、制等形，左旁斷成三截（《金文續編》4・8 下。參看《秦金石刻辭》《秦金文錄》所收有關銘文）。這是值得注意的現象。

在古文字裏，"折"字的寫法跟"制"字的上舉寫法有相似之處。甲骨文"折"字作折 折等形（《甲骨文編》22 頁），金文多作折（《金文編》38 頁）。其左旁有兩種寫法。木象樹木中斷，折也象木斷形，也許就是木的變體。如果把兩種寫法綜合起來，就成爲上舉"制"字的左旁了。這種"制"字顯然反映了比較原始的寫法。其左旁後來變而爲"未"，這跟"折"字左旁由折變爲折（手）如出一轍。

古文字的"折"象以斤砍斷樹木。制所象的應該是以刀截割木材。《淮南子・主術》："是故賢主之用人也，猶巧工之制木也……無小大修短各得其宜，規矩方圓各有所施。"高誘注訓"制"爲"裁"，與《說文》同。這個"制"字的意義，跟字形完全相合。古書中，裁割木頭之外的東西也有稱爲"制"的。《禮記・郊特牲》"詔祝於室，坐尸於堂"句鄭玄注，有"主人親制其肝"語，《正義》訓"制"爲"割"。《月令》孟夏之月"祭先肺"句鄭注，有"乃制肺及心肝爲俎"語，《正義》訓"制"爲"截割"。"制"字的制作、制斷、制御等義，大概都是由"裁割"之義引申出來的。

"制""折"二字不但形義相近，而且上古音極爲接近。它們的聲母都屬照母三等，韻部有祭、月對轉的密切關係（如同意王力《古韻脂微質物月五部的分野》的意見，把"制"歸入月部，這兩個字就屬同一韻部了）。從"折"聲的"浙""狾""晰"等字都有從"制"聲的異體。從"制"聲的"製"在秦簡裏有從"折"聲的異體（《雲夢睡虎地秦墓》圖版一五四・1024 號簡）。《廣雅・釋詁一》以及

《文選・二十九・張景陽〈雜詩〉》注引《漢書》李奇注都以"折"釋"制"。《尚書・呂刑》"制以刑",《墨子・尚同中》引作"折則刑"。《論語・顏淵》:"片言可以折獄者,其由也歟?"據《經典釋文》,《魯論》"讀折爲制"。總之,"制""折"二字形音義的關係是十分密切的。它們所代表的詞很可能有親屬關係。

最後簡單談談"制"字字形的演變。前面已經指出,"制"字左旁斷爲三截的寫法比較原始,从"未"的寫法是由它變來的。西漢前期簡帛文字中的"制"多寫作制(《秦漢魏晉篆隸字形表》284 頁)。這種寫法顯然是直接由較原始的寫法,而不是由从"未"的寫法變來的。在這種"制"字裏,左旁的上中兩截被連了起來,下截挪到中閒,寫得像一個"巾"字。秦權詔文"制"字或作制(見《秦金石刻辭》上・5 上"兩詔權"之"元年詔"),新莽一斤十二兩權"制"字與此相同(《金文續編》4・8 下),它們的左旁已經變得跟"朱"字無別了。這種寫法應該出現在从"未"的寫法之後,較晚的隸書和楷書的"制"字大概是由這種寫法變來的。

　　　　　　　　　《古文字論集》頁 641—642,1992;原載《北京師院學報》1988-2

○**何琳儀**(1998)　　制,甲骨文作制(甲三五七五)。从刀从木,會以刀斷木之意(與折字構形相合)。《淮南子・主術》:"巧工之制木也。"春秋金文作制(王子午鼎),木旁左側ʃ、刀旁左上ʂ,均爲飾筆。木、未一字分化,形音義均有關涉(詳未字),故戰國文字以未易木。秦泰山刻石作制,承襲戰國文字。秦權量或作制(《金文續編》四・八),漢代文字或作制(帛書《老子》甲後三六六)。其未旁割裂,似寓斷木之意(參折字作折)。

　　子禾子釜制,制作。《孟子・梁惠王》上"可使制梃以撻秦楚之堅甲利兵矣",注:"制,作也。"

　　　　　　　　　　　　　　　　　　　　　　　《戰國古文字典》頁 915

罰　酈　䍞

制 集成 9734 舒盜壺　　罰 郭店・緇衣 27　　罰 郭店・緇衣 29　　罰 上博一・緇衣 15

罰 上博二・從甲 8　　罰 上博二・容成 4　　罰 上博四・曹沫 21

罰 郭店・成之 5　　罰 郭店・成之 38　　罰 上博五・季庚 20　　罰 上博五・鬼神 1

○**馬承源**(1990)　　日炙(夜)不忘大坴(去)型(刑)䍞　　日夜不忘更多地消除

刑罰,這是古代統治者標榜"慎刑"的不同提法。

《商周青銅器銘文選》(四),頁 579

聅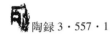

陶録 3・557・1

○王恩田(2007)　　聅　《説文》:"聅,斷耳也,从刀从耳。"陽文。

《陶文字典》頁 101

劓

集成 285 叔夷鎛　　　陶彙 3・1024　　　陶録 3・325・5　　　陶録 3・656・4

○高田忠周(1925)　　(編按:集成 285 叔夷鎛)"造而佣劓,毋或承頪"《嘯堂》,劉氏《古文審》云"此用劓爲臬,謂刑法也,言造作佣黨之刑"也。按,劉説爲是。《説文》"劓,刑鼻也。从刀,臬聲。或从刀、鼻作劓",爲會意,但臬訓射準的也,从木、自,亦會意。蓋其狀如鼻在面中央也。

《古籀篇》28,頁 21

○于省吾(1932)　　(編按:集成 285 叔夷鎛)朋劓猶言朋儕。辛鼎"用𦘔乒劓多友𧵦","劓"亦謂朋儕也。

《雙劍誃吉金文選》頁 94,2009

○馬承源(1990)　　(編按:集成 285 叔夷鎛)佣劓,經籍所無,據辭意或當讀爲輔翼。《説文・人部》:"佣,輔也,讀若陪位。"劓从臬聲,《周禮・冬官考工記・匠人》"置臬以縣",鄭玄《注》:"古文臬假借字,故書臬或作弋。"字當假爲翼。弋翼爲雙聲疊韻字。

《商周青銅器銘文選》(四),頁 543

○高明、葛英會(1991)　　(編按:陶彙 3・1024)劓。

《古陶文字徵》頁 31

○李家浩(1992)　　(編按:集成 285 叔夷鎛)"朋"舊釋爲"佣",非是。郭沫若説"朋劓""猶言友僚,辛鼎'虔用𦘔乒劓多友𧵦辛萬年佳人',與此爲互證"。僕兒鐘有"樂我父兄"語,與此"造(陶)而朋劓"句形相同,義亦相近,可以參考。

《著名中年語言學家自選集・李家浩卷》頁 50;2002;
原載《湖北大學學報》1992-3

○**何琳儀**（1998）　劓，甲骨文作𠛛（乙三二九九）。从刀从自（鼻之象形），會割鼻之意。金文作𠛤（辛鼎），則爲形聲字。（从刀，枲聲。）戰國文字承襲金文。或从刀，枲聲；或从刀从鼻，會意。刵、劓、劓實爲一字孳乳。

　　齊陶劓，人名。

《戰國古文字典》頁 911

○**王恩田**（2007）　劓（劓）　《説文》："劓，刑鼻也。从刀枲聲。《易》曰：天且劓。劓，枲或从鼻。"按陶文从鼻不从枲。疑形近訛作枲。裘錫圭釋。

《陶文字典》頁 103

刑　𠛃

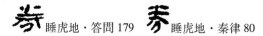

集成 10374 子禾子釜　　集成 11564 四年雍令韓匡矛　　曾侯乙 75　　秦駰玉版

齊魯古陶文字 5 · 22　　詛楚文　　璽彙 1279　　璽彙 3755

——

△**按**　參見卷五"𠛃"字條。

券　𠜍

睡虎地 · 答問 179　　睡虎地 · 秦律 80

——

△**按**　此字字形同小篆。

刺　𣏝

睡虎地 · 法律答問 173

——

○**睡簡整理小組**（1990）　刺。

《睡虎地秦墓竹簡》頁 134

△**按**　此字字形同小篆。

勿

上博四 · 曹沫 65

△按　刅,"閗"字省體,詳見卷十二門部"閗"字條。

刉

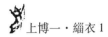上博一・緇衣 1

○**陳佩芬**(2001)　(編按:上博一・緇衣 1)刉　从屯从刀,《説文》所無。郭店簡作
"屯",不从刀,今本作"試"。

《上海博物館藏戰國楚竹書》(一)頁 175

○**孟蓬生**(2002)　(編按:上博一・緇衣 1)"刉"字,郭店簡《緇衣》作"屯"。"屯"
字當是"弋"字之誤字,"刉"字當隸定作"刌",从刀,弋聲。《禮記・緇衣》"刑
不試而民咸服",注:"試,用也。"郭店楚簡中"試"字借"弋"字爲之,故易與
"屯"字相混。

《上博館藏戰國楚竹書研究》頁 443

○**陳秉新**(2003)　本簡"刉"與郭店簡"屯",當讀爲"推",刉屯與推,定透旁
紐,文微對轉。推義爲推行。

《東南文化》2003-9,頁 80

○**顧史考**(2007)　此二種説法之外,也許還可通過通假關係找出另一種解
釋,即是將"屯"(或加刀)字讀爲"懲"。按,"屯"爲定母心部,"懲"乃定母蒸
部,即雙聲通轉字,雖韻部關係稍疏,然而仍在通假的範圍之內。"懲"之初文
或从"刀",正與懲罰之義相符,因而"屯"字若能借爲"懲",則加一個"刀"旁
也是合理的。

《郭店楚簡先秦儒書宏微觀》頁 139,2012

○**李守奎、曲冰、孫偉龍**(2007)　刉　按:此字或可隸作"忔"。

《上海博物館藏戰國楚竹書(一——五)文字編》頁 230

刟

陶録 3・496・4　　　陶録 3・496・5

△按　上舉《陶録》所收兩例,《陶文字典》歸入附録(419 頁),《齊文字編》
(103 頁)則於正編立"刟"字頭收入這兩例。

剡

○**劉彬徽、彭浩、劉雅麗、劉祖信**（1991）　（編按：包山 2）剡，地名，字不識。

《包山楚簡》頁 40

○**黃錫全**（1992）　剡字數見。上從八，下從大，右從刀。古從大與從人每不别，如光、幾等字即是。疑此爲"份"字，象以刀分解人形。作爲地名的"份"疑假爲"汾"。《左傳》襄公十八年：楚"子庚帥師治兵于汾"，杜注："襄城縣東北有汾丘城。"《戰國策·楚策一》楚"北有汾陘之塞"。

《湖北出土商周文字輯證》頁 190

○**湯餘惠**（1993）　剡 2　原摹未釋。甲骨文粦字作炎、炎（《殷墟甲骨刻辭類纂》94 頁），簡文左旁疑從粦省。竹簡文字凡點多作斜畫，字上非從八，字可釋剡，見於《集韻》，簡文用爲地名。

《考古與文物》1993-2，頁 69

○**何琳儀**（1993）　剡原篆作剡，包山簡習見。或作剡 166，左從"尖"，其"小"與"大"借用中間豎筆。剡應釋"剡"，"尖"之繁文。右從"刀"爲義符。《集韻》："錟，《博雅》銳也。或作尖。"剡爲地名。

《江漢考古》1993-4，頁 55

○**張桂光**（1996）　剡字見《包山楚簡》第 2 及 165、166、168 等簡，説者或釋剡，或釋份。本人疑即《説文》訓"銳利也，從刀炎聲"的剡字。字之左旁從大從八，大上之八當爲銳上的指示符號，其右從刀，正好會"銳利也"之意。剡字訛作剡，除了與炎字訛作奐相類似的軌迹外，尚有一個聲化的因素：奐與炎形近，剡與炎音通。剡字在簡文中均爲地名，其地或即《漢書·地理志》所在會稽郡二十六縣之一的剡縣，在今浙江省嵊縣西南位置。

《于省吾教授百年誕辰紀念文集》頁 280

○**陳煒湛**（1998）　剡 2, 3 釋文（指《包山楚簡》一書之釋文，下同）照録其形，考釋（即該書之考釋部分，下同）謂"地名，字不識"。態度謹慎。或以甲骨文粦作炎 炎爲據，謂簡文左旁爲從粦省。按此字左旁分明從大，上加八。甲骨文從八者屢見，多加於豕、魚、虎、隹之上（具見《甲骨文編》《甲骨文字典》），究屬何義，至今不明，也有可能是羡畫，無義。此字之八如屬羡畫，則以釋剡爲是,否則,仍當隸作剁。或謂此象以刀分解人形,亦屬臆測,不足信。

《容庚先生百年誕辰紀念文集》頁 588

劌

包山 19　包山 140　上博二·容成 18

○**何琳儀**(1998)　劌,从刀,羹聲。

包山簡劌,讀濮。地名。《左·昭十九》:"爲舟師以伐濮。"在今湖北石首附近。

《戰國古文字典》頁 396

○**白於蓝**(1999)　[六二]65 頁"剕"字條,""(140)等三例,左旁所從實爲羹。包山簡僕字有作如下之形者:""(137 反)、""(137 反),所從之羹旁正與此字左旁形同,故此字應隸作劌。

《中國文字》新 25,頁 182

○**裘錫圭**(2000)　包山和郭店簡所見的"瞽(察)、竊"二字和郭店簡所見的"淺、俴"(見《語叢二》19 號簡,原未釋)等字的聲旁(以下以"△"代替),其實已見於三體石經,石經《春秋》"踐土"之"踐"的古文,所從聲旁與郭店簡"淺"字所從之"△",寫法幾乎全同。楚簡从二"戈"的"戔"字及"戔"旁,其二"戈"多作並列形,"△"實則由此種"戔"形訛變而成。郭店簡有"△戈"字(見《性自命出》),可視爲"戔"之繁體;又有从"口""△戈"省聲之字(見《尊德義》),有學者釋讀爲"察",可從。包山簡有與"殺"連文的"戔"字變體,讀"戔"或讀"殘"均可;又有从"邑""△"聲之字,其"△"旁加"刀",或可視爲"劌"。

《古文字研究》22,頁 225

○**劉釗**(2002)　郭店楚簡中的這個字作爲偏旁出現在許多合體字中,共有以下 4 種組合:

　　1.从言　a.　b.　c.　d.

　　2.从水　a.　b.

　　3.从攴　a.　b.

　　4.从戈或从戈从口　a.　b.　c.　d.

在包山楚簡中,這個字還有从"刀"和从"邑"的兩種組合,這兩種組合因

其用法尚不清楚,故在這裏暫不論列。(中略)

　　這個可用爲"察、淺、竊"三個字聲旁的"羮"究竟是什麼字呢? 因爲其形體與"察、淺、竊"三個字都無關係,所以顯然只是一個用作聲符的借音字。從這一角度出發,我們推測這個字有可能就是"辛"字的變體。(中略)正因爲"辛"與"察、淺、竊"三字音都可通。(編按:劉釗此文爲提交 2002 年的中國古文字研究會年會論文,在討論中,麥耘指出,從音韻上而論,這兩組字字音還相隔較遠。)所以"辛"字的變體也就自然可以分別用爲"察、淺、竊"的聲旁。

《古文字研究》24,頁 277—278

○**李零**(2002)　(編按:上博二·容成 18)🈂️　左半所从與郭店楚簡釋爲"察、淺、竊"的字所从相同(其中釋爲"察、竊"的字也見於《包山楚簡》),右半从刀。此字的聲旁應如何隸定,還有待進一步討論,但從各有關辭例的讀法看,似是舌、齒音的月部或質部字。疑此字在這裏作荒廢之義講,或可讀爲"蔡",指野草。

《上海博物館藏戰國楚竹書》(二)頁 264

○**劉信芳**(2003)　剕:姓氏。簡 36"剕君",簡 140 反作"鄨君","剕、鄨"並讀爲"僕"。楚有"僕氏",《國語·楚語上》:"靈王城陳、蔡、不羹,使僕夫子晳問於范無宇。"韋昭《注》:"子晳,楚大夫,僕晳父也。"

《包山楚簡解詁》頁 31

【剕君】

○**劉信芳**(2003)　剕君:又見簡 140,140 反作"鄨君"。簡 183 有地名"鄨易","剕君"封地或在鄨陽。"剕"讀與"鄨"通。《春秋》隱公四年:"衛人殺州吁于濮。"杜預《注》:"濮,陳地水名。"《左傳》昭公九年:"然丹遷城父人於陳,以夷濮西田益之。"杜預《注》:"以夷田在濮水西者與城父人。"《水經注·淮水》:"淮水又北,夏肥水注之……然丹遷城父于陳,以夷濮西田益之。言夷田在濮水西者也。然則濮水即沙水之兼稱,得夏肥之通目矣。"疑戰國時楚濮陽即此濮水之陽。

《包山楚簡解詁》頁 48—49

○**李家浩**(2006)　(1)(3)的"鄨君",(3)或作"剕君","剕、鄨"二字原文作 a、b:

　　a🈂️140 號　　b🈂️43 號

　　因爲 a 是地名,故或加注"邑"旁作 b。a 所从聲旁舊釋爲"羮",被後來公布的郭店楚墓竹簡證明是有問題的。郭店竹簡中用爲"察、淺"和"竊"的字，其所從聲旁與 a 所從聲旁相同或相近。裘錫圭先生指出"察、淺、竊"三字古音相近，其所從聲旁即三體石經古文"踐"所從聲旁。爲排印方便，暫且按照"踐"字所從聲旁"戔"，把 a 所從聲旁釋寫作"戔"，a 釋寫作"剗"，b 釋寫作"鄻"。"剗"亦見於上海博物館藏戰國竹簡《容成氏》18 號"田無剗"，整理者把它讀爲"蔡"，謂"指野草"，可從。(中略)

古代"戔、贊"二字音近，可以通用。例如《詩・大雅・崧高》"王纘之事"，陸德明《釋文》："纘，祖管反，《韓詩》作'踐'。"《禮記・中庸》"踐其位"，鄭玄注："踐或爲'纘'。"頗疑簡文"鄻"或"剗"應該讀爲《漢書・地理志》南陽郡屬縣"酇"，顏師古注："即蕭何所封。"其地位於湖北省光化西北。

《出土文獻與古文字研究》1，頁 17—18、28

剗

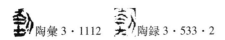陶彙 3・1112　　陶録 3・533・2

○湯餘惠等(2003)　剗。

《戰國文字編》頁 278

△按　上舉《陶録》所收兩例，《陶文字典》歸入附録(533 頁)，《齊文字編》(104 頁)從《戰國文字編》釋爲"剗"收入這兩例。

剔

包山 80　　包山 142　　上博四・曹沫 51

璽彙 0561　　璽彙 3221

△按　剔，"傷"字異體，詳見卷八人部"傷"字條。

剕

新蔡甲三 150　　新蔡甲三 317

○賈連敏(2003)　(編按：新蔡甲三 150)剕。

《新蔡葛陵楚墓》頁 193

○**何琳儀**(2004)　　莆二△,禱二冢(甲三:278)

"檕",原篆下從"刀",上從"既"聲。《玄應音義》:"栓、檕,釘也。"字亦作"櫭"。《廣雅·釋器》:"栓、櫭,釘也。"王念孫曰:"《玉篇》栓,木釘也。《衆經音義》卷十四引《字林》云,櫭,木釘也。"《類篇》:"檕,杙也。"簡文應是用牲法。

○**賈連敏**(2004)　　1.　刏(刉)

見於第一類簡,凡65例,皆稱"刏……豿"。

"刏"字,從刀,既聲,是一種祭法,應讀爲"刉"。"刉"又作"刉",《字彙》:"刉,同刉。""乞、气、既"古音相通,例不備舉。

刉,即以刀刺割犧牲,流血而釁。《説文》:"刉,劃傷也。從刀,气聲。一曰斷也。"段注:"錐刀畫曰劃……許云劃傷者正謂此禮,不主於殺之,但得其血涂祭而已。"《周禮·士師》:"凡刉珥,則奉犬牲。"鄭玄注:"珥讀爲衈。刉衈,釁禮之事,用牲,毛者曰刉,羽者曰衈。"《山海經·中山經》:"刉一牝羊,獻血。"

○**于成龍**(2004)　　上舉A型簡文中的"刏",從刀,既聲。此字乃是典籍中用作釁禮之"刉"字。

○**時兵**(2005)　　綜上所述,我們認爲新蔡簡中"刏+於+NP 處所+NP 祭牲1+禱+NP 祭牲2"結構所描述的當是宜祭行爲;"刏"是禱社前的用牲法,當從何琳儀先生所釋,"刏"即"檕",表示"把祭牲釘住"的行爲。

剈　剐

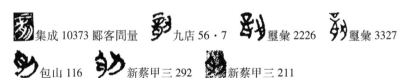

集成 10373 鄀客問量　　九店 56·7　　璽彙 2226　　璽彙 3327
包山 116　　新蔡甲三 292　　新蔡甲三 211

○**周世榮**(1987)　　(編按:集成 10373 鄀客問量)"剈"字《説文》中不見此字。當指器名。《古璽彙編》0324 有從厂從剈的"廁"字,其印文何琳儀同志釋爲:"秾丘亘廩廁。"

○劉彬徽、彭浩、胡雅麗、劉祖信（1991）　（編按：包山 116）（188）刞，簡文作
"⿰夕刃"。簡 146 作"⿰劦刃"，似是同一字的兩種寫法。

《包山楚簡》頁 47

○何琳儀（1993）　（編按：包山 116）刞原篆作⿰夕刃，從"肉"從"刀"，應釋"剮"。甲
骨文作⿰夕刂（《類纂》2485），亦見金文"鬱"偏旁⿰夕刂（利簋）。《集韻》："剝，或從卜，
亦作剮。"《説文》："剝，裂也。從刀，录聲。录，刻割也。录亦聲。⿰卜刀，剝或從
卜。"《廣韻》："剝，削也。"引申爲減少。"剮益"謂不足一益。"三益剮益"即
三益有餘而不足四益。"一益⿰夕刃益"146 即一益有餘而不足二益。戰國文字從
"剮"者，如"⿱肉月"（毆）東陵鼎作⿰肉刂，"⿱肉月"（朡）鑄客鼎作⿰夕刃，"⿱肉月"包山簡作⿰夕刃 95，
"⿱肉月"包山簡作⿰夕刃 193 等，均爲義符。

《江漢考古》1993-4，頁 58

○袁國華（1994）　⿰劦刃字見"包山楚簡"第一四六號簡。此字從原簡影看，與簡
一一六"刞"字作⿰夕刃，構形基本相同，⿰劦刃字多"⺈"兩筆，或可隸定爲"剆"。
"刞""剆"兩字用法完全一樣。（中略）"剆、刞"二字皆置於量詞"益"之前，疑
爲"代數字"。

《中國文字》新 18，頁 225

○黃錫全（2000）　又見有在益、兩之閒出現的新的計量單位：

　簡 116：（中略）越異之金三益⿰夕刃益。

　簡 146：（中略）利之金一益⿰劦刃益。

　簡 116 的"⿰夕刃"字比較清楚，從夕從⿰刃，而簡 146 的"⿰劦刃"字左上多出兩畫，
但可以肯定這兩個字是一個字，或者是一個字的異寫。《包山楚簡》釋文將前
一形隸作刞，將第二形存原篆，在注［118］中認爲，二字"似是同一字的兩種寫
法"。但究竟是一個什麽字，釋文未作進一步的研究。（中略）

　河南信陽長臺關一號楚墓出有楚簡，其中簡 2-016 也有這個字，（中略）這
個字的左下方，不論原簡照片，還是商老摹本，都比較清楚，是從⿰刀，而不是從
肉，這是非常值得重視的一點。結合原簡照片和摹本，其形原當作⿰夕刃或⿰夕刃。

　另外，還有一條很重要的材料，就是 1945 年出土於湖南長沙的一套所謂
"鈞益"砝碼。這套砝碼共十枚，其中第九枚上刻有兩個字，過去都釋爲"鈞
益"，解釋爲平均分割黃金的量值。現在看來，第一字的釋讀肯定是錯的。這
個字與包山楚簡 146 號我們討論的那個字是一個字。其字左上方爲兩小橫，
左下方從夕或月，右上作⿰刃，原當作⿰夕刃。（中略）

　信陽楚簡的⿰夕刃，應該就是"簡"字省文，包山簡的"⿰夕刃益"之⿰夕刃就應是"外"，

即"閒"字省文。（中略）

包山楚簡146的**利**、長沙砝碼的**利**，很可能是一種簡省或增加飾筆現象。

（中略）

這種稱量名稱應釋作"簡益"和"閒益"，讀作"閒鎰"。簡爲閒之借字。

（中略）

"閒鎰"就是鎰之中閒，取義於鎰的一半，也就是中鎰、半鎰。如此，則

三益**利**（閒）益，就是三鎰半鎰。

一益**利**（閒）益，就是一鎰半鎰

八益**羽**（閒）益一朱，就是八鎰半鎰一銖

（中略）

由此可知，砝碼上刻"閒益"（鎰）二字是記錄這枚砝碼的重量。

《江漢考古》2000-1，頁 56—59

○**李家浩**（2000）　（編按：九店 56・7）［一五］　"韵"字見於戰國璽印"晶鄲向（廩）韵"，"向（廩）韵"（《古璽彙編》二一九・二二二六、三一一・三三二七）。字或寫作"厠"："黍丘向（廩）厠"（《古璽彙編》五六・〇三二四）。湖南省博物館揀選的一件楚國銅量，銘文自名爲"削"。戰國文字往往將"刀"旁寫作"刃"，所以許多學者指出"韵"與"削"是同一個字。據周世榮《楚邢客銅量銘文試釋》所說，"韵"這種銅量爲圓筒形，有鋬，像現在的量杯，容量是 2300毫升（《江漢考古》1987 年 2 期封三，87 頁）。

《九店楚簡》頁 60—61

○**白於藍**（2001）　簡文中有一字作：**利**（簡 116）

該字从肉从刀，原釋文中隸定作"刖"，可從。該字出現在如下之辭例當中：

　　鄝陵攻尹産，**牢**尹蘊爲鄝陵貸邸異之金三益（鎰）刖（鎰）。

包山簡中另有與此辭例相近者，如：

　　鄝莫囂邵陟、左司馬旅毄爲鄝貸邸異之金七益（鎰）。（簡 116）

　　郂陵攻尹快、喬尹龘爲郂陵貸邸異之金卅（三十）益（鎰）二益（鎰）。（簡 117）

　　郎昜司馬達、芺公騎爲郎昜貸邸異之金十益（鎰）一益（鎰）四兩。（簡 119）

從辭例比較看，該字之用義當與簡（177）（編按：應爲 117）"卅（三十）益（鎰）二益（鎰）"之"二"以及簡（199）（編按：應爲 119）"十益（鎰）一益（鎰）四兩"之

“一”相仿,亦是用來表示“益(鎰)”之多少的一個詞,但楚簡文字中一至十數位疊出繁見,從未見有與此字形近者。筆者以爲此字當釋爲“胖”,即“胖”字之原始會意初文,在該簡文中用爲“半”。

《説文》:“胖,半體肉也。一曰廣肉。从半从肉,半亦聲。”《周禮·天官·腊人》:“凡祭祀,共豆脯,薦脯、膴、胖,凡腊物。”鄭玄《注》:“胖宜爲脯而腥,胖之言片也,析肉意也。”刖字从肉从刀,概即所謂“析肉意也”。《説文》:“析,破木也。”甲骨文“析”字作“𣝍”,作以斤破木之形。胖字之作“𠛱”,其造字原理與“析”字相仿。小篆“胖”字作“𦠊”,概後起之會意兼形聲字。

包山楚簡(146)又有如下一段話:

豕玫苛欿利之金一益(鎰)𠛱益(鎰)。

從辭例比較看,“𠛱”與上引“刖”顯係一字。不同之處僅在於“𠛱”字是在“刖”字左邊“肉”旁上部又纍加了“ㄊ”旁。關於“ㄊ”旁,過去多有討論。包山簡和九店簡中都見有“𦬑”字,該字从艸从田从“ㄊ”,徐在國先生認爲該字當分析爲从艸从田夗聲,應釋爲“苑”,即認爲“ㄊ”乃“夗”字。九店楚簡《日書》中,該字是用作建除名,與九店楚簡《日書》相對的秦簡《日書》楚除乙種中的該字作“怨”,“苑、怨”俱从“夗”聲,自可相通,可見徐在國先生的看法是有一定道理的。(中略)上古音夗、胖韻母均爲元部字,則“𠛱”字上部所从之“ㄊ”旁恐是有意綴加之聲符,起注音作用。類似情況在古文字中甚多,茲不贅舉。

胖字既从半聲,則自可讀爲半。古代作爲重量單位的“鎰”一般認爲合“二十兩”,如《玉篇·金部》:“鎰,二十兩。”《孟子·梁惠王下》:“今有璞玉於此,雖萬鎰,必使玉人雕琢之。”趙岐《注》:“二十兩爲鎰。”《國語·晉語二》:“黃金四十鎰。”韋昭《注》:“二十兩爲鎰。”但也有一鎰合“二十四兩”的解釋,如《集韻·質韻》:“鎰,二十四兩爲鎰。”《文選·枚乘〈七發〉》:“於是使射千鎰之重。”李善《注》引賈逵《國語》注曰:“一鎰二十四兩。”若照前説,則“胖(半)益(鎰)”當合十鎰。若從後説,則“胖(半)益(鎰)”當合十二鎰。

《中國文字》新27,頁160—162

○**李學勤**(2002)　(編按:集成10373鄳客問量)細看“刖”字,可分解爲“月(肉)、辛、刀”三部分。以往大家都以爲字的左側類於“龍”字,把“辛”和“肉”放在一起考慮,以致不能識讀。實際這個字是以“刉”爲聲,而“刉”是“辨”的省簡。

《説文》:“辨,判也。从刀,辡聲。”古音與“半”相通,因此“刖”即讀爲

“半”。“半”爲二分之一，九店簡“䇬”讀作“參”，是三分之一，都是量制單位。

《中國古代文明研究》頁 281，2005；原載《中國錢幣論文集》4

○**劉信芳**（2003）　古代一益（鎰）或謂二十兩，或謂二十四兩，或謂十六兩，“刖益”作爲重量單位，應是一益之半。《史記·項羽本紀》：“士卒食芋菽。”《漢書·項籍傳》作“卒食半菽”。芋、刖音近，是西漢人依“刖”之讀音記爲“芋”，東漢班固尚知其義，改寫爲“半”，由此可證楚人謂半益爲“刖益”。從字形上説，“刖”字从肉从刀，是會意字，乃“別”之異構，《説文》謂“別”从冎从刀。信陽簡 2-016“八益別益一朱（銖）”，例證正可互證。《説文》：“別，分解也。”《釋名·釋書契》：“莂，別也，大書中央，中破別之也。”

　　黃錫全釋爲“閒鎰”，解爲“半鎰”（《試説楚國黃金稱量單位“半鎰”》，《江漢考古》2001 年 1 期）。結論與拙見同，對文字的考釋則異，請參讀。

《包山楚簡解詁》頁 106—107

○**李守奎**（2003）　刐　與《説文》之刖當非同字。

《楚文字編》頁 270

○**李天虹**（2005）　其他戰國文字裏有與“刐”寫法相近的字，如《璽彙》0324 號文云“柰丘稟刾”，末一字用作量器名，可隸定爲“廟”（戰國文字常常將“刀”旁寫作“刃”）。“廟”又或省寫作“剬”，如《璽彙》2226 號的“邯鄲稟刾”，3327 號的“稟刾”。（中略）這種省簡的形體還見於長沙發現的楚銅量和江陵出土的九店楚簡。長沙銅量原文作刾，是銅量的自名。（中略）從用意考慮，並結合字音，我曾懷疑用作量名的“廟”或“剬”，即“俞”，可能讀作“逾”，同“籔”。（中略）但是文獻之“籔”容十六斗，與長沙銅量“剬”的容量相差很遠。所以量名“俞”究竟讀作什麽字，還有待研究。最後還須要指出，包山楚簡中記有黃金貨幣稱量單位“刖鎰”，“刖”又或作“刐”，（中略）今從文義看，“刖鎰”確實很可能相當於“半鎰”。但是以“刖”或“刐”爲“剬”的簡體，似乎還缺乏更有力的證據；作爲量名的“半”好像也不見於傳世文獻，所以此説也存在可商之處。

《出土文献研究》頁 36—37

△**按**　董珊《楚簡簿記與楚國量制研究》（《考古學報》2010 年第 2 期）對此字也有述及。徐在國《談楚文字中从“胖”的幾個字》（《楚簡楚文化與先秦歷史文化國際學術研討會論文集》484—487 頁，湖北教育出版社 2013 年）也梳理了這一字形的考釋理路，可參。從目前所見材料來看，以釋胖讀半爲是。《清華簡》（三）有此字形，正讀爲“半”。

【刐益】集成 10378 刐益環權

○**郭偉民**（1994）　　1954 年湖南長沙左家公山出土一套九枚砝碼,個體數以倍數遞增,分別爲一銖、二銖、三銖、六銖、十二銖、一兩、二兩、半斤,最大一枚第九號爲 125 克,合半斤之數。解放前長沙近郊出土過一套"鈞益"砝碼,一共十枚,各個體之間的重量數成倍數遞增,這是迄今爲止發現的一套最爲完整的砝碼,雖歷久經年,但仍未氧化。它所能稱量的最大單位是二斤（500 克）。"鈞益"二字刻在第九枚砝碼上,此砝碼爲 124.4 克,約爲半斤的重量。"鈞"同"均",均益,就是平均分割黄金的量值。

《考古》1994-8,頁 720

△按　所謂"剕益"之"剕"應釋爲"胖",讀爲"半"爲正解。"剕益"也就讀爲"半益"。

剡

○**劉彬徽、彭浩、胡雅麗、劉祖信**（1991）　　（編按:包山 42）剡。

《包山楚簡》頁 19

○**李天虹**（1993）　　（編按:包山 77）剡 77 釋文作剡刀

按:此字右旁乃斤字,非刀,侯馬盟書所字作所（156:27）,中山方壺作所,所從斤旁均作勹,是其證。簡文中另見剡刀 60、67,剡 10、170,查古文字戈、斤、刀作爲偏旁可以互通。如侯馬盟書則字作敫（156:25）、《説文》斷字古文作劃等。又《説文》銳字下云:"剡,籀文銳从刂。"（編按:大徐本作"从厂、剡"）疑剡、剡刀均爲銳字異體。

《江漢考古》1993-3,頁 85

○**李運富**（1996）　　包山簡 3 有"剡"字,原未釋。黄錫全《〈包山楚簡〉部分釋文校釋》釋爲"戡",其注云:"剡,簡 10 作剡,170 作剡,从匧从戈,可隸定作剡或剡。頗疑剡爲'戡'字别體,如同《説文》湛字古文作剡。作爲地名的（戡）當即湛。"

今按,原字左上一横乃屬火字,右下乚形疑爲飾筆,並無構形功能,故當楷定爲从炎从戈或剡,而不宜"隸定作剡或剡"。（中略）簡文又有剡字,見 60、142 等簡,作姓氏字用,原未釋。按此字亦當楷定爲剡而釋爲剡。古文字从刀从戈其意相通,故剡、剡疑爲同詞異構字,因而剡亦當釋爲剡。《説文·金部》"銳"字下存籀文作剡,亦當爲剡、剡同詞字,其左部也是剡之變體。《説文·

刀部》：“剡，鋭利也。从刀，炎聲。”是劊、㷉、劎同詞而與鋭異詞同義。可見《説文》所收重文並未嚴格遵守異體字的標準，除雜有假借字外，還包括記録同義詞的“同義字”，前人將《説文》重文一律視爲異體字（完全同功能字）是不妥的。李天虹《包山竹簡釋文補正》將簡文𢧵字楷定爲劗，並據《説文》釋爲“鋭”，就是由於把籀文劎看做“鋭”字異體而誤釋了“剡”字的。

《古漢語研究》1996-3，頁 9

○濮茅左（2003）　（編按：上博三·周易 49）劊丌衏，礛同心　“劊”，讀爲“列”（參見第四十五簡注）。《説文·刀部》：“列，分解也。”（中略）本句馬王堆漢墓帛書《周易》作“戾亓肥，屬薰心”；今本《周易》作“列其夤，屬薰心”。

《上海博物館藏戰國楚竹書》（三）頁 202

劗

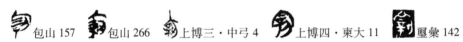

　　包山 157　　　包山 266　　　上博三·中弓 4　　　上博四·柬大 11　　　璽彙 142

△按　劗，“宰”字異體，詳見卷七宀部“宰”字條。

【劗夫】上博三·中弓 4

【劗尹】包山 157

【劗我】上博五·弟子 11

【劗梱】包山 266

剷

　　睡虎地·封診 61

○睡簡整理小組（1990）　剷，應從剡省聲，讀爲掩。

《睡虎地秦墓竹簡》頁 158

剢

　　　璽彙 539

○湯餘惠等（2001）　剢。

《戰國文字編》頁 279

劉

秦代印風 215

△按　《説文》字頭無"劉"字。從此秦印所存"劉"字之字形可知,《説文》失收"劉"字。

刃

集成 1801 石坌刃鼎　　郭店·成之 35　　睡虎地·答問 90

○**何琳儀**(1998)　刃,甲骨文作**𠚍**(類纂二四七八)。从刀,圓圈表示鋒刃所在。指事。戰國文字圓圈省爲短斜筆。刃與刅及刀之繁文(**𠚍**)在偏旁中或同形,只能依據偏旁組合關係予以區别。

新鄭兵器"旌刃",讀"戟刃",戟刺。《史記·魯仲連傳》:"我能自刃。"

睡虎地簡"兵刃",兵器。《周禮·考工記》"桃氏爲刃",注:"刃,五刃刀劍之屬。"

《戰國古文字典》頁 1344

○**裘錫圭**(1998)　(編按:郭店·成之 35)少(小)人三四不經人於刃,君子不經人於豐(禮)。(中略)"刃"疑當讀爲"仁"。此文之意蓋謂小人不求在仁義方面勝過人,君子不求在禮儀方面勝過人。

《郭店楚墓竹簡》頁 168、170

○**陳偉**(1998)　二十、小人不逞人於刃(恩)　《成之聞之》三四—三五

"逞",原从"呈"从"糸"。注[三〇]裘錫圭先生按疑"當讀爲'逞'"。應是。裘先生又云:"'刃'疑當讀爲'仁'。此文之意蓋謂小人不求在仁義方面勝過人,君子不求在禮儀方面勝過人。"這當然是比較合理的解釋。不過,在二七條所揭簡文中,"刃"當讀爲"恩"。考慮到那段簡文所在的《六德》與《成之聞之》字體和竹簡形制相同,本條"刃"讀爲"恩"的可能性似乎更大一些。如然,簡書這段話大致是説:小人不以恩情而對他人逞强,君子不以禮儀而對他人逞强。

《江漢考古》1998-4,頁 70

○**顏世鉉**(1999)　(編按:郭店·成之 35)按,裘先生將刃讀爲仁,此説待商榷。

《成之聞之》在此段所講的是謙讓之道。就"君子不逞人於禮"而言,在古代,禮儀主要是爲士階級以上的貴族而制定,也爲其所熟習,《禮記・曲禮》上:"禮不下庶人。"可以説習禮儀是古代貴族的專利。簡文當是説君子(相對於平民而言)不以其嫻熟禮儀而向人逞強。因此,再就"小人不逞人於刃"來説,若説是小人不以其行仁義來向人逞強,文意上並不通;《論語・八佾》:"人而不仁,如禮何? 人而不仁,如樂何?"仁本而禮末,禮的儀節易習而仁之境界難至,要求君子"不逞人於禮",卻要求小人"不逞人於仁",似乎不好解釋。陳偉先生就認爲"刃"讀爲"恩",簡文是説:"小人不以恩情而對他人逞強,君子不以禮儀而對他人逞強。"劉信芳先生也持相同的看法,他説:"小人不求在恩情方面炫耀自己,君子不求在禮儀方面炫耀自己。"本文則認爲簡文所言"君子、小人"當指貴族和平民而言,"小人不逞人於刃"是説:小人不以其持有刀刃之兵器而向人逞強。《韓非子・五蠹》:"儒以文亂法,俠以武犯禁","人主尊貞廉之行,而忘犯禁之罪,故民逞於勇而吏不能勝也。"

《張以仁先生七秩壽慶論文集》頁 392—393

○陳偉(2003)　　(編按:郭店・成之35)恩,字本作"刃"。(中略)這當然是比較合理的解釋。不過,在《六德》30—31 號簡中,"刌"當讀爲"恩"。相形之下,這裏的"刃"讀爲恩的可能性似乎更大一些。

《郭店竹書別釋》頁 140

○劉釗(2003)　　(編按:郭店・成之35)小人不經(逞)人於刃(忍),君子不經(逞)人於豊(禮)(中略)。"忍"意爲殘忍,狠心。(中略)簡文説小人不會向人顯示其殘忍,君子不會向人誇耀其多禮。

《郭店楚簡校釋》頁 143

㓤 夊 創

集成 9735 中山王方壺　　陶彙 3・870　　陶彙 3・869　　陶彙 3・866

○張政烺(1979)　　(編按:集成 9735 中山王方壺)㓤,从立,刃聲,疑讀爲創。

《古文字研究》1,頁 219

○商承祚(1982)　　(編按:集成 9735 中山王方壺)㓤,可能是創字,《汗簡》創作刱,兩形近似。

《古文字研究》7,頁 69

○**湯餘惠**（1986）　（18）晚周陶文有如下各字：

　　a 圶《鐵云》90・3

　　b 𠛬《季木》51・2　　𠛬《季木》5・9

　　　𠛬《鐵云》88・1　　𠛬《鐵云》123・2

　　按《汗簡》倉字引《古老子》作𨤾，又蒼字引《林罕集》作𦬆，例 a 當即古文蒼字省體，可隸定爲“苍”，戰國文字艸旁每省作“屮”。歗字作𥄗（詳後），弗字作𣎴（矛，《三代》20.41.4）均是。𨤾即金（帛書）、金（陽城陶文）的省譌。例 b 均從刀，當是創字，《六書通》下平聲“陽”部引古文滄字作𤃡，又引《古尚書》作𤄶，可見從倉聲與從蒼聲無別。

　　　　　　　　　　　　　　　　　　　　　　　　　《古文字研究》15，頁 32

○**高明、葛英會**（1991）　創　《説文》所無。《古文四聲韻》引《古尚書》倉作𠇮，則此應即創字。

　　　　　　　　　　　　　　　　　　　　　　　　　　　《古陶文字徵》頁 31

○**戴家祥**（1995）　（編按：集成 9735 中山王方壺）壺銘𠛬字從刃從立，與𠛬形絶異，未可混淆。以聲義審之，字當讀立，加旁從刃者，東周之異體字也，立有速義，《史記・平原君列傳》“錐處囊中，其末立見”，又《刺客列傳》“劍堅，故不可立拔”，其義猶“立即”也。壺銘“刘闢封疆”猶《國語・魯語》云：“今一言而辟境也。”辟闢同字，《唐韻・立韻》“力入切”，音力。來母緝部。

　　　　　　　　　　　　　　　　　　　　　　　　　　　《金文大字典》頁 502

○**楊澤生**（1996）　（1）31 頁“創”字謂“《説文》所無”，其實“創”字見於《説文》，是“刅”的異體。

　　　　　　　　　　　　　　　　　　　　　　　　　《江漢考古》1996-4，頁 84

○**何琳儀**（1998）　蒯，從艸省，創聲，疑蒼之異文。創旁參見《汗簡》上之二，廿一創作𠛬。又三體石經《多士》割作𠛬，與創同形，疑𨤾旁爲害之形譌。

　　齊陶蒯，人名。

　　　　　　　　　　　　　　　　　　　　　　　　　《戰國古文字典》頁 697

劍 𠞻 劍

　劍《睡虎地・日乙 38 壹》　　𠞻《睡虎地・答問 84》

————————

△**按**　戰國文字中“劍”字多作“鐱”，從金，表明其器物鑄造屬性。秦簡從刀

則表明其器物的類別。

靪

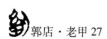集成 9665 十四年方壺　　　集成 9675 十三年壺

○**河北省文物考古研究所**（1996）　所靪（製）省器作靪（製）者。

《響墓》頁 422

△按　十四年方壺之靪，《集成釋文修訂本》隸爲“靪”，釋爲“靪”。十三年壺之靪也如此釋。《戰國文字編》“刃”部未收。

劉

璽彙 1853　　璽彙 3284

○**吳振武**（1983）　1853　事劉·事（史）劉（劉）。

3284 劉山·劉（劉）山。

《古文字學論集》（初編）頁 501、514

○**何琳儀**（1998）　劉，从刀，留聲。附加曰旁爲裝飾部件。

晉璽劉，人名。

《戰國古文字典》頁 263

○**湯餘惠等**（2001）　劉。

《戰國文字編》頁 280

剉

郭店·老甲 27

○**荊門市博物館**（1998）　剉其籟。（中略）

此句今本作“挫其鋭”，簡文待考。

《郭店楚墓竹簡》頁 112、116

○**黃德寬、徐在國**（1998）　老甲 27 有字作剉，原書隸作“剉”，無說。此字今本作“挫”。《汗簡·手部》“撤”字作撤，《古文四聲韻·薛韻》引《古老子》轍字作撤。黃錫全先生《汗簡注釋》415 頁說：“搐撤雙聲。此假搐爲撤。”其說

可從。撤字古音屬透紐元部,挫字屬精紐歌部,挫撤古音近。疑"𢻶"字應隸作"劙",讀爲"挫"。

　　　　　　　　　　《吉林大學古籍整理研究所建所十五周年紀念文集》頁 100

○**魏啟鵬**(1999)　劙:傳世字書未見。從刀,畜聲,古音透母覺部,以聲類求之,其義殆訓爲"斲(zhuó)",謂打擊、砍削。

　　　　　　　　　　　　　　　　　　　　《道家文化研究》17,頁 228

○**趙建偉**(1999)　"劙"疑讀爲"逐"(畜、逐同爲覺部字,聲紐相近。《詩・我行其野》釋文"蓫,本又作蓄",《文選・七啟》李善注"蓫與蓄,音義通也"),謂除去。(中略)又,"劙"亦可讀爲"肅縮"之"肅",訓爲收斂。畜、肅同爲覺部字,聲紐亦相近。

　　　　　　　　　　　　　　　　　　　　《道家文化研究》17,頁 289

○**劉信芳**(1999)　劙,字讀如"剉",《説文》:"剉,折傷也。"其字帛書甲作"坐",乙本作"銼",王本作"挫"。挫、銼音同義近。

　　　　　　　　　　　　　　　　《荊門郭店竹簡老子解詁》頁 35

○**黃錫全**(2000)　二、劙其𬪩(鋭)

　　此句即《老子》甲種簡 27,見今本《老子》56 章。

　　整理釋文爲"劙其𬪩",注云:此句今本作"挫其鋭",簡文待考。

　　王弼本作"挫其鋭"。傅奕本作"挫其鋭"。帛書甲本作"坐其閲"。帛書乙本作"銼其兑"。任繼愈《老子新譯》譯爲"不露鋒芒"。(中略)

　　全按:《夏韻・薛韻》録《古老子》《義雲章》轍(《汗簡》作撤)作搐。撤屬透母月部,轍屬定母月部,搐屬透母覺部。諸字音近假借。挫屬精母歌部,銼屬清母歌部,坐屬從母歌部。歌、月陰陽對轉。是撤、挫音近,故搐、畜可假爲挫。《篇海》蓄,"藏也"。挫與剉音同義近,有折、損、毁、辱、止等義。經史剉折字多作挫。《莊子・天下》:"鋭則挫矣。"《史記・楚世家》:"兵銼藍田。"銼同挫。蓄其鋭,就是蓄其精鋭、不露鋒芒。根據文義,很可能蓄爲本字,挫爲借字。當然,此字從刀,畜聲,也有可能是剉字異體。

　　　　　　　　　　　　　　《郭店楚簡國際學術研討會論文集》頁 458

○**董琨**(2002)　甲 27:"劙其𬪩,(解其紛。)"整理者注:"此句今本作'挫其鋭',簡文待考。"

　　按:"挫其鋭"句,見於今傳本第四章。劙,簡文寫作𢻶,疑即"挫"字別構,理由是二字都似乎可以分解爲相對應的兩個部分:1.𡗗和坐:坐,包山楚簡作𡎚(2.243),信陽楚簡作𡎚(2.018),刀重疊則成𢎘,蓋楚簡書寫部件上下重疊者甚爲多見，如僅包山簡中就所在多有，（中略）而部件“土”“田”的互作也並非罕見，如天星觀竹簡的“型”寫作🝰（3704、4805），包山簡的“堆”寫作🝰（2.157），故而🝰即“坐”。2.刂（刀）和扌（手）：古文字形體中，“手”和“刀、干、戈”等似多有關涉，如甲骨文的“利”雖从刀，但也有帶㇆的異體，見於《鐵》10.2、《菁》10.16、《後下》18.8 等處（形體略，下同）；金文“撲、捷”均从“戈”（《金文編》782—783 頁），“搏”从“干”，也从“戈”（776—777 頁）。所以楚簡形體部件中的“刀”，在後世被“手”所取代，並非沒有可能。

《古文字研究》24，頁 386

○**李零**（2002）　簡文第一字从刀从畜，（中略）我們懷疑，簡文第一字也有可能是“剗”字的訛寫（“銼”，古書亦作“錯”，或“剉、剗”），或者是個含義相近的字（今字書無此字）。

《郭店楚簡校讀記》（增訂本）頁 13

○**劉釗**（2003）　劃（抽）丌（其）䫴（穎）（中略）　“劃”字疑讀爲抽，古音“畜”在透紐覺部，“抽”在透紐幽部，聲紐相同，韻爲對轉。

《郭店楚簡校釋》頁 21

劓

璽彙 1755

○**何琳儀**（1998）　劓，从刀，胄聲。晉璽。，人名。

《戰國古文字典》頁 958

○**湯餘惠等**（2001）　劓。

《戰國文字編》頁 280

劚

🝰璽彙 0324

△**按**　説見本卷“剬”字條。

耕　耕

郭店・窮達 2　　🝰郭店・六德 33

 郭店·成之 13

○**裘錫圭**（1998）　（編按：郭店·窮達 2），裘按：疑即“耕”之異構。

《郭店楚墓竹簡》頁 146

○**黄德寬、徐在國**（1998）　窮 2 有字作🖼，裘錫圭先生疑即“耕”之異構（146 頁）。甚是。我們認爲此字可分析爲从“田”从“爭”省。語二 11 靜字作🖼，語二 12 作🖼，老甲 5 作🖼。🖼與🖼相比，只是省掉了上面的🖼。爭是莊紐耕部字，耕是見紐耕部字，故耕字可以爭爲聲符；因耕與田又息息相關，故从田。成 13 “耕糧弗足矣”，耕作🖼，亦从田从爭省。

《吉林大學古籍整理研究所建所十五周年紀念文集》頁 103

○**周鳳五**（1999）　五、舜耕於鬲山（《窮達以時》簡二）：耕，簡文作🖼，《郭簡》不識，依形摹寫而無説。裘錫圭疑爲“耕”之異構。按，裘疑是也。此字从力从又从田，會意，當爲“耕”字較早期的形構。《説文》：“耕，犁也，从耒、井，古者井田，故从井。”許慎以“井田”爲説，但段玉裁指出，从井乃“會意包形聲”。其説可從。此字又見於《成之聞之》簡一三，字从田，加聲。詳下。

《張以仁先生七秩壽慶論文集》頁 353

　　九、農夫務食不强耕，糧弗足矣（《成之聞之》簡一三）：《郭簡》於“强”下斷句，注引裘錫圭説，讀作：“農夫務食不强，加糧弗足矣。”裘氏指出：“‘糧’上一字左側似有‘田’字，也許不當釋爲‘加’，待考。”加，古音見母歌部；耕，見母耕部，春秋戰國時期，徐、楚一帶方言，歌、支二部可通，如《徐王義楚耑》，器自名爲“耑”，實即一般通稱爲“觶”者；耑，古音端母元部；觶，照母支部。又如馬王堆帛書《老子》以“呵”爲“兮”。呵，古音曉母歌部，兮，匣母支部。耕爲支部的陽聲韻，用歌部的“加”爲聲符，正歌、支二部相通又一例證。“耕”字在簡文又作🖼（《緇衣》簡一一），从禾从力（耒形）會意，讀作“爭”，《緇衣》云：“上好仁，則下之爲仁也爭先。”其字如此。“爭”字或从“耕”字省聲，从青聲，如《成之聞之》簡三五“津梁爭舟”，作🖼，左旁所从之“力”即耕字省形之餘。其不省者作🖼，見《尊德義》簡一四：“教以藝，則民野以爭。”其右下易“又”爲“支”，尤見“力田”爲耕之意，從而知“爭、靜”二字實皆以“耕”爲聲符。靜字雖加注“青”聲，但西周金文班簋“三年靜東國”，字作🖼，以“加”爲聲符，音讀爲“耕”，明白無疑。

　　《郭簡》不識耕字，故句讀有誤，簡文此處闡述窮源反本之旨，上句殘存

“君上鄉城不唯本工”八字，文意無法完全復原，疑讀作“君上營城不維本，工”。鄉，古音曉母陽部；營，餘母耕部，楚國方言陽、耕二部頗有接觸，可通。營，治也，見《詩經·小雅·黍苗》鄭《箋》。唯，讀作維，度也，念也，見《史記·三王世家》。本，基也，見《論語集解·學而》。簡文此句似謂君上營造城邑，若不注意基礎，則城邑不固。《左傳·僖公五年》載晉獻公使士蔿爲二公子築城“不慎，寘薪焉”可以移作本句注腳。下句作“士成言不行，句弗得矣”。意指士與人期約而不履行，則名聲必無以成。知本句當讀作“農務食不强耕，糧弗足矣”，意謂農夫求食而不力耕，則糧食必不足。

《張以仁先生七秩壽慶論文集》頁 356—357

○**周鳳五**（1999）　六、農夫務食不强耕，糧弗足矣（第十三簡）

農夫，簡文原作“戎夫”，《郭簡》引裘錫圭讀作“農夫務食而强，加糧弗足矣”。按，據馬王堆帛書《易傳·昭力》：“不耕而穫，戎夫之義也。良月幾望，處女之義也。”則戎夫即“農夫”，裘説可從，但“加”字當釋“耕”。簡文讀作“農夫務食不强耕，糧弗足矣”。對照上下文，“君上營城不維本，功弗成矣”與“士成言不行，各弗得矣”。句式完全相同，文意也能前後呼應。

《古文字與古文獻》頁 46

○**黃人二**（1999）　舜𤳁（耕）於帚（歷）山：𤳁，裘按：疑即“耕”之異構。是也。此字鳳五師有詳考，《成之聞之》簡一三“農夫務食不强耕”，字形皆从田加聲。《緇衣》簡一一“上好仁，則下之爲仁也𠈌先”，《成之聞之》簡三五“津梁𦀒舟”，《尊德義》簡一四“教以藝，則民野以𢿨”，《老子》甲本“以其不𦀒也，古天下莫能與之𦀒”，皆讀爲“爭”，此字之兩基因都是聲符，“青”後加也。李家浩先生有不同意見，其云：“從字音來説，‘耕、加’二字讀音相隔甚遠。從字形來説，簡文‘耕’所从即‘爭’的省變，應該釋寫作‘爭（左从田）’，从‘田’、‘爭’聲。上古音‘耕、爭’都屬耕部。”

《古文字與古文獻》頁 122

○**李零**（1999）　（編按：郭店·窮達2）“耕”，原从田从爭省，寫法與《成之聞之》簡13“耕”字相似。（後者从田从加，疑是訛寫）。

（編按：郭店·成之13）“農夫務食，不强耕，糧弗足矣”，“耕”字原从田从加，整理者讀“加”，將“務食”與“不强”連讀，而以“加”字屬下，讀爲“加糧弗足矣”，裘按以釋“加”爲可疑，但仍讀爲“農夫務食不强，加糧弗足矣”。按此字與《窮達以時》簡2“舜耕於帚山”句的“耕”構形相似（似可分析爲从田从爭省），應即“耕”字的訛體。“强耕”猶“力田”，是勉力耕作之義。

《道家文化研究》17，頁 494、514

○白於藍（1999）　（編按：郭店・成之 13、郭店・窮達 2）裴先生按語是可信的，但這段文字依然難以讀通。筆者以爲問題正是出在裴按中所疑的“加糧弗足悕（矣）”之“加”字上了。細審原簡照片圖版，發現此字誠如裴先生所言，其左側的確從“田”，作“𤰇”，顯然“不當釋爲‘加’”。筆者以爲此字當釋爲“耕”。《說文・耒部》：“耕，犁也。从耒井聲，一曰古者井田。”段《注》本將其改作：“耕，犁也。从耒、井，古者井田，故从井。”認爲“耕”字是“會意包形聲”。這一點很值得注意。傳世典籍中“耕”字或可寫作“畊”或“畕”。《玉篇・田部》：“畊，古文耕字。”《晏子春秋・内篇諫下二》：“今齊國丈夫畊，女子織，夜以接日，不足以奉上。”又《古文四聲韻》卷二引崔希裕《纂古》“耕”字作“畊、畕”。可見“耕”字古有從“田”者。簡文此字中閒從“力”，古代“耒、力”都是發土工具。王靜如先生云：“從形制上看，力、耜、畾爲一系，由木棒式原始農具發展而來；耒則應由樹杈做的原始農具發展而來。”裴錫圭先生云：“耒跟力的性質相近，因此有時作爲表意符號可以通用。例如甲骨文裏的‘婪’字，偶而也有寫作從‘力’的。”可見，《說文》云“耕”字從“耒”表意，簡文此字從“力”表意並不相悖。假如段《注》有誤，小篆之“耕”字確係《說文》所云之“从耒井聲”的形聲字，那麼簡文此字當即“耕”字之原始會意字。

　　郭店楚墓竹簡中又有一字作“𤰇”（《窮達以時》簡二），裴錫圭先生按語云：“疑即‘耕’之異構。”此字出現於“舜𤰇於鬲（歷）山”的文句當中。典籍中有關舜耕於歷山的記載比比皆是，可見，裴疑無疑是有據的。“𤰇”與“𤰇”無疑當是一字，（中略）郭店簡中“男”字寫作“𤰇”，則“𤰇”字所從之“ㅂ（口）”形很可能是爲了與“男”字相區分而有意綴加的“區別符號”。金文中有一字原作“𤰇”（竇侯匜），過去均釋爲“男”，現在看來亦恐是耕字，爲楚簡此字所本。

《吉林大學社會科學學報》1999-2，頁 91

○陳偉武（2000）　今按，裴先生疑此字爲耕字異構，不爲無據，古書轉述舜之故事，每見“耕”字，如《呂氏春秋・慎人》稱“舜耕於歷山”；《韓非子・難一》：“歷山之農者侵畔，舜往耕焉。”《淮南子・原道訓》：“舜耕歷山，釣於河濱。”但是，正如傳世文獻作“河濱”，郭店簡“河臣”之“臣”不必爲“濱”字一樣，對應於傳世文獻“耕”字的𤰇也不必釋爲“耕”，而很有可能是“男”字。甲骨文“男”字作𤰇（《前》8.7.1、𤰇《鐵》132）、𤰇（《京》2122）；金文作𤰇（弔男父匜）、𤰇

（齊侯敦）、🔲（鄦侯匜）。“男”本象用“力”（農具）於田表耕作義，男子任耕作之事，故“男”亦指男子，馬王堆帛書《經法·道法》：“萬民之恆事：男農，女工。”金文“農”字或作🔲（令鼎），從田從辰會意，辰即蜃，亦農具，會意方式與“男”字相似。“男、農”二字不僅構形方式相似，音義關係亦甚密切，它們的同源關係，章太炎先生早已指出，王力先生也將它們列爲同源字。《説文》：“農，耕也。”令鼎銘：“王大耤農於諆田餳（塲）。”“農”正訓耕。“耤”與“作”同源，甲骨文“作”象以手操耒而耕作之形，曾經法師對“作”及其同源字一系的演變有過精詳的論述。令鼎銘“耤農”猶言“作農”或“農作”，即耕作之意。《左傳》襄公九年：“其庶人力於農穡。”杜注：“種曰農，收曰穡。”“農”不止有耕作義，也有“男子”義，如《呂氏春秋·上農》：“苟非同姓，農不出御，女不外嫁。”松皋圓云：“農字誤，當作男。”其實，明了“農”與“男”的同源關係，就不會少見多怪地把“農”字認作誤字了。

郭店簡🔲字“力”下方之🔲疑爲又即手形之省，與金文“男”字力上所從之爪同意。金文力符上加爪之字還有“勒”（盉方彝、盉方尊、伯晨鼎，見《金文編》170 頁）、“嘉”（右走馬嘉壺、王孫鐘、哀成叔鼎等，見《金文編》第 328—329 頁）。因此，《窮達以時》簡 2“舜🔲於鬲（歷）山”未釋之字當釋爲“男”，讀爲“農”，義爲耕。

《華學》4，頁 76—77

○劉釗（2003）　（編按：郭店·窮達 2）“𦔮”爲“耕”字古文，字又見於金文鄦侯匜銘文。“力”本象“耒”形，從“又”表示用手持“耒”，所以“𦔮”應是一個會意字。

《郭店楚簡校釋》頁 170

○李守奎（2003）　耕　𦔮　𦔮　口當是羨符。

《楚文字編》頁 272

○孫偉龍（2008）　🔲所從🔲旁與🔲不同，不應視作“力”字；“🔲”中的🔲形和🔲字中的口形，不可省，皆應視爲區別符號，正是楚文字中“耕、男”二字區別的關鍵所在。

《中國文字研究》11，頁 132

耤　耤

🔲 睡虎地·日甲 9 正貳

○**睡簡整理小組**（1990）　耦（遇）。

《睡虎地秦墓竹簡》頁 181

耤　耤

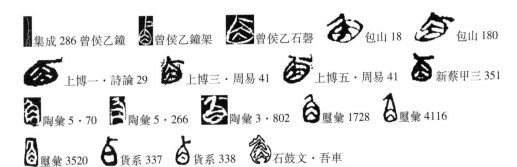

十鐘　秦代印風 229　耤 睡虎地·答問 204　耤 睡虎地·日甲 81 背

○**睡簡整理小組**（1990）　　（編按:睡虎地·答問 110）耤（音借），讀爲斮（音琢），砍斷。古時斷足之刑稱爲斮,如《楚辭·怨世》:"羌兩足以畢斮。"

　　（編按:睡虎地·答問 196）耤（藉）牢有六署（中略）。藉,假設。

《睡虎地秦墓竹簡》頁 119、140

　　（編按:睡虎地·答問 204）耤（藉）秦人使。（中略）

假使秦人出使。

《睡虎地秦墓竹簡》頁 142、143

　　（編按:睡虎地·日甲 81 背）甲盜名曰耤

《睡虎地秦墓竹簡》頁 220

角　角

集成 286 曾侯乙鐘　曾侯乙鐘架　曾侯乙石磬　包山 18　包山 180

上博一·詩論 29　上博三·周易 41　上博五·周易 41　新蔡甲三 351

陶彙 5·70　陶彙 5·266　陶彙 3·802　璽彙 1728　璽彙 4116

璽彙 3520　貨系 337　貨系 338　石鼓文·吾車

○**强運開**（1935）　（編按:石鼓文·吾車）　薛尚功釋作首,鄭作酋,郭云"當作鹵",趙古則、楊升庵、吳玉搢俱作鹵。運開按,諸家所釋並誤。惟張德容云:"石本是角字,下不連。"江氏德地校正薛本亦作角字。且鹵字之首右引,此篆之首左引而下闕。實爲角字無疑。

《石鼓釋文》甲鼓,頁 10

○**何琳儀**（1998）　角,甲骨文作角（菁一·一）。象獸角之形。金文作角（鄂侯鼎），角末端附加斜筆爲飾。戰國文字承襲金文，多下部封底作🔺、🔺等形，飾筆或作➤、▷等形。

羊角戈“羊角”，地名。

律管竹書、曾器角，音階名。望山簡“角廛”，讀“角鑢”，角製之鑢。二十八宿漆書角，二十八宿之一。見《史記·天官書》。

石鼓“角弓”，以角爲飾之弓。《詩·小雅·角弓》：“騂騂角弓。”

《戰國古文字典》頁 335

【角幡】上博一·詩論 29

○**馬承源**（2001）　角幡　篇名。今本所無。

《上海博物館藏戰國楚竹書》（一）頁 159

○**周鳳五**（2002）　簡二十九“角艷婦”：“艷”，原釋闕疑，而與“角”連讀，以爲《詩經》篇名。按，此字左旁从市，右旁疑臽之訛，當讀爲“艷”。

《上博館藏戰國楚竹書研究》頁 165

○**何琳儀**（2002）　簡文“角幡”應讀“角卝”，見《詩·齊風·甫田》“婉兮孌兮，總角卝兮。未幾見兮，突而弁兮”，傳：“總角，聚兩髦也。卝，幼稚也。”

《上博館藏戰國楚竹書研究》頁 256

○**廖名春**（2002）　《角幡》婦，《河水》智。二十九

按“角幡”，即“角幡”（編按：“幡”應爲“幡”，該書誤排），讀爲“角枕”。（中略）《唐風·葛生》：“予美亡此，誰與獨息。角枕燦兮，錦衾爛兮。”此是取詩文“角枕”爲篇名。

《上博館藏戰國楚竹書研究》頁 270

○**許全勝**（2002）　角枕婦。河水智（知）下缺

按，簡文“枕”字，左从巾，右上从釆，右下从臼。《説文》讀若“辨”之“釆”字，與此字所从不同（字頭起筆方向相反）。而“審”字，《説文》作宷，“瀋、沈”通。李學勤先生曾指出青銅器中習見之“番尹”或“番君”即文獻中楚國之“沈尹”，“番”字亦从釆聲，“番、潘”與“瀋”古音同，故疑此字从宷（審）省聲，乃枕頭之“枕”之專字，其所从之臼，正象枕凹陷之狀。（中略）

《唐風·葛生》云：

葛生蒙楚，蘞蔓于野。予美亡此，誰與獨處。葛生蒙棘，蘞蔓于域。予美亡此，誰與獨息。角枕粲兮，錦衾爛兮。予美亡此，誰與獨旦。夏之日，冬之夜。百歲之後，歸于其居。冬之夜，夏之日。百歲之後，歸于其室。

此篇爲一婦人哀悼丈夫之詩,亦與簡文合。

《上博館藏戰國楚竹書研究》頁 369—370

○**季旭昇**(2004) 角檔婦:即"《角枕》婦"。"檔"字不識,因爲"角檔"應該相當於哪一首詩,學者看法極爲分歧。(**中略**)

旭昇按:讀"角枕"可從,但應釋爲訛字。(**中略**)我們贊成本詩可能是《角枕》,即《唐風・葛生》,但認爲"檔"是"枕"字的誤寫。《信陽》2.23"枕"字作"",本簡此字作"",二形相似,確實有寫錯字的可能。

《〈上海博物館藏戰國楚竹書(一)〉讀本》頁 66—67

觠

新蔡零 193

○**賈連敏**(2003) 觠。

《新蔡葛陵楚墓》頁 215

△**按** 《説文》:"觠,曲角也。从角,卷聲。"

觭 觝 舸

十鐘 善齋

璽彙 1496 璽彙 4073

○**羅福頤等**(1981) 舸。

《古璽文編》頁 98

○**陳漢平**(1989) 古璽文有人名字作(1496:畂;1850:史;2958:喿;4073:陰),《文編》隸定爲舸而無説。按此字从角从可,从可乃奇字之省,故此字當釋爲觭。《説文》:"觭,角一俯一仰也。"

《屠龍絶緒》頁 344

○**何琳儀**(1998) 舸,从角,可聲。疑觭之省文。《説文》:"觭,角一俯一仰也。从角,奇聲。"

晉璽舸,人名。

《戰國古文字典》頁 854

觓 腦

新蔡甲三 395

○**賈連敏**（2003）　利觓一豢。☐　　甲三：395。

《新蔡葛陵楚墓》頁 201

△按　《説文》云:"觓,角長皃。从角,丩聲。"段注:"此字見於經史者皆訛爲觓。从牛、角。"

觸 䚍 犕

犕 璽彙 0664　犕 璽彙 2101　犕 陶彙 3·820　犕 陶録 3·559·5　犕 陶録 3·559·6

○**羅福頤等**（1981）　犕　《説文》所無。《玉篇》:"犕,抵也,與觸字同。"

《古璽文編》頁 98

○**陳邦懷**（1989）　第四篇 2 頁犕,从角从牛,原釋解,非也。按,《玉篇》:"觸,古文作犕。"是其證。

《一得集》頁 262

○**高明、葛英會**（1991）　觸　犕　犕　3·820　貯犕　《説文》所無,《玉篇》:"犕,抵也。與觸同。"

《古陶文字徵》頁 216

○**何琳儀**（1998）　犕,从牛从角,會牛角觸人之意。角亦聲。觸之初文。《玉篇》:"犕,古文觸。"觸與角均屬侯部,故犕（觸）爲角之準聲首。《説文》:"觸,抵也。从角,蜀聲。"犕爲會意兼形聲字,觸則爲形聲字。

戰國文字犕,人名。

《戰國古文字典》頁 338

○**王恩田**（2007）　觸。

《陶文字典》頁 103

衡 衠 衡 奐

衡 天星觀　衡 天星觀　衡 天星觀　衡 天星觀　衡 天星觀

衡 睡虎地·答問 146　衡 睡虎地·秦律 194　衡 睡虎地·效律 3

曾侯乙6　曾侯乙 10　曾侯乙 64　曾侯乙 66　曾侯乙 115

上博七·君甲 3　上博七·君乙 3　上博七·凡甲 4　上博七·凡乙 3

○**裘錫圭、李家浩**(1989)　（編按：曾侯乙6）金文"㐱"字作㐱(《金文編》766 頁），象輨形，簡文"㐱"蓋由此演變而成。"衡"字原文皆加"止"旁作"䡓"。

《曾侯乙墓》頁 510

○**何琳儀**(1998)　衡，金文作衡（毛公鼎）。从奂，行聲。奂，疑衡之初文。从大从角，會人戴獸角爲山林之官之意。與虞同義，且連文。《周禮·天官·大宰》"虞衡作山澤之材"，注："虞衡，掌山澤之官，主山澤之民者。"戰國文字承襲金文。角或訛作◔、◓，大或訛作夫、天、小。

隨縣簡"衡㐱"，讀"衡扼"。《莊子·馬蹄》"夫加之以衡扼"，釋文："衡，轅前橫木縛輨者。扼，又馬頸者也。"

《戰國古文字典》頁 626

○**濮茅左**(2008)　（編按：上博七·君甲 3）"奂"，音"角"，字待考，讀爲"掬"，捧取。

《上海博物館藏戰國楚竹書》(七) 頁 199

○**曹錦炎**(2008)　（編按：上博七·凡甲 4）"奂"，"衡"字省體，見《説文》古文。《説文》分析"衡"字構形爲"从角从大，行聲"，從金文看，其説甚是。簡文"衡"字構形下从之"大"有飾筆，形似"矢"（楚簡"因"字所从之"大"構形亦有類似的情況）。"衡"，同"橫"。

《上海博物館藏戰國楚竹書》(七) 頁 230

△**按**　上博七《君人者何必安哉》甲本簡 3"奂"字，復旦讀書會(《〈上博(七)·凡物流形〉重編釋文》，《出土文獻與古文字研究》3 輯 271 頁，復旦大學出版社 2010 年)改釋爲"衡"，可從。

【衡石】

○**睡簡整理小組**(1990)　（編按：睡虎地·秦律 100）衡石，見《史記·秦始皇本紀》，指以石爲單位的衡器。纍，衡器的權，漢銅權銘文常自名爲纍。

（編按：睡虎地·效律 3）衡石，此處指衡制單位石。

《睡虎地秦墓竹簡》頁 44、70

○**何琳儀**(1998)　睡虎地簡"衡石"，秤。《禮記·月令》："仲春之月，同度量，均衡石，角斗角，正權槩。"注："三十斤曰鈞，稱上曰衡，百二十斤曰石。”

《戰國古文字典》頁 626

【衡贏】睡虎地·答問 146

○**睡簡整理小組**（1990）　衡贏（絫）（中略）　衡絫，衡權，見《秦律十八種》中的《工律》“縣及工室”條注［一］。

《睡虎地秦墓竹簡》頁 127

觟　觟

　[印]集粹　[字]望山 2·62

【觟冠】望山 2·62

○**朱德熙、裘錫圭、李家浩**（1995）　［一五四］“觟”從“圭”聲，古音與“解”極近。《論衡·是應》：“觟 者，一角之羊也。”“觟 ”即“獬豸”。“觟冠”亦即“獬冠”。《淮南子·主術》“楚文王好服獬冠，楚國效之”，《太平御覽》引作“楚莊王好觟冠”。《廣韻》“觟”字下亦注“楚冠名”。《墨子·公孟》“昔者，楚莊王鮮冠組纓”，“鮮冠”應即“觟冠”或“解冠”之誤。

《望山楚簡》頁 130

○**何琳儀**（1998）　望山簡“觟冗”，讀“觟冠”，亦作“獬冠”。《淮南子·主術》“楚文王好服獬冠”，注：“獬豸之冠，如今御史冠。”《太平御覽·服章部·總敘冠》引《淮南子》“楚莊王好觟冠”。

《戰國古文字典》頁 740

觜　觜

　[字]秦陶 492

○**袁仲一**（1987）　（18）［觜］……［楷］（貲）……［不］更滕（筒瓦正面刻文）。[字]（筒瓦背面刻文）。（摹本 492 之三）（中略）

第（18）件上的文字殘缺較甚。第一字“[字]”，下半部殘，上從此，下從角，爲觜字，假爲訾，地名。第二字右角殘，細審之，它從此從日從木，寫作“楷”，疑爲貲字的異體。（中略）

（9）觜（訾）

訾,爲春秋時周地,故城在今河南鞏縣西南。

《秦代陶文》頁 28、29、33

解 解

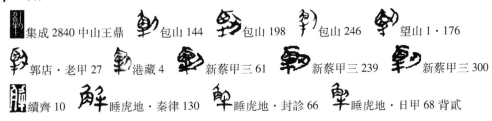

○**張政烺**（1979）　（編按:集成 9735 中山王方壺）夙夜箽匪解懈,《毛詩・大雅・烝民》:“夙夜匪解。”《傳》:“夙,早。夜,暮。匪,非也。”解,魯、韓《詩》作懈。

《古文字研究》1,頁 214

○**陳初生**（1987）　解子甗　解子鼎　中山王𗊄鼎

　　［析形］

　　解字甲骨文作，商錫永師曰:“此象兩手解牛角,丷象其殘靡,卜辭从𢆶之字或省从𢆶,與刀形相似而非刀字也。卜辭从𢆶,篆文又省从𢆶,由𢆶又省作𢆶,遂與刀形相混矣。”金文解子鼎从攴,中山王鼎𗊄从刃。

　　［釋義］

　　一通“懈”,怠隋。中山王𗊄壺:“夙夜箽(匪)解(懈)。”《詩・大雅・烝民》:“夙夜匪解。”

《金文常用字典》頁 471

○**劉彬徽、彭浩、胡雅麗、劉祖信**（1991）　（編按:包山 248）“解”字後脫“於”字。

《包山楚簡》頁 59

○**商承祚**（1995）　（編按:望山 1・176）解,祭神求福除禳。

《戰國楚竹簡匯編》頁 233

○**何琳儀**（1998）　解,从刀（或作刃形）从牛,會宰牛之意,角聲。解、角均屬見紐,解爲角之準聲首。或説解,从刀从𤛼（觸之初文）,會解廌獸以角觸人如刀之意。

　　中山王器解,讀懈。《説文》:“懈,怠也。从心,解聲。”

　　楚簡“攻解”之解,解除。《莊子・人閒世》:“故解之,以牛之白顙者,與豚之亢鼻者,與人之有痔疾者,不可以適河。”注:“巫祝解除,棄此三者必妙。”《淮南子・修務》“禹之爲水,以身解於陽紆之河”。注:“爲治水解禱,以身爲質。解，讀解除之解。”包山簡一二○、一四四解，見《玉篇》：“解，釋也。”

　　包山簡“解舟”，疑官名。

　　秦璽“解”，姓氏。自唐叔虞食邑於解，後因氏。見《廣韻》。

《戰國古文字典》頁 742

觴觴 觴

包山 259

○**劉彬徽、彭浩、胡雅麗、劉祖信**（1991）　（編按：包山 259）（544）觴，讀作盪。《説文》：“滌器也⋯⋯熱水去垢故从湯。”西室出土一件銅盉，獸形嘴，似爲“盪”。

《包山楚簡》頁 61

○**劉信芳**（1992）　“一會貌之觴”（259 號簡）。（中略）

　　按：觴，應隸定作“觴”，其字从角从易，此“易”即“昜”之別構，不過上下移位而已，“昜”字見《説文・曰部》，大徐謂即經傳之笏字。（中略）

　　楚國大夫所用之笏或有以獸角爲之者，故其字从角从易。（中略）

　　知“會貌之觴”，即爲對君命以備觀示之笏。

　　若該之實物，二號墓出有一件木牌，報告第 263 頁述其形制曰：

> 漆木牌 1 件，標本 2：407。整木製成。上端尖，其上有一圓孔並殘留有圓棒榫，下端平面近橢圓形。橢圓形板面髹黑漆，繪紅彩，牌面繪變形鳳鳥紋，周邊爲紅色。錐部纏有三十四道絲索。此器可能是羽扇柄。長 24.4、牌寬 4、厚 1.4 釐米。

筆者雖未曾見過先秦笏之實物，但認爲此木牌即笏。該木牌有柄，以便手執，平時插於腰帶，所謂“搢笏”是也；橢圓形版面爲書寫備忘之用；之所以“髹黑漆，繪紅彩”，一是爲求典雅，再是笏板書寫用白色，與紅、黑之色對比鮮明，《晉書・輿服志》：“手版即古笏矣。尚書令、僕射、尚書手版頭復有白筆，以紫皮裹之，名曰笏。”出土“木牌”之尺寸不合於《禮記・玉藻》所述者，二尺六寸乃天子之制，至於大夫用笏之尺寸，古書闕如。

《江漢考古》1992-3，頁 71—72

○**劉信芳**（1997）　包山簡二五九：“一會貌之觴。”按“會貌”猶言“屬觀”。《説文》：“會，合也。”《廣雅・釋詁》：“會，聚也。”屬亦合也。“會觀”是觀社的委婉語,《墨子・明鬼下》:"燕之有祖,當齊之社稷,宋之有桑林,楚之有雲夢也,此男女之所屬而觀也。"孫詒讓閒詁:"屬,猶合也,聚也。"或讀"會顕"如"合懽",亦通。惟古人言男女之事多有委婉語,則讀"會觀",理解爲"屬觀"爲義長。

"觴"讀如"瑒",《說文》:"瑒,圭尺二寸,有瓚,以祠宗廟者也。"《周禮・考工記》:"裸圭尺有二寸,有瓚,以祀廟。""觴"字本義爲酒器,惟該簡所述爲行器,知爲"瑒"之假。"會顕之觴"即觀社所持之玉器或獸角製器。

《中國文字》新 23,頁 112

○何琳儀(1998)　觴,从角,易聲。即觴之省文。

包山簡觴,讀觴。酒器。

《戰國古文字典》頁 669

○劉釗(1998)　簡 259 有字作"觴",字表隸作"觴"。按字从角从易,應釋爲"觴"。觴字見於《說文》,在簡文中用法不詳。

《東方文化》1998-1、2,頁 66

○劉信芳(2003)　觴:讀爲"瑒",《說文》:"瑒,圭尺二寸,有瓚,以祠宗廟者也。"《周禮・考工記》:"裸圭尺有二寸,有瓚,以祀廟。"簡文"觴"似可理解爲觀社所持之玉器,字亦可讀爲"觴","觴"本酒器,若讀爲"合懽之觴",則似指該墓所出土的鳳鳥雙連杯(標本 2:189,《包山楚墓》第 137 頁)。惟該簡所述爲行器,"會顕之觴",究何所讀,有待於進一步研究。

《包山楚簡解詁》頁 272

○劉國勝(2011)　"觴",似當分析爲从"角""易"聲,義待考。

《楚喪葬簡牘集釋》頁 79

觺 觺
角

觺 侯馬 156:23　　觺 侯馬 86:1　　觺 侯馬 156:20　　觺 侯馬 195:7

觺 璽彙 0484　　觺 璽彙 1111　　觺 璽彙 1760　　觺 睡虎地・秦律 183

○朱德熙、裘錫圭(1972)　司寇觺的"觺"字,《說文・角部》作:觺

隸變省作"觺"。戰國璽印文字有:

觺《徵》附 35 上　　觺《徵》附 35 下

前人未釋,根據盟書"觺"字可以認出前一字是"觺"的簡體,後一字从水

从觱，疑是“觱沸”（見《詩·大雅·瞻卬》，泉水涌出貌）之“觱”的專用字。（編按：《集韻》入聲質韻壁吉切“必”小韻，有“潷”字，異體作“渾”，訓“泉沸也”。本文討論从“水”从“觱”之字時漏引。）又《説文》以“毚”爲“誖”的籀文，所以“潷”也可能是“渤”的異體。司寇觱的“觱”字，第一種盟書（《侯馬東周盟誓遺址》圖九）从邑从毚，疑是“郭”字。《説文·邑部》：“郭，郭海地。从邑孛聲。一曰地之起者曰郭。”

　　　　　　　《朱德熙古文字論集》頁 57—58，1995；原載《文物》1972-8

○**羅福頤等**（1981）　　戩。

　　　　　　　　　　　　　　　　　　　《古璽文編》頁 296

○**陳邦懷**（1989）　　觱沸檻泉

　　《小雅·采菽》二章：“觱沸檻泉，言采其芹。”傳云：“觱沸，泉出貌；檻泉，正出也。”《大雅·瞻卬》七章“觱沸檻泉，維其深矣”。箋云：“檻泉，正出，涌出也。觱沸，其貌涌泉之源所由者深。”按古璽有𩰪字，余釋潷，从水，觱聲，當爲潷沸之本字。《集韻·質韻》：“潷、潨、渾，泉沸也。或省，亦从畢。”潷沸二字爲疊韻複詞。《説文解字·水部》濫字下引《詩》曰：“觱沸濫泉。”可證今本《詩經》觱是訛字，檻是假借字。

　　又按古璽有𧢲字，余釋觱，从角，或聲，當是觱字省文。《説文解字·角部》：“觱，羌人所吹角屠觱，以驚馬也。从角，毚聲。”《集韻·質韻》：“潷、觱，《説文》：羌人所吹角屠觱，以驚馬也。或省，俗作觱，非是。”此條與前引《集韻》義不相同，此條潷字當依《説文》不从水。今本《詩經》觱字是觱字形近而訛也。其本字作潷。又，《豳風·七月》“一之日觱發”，傳云：“觱發，風寒也。”此觱字亦訛，當改爲觱。

　　　　　　　　　　　　　　　　　　《一得集》頁 284

○**陳漢平**（1989）　　七九、釋觱

　　古璽文有人名字作𢾾（0484：王𢾾）、𣪠（1111：高𣪠）、𣪠（1760：史𣪠），《文編》隸定爲戩而無説。《説文》：“觱，羌人所吹角屠觱以驚馬也。从角，毚聲。毚，古文誖字。”古璽文此字爲觱字之省，當釋爲觱。字在文獻亦訛作觱。

　　　　　　　　　　　　　　　　　　《屠龍絶緒》頁 314

○**睡簡整理小組**（1990）　　（編按：睡虎地·秦律 183）行命書及書署急者，輒行之；不急者，日觱（畢），勿敢留。留者以律論之。行書一八三

　　　　　　　　　　　　　　　　　《睡虎地秦墓竹簡》頁 61

○**何琳儀**（1998）　　觱，从角，毚聲。隸變作觱。《説文》：“觱，羌人所吹角，屠觱，以驚馬也。从角，毚聲。毚，古文誖字。”

　　趙三孔幣"卩觱",讀"即裴",地名。《説文》諔從朱聲,朱"讀若辈"。是其佐證。

　　睡虎地簡觱,讀畢。《詩・豳風・七月》"一之日觱發",《玉燭寶典》十一引韓詩觱作畢。《詩・小雅・采菽》"觱沸濫泉",《説文》沸下引觱作滭。是其佐證。《廣雅・釋詁》三:"畢,竟也。"

《戰國古文字典》頁 1302

觧

 上博一・詩論 20　　陶彙 5・287

○**何琳儀**（1998）　秦陶觧,讀犴。《荀子・宥坐》"獄犴不治",注:"犴,亦獄也。"亦作岸。《詩・小雅・小宛》"宜岸宜獄",釋文:"岸,韓詩作犴,音同。云,鄉亭之繫曰犴,朝廷曰獄。"《説文》作豻。

《戰國古文字典》頁 994

○**馬承源**（2001）　（編按:上博一・詩論 20）觧　《説文》所無,待考。

《上海博物館藏戰國楚竹書》（一）頁 149

○**李零**（2001）　（編按:上博一・詩論 20）其言有所載而後入,或前之而後交,人不可觧也。（中略）"人不可觧也",疑讀"人不可扞也",形容其感染力之深,爲聽者所不可抗拒。

《中華文史論叢》2001-4,頁 9

○**周鳳五**（2002）　（編按:上博一・詩論 20）干,簡文從角,干聲。原缺釋。按,當讀爲"干"。《公羊傳・定公四年》"以干闔廬",《注》:"不待禮見曰干。"

《上海博物館藏戰國楚竹書研究》頁 162

○**王志平**（2002）　（編按:上博一・詩論 20）"解",疑爲從角從牛之字。

《上海博物館藏戰國楚竹書研究》頁 222

○**廖名春**（2002）　（編按:上博一・詩論 20）"人不可犐也",周鳳五的解釋非常好。"犐"當讀爲"干",指通好不以贄爲禮。"人不可干也",就是人通好不可不以贄,也就是說人通好而"幣帛之不可去也"。

《上海博物館藏戰國楚竹書研究》頁 265—266

○**李守奎**（2002）　上海博物館藏戰國楚竹書《孔子詩論》第二十簡有字作⬤,圖版釋文與釋文考釋皆隸作"觧",於字形不合,文意亦扞格難通。

𦥑當隸作"韋",與楚簡"解"字所从的"𦥑"極爲相似。

"韋"字見於《玉篇》角部,是"觸"字的古文。《淮南子·齊俗訓》:"諺曰:鳥窮則噣,獸窮則韋,人窮則詐。"(中略)

"𦥑"釋爲"韋",於字形文意均暢通無礙。

《中國文字研究》3,頁 190—191

觝

 仰天湖 10　　　觝 仰天湖 10

○**饒宗頤**(1957)　"觝"。

《金匱論古綜合刊》1,頁 71

○**何琳儀**(1998)　觝,从角,元聲。

仰天湖簡觝,不詳。

《戰國古文字典》頁 1016

○**劉國勝**(2011)　"觝"疑讀爲"璏"。《説文·玉部》:"璏,劍鼻玉也。"《漢書·王莽傳上》"欲獻其璏",顏師古注:"服虔曰:'璏音衛。'蘇林曰:'劍鼻也。'璏字本作璏,从玉,彘聲。後轉寫者訛也。"此墓出土銅劍的鞘上有玉劍璏,"青白色,正面刻有穀紋"。"贏觝"似指此物。

《楚喪葬簡牘集釋》頁 128

觲

璽彙 4136

○**吳振武**(1983)　4136　𧬛𪉊·肖(肖—趙)珛。

《古文字學論集》(初編)頁 521

○**何琳儀**(1998)　四一三六　𧮫　肖角壬。

《戰國古文字典》頁 321

○**湯餘惠等**(2001)　觲。

《戰國文字編》頁 282

般

璽彙 5511

○羅福頤(1981)　般。

《古璽彙編》頁 497

○陳漢平(1989)　古璽文有字作(5511:△),《文編》隸定作般而無說。按從角從殳之字僅觳字可以當之。《説文》:"觳,盛觶卮也。一曰射具。從角,殼聲,讀若斛。"般字從角,從殼省,乃觳字異體。

《屠龍絕緒》頁 344

○何琳儀(1998)　觳。

《戰國古文字典》頁 1559

觪

璽彙 3435

○羅福頤等(1981)　觪。

《古璽文編》頁 98

觓

陶彙 3・986

○田煒(2006)

頁碼	字形	出處	原釋	校訂
1148 頁		陶彙 3・986	□	觓

(中略)

　對照齊璽"至"字作、等形,楚簡"經"字作,知此字從角從至省,當釋爲"觓"。

《湖南省博物館館刊》3,頁 219、221

△按　田煒所釋可從。

舺

古文字研究 27，頁 322，廿年冢子戈

○**黃錫全**（2008）　第五字舺，左從角，右上可能是"从"，也可能是"比"，右下從土。暫且隸定作舺。字書不見舺。角與金作爲偏旁可互作，如《説文》鑣字或從角作觿，鑹字或從金作鐫等。舺也可能是鈚或鏦字異體。土爲疊加義符，如同鄂君啟節"丘"字下從土作。作爲姓氏，此字或可讀爲比或丛。

《古文字研究》27，頁 319

舩

集成 11382 十七年彘令戈　　集成 11373 二十一年鄭令戈

○**郝本性**（1972）　（編按：集成 11373 二十一年鄭令戈）舩。

《文物》1972-10，頁 35

△按　此爲人名用字。

觟

包山 24

○**劉彬徽、彭浩、胡雅麗、劉祖信**（1991）　觟。

《包山楚簡》頁 18

○**黃錫全**（1992）　24　　觟　觟（觸）。

《古文字與古貨幣文集》頁 398，2009；原載《湖北出土商周文字輯證》

○**何琳儀**（1998）　觟，從角，隼聲。
　　包山簡觟，人名。

《戰國古文字典》頁 1208

○**李守奎**（1998）　包山簡之與應隸作觟與醀。《龍龕手鑒》有"觟"字，云爲觸字之俗體，不一定與楚簡之"觟"有關係。"醀"字不見於後世字書。

《簡帛研究》3，頁 28

○**白於藍**（1999）　[五六]56 頁"醀"字條，""（22）、""（21）等三例，其

所从之“”旁不是隹，而是《説文》雗字或體隼，隼字篆文作“”正與此旁形同。鄂君啟節有“”字，即《説文》屍字或體“”此字所从之“”旁乃《説文》百字，故此字當隸作䶅。包山簡中人名“陳䶅”（30）又寫作“陳觟”（24），可見“隼”旁在“䶅”字中用作聲符。百與頁義近，用作義符時可互換。隼與隹音同義近，故䶅或即《説文》頧字。（從林澐師説）

《中國文字》新25，頁181

○**劉信芳**（2003）　其字簡24作“觟”，从角，隼聲，意謂額角突出，可知“觟”亦“頧”之異體。

《包山楚簡解詁》頁34

𧣾

新蔡甲三313

○**賈連敏**（2003）　𧣾。

《新蔡葛陵楚墓》頁198

○**張新俊、張勝波**（2008）　𧣾。

《新蔡葛陵楚簡文字編》頁93

△**按**　李守奎、劉波（《續論陸字構形與陸聲字的音義》，《古文字研究》29輯655頁，中華書局2012年）認爲此字“从角，陸省聲”，可參。

䲎

集成290曾侯乙鐘　集成290曾侯乙鐘　集成290曾侯乙鐘

曾侯乙鐘架　曾侯乙鐘架　曾侯乙鐘架　曾侯乙鐘架　望山2·13　仰天湖25

上博二·從乙2　上博三·周易40　上博三·周易44

上博三·周易53

○**張桂光**（1986）　（四）因割裂圖畫式結構造成的訛變

（中略），金文作（伯衛父盉羸字所从）、（庚羸卣羸字所从），均象螺羸之形。小篆割裂爲，把螺殼訛爲，蟲嘴變成，蟲身變作，便看不出原來的

樣子,至使許慎有"獸名"之誤了。

《古文字研究》15,頁 166—167

○**朱德熙、裘錫圭、李家浩**(1995)　（編按:望山 2·13）[六一]　此字亦見曾侯乙墓編鐘銘文,不同之處是簡文將"角"旁寫在"羸"旁之上,鐘銘將"角"旁寫在"羸"旁之下。

《望山楚簡》頁 121

○**何琳儀**(1998)　贏,从羸,角爲疊加音符。羸之繁文。見羸字。角古音讀如录。《魏書·江式傳》"宫商龣徵羽"。龣即角。《禮記·喪服大記》"實于緑中",注:"緑當爲角,聲之誤也。"《史記·留侯世家》"角里先生",角音禄。《集韻》"盧谷切"。故贏、角以雙聲諧聲。

望山簡贏,讀羸。《易·井》"羸其瓶",虞注:"羸,鉤羅也。"曾樂律鐘"贏孚",即"贏亂"。見羸字 d。

《戰國古文字典》頁 873—874

○**張光裕**(2002)　（編按:上博二·從乙 2）"贏",讀爲"盈"。

《上海博物館藏戰國楚竹書》(二)頁 235

○**濮茅左**(2003)　（編按:上博三·周易 40）"贏",从角,羸聲,字見於《望山楚簡》《曾侯乙墓竹簡》,讀爲"羸"。

　　（編按:上博三·周易 44）"贏",讀爲"羸",《釋名》:"羸,累也,恆累於人也。"《急就篇》:"羸,困弱也。"《玉篇》:"羸,弱也,病也,瘦也,劣也。"

《上海博物館藏戰國楚竹書》(三)頁 191、196

【贏豕】上博三·周易 40

○**濮茅左**(2003)　"贏豕",牝豕,羸弱之豕,豭强而牝弱,故稱"贏豕",或讀爲"累豕",被困縛之豕。

《上海博物館藏戰國楚竹書》(三)頁 191

【贏孚】集成 290 曾侯乙鐘

○**裘錫圭**(1979)　鐘銘裏還有一個叫"贏孚"的律名(贏或作羸、蠃,孚或作脬),"羸"和"贏"古代常常相混。"孚"是"嗣"字的古文(見《説文》),"嗣、龥"音近古通,而古書的"亂"字又常常是"龥"字的譌字,所以"贏孚"跟《國語》的"贏亂"也没有問題是一回事。

《文物》1979-7,頁 30

【贏舠】仰天湖 23

△**按**　詳見"舠"字條。

【觻觻】上博三·周易 53

○**濮茅左**（2003）　“觻﹦”，重文，字从角，𧲲聲，可讀爲“瑣”，𧲲、瑣同屬歌部，細小，瑣碎。《抱樸子·守塉》：“拾瑣沙而捐隋和。”“瑣瑣”，猶“小小”。

《上海博物館藏戰國楚竹書》（三）頁 208